올바른 사회 개념은 옳소
핵심 문제서 올쏘

All about Society

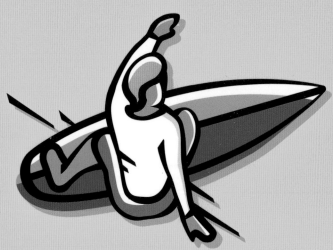

올쏘

중학 사회 ❷

개념 학습 정리책

2015 개정 교육과정

✚ **내용 정리**

꼼꼼하고 자세한
내용 정리와 자료

✚ **단계별 문제**

STEP 1. 개념 확인
STEP 2. 대표 문제
STEP 3. 주관식·서술형

✚ **대단원 마무리**

핵심을 한눈에 파악하고
문제로 최종 점검

요점 노트
빠른 정답 확인
확인 테스트
무료 동영상 강의

〔동아출판

올쏘 중학 사회

무료 동영상 강의는 이렇게~

인터넷 검색창에서 '**동아출판**'을 검색하거나
주소창에 동아출판 누리집 주소(http://www.bookdonga.com)를 직접 입력합니다.
▶ **중학 → 중학 스마트러닝 → 올쏘**를 클릭하면
무료 동영상 강의를 볼 수 있습니다.

표지의 QR 코드를 찍습니다.

- **무료 동영상 강의**
  선생님의 든든한 단원별 강의

- **요점 노트**
  틈틈이 열어 보는 내 손안의 요점 정리

- **확인 테스트**
  게임하듯 재미있게! 필수 개념 확인 퀴즈

- **빠른 정답 확인**
  손쉬운 채점 도우미

올쏘

All about Society

중학 사회 ❷

이 책을 쓰신 선생님들

김영규_중동중학교   김웅_삼정중학교   김용걸_전농중학교   우희철_홍익사대부속여자중학교   이보람_대방중학교

유영희_효자고등학교   곽주현_엠베스트   정선희, 정민주, 안새로미, 서권희_곽주현사회탐구연구소

개념 학습 ●

정리책

중학 사회 ②

이 책의 구성과 특징

윤쌤과 **함께하는**
중학 사회 정복 비법

비법 1

개념 학습 정리책

8종 교과서를 야무지게 담은
내용 정리로 **개념 마스터**

+

STEP 1-2-3의 단계별 문제로
반복 학습

비법 2

실력 확인 문제책

핵심 정리에 빈칸을 채우며
내용 복습

+

실력 확인 문제로 성취도를
확인하고 **최종 점검**

개념 학습 정리책

군더더기 없는 내용 정리

시간은 없는데 공부할 내용은 많아서 부담되었죠? 꼭
필요한 내용만 꾹꾹 눌러 담았으니 이것만은 반드시 알
아 두도록 해요.

핵심 자료와 개념

시험 문제로 다루어질 수 있는 중
요한 자료나 개념을 모두 모았으니
반복 학습하세요.

개념 이해를 돕는 용어 해설

사회 공부에서 중요한 개념을 제대로 이해하기 위해서
는 용어를 바르게 아는 것이 중요합니다. 이제 무조건 암
기하지 말고 쉽게 이해하세요.

시험에 꼭 나오는 개념 체크

내용 정리에서 반드시 알아야 하는 개념을 가볍게 체크
하세요.

개념 확인

빈칸 채우기, 선 잇기 등 간단한
문제를 풀다 보면 주요 개념을
자연스럽게 내 것으로 만들 수
있어요.

대표 문제

핵심 내용을 철저히 분석하여 반드시 풀어
보아야 하는 문제만 골라 넣었어요. 비슷한
문제에도 대응할 수 있도록 답보다는 해결
방법 위주로 접근하세요.

주관식·서술형

서술형 평가가 중요해지는 만큼 서술형 문제도 대비할
수 있도록 했어요. 꼭 풀어 보고 넘어가세요.

든든한 보충 수업

정리책을 공부하다가 설명을 더 듣고 싶거나 애매한 것이 있다면?

그럴 땐 **무료 동영상 강의**가 있는 **동아출판 홈페이지(www.dongapublishing.com)**를 이용하세요. 선생님의 든든한 강의를 듣다 보면 모르는 문제도 어느새 머리에 쏙쏙~!

비법 3

정답과 해설

꼼꼼한 해설로
문제 해결 방법을 익히고
왜 틀렸지? 로 **오답까지 챙기기**

비법 4

든든한 보충 수업

무료 동영상 강의로 아는 내용은
한 번 더 공부하고 모르는 문제는
완벽하게 이해하기

실력 확인 문제책

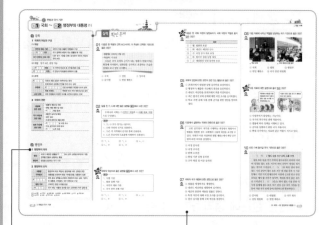

대단원 한눈에 정리하기

대단원의 전체적인 내용을 한눈에 파악할 수 있도록 정리해 두었으니 꼭 확인하고 넘어가세요~!

빈칸 채우기

실력 확인 문제를 풀기 전 정리책에서 학습한 내용을 완벽하게 이해했는지 점검하도록 하였어요.

실력 확인 문제

복습은 가장 효율적인 학습 방법~!!! 정리책으로 학습하고, 문제책으로 복습하세요. 문제를 많이 틀렸거나 머릿속 개념이 명확하게 정립되지 않은 느낌이라면 정리책으로 돌아가 다시 한 번 공부하세요.

대단원 마무리 문제

실제 시험에 출제되기 쉬운 문제들만 골라 대단원별로 구성하였어요. 대단원 마무리 문제로 이보다 더 좋을 순 없겠죠?

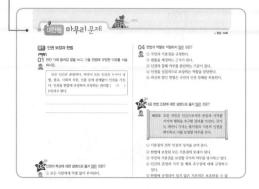

정답과 해설

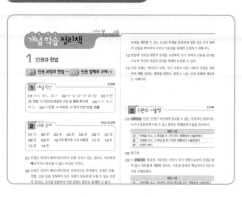

꼼꼼한 해설로 자료를 해석하고 정답을 찾는 방법을 익히도록 하였어요. 틀린 보기를 상세하게 설명하여 왜 답이 아닌지도 알 수 있어요. 문제 풀이에 필요한 보충 자료를 제시하여 작은 부분도 놓치지 않아요!

이 책의 차례

01 인권 보장과 헌법
02 인권 침해와 구제 (1)

1 인권의 의미와 인권 보장의 중요성

1 인권

(1) 의미 인간이 마땅히 누려야 할 기본적인 권리

(2) 특징

	┌ 타인에게 빼앗기거나 양도할 수 없다.
천부적 권리	하늘이 부여하여 인간이 태어나면서부터 가지고 있음
자연적 권리	국가에서 법이나 제도로 보장하기 이전부터 인간에게 자연적으로 부여됨
보편적 권리	인종, 성별, 신분 등을 초월하여 모든 사람이 동등하게 누릴 수 있음
❶불가침의 권리	국가를 포함하여 어떤 권력도 함부로 ❷침해할 수 없음

2 인권 보장의 중요성과 ❸헌법

(1) **인권 보장의 중요성** 인권을 제대로 보장받지 못하면 인간다운 삶을 살 수 없음
→ 모든 인간이 인격적 존재로서 존중받으며 최소한의 인간다운 삶을 보장받아야 함

(2) **헌법** 국가 최상위의 법으로서 국가의 ❹통치 조직과 작용의 기본 원리를 규정하고 국민의 기본권을 보장함, 하위 법의 개정 및 폐지의 기준이 됨

(3) **인권 보장을 위한 헌법의 역할** 국민의 기본적인 인권을 헌법에 규정함

① 인권 침해의 여부를 판단하는 기준이 됨 ┌ 국가 권력이 개인의 기본적 인권을 침해할 수
② 인권 침해를 예방하고 침해된 인권을 구제함 없도록 법적 장치를 마련하기 위해서이다.

시험에 꼭 나오는 **개념체크**
1. ___은 인간이 마땅히 누려야 할 기본적인 권리이다.
2. 인권 보장을 위해 국민의 기본적 인권을 ___에 규정하고 있다.

답 1. 인권 2. 헌법

2 헌법에 보장된 기본권

1 기본권의 의미와 종류

(1) **기본권** 헌법으로 규정된 국민의 기본적인 인권

(2) **인간으로서의 ❺존엄과 가치 및 행복 추구권**

의미	모든 인간이 인간이라는 이유만으로 그 가치를 보장받고 존중받으며 행복을 추구할 수 있는 권리
특징	헌법에 보장된 모든 기본권의 ❻토대가 됨
관련 헌법	제10조 모든 국민은 인간으로서의 존엄과 가치를 가지며, 행복을 추구할 권리를 가진다. 국가는 개인이 가지는 불가침의 기본적 인권을 확인하고 이를 보장할 의무를 진다.

자료 1 (3) **기본권의 종류**

① 자유권

의미	국가 권력으로부터 간섭을 받지 않고 자유롭게 생활할 권리
특징	핵심적이며 역사상 가장 오래된 기본권으로, 소극적 성격을 가짐
내용	• 신체의 자유: 불법한 체포·구속 등으로부터의 자유 • 정신적 자유: 학문과 예술의 자유, 양심의 자유, 종교의 자유, 언론·출판의 자유 등 • 사회·경제적 자유: 재산권, 거주 이전의 자유, 직업 선택의 자유 등

자료 1 기본권의 종류와 관련 헌법 조항

원하는 직업을 선택할 수 있어요.

◀ **자유권**
개인의 자유로운 생활에 대해 국가의 간섭이나 침해를 받지 않고 자유롭게 생활할 수 있다.

제15조 모든 국민은 직업 선택의 자유를 가진다.

차별 없이 승진할 수 있어요.

◀ **평등권**
국민은 사회생활 속에서 부당하게 차별받지 않는다.

제11조 ① 모든 국민은 법 앞에 평등하다. 누구든지 성별·종교 또는 사회적 신분에 의하여 정치적·경제적·사회적·문화적 생활의 모든 영역에 있어서 차별을 받지 아니한다.

정치에 참여할 수 있어요.

◀ **참정권**
국민은 국가 기관의 형성과 국가의 정치적 의사 형성 과정에 자유롭게 참여할 수 있다.

제24조 모든 국민은 법률이 정하는 바에 의하여 선거권을 가진다.

재판을 청구하여 권리를 구제받을 수 있어요.

◀ **청구권**
국민은 국가에 대하여 특정한 행위를 요구하거나 침해당한 기본권을 구제받을 수 있다.

제27조 ① 모든 국민은 헌법과 법률이 정한 법관에 의하여 법률에 의한 재판을 받을 권리를 가진다.

학교 교육을 받을 수 있어요.

◀ **사회권**
국민은 국가에 대하여 인간다운 생활의 보장을 요구할 수 있다.

제31조 ① 모든 국민은 능력에 따라 균등하게 교육을 받을 권리를 가진다.

용어 쏙쏙

❶ 불가침: 침범하여서는 안 됨
❷ 침해(侵-침범하다, 害-해치다): 불법적으로 남을 해치는 행위
❸ 헌법(憲-법, 法-법): 모든 법과 제도의 기초가 되는 법으로, 국가 통치 체제의 기초에 관한 각종 근본 법규의 총체

❹ 통치(統-거느리다, 治-다스리다): 나라나 지역을 도맡아 다스림
❺ 존엄(尊-높다, 嚴-엄하다): 인물이나 지위가 감히 넘을 수 없을 정도로 높고 엄숙함
❻ 토대: 어떤 사물이나 사업의 밑바탕이 되는 기초와 밑천을 비유적으로 이르는 말

② 평등권

의미	모든 국민이 정치적·경제적·사회적·문화적 생활의 모든 영역에서 성별, 종교, 사회적 신분, 인종, 장애 등에 의해 부당한 차별을 받지 않고 동등하게 대우받을 권리
특징	다른 기본권을 실현하기 위한 전제 소건이 됨

③ 참정권

┌ 국민의 대표를 뽑을 수 있는 권리이다.

의미	국민이 국가 기관의 형성과 국가의 정치적 의사 형성 과정에 참여할 수 있는 권리
종류	선거권, ❶공무 담임권, 국민 투표권 등
특징	능동적 성격을 가짐 └ 국가의 중요한 정책을 국민이 직접 결정할 수 있는 권리이다.

④ 청구권

의미	국가에 대하여 특정한 행위를 요구하거나 침해당한 기본권의 구제를 청구할 수 있는 권리
종류	❷청원권, 재판 청구권, ❸국가 배상 청구권 등
특징	다른 기본권을 보장하기 위한 수단적 성격의 기본권이며 적극적 성격을 가짐

⑤ 사회권

의미	국가에 대하여 인간다운 생활의 보장을 요구할 수 있는 권리
종류	교육을 받을 권리, 근로의 권리, 사회 보장을 받을 권리, 쾌적한 환경에서 살 권리 등
특징	적극적 성격을 가짐

 ## 2 기본권 제한과 한계 ┌ 국민의 기본권을 최대한 보장하면서 공익을 실현하고자 한다.

목적	국가 권력이 국민의 기본권을 함부로 침해할 수 없도록 하기 위함
범위	국가 안전 보장, 질서 유지, 공공복리를 위하여 필요한 경우에 한하여 제한함
방법	국회에서 만든 법률로써 제한함
한계	기본권을 제한하더라도 자유와 권리의 본질적인 내용을 침해할 수 없음

> **시험에 꼭 나오는 개념체크**
> 1. 헌법으로 규정된 국민의 기본적 인권을 ___ ___ 이라고 한다.
> 2. 기본권을 제한하더라도 자유와 권리의 본질적인 내용을 침해할 수 없다. (○, ×)
>
> 립 1. 기본권 2. ○

3 인권 침해의 의미와 사례

1 인권 침해

(1) **의미** 개인이나 단체, 국가 기관이 다른 사람의 인권을 침범하여 해를 입히는 행위

(2) **발생 원인** ❹고정 관념이나 ❺편견, 잘못된 관습이나 불합리한 법과 제도 등
└ 개인적 측면 └ 사회적 측면

 ### 2 인권 침해의 사례 – 우리의 일상생활 전반에 걸쳐 다양한 형태로 나타난다.

가정생활	노인과 아동이 무관심 속에서 방치되어 피해를 보는 경우 등
학교생활	외모나 인종의 차이로 따돌림을 당하는 경우 등
직장 생활	성별, 학벌 등으로 채용이나 임금에서 차별 대우를 받는 경우 등
사회생활	폭행, 학대 등의 범죄 행위 등

3 인권이 보장되는 사회를 만들기 위한 노력

(1) 나는 사람의 권리를 소중하게 인식 ➡ 인권 감수성을 키움

(2) 어떠한 인권 침해가 발생하는지 주의 깊게 살피고 알아내려는 노력 필요

(3) 침해된 인권을 구제받을 수 있는 방법을 적극적으로 모색

> **시험에 꼭 나오는 개념체크**
> 1. 고정 관념이나 편견 등에 의해 인권 침해가 발생할 수 있다. (○, ×)
> 2. 학교 내의 집단 따돌림은 인권 침해에 해당한다. (○, ×)
>
> 립 1. ○ 2. ○

> **자료2** 헌법에 명시된 기본권 제한 요건
>
> **제37조** ② 국민의 모든 자유와 권리는 국가 안전 보장·질서 유지 또는 공공복리를 위하여 필요한 경우에 한하여 법률로써 제한할 수 있으며, 제한하는 경우에도 자유와 권리의 본질적인 내용을 침해할 수 없다.

헌법 제37조 제2항은 기본권의 제한 요건을 명시하고 있다. 국가 안전 보장은 국가의 존립과 영토의 보존, 헌법 기관 유지 등 국가 안전의 확보를 의미한다. 질서 유지는 타인의 권리를 침해하지 않고 공공질서를 지키는 것을 말한다. 마지막으로 공공복리는 사회 구성원 전체에게 공통되는 이익을 의미한다.

> **더 알기** 생활 속 인권 침해의 사례

불법 유출된 주민 등록 번호를 변경해 주세요.

김번호 씨는 자신의 주민 번호가 불법으로 유출되어 불편을 겪었다. 이에 지역 자치 단체장에게 신고하였고 자신의 현재 사용 중인 주민 번호를 변경해 줄 것을 신청하였다. 그러나 해당 지역의 단체장은 주민 번호의 변경은 현행법상으로 허용되지 않는다며 거부하였다.

100세 시대에 나이가 많다고 그만 두라니……

전해설 씨는 은퇴 이후 자신의 직업적 특성을 살려 시청의 문화 관광 해설사에 지원을 하였으나 나이가 많다는 이유로 거절당하였다. 이에 전해설 씨는 나이 제한 규정은 해설사의 자격과는 무관하다며 이의를 제기하였지만 해당 관청은 관광 서비스의 질적 향상을 위한 것이라고 답변하였다.

오늘날 대부분의 민주주의 국가에서는 다양한 법과 제도들로 시민들의 인권을 보장하고 있다. 그러나 일상생활 속에서 여전히 다양한 인권 침해가 발생하고 있다.

 용어 쏙쏙

❶ 공무 담임권: 국민이 국가나 지방 자치 단체의 구성원이 되어 공무를 담당할 수 있는 권리

❷ 청원권(請 – 청하다, 願 – 원하다, 權 – 권세): 국민이 국가 기관에 대해 자신의 의견이나 희망을 문서로 제출할 수 있는 권리

❸ 국가 배상 청구권: 국가 또는 공공 단체가 국민에게 손해를 입혔을 경우 이에 대한 배상을 청구할 권리

❹ 고정 관념: 마음속에 늘 자리 잡고 흔들리지 않는 생각

❺ 편견(偏 – 치우치다, 見 – 보다): 공정하지 못하고 한쪽으로 치우친 생각

01. 인권 보장과 헌법 ~ 02. 인권 침해와 구제 (1) **009**

01 다음 설명에 해당하는 것을 보기 에서 골라 기호를 쓰시오.

> 보기
> ㄱ. 공공복리   ㄴ. 사회 질서 유지   ㄷ. 국가 안전 보장

(1) 군사 시설 보호 구역의 개인 통행이나 사진 촬영을 일부 제한한다. (　　)

(2) 차도의 무단 횡단, 신호 위반 금지 등 통행의 자유를 일부 제한한다. (　　)

(3) 토지 소유자라 하더라도 환경 보호를 위해 지정된 개발 제한 구역 내에서는 건축 등 토지 이용에 있어서 권리 사용의 일부를 제한한다. (　　)

02 서로 관련 있는 것끼리 연결하시오.

(1) 평등권 •　　• ㉠ 인간다운 생활의 보장을 국가에 요구할 수 있다.

(2) 사회권 •　　• ㉡ 성별, 종교, 직업, 인종, 장애 등에 의해 차별받지 않는다.

(3) 참정권 •　　• ㉢ 국민이 국가 기관의 형성 및 정치적 의사 형성 과정에 참여할 수 있다.

03 다음 중 알맞은 말에 ○표를 하시오.

(1) (기본권, 인권)은 인간이 마땅히 누려야 할 기본적인 권리이므로, 우리나라의 경우 이를 (헌법, 법률)에 규정하고 있다.

(2) (인간의 존엄과 가치 및 행복 추구권, 사회권)은 헌법이 보장하고 있는 모든 기본권이 궁극적으로 지향하는 근본적 토대가 된다.

04 다음 설명이 맞으면 ○표, 틀리면 ×표 하시오.

(1) 인권은 다른 사람에게 양도가 가능하다. (　　)

(2) 인권은 누구나 태어나면서부터 당연히 갖는 것이 아닌 후천적 권리이다. (　　)

(3) 우리나라는 인권을 국민의 기본권으로 규정하고 국가가 국민의 기본권을 보장할 의무를 진다. (　　)

05 다음 빈칸에 알맞은 말을 쓰시오.

(1) 인간이 인간답게 살아가기 위해 마땅히 누려야 할 기본적 권리를 (　　　)(이)라고 한다.

(2) 국민의 기본권 중에서 (　　　)은/는 개인의 자유로운 생활에 대해 국가의 간섭을 받지 않을 권리로, 역사가 가장 오래된 것이다.

(3) 우리나라 헌법에는 (　　　　), 질서 유지, 공공복리를 위하여 필요한 경우에 한해 (　　　)(으)로써 기본권을 제한할 수 있도록 규정되어 있다.

---

01 인권에 대한 설명으로 옳은 것은?

(중 난이도)

① 다른 사람에게 빌려줄 수 없다.

② 국가 권력이므로 함부로 침해할 수 없다.

③ 모든 사회 구성원에게 부여된 것은 아니다.

④ 국가 권력이나 법의 테두리 안에서만 보장 가능하다.

⑤ 국가가 형성된 이후에 보장받을 수 있게 된 권리이다.

02 인권에 대한 옳은 설명을 보기 에서 고른 것은?

(중 난이도)

> 보기
> ㄱ. 출생과 함께 자연적으로 형성된다.
> ㄴ. 일정 기간에만 누릴 수 있는 권리이다.
> ㄷ. 인류 구성원에게 보편적으로 부여된다.
> ㄹ. 의지와 노력에 따라 타인에게 양도 가능하다.

① ㄱ, ㄴ　　② ㄱ, ㄷ　　③ ㄴ, ㄷ

④ ㄴ, ㄹ　　⑤ ㄷ, ㄹ

 같은 주제 다른 문제

● 빈칸 ㉠에 들어갈 용어로 가장 적절한 것은? 답 ②

> • 인간이라면 누구나 가지는 기본적 권리를 (　㉠　)(이)라고 하며, 우리나라의 경우 헌법에 이를 규정하고 있다.
> • (　㉠　)은/는 인간의 존엄성을 유지하기 위하여 누구나 보장받아야 할 권리를 말한다.

① 정의　　② 인권　　③ 자유　　④ 평등　　⑤ 형평성

03 (가), (나)에 해당하는 인권의 특징을 바르게 연결한 것은?

(하 난이도)

> (가) 인간이 태어나면서 하늘로부터 부여받은 권리이다.
> (나) 모든 인간이 인종, 성별, 신분 등을 초월하여 동등하게 누릴 수 있다.

	(가)	(나)
①	자연적인 권리	불가침의 권리
②	항구적인 권리	천부적인 권리
③	천부적인 권리	자연적인 권리
④	천부적인 권리	보편적인 권리
⑤	불가침의 권리	항구적인 권리

04 빈칸 ⊙에 들어갈 용어로 옳은 것은?

난이도 하

(⊙)은/는 우리나라의 최상위 법으로, 국가의 통치 조직 및 통치 작용의 기본 원리와 국민의 기본권을 규정한다.

① 규칙
② 조례
③ 명령
④ 법률
⑤ 헌법

05 인권 보장을 위한 헌법의 역할을 보기 에서 고른 것은?

난이도 상

보기

ㄱ. 인권 침해의 여부를 판단하는 기준이 된다.
ㄴ. 인권의 내용과 개념을 추상화하는 데에 기여한다.
ㄷ. 국가 권력의 남용에 의한 국민의 인권 침해를 방지한다.
ㄹ. 법률을 근본으로 하여 구체적인 인권 내용을 추상적으로 규정한다.

① ㄱ, ㄴ
② ㄱ, ㄷ
③ ㄴ, ㄷ
④ ㄴ, ㄹ
⑤ ㄷ, ㄹ

06 다음 자료와 관련된 기본권에 대한 설명으로 옳은 것은?

난이도 중

원하는 직업을 가질 수 있어요.

원하는 곳으로 이사할 수 있어요.

① 역사가 가장 오래된 기본권이다.
② 다른 기본권 실현의 전제 조건이 된다.
③ 국가의 정치적 의사 결정 과정에 참여하는 능동적 권리이다.
④ 청원권, 재판 청구권, 국가 배상 청구권 등이 해당하는 권리이다.
⑤ 국민이 국가에 대하여 인간다운 생활의 보장을 요구할 수 있도록 한다.

같은 주제 다른 문제

● 자유권에 대한 설명으로 가장 적절한 것은? 답 ④

① 국가의 의사 결정에 참여할 수 있다.
② 모든 국민은 어떠한 조건에 상관없이 평등하다.
③ 국가에 대하여 인간다운 생활의 보장을 요구할 수 있다.
④ 국가 권력의 간섭을 받지 않고 자유롭게 생활할 수 있다.
⑤ 다른 기본권이 침해되었을 때 구제받기 위한 수단이 된다.

07 인간의 존엄과 가치 및 행복 추구권에 대한 옳은 설명을 보기 에서 고른 것은?

난이도 상

보기

ㄱ. 다른 기본권의 보장을 위한 수단적 성격을 지닌다.
ㄴ. 국가 권력에 의한 침해를 배제하는 소극적 권리이다.
ㄷ. 모든 기본권에 공통적으로 적용되는 근본적 가치이다.
ㄹ. 헌법이 지향하는 최고의 이념이며 궁극적으로 추구하는 목적이다.

① ㄱ, ㄴ
② ㄱ, ㄷ
③ ㄴ, ㄷ
④ ㄴ, ㄹ
⑤ ㄷ, ㄹ

08 다음 헌법 조항에 보장된 기본권에 대한 설명으로 옳은 것은?

난이도 중

제34조 ① 모든 국민은 인간다운 생활을 할 권리를 가진다.
제35조 ① 모든 국민은 건강하고 쾌적한 환경에서 생활할 권리를 가지며, 국가와 국민은 환경 보전을 위하여 노력하여야 한다.

① 다른 기본권을 보장하기 위한 수단적 성격의 권리이다.
② 개인의 자유로운 생활에 대해 국가의 간섭을 받지 않을 권리이다.
③ 인간다운 생활의 보장을 국가에 요구할 수 있는 적극적인 권리이다.
④ 성별, 종교, 신분 등 불합리한 이유를 근거로 차별을 받지 않을 권리이다.
⑤ 국가 기관의 형성 및 조직과 정치적 의사 결정 과정에 참여할 수 있는 권리이다.

같은 주제 다른 문제

● 사회권에 대한 옳은 설명을 〈보기〉에서 고른 것은? 답 ③

〈보기〉
ㄱ. 헌법에 보장된 모든 기본권의 토대가 된다.
ㄴ. 근로권, 교육권, 쾌적한 환경에서 살 권리 등이 있다.
ㄷ. 국민이 국가에 인간다운 생활을 요구할 수 있는 적극적인 권리이다.
ㄹ. 다른 기본권이 침해되었을 때 이에 대한 구제를 요구할 수 있는 수단적 성격의 기본권이다.

① ㄱ, ㄴ
② ㄱ, ㄷ
③ ㄴ, ㄷ
④ ㄴ, ㄹ
⑤ ㄷ, ㄹ

09 다음에서 설명하는 기본권에 해당하는 사례를 보기에서 고른
것은?

> 대한민국의 국민이면 누구나 우리나라의 주인된 권리를 가지고 있다. 따라서 국민은 모두 국가의 의사 결정에 적극적으로 참여할 수 있는 권리를 가진다.

보기
ㄱ. □□ 지역구 국회 의원 후보자로 등록하였다.
ㄴ. □□ 지역 행정 기관에 손해 배상을 청구하였다.
ㄷ. 대통령 선거일에 지지하는 후보자에게 자신의 소중한 한 표를 행사하였다.
ㄹ. 생활이 어려워 기본적인 생활비를 지급받기 위해 기초 생활 수급을 신청하였다.

① ㄱ, ㄴ　　② ㄱ, ㄷ　　③ ㄴ, ㄷ
④ ㄴ, ㄹ　　⑤ ㄷ, ㄹ

[10~11] 다음을 보고 물음에 답하시오.

> (가) 청원권, 재판 청구권, 국가 배상 청구권 등
> (나) 교육받을 권리, 근로의 권리, 사회 보장을 받을 권리 등

10 (가), (나)에 해당하는 기본권의 종류를 쓰시오.

(가) _____　　　(나) _____

---

11 (가), (나)에 대한 옳은 설명을 보기에서 고른 것은?

보기
ㄱ. (가)는 다른 기본권 보장을 위한 수단으로 활용된다.
ㄴ. (나)는 모든 기본권의 전제 조건이 되며 기본권 중 가장 핵심적이다.
ㄷ. (가), (나) 모두 국가 성립 이전부터 존재했던 자연적인 권리이다.
ㄹ. (가), (나)는 국가에 대하여 일정한 요구를 할 수 있는 적극적 성격을 가진다.

① ㄱ, ㄴ　　② ㄱ, ㄷ　　③ ㄴ, ㄷ
④ ㄴ, ㄹ　　⑤ ㄷ, ㄹ

---

12 다음 헌법 조항에 대한 설명으로 가장 적절한 것은?

> 제37조 ② 국민의 모든 자유와 권리는 국가 안전 보장·질서 유지 또는 공공복리를 위하여 필요한 경우에 한하여 법률로써 제한할 수 있으며, 제한하는 경우에도 자유와 권리의 본질적인 내용을 침해할 수 없다.

① 기본권이 충돌할 경우 공익을 우선한다.
② 국민의 기본권은 어떠한 경우에도 제한할 수 없다.
③ 국가 권력은 언제나 국민의 기본권보다 우위에 있다.
④ 국가의 이익 실현을 위해 언제든 기본권을 제한할 수 있다.
⑤ 국민의 기본권은 정당한 목적과 절차에 의해 제한될 수 있다.

---

13 기본권을 제한하는 규정을 헌법에 명시한 이유를 보기에서 고른 것은?

보기
ㄱ. 국가 권력의 남용을 방지하기 위해서
ㄴ. 공익에 부담되는 손해를 줄이기 위해서
ㄷ. 국민의 자유와 권리를 최대한 보장하기 위해서
ㄹ. 국민의 적극적인 정치 참여를 최대한 보장하기 위해서

① ㄱ, ㄴ　　② ㄱ, ㄷ　　③ ㄴ, ㄷ
④ ㄴ, ㄹ　　⑤ ㄷ, ㄹ

---

14 다음 질문에 대한 합계 점수로 옳은 것은?

질문: 인권 침해 사례를 서술하시오.

번호	사례
1	시험 결과 발표 시에 점수와 이름을 함께 학교 게시판에 공개한다.
2	학교 밖에서도 교복에 명찰을 반드시 착용하게 하였다.
3	대중교통에 신체적 차이를 고려하지 않은 같은 높이의 손잡이가 설치되어 있다.
4	동일한 업무를 수행하였음에도 청소년이라는 이유로 성인보다 적은 임금을 받았다.
5	법정 전염병에 걸리면 특별 대상자로 분류되어 독립된 기관에서 시험을 보게 한다.

(단, 점수는 각 항목의 사례가 인권 침해에 해당하면 +1점, 해당하지 않으면 -1점으로 합산한다.)

① -1점　② 0점　③ 1점　④ 2점　⑤ 3점

01 빈칸 ㉠에 들어갈 용어를 쓰고, 그 특징을 두 가지 서술하시오.

(㉠)은/는 인간이라면 누구나 인간이라는 이유만으로 마땅히 누려야 할 기본적인 권리로, 존엄성을 보호받으며 행복하게 살아갈 권리를 의미한다.

_____

_____

02 다음에서 설명하는 기본권의 종류를 쓰시오.

• 국가에 대하여 일정한 행위를 요구할 수 있는 권리이다.
• 다른 기본권을 보장하기 위한 수단적 성격의 기본권이다.

_____

03 다음 자료를 보고 물음에 답하시오.

나는 반려동물과 관련된 도서를 출판하고 싶어. 요즘 이 분야에 시민들의 관심이 높아지고 있잖아.

(1) 위 자료와 관련 있는 기본권의 종류를 쓰고, 그 의미와 특징을 서술하시오.

_____

_____

(2) (1)에 해당하는 기본권의 유형을 두 가지 쓰시오.

_____

_____

04 다음 자료를 보고 물음에 답하시오.

(가) 동아 중학교에 다니는 A는 독감에 걸렸다. 병원에서 이번 독감은 다른 학생들에게 전염 가능성이 높으니 등교를 하지 말라고 하였고, 교육청에서는 독감에 걸린 학생들에 대한 등교 정지 처분 공문을 각급 학교에 전달하였다.

(나) 헌법 제37조 ② 국민의 모든 자유와 권리는 국가 안전 보장·질서 유지 또는 공공복리를 위하여 필요한 경우에 한하여 (㉠)(으)로써 제한할 수 있으며, 제한하는 경우에도 자유와 권리의 본질적인 내용을 침해할 수 없다.

(1) (가)의 A가 수업권을 제한받게 된 사유를 빈칸 ㉠에 들어갈 말을 포함하여 서술하시오.(단, 사유는 (나)의 헌법 조항에서 찾아서 쓸 것)

_____

_____

(2) (나)와 같이 국민의 기본권 제한을 헌법에 규정한 이유를 서술하시오.

_____

_____

05 다음과 같은 사건들이 발생하는 원인을 개인적 차원과 사회적 차원으로 구분하여 서술하시오.

• 미용 고등학교에서 남학생의 입학을 허가하지 않는다.
• 장애인의 반대되는 표현으로 일반인이라는 말을 사용한다.
• 교과서에서 집안일을 하는 사람은 대부분 여성으로 표현한다.
• 학교 안에 휠체어로 이동할 수 있는 보행 통로가 마련되어 있지 않다.

_____

_____

02 ● 인권 침해와 구제 (2)
03 ● 근로자의 권리와 노동권 침해 구제

❶ 인권을 구제하는 기관

자료1 **1 법원**

(1) **의미** 사법권을 행사하여 인권을 보장하는 대표적인 국가 기관

(2) **구제 방법** 재판을 통해 침해된 권리 구제 ❹ 민사 재판, 형사 재판, 행정 재판 등
　　　　　　　└ 가장 보편적인 권리 구제 수단이다.

2 헌법 재판소

(1) **의미** 헌법 질서를 ❶수호하고 국민의 기본권을 보장하는 국가 기관

(2) **구제 방법** 헌법 소원 심판이나 위헌 법률 심판을 통해 인권을 보호
　　　　　　　└ 공권력의 행사 또는 불행사에 의해 기본권이 침해된 국민이
　　　　　　　　권리 구제를 요청하면 이를 심판하는 제도이다.

3 국가 인권 위원회
　└ 법원이나 헌법 재판소와 같은 강제력을 가지지는 않는다.

(1) **의미** 인권과 관련된 전반적인 업무를 수행하는 독립된 국가 기관

(2) **구제 방법** ❷진정을 통해 권리 구제 요청을 받거나 인권을 침해할 우려가 있는 법이나 제도의 문제점을 찾아 개선을 ❸권고하고, 인권 침해나 차별 행위를 조사하여 구제

4 그 외의 국가 기관
　　　　　　　┌ 행정 기관의 잘못된 처분으로 권리를 침해
　　　　　　　　당한 국민은 국민 권익 위원회의 중앙 행정
　　　　　　　　심판 위원회에 행정 심판을 제기할 수 있다.

(1) **국민 ❹권익 위원회** 국민의 고충 민원 처리, 불합리한 행정 제도를 개선함

(2) **대한 법률 구조 공단** 법을 잘 모르거나 경제적으로 어려운 사람들의 무료 법률 상담과 소송 지원을 해 줌

(3) **언론 중재 위원회** 잘못된 언론 보도로 피해를 보았을 때 이를 구제함

(4) **한국 소비자원** 소비자의 권리가 침해되었을 때 도움을 받을 수 있음

> **시험에 꼭 나오는 개념체크**
> 1. 법원은 ＿＿을 통해 침해당한 권리를 구제한다.
> 2. 공권력에 의해 기본권을 침해당한 사람은 법원에 헌법 소원 심판을 제기할 수 있다. (○, ×)
>
> 답 1. 재판 2. ×

❷ 헌법으로 보장된 근로자의 권리

1 ❺근로자의 권리

(1) **근로의 권리** 일할 능력을 가진 사람이 국가에 대해 일할 기회와 인간다운 생활의 보장을 요구할 수 있는 권리
　　　　　　　┌ 근로자의 권리를 헌법에 규정한 이유는 근로자는 사용자에 비해
　　　　　　　　경제적·사회적으로 약자이기 때문이다.

더알기 (2) **내용** 헌법에 모든 국민의 근로의 권리를 보장함

최저 임금의 보장	근로자의 고용 증진과 적정 임금의 보장을 명시함
근로 기준법의 규정	• 근로자의 기본적인 생활을 보장하고 권리를 보호하기 위해 법률을 통해 근로 조건의 최저 기준을 제시함 • 임금, 근로 시간, 휴가 등의 근로 조건에 관해 계약서를 써야 하며, 근로 조건은 법률이 정한 기준보다 낮아서는 안됨

> **헌법 제32조** ① 모든 국민은 근로의 권리를 가진다. 국가는 사회적·경제적 방법으로 근로자의 고용의 증진과 적정 임금의 보장에 노력하여야 하며, 법률이 정하는 바에 의하여 최저 임금제를 시행하여야 한다.
> ③ 근로 조건의 기준은 인간의 존엄성을 보장하도록 법으로 정한다.

자료1 법원의 인권 구제 사례

지적 장애 2급인 A 양은 놀이동산에서 타고 싶은 놀이 기구가 있어서 타려다가 직원에게 제지당하였다. 다른 조건은 문제가 되지 않지만 지적 장애를 지녔기 때문에 놀이 기구의 이용을 금지한다는 것이 놀이동산 측의 입장이었다. 이에 대해 A 양의 가족은 해당 놀이동산을 상대로 법원에 손해 배상을 청구하였다. 놀이동산 측은 지적 장애인의 안전을 위해 탑승에 제한을 둔 것이라고 항변하였다. 그러나 법원은 지적 장애인에 대한 안전사고의 위험성이 비장애인보다 특별히 높다고 보기 어렵다고 판단하였다. 판사는 놀이동산 측이 A 양 가족의 인권을 침해한 것이 명백하다며 피해자 가족들에게 위자료를 지급하라고 판결하였다.

사례에서 법원은 인권 침해 여부를 밝히고 인권 침해에 대한 위자료를 지급하라고 판결하였다. 이와 같이 법원은 재판을 통해 침해된 권리를 구제하는 기관이다.

더알기 근로자의 권리 보장

최저 임금 제도	근로자의 생활 안정을 위해 국가가 임금의 최저 수준을 정하여 사용자에게 그 수준 이상의 임금을 지급하도록 법으로 강제하는 제도
근로 기준법	헌법에 의거하여 근로 조건의 기준을 정하여 놓은 법률

근로자는 사용자에 비해 경제적·사회적으로 약자이므로 헌법은 근로자들이 최소한의 인간다운 생활을 할 수 있도록 최저 임금을 보장하고, 구체적인 근로 조건의 기준은 근로 기준법에 규정하고 있다.

용어 쏙쏙

❶ 수호(守 – 지키다, 護 – 보호하다): 지키고 보호함
❷ 진정(陳 – 늘어놓다, 情 – 뜻): 국가 또는 공적 기관에 자신의 사정을 말하고 어떤 조치를 취해 줄 것을 요청하는 행위
❸ 권고(勸 – 권하다, 告 – 알리다): 어떤 일을 하도록 권함
❹ 권익(權 – 권리, 益 – 이롭다): 권리와 그에 따르는 이익
❺ 근로자(勤 – 일, 勞 – 일하다, 者 – 사람): 임금을 목적으로 사용자에게 노동을 제공하는 사람

2 노동 3권

교과서마다 달라요	미래엔, 비상, 지학사, 금성, 천재교육	노동 3권
노동 3권과 근로 3권	동아	근로 3권

(1) **의미** 근로자의 권익 향상을 위해 근로자가 **①**사용자와 대등한 지위를 가지고 근로 조건을 결정할 수 있도록 헌법으로 보장된 근로자의 권리

(2) **유형**

단결권	근로자가 근로 조건의 유지 및 개선, 경제적 향상을 위해 **②**노동조합을 결성할 수 있는 권리
단체 교섭권	근로자가 노동조합을 통해 사용자와 근로 조건에 관하여 집단적으로 **③**교섭할 수 있는 권리
단체 행동권	단체 교섭이 원만하게 이루어지지 않을 경우 일정한 절차를 거쳐 **④**쟁의 행위를 할 수 있는 권리

> 헌법 제33조 ① 근로자는 근로 조건의 향상을 위하여 자주적인 단결권·단체 교섭권 및 단체 행동권을 가진다.

> **시험에 꼭 나오는 개념 체크**
> 1. 사용자와 근로자의 단체 교섭이 원만하게 이루어지지 않았을 경우 근로자는 일정한 절차를 거쳐 쟁의 행위를 할 수 있다. (○, ×)
>
> 답 1. ○

③ 노동권의 침해와 구제 방법

자료2 1 노동권 침해의 유형

(1) **부당 ⑤해고** 사용자가 근로자에게 해고 계획을 사전에 통보하지 않고 부당하게 해고하는 행위

(2) **부당 노동 행위** 사용자가 근로자에게 노동조합을 조직·가입·활동했다는 이유로 불이익을 주는 행위, 노동조합 가입 또는 탈퇴를 고용 조건으로 하는 경우, 노동조합과 단체 교섭을 정당한 이유 없이 거부하는 경우 등

(3) **기타 노동권 침해** 임금을 제때 받지 못하는 경우, 최저 임금을 보장받지 못하는 경우, 위법한 근로 조건, 직장 내 성희롱, 폭언이나 폭력 행위, 근로 계약서를 작성하지 않은 경우 등

자료3 2 노동권의 구제 방법

(1) **사전 대응 방법** ┌ 노동 위원회에 권리 구제를 요청할 수 있고, 이와 별개로 법원에 └ 해고 무효 확인의 소를 제기할 수 있다.

① 사용자는 근로자의 노동권을 침해하지 않도록 노력함

② 노동조합과 사용자가 상호 존중하며 원만한 노사 관계 형성을 위해 노력함

(2) **침해 시 구제 방법** ┌ 노사 문제를 공정하고 신속하게 처리하기 위해 만들어진 곳으로, └ 관련 사실을 조사하여 근로자의 권리를 구제해 준다.

① **부당 해고**: 노동 위원회에 구제를 신청하거나 법원에 소송을 제기함

② **부당 노동 행위**: 노동 위원회에 구제를 신청하거나 법원에 소송을 제기함

③ **임금 체불**: 고용 노동부에 신고하거나 법원에 소송을 제기함

> **시험에 꼭 나오는 개념 체크**
> 1. 사용자가 노동 3권을 침해한 경우를 ＿ ＿ ＿ ＿ ＿ ＿라고 한다.
> 2. 침해된 노동권은 법원에 소송을 제기하여 사법적으로 구제받을 수 있다. (○, ×)
>
> 답 1. 부당 노동 행위 2. ○

┌ 사용자는 계속해서 임금 체불 시 형사 처분을 받을 수 있고, └ 근로자는 민사 소송을 거쳐 임금을 받을 수 있다.

자료 2 노동권 침해의 사례

〈사례 1〉
이승진 씨는 A 기업의 우수한 전문 인력이다. 그러니 입사 당시 노동조합에 가입하지 않겠다는 회사 측과의 약속이 있었고 이를 어기면서 노동조합에 가입하여 활동하였다는 이유로 매년 승진 명단에서 제외되고 있다.

〈사례 2〉
송혼인 씨는 5년 넘게 B 기업에서 근무하였다. 그런데 송혼인 씨가 자신의 결혼 소식을 알리자 회사에서는 결혼한 여성을 직원으로 둘 수 없다며 퇴직을 강요하였다.

〈사례 3〉
나봉급 씨는 C 기업에 근무하는 회사원이다. 회사 사정이 어려워지면서 6개월의 월급을 받지 못하였는데, 회사가 부도 처리되면서 일자리를 잃게 되었을 뿐만 아니라 그동안 밀린 월급마저 받을 수 없다는 통보를 받았다.

헌법에 노동권을 규정하고 있지만 우리는 일상에서 노동권이 침해된 사례들을 쉽게 찾아 볼 수 있다. 〈사례 1〉은 사용자가 노동 3권을 침해한 부당 노동 행위에 해당한다. 〈사례 2〉는 정당하지 못한 이유로 해고를 통보한 부당 해고에 해당한다. 〈사례 3〉은 근무에 따른 임금을 받지 못한 사례로, 이 역시 노동권 침해에 해당한다.

자료3 기관별 노동권 구제 방법

고용 노동부	임금을 받지 못한 근로자는 고용 노동부에 진정서를 제출하여 밀린 임금을 받을 수 있다.
노동 위원회	특별한 이유 없이 부당하게 해고당한 경우 구제를 신청할 수 있고, 집단적인 권리 분쟁이 발생한 경우 노동 위원회에 조정을 신청하여 해결할 수 있다.
법원	진정 또는 조정이 이루어지지 않을 경우 해당 기업을 상대로 법원에 소송을 제기하여 노동권을 구제받을 수 있다.

노동권을 침해당했다면 근로자는 사용자와 합의하여 문제를 해결하는 것이 최선의 방법이다. 그러나 원만한 합의가 이루어지지 않을 경우 고용 노동부, 노동 위원회, 법원 등의 기관에 도움을 요청하여 침해된 노동권을 구제받을 수 있다.

 용어 쏙쏙

❶ 사용자(使-시키다, 用-부리다, 者-사람): 근로자를 채용 및 해고하고, 근로에 대해 지휘 및 감독할 책임이 있는 사람

❷ 노동조합: 노동자가 자주적으로 단결하여 근로 조건의 유지·개선 및 기타 노동자의 경제적·사회적 지위의 향상을 도모함을 목적으로 조직하는 단체

❸ 교섭: 어떤 일을 이루기 위하여 서로의 의견을 나누고 절충하는 행위

❹ 쟁의(爭-다투다, 議-의논하다): 서로 자기의 의견을 주장하며 다툼

❺ 해고(解-풀다, 雇-고용하다): 고용주가 고용 계약을 해지하여 피고용인을 내보내는 행위

01 다음 설명이 맞으면 ○표, 틀리면 ×표 하시오.

(1) 인권 침해와 구제는 모두 국가 기관에 의해서만 일어난다. ( )

(2) 공권력으로 인해 헌법에 보장된 기본권을 침해당했을 경우 헌법 소원 심판을 통해 침해된 권리를 구제받을 수 있다. ( )

(3) 경제적·사회적 측면에서 근로자는 사용자보다 약자의 위치에 있다. ( )

02 다음 중 알맞은 말에 ○표를 하시오.

(1) 법원은 (재판, 진정)을 통해 침해된 인권을 구제 및 보장한다.

(2) (법원, 헌법 재판소)은/는 헌법 재판을 통해 인권을 보장하는 헌법 수호 기관이다.

(3) 임금 체불의 문제가 발생한 근로자는 (고용 노동부, 법원)에 진정서를 제출하여 권리를 보장받을 수 있다.

03 다음 설명에 해당하는 것을 **보기** 에서 골라 기호를 쓰시오.

보기
ㄱ. 단결권　　ㄴ. 단체 행동권　　ㄷ. 단체 교섭권

(1) 근로자는 근로 조건을 개선하기 위해 단체를 결성할 수 있다. ( )

(2) 근로자는 노동조합을 통해 사용자와 대등한 위치에서 근로 조건을 협의할 수 있다. ( )

(3) 근로자와 사용자 간 협의가 원만하게 이루어지지 않았을 경우 일정한 절차에 따라 쟁의 행위를 할 수 있다. ( )

04 다음 빈칸에 알맞은 말을 쓰시오.

(1) 근로자에게는 근로 조건 향상을 위해 근로자가 사용자와 대등한 지위를 가지고 근로 조건을 결정할 수 있도록 헌법상 규정하고 있는데, 이를 (　　　　　)(이)라고 한다.

(2) (　　　　　)은/는 독립된 국가 기관으로, 인권 침해나 차별 행위를 조사하여 구제하는 역할을 담당한다.

---

01 인권의 구제 방법에 대한 설명으로 옳지 <u>않은</u> 것은?

(중) 난이도

① 법원은 재판을 통해 권리를 구제한다.

② 국가 인권 위원회는 인권 침해 행위를 직접 조사하여 구제한다.

③ 헌법 재판소는 민사·형사 재판을 통해 침해된 국민의 인권을 구제한다.

④ 언론 중재 위원회는 잘못된 언론 보도로 피해를 보았을 때 이를 구제한다.

⑤ 국민 권익 위원회는 국민의 고충이나 민원을 처리하고 불합리한 행정 제도를 개선함으로써 권리를 구제한다.

02 다음 설명에 해당하는 국가 기관으로 옳은 것은?

(하) 난이도

• 다양한 재판을 통해 침해된 권리를 구제한다.
• 사법권을 행사하여 인권을 보장하는 대표적인 기관이다.
• 권리를 침해한 행위자를 처벌함으로써 시민의 인권을 보장한다.

① 법원　　　　　　　　② 국회
③ 고용 노동부　　　　④ 헌법 재판소
⑤ 국가 인권 위원회

 같은 주제 다른 문제

● 법원에 대한 설명으로 가장 적절한 것은? **답** ②

① 인권 침해 행위를 조사하여 구제한다.
② 재판을 통해 침해당한 권리를 구제한다.
③ 국무총리 소속 기관으로 시민의 고충과 민원을 처리한다.
④ 헌법 수호를 위한 국가 기관으로 헌법 소원 심판을 통해 기본권을 구제한다.
⑤ 경제적으로 어렵거나 법의 보호를 충분히 받지 못하는 시민에게 무료 법률 상담을 제공하여 시민의 권익을 보호한다.

03 다음과 같은 역할을 담당하는 국가 기관으로 옳은 것은?

(하) 난이도

• 헌법 소원 심판과 위헌 법률 심판을 담당한다.
• 헌법 수호 기관으로, 국민의 기본권 보장을 목적으로 활동한다.

① 법원　　　　　　　　② 헌법 재판소
③ 국민 권익 위원회　　④ 국가 인권 위원회
⑤ 대한 법률 구조 공단

04 국가 인권 위원회에 대한 옳은 설명을 보기 에서 고른 것은?

(중)
난이도

보기
ㄱ. 인권 침해 사례를 조사한다.
ㄴ. 법을 적용하여 분쟁을 합리적으로 해결한다.
ㄷ. 인권 침해의 소지가 있는 법이나 제도를 찾아 개선을 요구한다.
ㄹ. 잘못된 행정 기관의 처분을 행정 심판을 통해 취소 또는 무효 처리한다.

① ㄱ, ㄴ   ② ㄱ, ㄷ   ③ ㄴ, ㄷ
④ ㄴ, ㄹ   ⑤ ㄷ, ㄹ

05 우리나라 헌법에 규정된 근로자에 해당하는 사례를 보기 에서

(중)
난이도
고른 것은?

보기
ㄱ. 의사 갑은 재난 피해를 돕기 위해 의료 봉사를 지원하였다.
ㄴ. 기업의 신입 사원인 을은 신속한 업무 파악을 위해 노력하였다.
ㄷ. 공장의 생산 업무를 맡은 병은 노동조합에 가입하여 활동하였다.
ㄹ. 정년 퇴임한 대학 교수 정은 지역 아동 센터의 다양한 상담 활동을 통해 자신의 재능을 기부하였다.

① ㄱ, ㄴ   ② ㄱ, ㄷ   ③ ㄴ, ㄷ
④ ㄴ, ㄹ   ⑤ ㄷ, ㄹ

06 다음 내용과 관련된 법률로 가장 적절한 것은?

(하)
난이도

• 근로 조건과 근로자의 권리 등을 규정한 법이다.
• 근로자와 사용자 간의 이해관계를 조정하여 대립을 완화한다.

① 근로 기준법
② 소비자 기본권
③ 국민 건강 보험법
④ 남녀 고용 평등법
⑤ 국민 기초 생활 보장법

07 근로자의 권리에 대한 설명으로 옳지 않은 것은?

(중)
난이도

① 국가는 모든 국민의 근로의 권리를 보장해야 할 의무가 있다.
② 임금이나 근로 시간 등의 근로 조건의 수준은 법률로 규정하고 있다.
③ 헌법은 근로자의 권리와 이익을 향상하기 위해 근로자의 권리를 규정하고 있다.
④ 근로자는 사용자와 단체를 통해 원만한 교섭이 성립되지 않더라도 단체 행동을 할 수는 없다.
⑤ 일할 의사와 능력을 가진 사람이 일할 기회와 인간다운 생활의 보장을 요구할 수 있는 권리는 근로의 권리이다.

 같은 주제 다른 문제

● 빈칸 ㉠에 들어갈 용어로 옳은 것은? 답 ④

모든 국민은 (㉠)을 가진다. (㉠)은 일할 능력을 가진 사람이 국가에 대해 일할 기회와 인간다운 생활의 보장을 요구할 수 있는 권리이다.

① 자유권   ② 참정권   ③ 평등권   ④ 근로권   ⑤ 청구권

08 다음은 어떤 학생이 작성한 수행 평가 답안지이다. 이 학생이

(상)
난이도
받게 될 점수의 합계로 옳은 것은?

사회 수행 평가

※ 다음 내용이 근로자의 권리에 대한 옳은 설명이면 ○표, 틀리면 ×표를 하시오.

문항	내용	답
1	근로 기준법에 근로 조건의 기준을 명시하였다.	○
2	실제로 근로자와 사용자는 경제적·사회적으로 동등한 입장이다.	×
3	근로자의 고용 증진과 적정 임금을 위해 최저 임금 제도를 시행하고 있다.	○
4	근로의 권리는 근로의 능력과 의사를 가진 사람이 국가에게 일을 할 수 있는 기회를 보장해 줄 것을 요구할 수 있는 권리이다.	×
합계		

(단, 점수는 해당 문항이 정답이면 +10점, 오답이면 −10점으로 합산한다.)

① 0점   ② 10점   ③ 20점
④ 30점   ⑤ 40점

09 다음 빈칸에 들어갈 단체에 대한 설명으로 가장 적절한 것은?

(상)
난이도

> (   )은/는 근로자가 근로 조건의 개선 및 경제적·사회적 지위 향상을 목적으로 조직한 단체이다.

① 고용 노동부에 소속된 단체이다.
② 오직 사용자만이 근로 조건 향상을 위해 이 단체를 결성할 수 있다.
③ 이익 집단에 해당하며 사용자의 적정 임금과 근로 조건의 개선을 위해 노력한다.
④ 우리나라 헌법은 이 단체의 결성을 보장하는 반면 이들의 활동은 허용하고 있지 않다.
⑤ 이 단체는 경제적 지위가 다른 근로자와 사용자 간 경제적 불평등 문제를 해결하는 데에 도움을 준다.

같은 주제 다른 문제

● 다음 설명에 해당하는 단체로 옳은 것은? **답** ②

> 근로자가 근로 조건의 개선 및 경제적·사회적 지위 향상을 목적으로 조직하는 단체이다.

① 법원   ② 노동조합   ③ 고용 노동부
④ 노동 위원회   ⑤ 국가 인권 위원회

10 다음 자료와 관련한 근로자의 권리에 대한 옳은 설명을 보기에서 고른 것은?

(중)
난이도

근로 조건 개선하라!
– ○○ 자동차 노동조합

보기
ㄱ. 노동 3권 중 단체 교섭권에 해당한다.
ㄴ. 근로자는 합법적인 법적 절차에 따라 단체 행동권을 행사할 수 있다.
ㄷ. 근로자는 태업과 파업 등과 같은 쟁의 행위를 통해 단체 행동권을 행사한다.
ㄹ. 근로자는 노동조합에 가입함으로써 사용자보다 경제적으로 상위의 지위를 갖게 된다.

① ㄱ, ㄴ   ② ㄱ, ㄷ   ③ ㄴ, ㄷ
④ ㄴ, ㄹ   ⑤ ㄷ, ㄹ

11 노동권이 침해된 사례로 적절하지 <u>않은</u> 것은?

(하)
난이도

① 퇴직 후에도 밀린 임금을 받지 못하였다.
② 사용자와 협의하여 근로 조건을 개선하였다.
③ 육아 휴직을 신청하였더니 퇴사를 강요받았다.
④ 사용자로부터 위법한 근로 조건에서 일하도록 강요를 받았다.
⑤ 사용자에게 정당한 절차를 통해 교섭을 요구하였지만 거절당하였다.

12 부당 해고를 당한 근로자의 권리 구제 방법으로 적절한 것을 보기에서 고른 것은?

(상)
난이도

보기
ㄱ. 노동 위원회에 구제를 신청한다.
ㄴ. 법원에 해고 무효 확인의 소를 제기한다.
ㄷ. 헌법 재판소에 민사 소송을 제기하여 권리를 구제받는다.
ㄹ. 회사 방침에 따른 것이므로 해고를 인정하고 다른 직장을 찾아본다.

① ㄱ, ㄴ   ② ㄱ, ㄷ   ③ ㄴ, ㄷ
④ ㄴ, ㄹ   ⑤ ㄷ, ㄹ

13 다음과 같은 상황을 해결하기 위해 찾아가야 할 곳으로 가장 적절한 것은?

(중)
난이도

> 고등학생인 준서는 여름방학 동안 집 앞에 위치한 빵집에서 아르바이트를 하였다. 그런데 근무일이 한 달이 되지 않는다는 이유로 임금을 받지 못하였다. 준서는 진정서를 제출하여 이 상황을 해결하려고 한다.

① 헌법 재판소   ② 고용 노동부
③ 노동 위원회   ④ 국가 인권 위원회
⑤ 국가 권익 위원회

01 다음과 같은 역할을 담당하는 국가 기관을 쓰시오.

> • 재판을 통해 인권을 침해한 행위를 처벌하고 침해된 인권을 구제한다.
> • 진정이나 조정이 이루어지지 않을 경우 사용자를 상대로 소송을 제기하여 침해된 노동권을 구제받게 한다.

_____

02 다음 글을 읽고 물음에 답하시오.

> ◇◇ 가정 법원은 동성동본 혼인 금지 조항의 헌법에 명시된 기본권 침해 여부에 대한 (㉠)을/를 제청하였다. 1997년 이후 (㉡)은/는 동성동본의 혼인을 금지한 법률은 사회적 타당성이나 합리성에 부합하지 않고, 인간으로서의 존엄과 가치 및 행복 추구권을 비롯한 기본권을 침해한다며 위헌을 결정하였다. 이후 동성동본이라는 이유만으로 혼인을 할 수 없었던 많은 미혼남녀도 자유롭게 결혼을 할 수 있게 되었다.
>
> ※ 동성동본(同姓同本) 혼인 금지: 성과 본관이 모두 같다는 이유로 가족으로 간주하고, 이들의 결혼을 금지시켰던 제도

(1) 빈칸 ㉠에 들어갈 말을 쓰시오.

_____

(2) 빈칸 ㉡에 해당하는 국가 기관을 쓰시오.

_____

03 다음은 인권 침해를 당한 아름 씨의 이야기이다. 빈칸 ㉠에 들어갈 인권 구제 기관을 쓰고, 이 기관이 인권 보장을 위해 수행하는 역할을 서술하시오.

> 결혼 후 ◇◇ 대학원에 입학한 아름 씨는 2학기 등록을 앞두고 임신을 확인하였고, 휴학에 대해 알아보았다. 하지만 학교 측은 임신 및 출산과 관련한 별도의 휴학 제도는 없으니 현재의 학교 법령에 따라 출산 후에 육아와 학업을 병행할 수 없다면 학업을 포기하라는 통보를 내렸다. 아름 씨는 입학 관련 규정의 수정이 필요하다고 판단되어 (㉠)에 차별을 바로잡아 달라고 진정서를 제출하였다.

04 다음 헌법 조항을 보고 물음에 답하시오.

> 제33조 ① 근로자는 근로 조건의 향상을 위하여 자주적인 ㉠단결권, ㉡단체 교섭권 및 ㉢단체 행동권을 가진다.

(1) 밑줄 친 ㉠~㉢을 포괄하는 용어를 쓰시오.

_____

(2) 밑줄 친 ㉠~㉢의 의미를 각각 서술하시오.

_____

_____

05 다음 글을 읽고 물음에 답하시오.

> 우리나라는 (㉠)에 근로자의 권리를 규정하고 있으나 일상생활 속에서 (㉠)에 명시된 근로자의 권리가 그대로 보장되는 것은 아니다. 직장 내 성희롱, 폭언이나 폭력 사건이 발생하기도 하고, 임금을 제때에 받지 못하는 경우도 있으며, 정당한 이유 없이 사용자에게 해고당하는 등의 상황이 발생하기도 한다. 이는 모두 (㉡)에 해당한다.

(1) 빈칸 ㉠에 해당하는 법의 유형을 쓰시오.

_____

(2) 빈칸 ㉡에 들어갈 용어를 쓰시오.

_____

06 다음 글을 읽고 물음에 답하시오.

> A 기업의 사용자 측은 수차례에 걸쳐 노동조합을 결성, 가입, 활동하는 근로자를 찾아내어 합리적인 이유를 제시하지 않고 승진 등의 이익에서 제외시키거나 감봉 등의 불이익을 주는 등 정당한 노동조합의 활동을 지속적으로 방해하고 있다.

(1) 위와 같이 근로자의 노동권이 침해당한 경우를 무엇이라고 하는지 쓰시오.

_____

(2) (1)과 같은 상황을 구제할 수 있는 방법을 두 가지 서술하시오.(단, 노동권 구제 기관을 포함하여 서술할 것)

_____

_____

01 인권 보장과 헌법

1 인권의 의미와 특징

의미	인간이 마땅히 누려야 할 기본적인 권리
특징	천부적 권리, 자연적 권리, 보편적 권리, 불가침의 권리

2 인권의 보장

(1) **인권 보장의 중요성** 모든 인간이 인간다운 삶을 살 수 있도록 하기 위함

(2) **인권 보장을 위한 헌법의 역할** 인권 침해의 여부를 판단함, 인권 침해를 예방함, 침해된 인권을 구제함

3 기본권의 의미와 종류

(1) **의미** 헌법으로 규정된 국민의 기본적인 인권

(2) **인간의 존엄과 가치 및 행복 추구권** 모든 인간이 인간이라는 이유만으로 그 가치를 보장받고 존중받으며 행복을 추구할 수 있는 권리 ➡ 헌법에 보장된 모든 기본권의 토대가 됨

(3) **종류**

자유권	국가 권력의 간섭을 받지 않고 자유롭게 생활할 수 있는 권리 ⓔ 신체의 자유, 종교의 자유, 언론·출판의 자유, 직업 선택의 자유 등
평등권	성별, 종교 등에 의해 부당하게 차별받지 않을 권리
참정권	국가 기관의 형성 및 정치적 의사 결정 과정에 참여할 수 있는 권리 ⓔ 선거권, 공무 담임권, 국민 투표권 등
청구권	국가에 대하여 특정한 행위를 요구할 수 있는 권리 ⓔ 청원권, 재판 청구권, 국가 배상 청구권 등
사회권	국가에 대하여 인간다운 생활의 보장을 요구할 수 있는 권리 ⓔ 교육을 받을 권리, 인간다운 생활을 할 권리, 쾌적한 환경에서 살 권리 등

4 기본권의 제한과 한계

제한 목적	국가 권력이 국민의 기본권을 함부로 침해할 수 없도록 하기 위함
제한 범위	국가 안전 보장, 질서 유지, 공공복리를 위하여 필요한 경우에 한하여 제한함
제한 방법	국회에서 만든 법률로써 제한함
한계	자유와 권리의 본질적인 내용은 침해할 수 없음 ➡ 국가 권력의 남용을 방지함으로써 국민의 자유와 권리를 최대한 보장하기 위함

02 인권 침해와 구제

1 인권 침해

의미	개인이나 단체, 국가 기관이 다른 사람의 인권을 침범하여 해를 입히는 행위
원인	고정 관념이나 편견, 잘못된 관습, 불합리한 법률·제도 등
사례	아동이나 노인 방치, 집단 따돌림, 각종 차별 행위, 범죄 행위 등

2 인권을 구제하는 기관

법원	재판을 통해 분쟁을 해결하고 국민의 침해된 권리를 구제함
헌법 재판소	공권력 또는 법률로 인해 헌법상 기본권을 침해당한 국민이 권리 구제를 요청하면 헌법 소원 심판을 통해 이를 구제함
국가 인권 위원회	• 인권 침해의 소지가 있는 법이나 제도를 찾아 개선을 권고함 • 인권 침해나 차별 행위를 조사하여 구제함
국민 권익 위원회	• 국민의 고충과 민원을 처리 • 불합리한 행정 제도를 개선함
대한 법률 구조 공단	법률 구조 사업의 수행으로 경제적으로 어렵거나 법의 보호를 충분히 받지 못하는 국민의 권익을 보호함
언론 중재 위원회	잘못된 언론 보도로 인한 피해를 구제함
한국 소비자원	소비자의 권리 침해 시 이를 구제함

03 근로자의 권리와 노동권 침해 구제

1 헌법으로 보장된 근로자의 권리

(1) **근로의 권리** 일할 기회와 인간다운 생활의 보장을 요구할 수 있는 권리 ➡ 최저 임금 제도와 근로 기준법을 제정하여 근로자의 최소한의 인간다운 삶을 보장하기 위해 노력함

(2) **노동 3권** 근로의 권리 외에 근로자의 권익 향상을 위하여 근로자가 사용자와 대등한 지위를 가지고 근로 조건을 결정할 수 있도록 헌법으로 보장된 근로자의 권리

단결권	근로자가 근로 조건의 유지 및 개선, 경제적 향상을 위해 노동조합을 결성할 수 있는 권리
단체 교섭권	노동조합을 통해 사용자와 근로 조건을 집단적으로 교섭할 수 있는 권리
단체 행동권	단체 교섭이 원만하게 이루어지지 않을 경우 일정한 절차를 거쳐 쟁의 행위를 할 수 있는 권리

2 노동권의 침해와 구제 방법

(1) **노동권의 침해** 부당 해고, 부당 노동 행위, 임금 체불, 근로 계약서 미작성, 성희롱 및 폭력이나 폭언, 최저 임금 미준수 등

(2) **노동권 침해 사전 대응 방법** 사용자는 근로자의 노동권을 침해하지 않도록 노력, 노동조합과 사용자가 상호 존중하며 원만한 노사 관계 형성을 위해 노력

(3) **노동권 침해 시 구제 방법**

부당 해고	노동 위원회에 구제를 신청하거나 법원에 소송을 제기함
부당 노동 행위	노동 위원회에 구제를 신청하거나 법원에 소송을 제기함
임금 체불	고용 노동부에 진정서를 제출하거나 법원에 소송을 제기함

01 인권 보장과 헌법

서술형
01 빈칸 ㉠에 들어갈 말을 쓰고, ㉠을 헌법에 규정한 이유를 서술하시오.
(상) 난이도

> 모든 인간은 존엄하다. 따라서 모든 인간은 누구나 성별, 종교, 사회적 지위, 인종 등에 관계없이 인권을 가진다. 인권을 헌법에 규정하여 보장하는 권리를 (㉠)(이)라고 한다.

---

02 인권의 특성에 대한 설명으로 옳지 <u>않은</u> 것은?
(하) 난이도
① 모든 사람에게 차별 없이 부여된다.
② 어떤 제약도 없이 보편적으로 적용된다.
③ 태어나면서부터 하늘로부터 부여받는다.
④ 법으로 보장하기 이전에 주어진 권리이다.
⑤ 합리적인 근거가 존재하면 국가 권력에 의한 인권의 본질적인 내용의 침해도 허용된다.

03 헌법에 대한 옳은 설명만을 **보기**에서 있는 대로 고른 것은?
(중) 난이도

보기
ㄱ. 국민의 기본권을 규정한다.
ㄴ. 법률에 위배되는 헌법은 그 효력을 상실한다.
ㄷ. 국가의 통치 조직과 운영의 원리를 규정한다.
ㄹ. 한 국가의 법체계 속에서 최고의 권위를 갖는다.

① ㄱ, ㄴ ② ㄱ, ㄹ ③ ㄴ, ㄷ
④ ㄱ, ㄷ, ㄹ ⑤ ㄴ, ㄷ, ㄹ

04 헌법의 역할로 적절하지 <u>않은</u> 것은?
(중) 난이도
① 국민의 기본권을 규정한다.
② 법률을 제정하는 근거가 된다.
③ 인권의 침해 여부를 판단하는 기준이 된다.
④ 인권을 실질적으로 보장하는 역할을 담당한다.
⑤ 최상위 법인 헌법은 국민의 인권 침해를 허용한다.

05 다음 헌법 조항에 대한 설명으로 옳지 <u>않은</u> 것은?
(중) 난이도

> 제10조 모든 국민은 인간으로서의 존엄과 가치를 가지며 행복을 추구할 권리를 가진다. 국가는 개인이 가지는 불가침의 기본적 인권을 확인하고 이를 보장할 의무를 진다.

① 기본권의 천부 인권적 성격을 보여 준다.
② 헌법에 보장된 모든 기본권의 토대가 된다.
③ 국민의 기본권을 보장할 국가의 의무를 명시하고 있다.
④ 인간의 존엄과 가치 및 행복 추구권에 대해 규정하고 있다.
⑤ 헌법에 규정되어 있지 않은 기본권은 보호받을 수 없음을 보여 준다.

06 자유권의 내용으로 가장 적절한 것은?
(하) 난이도
① 국가의 의사 결정에 참여할 수 있다.
② 모든 국민은 어떠한 조건에 상관없이 평등하다.
③ 국가에 대하여 인간다운 생활의 보장을 요구할 수 있다.
④ 국가 권력의 간섭을 받지 않고 자유롭게 생활할 수 있다.
⑤ 다른 기본권이 침해되었을 때 구제받기 위한 수단이 된다.

07 평등권의 내용으로 옳지 <u>않은</u> 것은?
(중) 난이도
① 모든 국민은 법 앞에 평등하다.
② 다른 기본권의 보장을 위한 전제 조건이다.
③ 성별, 인종, 국적 등에 의해 차별받지 않는다.
④ 합리적인 이유 없이 불평등한 대우를 받지 않는다.
⑤ 조건에 따라 생활의 모든 영역에서 차별받을 수 있다.

02 인권 침해와 구제

주관식

08 빈칸 ㉠에 들어갈 말을 쓰시오.
(하) 난이도

주제: 일상생활 속에서 (㉠)의 사례 찾기

• 가정 내 (㉠): 노인과 아동의 방치 등
• 학교 내 (㉠): 외모나 인종 등에 의한 따돌림 등
• 직장 내 (㉠): 성별이나 학벌 등에 의한 차별적인 채용, 승진, 임금 배분 등

09 인권 침해의 구제 방법으로 옳은 것을 보기 에서 고른 것은?
(중) 난이도

보기
ㄱ. 법원은 재판을 통해 침해된 권리를 구제한다.
ㄴ. 정부, 국회, 법원을 제외한 국가 기관에 의한 침해는 구제할 수 없다.
ㄷ. 국가 인권 위원회는 인권 침해 행위를 직접 조사하고, 시정 사항을 권고한다.
ㄹ. 행정부에 의해 권리를 침해당한 경우에는 행정 심판만으로 구제 방법을 제한한다.

① ㄱ, ㄴ   ② ㄱ, ㄷ   ③ ㄴ, ㄷ
④ ㄴ, ㄹ   ⑤ ㄷ, ㄹ

주관식

10 빈칸 ㉠, ㉡에 들어갈 말을 쓰시오.
(중) 난이도

(㉠)은/는 헌법의 질서를 수호하고 국민의 기본권을 보장하기 위해 독립된 형태로 구성된 헌법 기관이다. 이곳의 가장 대표적인 역할 중 하나인 (㉡)은/는 국가 권력이나 법률에 의해 헌법상 기본권을 침해당한 국민이 권리 구제를 요청하면 이를 심판하는 것이다.

㉠ _____   ㉡ _____

11 다음 내용에 해당하는 인권 구제 방법으로 옳은 것은?
(하) 난이도

법원에서 국민의 기본권 침해 여부를 심판하는 것으로, 침해된 인권을 구제받을 수 있는 가장 보편적인 수단으로 활용된다.

① 진정   ② 탄핵   ③ 재판
④ 위헌 법률 심판   ⑤ 헌법 소원 심판

12 인권 구제에 대한 설명으로 옳지 <u>않은</u> 것은?
(하) 난이도

① 침해당한 인권을 구제받을 수 있는 방법과 절차를 미리 알아 둔다.
② 한번 침해된 인권은 복구되지 않으므로 최대한 신속하게 단념한다.
③ 수사 기관에 고소나 고발을 통해 개인이나 단체의 처벌을 요구한다.
④ 다양한 방법을 활용하여 자신의 권리 회복을 위해 적극적으로 노력한다.
⑤ 공권력을 행사할 수 있는 법원, 헌법 재판소 등과 같은 국가 기관에 요청한다.

13 인권 침해 시 구제받을 수 있는 방법으로 옳은 것을 보기 에서 고른 것은?
(중) 난이도

보기
ㄱ. 헌법 재판소에 헌법 소원 심판을 청구한다.
ㄴ. 침해된 인권이 하나라면 그 구제 방법도 하나뿐이다.
ㄷ. 다른 시민이 나의 인권을 침해한 경우 법원에 민사 소송을 청구한다.
ㄹ. 성별, 종교, 장애 등을 이유로 차별 대우를 받았다면 법원에 진정서를 제출한다.

① ㄱ, ㄴ   ② ㄱ, ㄷ   ③ ㄴ, ㄷ
④ ㄴ, ㄹ   ⑤ ㄷ, ㄹ

03 근로자의 권리와 노동권 침해 구제

14 (가), (나)에 해당하는 근로자의 권리를 바르게 연결한 것은?

(가) A 기업에 다니는 회사원 갑은 근로 조건의 개선을 위해 단체를 결성하였다.

(나) B 기업에서 근무하는 을은 노동조합에 소속되어 근로 조건의 개선을 위해 회사 측과 집단적인 협상을 시도하였다.

	(가)	(나)
①	단결권	단체 행동권
②	단결권	단체 교섭권
③	단체 행동권	단결권
④	단체 행동권	단체 교섭권
⑤	단체 교섭권	단체 행동권

15 헌법에 보장된 근로자의 권리에 대한 옳은 설명만을 보기에서 있는 대로 고른 것은?

보기
ㄱ. 근로자는 노동조합을 결성할 수 있다.
ㄴ. 모든 국민은 근로의 권리를 보장받을 수 있다.
ㄷ. 근로자는 노동조합을 통해 사용자와 교섭할 수 있다.
ㄹ. 근로자는 사용자와 원만한 교섭이 이루어지지 않을 경우 수단과 방법을 고려하지 않고 쟁의 행위를 할 수 있다.

① ㄱ, ㄴ   ② ㄱ, ㄹ   ③ ㄷ, ㄹ
④ ㄱ, ㄴ, ㄷ   ⑤ ㄴ, ㄷ, ㄹ

16 다음 사례에 해당하는 노동권 침해의 종류로 옳은 것은?

• A는 얼마 전 다니던 회사에 결혼 소식을 알린 후 회사로부터 퇴직을 강요받았다.
• 출산을 앞둔 B는 출산 휴가를 신청하려고 했다가 회사 측으로부터 퇴사를 요구받았다.

① 임금 체불   ② 부당 해고
③ 부당 노동 행위   ④ 근로 계약서의 미작성
⑤ 직장 내 성희롱 및 폭력

17 서술형 다음 헌법 조항이 공통으로 추구하는 목적을 서술하시오.(단, 근로자와 사용자의 경제적 지위를 비교하여 목적을 서술할 것)

제32조 ① 모든 국민은 근로의 권리를 가진다. 국가는 사회적·경제적 방법으로 근로자의 고용의 증진과 적정 임금의 보장에 노력하여야 하며, 법률이 정하는 바에 의하여 최저 임금제를 시행하여야 한다.

제33조 ① 근로자는 근로 조건의 향상을 위하여 자주적인 단결권·단체 교섭권 및 단체 행동권을 가진다.

18 다음 사례에 적용할 수 있는 노동권 침해의 구제 방법으로 적절한 것을 보기에서 고른 것은?

Q & A

Q. 저는 편의점에서 아르바이트를 하던 중 몸이 아파 주인에게 더는 일을 할 수 없다고 했습니다. 그런데 주인은 한 달도 채우지 못했다는 이유로 임금을 주지 않았습니다. 어떻게 해야 할까요?

보기
ㄱ. 고용 노동부에 진정서를 제출한다.
ㄴ. 법원에 민사 소송을 제기하여 구제받는다.
ㄷ. 헌법 재판소에 헌법 소원 심판을 청구한다.
ㄹ. 노동조합이 근로자를 대신하여 노동 위원회에 구제를 신청한다.

① ㄱ, ㄴ   ② ㄱ, ㄷ   ③ ㄴ, ㄷ
④ ㄴ, ㄹ   ⑤ ㄷ, ㄹ

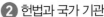

01 ● 국회
02 ● 행정부와 대통령 (1)

① 국회의 위상과 구성

1 국회의 의미와 위상

(1) **대의 민주 정치와 의회** 선거를 통해 선출된 대표들이 의회를 구성하여, 국민을 대신해 법을 만들고 주요 의사를 결정 – 우리나라에서는 의회를 국회라고 부른다.

(2) **국회** 국민이 선출한 대표로 구성된 국가 기관

(3) **국회의 위상**

국민의 대표 기관	국민이 직접 선출한 의원들로 구성
입법 기관	국가 조직과 통치의 기초가 되는 법률을 제·개정
국가 권력의 견제 기관	행정부, 사법부 등 다른 국가 기관을 감시하고 비판하여 국가 권력의 남용을 방지하고 국민의 기본권을 보장

★ 2 국회의 구성과 조직

우리나라는 국회 의원 선거에서 1인 2표제를 실시한다. 후보 개인 득표율에 따라 가장 많은 표를 얻은 1인이 그 지역의 지역구 의원에 당선되고, 각 정당별 득표율에 따라 비례 대표 의석이 배분된다.

(1) **국회의 구성** 선거로 선출된 지역구 의원과 비례 대표 의원으로 구성, 임기 4년, ❶중임 가능 → 선출된 국회 의원 중 국회의 대표인 국회 의장 1명, 부의장 2명 선출

지역구 의원	각 지역의 후보자 중 국민의 선거를 통해 최고 득표자로 선출
비례 대표 의원	각 정당의 득표율에 비례하여 선출

(2) **국회의 주요 조직**

① 본회의: 국회의 최종 결정이 이루어지는 회의 — 국회의 회의는 공개하는 것이 원칙이며, 일반적으로 재적 의원 과반수의 출석과 출석 의원 과반수의 찬성으로 의결한다.

정기회	매년 1회 정기적으로 열리는 회의
임시회	특별히 필요한 심의 안건이 있을 때 수시로 구성 └ 대통령이나 재적 의원 1/4 이상의 요구가 있을 때 열린다.

② 위원회: 국회의 효율적인 운영을 위해 각 분야의 전문성을 갖춘 의원들로 구성

상임 위원회	효율적인 의사 진행을 위해 재정, 외교·통일, 국방, 보건·복지, 교육 등 전문 분야별로 조직하며, 본회의에 앞서 해당 분야의 법률안, 예산안 등을 심사
특별 위원회	특별한 안건이 발생하였을 때 이를 처리하기 위해 임시로 설치

③ 교섭 단체: 20명 이상의 국회 의원으로 구성, 국회 의원들의 다양한 의사를 사전에 조정

 개념체크 시험에 꼭 나오는
1. 국회는 선거로 선출된 ＿ ＿ ＿ ＿ 의원과 ＿ ＿ ＿ ＿ ＿ 의원으로 구성된다.
2. 국회의 최종 결정은 본회의에서 이루어진다. (○, ×)

답 1. 지역구, 비례 대표 2. ○

자료 1 ② 국회의 권한

★ 1 입법에 관한 권한 – 입법 활동은 국회의 가장 대표적이고 중요한 역할이다.

자료 2 (1) 법률의 ❷제정 및 ❸개정 민주 국가에서는 법률이 모든 국가 작용의 근거가 되므로, 법률을 만들고 고치는 일은 국민의 대표 기관인 국회가 담당함

(2) 헌법 개정안 제안 및 의결

(3) ❹조약 체결·❺비준 동의 정부가 체결한 조약에 대해 국회가 확인하고 동의함

 용어 쏙쏙

❶ 중임(重 – 거듭하다, 任 – 맡길): 임기가 끝나거나 임기 중에 있을 때 거듭 입후보하여 선출될 수 있는 것

❷ 제정(制 – 지을, 定 – 정할): 제도나 법률 등을 만들어서 정함

❸ 개정(改 – 고칠, 正 – 바를): 원래 있던 내용을 고치는 것

❹ 조약(條 – 가지, 約 – 맺을): 국가 간의 정치적·외교적 사항에 관한 포괄적인 합의로, 국회의 동의를 얻으면 법률과 같은 효력이 있음

❺ 비준(批 – 비평할, 准 – 준할): 조약을 최종적으로 확인하고 동의하는 절차로, 우리나라는 대통령이 국회의 동의를 얻어 행사함

더알기 대의 민주 정치의 등장 배경

민주주의 국가에서 국가의 주요 정책은 나라의 주인인 국민이 직접 결정하는 것이 이상적이다. 그러나 현대 국가는 영토가 넓고 인구가 많아 모든 국민이 국가 운영에 직접 참여하기 어렵다. 또한 모든 국민이 정책 결정에 필요한 전문 지식을 갖추기도 쉽지 않다. 그래서 오늘날 대부분의 국가에서는 대의 민주 정치(간접 민주제)를 실시하고 있다.

자료 1 국회의 권한을 명시한 헌법

제40조 입법권은 국회에 속한다.
제52조 국회 의원과 정부는 법률안을 제출할 수 있다.
제54조 ① 국회는 국가의 예산안을 심의·확정한다.
제61조 ① 국회는 국정을 감사하거나 특정한 국정 사안에 대하여 조사할 수 있으며……
제63조 ① 국회는 국무총리 또는 국무 위원의 해임을 대통령에게 건의할 수 있다.
제65조 ① 대통령·국무총리·국무 위원·행정 각부의 장·헌법 재판소 재판관·법관·중앙 선거 관리 위원회 위원·감사원장·감사 위원 기타 법률이 정한 공무원이 그 직무 집행에 있어서 헌법이나 법률을 위배한 때에는 국회는 탄핵의 소추를 의결할 수 있다.

• 입법에 관한 권한: 제40조, 제52조
• 국가 재정에 관한 권한: 제54조 ①
• 일반 국정에 관한 권한: 제61조 ①, 제63조 ①, 제65조 ①

자료 2 법률의 제·개정 절차

| 법률안 제출·발의 | → | 상임 위원회 심의 | → | 본회의 의결 | → | 법률 공포 |

우리나라에서 법률안은 국회 의원 10인 이상이 발의하거나 정부가 제출할 수 있다. 국회 의장은 제출된 법률안을 상임 위원회에서 미리 심의를 받도록 한다. 심의를 마친 법률안은 국회 본회의에 상정되어 재적 의원 과반수의 출석과 출석 의원 과반수의 찬성으로 의결된다. 국회에서 의결된 법률안은 대통령이 15일 이내에 공포하며, 이의가 있어 거부권을 행사하면 재의결 절차를 밟게 된다. 법률은 특별한 규정이 없으면 공포한 날로부터 20일 후 효력이 발생한다.

2 국가 ❶재정에 관한 권한

(1) **예산안 심의·확정** 행정부가 세운 일 년 동안의 예산안을 심의하고 확정함

(2) **결산 심사** 정부가 예산을 제대로 사용하였는지 심사함

(3) **조세의 종목 및 세율 결정** 세금은 국민에게 경제적 부담을 주기 때문에 세금의 종류와 세율을 국회에서 법률로 정함

⭐3 일반 ❷국정에 관한 권한

(더알기) (1) **국정 감사 및 국정 조사** 국정 감사나 국정 조사를 통해 국정의 잘못된 부분을 찾아내어 바로잡도록 함 – 행정부를 견제하는 수단이다.

(2) **주요 공무원 임명 동의** 대통령이 임명하는 국무총리, 감사원장, 대법원장, 헌법 재판소장 등에 대한 임명 동의 ┌ 대통령, 국무총리, 국무 위원, 행정 각부의 장, 헌법 재판소 재판관, 법관, 중앙 선거 관리 위원회 위원, 감사원장, 감사 위원 등

(3) **탄핵 ❸소추권** 법률이 정한 공무원이 헌법 또는 법률 위반 시 파면을 요구하는 탄핵 소추를 의결할 수 있음 ┌ 국회에서 탄핵 소추를 의결하여 해당 공무원의 파면을 요구하면 이를 헌법 재판소가 심판하여 파면 여부를 결정한다.

> **시험에 꼭 나오는 개념체크**
> 1. 국회의 가장 대표적인 역할은 국가 운영의 근거가 되는 법률을 만드는 ___ 활동이다.
> 2. 국정 감사 및 국정 조사는 국회의 일반 국정에 관한 권한에 해당한다. (○, ×)
>
> 답 1. 입법 2. ○

3 행정부

1 행정과 행정부
행정부는 법률에 따라 사회 질서를 유지하고 국민을 보호하는 일, 각종 정책을 세우고 추진하는 일, 공공시설을 만들고 관리하는 일 등을 담당한다.

(자료3) (1) **행정** 국회가 제정한 법률을 집행하고, 공익 실현을 목적으로 각종 정책을 만들어 실행하는 활동 **예** 도로·항만·공항 건설, 사회 서비스 제공

(2) **행정부** 행정을 담당하는 국가 기관

(3) **행정 국가화** 현대 복지 국가에서 행정부의 적극적인 역할이 강조되면서, 입법부나 사법부에 비해 상대적으로 행정부의 역할이 비대해지고 있음

(자료4) ⭐2 행정부의 조직과 기능

대통령	• 행정부의 최고 책임자 • 행정부를 지휘·감독할 권한과 책임
국무총리	• 대통령을 보좌하여 행정 각부를 총괄함 • 대통령 자리가 공석일 경우 대통령의 권한을 대행함 • 국회의 동의를 얻어 대통령이 임명함
국무 회의	• 법률의 제정안 및 개정안, 예산안 등 정부의 중요한 정책을 논의하는 행정부의 최고 심의 기관 • 대통령, 국무총리, 국무 위원으로 구성 ┌ 대통령은 국무 회의의 의장, 국무총리는 부의장을 맡는다.
행정 각부	• 구체적인 행정 사무를 담당함 • 행정 각부의 장(장관)은 자신이 맡은 부서의 업무를 지휘·감독하며 국무 위원으로서 국무 회의에 참석함 – 행정 각부의 장관은 국무총리가 제청을 받아 대통령이 임명한다.
감사원	• 대통령 직속 기관이지만 업무상으로는 독립된 행정부 최고의 감사 기관 • 국가의 ❹세입·❺세출의 ❻결산을 검사 └ 감사원장은 국회의 동의를 얻어 대통령이 임명한다. • 행정 기관 및 공무원의 직무 ❼감찰 등 행정 전반을 감독

> **시험에 꼭 나오는 개념체크**
> 1. ___은 행정부 최고 책임자로서 행정부를 지휘·감독한다.
> 2. 현대 복지 국가에서는 행정부의 역할이 줄어들고 있다. (○, ×)
>
> 답 1. 대통령 2. ×

(더알기) 국정 감사와 국정 조사

국정 감사	매년 정기적으로 행정부가 하는 일을 감사하여 바로잡는 것
국정 조사	특정한 사안이 발생했을 때 그에 대해 조사하여 바로잡는 것

(자료3) 우리 주변에서 만나는 행정

▲ 학교 교육 　　▲ 주민 센터의 민원 업무

교통정리, 화재 진압, 학교 교육, 주민 센터의 민원 업무 등은 모두 우리 주변에서 찾아볼 수 있는 행정 작용이다. 이처럼 행정이란 국민의 복리 증진을 위한 정부의 적극적인 활동을 말한다.

(자료4) 우리나라의 정부 조직도

(청와대, 2017)

2017년 7월 정부 조직법이 개정되면서 2원 18부 5처 17청으로 정부 조직이 개편되었다. 정부 조직은 대통령이 바뀔 때마다 조금씩 변화한다. 우리나라의 행정부는 대통령을 중심으로 국무총리와 국무 회의, 감사원, 행정 각부로 구성된다. 효율적이고 전문적인 업무 처리를 위해 위와 같이 체계적으로 조직되어 있다.

용어 쏙쏙

❶ 재정(財 – 재물, 政 – 정사): 국가가 행정 활동을 하기 위해 필요한 재산을 조달하며, 관리하고 사용하는 모든 경제 활동
❷ 국정(國 – 나라, 政 – 정사): 한 국가의 정치 전반
❸ 소추(訴 – 호소할, 追 – 따를): 법적 심판을 하도록 요구하는 것
❹ 세입(歲 – 해, 入 – 들): 정부 또는 지방 자치 단체의 한 회계 연도의 모든 수입
❺ 세출(歲 – 해, 出 – 날): 정부 또는 지방 자치 단체의 한 회계 연도의 모든 지출
❻ 결산: 일정 기간의 수입과 지출을 계산하는 것
❼ 감찰: 공무원의 위법 행위를 조사하여 징계를 내리거나 수사 기관에 고발하는 것

STEP 1 개념 확인

01 다음 빈칸에 알맞은 말을 쓰시오.

(1) (   )은/는 국민의 대표 기관이자 입법 기관이다.

(2) 우리나라 국회는 각 지역에서 선출된 (   ) 의원 과 각 정당의 득표율에 비례하여 선출된 (   ) 의원으로 구성된다.

(3) 국회의 모든 결정은 최종적으로 (   )에서 이루어진다.

(4) 국회는 법률이 정한 공무원이 헌법 또는 법률을 위반한 경우에 (   )을/를 의결할 수 있다.

02 다음 중 알맞은 말에 ○표를 하시오.

(1) 국회 의원의 임기는 (4년, 5년)이다.

(2) 국회는 매년 정기 국회 기간에 국정 전반에 대해 (국정 감사, 국정 조사)를 실시한다.

(3) 국회는 법률안, 예산안 등의 능률적인 심의를 위해 본회의에 앞서 분야별로 나누어 심의할 수 있도록 (상임 위원회, 특별 위원회)를 두고 있다.

03 국회의 각 권한에 따라 주어지는 역할을 **보기**에서 골라 기호를 쓰시오.

보기
ㄱ. 법률 제·개정
ㄴ. 탄핵 소추 의결
ㄷ. 예산안 심의·확정
ㄹ. 조약 체결·비준 동의
ㅁ. 국정 감사 및 국정 조사
ㅂ. 조세의 종목 및 세율 결정

(1) 입법에 관한 권한   (   )
(2) 재정에 관한 권한   (   )
(3) 일반 국정에 관한 권한   (   )

04 서로 관련 있는 것끼리 연결하시오.

(1) 대통령 •   • ㉠ 행정부 최고 책임자
(2) 감사원 •   • ㉡ 행정부 최고 심의 기관
(3) 국무 회의 •   • ㉢ 행정부 최고 감사 기관

05 다음 설명이 맞으면 ○표, 틀리면 ×표 하시오.

(1) 각종 법률을 제정하는 것을 행정이라고 한다. (   )
(2) 국무총리는 대통령 자리가 공석일 경우 대통령의 권한을 대행한다. (   )
(3) 현대 복지 국가에서는 행정부의 권한이 입법부에 비하여 상대적으로 약화되고 있다. (   )

STEP 2 대표 문제

01 다음과 같은 위상을 가지는 국가 기관으로 옳은 것은?
(하 난이도)

- 입법 기관
- 국민의 대표 기관
- 국가 권력의 견제 기관

① 국회   ② 법원   ③ 대통령
④ 행정부   ⑤ 헌법 재판소

02 밑줄 친 ㉠과 같은 현상이 나타나게 된 배경을 **보기**에서 고른 것은?
(중 난이도)

민주주의 국가에서 나라의 주인은 국민이므로 국가의 정책은 국민이 직접 결정하는 것이 이상적이다. 그러나 오늘날 대부분의 국가는 ㉠선거를 통해 선출된 대표로 의회를 구성하여 국민을 대신해 법을 만드는 대의 민주 정치를 시행하고 있다.

보기
ㄱ. 행정 국가화 현상이 강화되기 때문에
ㄴ. 영토가 넓고 인구가 많아졌기 때문에
ㄷ. 과거에 비해 사회가 단순해졌기 때문에
ㄹ. 모든 국민이 전문 지식을 갖추기 어렵기 때문에

① ㄱ, ㄴ   ② ㄱ, ㄷ   ③ ㄴ, ㄷ
④ ㄴ, ㄹ   ⑤ ㄷ, ㄹ

03 국회에 대한 설명으로 옳지 <u>않은</u> 것은?
(중 난이도)

① 국회의 대표로 국회 의장을 선출한다.
② 법률을 제정하거나 개정하는 입법 기관이다.
③ 국회 의원의 임기는 5년이며 중임할 수 없다.
④ 지역구 의원과 비례 대표 의원으로 구성된다.
⑤ 선거를 통해 국민이 선출한 국회 의원들로 구성된다.

04 다음 설명에 해당하는 국회의 조직으로 옳은 것은?
(하 난이도)

재정, 외교, 국방, 교육 등 전문적인 분야로 나누어 조직되어 있다. 효율적인 의사 진행을 위해 본회의에 앞서 해당 분야의 법률안이나 예산안 등을 먼저 심의한다.

① 본회의   ② 교섭 단체   ③ 국회 의장
④ 국무 회의   ⑤ 상임 위원회

05 다음은 국회 의사당을 견학한 후 정리한 보고서이다. ㉠~㉢에 대한 옳은 설명을 보기 에서 고른 것은?

(상) 난이도

이곳은 (㉠)장으로, 국회 의원 전체가 모이는 곳이다.	재정, 국방, 외교, 교육 등 전문 분야로 나누어 조직된 (㉡)의 회의실이다.	이곳은 (㉢)의 공간이다. (㉢)은/는 국회를 대표하여 국회 질서 유지, 국회 사무 감독과 같은 일을 한다.

보기
ㄱ. ㉠은 본회의이다.
ㄴ. ㉡은 교섭 단체이다.
ㄷ. ㉢은 국회의 대표로, 국회 의원 중 선출된다.
ㄹ. ㉡에서 의결된 법률안은 즉시 대통령에게 이송된다.

① ㄱ, ㄴ ② ㄱ, ㄷ ③ ㄴ, ㄷ
④ ㄴ, ㄹ ⑤ ㄷ, ㄹ

06 국회의 조직과 운영에 대한 설명으로 옳지 않은 것은?

(중) 난이도
① 국회의 회의는 비공개가 원칙이다.
② 본회의에는 정기회와 임시회가 있다.
③ 국회 의원들은 교섭 단체를 조직할 수 있다.
④ 모든 결정은 최종적으로 본회의에서 이루어진다.
⑤ 위원회는 본회의 심의에 앞서 의안을 미리 심사한다.

07 빈칸 (가), (나)에 알맞은 말을 바르게 연결한 것은?

(중) 난이도

법률안 제출 → 국회 의장 → 상임 위원회 → (가) → (나) → 공포
회부   상정   이송   15일 이내

	(가)	(나)
①	본회의	대통령
②	본회의	교섭 단체
③	대통령	국무 회의
④	교섭 단체	대통령
⑤	교섭 단체	본회의

08 밑줄 친 ㉠에 대한 설명으로 가장 적절한 것은?

(중) 난이도

국회, ㉠국정 감사 마무리
상임 위원회별로 진행된 이번 ㉠국정 감사에서 ……
국회 국방 위원회는 국방부가 지난해 납품 비리 의혹을 받았던 A 기업으로부터 시중보다 높은 가격으로 군 물품을 구매한 사실을 밝혀 냈다.

① 행정부를 감시하고 견제하는 활동이다.
② 특정한 사안이 발생했을 때 수시로 실시한다.
③ 국회가 입법 기관이기 때문에 주어지는 역할이다.
④ 대통령 직속 기관인 감사원을 견제하기 위한 활동이다.
⑤ 법률이 정한 공무원이 헌법 또는 법률을 위반한 경우에 실시한다.

같은 주제 다른 문제

◈ 다음과 같은 국회의 활동으로 옳은 것은? 답 ①

국회는 매년 정기적으로 행정부가 하는 일을 감사하여 바로잡는 역할을 한다.

① 국정 감사 ② 조약 체결 ③ 결산 심사
④ 탄핵 소추 ⑤ 예산안 심의

09 법률 제·개정 절차에 대한 설명으로 옳은 것은?

(중) 난이도
① 법률안 제출은 국회 의원만 할 수 있다.
② 법률안은 공포된 즉시 효력이 발생한다.
③ 의결을 거친 법률안은 국회 의장이 공포한다.
④ 최종 의결은 소관 상임 위원회에서 이루어진다.
⑤ 대통령은 법률안에 대해 거부권을 행사할 수 있다.

10 국회의 권한에 대한 설명으로 옳은 것은?

(상) 난이도
① 행정부가 세운 일 년 동안의 예산안을 심의하고 확정한다.
② 고위 공무원의 파면 결정을 내려 행정부를 견제할 수 있다.
③ 법률과 동일한 효력을 갖는 국가 간 조약을 직접 체결한다.
④ 매년 정기 국회 기간에 결산 검사를 실시하여 국정 운영을 감시한다.
⑤ 대법원장, 대법관, 헌법 재판소장 등의 주요 헌법 기관을 임명하는 권한을 갖는다.

11 국회가 행정부의 국정 운영을 감시하는 권한으로 옳은 것을 〈보기〉에서 고른 것은?
(중)
난이도

> **보기**
> ㄱ. 탄핵 소추 의결
> ㄴ. 법률 제정 및 개정
> ㄷ. 국정 감사 및 조사
> ㄹ. 헌법 개정안 제안 및 의결

① ㄱ, ㄴ   ② ㄱ, ㄷ   ③ ㄴ, ㄷ
④ ㄴ, ㄹ   ⑤ ㄷ, ㄹ

같은 주제 다른 문제

● 국회가 다음과 같은 권한을 행사하는 목적으로 가장 적절한 것은? 🅐 ⑤

| • 탄핵 소추 의결 | • 국정 감사 및 조사 |

① 입법 권한 확대   ② 국회의 위상 강화   ③ 사법부 독립 확보
④ 국가의 재정 관리   ⑤ 국정 운영 감시 및 견제

12 행정에 대한 설명으로 옳지 않은 것은?
(하)
난이도
① 행정부가 담당한다.
② 법률을 집행하는 활동이다.
③ 국가의 목적이나 공익을 위한 권력 작용이다.
④ 현대 복지 국가에서는 행정 작용이 축소되고 있다.
⑤ 국회가 제정한 법률의 범위 안에서 이루어져야 한다.

13 행정 작용의 사례로 볼 수 없는 것은?
(중)
난이도
① 소방관이 화재를 진압한다.
② 구청에서 여권을 발급한다.
③ 새로운 고속도로를 건설한다.
④ 경찰이 교통 법규 위반 차량을 단속한다.
⑤ 아동 수당 지급을 위한 법률을 제정한다.

14 행정부에 대한 설명으로 옳지 않은 것은?
중요
(중)
난이도
① 행정 각부 장관은 국무 회의에 참석한다.
② 국무 회의는 행정부의 최고 심의 기관이다.
③ 행정 각부는 구체적인 행정 사무를 담당한다.
④ 국무총리는 선거로 선출된 행정부의 최고 책임자이다.
⑤ 감사원은 대통령 직속 기관으로 공무원의 직무를 감찰한다.

15 (가), (나)에 해당하는 국가 기관을 바르게 연결한 것은?
(중)
난이도

> (가) 정부의 중요한 정책을 논의하는 행정부의 최고 심의 기관
> (나) 행정 기관과 공무원에 대한 직무 감찰을 하는 대통령 직속 기관

	(가)	(나)
①	대통령	감사원
②	대통령	국무 회의
③	감사원	국무 회의
④	국무 회의	감사원
⑤	국무 회의	행정 각부

16 국무 회의에 대한 설명으로 옳은 것은?
중요
(중)
난이도
① 행정 각부의 장은 참여할 수 없다.
② 정부의 중요한 정책을 심사하고 토론한다.
③ 국민이 선출한 국무 위원들로 구성되어 있다.
④ 대통령, 국무총리, 국회 의원이 모여 정책을 논의한다.
⑤ 최종 의결이 이루어지는 입법부 최고의 회의 기구이다.

17 다음은 정부 조직도를 간략하게 나타낸 것이다. ㉠~㉢에 대한 설명으로 옳은 것은?
(상)
난이도

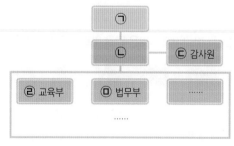

① ㉠은 국회 의원이다.
② ㉡은 국민의 직접 선거로 선출된다.
③ ㉢은 정부의 주요 정책을 심의하는 기관이다.
④ ㉣과 ㉤의 장은 ㉠이 임명한다.
⑤ ㉣과 ㉤은 부처 업무와 관련된 법률을 의결한다.

01 다음을 보고 물음에 답하시오.

> 국회는 국민을 대신하여 국가 정책의 바탕이 되는 법률을 만드는 (가)(㉠)에 관한 권한을 갖는다.

(1) 빈칸 ㉠에 들어갈 말을 쓰시오.

_____

(2) 국회가 갖는 밑줄 친 (가)를 두 가지 서술하시오.(단, 제시된 '법률을 제정'하는 것을 제외한 다른 역할을 쓸 것)

_____

_____

02 다음 사회 시간에 정리한 내용을 보고 물음에 답하시오.

> 〈국회의 조직〉
> • (㉠): 일정 수(20인) 이상의 국회 의원이 소속된 단체로, 의원들의 의사를 사전에 조정한다.
> • (㉡): 재정, 국방, 외교 등 16개의 분야로 나뉘어 각 분야에 전문성을 가진 의원들이 본회의에 앞서 관련된 안건을 심사한다.

(1) 빈칸 ㉠, ㉡에 들어갈 말을 쓰시오.

㉠ _____   ㉡ _____

(2) ㉠, ㉡과 같은 조직을 두는 목적을 서술하시오.

_____

_____

03 (가), (나)에 해당하는 국회 의원의 종류를 쓰시오.

> (가) 각 지역의 후보자 중 선거를 통해 선출된 국회 의원
> (나) 각 정당의 득표율에 비례하여 선출된 국회 의원

(가) _____   (나) _____

04 국회가 다음과 같은 역할을 하는 목적을 서술하시오.

> 국회는 매년 정기 국회 기간에 국정 전반에 대해 국정 감사를 실시하고, 특정한 사안에 대해 국정 조사를 실시한다.

_____

_____

05 빈칸 ㉠에 알맞은 국가 기관을 쓰시오.

_____

06 다음과 같은 회의가 이루어지는 정부 조직은 무엇인지 쓰고, 그 역할을 서술하시오.

_____

_____

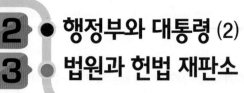

02 ● 행정부와 대통령 (2)
03 ● 법원과 헌법 재판소

① 대통령

1 대통령의 선출과 임기

(1) **선출** 국민의 직접 선거를 통해 선출
(2) **임기** 5년, 중임 금지 ┌ 대통령의 임기를 제한하는 것은 대통령의 장기 집권과 그에 따른 독재 정치로 국민의 자유와 권리가 침해되는 것을 막기 위해서이다.

> **헌법 제67조** ① 대통령은 국민의 보통·평등·직접·비밀 선거에 의하여 선출한다.
> **제70조** 대통령의 임기는 5년으로 하며, 중임할 수 없다.

[자료1] 2 대통령의 지위

(1) **국가 ❶원수**
① 국가의 최고 지도자로서 대외적으로 국가를 대표함
② 대내적으로 헌법 기관을 구성하고 국가와 헌법을 수호함
(2) **행정부 ❷수반**
① 행정부를 지휘·감독하는 최고 책임자
② 행정 작용에 대한 최종적인 권한과 책임을 짐

[자료2] 3 대통령의 권한

(1) **국가 원수로서의 권한**

대외적 국가 대표	• 외국과 조약을 체결함 • 외교 사절을 보내거나 맞이함 • 외국에 대해 전쟁을 선포할 수 있음
국가와 헌법 수호	국가에 위태로운 상황이 생겨 긴급한 조치가 필요한 경우 ❸긴급 명령이나 ❹계엄을 선포할 수 있음
국정 조정	• 헌법 개정안을 제안할 수 있음 • 국가 중요 정책을 결정할 때 국민 투표를 시행할 수 있음
헌법 기관 구성	국회의 동의를 얻어 대법원장, 대법관, 헌법 재판소장, 감사원장 등을 임명하여 헌법 기관을 구성함

(2) **행정부 수반으로서의 권한**
행정 공무원을 임명하여 행정부를 구성하는 것은 행정부 수반으로서의 권한이며, 헌법 기관의 장을 임명하여 헌법 기관을 구성하는 것은 국가 원수로서의 권한이다.

행정부 지휘 및 감독	국무 회의 의장으로서 국가의 중요 정책을 심의하고 최종적으로 결정하며, 행정부를 지휘하고 감독함
국군 지휘·통솔	국군의 최고 사령관으로서 국군을 지휘하고 통솔함
고위 공무원 ❺임면	국무총리, 국무 위원, 행정 각부의 장 등 법률이 정한 행정부의 고위 공무원을 임명하거나 해임함
대통령령 제정	법률에서 위임받은 사항과 법률을 집행하는 데 필요한 사항에 대해 대통령령을 만들 수 있음
법률안 거부권 행사	권력 분립의 원리에 따라 법률안 거부권을 행사함으로써 국회를 견제할 수 있음

└ 대통령이 제정하여 공포하는 명령이다.

> **[시험에 꼭 나오는 개념 체크]**
> 1. 대통령은 (국가 원수, 행정부 수반)(으)로서 대외적으로 국가를 대표한다.
> 2. 대통령은 국가의 원수로서 국군을 지휘·통솔하는 권한을 가진다. (○, ×)
>
> 답 1. 국가 원수 2. ×

[자료1] 헌법에 명시된 대통령의 지위

> **제66조** ① 대통령은 국가의 원수이며, 외국에 대하여 국가를 대표한다.
> ④ 행정권은 대통령을 수반으로 하는 정부에 속한다.

우리나라 대통령은 국가 원수로서의 지위와 행정부 수반으로서의 지위를 지니는데, 이러한 대통령의 지위는 헌법에 명시되어 있다. 즉 대통령은 헌법에서 규정하고 있는 기관임을 알 수 있다.

[자료2] 헌법에 명시된 대통령의 권한

국가 원수	**제72조** 대통령은 …… 중요 정책을 국민 투표에 부칠 수 있다.
	제73조 대통령은 조약을 체결·비준하고, 외교 사절을 신임·접수 또는 파견하며,…….
	제76조 ① 대통령은 …… 위기에 있어서 …… 최소한으로 필요한 재정·경제상의 처분을 하거나 이에 관하여 법률의 효력을 가지는 명령을 발할 수 있다.
	제77조 ① 대통령은 …… 계엄을 선포할 수 있다.
	제104조 ① 대법원장은 국회의 동의를 얻어 대통령이 임명한다.
	제111조 ④ 헌법 재판소의 장은 국회의 동의를 얻어 재판관 중에서 대통령이 임명한다.
	제128조 ① 헌법 개정은 국회 재적 의원 과반수 또는 대통령의 발의로 제안된다.
행정부 수반	**제53조** ② 법률안에 이의가 있을 때에는 대통령은 …… 재의를 요구할 수 있다.
	제74조 ① 대통령은 헌법과 법률이 정하는 바에 의하여 국군을 통수한다.
	제75조 대통령은 …… 필요한 사항에 관하여 대통령령을 발할 수 있다.
	제78조 대통령은 헌법과 법률이 정하는 바에 의하여 공무원을 임면한다.
	제86조 ① 국무총리는 국회의 동의를 얻어 대통령이 임명한다.
	제88조 ③ 대통령은 국무 회의의 의장이 되고…….

용어 쏙쏙

❶ 원수(元 - 으뜸, 首 - 머리): 한 나라에서 최고 권력을 지니면서 나라를 다스리는 사람
❷ 수반: 행정부의 가장 높은 자리에 있는 사람
❸ 긴급 명령: 국가 비상사태 시에 법률에 의하지 않고 국민의 기본권을 제한할 수 있는 법률적 효력을 가진 명령
❹ 계엄: 전쟁과 같은 비상사태가 발생했을 때 해당 지역의 사법권과 행정권을 군대에 맡겨 행사하도록 하는 제도
❺ 임면: 일정한 지위나 임무를 남에게 맡기는 임명과, 일정한 지위나 임무에서 물러나게 하는 면직을 합한 말

2 법원과 헌법 재판소

1 법원과 사법부의 독립

(1) 사법과 법원의 의미

① 사법(司法): 분쟁을 해결하기 위해 법을 해석하고 적용하는 국가 작용

② 법원: 사법 작용을 담당하는 기관으로 사법부라고 함
└ 분쟁을 해결하여 사회 질서를 유지하고, 국민의 권리를 보호하는 역할을 한다.

[자료3] (2) 사법부의 독립

① 의미: 재판이 독립적으로 이루어지는 것

② 목적: 공정한 재판을 통한 국민의 자유와 권리 보장

③ 내용 ┌ 다른 국가 기관들의 간섭과 영향을 배제하여 자유롭고 공정하게
　　　　 재판할 수 있게 하려는 것이다.

법원의 독립	법원의 조직이나 운영에서 외부의 간섭이나 영향을 받지 않아야 함
법관의 독립	법관이 어떤 외부의 간섭도 받지 않고 오로지 헌법과 법률에 의해 양심에 따라 독립하여 심판할 수 있어야 함

　　　　└ 이를 위해 우리나라에서는 법관의 임기와 신분을 헌법으로 보장하고 있다.

2 법원의 조직과 기능

[자료4] (1) 법원의 조직

대법원	우리나라의 최고 법원, 주로 고등 법원을 거친 3심 사건의 최종적인 재판 담당, 명령·규칙·처분 심사권을 가짐
고등 법원	주로 지방 법원 1심 사건에 대한 2심 사건을 재판
지방 법원	주로 민사 또는 형사 재판의 1심 사건을 재판
더알기 특수 법원	특허 법원, 가정 법원, 행정 법원 등

(2) 법원의 기능

① 재판을 통한 법적 분쟁 해결: 법원의 가장 기본적이고 중요한 기능

② 위헌 법률 심판 **❶**제청: 법률이 헌법에 위반되는지 여부가 재판의 전제가 된 경우 각급 법원이 헌법 재판소에 제청 – 입법부를 견제하는 수단이다.

③ **❷**명령·**❸**규칙·**❹**처분 심사: 명령·규칙·처분이 헌법과 법률에 위반되는지 여부가 재판의 전제가 된 경우 대법원이 최종적으로 심사 – 행정부를 견제하는 수단이다.

더알기 ### 3 헌법 재판소의 위상과 역할 ┌ 법률이나 행정 작용이 헌법에 위배되거나 기본권을 침해할 때
　　　　　　　　　　　　　　　　　└ 헌법을 기준으로 내리는 최종적인 심판이다.

(1) 헌법 재판소의 위상 ─ 헌법 재판을 담당하는 독립된 국가 기관

헌법 수호 기관	헌법을 기준으로 최종적인 판단을 내림으로써 헌법의 침해를 방지
기본권 보장 기관	국가 권력에 의해 침해된 국민의 기본권을 보장

더알기 **(2) 헌법 재판소의 역할**

위헌 법률 심판	재판 과정에서 법률의 위헌 여부가 재판의 전제가 되는 경우
헌법 소원 심판	**❺**공권력의 행사 또는 불행사로 인해 기본권이 침해된 경우
탄핵 심판	법률이 정한 고위 공무원이 직무상 헌법이나 법률을 위반하여 국회가 탄핵 소추를 의결한 경우
권한 쟁의 심판	국가 기관 상호 간이나 국가 기관과 지방 자치 단체 간, 지방 자치 단체 상호 간 권한과 의무의 범위에 관한 다툼이 생긴 경우
정당 해산 심판	정당의 목적이나 활동이 헌법에서 정하는 민주적 기본 질서에 어긋나는 경우

시험에 꼭 나오는 개념 체크
1. 고등 법원을 거친 3심 사건의 최종적인 재판은 헌법 재판소가 담당한다. (○, ×)
2. 위헌 법률 심판을 담당하는 기관은 ＿＿ ＿＿＿＿이다.

답 1. × 2. 헌법 재판소

우리 헌법은 법원의 독립을 보장할 뿐만 아니라, 법관의 신분과 임기 등을 헌법에 명시하여 법관이 독립적으로 공정하게 재판할 수 있도록 하고 있다.

[자료4] **우리나라 법원의 조직**

더알기 **특수 법원**

특허 법원	특허권과 관련된 사건을 담당
가정 법원	가사 사건과 소년 보호 사건을 담당
행정 법원	행정 관련 사건을 담당

더알기 **헌법 재판소의 구성**

헌법 재판소는 법관의 자격을 가진 9명의 재판관으로 구성된다. 재판관은 대통령이 임명하는데, 이 중 3명은 국회에서 선출하는 자를, 3명은 대법원장이 지명하는 자를 임명한다. 재판관의 임기는 6년이며 연임할 수 있다. 헌법 재판소장은 국회의 동의를 얻어 재판관 중에서 대통령이 임명한다.

더알기 **헌법 재판의 청구권자**

위헌 법률 심판	법원
헌법 소원 심판	기본권을 침해받은 국민
탄핵 심판	국회(탄핵 소추를 의결하여 청구)
권한 쟁의 심판	해당 기관
정당 해산 심판	행정부

용어 쏙쏙

❶ 제청: 어떤 안건을 제시하여 결정하여 달라고 청구하는 것
❷ 명령: 국회의 의결을 거치지 않고 행정 기관에 의하여 제정되는 국가의 법령으로, 법률보다 하위의 법에 해당함
❸ 규칙: 헌법이나 법률에 입각하여 정립되는 제정법의 한 형식
❹ 처분: 행정 주체가 구체적 사실에 관한 법 집행으로서 공법 행위 가운데 권력적 단독 행위를 하는 것
❺ 공권력: 국가나 공공 단체가 국민에 대하여 우월한 의사 주체로서 명령·강제하는 권력

01 다음 빈칸에 알맞은 말을 쓰시오.

(1) (　　　　)은/는 국가 원수이자 행정부의 수반이다.
(2) 대통령은 국민의 직접 (　　　　)을/를 통해 선출하며 임기는 (　　　　)년이다.
(3) 대통령은 (　　　　)(으)로서 행정 작용에 대해 최종적인 책임을 진다.
(4) 대통령은 행정부의 주요 업무를 심의하는 (　　　　)의 의장으로서 국가의 중요한 정책을 최종적으로 결정한다.

02 대통령의 국가 원수로서의 권한과 행정부 수반으로서의 권한을 보기 에서 골라 기호를 쓰시오.

> **보기**
> ㄱ. 국군 통솔권　　　　ㄴ. 계엄 선포권
> ㄷ. 공무원 임면권　　　　ㄹ. 법률안 거부권
> ㅁ. 조약 체결·비준권　　　ㅂ. 헌법 개정안 제안권

(1) 국가 원수로서의 권한　　　　　　(　　　)
(2) 행정부 수반으로서의 권한　　　　(　　　)

03 다음 설명이 맞으면 ○표, 틀리면 ×표 하시오.

(1) 대통령은 국가 원수로서 국가가 위태로운 상황에서 필요한 경우 긴급 명령이나 계엄을 선포할 수 있다.
　　　　　　　　　　　　　　　　　　　(　　　)
(2) 대통령은 국가 원수로서 국무총리, 국무 위원, 행정 각부의 장 등을 임명할 수 있다.　　(　　　)
(3) 사법이란 법을 해석하고 집행하는 적극적인 국가 작용이다.　　　　　　　　　　　　(　　　)
(4) 헌법 재판소는 최고 법원으로서 3심 사건의 최종 재판을 담당한다.　　　　　　　　(　　　)

04 서로 관련 있는 것끼리 연결하시오.

(1) 지방 법원 •　　　　　• ㉠ 주로 1심 재판 담당
(2) 특허 법원 •　　　　　• ㉡ 주로 2심 재판 담당
(3) 고등 법원 •　　　　　• ㉢ 특허권 분쟁을 담당

05 다음 중 알맞은 말에 ○표를 하시오.

(1) 법률을 해석하고 적용하는 것을 사법이라고 하며, 우리나라에서는 (법원, 국회)이/가 담당하고 있다.
(2) 위헌 법률 심판을 제청할 수 있는 법원의 권한은 (행정부, 입법부)를 견제하는 것이다.
(3) 법원은 법률의 위헌 여부가 재판의 전제가 된 경우 헌법 재판소에 (위헌 법률 심판, 헌법 소원 심판)을 청구할 수 있다.

01 대통령에 대한 설명으로 옳은 것은?
(하 난이도)
① 입법부의 수반이다.
② 간접 선거로 선출된다.
③ 대외적으로 국가를 대표한다.
④ 임기는 4년이며 중임할 수 없다.
⑤ 국가 원수로서 국무 회의를 주재한다.

02 다음은 대통령의 공개 일정이다. 국가 원수로서 권한을 행사한 일정을 ㉠~㉤ 중 고른 것은?
(상 난이도)

월	화	수	목	금
㉠	㉡	㉢	㉣	㉤
제20회 국무 회의 주재	개헌안 발의	법무부 장관 임명	대법원장 임명	한·미 정상 회담

① ㉠, ㉡, ㉢　　　② ㉠, ㉡, ㉤　　　③ ㉡, ㉢, ㉣
④ ㉡, ㉣, ㉤　　　⑤ ㉢, ㉣, ㉤

03 다음 헌법 조항과 관련있는 대통령의 권한으로 옳은 것은?
(중 난이도)

> 제66조 ④ 행정권은 대통령을 수반으로 하는 정부에 속한다.

① 다른 나라와 조약을 체결할 수 있다.
② 국회가 의결한 법률안을 거부할 수 있다.
③ 나라가 위태로울 때 긴급 명령을 선포할 수 있다.
④ 국회 동의를 얻어 헌법 재판소장을 임명할 수 있다.
⑤ 중요한 정책을 결정할 때 국민 투표를 실시할 수 있다.

04 대통령의 권한으로 옳은 것은?
(중 난이도)
① 탄핵 소추를 의결할 수 있다.
② 국정 감사를 실시할 수 있다.
③ 국회가 의결한 법률안을 거부할 수 있다.
④ 대법원장, 대법관 임명을 동의할 수 있다.
⑤ 외국과 체결한 조약에 대한 동의권을 행사할 수 있다.

05 대통령이 국가 원수로서 행사한 권한을 (보기)에서 고른 것은?

(상) 난이도

> **보기**
> ㄱ. 국무총리와 행정 각부의 장을 임명하였다.
> ㄴ. 국무 회의를 통해 경제 활성화를 위한 임시 공휴일을 지정하였다.
> ㄷ. 다른 나라 대통령과의 정상 회담을 개최하고, 공동 선언에 서명하였다.
> ㄹ. 긴급 재정·경제 명령을 발포하고, ○○ 제도를 실시한다고 발표하였다.

① ㄱ, ㄴ   ② ㄱ, ㄷ   ③ ㄴ, ㄷ
④ ㄴ, ㄹ   ⑤ ㄷ, ㄹ

06 다음 자료에 나타난 것과 동일한 대통령의 지위에서 갖는 권한으로 옳은 것은?

(상) 난이도

> 멕시코를 방문 중인 ○○○ 대통령은 멕시코 대통령과 정상 회담을 갖고 양국 관계를 발전시키기 위한 협정을 체결하였다. 이에 따라 과학 기술 및 자원, 에너지 분야에 이르기까지 실질 협력을 더욱 확대하고 양국 간 이해 증진을 위한 문화 교류도 강화하기로 하였다.

① 국무총리, 국무 위원을 임명한다.
② 국회가 의결한 법률안을 거부할 수 있다.
③ 법률의 범위 안에서 대통령령을 제정한다.
④ 국가의 위급한 상황에 계엄을 선포할 수 있다.
⑤ 국무 회의 의장으로 국가 정책을 최종 결정한다.

07 사법에 대한 설명으로 옳은 것은?

(중) 난이도

① 분쟁을 해결하고 사회 질서를 유지한다.
② 공익을 위한 국가의 적극적인 활동이다.
③ 우리나라의 사법 작용은 행정부가 담당한다.
④ 공정함을 유지하기 위해 정부의 개입이 필요하다.
⑤ 정책을 집행하는 과정에서 필요한 법을 해석하는 작용이다.

08 다음 헌법 조항들이 추구하는 궁극적인 목적으로 가장 적절한 것은?

(중) 난이도

> 제101조 ① 사법권은 법관으로 구성된 법원에 속한다.
> 제103조 법관은 헌법과 법률에 의하여 그 양심에 따라 독립하여 심판한다.
> 제106조 ① 법관은 탄핵 또는 금고 이상의 형의 선고에 의하지 아니하고는 파면되지 아니하며, 징계 처분에 의하지 아니하고는 정직·감봉 기타 불리한 처분을 받지 아니한다.

① 법관의 독립
② 법원의 독립
③ 권력 분립의 실현
④ 대법관의 신분 보장
⑤ 국민의 자유와 권리 보장

09 법원의 조직에 대한 옳은 설명을 (보기)에서 고른 것은?

(중) 난이도

> **보기**
> ㄱ. 모든 법원은 수평적인 조직 체계를 가진다.
> ㄴ. 대법원은 3심 사건의 최종적인 재판을 담당한다.
> ㄷ. 고등 법원과 가정 법원은 동등한 지위를 가진다.
> ㄹ. 가정 법원은 소년 보호 사건, 가사 사건을 담당한다.

① ㄱ, ㄴ   ② ㄱ, ㄷ   ③ ㄴ, ㄷ
④ ㄴ, ㄹ   ⑤ ㄷ, ㄹ

10 다음 우리나라의 법원 조직도에 대한 설명으로 옳은 것은?

(중) 난이도

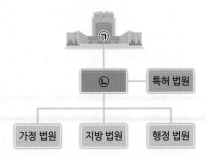

① ㉠은 헌법 재판소이다.
② ㉡은 대법원이다.
③ ㉡은 2심에 불복한 사건을 담당한다.
④ ㉠, ㉡은 특수 법원이다.
⑤ 지방 법원은 민사 및 형사 사건을 가장 먼저 재판한다.

11 빈칸 ㉠, ㉡에 들어갈 말을 바르게 연결한 것은?
(중)
난이도

> 각급 법원은 (㉠)이 (㉡)에 위반되는지 여부가 재판의 전제가 된 경우 헌법 재판소에 이를 심판에 달라고 제청할 수 있다.

	㉠	㉡		㉠	㉡
①	헌법	법률	②	헌법	명령
③	법률	헌법	④	법률	명령
⑤	명령	헌법			

같은주제 다른 문제

● 다음 설명에 해당하는 헌법 재판소의 역할로 옳은 것은? 🔲 ③

> 재판 과정에서 법률이 헌법에 위반되는지 여부가 재판의 전제가 될 경우 법원이 헌법 재판소에 법률의 위헌 여부 심사를 신청하고, 헌법 재판소가 이를 심판한다.

① 탄핵 심판　　② 헌법 소원 심판　　③ 위헌 법률 심판
④ 권한 쟁의 심판　　⑤ 정당 해산 심판

12 헌법 재판에 대한 설명으로 옳지 <u>않은</u> 것은?
(상)
난이도

① 정당 해산 심판은 행정부의 청구로 이루어진다.
② 권한 쟁의 심판은 국가 기관이나 지방 자치 단체에 의해 청구된다.
③ 헌법 소원 심판은 국가 권력이 국민의 기본권을 침해하였는지 여부를 심판하는 것이다.
④ 위헌 법률 심판은 재판 중인 사건의 전제가 되는 법률에 대하여 법원이 제청하는 것이다.
⑤ 탄핵 심판은 국회 의원이 직무상 헌법이나 법률을 위반하였을 때 헌법 재판소가 파면 여부를 결정하는 것이다.

13 (가), (나)에 해당하는 헌법 재판소의 역할을 바르게 연결한 것은?
(하)
난이도

> (가) 국가 기관 상호 간이나 국가 기관과 지방 자치 단체 간, 지방 자치 단체 상호 간에 권한과 의무의 범위에 관한 다툼이 있는 경우 이를 심판하는 것
> (나) 공권력의 행사 또는 불행사로 인해 헌법이 보장하는 기본권을 침해받은 국민이 헌법 재판소에 구제를 신청한 경우 헌법 재판소가 이를 심판하는 것

	(가)	(나)
①	탄핵 심판	헌법 소원 심판
②	탄핵 심판	위헌 법률 심판
③	헌법 소원 심판	위헌 법률 심판
④	권한 쟁의 심판	위헌 법률 심판
⑤	권한 쟁의 심판	헌법 소원 심판

14 헌법 재판의 종류와 청구권자를 바르게 연결한 것은?
(상)
난이도

① 탄핵 심판 – 법원
② 위헌 법률 심판 – 국민
③ 헌법 소원 심판 – 국회
④ 권한 쟁의 심판 – 국회
⑤ 정당 해산 심판 – 행정부

15 빈칸 ㉠에 들어갈 내용으로 옳은 것은?
(중)
난이도

> A 군은 어머니가 재혼을 하면서 새아버지의 호적에 올랐다. A 군은 새아버지의 성으로 바꾸려고 법원에 호적 정정 신청을 했고, 재판 과정에서 해당 법률이 헌법에 위배된다고 주장하였다. 이에 따라 법원은 헌법 재판소에 (㉠)을 제청하였다. 헌법 재판소는 해당 법 조항이 자녀의 인격권과 양성평등권을 침해하여 헌법에 합치되지 않는다는 결정을 내렸다.
>
> ※ 호적: 오늘날의 가족 관계 등록부와 유사한 공적 가족 증명서

① 탄핵 심판　　　　② 위헌 법률 심판
③ 헌법 소원 심판　　④ 권한 쟁의 심판
⑤ 정당 해산 심판

16 헌법 재판소에 대한 설명으로 옳지 <u>않은</u> 것은?
(중)
난이도

① 헌법 원리의 훼손을 막는 헌법 수호 기관이다.
② 법원과 함께 사법권을 행사하는 독립적인 국가 기관이다.
③ 대법원의 3심 결과에 불복한 사건의 최종 재판을 담당한다.
④ 헌법의 해석과 관련된 다툼을 다루는 헌법 재판을 담당한다.
⑤ 국가 권력에 의해 침해된 국민의 기본권을 보장하는 기관이다.

01 다음 퀴즈의 정답에 해당하는 국가 기관을 쓰시오.

〈나는 누구일까요?〉
- 국가 원수
- 국무 회의 의장
- 국군의 최고 사령관

_____

02 우리나라 대통령이 갖는 두 가지 지위를 서술하시오.

_____

_____

03 다음은 우리나라의 법원 조직도이다. 빈칸 ㉠, ㉡에 들어갈 법원의 명칭을 쓰시오.

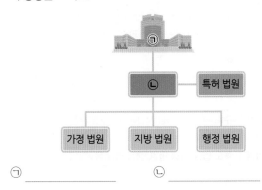

㉠ _____   ㉡ _____

04 빈칸 (가)에 들어갈 답변 내용을 서술하시오.

사법권의 독립을 보장하는 목적은 무엇일까요?

(가)

_____

_____

05 빈칸 ㉠에 들어갈 국가 기관을 쓰고, ㉠이 갖는 위상을 두 가지 서술하시오.

모든 국가 작용은 헌법에 따라 이루어져야 하며 어떤 법률도 헌법에 어긋나서는 안 된다. 만약 법률이나 공권력의 행사가 헌법에 어긋나 국민의 기본권을 침해한다면 헌법 재판을 통해 해결할 수 있는데, 이를 담당하는 국가 기관을 (㉠)(이)라고 한다.

_____

_____

06 다음 자료와 관련있는 헌법 재판소의 역할을 쓰시오.

○○법이 헌법에 위배되는지 심사해 주세요.

해당 법 조항은 위헌입니다.

재판 과정에서 법률이 헌법에 위반되는지 여부가 재판의 전제가 될 경우 법원의 제청에 의해 헌법 재판소가 이를 심판한다.

_____

07 빈칸 ㉠에 들어갈 헌법 재판소의 역할을 쓰고, 그 의미를 서술하시오.

A 씨는 인터넷 뉴스 게시판에 익명으로 댓글을 쓰려다가 본인 인증을 해야만 댓글을 쓸 수 있도록 규정이 바뀐 것을 발견하였다. 해당 게시판은 「정보 통신망 이용 촉진 및 정보 보호 등에 관한 법률」에 따라 본인 확인제(인터넷 실명제)를 시행하고 있었다. 이에 A 씨는 이 제도가 표현의 자유를 침해한다며 (㉠)을/를 청구하였다. 헌법 재판소는 본인 확인제가 건전한 인터넷 문화를 조성하려는 목적이 있지만 이용자의 표현의 자유를 과도하게 침해한다며, 관련 법 조항에 대해 위헌 결정을 내렸다.

_____

_____

01 국회

1 국회의 위상과 구성

(1) 위상

국민의 대표 기관	국민이 직접 선출한 의원들로 구성
입법 기관	국가 조직과 통치의 바탕이 되는 법률을 제·개정
국가 권력의 견제 기관	다른 국가 기관을 견제·감시하여 국민의 자유와 권리 보장

(2) 구성 국회 의원의 임기 4년, 중임 가능

지역구 의원	각 지역의 후보자 중 국민의 선거를 통해 최고 득표자로 선출
비례 대표 의원	각 정당의 득표율에 비례하여 선출

(3) 조직

본회의	국회의 최종 결정이 이루어지는 회의	
위원회	본회의에서 심의할 안건을 미리 조사·심의	
	상임 위원회	국회의 효율적인 운영을 위해 전문 분야별로 의안을 나누어 심의
	특별 위원회	특별한 안건을 처리하기 위해 임시로 설치
교섭 단체	국회 의원들의 다양한 의사를 사전에 조정하는 단체	

2 국회의 권한

입법에 관한 권한	법률의 제정 및 개정, 헌법 개정안 제안 및 의결, 조약 체결 비준·동의
국가 재정에 관한 권한	예산안 심의·확정, 결산 심사, 조세의 종목 및 세율 결정
일반 국정에 관한 권한	국정 감사 및 국정 조사, 주요 공무원 임명 동의, 탄핵 소추

02 행정부와 대통령

1 행정부

(1) 의미

행정	국회가 제정한 법률을 집행하고, 공익 실현을 목적으로 각종 정책을 만들어 실행하는 활동
행정부	행정을 담당하는 국가 기관

(2) 조직

대통령	행정부의 최고 책임자, 행정부를 지휘·감독할 권한과 책임
국무총리	대통령을 보좌하여 행정 각부를 총괄, 국회의 동의를 얻어 대통령이 임명
국무 회의	정부 중요 정책을 논의하는 행정부의 최고 심의 기관, 대통령·국무총리·국무 위원으로 구성
행정 각부	구체적인 행정 사무를 담당
감사원	대통령 직속 기관이지만 업무상으로는 독립된 행정부 최고의 감사 기관, 국가 세입·세출의 결산을 검사, 행정 기관 및 공무원의 직무 감찰

2 대통령

(1) 선출 국민의 직접 선거를 통해 선출

(2) 임기 5년, 중임 금지

(3) 지위

국가 원수	국가의 최고 지도자로서 대외적으로 국가를 대표함
행정부 수반	행정부를 지휘·감독하는 최고 책임자이며, 행정 작용에 대한 최종적인 권한과 책임을 짐

(4) 권한

국가 원수	조약 체결·비준권, 전쟁 선포권, 긴급 명령권, 계엄 선포권, 헌법 개정안 제안권, 국민 투표 발의권, 헌법 기관 구성권(국회 동의를 얻어 대법원장, 대법관, 헌법 재판소장 등을 임명)
행정부 수반	행정부 지휘·감독권, 행정부 구성권(국무총리, 국무 위원, 행정 각부의 장 등을 임명), 국가 정책 결정권, 국군 지휘·통솔권, 대통령령 제정권, 법률안 거부권

03 법원과 헌법 재판소

1 사법과 법원

(1) 사법과 사법부의 독립

사법	법을 해석하고 적용하는 작용 → 법원이 담당
사법부의 독립	재판이 독립적으로 이루어지는 것, 법원의 독립 + 법관의 독립 → 공정한 재판을 통한 국민의 자유와 권리 보장

(2) 법원의 조직

대법원	최고 법원, 주로 고등 법원을 거친 3심 사건의 최종적인 재판 담당
고등 법원	주로 지방 법원 1심 사건에 대한 2심 사건 재판
지방 법원	주로 민사 또는 형사 재판의 1심 사건 재판
특수 법원	특허 법원, 가정 법원, 행정 법원 등

(3) 법원의 기능

재판을 통한 법적 분쟁 해결	법원의 가장 기본적이고 중요한 기능
위헌 법률 심판 제청	법률이 헌법에 위반되는지 여부가 재판의 전제가 된 경우 각급 법원이 헌법 재판소에 제청
명령·규칙·처분 심사	명령·규칙·처분이 헌법과 법률에 위반되는지 여부가 재판의 전제가 된 경우 대법원이 최종적으로 심사

2 헌법 재판소

(1) 위상 헌법 수호 기관, 기본권 보장 기관

(2) 역할

위헌 법률 심판	법률의 위헌 여부가 재판의 전제가 되는 경우
헌법 소원 심판	국가 권력에 의해 기본권을 침해당한 경우
탄핵 심판	고위 공무원에 대해 탄핵 소추가 의결된 경우
권한 쟁의 심판	국가 기관, 지방 자치 단체 간 다툼이 생긴 경우
정당 해산 심판	정당의 목적이나 활동이 헌법 질서에 위배된 경우

대단원 마무리 문제

정답 07쪽

01 국회

01 국회에 대한 설명으로 옳은 것은?

중 난이도

① 직접 민주주의를 실현하고자 한다.
② 다른 국가 기관을 비판하고 견제한다.
③ 국무총리를 임명할 수 있는 권한이 있다.
④ 공익을 위해 법률을 적극적으로 적용한다.
⑤ 국민의 대표로서 5년 동안 직무를 수행한다.

[02~03] 다음은 법률 제·개정 절차를 나타낸 것이다. 보고 물음에 답하시오.

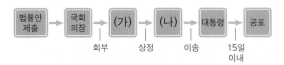

법률안 제출 → 국회 의장 → (가) → (나) → 대통령 → 공포
　　　　　　　　　회부　 상정　 이송 　15일 이내

02 빈칸 (가), (나)에 들어갈 국회 조직의 명칭을 쓰시오.

하 난이도

(가) _____ (나) _____

03 위와 같은 법률 제·개정 절차에 대한 옳은 설명을 보기에서 고른 것은?

중 난이도

보기

ㄱ. 법률안 제출은 국회 의원만 할 수 있다.
ㄴ. 법률안은 재적 의원 과반수 찬성으로 의결된다.
ㄷ. 대통령은 의결된 법률안에 이의가 있을 경우 거부권을 행사할 수 있다.
ㄹ. 의결된 법률안에 이의가 없을 경우 대통령은 15일 이내에 공포해야 한다.

① ㄱ, ㄴ　　② ㄱ, ㄷ　　③ ㄴ, ㄷ
④ ㄴ, ㄹ　　⑤ ㄷ, ㄹ

04 다음 설명에 해당하는 국회의 조직으로 옳은 것은?

하 난이도

국회 의원 전원으로 구성되어 있으며, 법률안과 예산안 등 국회의 중요한 의사 결정이 최종적으로 이루어진다.

① 본회의　　② 교섭 단체　　③ 국무 회의
④ 특별 위원회　　⑤ 상임 위원회

05 다음 헌법 조항에 나타난 국회의 위상과 관련된 권한을 두 가지 서술하시오.

상 난이도

제40조 입법권은 국회에 속한다.

_____

_____

06 빈칸 ㉠에 들어갈 내용으로 옳지 않은 것은?

중 난이도

국회는 (㉠)을/를 통해서 행정부를 견제한다.

① 국정 감사
② 국정 조사
③ 법률안 거부권
④ 탄핵 소추 의결
⑤ 국무총리, 감사원장 등의 임명 동의권

07 국회의 일반 국정에 관한 권한을 보기에서 고른 것은?

상 난이도

보기

ㄱ. 국정 감사가 상임 위원회별로 시작되었다.
ㄴ. 386조 원 규모의 예산안이 국회를 통과하였다.
ㄷ. 대법관 후보자 임명 동의안이 국회 본회의를 통과하였다.
ㄹ. '청년 고용 촉진 특별법 개정안'이 국회 본회의에 상정되어 표결에 부쳐졌다.

① ㄱ, ㄴ　　② ㄱ, ㄷ　　③ ㄴ, ㄷ
④ ㄴ, ㄹ　　⑤ ㄷ, ㄹ

08 국회의 권한에 대한 설명으로 옳지 않은 것은?

중 난이도

① 세금의 종류와 세율을 법률로 정한다.
② 헌법 개정안을 제안하고 의결할 수 있다.
③ 법률을 해석하고 적용하여 분쟁을 해결한다.
④ 고위 공무원에 대한 탄핵 소추를 의결할 수 있다.
⑤ 외국과 맺은 조약을 최종적으로 확인하고 동의한다.

대단원 마무리 문제 **037**

09 국정 감사에 대한 옳은 설명을 보기 에서 고른 것은?
중 난이도

보기
ㄱ. 국회의 재정에 관한 권한과 관련이 있다.
ㄴ. 국회가 행정부를 견제할 수 있는 수단이다.
ㄷ. 특정한 사안이 발생했을 때 수시로 실시한다.
ㄹ. 국정 전반을 살피고 국가 정책의 잘못된 부분을 조사한다.

① ㄱ, ㄴ   ② ㄱ, ㄷ   ③ ㄴ, ㄷ
④ ㄴ, ㄹ   ⑤ ㄷ, ㄹ

13 대통령이 행정부 수반으로서 갖는 권한에 해당하는 것을 보기 에서 고른 것은?
중 난이도

보기
ㄱ. 국무총리, 행정 각부의 장 등을 임명한다.
ㄴ. 국회 동의를 얻어 대법원장, 대법관을 임명한다.
ㄷ. 국회가 의결한 법률안에 대해 거부권을 행사한다.
ㄹ. 국가에 위태로운 상황이 생겨 긴급 명령을 선포한다.

① ㄱ, ㄴ   ② ㄱ, ㄷ   ③ ㄴ, ㄷ
④ ㄴ, ㄹ   ⑤ ㄷ, ㄹ

02 행정부와 대통령

10 행정에 대한 옳은 설명을 보기 에서 고른 것은?
중 난이도

보기
ㄱ. 국민 생활에 미치는 영향력이 미미하다.
ㄴ. 국민의 복리 증진을 위한 적극적인 활동이다.
ㄷ. 대통령을 수반으로 하는 입법부에서 담당한다.
ㄹ. 국회가 제정한 법률의 범위 안에서 이루어져야 한다.

① ㄱ, ㄴ   ② ㄱ, ㄷ   ③ ㄴ, ㄷ
④ ㄴ, ㄹ   ⑤ ㄷ, ㄹ

14 밑줄 친 ㉠에 대한 설명으로 가장 적절한 것은?
상 난이도

㉠대통령이 임명한 헌법 재판소장이 오늘 오후 청와대에서 임명장을 수여받았다.

① 행정부를 구성하는 절차이다.
② 사법부의 독립을 위해 필요한 조건이다.
③ 임명을 위해 국회의 동의를 얻어야 한다.
④ 사법부가 행정부를 견제하는 권한이기도 하다.
⑤ 행정부 수반으로서 갖는 권한을 행사한 것이다.

11 행정부의 조직에 대한 설명으로 옳지 않은 것은?
중 난이도

① 감사원은 공무원의 직무를 감찰한다.
② 대통령은 행정부의 최고 책임자이다.
③ 행정 각부의 장은 부처의 업무를 지휘·감독한다.
④ 대통령 자리가 공석일 경우 국무총리가 권한을 대행한다.
⑤ 국무 회의는 원활한 행정을 위해 필요한 법률을 제정한다.

12 빈칸 ㉠에 들어갈 기관을 쓰시오.
하 난이도

주관식
(㉠)은/는 대통령이 국회의 동의를 얻어 임명하며, 대통령의 명을 받아 행정 각부를 총괄하는 임무를 수행한다. 대통령 자리가 공석일 경우에는 대통령의 권한을 대행하기도 한다.

15 다음은 뉴스의 한 장면이다. 대통령이 이와 같은 역할을 하는 이유를 대통령의 지위와 연관 지어 서술하시오.
상 난이도

서술형

대통령 한·미 정상 회담 참석, 양국 동맹 강화 약속

_____

_____

03 법원과 헌법 재판소

16 다음 그림에 나타난 두 기관의 공통점으로 옳은 것은?
(하)
난이도

① 헌법 재판을 담당한다.
② 위헌 법률 심판을 제청한다.
③ 3심제에 따라 조직되어 있다.
④ 국민의 자유와 권리를 보호한다.
⑤ 고위 공무원의 탄핵 심판을 담당한다.

17 법원의 기능으로 옳은 것을 보기 에서 고른 것은?
(중)
난이도

보기
ㄱ. 헌법 소원 심판
ㄴ. 예산안 심의·확정
ㄷ. 위헌 법률 심판 제청
ㄹ. 명령·규칙·처분 심사

① ㄱ, ㄴ　　② ㄱ, ㄷ　　③ ㄴ, ㄷ
④ ㄴ, ㄹ　　⑤ ㄷ, ㄹ

주관식
18 빈칸 ㉠에 들어갈 개념을 쓰시오.
(중)
난이도

　사법 작용은 재판을 통해 이루어지는데, 재판이 공정해야 국민의 기본권을 보호할 수 있다. 따라서 헌법에서는 공정한 재판을 위하여 (　㉠　)을/를 보장하고 있다. 법원은 입법부와 행정부 및 어떤 외부 세력의 영향을 받지 않으며, 법관은 헌법과 법률에 의하여 그 양심에 따라 재판한다.

19 우리나라 법원의 조직에 대한 설명으로 옳지 않은 것은?
(중)
난이도

① 대법원은 사건의 최종적인 재판을 담당한다.
② 특허 업무와 관련된 재판을 담당하는 특수 법원이 있다.
③ 고등 법원은 1심 판결에 불복하여 항소한 사건을 재판한다.
④ 고등 법원의 판결에 불복하여 상고한 사건은 대법원에서 담당한다.
⑤ 국가 기관 상호 간 헌법상 권한과 의무에 관한 다툼은 행정 법원이 담당한다.

20 다음 헌법 조항의 빈칸 ㉠에 들어갈 법원의 명칭으로 옳은 것은?
(하)
난이도

제101조 ② 법원은 최고 법원인 (　㉠　)와/과 각급 법원으로 조직된다.

① 대법원　　　　　② 지방 법원
③ 고등 법원　　　　④ 행정 법원
⑤ 헌법 재판소

중요
21 빈칸 ㉠, ㉡에 들어갈 국가 기관을 바르게 연결한 것은?
(중)
난이도

　대통령 등 고위 공무원이 직무를 수행하면서 헌법이나 법률에 위반되는 행위를 하였을 때, (　㉠　)의 탄핵 소추 의결에 따라 그 직의 파면 여부를 (　㉡　)이/가 심판한다.

	㉠	㉡
①	국회	법원
②	국회	헌법 재판소
③	법원	국회
④	법원	헌법 재판소
⑤	행정부	국회

22 헌법 재판소의 구성에 대한 설명으로 옳은 것은?
(상)
난이도

① 헌법 재판관은 모두 14명이다.
② 헌법 재판관의 임기는 5년이다.
③ 헌법 재판관은 대통령이 임명한다.
④ 헌법 재판소장은 국회가 임명한다.
⑤ 헌법 재판관 중 3명은 국민이 선출한다.

01 ● 경제 활동과 경제 체제
02 ● 기업의 역할과 기업가 정신

1 경제 활동

1 경제 활동의 의미와 대상

(1) **경제 활동** 재화나 서비스를 생산, 분배, 소비하는 모든 활동

(2) **경제 활동의 대상**

재화	인간에게 필요한 구체적인 형태가 있는 물건 ⑩ 옷, 음식, 주택 등
서비스	생활에 도움을 주는 인간의 가치 있는 활동 ⑩ 버스 기사의 운전, 교사의 수업, 가수의 공연 등

2 경제 활동의 종류 — 생산은 분배로 이어지고 분배는 소비의 기반이 되며, 소비는 다시 생산의 바탕이 된다. 이처럼 경제 활동은 서로 긴밀히 연결되어 순환하고 있다.

생산	생활에 필요한 재화나 서비스를 만들거나 그 가치를 높이는 활동
더알기 분배	생산에 참여하여 ❶생산 요소를 제공한 대가로 임금이나 ❷지대, ❸이자 등을 받는 활동
소비	재화나 서비스를 구입하여 사용하는 활동

3 경제 활동의 주체

노동, 토지, 자본 등의 생산 요소를 제공한 대가로 임금, 지대, 이자 등을 분배받는다.

(1) **가계** 기업에 노동, 토지, 자본 등을 제공하여 얻은 ❹소득으로 소비 활동을 함

(2) **기업** 가계로부터 제공받은 생산 요소로 재화와 서비스를 생산함

(3) **정부** 세금을 바탕으로 국방, ❺치안 등을 담당하고 시장의 경제 질서를 유지하는 역할을 함
기업은 생산 주체로서 적은 비용으로 상품을 생산하여 최대의 이윤을 얻기 위해 노력한다.

> **시험에 꼭 나오는 개념 체크**
> 1. 지대는 자본을 제공한 대가이다. (○, ×)
> 2. 가계로부터 제공받은 생산 요소로 재화와 서비스를 생산하는 경제 주체는 ___이다.
>
> 目 1. × 2. 기업

2 합리적 선택과 기회비용

1 자원의 희소성

(1) **의미** 인간의 욕구는 무한한 데 비해 이를 충족해 줄 수 있는 자원이 상대적으로 부족한 상태

(2) **희소성의 상대성** 희소성은 자원의 절대적인 양이 아니라 인간의 욕구 정도에 따라 결정되므로 시대나 장소에 따라 다르게 나타날 수 있음

2 기회비용과 합리적 선택

(1) **기회비용** 어떤 것을 선택함으로써 포기하게 되는 대안의 가치 중 가장 큰 것으로, 비용을 고려할 때는 기회비용을 파악해야 함

(2) **합리적 선택** 가장 적은 비용으로 가장 큰 ❻편익을 얻을 수 있는 선택 ➡ 선택으로 인해 발생하는 비용과 편익을 충분히 따져 최소의 비용으로 최대의 편익을 얻을 수 있도록 함
기회비용에는 어떤 선택에 따른 활동을 하는 데 직접 지출되는 비용뿐만 아니라 그것 때문에 포기한 활동으로 얻을 수 있었던 가치까지 포함한다.

> **시험에 꼭 나오는 개념 체크**
> 1. 희소성은 자원의 절대적인 양에 따라 결정된다. (○, ×)
> 2. 합리적 선택에서 비용을 고려할 때는 기회비용을 파악해야 한다. (○, ×)
>
> 目 1. × 2. ○

더알기 생산 요소

생산 요소란 생산 활동에 필요한 재료를 말하며 크게 노동, 토지, 자본으로 나눈다. 토지는 땅과 같이 생산에 필요한 각종 자연 자원을 말하고 노동은 생산에 들어가는 사람들의 육체적·정신적 노력을 의미한다. 자본은 생산에 사용되는 기계, 공장, 화폐 등을 가리킨다.

자료1 경제 주체 간의 관계

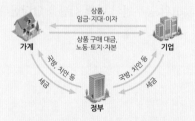

경제 활동에는 가계, 기업, 정부와 같은 다양한 경제 주체들이 참여한다. 각 경제 주체가 경제적 역할을 성실하게 수행하고 상호 협력할 때 경제는 더욱 발전할 수 있다.

자료2 희소성의 상대성

깨끗한 물이 풍부했던 과거에는 물을 마음껏 마실 수 있었지만, 오늘날에는 환경 오염으로 깨끗한 물의 가치가 높아졌다. 한편 더운 열대 지역에서는 에어컨이 많더라도 원하는 사람들이 더 많아 에어컨이 희소하지만 추운 극지방에서는 에어컨의 수가 적더라도 원하는 사람이 거의 없기 때문에 에어컨은 희소하지 않다. 이처럼 자원의 희소성은 시대와 장소에 따라 달라질 수 있다.

❸ 경제 체제의 의미와 특징

1 기본적인 경제 문제

무엇을 얼마나 생산할 것인가?	생산물의 종류와 수량 결정
어떻게 생산할 것인가?	생산 방법의 결정
누구에게 분배할 것인가?	생산물 분배의 결정

2 ⭐ 경제 ❶체제

(1) **의미** 기본적인 경제 문제를 해결하는 제도나 방식
(2) **종류**

— 시장 경제 체제는 개인의 능력과 창의성 최대한 발휘, 희소한 자원의 효율적 배분, 사회 전체의 효율적인 생산 증대 등과 같은 장점이 있는 반면, 빈부 격차 심화, 환경 오염 발생, 공동체의 이익 침해 등과 같은 문제점이 있다.

시장 경제 체제	시장을 통해 기본적인 경제 문제를 해결, 개인이 ❷사유 재산을 소유할 수 있고 경제 활동의 자유를 누리며 경쟁을 통해 자신의 이익을 추구할 수 있음
계획 경제 체제	정부의 계획이나 명령에 의해 기본적인 경제 문제를 해결, 정부가 주요 생산 수단을 소유하거나 관리하며 구성원의 경제 활동을 통제함
혼합 경제 체제	현실 경제에서 대부분의 국가들은 각국이 처한 상황에 맞게 시장 경제 체제와 계획 경제 체제의 특성을 혼합하여 운영함

더 알기

> **시험에 꼭 나오는 개념 체크**
> 1. ___ 경제 체제는 개인의 자유로운 이익 추구를 인정한다.
> 2. 우리나라는 순수한 시장 경제 체제로 운영되고 있다. (○, ×)
>
> 립 1. 시장 2. ×

— 계획 경제 체제는 국가가 채택한 주요 목적의 신속한 달성, 소득 분배의 형평성 추구 등과 같은 장점이 있는 반면, 근로자의 근로 의욕 저하, 개인의 창의적인 경제 활동 제한, 사회 전체의 효율성과 생산성 하락 등과 같은 문제점이 있다.

❹ 기업의 역할과 기업가 정신

1 기업의 역할과 사회적 책임

(1) 기업의 역할

① **생산 활동:** ❸이윤의 극대화를 위해 소비자에게 필요한 상품을 생산하여 공급함
② **고용과 소득 창출:** 일자리를 제공하고 임금이나 지대, 이자 등을 지급하여 가계의 소득을 창출함
③ **세금 납부:** 국가 재정에 이바지하며 경제 성장을 촉진함

자료 3 (2) 기업의 사회적 책임

의미	기업이 소비자와 노동자, 지역 사회 등이 요구하는 사회적 의무를 충족하는 방향으로 활동해야 한다는 윤리적 책임 의식
내용	• 국민 생활에 필요한 재화와 서비스를 생산하여 공급 • 사회 규범과 법을 준수하여 합법적으로 경제 활동 • 소비자와 노동자의 권리를 보호 　　• 다른 기업과 공정하게 경쟁하면서 성장 • 환경을 고려하여 상품을 생산 　　• 교육 및 복지 등의 지원에 적극적으로 참여

자료 4 2 기업가 정신 — 기업가 정신은 기업을 경영하고 사업을 성공시키는 데 필요한 핵심 역량이다.

의미	미래의 불확실성과 높은 위험 속에서도 주도적으로 기회를 잡으며, ❹혁신과 창의성을 바탕으로 한 생산 활동을 통해 기업을 성장시키려는 도전 정신
요소	• ❺고부가 가치를 창출하는 신상품을 개발 • 판매처를 확보하기 위한 새로운 시장 개척 • 품질 개선이나 기술 개발, 생산비를 절감할 수 있는 새로운 방법 도입 • 외부 환경의 변화에 유연하고 신속하게 대처 • 공정한 경쟁, 근로 복지 향상, 사회적 책임 의식 등

— 기업가 정신의 요소는 시대가 변화함에 따라 더욱 다양해지고 있다.

> **시험에 꼭 나오는 개념 체크**
> 1. 기업가 정신은 불확실성과 위험을 무릅쓰고 ___과 창의성을 바탕으로 한 생산 활동을 통해 기업을 성장시키려는 도전 정신이다.
>
> 립 1. 혁신

용어 쏙쏙

❶ **체제(體 — 몸, 制 — 제도):** 다양한 기능을 수행하는 단위나 구성 요소들 사이에 조직된 관계
❷ **사유 재산:** 개인이 마음대로 사들이거나 처분할 수 있는 재산
❸ **이윤:** 제품을 팔아서 생긴 수입에서 그 제품을 만드는 데 들어간 모든 비용을 뺀 것

더 알기 우리나라의 경제 체제

> **헌법 제119조** ① 대한민국의 경제 질서는 개인과 기업의 경제상의 자유와 창의를 존중함을 기본으로 한다. — 시장 경제 체제의 특징
> ② 국가는 균형 있는 국민 경제의 성장 및 안정과 적정한 소득의 분배를 유지하며, 시장의 지배와 남용을 방지하며, 경제 주체 간의 조화를 통한 경제의 민주화를 위하여 경제에 관한 규제와 조정을 할 수 있다. — 계획 경제 체제의 특징

우리나라는 시장 경제 체제를 기본으로 하면서 정부가 일정 부분 시장에 개입하는 혼합 경제 체제로 운영되고 있다.

자료 3 기업의 사회적 책임

기업은 이윤을 추구하는 과정에서 기업 윤리와 사회적 책임도 고려해야 한다. 법규를 준수하고, 노동자나 소비자의 권리를 존중해야 한다. 또한 기업이 사회를 기반으로 한다는 것과 기업의 행위가 사회 전체에 영향을 미친다는 것을 인식하고 사회적 책임을 다하는 자세를 가져야 한다.

자료 4 기업가 정신

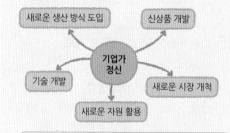

• **조지프 슘페터:** 오래된 것을 거부하고 새로운 것을 끊임없이 만들어 내는 창조적 파괴가 기업가 정신의 핵심이다.
• **피터 드러커:** 변화를 탐구하고 변화에 대응하며, 변화를 기회로 이용하는 것이 기업가 정신이다.

기업이 새로운 상품을 개발하고 시장을 개척하기 위해서는 창조적이며 혁신적인 기업가 정신이 필요하다.

❹ **혁신(革 — 가죽, 新 — 새로울):** 잘못된 것, 부패한 것, 만족스럽지 못한 것 등을 개선하거나 고치는 것
❺ **고부가 가치:** 생산 과정에서 새롭게 부가된 높은 가치

01 재화와 서비스에 해당하는 것을 보기 에서 골라 기호를 쓰시오.

> 보기
> ㄱ. 책　　　　　　　　ㄴ. 휴대 전화
> ㄷ. 물건 배달　　　　　ㄹ. 의사의 진료

(1) 재화　　　　　　　　　　　　　　(　　　)
(2) 서비스　　　　　　　　　　　　　(　　　)

02 서로 관련 있는 것끼리 연결하시오.

(1) 생산 •　　　　　　　　　• ㉠ 옷을 삼
(2) 분배 •　　　　　　　　　• ㉡ 임금을 받음
(3) 소비 •　　　　　　　　　• ㉢ 물건을 만듦

03 다음 중 알맞은 말에 ○표를 하시오.

(1) 노동, 토지, 자본 등을 제공하여 얻은 소득으로 소비 활동을 하는 경제 주체는 (가계, 기업, 정부)이다.
(2) (가계, 기업, 정부)은/는 세금을 바탕으로 국방, 치안 등을 담당하고, 시장의 경제 질서를 유지하는 역할을 한다.

04 다음 설명이 맞으면 ○표, 틀리면 ×표 하시오.

(1) 자원의 희소성은 시대와 장소에 따라 상관없이 일정하게 나타난다.　　　　　　　　　　　　(　　　)
(2) 합리적 선택을 위해서는 선택으로 인해 발생하는 비용과 편익을 충분히 따져 보아야 한다.　(　　　)
(3) 기회비용이란 어떤 것을 선택함으로써 포기하게 되는 대안의 가치를 모두 더한 것이다.　(　　　)

05 다음 빈칸에 알맞은 말을 쓰시오.

(1) 시장 경제 체제에서는 (　　　)에서 형성된 가격에 의해 자원이 배분된다.
(2) (　　　) 체제에서는 정부의 계획이나 명령에 의해 기본적인 경제 문제를 해결한다.
(3) 현실 경제에서 우리나라를 비롯한 대부분의 국가들은 (　　　) 체제를 채택하여 운영하고 있다.

06 다음 설명이 맞으면 ○표, 틀리면 ×표 하시오.

(1) 기업은 이윤 극대화를 추구하면서 재화와 서비스를 생산하는 경제적 책임만 있다.　　　　(　　　)
(2) 기업가 정신을 발휘하는 기업은 외부 환경의 변화에 유연하고 신속하게 대처하여 지속적으로 성장해 나갈 수 있다.　　　　　　　　　　　　(　　　)

01 다음 빈칸에 들어갈 말에 대한 설명으로 가장 적절한 것은?

(하 난이도)

> 경제 활동이란 (　　　)나 서비스를 생산, 분배, 소비하는 모든 활동을 말한다.

① 생산에 참여한 대가를 받게 되는 것
② 재화나 서비스를 구입하여 사용하는 활동
③ 생활에 도움을 주는 인간의 가치 있는 활동
④ 인간에게 필요한 구체적인 형태가 있는 물건
⑤ 생활에 필요한 것을 만들거나 그 가치를 높이는 활동

02 분배에 해당하는 것을 보기 에서 고른 것은?

(중 난이도)

> 보기
> ㄱ. 상품을 배달한다.
> ㄴ. 은행에서 이자를 받는다.
> ㄷ. 분식집에서 떡볶이를 사 먹는다.
> ㄹ. 아르바이트를 하고 임금을 받는다.

① ㄱ, ㄴ　　　② ㄱ, ㄷ　　　③ ㄴ, ㄷ
④ ㄴ, ㄹ　　　⑤ ㄷ, ㄹ

같은 주제 다른 문제

● 다음 사례를 공통으로 설명할 수 있는 용어로 가장 적절한 것은? 답 ②

| • 의사의 진료 | • 가수의 공연 | • 교사의 수업 |

① 재화　② 생산　③ 시장　④ 소비　⑤ 분배

03 빈칸 ㉠~㉢에 들어갈 말을 바르게 연결한 것은?

(중 난이도)

> 가계는 (㉠), (㉡), (㉢)을/를 제공하여 얻은 소득으로 소비 활동을 하고, 기업은 가계로부터 제공받은 생산 요소로 상품을 생산한다. 가계는 생산 요소를 제공한 대가로 소득을 얻게 되는데, (㉠)에 대한 대가로 임금, (㉡)에 대한 대가로 이자, (㉢)에 대한 대가로 지대를 받게 된다.

	㉠	㉡	㉢
①	노동	자본	토지
②	노동	토지	자본
③	자본	노동	토지
④	자본	토지	노동
⑤	토지	노동	자본

04 빈칸 ㉠에 들어갈 용어로 옳은 것은?

- (㉠)은/는 세금을 바탕으로 국방, 치안 등을 담당한다.
- 계획 경제 체제에서는 (㉠)이/가 주요 생산 수단을 소유하거나 관리한다.

① 법원   ② 정부   ③ 기업
④ 가계   ⑤ 시장

05 다음 사례에 대한 설명으로 가장 적절한 것은?

깨끗한 물이 풍부했던 과거에는 물을 마음껏 마실 수 있었지만, 오늘날에는 환경 오염으로 깨끗한 물의 가치가 높아져 생수를 사 마시기도 한다.

① 희소성은 시대에 따라 달라진다.
② 희소성은 장소에 상관없이 일정하다.
③ 희소성은 시대에 상관없이 일정하다.
④ 희소성은 절대적인 양을 기준으로 한다.
⑤ 인간은 자신의 욕구를 모두 충족할 수 있다.

[06~07] 다음 표는 한 분식집 메뉴에 대한 철수의 만족도를 나타낸 것이며 모든 메뉴의 가격은 같다. 읽고 물음에 답하시오.

구분	떡볶이	어묵	튀김	순대
편익(만족감)	10	8	12	14

06 철수의 합리적 선택으로 가장 적절한 것은?

① 어묵을 먹는다.
② 튀김을 먹는다.
③ 순대를 먹는다.
④ 떡볶이를 먹는다.
⑤ 아무것도 먹지 않는다.

07 철수가 합리적 선택을 했을 때 기회비용에 해당하는 항목으로 옳은 것은?

① 튀김을 살 때 드는 비용
② 떡볶이를 살 때 드는 비용
③ 튀김을 먹었을 때의 만족감
④ 어묵을 먹었을 때의 만족감
⑤ 떡볶이를 먹었을 때의 만족감

08 합리적 선택에 대한 설명으로 옳지 않은 것은?

① 자원의 희소성으로 선택의 상황에 직면한다.
② 한정된 자원을 효율적으로 사용하기 위해 합리적 선택이 필요하다.
③ 합리적 선택을 위해서는 선택으로 인한 비용과 편익을 충분히 따져 보아야 한다.
④ 합리적 선택은 최대의 비용으로 최소의 편익을 얻을 수 있도록 선택하는 것이다.
⑤ 비용을 고려할 때는 어떤 것을 선택함으로써 포기하게 되는 것의 가치도 고려해야 한다.

09 시장 경제 체제에 대한 설명으로 옳은 것은?

① 정부가 생산 수단을 소유하고 관리한다.
② 정부의 계획으로 생산량과 소비량이 결정된다.
③ 경제 주체들의 자유로운 경제 활동을 보장한다.
④ 개인은 사회의 공동 목표를 추구하기 위해 활동한다.
⑤ 오늘날 대부분의 국가가 채택하고 있는 경제 체제이다.

같은 주제 다른 문제

● 다음과 같은 특징을 가지는 경제 체제로 옳은 것은? 답 ①

- 사유 재산 인정
- 시장 가격에 의한 자원 분배
- 경제 주체들의 자유로운 경제 활동 보장

① 시장 경제 체제   ② 계획 경제 체제
③ 전통 경제 체제   ④ 혼합 경제 체제
⑤ 문화 경제 체제

10 다음 사례에 대한 설명으로 옳은 것을 보기 에서 고른 것은?

최근 우리나라 정부는 물가 안정을 위해 여러 가지 대책들을 마련하고 있다. 이러한 대책의 하나로 수도 요금, 전기 요금, 대중교통 요금 등 각종 공공요금의 가격을 올리지 않기로 하였다.

보기

ㄱ. 순수한 계획 경제 체제의 특징이 나타난다.
ㄴ. 혼합 경제 체제에서 나타날 수 있는 모습이다.
ㄷ. 정부가 주요 생산 수단을 독점하려 하고 있다.
ㄹ. 경제 안정을 위해 정부가 시장에 개입하고 있다.

① ㄱ, ㄴ   ② ㄱ, ㄷ   ③ ㄴ, ㄷ
④ ㄴ, ㄹ   ⑤ ㄷ, ㄹ

11 다음 설명에 해당하는 경제 체제의 특징으로 가장 적절한 것은?
(중) 난이도

> 오늘날 우리나라를 비롯하여 대부분의 국가들이 채택하여 운영하고 있는 경제 체제이다.

① 정부의 개입이 전혀 이루어지지 않는다.
② 시장에서 형성된 가격에 의해서만 자원이 배분된다.
③ 빈부 격차와 같은 사회 문제의 해결에 정부가 개입한다.
④ 정부가 모든 생산 수단을 전적으로 소유하고 관리한다.
⑤ 정부의 계획과 명령에 의해 생산량과 소비량이 결정된다.

12 다음은 어떤 학생이 작성한 수행 평가 답안지이다. 이 학생이

(상) 난이도 받게 될 점수로 옳은 것은?

> ※ 경제 체제에 대한 내용이 맞으면 ○표, 틀리면 ×표를 하시오.(답이 맞으면 1점, 틀리면 0점을 부여한다.)

문항	내용	답
1	시장 경제 체제는 사유 재산을 인정한다.	○
2	계획 경제 체제에서는 정부가 생산 수단을 소유한다.	○
3	혼합 경제 체제에서는 정부가 단독으로 모든 의사 결정을 한다.	×
4	시장 경제 체제에서는 가격에 의해 자원이 배분된다.	×

① 0점 ② 1점 ③ 2점
④ 3점 ⑤ 4점

13 기업에 대한 옳은 설명을 보기 에서 고른 것은?
(중) 난이도

> 보기
> ㄱ. 시장의 경제 질서를 유지하는 역할을 한다.
> ㄴ. 노동, 토지, 자본 등을 제공하고 그 대가를 소득으로 받는다.
> ㄷ. 제공받은 생산 요소로 재화와 서비스를 생산하는 역할을 한다.
> ㄹ. 벌어들인 이윤 중 일부를 세금으로 납부하여 국가 재정에 이바지한다.

① ㄱ, ㄴ ② ㄱ, ㄷ ③ ㄴ, ㄷ
④ ㄴ, ㄹ ⑤ ㄷ, ㄹ

14 빈칸 ㉠에 들어갈 말로 가장 적절한 것은?
(하) 난이도

> 기업은 (㉠)을/를 얻기 위해 소비자에게 필요한 상품을 생산하여 시장에 공급한다. 생산 활동을 통해 벌어들인 (㉠) 중 일부를 세금으로 납부하여 국가 재정에 이바지한다.

① 생산 ② 소비 ③ 이윤
④ 임금 ⑤ 지대

15 기업의 사회적 책임으로 적절하지 <u>않은</u> 것은?

(중) 난이도 ① 재화와 서비스를 생산하여 공급한다.
② 소비자와 노동자의 권리를 보호한다.
③ 다른 기업과의 경쟁에서 어떻게든 이긴다.
④ 사회 규범과 법을 준수하여 합법적인 활동을 한다.
⑤ 교육 및 복지, 환경 등의 지원에 적극적으로 참여한다.

같은 **주제** 다른 문제

● 다음과 같은 사회적 책임을 지는 경제 주체로 옳은 것은? 답 ②

> • 재화와 서비스 생산 • 합법적 경제 활동 • 사회적 지원

① 가계 ② 기업 ③ 외국 ④ 공공 기관 ⑤ 지역 사회

16 다음 설명에 해당하는 용어로 가장 적절한 것은?
(하) 난이도

> 혁신과 창의성을 바탕으로 한 생산 활동을 통해 기업을 성장시키려는 도전 정신을 말한다.

① 기회비용 ② 기업가 정신
③ 고부가 가치 ④ 합리적 선택
⑤ 사회적 책임

17 기업가 정신에 해당하는 것을 보기 에서 고른 것은?
(중) 난이도

> 보기
> ㄱ. 새로운 시장을 개척한다.
> ㄴ. 현재 잘 팔리는 상품의 생산만 늘린다.
> ㄷ. 외부 환경의 변화에는 관심을 갖지 않는다.
> ㄹ. 품질 개선, 기술 개발 등을 통해 기업을 성장시킨다.

① ㄱ, ㄴ ② ㄱ, ㄹ ③ ㄴ, ㄷ
④ ㄴ, ㄹ ⑤ ㄷ, ㄹ

01 다음 자료를 보고 물음에 답하시오.

- 경제 활동이란 (㉠)와/과 (㉡)을/를 생산, 분배, 소비하는 모든 활동이다.
- 시장 경제에서 (㉠)와/과 (㉡)을/를 만드는 일은 주로 기업이 담당한다.
- 옷, 음식, 주택 등은 (㉠)에 해당하고, 버스 기사의 운전, 가수의 공연 등은 (㉡)에 해당한다.

(1) 빈칸 ㉠, ㉡에 들어갈 말을 쓰시오.

㉠ _____ ㉡ _____

(2) ㉠, ㉡의 공통점과 차이점을 서술하시오.

_____
_____

02 다음 사례에 공통적으로 나타난 경제 활동의 종류를 쓰고, 그 의미를 서술하시오.

- 갑은 회사에서 일을 하고 임금을 받았다.
- 을은 은행에 저축을 하고 이자를 받았다.
- 병은 토지를 빌려주고 지대를 받았다.

_____
_____

03 다음 자료를 통해 알 수 있는 자원의 희소성이 갖는 성격과 그러한 현상이 발생하는 이유를 서술하시오.

- 과거에는 깨끗한 물을 어디서든 쉽게 구할 수 있었다. 그러나 오늘날에는 환경 오염으로 인해 깨끗한 물을 구하기 어려워지면서 돈을 내고 깨끗한 물을 사서 마시게 되었다.
- 우리나라에서 문어는 잔칫상이나 제사상 등에 오르는 귀한 대접을 받았다. 하지만 북유럽에서 문어는 '악마의 물고기'라 불리며 사람들은 먹기를 꺼린다.

_____
_____

04 영수의 선택으로 인한 기회비용은 무엇인지 쓰시오.

영수는 이번 주말에 친구들과 놀이동산에 가기로 약속하였다. 그러나 주말에 갑자기 어머니가 몸이 아프셔서 친구들과의 약속을 취소하고 집에서 어린 동생을 돌보기로 하였다.

_____

05 다음 글을 통해 알 수 있는 우리나라의 경제 체제를 쓰시오.

우리나라는 헌법상 경제 활동의 자유를 인정하지만, 필요한 경우에 정부가 경제에 개입하여 규제와 조정을 할 수 있도록 하고 있다.

_____

06 (가), (나)의 사례에 공통으로 해당하는 용어를 쓰시오.

(가) △△ 기업은 저소득층을 대상으로 하는 공익사업을 꾸준히 벌이고 있다.
(나) □□ 기업은 판매 수익금의 일부로 개발 도상국에 나무를 심고 있다.

_____

07 다음 자료를 보고 물음에 답하시오.

(가) A 회사는 환경 오염 규제 강화로 친환경 자동차의 수요가 증가하고 있는 자동차 시장의 변화에 빠르게 대응하여 전기차를 최초로 개발하였다.
(나) B 회사는 국내 시장에서 더 이상 판매 시장의 확보가 어렵다는 사실을 알고 남들보다 한발 빠르게 해외로 진출하여 큰 성공을 거두었다.

(1) (가), (나)의 사례에 공통으로 해당하는 용어를 쓰시오.

_____

(2) (1)에 해당하는 다른 사례를 세 가지 서술하시오.

_____
_____

03 지속 가능한 경제생활

1 생애 주기에 따른 경제생활

1 ❶생애 주기

(1) **의미** 시간이 흐름에 따라 개인의 삶을 몇 가지 단계로 나누어 나타낸 것

(2) **단계** 일반적으로 크게 유소년기, 청년기, 중·장년기, 노년기로 구분

2 생애 주기별 소득과 소비

(1) **소득** └ 일생 동안 소득과 소비가 일정하지 않기 때문에 경제적으로 지속 가능한 생활을 하기 위한 준비가 필요하다.

① 생산 활동을 통해 소득을 얻을 수 있는 기간은 한정되어 있음

② 청년기부터 중·장년기에 이르기까지 점차 증가하며 ❷은퇴를 하는 시점부터 감소함

(2) **소비**

교과서마다 달라요		
생애 주기의 구분	미래엔	유소년기, 청년기, 장년기, 노년기
	비상, 금성	유소년기, 청년기, 중·장년기, 노년기
	지학사	영·유아기, 청년기, 중·장년기, 노년기
	천재교육, 동아	아동기, 청년기, 중·장년기, 노년기

① 평생 동안 지속됨

② 결혼이나 주택 마련 등과 같은 일들이 발생할 때 급격히 증가함

③ 지출이 수입보다 많아지는 시기가 발생하기도 함

(3) **생애 주기에 따른 경제생활의 변화**

유소년기	• 생산 활동보다 소비 활동을 주로 함 – 부모의 소득에 의존한 소비 활동을 주로 한다. • 바람직한 경제생활 태도를 형성하는 것이 중요함
청년기	인생에서 첫 직장을 가지고 본격적으로 생산 활동에 참여하여 소득을 형성함
중·장년기	소득이 증가하는 시기로, 자녀를 낳고 ❸양육하며 집을 마련하는 등 소비도 집중적으로 증가함 – 소득이 발생하지 않는 노후를 준비해야 하므로, 소비를 줄이고 저축을 늘려야 안정된 노후 생활을 할 수 있다.
노년기	• 직장에서 은퇴하고 모은 돈을 가지고 여생을 보내는 시기로, 소득이 줄지만 소비 생활은 지속함 • 고령화 시대에 접어들면서 중요성이 커지고 있음

시험에 꼭 나오는 개념 체크

1. 청년기는 소득이 가장 큰 시기이다. (○, ×)
2. 고령화 사회에 접어들면서 (청년기, 노년기)에 대비할 필요성이 커지고 있다.

정답 1. × 2. 노년기

2 자산 관리의 필요성과 고려 사항

1 ❹자산 관리

(1) **의미** 자신이 벌어들인 소득으로 언제, 얼마만큼 소비할지, 어떻게 자산을 모으고 불릴지 미리 계획을 세우고 실천하는 것 ➡ 생애 주기에 따른 평생의 소득과 소비를 고려하여 자산을 관리해야 함

(2) **필요성**

① 지속 가능한 경제생활을 하기 위해서 자산 관리가 필요함

② 뜻밖의 사고나 질병, 자연재해로 인한 피해 등의 지출에도 대비해야 함

③ 인간의 ❺평균 수명 연장으로 노년기의 생활에 대비할 필요성이 커짐

(3) **주요 대상** 예·적금, 주식, 채권, 펀드, 보험, 연금, 부동산 등 – 금융 자산 외에도 부동산과 같은 실물 자산도 주요 자산이다.

자료 1 생애 주기에 따른 수입과 지출

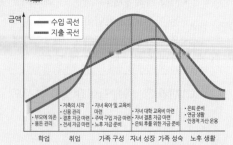

안정적으로 경제생활을 지속하려면 생애 주기에 따른 수입과 지출을 고려하여 경제생활을 계획하고 수립하여 실천해야 한다.

자료 2 평균 수명의 연장

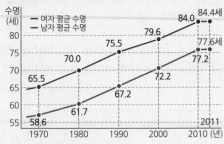

▲ 우리나라의 평균 수명 추이

60세 전후를 은퇴 시기라고 볼 때 은퇴 이후의 노년기가 20년 이상으로 늘어나고 있다. 이로 인해 자산 관리의 중요성이 더욱 커지고 있다.

더 알기 예·적금의 종류

보통 예금	• 자유롭게 입금과 출금을 할 수 있는 예금 • 유동성이 가장 높음
정기 예금	• 일정 기간 동안은 찾지 못하는 예금 • 보통 예금보다 이율이 높음
정기 적금	매월 정해진 금액을 정해진 날에 일정 기간 입금하고 만기 시에 이자와 원금을 받음

용어 쏙쏙

❶ 생애(生 – 살다, 涯 – 끝): 살아 있는 한평생의 기간
❷ 은퇴(隱 – 숨다, 退 – 물러날): 직무상 맡은 업무에서 물러나거나 사회 활동에서 손 떼고 한가히 지냄
❸ 양육(養 – 기르다, 育 – 기르다): 아이를 보살펴서 자라게 함
❹ 자산(資 – 재물, 産 – 재산): 개인이 소유하고 있는 경제적 가치가 있는 유형·무형의 재산
❺ 평균 수명: 사람들이 몇 년까지 살 수 있는가하는 기대 연수

(4) 금융 자산의 종류

예금	이자 등을 목적으로 금융 기관에 맡긴 자산
적금	금융 기관에 일정한 금액을 일정 기간 동안 넣은 다음에 찾는 예금
주식	기업이 사업 자금을 마련하기 위해 투자자에게서 돈을 받고 그 ❶증표로 발행한 것
채권	정부, 기업 등이 자금을 마련하기 위해 일정한 이자 지급을 약속하고 발행하는 증서
펀드	금융 기관이 투자자에게서 모은 자금을 주식, 채권 등에 ❷투자한 후 그 수익을 투자자에게 나누어 주는 금융 상품
보험	미래의 사고나 질병 등에 대비하기 위해 정기적으로 보험료를 납부하고, 사고나 질병이 발생하면 일정 금액을 받는 상품
연금	소득의 일부를 저축하여 노후에 매달 일정액을 받음

└ 가입이 의무적이고 국가가 일정액의 지급을 보장하는 국민연금, 개인이 필요에 의해 가입하는 개인 연금 등이 있다.

⭐2 자산 관리의 방법

(1) 합리적인 자산 관리 방법
① 자신의 소득이나 재산 상태, 미래의 지출 규모 등을 고려해야 함
② 자신의 소득이나 투자 목적 등을 고려하여 자금을 다양한 금융 자산에 적절하게 ❸분산하여 투자해야 적정한 수익을 얻고 위험은 줄일 수 있음

(2) 자산 관리 시 고려해야 할 요소
┌ 안전성이 높은 자산일수록 수익성이 낮고, 수익성이 높은 자산일수록 안전성이 낮다. 그러므로 안전성과 수익성을 고려하여 다양한 금융 자산에 적절하게 분산하여 투자하여야 한다.

안전성	원금이 손실되지 않고 보장되는 정도 → 자신이 저축하거나 투자한 자산의 가치가 얼마나 안전하게 보호될 수 있는지를 의미함
수익성	투자를 통해 수익을 얻을 수 있는 정도 → 보유한 자산에서 얼마나 많은 이익이 발생하는가를 나타냄
유동성	쉽고 빠르게 현금으로 전환할 수 있는 정도 → 필요할 때 얼마나 쉽게 현금으로 바꿀 수 있는가를 의미함

시험에 꼭 나오는 개념 체크
1. 자산 관리는 생애 주기에 따른 평생의 소득과 소비를 고려해야 한다. (○, ×)
2. 예금, 주식, 채권 중 수익성이 가장 높은 상품은 ___ 이다.

답 1. ○ 2. 주식

3 신용 관리

1 신용
(1) **의미** 미래의 어느 시점에 갚을 것을 약속하고 상품이나 돈을 얻을 수 있는 능력

(2) **신용 거래의 장단점**

장점	현금 없이도 편리하게 거래할 수 있고, 현재 소득보다 더 많은 소비가 가능함
단점	❹충동적으로 구매하거나 ❺과소비할 우려가 있고, 미래의 경제생활에 큰 부담이 될 수 있음

2 합리적인 신용 관리
(1) **필요성** 신용이 좋은 사람은 좀 더 유리한 위치에서 경제 활동을 할 수 있지만, 신용이 좋지 않은 사람은 금융 기관과 거래하기 어렵고 불이익을 받을 수 있음

(2) **방법**
└ 신용 카드 발급 제한, 대출 거절, 취업 제한 등이 있다.

① 물건을 충동적으로 구매하거나 과소비를 할 우려가 있으므로 지불 능력을 고려한 소비가 필요함
② ❻상품 대금을 지불하거나 돈을 갚기로 한 약속을 반드시 지키도록 노력해야 함

시험에 꼭 나오는 개념 체크
1. ___을 활용하면 현금이 없어도 편리하게 거래할 수 있고 현재의 소득보다 더 많은 소비를 할 수 있다.

답 1. 신용

자료3 다양한 금융 자산의 특징

예금, 적금	많은 투자자가 이용하는 대표적인 금융 상품으로, 일정한 이자 수익이 있고 원금을 잃을 가능성이 적음
주식	주식을 구입하여 배당금을 받거나 주식을 사고파는 과정에서 이익을 얻을 수 있음. 기업의 이익에 대한 전망에 따라 주가가 오르내리는데, 가격 변동의 폭이 커서 큰 수익을 낼 수도 있지만 큰 손해를 볼 수도 있음
채권	일정한 이자를 받을 수 있고, 만기 전에도 다른 사람에게 팔아 이익을 얻을 수 있음. 채무자가 갚지 못하면 원금과 이자를 돌려받지 못할 수 있음
펀드	전문가를 통해 간접적으로 투자할 수 있음
보험	수익을 얻는 것보다 큰 손해를 막는 데 의의가 있음
연금	예금과 적금에 비해 계약 기간이 길며, 노후 보장의 효과가 큼

자료4 주요 자산의 안전성, 수익성, 유동성

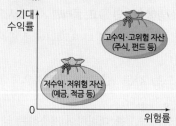

일반적으로 예금과 적금은 안전성은 높지만, 수익성이 낮다. 반면에 주식이나 펀드는 수익성이 높지만 원금을 잃을 위험이 많아 안전성은 낮다. 자산 관리의 목적이 목돈을 안전하게 마련하는 것이라면 예금이나 적금을 선택하는 것이 좋고, 높은 수익을 기대하는 것이라면 주식이나 펀드를 선택하는 것이 좋다.

자료5 신용 관리의 필요성

신용 등급은 곧 돈과 직결된다. 지난해 6월부터 9월까지 3개월 동안 개인 신용 대출 등급별 연 이자율의 차이를 분석한 결과에 따르면 개인 신용 1등급과 7등급의 연 이자율 차이는 7.8%나 난다. 만약 1,000만 원을 신용 대출로 빌린다면, 1년 뒤 1등급인 사람은 60만 원, 7등급인 사람은 138만 원을 이자로 내야 하는 것이다. 이자액 차이는 78만 원이다.

위의 신문 기사는 신용 거래가 확대되고 있는 현대 사회에서는 신용이 점차 중요해지고 있으므로 신용을 잘 관리하도록 노력해야 함을 보여 준다.

용어 쏙쏙

❶ 증표(證−증거, 票−쪽지): 증명이나 증거가 될 만한 표
❷ 투자(投−던질, 資−재물): 이익을 얻기 위하여 어떤 일이나 사업에 자본을 대거나 시간과 정성을 쏟음
❸ 분산(分−나눌, 散−흩을): 갈라져 흩어지게 함
❹ 충동적: 마음속에서 어떤 욕구 같은 것이 갑작스럽게 일어나는 것
❺ 과소비: 돈이나 물품 따위를 지나치게 많이 써서 없애는 일
❻ 상품 대금: 물건을 구입한 대가로 치르는 돈

01 서로 관련 있는 것끼리 연결하시오.

(1) 유소년기 •　　　　　　　　• ㉠ 취업
(2) 청년기 •　　　　　　　　• ㉡ 은퇴
(3) 노년기 •　　　　　　　　• ㉢ 진학

02 다음 중 알맞은 말에 ○표를 하시오.

(1) 취업을 하고 처음으로 소득이 생겨 저축이 시작되는 생애 주기 단계는 (유소년기, 청년기, 중·장년기)이다.
(2) 인간의 평균 수명이 연장되면서 (청년기, 중·장년기, 노년기)에 대비할 필요성이 점차 커지고 있다.
(3) 소득이 가장 큰 시기이면서 소비 역시 가장 크게 늘어나는 시기는 (유소년기, 청년기, 중·장년기)이다.

03 다음 설명이 맞으면 ○표, 틀리면 ✕표 하시오.

(1) 예금은 만기 전에 다른 사람에게 팔아 이익을 얻을 수 있다. (　　)
(2) 펀드는 전문가를 통해 간접적으로 투자할 수 있다는 특징이 있다. (　　)
(3) 보험은 노후를 대비하여 저축하는 금융 자산으로 계약 기간이 긴 것이 특징이다. (　　)

04 다음 빈칸에 알맞은 말을 쓰시오.

(1) 일반적으로 예금이나 적금은 다른 금융 자산에 비해 안전성은 매우 높지만, (　　　)이/가 낮다는 단점이 있다.
(2) 주식은 다른 금융 자산에 비해 (　　　)은/는 매우 낮지만 수익성이 높다는 특징이 있다.
(3) (　　　)은/는 필요할 때 얼마나 쉽게 현금으로 바꿀 수 있는가를 의미한다.

05 다음 설명이 맞으면 ○표, 틀리면 ✕표 하시오.

(1) 신용이란 미래의 어느 시점에 갚을 것을 약속하고 상품이나 돈을 얻을 수 있는 능력을 의미한다. (　　)
(2) 신용을 활용하면 현금이 없어도 편리하게 거래할 수 있고, 현재의 소득만큼만 소비를 할 수 있다. (　　)
(3) 신용이 좋지 않은 사람은 금융 기관과 거래하기 어렵고 취업 등에서도 불이익을 받을 수 있다. (　　)

01 다음 설명에 해당하는 생애 주기 단계로 가장 적절한 것은?

하 난이도

- 부모에 의존하는 시기이다.
- 교육을 받고 미래를 준비한다.

① 유소년기　　② 청년기　　③ 중년기
④ 장년기　　⑤ 노년기

02 빈칸 ㉠, ㉡에 들어갈 말을 바르게 연결한 것은?

중 난이도

(　㉠　)은/는 대체로 청년기부터 중·장년기에 이르기까지 점차 증가하다가 은퇴를 하는 시점부터 감소하기 시작한다. (　㉡　)은/는 결혼이나 주택 마련, 자녀 교육 등과 같은 일들이 발생할 때마다 급격하게 증가하여 (　㉡　)이 (　㉠　)보다 훨씬 많아지는 시기도 있다.

	㉠	㉡		㉠	㉡
①	소득	수입	②	수입	소득
③	수입	지출	④	지출	수입
⑤	소비	소득			

03 빈칸 ㉠에 들어갈 말로 가장 적절한 것은?

하 난이도

- 평균 수명이 연장되면서 (　㉠　) 생활에 대비할 필요성이 더욱 커지고 있다.
- 중·장년기에는 (　㉠　)에 대비하여 소득을 저축해야 한다.
- (　㉠　)에는 소득이 없거나 크게 줄어들어 연금 등으로 경제생활을 해 나간다.

① 유소년기　　② 청년기　　③ 중년기
④ 장년기　　⑤ 노년기

같은 주제 다른 문제

● 다음 내용과 관련 있는 생애 주기 단계로 가장 적절한 것은? 답 ⑤

• 은퇴	• 연금	• 고령화

① 유소년기　② 청년기　③ 중년기　④ 장년기　⑤ 노년기

04 그림의 (가)에 대한 설명으로 가장 적절한 것은?
(상) 난이도

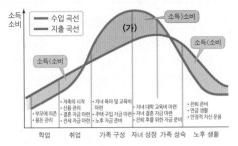

① 처음으로 소득이 발생하는 시기이다.
② 생산 활동보다 소비 활동을 주로 한다.
③ 고령화 시대에 중요성이 더욱 커지고 있다.
④ 은퇴 이후를 본격적으로 준비하는 시기이다.
⑤ 목돈이 들어갈 일이 거의 발생하지 않는 시기이다.

05 빈칸 ㉠에 들어갈 말로 가장 적절한 것은?
(하) 난이도

경제적으로 지속 가능한 생활을 하기 위해서는 생애 주기에 따른 평생의 소득과 소비를 고려하여 (㉠)을 관리해야 한다. 예·적금, 주식, 채권, 펀드 등은 금융 (㉠)에 해당한다.

① 신용 ② 자산 ③ 재산
④ 수입 ⑤ 지출

06 다음 설명에 해당하는 금융 자산으로 옳은 것은?
(중) 난이도

금융 기관이 투자자에게서 모은 자금을 투자한 후 그 수익을 투자자에게 나누어 주는 금융 상품으로, 전문가를 통해 간접적으로 투자할 수 있다는 특징이 있다.

① 주식 ② 채권 ③ 펀드
④ 보험 ⑤ 연금

07 그림의 (가)에 해당하는 금융 자산으로 가장 적절한 것은?
(중) 난이도

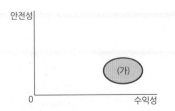

① 예금 ② 적금 ③ 연금
④ 주식 ⑤ 보험

08 다음 금융 자산에 대한 옳은 설명을 보기에서 고른 것은?
(상) 난이도

기업이나 정부에 돈을 빌려주는 대가로 일정한 이익을 얻을 수 있는 금융 상품이다.

보기
ㄱ. 배당금을 받을 수 있다.
ㄴ. 원금을 언제까지 갚겠다는 것이 표시되어 있다.
ㄷ. 수익을 얻기보다는 큰 손해를 막는 데 의의가 있다.
ㄹ. 만기 전에도 다른 사람에게 팔아 이익을 얻을 수 있다.

① ㄱ, ㄴ ② ㄱ, ㄷ ③ ㄴ, ㄷ
④ ㄴ, ㄹ ⑤ ㄷ, ㄹ

09 다음 중 유동성이 가장 높은 금융 자산은?
(중) 난이도
① 채권 ② 국민연금
③ 보통 예금 ④ 정기 적금
⑤ 정기 예금

10 A 씨에게 해 줄 수 있는 조언으로 가장 적절한 것은?
(중) 난이도

A 씨는 직장 생활을 시작한 지 얼마 되지 않은 사회 초년생이다. 월급에서 소비하고 남은 돈 중 절반은 은행에 예금과 적금으로 저축하고, 남은 돈 중 절반은 연금과 보험에 납입하고 있다.

① 안전성이 높은 자산에 더욱 투자하세요.
② 유동성이 높은 자산에 더욱 투자하세요.
③ 수익성이 높은 자산에 더욱 투자하세요.
④ 국가가 보장하는 자산에 더욱 투자하세요.
⑤ 미래의 위험을 대비하는 금융 자산에 더욱 투자하세요.

11 보험과 연금의 공통점으로 가장 적절한 것은?
(중) 난이도
① 수익성이 매우 높은 자산이다.
② 현재보다는 미래를 대비하는 금융 자산이다.
③ 사고나 질병이 발생하면 금액을 받는 자산이다.
④ 국가가 일정액의 지급을 보장하는 금융 자산이다.
⑤ 사고파는 과정에서 이익을 얻을 수 있는 금융 자산이다.

12 주식과 채권의 공통점으로 가장 적절한 것은?

(중)
난이도

① 배당금을 받을 수 있다.
② 유동성이 매우 높은 금융 상품이다.
③ 전문가를 통해 간접적으로 투자한다.
④ 사고파는 과정에서 이익을 얻을 수 있다.
⑤ 다른 금융 상품에 비해 계약 기간이 매우 길다.

13 빈칸 ㉠~㉢에 들어갈 말을 바르게 연결한 것은?

(중)
난이도

일반적으로 예금이나 적금은 (㉠)은 매우 높지만 (㉡)이 낮다는 단점이 있다. 반면 주식과 같이 높은 수익을 기대할 수 있는 자산은 (㉠)이 낮아 원금을 잃을 위험성이 있다. 입출금을 수시로 자유롭게 할 수 있는 예금은 (㉢)이 높지만 보험이나 채권 등은 중도 해지나 환매에 따른 불이익이 크기 때문에 (㉢)이 낮다.

	㉠	㉡	㉢
①	수익성	안전성	유동성
②	수익성	유동성	안전성
③	유동성	안전성	수익성
④	안전성	유동성	수익성
⑤	안전성	수익성	유동성

14 다음은 어떤 학생이 작성한 수행 평가 답안지이다. 이 학생이 받게 될 점수로 옳은 것은?

(상)
난이도

문항	내용	답
1	다양한 금융 자산에 적절한 분산 투자를 하는 것이 좋다.	×
2	채권은 수익성과 유동성이 가장 높은 상품이다.	○
3	국가가 일정액의 지급을 보장하는 연금도 있다.	×
4	펀드는 미래의 큰 손해를 막아 주는 데 의의가 있다.	○

※ 다음 내용이 맞으면 ○표, 틀리면 ×표 하시오.(단, 답이 맞으면 1점, 틀리면 0점을 부여함)

① 0점   ② 1점   ③ 2점
④ 3점   ⑤ 4점

15 밑줄 친 ㉠에 대한 설명으로 적절하지 <u>않은</u> 것은?

(중)
난이도

이것은 미래의 어느 시점에 갚을 것을 약속하고 상품이나 돈을 얻을 수 있는 능력으로, 개인의 지불 능력에 대한 사회적인 평가이다. 신용 카드의 사용, 할부 구매 등이 ㉠이것을 통한 거래에 속한다.

① 현금 없이도 거래가 가능하다.
② 현재의 소득보다 더 많은 소비를 할 수 있다.
③ 현대 사회에서 더욱 활발하게 이루어지고 있다.
④ 미래의 경제생활에는 전혀 부담을 주지 않는다.
⑤ 물건을 충동적으로 구매하거나 과소비할 우려가 있다.

16 신용 관리를 잘하기 위한 방법을 보기에서 고른 것은?

(중)
난이도

보기

ㄱ. 돈을 지불하기로 한 약속을 반드시 지킨다.
ㄴ. 상황을 고려하지 않고 여기저기서 대출한다.
ㄷ. 일정 기간 동안의 연체를 지속적으로 유지한다.
ㄹ. 꾸준히 거래하는 은행을 만들어 통장을 잘 관리한다.

① ㄱ, ㄴ   ② ㄱ, ㄹ   ③ ㄴ, ㄷ
④ ㄴ, ㄹ   ⑤ ㄷ, ㄹ

17 신용이 좋은 사람이 겪을 수 있는 상황으로 가장 적절한 것은?

(하)
난이도

① 신용 카드 발급에 제한이 있을 수 있다.
② 거래 계약에서 거부당할 가능성이 높다.
③ 대출을 받을 때 거절당할 가능성이 높다.
④ 취업할 때 일정의 불이익을 당할 수 있다.
⑤ 대출을 받을 때 이자가 상대적으로 낮을 수 있다.

같은 주제 다른 문제

● 다음과 같은 불이익을 당할 수 있는 사람은? 답 ②

• 금융 기관과 거래하기 어렵다.
• 취업에서도 불이익을 당할 수 있다.
• 대출 시 이자가 상대적으로 높을 수 있다.

① 신용 등급이 높은 사람   ② 신용 등급이 낮은 사람
③ 자산 관리가 잘된 사람   ④ 대출 거래를 하지 않는 사람
⑤ 분산 투자가 잘 이루어진 사람

01 다음 내용을 보고 물음에 답하시오.

> • 20~30대
> • 취업, 결혼 및 출산 등

(1) 위 내용에 해당하는 생애 주기 단계를 쓰시오.

_____

(2) (1)의 단계에 이루어지는 경제생활의 특징을 소득과 소비 측면에서 서술하시오.

_____

_____

02 다음 내용에 해당하는 생애 주기 단계를 쓰고, 경제생활의 특징을 소득 측면에서 서술하시오.

> • 고령화 사회에서 중요해지고 있다.
> • 평균 수명의 연장으로 기간이 길어졌다.

_____

_____

03 다음 빈칸에 들어갈 용어를 쓰고, 그 의미를 서술하시오.

> 현대 사회에서 뜻밖의 사고나 질병, 자연재해로 인한 피해 등이 발생하면 갑작스런 목돈의 지출이 필요한 경우가 발생하는데, 이런 경우를 대비해야 한다. 또한 평균 수명의 연장으로 은퇴 이후의 삶이 길어지면서 이에 대한 대비가 중요해지고 있다. 즉 (   )의 필요성이 더욱 커지고 있다.

_____

_____

04 다음 설명에 해당하는 금융 자산의 종류를 쓰고, 그 특징을 서술하시오.

> 미래에 발생할 수 있는 사고나 질병 등의 위험에 대비하기 위하여 정기적으로 일정 금액을 납부하고, 사고나 질병이 발생하면 가입 시 약속받은 금액을 받는 상품이다.

_____

_____

05 다음 설명에 해당하는 금융 자산의 종류를 쓰고, 그 특징을 서술하시오.

> 금융 기관이 투자자에게서 모은 자금을 주식, 채권 등에 투자한 후 그 수익을 투자자에게 나누어 주는 금융 상품이다.

_____

_____

06 빈칸 ㉠에 들어갈 말을 쓰시오.

> • (㉠)은/는 필요할 때 쉽게 현금으로 바꿀 수 있는가를 의미한다.
> • 입출금을 수시로 자유롭게 할 수 있는 요구불 예금은 (㉠)이/가 매우 높다.

_____

07 빈칸 ㉠에 들어갈 용어를 쓰고, 그 의미를 서술하시오.

> (㉠) 거래가 확대되고 있는 현대 사회에서 합리적인 금융 생활을 하기 위해서는 (㉠)을/를 고려해야 한다. (㉠)이/가 좋은 사람은 좀 더 유리한 위치에서 경제 활동을 할 수 있는 반면, (㉠)이/가 좋지 않은 사람은 불이익을 받을 수 있다.

_____

_____

01 경제 활동과 경제 체제

1 경제 활동

(1) **의미** 재화나 서비스를 생산, 분배, 소비하는 모든 활동

생산	재화나 서비스를 만들거나, 그 가치를 높이는 활동
분배	생산에 참여한 대가로 임금이나 지대, 이자 등을 받는 것
소비	재화나 서비스를 구입하여 사용하는 활동

(2) 경제 주체

가계	기업에 노동, 토지, 자본 등을 제공하여 얻은 소득으로 소비 활동을 함
기업	가계로부터 제공받은 생산 요소로 재화와 서비스를 생산함
정부	세금을 통해 국방·치안 등을 담당하고, 시장 경제 질서를 유지함

2 자원의 희소성과 합리적 선택

(1) **자원의 희소성**

의미	인간의 욕구는 무한한 데 비해 이를 충족해 줄 수 있는 자원이 상대적으로 부족한 상태
성격	시대나 장소에 따라 다르게 나타날 수 있음

(2) **합리적 선택과 기회비용**

합리적 선택	• 선택으로 인해 발생하는 비용과 편익을 고려 • 최소의 비용으로 최대의 편익을 얻는 것
기회 비용	• 어떤 것을 선택함으로써 포기하게 되는 대안 중 가장 큰 가치 • 합리적 선택에서 비용은 기회비용을 의미

3 경제 체제

(1) **시장 경제 체제와 계획 경제 체제**

구분	시장 경제 체제	계획 경제 체제
자원의 배분	시장에서 형성된 가격	정부의 계획과 명령
의사 결정 주체	가계, 기업과 같은 경제 주체	정부가 모든 의사를 결정
경제 활동 동기	• 개인의 사유 재산 인정 • 자신의 이익을 위해 일함	• 정부가 생산 수단을 소유·관리 • 사회의 공동 목표를 추구

(2) **혼합 경제 체제**

의미	시장 경제 체제와 계획 경제 체제의 특성을 혼합하여 운영
특징	우리나라를 비롯하여 오늘날 대부분의 국가들은 각국이 처한 상황에 맞게 혼합 경제 체제를 채택하여 운영

02 기업의 역할과 기업가 정신

1 기업의 역할

역할	• 이윤의 극대화를 위해 소비자에게 필요한 상품을 생산 • 생산에 참여한 사람들에게 임금, 지대, 이자 등을 지급 • 세금 납부, 기술 혁신, 수출 등으로 국가 경제 발전에 이바지

2 기업의 사회적 책임

의미	기업이 소비자와 노동자, 지역 사회 등이 요구하는 사회적 의무를 충족하는 방향으로 활동해야 한다는 윤리적 책임 의식
내용	• 국민 생활에 필요한 재화와 서비스를 생산하여 공급 • 사회 규범과 법을 준수하는 합법적 경제 활동 • 소비자와 노동자의 권리를 보호 • 다른 기업과 공정하게 경쟁하면서 성장 • 환경을 고려한 상품 생산 • 교육 및 복지 등의 지원에 적극적으로 참여

3 기업가 정신

의미	미래의 불확실성과 높은 위험 속에서도 주도적으로 기회를 잡으며, 혁신과 창의성을 바탕으로 생산 활동을 통해 기업을 성장시키려는 도전 정신
요소	• 신상품 개발, 새로운 시장 개척 • 품질 개선이나 기술 개발, 새로운 생산 방식 도입 • 외부 환경의 변화에 유연하고 신속한 대처 • 공정한 경쟁, 근로 복지 향상, 사회적 책임 의식 등

03 지속 가능한 경제생활

1 자산 관리

(1) **생애 주기에 따른 경제생활**

생애 주기와 경제생활	• 크게 유소년기, 청년기, 중·장년기, 노년기로 구분 • 각 단계에 따라 진학, 취업, 결혼, 출산 등 많은 일을 경험 • 소득을 얻을 수 있는 기간은 한정, 소비 생활은 평생 동안 지속

(2) **자산 관리의 필요성과 고려 사항**

자산 관리	자신의 소득이나 재산을 활용하여 어떤 자산을 얼마나 구입하고 언제 처분할지를 선택하는 것
필요성	• 일생 동안 소득과 소비가 일정하지 않음, 뜻밖의 사고에 대비 • 평균 수명의 연장으로 노년기 생활에 대비해야 할 필요성이 커짐
고려 사항	• 안전성: 원금이 손실되지 않고 보장되는 정도 • 수익성: 투자를 통해 수익을 얻을 수 있는 정도 • 유동성: 쉽고 빠르게 현금으로 전환할 수 있는 정도

(3) **자산의 종류**

예·적금	금융 기관에 돈을 맡기고 이자를 받는 것
주식	자금 마련을 위해 기업이 투자자에게 돈을 받고 발행한 증표
채권	기업이나 정부에 돈을 빌려주는 대가로 일정한 이익을 얻을 수 있는 상품
펀드	금융 기관이 자금을 모아 투자한 후 그 수익을 나누는 상품
보험	미래의 위험에 대비하기 위해 보험료를 납부하는 상품
연금	노후를 대비하여 저축하는 금융 자산

2 신용 관리

신용	미래에 갚을 것을 약속하고 상품이나 돈을 얻을 수 있는 능력
신용 관리	• 자신의 지불 능력을 고려한 소비 • 상품 대금 지불 및 돈을 갚기로 한 약속을 반드시 지킴

01 경제 활동과 경제 체제

01 밑줄 친 ㉠~㉤에 대한 설명으로 옳은 것은?

(중)
난이도

> 경제 활동은 ㉠재화나 ㉡서비스를 ㉢생산, ㉣분배, ㉤소비하는 모든 활동이다.

① ㉠ – 인간의 가치 있는 활동이다.
② ㉡ – 구체적인 형태가 있는 물건이다.
③ ㉢ – 재화나 서비스의 가치를 높이는 활동이다.
④ ㉣ – 경제 주체 중 정부가 주로 담당하는 활동이다.
⑤ ㉤ – 경제 주체 중 기업이 주로 담당하는 활동이다.

02 정부에 대한 옳은 설명을 보기 에서 고른 것은?

(중)
난이도

> **보기**
> ㄱ. 가계, 기업으로부터 세금을 걷는다.
> ㄴ. 가계로부터 생산 요소를 제공받는다.
> ㄷ. 시장의 경제 질서를 유지하는 역할을 한다.
> ㄹ. 기업으로부터 생산 요소 제공의 대가를 받는다.

① ㄱ, ㄴ   ② ㄱ, ㄷ   ③ ㄴ, ㄷ
④ ㄴ, ㄹ   ⑤ ㄷ, ㄹ

03 다음 개념에 대한 설명으로 가장 적절한 것은?

(중)
난이도

> • 임금   • 지대   • 이자

① 생산에 참여한 대가로 받는다.
② 재화나 서비스의 가치를 높인다.
③ 자신에게 필요한 상품을 구매한다.
④ 다양한 방법으로 생산 활동에 참여한다.
⑤ 각 경제 주체가 자신의 역할을 성실하게 수행한다.

04 자원의 희소성에 대한 설명으로 옳지 않은 것은?

(중)
난이도

① 자원의 양이 많으면 무조건 희소하다.
② 자원의 양이 적어도 희소하지 않을 수 있다.
③ 희소성은 시대와 장소에 따라 다르게 나타난다.
④ 희소성은 인간의 욕구가 변하면 따라서 변화한다.
⑤ 인간의 욕구를 모두 충족시킬 수 없어 희소성이 발생한다.

05 다음은 민수가 토요일에 선택할 수 있는 대안을 나타낸 표이다. 이에 대한 옳은 설명을 보기 에서 고른 것은?(단, 영화 관람, 공부, 저녁 식사에 드는 비용은 모두 같다고 가정한다.)

(상)
난이도

대안	편익
친구들과 영화 관람	친구들과의 우정
독서실에서 공부	성적 향상
가족들과 저녁 식사	가족 간의 화목

> **보기**
> ㄱ. 편익이 가장 큰 것을 선택하는 것이 합리적이다.
> ㄴ. 친구들과의 영화 관람을 선택했다면, 그에 따른 기회비용은 가족 간의 화목이다.
> ㄷ. 독서실에서 공부를 선택했다면, 그에 따른 기회비용은 친구들과의 우정과 가족 간의 화목이다.
> ㄹ. 가족들과의 저녁 식사를 선택했다면, 그에 따른 기회비용은 성적 향상과 친구들과의 우정 중 민수가 더 소중하게 생각하는 것이다.

① ㄱ, ㄴ   ② ㄱ, ㄹ   ③ ㄴ, ㄷ
④ ㄴ, ㄹ   ⑤ ㄷ, ㄹ

06 우리나라의 경제 체제에 대한 설명으로 옳은 것은?

(중)
난이도

① 순수한 시장 경제 체제이다.
② 정부가 생산 수단을 소유하고 관리한다.
③ 시장 경제 체제를 기본으로 하면서 필요한 경우 정부가 개입한다.
④ 계획 경제 체제를 기본으로 하면서 일부 시장의 자유를 보장하고 있다.
⑤ 혼합 경제 체제를 운영하는 나라 중 계획 경제 체제의 요소가 가장 강하게 나타난다.

07 빈칸 (가)에 들어갈 내용을 쓰시오.

(중)
난이도 **주관식**

구분	시장 경제 체제	계획 경제 체제
자원의 배분	시장에서 형성된 가격	정부의 계획과 명령
의사 결정 주체	가계, 기업과 같은 경제 주체	(가)

02 기업의 역할과 기업가 정신

08 기업의 역할에 대한 설명으로 옳지 <u>않은</u> 것은?
(하 난이도)
① 기업은 경제 성장을 촉진한다.
② 기업은 가계의 소득을 창출한다.
③ 기업은 국가 재정에 이바지한다.
④ 기업은 시장의 경제 질서를 유지한다.
⑤ 기업은 소비자에게 필요한 상품을 생산한다.

09 (가)에 들어갈 내용으로 가장 적절한 것은?
(중 난이도)

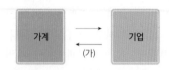

① 세금 납부
② 연구 개발 투자
③ 생산 요소 제공
④ 국방, 치안 등 담당
⑤ 임금, 지대, 이자 등 지급

10 빈칸 ㉠, ㉡에 들어갈 말을 바르게 연결한 것은?
(하 난이도)

> 기업은 본래 목적인 이윤 극대화를 추구하면서 사회를 기반으로 존재한다. 기업의 (㉠) 책임이란 기업이 소비자와 노동자, 지역 사회 등이 요구하는 의무를 충족하는 방향으로 활동해야 한다는 (㉡) 책임 의식을 말한다.

	㉠	㉡		㉠	㉡
①	사회적	윤리적	②	사회적	경제적
③	윤리적	사회적	④	윤리적	법률적
⑤	경제적	윤리적			

11 기업의 사회적 책임에 대한 옳은 설명을 보기에서 고른 것은?
(상 난이도)
보기
ㄱ. 사회 규범과 법을 준수한다.
ㄴ. 이윤 추구만을 목적으로 한다.
ㄷ. 교육 및 복지 등의 지원에 적극적으로 참여한다.
ㄹ. 다른 기업과의 경쟁에서 이기고자 모든 방법을 동원한다.

① ㄱ, ㄴ ② ㄱ, ㄷ ③ ㄴ, ㄷ
④ ㄴ, ㄹ ⑤ ㄷ, ㄹ

12 다음 내용과 관련있는 용어로 가장 적절한 것은?
(하 난이도)

> 시장 경제에서 기업이 지속적으로 이윤을 얻고 다른 기업들과의 경쟁에서 살아남기 위해서는 효율적으로 기업을 운영해야 한다. 기업은 새로운 상품과 기술 개발, 새로운 시장 개척, 새로운 생산 방법의 도입 등을 통해 시장에서 경쟁력을 확보하고 좀 더 많은 이윤을 추구해야 한다.

① 기업의 생산
② 기업가 정신
③ 자원의 희소성
④ 경제 활동의 주체
⑤ 기업의 경제적 책임

13 A사에 필요한 기업가 정신의 내용으로 가장 적절한 것은?
(중 난이도)

> ○○국의 휴대 전화 생산 기업인 A사는 한때 유럽과 아시아에 진출하며 세계 시장에서 높은 점유율을 차지하였다. 하지만 스마트폰과 태블릿 PC 등의 모바일 중심으로 이동하는 휴대 전화 시장의 새로운 변화에 대응하지 못하고 기존 제품의 생산에만 치중하였다. 그 결과 휴대 전화 시장에서 계속 점유율이 하락하였고, 결국 경쟁 회사에 인수되었다.

① 저부가 가치를 창출하는 신상품을 개발한다.
② 판매처 확보를 위한 새로운 시장을 개척한다.
③ 외부 환경의 변화에 유연하고 신속하게 대처한다.
④ 생산비를 절감할 수 있는 방법을 새롭게 도입한다.
⑤ 공정한 경쟁을 통하여 사회적 책임 의식을 갖는다.

03 지속 가능한 경제생활

14 생애 주기에 대한 옳은 설명을 보기에서 고른 것은?
(중 난이도)
보기
ㄱ. 소비 생활은 평생 동안 지속된다.
ㄴ. 지출이 수입보다 많은 시기는 없다.
ㄷ. 크게 유소년기, 청년기, 중·장년기, 노년기로 구분한다.
ㄹ. 모든 생애 주기 단계에서 생산 활동은 활발히 이루어진다.

① ㄱ, ㄴ ② ㄱ, ㄷ ③ ㄴ, ㄷ
④ ㄴ, ㄹ ⑤ ㄷ, ㄹ

15 노년기에 대한 설명으로 가장 적절한 것은?

중 **난이도**

① 지출이 수입보다 많은 시기이다.
② 지출이 가장 많이 이루어지는 시기이다.
③ 노후에 대한 대비를 해야 하는 시기이다.
④ 평균 수명 연장으로 중요도가 떨어지고 있다.
⑤ 처음으로 정기적인 소득이 형성되는 시기이다.

16 다음 내용에 해당하는 금융 자산에 대한 설명으로 옳은 것은?

중 **난이도**

> 기업이 사업 자금을 마련하기 위하여 투자자에게 돈을 받고 그 증표로 발행한 것이다.

① 노후를 대비하는 금융 자산이다.
② 유동성이 가장 큰 금융 자산이다.
③ 기업의 이윤이 커지면 배당금을 받을 수 있다.
④ 전문가를 통해 간접적으로만 투자가 이루어진다.
⑤ 가격의 변화가 적어 사고파는 과정에서 이익이 적다.

17 (가), (나)에 해당하는 금융 자산을 바르게 연결한 것은?

하 **난이도**

> (가) 미래의 위험에 대비하는 데 의의가 있는 금융 상품
> (나) 전문가를 통해 간접적으로 투자할 수 있는 금융 상품

	(가)	(나)
①	펀드	연금
②	보험	펀드
③	보험	연금
④	연금	펀드
⑤	연금	보험

18 신용이 좋지 않은 경우 발생할 수 있는 사례로 적절하지 <u>않은</u> 것은?

중 **난이도**

① 취업에서 불이익을 받을 수 있다.
② 주식에 투자하는 데 어려움이 있을 수 있다.
③ 신용 카드를 만드는 데 어려움이 있을 수 있다.
④ 휴대 전화나 인터넷 신규 가입을 거절당할 수 있다.
⑤ 현재의 소득보다 더 많은 소비를 하는 데 어려움이 있을 수 있다.

 서술형

19 A, B 씨에게 공통적으로 해 줄 수 있는 조언을 서술하시오.

상 **난이도**

> A 씨는 직장 생활 10년 차이다. A 씨는 평소 금융에 대한 지식이 별로 없어 통장에 들어온 월급을 필요한 만큼 쓰고 그대로 두고 있다. 즉 남은 돈을 모두 예금에 저축하고 있는 셈이다. B 씨는 직장 생활을 시작한 지 1년도 채 되지 않았다. 빨리 큰돈을 벌고 싶은 B 씨는 월급에서 쓰고 남은 돈을 모두 주식에 투자하고 있다. 하루 종일 주식 소식만 보고 듣는 게 B 씨의 일과이다.

_____

_____

 중요 **서술형**

20 다음 자료를 보고 물음에 답하시오.

중 **난이도**

> (가) 배당금을 받을 수 있고 사고파는 과정에서 이익도 기대할 수 있다. 그러나 원금을 돌려받지 못할 가능성이 있다.
> (나) 자신이 저축하거나 투자한 자산의 가치가 얼마나 안전하게 보호될 수 있는지를 의미한다.

(1) (가)에 해당하는 금융 상품을 쓰고, 그 의미를 서술하시오.

_____

_____

(2) (가)에 해당하는 금융 상품보다 (나)가 큰 금융 상품을 두 가지 쓰시오.

_____

01 ● 시장의 의미와 종류
02 ● 시장 가격의 결정

① 시장

1 시장의 의미와 종류

[자료1] (1) **의미** ❶재화와 서비스를 사고자 하는 사람과 팔고자 하는 사람 사이의 상호 작용을 통해 가격이 형성되고 교환이 이루어지는 곳
— 수요자라고 한다. └ 공급자라고 한다.

[자료2] (2) **종류** ┌ 정보 통신 기술의 발달로 전자 상거래와 같이 새로운 종류의 시장도 다양하게 형성되었다.

① 거래 모습이 보이는지에 따라(거래 형태에 따라)

눈에 보이는 시장	사고파는 모습이 구체적으로 드러나는 시장 ⓔ ❷재래시장, 백화점, 대형 할인점 등
눈에 보이지 않는 시장	사고파는 모습이 구체적으로 드러나지 않더라도 거래가 이루어지는 시장 ⓔ 인터넷 쇼핑몰, 애플리케이션 시장, ❸외환 시장, 주식 시장 등

② 거래되는 상품의 종류에 따라

생산물 시장	생활에 필요한 재화나 서비스가 거래되는 시장 ⓔ 꽃 시장, 문구점 등
생산 요소 시장	상품의 생산 과정에 필요한 토지나 노동, 자본 등의 생산 요소가 거래되는 시장 ⓔ 부동산 시장, ❹노동 시장 등

2 시장의 기능

(1) **가격 결정** 수요와 공급을 연결하여 시장 가격을 결정

(2) **거래 비용 감소** 시장을 통해 거래를 함으로써 거래에 들어가는 노력과 시간 등의 비용을 줄일 수 있게 됨

(3) **생산성 증대** ❺특화와 ❻분업을 촉진하여 생산성 증대

(4) **정보 제공** 시장을 통해 상품의 종류, 상품별 차이, 가격 등의 정보를 얻음

> **시험에 꼭 나오는 개념 체크**
> 1. 사고자 하는 사람과 팔고자 하는 사람 사이의 거래가 이루어지는 곳을 _____이라고 한다.
> 2. 시장은 거래 비용을 줄이는 기능을 한다. (○, ×)
>
> 답 1. 시장 2. ○

② 수요와 공급

1 수요와 수요 법칙

[더 알기] (1) **수요** 일정한 가격에서 어떤 상품을 사고자 하는 욕구 ┐
┌ 사고자 하는 욕구뿐만 아니라 실제로 살 수 있는 구매 능력을 가지고 있어야 한다.

(2) **수요량** 각 가격 수준에서 수요자가 구입하고자 하는 구체적인 양

(3) **수요 법칙** 상품 가격이 오르면 수요량은 감소, 가격이 내리면 수요량은 증가 ➡ 상품의 가격과 수요량 사이에 나타나는 음(-)의 관계

(4) **수요 곡선** 수요 법칙을 그래프로 나타낸 것, 가격과 수요량이 서로 반대 방향으로 움직이기 때문에 우하향 모양의 곡선으로 나타남

① 가격이 하락하면
② 수요량 증가

▲ **수요 곡선** – 가격이 하락하면 수요량은 증가하기 때문에 수요 곡선은 우하향한다.

[자료1] 시장의 형성

어서 벼를 베고, 고기를 잡아야겠군. 입을 옷도 지어야 해. ①

쌀은 남아도는데 생선이 부족하네. 어떻게 해야 하지? ②

쌀을 생선으로 바꾸어야 하는데 생선을 가진 사람을 어떻게 찾지? ③

시장 ④

원시 시대에는 생활에 필요한 물건을 스스로 만들어 사용하였다. 이후 농사를 짓게 되면서 사람들은 자신이 쓰고도 남는 생산물이 생기자, 이를 자신에게 필요한 다른 물건과 교환하기 시작하였다. 이 과정에서 사람들은 자신이 더 잘 만들 수 있는 물건만을 집중적으로 생산하게 되었다. 특화와 분업, 그리고 교환이 발달하면서 거래를 위한 시장이 생겨났다.

[자료2] 여러 가지 시장

* 개설 상태에 따라

상설 시장	매일 열리는 시장 ⓔ 남대문 시장, 인터넷 쇼핑몰 등
정기 시장	며칠에 한 번씩 정기적으로 열리는 시장 ⓔ 5일장, 7일장 등

* 거래되는 상품의 다양성에 따라

다양한 상품을 거래하는 시장	한곳에서 동시에 여러 가지 물건을 구매할 수 있음 ⓔ 재래시장, 백화점 등
특정 상품 위주로 거래하는 시장	상품에 대한 전문 지식과 다양한 정보를 쉽게 얻을 수 있음 ⓔ 전자 상가, 꽃 시장 등

[더 알기] 수요와 수요량의 차이

수요는 일정한 가격에서 그 상품을 사려고 하는 '욕구' 자체를 말하고, 수요량이란 '그 상품이 500원일 때 사려고 하는 수량 100개, 800원일 때 사려고 하는 수량 50개'와 같이 특정 가격일 때 그 가격에서 사려고 하는 '구체적인 수량'을 의미한다. 가격이 변화하면 수요량이 변화한다. 수요량은 수요 곡선상의 한 점을 의미한다.

 용어 쏙쏙

❶ 재화(財 – 재물, 貨 – 재물): 사람들에게 필요가 있는 물건
❷ 재래시장: 예전부터 있어 오던 시장을 백화점 따위의 물건 판매 장소에 상대하여 이르는 말
❸ 외환 시장: 달러화, 유로화, 엔화 등과 같은 외환이 거래되는 시장
❹ 노동 시장: 일자리를 찾는 사람과 기업이 만나 노동의 거래가 이루어짐
❺ 특화(特 – 특별할, 化 – 되다): 각자 잘하는 일에 전념하여 전문화하는 것
❻ 분업(分 – 나누다, 業 – 일): 생산 과정을 여러 부문으로 나누어 여러 사람이 일을 나누어 맡는 것

더알기 **2 공급과 공급 법칙**

(1) **공급** 일정한 가격에서 어떤 상품을 팔고자 하는 욕구

(2) **공급량** 각 가격 수준에서 공급자가 판매하고자 하는 구체적인 양

(3) **공급 ❶법칙** 상품 가격이 오르면 공급량은 증가, 가격이 내리면 공급량은 감소 ➡ 상품의 가격과 공급량 사이에 나타나는 양(+)의 관계

(4) **공급 곡선** 공급 법칙을 그래프로 나타낸 것, 가격과 공급량이 서로 같은 방향으로 움직이기 때문에 우상향 모양의 곡선으로 나타남

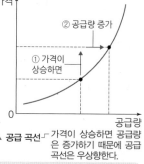

▲ **공급 곡선** 가격이 상승하면 공급량은 증가하기 때문에 공급 곡선은 우상향한다.

시험에 꼭 나오는 개념 체크
1. 상품의 가격과 수요량 사이에 나타나는 음(-)의 관계를 ___ __ 이라고 한다.
2. 상품의 가격이 하락하면 공급량은 증가한다. (○, ×)

답 1. 수요 법칙 2. ×

3 시장 가격의 결정

자료3 **1 시장의 ❷균형**

(1) **시장 균형** 어떤 재화의 수요량과 공급량이 일치하여 균형을 이루는 지점, 즉 수요 곡선과 공급 곡선이 만나는 지점

(2) **균형 가격(시장 가격)** 시장이 균형을 이루는 상태의 가격

(3) **균형 거래량** 시장이 균형을 이루는 상태의 거래량

2 ❸초과 수요와 초과 공급

(1) **초과 수요** 상품 가격이 균형 가격보다 낮아 수요량이 공급량보다 많은 상태

(2) **초과 공급** 상품 가격이 균형 가격보다 높아 공급량이 수요량보다 많은 상태

3 균형 가격의 결정
시장에서 어떤 상품의 수요량과 공급량이 일치하지 않으면 가격은 오르거나 내린다. 이러한 과정을 반복하다 보면, 시장은 수요량과 공급량이 일치하여 더는 상품 가격이 오르거나 내리지 않는 균형 상태에 도달하게 된다.

(1) **초과 수요 발생** 수요량 > 공급량 ➡ 수요자 간 ❹경쟁 ➡ 가격 상승

(2) **초과 공급 발생** 수요량 < 공급량 ➡ 공급자 간 경쟁 ➡ 가격 하락

(3) **시장 균형 형성** 수요량 = 공급량 ➡ 균형 가격 결정, 균형 거래량 결정

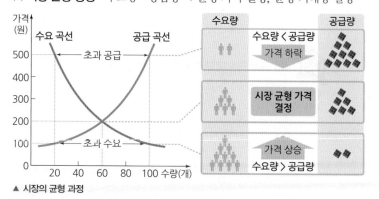

▲ **시장의 균형 과정**

시험에 꼭 나오는 개념 체크
1. 초과 공급이 발생하면 공급자 간의 경쟁으로 가격은 상승한다. (○, ×)
2. 수요량과 공급량이 일치하는 지점에서 ___ ___ 이 결정된다.

답 1. × 2. 균형 가격(시장 가격)

더알기 **개인의 수요·공급과 시장의 수요·공급**

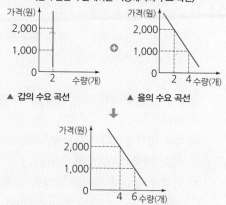

〈갑과 을만이 존재하는 시장에서의 수요 곡선〉

▲ 갑의 수요 곡선   ▲ 을의 수요 곡선

▲ **시장의 수요 곡선**

우리가 보는 수요·공급 곡선은 시장 전체의 수요·공급 곡선이다. 즉 그 상품에 대한 사람들 전체의 수요나 공급을 모두 합한 것이다. 예를 들어 갑과 같이 몇몇 사람들의 경우 수요 법칙을 따르지 않을 수도 있으나, 사람들의 전체 수요를 합한 시장 전체의 수요 곡선은 대체로 수요 법칙을 따른다. 따라서 시장 전체의 수요 곡선은 을의 수요 곡선처럼 우하향하는 곡선의 형태를 띤다.

자료3 **시장의 균형**

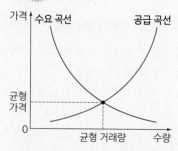

시장에서 수요량과 공급량이 일치할 때, 즉 수요 곡선과 공급 곡선이 만나는 지점에서 시장은 균형을 이룬다. 이때의 가격을 균형 가격 또는 시장 가격이라고 하며, 이때의 거래량을 균형 거래량이라고 한다. 균형 상태에서 수요자와 공급자는 상품을 원하는 만큼 거래할 수 있게 되어 시장은 가장 효율적인 상태가 된다.

용어 쏙쏙

❶ 법칙: 모든 사물과 현상의 원인과 결과가 반드시 그렇게 나타날 수밖에 없는 관계임을 의미함

❷ 균형(均 - 고르다, 衡 - 저울대): 같은 무게의 두 물체가 천칭에 놓여 천칭이 움직이지 않는 것처럼, 수요량과 공급량이 일치하여 안정이 잡힌 상태

❸ 초과: 일정한 한도를 넘음

❹ 경쟁: 같은 목적에 대해 서로 이기거나 앞서려고 다툼

01 다음 빈칸에 알맞은 말을 쓰시오.

(1) 상품을 사고자 하는 사람과 팔고자 하는 사람의 상호 작용으로 거래가 이루어지는 곳을 (   )(이)라고 한다.

(2) (   )(이)란 어떤 상품을 사고자 하는 욕구를 말한다.

(3) 수요 법칙에 따라 가격이 상승하면 수요량은 (   )하고, 가격이 하락하면 수요량은 (   )한다.

(4) 가격과 공급량 사이의 관계를 그래프로 나타낸 공급 곡선은 (   ) 모양의 곡선이다.

(5) 시장의 수요량과 공급량이 일치하는 지점에서의 가격을 (   )(이)라고 한다.

(6) (   )(이)란 상품의 가격이 시장에서 형성된 균형 가격보다 높아 공급량이 수요량보다 많은 상태를 의미한다.

02 다음 설명에 해당하는 시장의 종류를 [보기]에서 골라 기호를 쓰시오.

> **보기**
> ㄱ. 노동 시장   ㄴ. 대형 마트
> ㄷ. 농산물 시장   ㄹ. 부동산 시장

(1) 생산물 시장   (   )
(2) 생산 요소 시장   (   )

03 서로 관련 있는 것끼리 연결하시오.

(1) 가격 상승 •   • ㉠ 수요량 감소, 공급량 증가
(2) 가격 하락 •   • ㉡ 수요량 증가, 공급량 감소

04 다음 중 알맞은 말에 ○표를 하시오.

(1) 일정한 가격에서 사고자 하는 구체적인 양을 (수요, 수요량)(이)라고 한다.

(2) 주식 시장, 전자 상거래 시장은 (눈에 보이는 시장, 눈에 보이지 않는 시장)이다.

(3) 초과 공급이 발생하면 공급자 사이의 경쟁이 발생하여 가격이 (상승, 하락)한다.

05 다음 설명이 맞으면 ○표, 틀리면 ×표 하시오.

(1) 상품의 가격이 상승하면 공급량은 감소한다. (   )

(2) 수요자는 상품의 가격이 하락하면 수요량을 늘린다.
(   )

(3) 시장의 발달은 거래 비용을 증대시켰다. (   )

(4) 초과 수요가 발생하면 공급자 사이의 경쟁이 발생하여 가격이 하락한다. (   )

01 밑줄 친 ㉠의 사례로 옳은 것은?
(하 난이도)

> 시장에는 구체적인 거래 장소가 눈에 보이는 시장과 ㉠ 눈에 보이지 않는 시장이 있다.

① 백화점   ② 편의점   ③ 대형 마트
④ 농산물 시장   ⑤ 온라인 쇼핑몰

02 시장에 대한 옳은 설명을 [보기]에서 고른 것은?
(중 난이도)

> **보기**
> ㄱ. 거래에 필요한 시간과 비용을 줄여 주는 역할을 한다.
> ㄴ. 시장의 발달은 특화와 분업을 촉진해 생산성을 저하시켰다.
> ㄷ. 과학 기술의 발달로 새로운 형태의 시장이 형성되기도 한다.
> ㄹ. 상품을 사려는 사람과 팔려는 사람이 직접 만나서 거래하는 곳만을 말한다.

① ㄱ, ㄴ   ② ㄱ, ㄷ   ③ ㄴ, ㄷ
④ ㄴ, ㄹ   ⑤ ㄷ, ㄹ

03 다음 중 시장의 형태가 <u>다른</u> 하나는?
(중 난이도)

① 문구점   ② 영화관   ③ 꽃 시장
④ 가구 시장   ⑤ 노동 시장

🎈 **같은 주제 다른 문제**

● 생산 요소 시장에 해당하는 것은? **답 ⑤**

① 백화점   ② 홈쇼핑   ③ 남대문 시장
④ 농산물 시장   ⑤ 부동산 시장

04 다음 그래프에 대한 설명으로 옳은 것은?
(중 난이도)

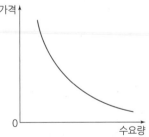

① 수요량이 변화하면 가격도 변화한다.
② 공급량이 증가하면 수요량도 증가한다.
③ 상품의 가격이 상승하면 수요량은 감소한다.
④ 가격과 수요량은 양(+)의 관계가 있음을 알 수 있다.
⑤ 가격과 수요량의 관계를 나타내는 우상향의 곡선이다.

05 수요 법칙에 해당하는 사례로 가장 적절한 것은?

(상) 난이도

① 긴 가뭄으로 인해 농산물 가격이 상승하였다.
② 명품 지갑의 가격을 올리자 판매량이 더 늘어났다.
③ 구제역 발생으로 돼지고기에 대한 수요가 감소하였다.
④ 초콜릿 가격이 하락하자 초콜릿 판매량이 증가하였다.
⑤ 아이스크림 가격이 상승하자 아이스크림 생산량이 증가하였다.

06 빈칸 ㉠, ㉡에 들어갈 말을 바르게 연결한 것은?

(하) 난이도

> 상품의 가격이 오르면 공급량은 (㉠)하고, 상품의 가격이 내리면 공급량은 (㉡)한다.

	㉠	㉡		㉠	㉡
①	증가	감소	②	증가	불변
③	불변	증가	④	감소	증가
⑤	감소	불변			

07 현진이는 볼펜 가격의 변동에 따라 다음과 같이 볼펜을 사고자 한다. 이에 대한 설명으로 옳지 않은 것은?

(중) 난이도

가격(원)	수요량(개)
100	15
200	8
300	6
400	4

① 현진이의 볼펜 구매 계획은 수요 법칙이 적용된다.
② 현진이의 계획을 그래프로 나타내면 수요 곡선이 된다.
③ 볼펜의 가격과 수요량 사이의 음(-)의 관계가 나타난다.
④ 현진이는 볼펜 가격이 오르면 볼펜을 적게 구입하려고 한다.
⑤ 현진이의 수요량이 변화함에 따라 볼펜의 가격이 변화하고 있다.

08 수요 법칙과 공급 법칙에 대한 설명으로 옳은 것은?

(중) 난이도

① 가격과 공급량은 음(-)의 관계이다.
② 수요 곡선과 공급 곡선은 모두 우하향의 모양이다.
③ 가격이 상승하면 수요량은 증가하고 공급량은 감소한다.
④ 상품의 수요량과 공급량은 그 상품의 가격과는 관련이 없다.
⑤ 가격의 변화에 따라 수요량과 공급량은 서로 반대 방향으로 움직인다.

09 다음 상황에 대한 설명으로 옳은 것은?

(중) 난이도

> 과일 가게를 운영하는 A 씨는 과일 가격이 오르자 도매상에 과일을 더 주문하였다.

① 수요량보다 공급량이 많다.
② 수요량이 증가하면 가격이 오른다.
③ 초과 수요가 발생하면 상품의 가격이 상승한다.
④ 가격과 공급량 간에는 음(-)의 관계가 나타난다.
⑤ 가격이 오르면 공급자는 상품을 더 많이 공급하려고 한다.

10 가격과 수요량 사이의 관계를 나타낸 그래프로 옳은 것은?

(하) 난이도

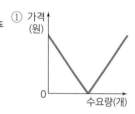
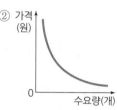
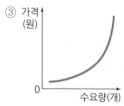
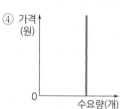
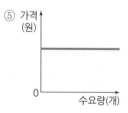

11 다음은 아이스크림 시장의 수요량과 공급량을 나타낸 표이다. 아이스크림 시장의 균형 가격으로 옳은 것은?

(중) 난이도

가격(원)	300	500	700	1,000	1,200
수요량(개)	1,000	800	500	300	200
공급량(개)	200	300	500	800	1,000

① 300원　　② 500원　　③ 700원
④ 1,000원　　⑤ 1,200원

 같은 주제 다른 문제

● 아이스크림 시장의 균형 거래량으로 옳은 것은? 답 ③
① 200개　② 300개　③ 500개　④ 800개　⑤ 1,000개

12 다음 상품의 균형 가격과 균형 거래량을 바르게 연결한 것은?

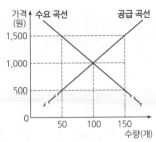

	균형 가격	균형 거래량
①	500원	50개
②	500원	100개
③	1,000원	100개
④	1,000원	200개
⑤	1,500원	150개

13 시장 균형에 대한 설명으로 옳지 않은 것은?

① 균형 가격과 균형 거래량이 결정된다.
② 수요량과 공급량이 일치하는 지점이다.
③ 수요자는 원하는 만큼 상품을 구매할 수 있다.
④ 공급자는 원하는 만큼 상품을 판매할 수 있다.
⑤ 생산 능력을 낭비하여 시장의 비효율이 발생한다.

14 다음은 치킨에 대한 시장의 수요·공급 곡선이다. 이에 대한 설명으로 옳은 것은?

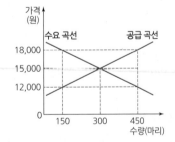

① 치킨이 12,000원일 때 수요량은 150마리이다.
② 치킨이 15,000원이면 가격이 더 하락해야 한다.
③ 치킨이 12,000원일 때 공급량이 수요량보다 많다.
④ 치킨이 18,000원일 때 300마리의 초과 공급이 발생한다.
⑤ 치킨이 18,000원이면 수요자들 사이에 경쟁이 발생한다.

15 초과 공급에 대한 옳은 설명을 보기 에서 고른 것은?

보기
ㄱ. 상품의 가격이 상승하게 된다.
ㄴ. 공급자들 사이에 경쟁이 발생한다.
ㄷ. 가격 변화 요인이 없는 균형 상태와 같다.
ㄹ. 공급량이 수요량보다 많은 상태를 말한다.

① ㄱ, ㄴ   ② ㄱ, ㄷ   ③ ㄴ, ㄷ
④ ㄴ, ㄹ   ⑤ ㄷ, ㄹ

16 다음 그래프에 대한 설명으로 옳지 않은 것은?

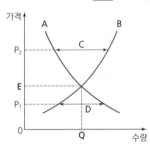

① A는 수요 곡선이다.
② E는 균형 가격, Q는 균형 거래량이다.
③ D는 공급량이 수요량보다 많은 상태이다.
④ 가격이 P_2일 때 C만큼의 초과 공급이 발생한다.
⑤ B는 가격과 공급량 사이의 양(+)의 관계를 나타낸다.

17 다음은 사회 공부를 하며 정리한 내용이다. 빈칸 ㉠~㉢에 들어갈 말을 바르게 연결한 것은?

수요량 > 공급량
↓
(㉠) 발생
↓
(㉡) 사이에 경쟁 발생
↓
가격이 (㉢)

	㉠	㉡	㉢
①	초과 공급	공급자	하락
②	초과 공급	수요자	상승
③	초과 수요	수요자	하락
④	초과 수요	수요자	상승
⑤	초과 수요	공급자	하락

01 (가), (나)에 해당하는 사례를 각각 두 가지씩 쓰시오.

> 〈시장의 종류〉
> • 생산물 시장: _____ (가)
> • 생산 요소 시장: _____ (나)

(가) _____

(나) _____

02 빈칸 ㉠, ㉡에 들어갈 용어를 쓰시오.

> 일정한 가격에서 어떤 상품을 사고자 하는 욕구를
> (㉠)(이)라고 하고, 그 가격에서 사람들이 구입하
> 고자 하는 상품의 구체적인 양을 (㉡)(이)라고
> 한다.

㉠ _____   ㉡ _____

03 빈칸 ㉠~㉢에 들어갈 말을 쓰시오.

> 상품의 가격이 하락하면 공급량은 (㉠)하고,
> 상품의 가격이 상승하면 공급량은 (㉡)한다. 상
> 품의 가격과 공급량 간에 나타나는 이와 같은 관계를
> (㉢)(이)라고 한다.

㉠ _____   ㉡ _____   ㉢ _____

04 다음 그래프가 의미하는 내용을 서술하시오.

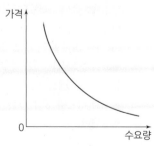

_____

_____

05 다음 자료를 보고 물음에 답하시오.

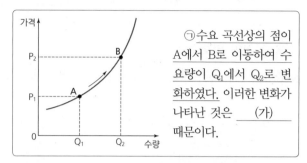

> ㉠수요 곡선상의 점이
> A에서 B로 이동하여 수
> 요량이 Q_1에서 Q_2로 변
> 화하였다. 이러한 변화가
> 나타난 것은 ___(가)___
> 때문이다.

(1) 밑줄 친 ㉠의 내용 중 틀린 부분을 모두 찾아 바르게
고쳐 쓰시오.

_____

(2) 밑줄 친 (가)에 들어갈 내용을 서술하시오.

_____

_____

06 다음은 사탕 시장의 수요 곡선과 공급 곡선이다. 물음에 답하
시오.

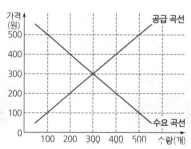

(1) 사탕의 균형 가격과 균형 거래량을 쓰시오.

_____

(2) 사탕의 가격이 500원일 때 시장의 상황을 구체적으로
서술하시오.(수요량, 공급량, 시장 상황, 앞으로의 가
격 변동을 포함할 것)

_____

_____

03 시장 가격의 변동

1 수요의 변화

자료1 **1 수요 변화 요인** ❶소득의 변화, 소비자의 ❷기호 변화, 관련 상품(❸대체재, ❹보완재)의 가격 변동, 미래에 대한 예측, 인구수의 변화

구분	수요의 증가	수요의 감소
변화 요인	• 소득 증가 • ❺선호도 증가 • 인구수 증가 • 대체재 가격 상승 • 보완재 가격 하락 • 미래의 가격 상승 예상	• 소득 감소 • 선호도 감소 • 인구수 감소 • 대체재 가격 하락 • 보완재 가격 상승 • 미래의 가격 하락 예상
수요 곡선의 이동	수요가 증가하면 수요 곡선 자체가 오른쪽으로 이동	수요가 감소하면 수요 곡선 자체가 왼쪽으로 이동

더알기 **2 수요 변화에 따른 가격 변동**

(1) **수요 증가** 수요 증가 요인 발생 ➡ 수요 곡선 우측 이동 ➡ 균형 가격 상승, 균형 거래량 증가

(2) **수요 감소** 수요 감소 요인 발생 ➡ 수요 곡선 좌측 이동 ➡ 균형 가격 하락, 균형 거래량 감소

▲ 수요 변화에 따른 시장 균형의 변동

3 수요 변화에 따른 가격 변동 사례

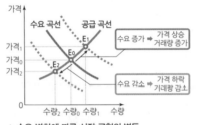

수요 증가로 가격 상승	수요 감소로 가격 하락
날씨가 더워져 아이스크림에 대한 선호도 증가 ➡ 아이스크림의 수요 증가 ➡ 수요 곡선이 오른쪽으로 이동 ➡ 균형 가격 상승, 균형 거래량 증가	아이스크림의 대체재인 팥빙수의 가격 하락 ➡ 팥빙수의 수요량 증가 ➡ 아이스크림의 수요 감소 ➡ 수요 곡선이 왼쪽으로 이동 ➡ 균형 가격 하락, 균형 거래량 감소

시험에 꼭 나오는 개념체크
1. 수요가 증가하면 수요 곡선은 우측으로 이동하고, 균형 가격은 하락한다. (ㅇ, ×)
2. 소득이 증가하면 수요가 증가한다. (ㅇ, ×)

답 1. × 2. ○

자료1 대체재와 보완재

▲ 대체재(돼지고기와 소고기)

서로 용도가 비슷해서 대신하여 사용할 수 있는 경쟁 관계의 재화를 말한다. 어떤 재화의 가격이 오르면 그 재화의 수요량은 감소하고 바꾸어 쓸 수 있는 대체재의 수요는 증가한다. 예 돼지고기와 소고기, 커피와 홍차, 사이다와 콜라

▲ 보완재(돼지고기와 상추)

한 재화를 소비할 때 함께 소비되는 상호 보완 관계의 재화를 말한다. 어떤 재화의 가격이 오르면 그 재화의 수요량은 감소하고, 함께 쓰는 보완재의 수요도 감소한다. 예 돼지고기와 상추, 커피와 설탕, 샤프와 샤프심

더알기 수요량의 변화와 수요의 변화

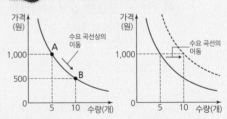

▲ 수요량의 변화   ▲ 수요의 변화

수요량은 각 가격에서 사람들이 구입하고자 하는 상품의 구체적인 양이다. 상품 가격이 변동하면 수요량이 변화하고, 이는 수요 곡선상의 점의 이동으로 나타난다. 반면 수요란 일정한 가격에서 어떤 상품을 사고자 하는 욕구를 의미한다. 수요가 변화하는 것은 수요 곡선 자체가 이동하는 것으로 표현할 수 있다. 이 경우 새로운 수요 곡선과 기존의 공급 곡선이 만나 새로운 균형이 형성된다.

용어 쏙쏙

❶ 소득: 일정 기간 동안 일을 한 결과로 얻은 수입
❷ 기호: 어떤 재화나 서비스에 대해 즐기고 좋아하는 성향, 특정 상품에 대한 소비자의 선호도를 의미함
❸ 대체재: 서로 대신 쓸 수 있는 관계에 있는 재화
❹ 보완재: 함께 소비할 때 만족도가 커지는 서로 보완 관계에 있는 재화
❺ 선호도: 좋아하는 정도

② 공급의 변화

⭐ 1 공급 변화 요인
❶생산 요소의 가격 변동, ❷생산 기술의 변화, 미래에 대한 예측, 공급자 수의 변화
└ 원자재 가격, 인건비, 이자 등

구분	공급의 증가	공급의 감소
변화 요인	• 생산 요소 가격 하락 ┐ 생산성이 높아지면 공급자는 동일한 비용으로 더 많은 상품을 생산할 수 있게 된다. • 생산 기술 발전 ┘ • 미래의 가격 하락 예상 • 공급자 수 증가	• 생산 요소 가격 상승 ┐ 공급자들은 가격이 오른 후 상품을 판매하려고 할 것이므로 공급이 감소한다. • 미래의 가격 상승 예상 • 공급자 수 감소
공급 곡선의 이동	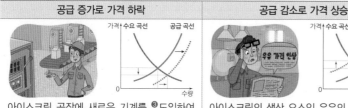공급이 증가하면 공급 곡선 자체가 오른쪽으로 이동	공급이 감소하면 공급 곡선 자체가 왼쪽으로 이동

└ 가격 변동에 따라 공급량이 변화하면 공급 곡선상에서의 이동이 나타나고, 공급 변화 요인에 따라 공급이 변화하면 공급 곡선 자체가 이동한다.

2 공급 변화에 따른 가격 변동
더알기 **자료 2**

(1) **공급 증가** 공급 증가 요인 발생 ➡ 공급 곡선 우측 이동 ➡ 균형 가격 하락, 균형 거래량 증가

(2) **공급 감소** 공급 감소 요인 발생 ➡ 공급 곡선 좌측 이동 ➡ 균형 가격 상승, 균형 거래량 감소

▲ 공급 변화에 따른 시장 균형의 변동

3 공급 변화에 따른 가격 변동 사례

공급 증가로 가격 하락	공급 감소로 가격 상승
아이스크림 공장에 새로운 기계를 ❸도입하여 생산 기술 발전 ➡ 아이스크림의 공급 증가 ➡ 공급 곡선이 오른쪽으로 이동 ➡ 균형 가격 하락, 균형 거래량 증가	아이스크림의 생산 요소인 우유의 가격 상승으로 아이스크림 ❹생산 비용 증가 ➡ 아이스크림의 공급 감소 ➡ 공급 곡선이 왼쪽으로 이동 ➡ 균형 가격 상승, 균형 거래량 감소

 시험에 꼭 나오는 **개념체크**
1. 인건비와 같은 ___ ___의 가격이 상승하면 공급이 감소한다.
2. 공급이 증가하면 균형 가격은 상승한다. (○, ×)

답 1. 생산 요소 2. ×

③ 시장 가격의 기능
┌ 시장 가격이 상승하면 소비자는 수요량을 줄이고 생산자는 공급량을 늘린다. 반대로 시장 가격이 하락하면 소비자는 수요량을 늘리고 생산자는 공급량을 줄인다.

1 시장 경제의 신호등
소비자와 생산자는 시장 가격을 신호로 경제 활동을 조절한다

2 자원의 ❺효율적 배분
시장 가격을 통해 적당한 양의 상품이 생산되어 적절히 ❻분배됨
└ 시장에서 가장 큰 만족을 얻을 수 있는 소비자가 상품을 사도록 하고, 가장 낮은 비용으로 생산할 수 있는 생산자가 상품을 공급하도록 한다.

 시험에 꼭 나오는 **개념체크**
1. 소비자와 생산자는 ___ ___을 신호로 경제 활동을 조절한다.
2. 시장 가격을 통해 적당한 양의 상품이 생산되어 적절히 분배된다. (○, ×)

답 1. 시장 가격 2. ○

더알기 수요와 공급이 동시에 변화하는 경우

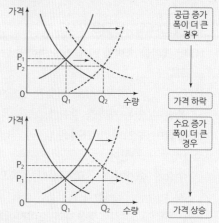

공급 증가 폭이 더 큰 경우 → 가격 하락

수요 증가 폭이 더 큰 경우 → 가격 상승

수요 변화에 따른 가격 변동에 대한 설명은 공급은 일정하고 수요만 변화하는 경우를, 공급 변화에 따른 가격 변동에 대한 설명은 수요는 일정하고 공급만 변화하는 경우를 가정하고 있다. 하지만 수요와 공급이 동시에 변화하면 시장의 균형은 어떻게 변화할까? 이는 수요의 변화와 공급의 변화 방향과 크기에 달려 있다. 만약 커피에 대한 선호도가 늘어나 커피 수요가 증가하였는데, 동시에 커피 공급자의 수가 증가하여 공급도 증가한다면 수요와 공급의 증가 폭에 따라 가격 변동 양상이 달라질 수 있다. 수요 증가 폭보다 공급 증가 폭이 더 크면 가격은 하락하지만, 수요 증가 폭이 더 크면 가격은 상승한다.

자료 2 시장 가격의 변동 분석

농림 축산 식품부는 배추 가격이 작년에 비해 12% 상승하였다고 발표하였다. 이러한 배추 가격의 상승은 지난 7~8월 심각했던 폭염의 결과로 배추 재배량이 줄어들었기 때문이다. 이와 같은 현상은 곧 다가올 김장철 배추 수요 증가로 더욱 심해질 것으로 예상되고 있다.

위의 신문 기사에 나타난 사례에서 배추 가격이 상승 요인은 폭염 피해로 인한 배추의 공급 감소와 다가올 김장철 배추의 수요 증가이다. 공급이 감소하여 공급 곡선이 왼쪽으로 이동한 상황에서 수요가 증가하여 수요 곡선이 오른쪽으로 이동하면 두 가지 요인이 복합적으로 작용하여 배추 가격이 상승하게 된다.

 용어 쏙쏙
❶ 생산 요소: 어떤 재화를 만드는 데 필요한 것들로, 노동, 자본, 토지 등을 의미함
❷ 생산 기술: 어떤 재화를 만드는 데 필요한 기술
❸ 도입(導─이끌다, 入─들이다): 기술, 방법, 물자 따위를 끌어들임
❹ 생산 비용: 어떤 재화를 만드는 데 드는 비용
❺ 효율적: 들인 노력에 비하여 얻는 결과가 큰 것
❻ 분배: 생산 과정에 참여한 개개인이 생산물을 사회적 법칙에 따라 나누는 일

01 다음 빈칸에 알맞은 말을 쓰시오.

(1) 한 재화를 소비할 때 같이 소비하면 만족도가 커지는 재화를 (   )(이)라고 한다.

(2) (   )(이)란 서로 비슷한 용도여서 대체해서 사용할 수 있는 재화를 말한다.

(3) 공급이 증가하면 가격은 (   )하고, 거래량은 (   )한다.

(4) 수요가 증가하면 수요 곡선이 우측으로 이동하고, 가격은 (   )한다.

(5) (   )은/는 생산자와 소비자에게 생산과 소비를 늘려야 할지, 줄여야 할지를 알려 주는 경제 활동의 신호등 역할을 한다.

02 수요를 변화시키는 요인과 공급을 변화시키는 요인을 **보기**에서 찾아 기호를 쓰시오.

보기
ㄱ. 소득 변화 ㄴ. 기술 변화
ㄷ. 대체재의 가격 변동 ㄹ. 생산 요소의 가격 변동

(1) 수요 변화 요인 (   )
(2) 공급 변화 요인 (   )

03 서로 관련 있는 것끼리 연결하시오.

(1) 수요 증가 • • ㉠ 가격 하락
(2) 공급 증가 • • ㉡ 가격 상승

04 다음 중 알맞은 말에 ○표를 하시오.

(1) 서로 용도가 비슷하여 대신 사용할 수 있는 재화를 (대체재, 보완재)라고 한다.

(2) 재화에 대한 선호도가 높아지면 수요가 증가하여 가격이 (상승, 하락)한다.

(3) 원료의 가격과 인건비는 (수요, 공급)을/를 변화시키는 요인이다.

05 다음 설명이 맞으면 ○표, 틀리면 ×표 하시오.

(1) 소득이 감소하면 수요가 증가한다. (   )
(2) 가격 상승이 예상되면 수요가 증가한다. (   )
(3) 공급이 증가하면 공급 곡선은 좌측으로 이동한다. (   )
(4) 가격은 자원을 효율적으로 배분하는 기능을 한다. (   )

01 수요를 변화시키는 요인을 **보기**에서 고른 것은?

하 난이도

보기
ㄱ. 기술 혁신 ㄴ. 소비자 수의 변화
ㄷ. 관련 상품의 가격 변동 ㄹ. 생산 요소의 가격 변동

① ㄱ, ㄴ ② ㄱ, ㄷ ③ ㄴ, ㄷ
④ ㄴ, ㄹ ⑤ ㄷ, ㄹ

02 밑줄 친 ㉠에 해당하는 사례로 적절하지 **않은** 것은?

하 난이도

관련된 상품의 가격 변동은 수요를 변화시킨다. 예를 들어 ㉠대체재의 가격이 상승하면 해당 상품의 수요가 증가하여 가격이 상승하게 된다.

① 커피와 설탕 ② 커피와 홍차
③ 버터와 마가린 ④ 콜라와 사이다
⑤ 돼지고기와 소고기

03 밑줄 친 A, B 상품의 관계로 옳은 것은?

중 난이도

A 상품의 가격이 상승하자, B 상품의 수요가 증가하였다.

① 대체재 ② 보완재 ③ 열등재
④ 정상재 ⑤ 사치재

같은 주제 다른 문제

● 콜라와 사이다는 서로 대체재이다. 콜라 가격이 상승할 경우 사이다 시장에 나타나는 변화로 옳은 것은? 답 ①

① 수요 증가 ② 수요 감소 ③ 공급 증가
④ 공급 감소 ⑤ 변화 없음

04 다음 그래프에 대한 설명으로 옳은 것은?

중 난이도

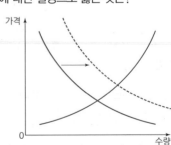

① 수요가 감소하였다.
② 수요가 증가하였다.
③ 수요량이 증가하였다.
④ 수요량이 감소하였다.
⑤ 균형 가격이 하락하였다.

[05~06] 다음 자료를 보고 물음에 답하시오.

어제 신문에 돼지고기가 몸속의 미세 먼지를 배출시킨다는 기사가 났어요. 요즘 미세 먼지가 심각하니 돼지고기를 사야겠어요.

닭고기 100g 580원   돼지고기 100g 1,650원   소고기 100g 4,750원   100g

05 위와 같은 시장 상황에서 일어나는 변화로 옳은 것을 보기에서 고른 것은?
(중) 난이도

보기

ㄱ. 돼지고기의 공급이 감소한다.
ㄴ. 돼지고기의 수요가 증가한다.
ㄷ. 돼지고기의 가격이 상승할 것이다.
ㄹ. 돼지고기의 거래량이 감소할 것이다.

① ㄱ, ㄴ   ② ㄱ, ㄷ   ③ ㄴ, ㄷ
④ ㄴ, ㄹ   ⑤ ㄷ, ㄹ

06 위와 같은 상황에서 예상되는 돼지고기의 수요 곡선 및 공급 곡선의 변화로 옳은 것은?
(중) 난이도

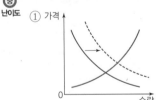
① 가격 / 수량

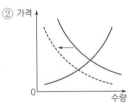
② 가격 / 수량

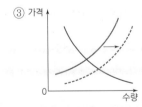
③ 가격 / 수량

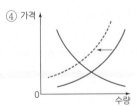
④ 가격 / 수량

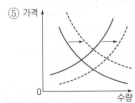
⑤ 가격 / 수량

07 아이스크림 시장에서 다음 그래프와 같은 변화가 나타나게 된 원인으로 옳은 것은?
(상) 난이도

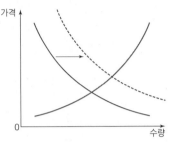
가격 / 수량

① 아이스크림의 가격이 인하되었다.
② 아이스크림 가격이 하락할 것으로 예상된다.
③ 아이스크림을 생산·유통하는 비용이 상승하였다.
④ 대체재 관계에 있는 팥빙수의 가격이 하락하였다.
⑤ 폭염이 계속되어 시원한 간식을 찾는 사람들이 늘어났다.

08 시장에서 소고기의 수요를 증가시킬 수 있는 요인으로 옳은 것은?
(하) 난이도

① 소득이 감소하였다.
② 광우병이 발생하였다.
③ 소고기 수입이 증가하였다.
④ 돼지고기 가격이 하락하였다.
⑤ 소고기가 건강에 좋다는 연구 결과가 발표되었다.

09 다음과 같은 상황에서 배추의 가격과 거래량의 변동을 예측한 것으로 옳은 것은?
(중) 난이도

올해 긴 가뭄에 이어 이른 추위로 인해 배추 농가가 큰 피해를 입었다. 배추 냉해로 배추의 생산량이 예년에 비해 크게 줄어들어 김장철 배추 공급에 차질이 생기고 있다.

① 가격은 상승하고 거래량은 증가한다.
② 가격은 상승하고 거래량은 감소한다.
③ 가격은 하락하고 거래량은 감소한다.
④ 가격은 하락하고 거래량은 증가한다.
⑤ 가격은 상승하고 거래량은 변화하지 않는다.

10 (가), (나) 상품의 수요와 공급 변화를 바르게 연결한 것은?

중 난이도

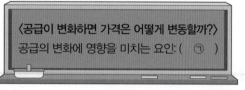

(가) 빵의 주원료인 밀가루 가격이 대폭 상승하였다.
(나) 블루베리가 노화 방지와 눈 건강에 도움이 된다는 연구 결과가 발표되었다.

	(가)	(나)
①	공급 증가	수요 증가
②	공급 증가	수요 감소
③	공급 감소	수요 증가
④	공급 감소	공급 증가
⑤	수요 감소	수요 증가

11 다음은 사회 시간에 수업한 내용이다. 빈칸 ㉠에 들어갈 내용으로 옳지 <u>않은</u> 것은?

중 난이도

〈공급이 변화하면 가격은 어떻게 변동할까?〉
공급의 변화에 영향을 미치는 요인: (㉠)

① 생산 기술
② 소득의 변화
③ 생산자의 수
④ 생산 요소의 가격
⑤ 미래 가격에 대한 예상

12 다음은 닭고기 시장의 수요·공급 곡선의 변화를 나타낸 것이다. 시장에서 발생했을 상황으로 옳지 <u>않은</u> 것은?

상 난이도

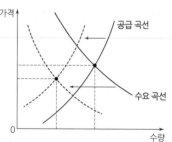

① 오리 고기 가격 인하로 닭고기 수요가 감소하였다.
② 조류 독감 발생으로 닭고기를 찾는 사람이 크게 줄었다.
③ 공급자들이 닭고기 가격이 인상될 것으로 예상하였다.
④ 월드컵 시즌에 치킨을 찾는 사람들이 급격히 많아졌다.
⑤ 닭고기를 사육하는 데 소요되는 비용이 크게 늘어났다.

13 다음 자료에 나타난 상황이 휴대 전화 시장에 가져올 변화를 그래프로 옳게 나타낸 것은?

중 난이도

최근 휴대 전화 배터리의 원료인 콜탄 가격이 많이 올랐어요.

휴대 전화의 생산량을 조절해야겠네요.

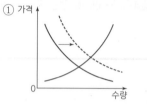

① 가격 / 수량

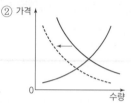

② 가격 / 수량

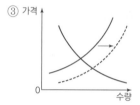

③ 가격 / 수량

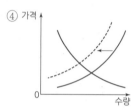

④ 가격 / 수량

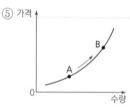

⑤ 가격 / 수량

14 다음 사례에 해당하는 가격의 기능으로 가장 적절한 것은?

중 난이도

• 닭 사육 비용이 상승하자 닭고기 공급량이 감소하였다.
• 돼지고기 가격이 하락하자 돼지고기를 찾는 사람들이 많아졌다.

① 한정된 자원을 가장 효율적으로 배분한다.
② 수요와 공급은 가격에 영향을 받지 않는다.
③ 가장 큰 만족을 느끼는 소비자에게 자원이 돌아간다.
④ 가장 효율적으로 생산하는 공급자가 상품을 생산한다.
⑤ 소비자와 생산자에게 경제 활동의 신호등 역할을 한다.

01 다음 글을 읽고 물음에 답하시오.

> 지은이는 피자를 먹을 때 항상 콜라를 함께 마신다. 그런데 콜라와 사이다 소비로부터 얻는 만족감이 같아 콜라가 없을 경우 사이다를 대신 구입한다.

(1) 피자와 콜라, 콜라와 사이다 같은 관계에 있는 재화를 각각 무엇이라고 하는지 쓰시오.

(2) 빈칸 ㉠, ㉡에 들어갈 말을 쓰시오.

> 위와 같은 경우 피자의 가격이 오르면 콜라의 수요는 (㉠)한다. 또한 사이다 가격이 내리면 콜라의 수요는 (㉡)한다.

㉠ _____   ㉡ _____

02 다음 글을 읽고 물음에 답하시오.

> S사의 신형 스마트폰이 다음 달 출시를 예고하며 소비자들의 기대를 불러일으키고 있다. 소비자들은 S사의 신형 스마트폰을 구입하기 위해 스마트폰 구입을 미루고 있다.

(1) 위와 같은 변화가 현재의 스마트폰 시장에 어떤 영향을 미치는지 서술하시오.(수요 또는 공급 변화, 가격과 거래량의 변동을 포함할 것)

(2) 스마트폰 시장의 수요·공급 곡선의 이동 방향을 그래프에 표시하시오.

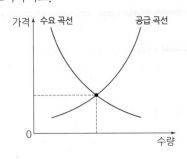

03 다음 자료를 보고 물음에 답하시오.

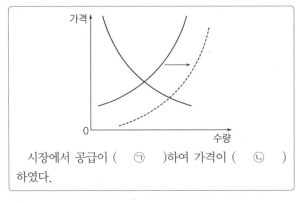

> 시장에서 공급이 (㉠)하여 가격이 (㉡) 하였다.

(1) 빈칸 ㉠, ㉡에 들어갈 말을 쓰시오.

㉠ _____   ㉡ _____

(2) 위와 같은 변화를 가져올 수 있는 요인을 두 가지 쓰시오.

04 다음 글을 읽고 물음에 답하시오.

> 공기 청정기의 부품으로 사용되는 나노 필터의 제조 기술이 향상되었다. 이에 따라 나노 필터 가격이 인하되어 공기 청정기 시장에 새로운 영향을 미치고 있다.

(1) 위와 같은 변화가 공기 청정기 시장에 어떤 영향을 미치는지 서술하시오.(수요 또는 공급 변화, 가격과 거래량의 변동을 포함할 것)

(2) 공기 청정기 시장의 수요·공급 곡선의 이동 방향을 그래프에 표시하시오.

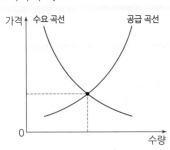

01 시장의 의미와 종류

1 시장

(1) **의미** 재화와 서비스를 사고자 하는 사람과 팔고자 하는 사람 사이의 상호 작용을 통해 가격이 형성되고 교환이 이루어지는 곳

(2) **종류**

거래 모습이 눈에 보이는지 여부	눈에 보이는 시장, 눈에 보이지 않는 시장
거래되는 상품의 종류	생산물 시장, 생산 요소 시장
개설 상태	상설 시장, 정기 시장
거래되는 상품의 다양성	다양한 상품을 거래하는 시장, 특정 상품 위주로 거래하는 시장

2 시장의 기능

가격 결정	수요와 공급을 연결하여 시장 가격을 결정
거래 비용 감소	거래에 들어가는 노력과 시간 등의 비용 감소
생산성 증대	특화와 분업을 촉진하여 생산성 증대
정보 제공	상품의 종류, 상품별 차이, 가격 등의 정보 제공

02 시장 가격의 결정

1 수요 법칙과 공급 법칙

(1) **수요 법칙**

수요	어떤 상품을 사고자 하는 욕구
수요량	일정한 가격에서 수요자가 사고자 하는 수량
수요 법칙	가격 상승 → 수요량 감소 가격 하락 → 수요량 증가
수요 곡선	수요 법칙을 그래프로 나타낸 우하향의 곡선

① 가격이 하락하면
② 수요량 증가

(2) **공급 법칙**

공급	어떤 상품을 팔고자 하는 욕구
공급량	일정한 가격에서 공급자가 팔고자 하는 수량
공급 법칙	가격 상승 → 공급량 증가 가격 하락 → 공급량 감소
공급 곡선	공급 법칙을 그래프로 나타낸 우상향의 곡선

① 가격이 상승하면
② 공급량 증가

02 시장 가격의 결정

(1) 시장의 균형

균형	수요량과 공급량이 일치하여 균형을 이루는 지점 → 수요 곡선과 공급 곡선이 만나는 지점
균형 가격	수요량과 공급량이 일치할 때의 가격
균형 거래량	균형 가격에서 거래되는 수량

(2) 균형 가격의 결정

초과 수요	수요량 > 공급량 → 수요자 간 경쟁 → 가격 상승
초과 공급	수요량 < 공급량 → 공급자 간 경쟁 → 가격 하락
균형 가격 형성	수요량 = 공급량 → 균형 가격 결정, 균형 거래량 결정

03 시장 가격의 변동

1 수요의 변화

수요 증가 요인	소득 증가, 선호도 증가, 인구수 증가, 대체재 가격 상승, 보완재 가격 하락, 미래의 가격 상승 예상
수요 감소 요인	소득 감소, 선호도 감소, 인구수 감소, 대체재 가격 하락, 보완재 가격 상승, 미래의 가격 하락 예상

2 수요 변화에 따른 가격 변동

수요 증가	수요 증가 요인 발생 → 수요 곡선 우측 이동 → 균형 가격 상승, 균형 거래량 증가
수요 감소	수요 감소 요인 발생 → 수요 곡선 좌측 이동 → 균형 가격 하락, 균형 거래량 감소

3 공급의 변화

공급 증가 요인	생산 기술 향상, 생산 요소 가격 하락, 미래의 가격 하락 예상, 공급자 수 증가
공급 감소 요인	생산 요소 가격 상승, 미래의 가격 상승 예상, 공급자 수 감소

4 공급 변화에 따른 가격 변동

공급 증가	공급 증가 요인 발생 → 공급 곡선 우측 이동 → 균형 가격 하락, 균형 거래량 증가
공급 감소	공급 감소 요인 발생 → 공급 곡선 좌측 이동 → 균형 가격 상승, 균형 거래량 감소

5 시장 가격의 기능

(1) **시장 경제의 신호등** 소비자와 생산자는 시장 가격을 신호로 경제 활동을 조절함

(2) **자원의 효율적 배분** 시장 가격을 통해 적당한 양의 상품이 생산되어 적절히 분배됨

01 시장의 의미와 종류

01 시장에 대한 옳은 설명을 보기 에서 고른 것은?

 중 난이도

보기
ㄱ. 한번 생겨나면 없어지지 않는다.
ㄴ. 일정한 지역적 공간이 있어야 한다.
ㄷ. 노동 시장은 생산 요소 시장에 해당한다.
ㄹ. 특정 분야의 상품 위주로 거래되는 시장도 있다.

① ㄱ, ㄴ ② ㄱ, ㄷ ③ ㄴ, ㄷ
④ ㄴ, ㄹ ⑤ ㄷ, ㄹ

02 빈칸 ㉠, ㉡에 들어갈 말을 바르게 연결한 것은?

중 난이도

생활에 필요한 물건을 스스로 만들어 사용하던 사람들은 자신이 쓰고도 남는 생산물이 생기자 이를 자신에게 필요한 물건과 바꾸어 쓰는 (㉠)을 하게 되었다. (㉠)이 활발해지자 자신이 잘 만들 수 있는 물건만을 집중적으로 생산하게 되면서 (㉡)과 특화가 이루어졌다.

	㉠	㉡
①	교환	분업
②	교환	자급자족
③	분업	교환
④	분업	자급자족
⑤	자급자족	분업

03 다음 ㉠에 해당하지 않는 것은?

하 난이도

눈에 보이는 시장	눈에 보이지 않는 시장
㉠	주식 시장, 노동 시장

① 편의점
② 꽃 시장
③ 축산 시장
④ 가구 시장
⑤ 외환 시장

02 시장 가격의 결정

주관식
04 빈칸 ㉠~㉢에 들어갈 말을 쓰시오.

 중 난이도

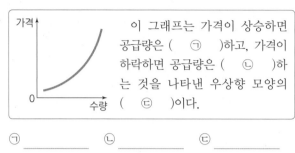

이 그래프는 가격이 상승하면 공급량은 (㉠)하고, 가격이 하락하면 공급량은 (㉡)하는 것을 나타낸 우상향 모양의 (㉢)이다.

㉠ _____ ㉡ _____ ㉢ _____

05 시장의 공급과 공급 법칙에 대한 설명으로 옳은 것은?

중 난이도

① 가격이 하락하면 공급이 감소한다.
② 공급량이 증가하면 가격이 상승한다.
③ 가격이 상승하면 공급량이 감소한다.
④ 가격과 공급량 사이에는 양(+)의 관계가 있다.
⑤ 공급 법칙을 그래프로 나타내면 우하향하는 모양이다.

 주요
06 다음 표는 학급 장터에서 반 학생들의 초콜릿에 대한 수요와 공급 계획을 나타낸 것이다. 이에 대한 설명으로 옳지 않은 것은?

상 난이도

가격(원)	수요량(개)	공급량(개)
100	100	20
200	80	40
300	60	60
400	40	80
500	20	100

① 총 거래액은 18,000원이다.
② 가격이 100원이면 80개의 초과 수요가 발생한다.
③ 가격이 500원일 때 수요 곡선과 공급 곡선이 만나 균형을 이룬다.
④ 가격이 400원일 경우 돈을 덜 받고라도 팔려는 공급자가 나타날 것이다.
⑤ 가격이 200원인 경우 돈을 더 주고라도 사 먹으려는 수요자가 나타날 것이다.

07 시장의 균형에 대한 설명으로 옳지 않은 것은?

하 난이도

① 수요량과 공급량이 일치하는 지점이다.
② 자원이 효율적으로 배분되는 상태이다.
③ 균형은 한번 형성되면 변화하지 않는다.
④ 시장에서 자유로운 경쟁을 통해 형성된다.
⑤ 수요 곡선과 공급 곡선이 만나는 지점이다.

03 시장 가격의 변동

[08~09] 다음 자료를 보고 물음에 답하시오.

> (가) 날씨의 영향으로 제주도 감귤 공급이 증가하였다.
> (나) 우유의 주원료인 원유의 가격이 크게 상승하였다.
> (다) 블루베리가 노화 방지와 눈 건강에 확신한 효과가 있다는 사실이 입증되었다.
> (라) 저출산 현상이 확대되면서 신생아 수가 급감하고, 신생아 용품에 대한 수요가 크게 위축되었다.

08 위의 (가)~(라) 중 밑줄 친 상품의 가격이 하락하는 경우로 옳은 것은?
(상) 난이도
① (가), (나)　　② (가), (라)　　③ (나), (다)
④ (나), (라)　　⑤ (다), (라)

서술형
09 위의 (나) 우유 시장에서 발생한 변화에 대해 서술하시오.(변화 원인, 수요와 공급 변화, 가격과 거래량 변동을 포함할 것)
(상) 난이도

_____

_____

10 공급을 증가시키는 요인으로 가장 적절한 것은?
(하) 난이도
① 소득 감소
② 생산 기술 발전
③ 대체재의 가격 인하
④ 제품의 가격 상승 예상
⑤ 생산 요소의 가격 인상

주관식
11 빈칸 ㉠, ㉡에 들어갈 말을 쓰시오.
(중) 난이도

> 아이스크림 공장에 새로운 기계를 도입하여 생산 기술이 발전하였다. 이와 같은 상황 변화는 아이스크림의 (㉠)을/를 증가시키고, 그 결과 아이스크림의 가격이 (㉡)하게 된다.

㉠ _____　　㉡ _____

12 다음 상황이 발생할 때 꽃 시장의 변화 양상에 대한 설명으로 가장 적절한 것은?
(중) 난이도

> 졸업식 시즌을 맞이하여 꽃다발을 찾는 사람이 크게 늘어났다.

① 꽃다발의 균형 거래량이 감소하였다.
② 꽃나발 공급이 증가하여 가격이 상승하였다.
③ 꽃다발 가격이 상승하여 수요량이 증가하였다.
④ 꽃다발 가격이 상승하여 공급량이 감소하였다.
⑤ 꽃다발에 대한 수요가 증가하여 가격이 상승하였다.

13 다음은 돼지고기 시장의 수요 곡선을 나타낸 것이다. 시장 상황을 (가)~(라)와 같이 변화시키는 요인을 바르게 설명한 것은?
(상) 난이도

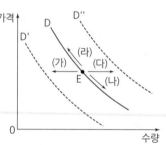

① (가) - 미세먼지 배출에 돼지고기가 좋다는 연구 결과가 발표되었다.
② (나) - 돼지고기 수요량이 증가하여 돼지고기 가격이 하락하였다.
③ (나) - 소고기 가격이 크게 내려 돼지고기 대신 소고기를 구입하는 사람들이 많아졌다.
④ (다) - 돼지를 사육하여 공급하는 공급자의 수가 크게 늘었다.
⑤ (라) - 돼지고기 가격이 상승하여 돼지고기 수요량이 감소하였다.

14 다음과 같은 상황이 발생했을 때 균형 가격, 균형 거래량의 변동을 바르게 연결한 것은?
(중) 난이도

> 라면 회사들이 다음 달부터 라면 가격을 올릴 것을 예고하면서 라면을 미리 사 두려는 소비자들이 많아졌다.

	균형 가격	균형 거래량		균형 가격	균형 거래량
①	상승	증가	②	상승	감소
③	상승	불변	④	하락	증가
⑤	하락	감소			

15 브로콜리 가격이 상승할 것으로 예상되는 상황을 보기 에서 고르는 것은?

(중)
난이도

보기

ㄱ. 브로콜리에 대한 수요량이 증가하였다.

ㄴ. 브로콜리가 건강에 좋다는 연구 결과가 발표되었다.

ㄷ. 브로콜리와 대체 관계에 있는 콜리플라워의 가격이 하락하였다.

ㄹ. 기상 상태로 인해 브로콜리 생산에 차질이 생겨 공급이 감소하였다.

① ㄱ, ㄴ   ② ㄱ, ㄷ   ③ ㄴ, ㄷ

④ ㄴ, ㄹ   ⑤ ㄷ, ㄹ

16 다음 상품 A~C에 대한 설명으로 옳은 것은?

(상)
난이도

시장에서 상품 A의 가격이 크게 상승하였다. 이 영향으로 상품 B의 수요가 감소하였으며, 상품 C의 수요는 증가하였다.

① C는 A의 보완재이다.

② A의 수요량은 증가하였다.

③ B는 A와 대체 관계에 있는 재화이다.

④ A의 가격 상승은 C의 가격 변동과 관련이 없다.

⑤ A의 가격 상승은 B의 가격 하락을 불러일으킨다.

17 다음은 한 달 전과 현재의 어떤 상품에 대한 수요를 나타낸 표이다. 이 상품 시장에 생겨난 변화로 옳은 것은?

(상)
난이도

〈한 달 전〉			〈현재〉	
가격(원)	수요량(개)		가격(원)	수요량(개)
10,000	50	→	10,000	100
8,000	80		8,000	150
6,000	100		6,000	200

① 이 상품의 생산 비용이 감소하였다.

② 상품의 가격이 전반적으로 하락하였다.

③ 이 상품에 대한 소비자들의 선호도가 낮아졌다.

④ 앞으로 이 상품의 가격이 하락할 것으로 예상된다.

⑤ 이 상품과 대체재 관계에 있는 다른 상품의 가격이 상승하였다.

18 빈칸 ㉠에 들어갈 답변의 내용으로 옳지 않은 것은?

(중)
난이도

① 소득   ② 수요자의 수

③ 대체재의 가격   ④ 소비자의 기호

⑤ 생산 요소의 가격

19 다음 사례에 대한 옳은 설명을 보기 에서 고른 것은?

(중)
난이도

차량이 몰리는 도심 지역이나 출퇴근 시간의 교통 체증 문제를 해결하기 위해 혼잡 통행료가 징수되고 있다. 최근 정부가 교통 혼잡 지역인 A 터널을 통행하는 차량에 비용을 지불하게 하자 이 터널을 지나는 차량 통행량이 대폭 감소하였다.

보기

ㄱ. 정부가 균형 거래량을 결정하였다.

ㄴ. 공급이 감소하여 통행량이 줄어들었다.

ㄷ. A 터널 이용에 대한 수요량이 감소하였다.

ㄹ. 시장 가격을 통해 사회 문제를 해결하였다.

① ㄱ, ㄴ   ② ㄱ, ㄷ   ③ ㄴ, ㄷ

④ ㄴ, ㄹ   ⑤ ㄷ, ㄹ

서술형

20 밑줄 친 (가)에 들어갈 내용을 두 가지 서술하시오.

(중)
난이도

시장 가격의 기능: _____ (가)

_____

_____

01 국민 경제와 국내 총생산
02 물가 상승과 실업 (1)

❶ 국내 총생산

더알기 **1** 국내 총생산의 의미와 의의
자료1

(1) **이미** 일정 기간 동안 한 나라 안에서 새롭게 생산된 최종 생산물의 시장 가치를 모두 합한 것 → 한 나라의 경제 규모와 생산 능력을 보여 줌

일정 기간 동안	보통 1년 동안 생산된 것만 포함함 ┐ 외국에서 생산된 것은 포함하지 않는다.
한 나라 안에서	생산자의 국적과 관계없이 그 나라의 국경 안에서 생산된 것만을 포함함
새롭게 생산된	그 해에 새롭게 생산된 것만을 계산하며, 그전에 생산된 중고품은 제외함
최종 생산물의 가치를	최종적으로 생산된 재화나 서비스의 가치만을 측정함 ┐
시장 가격으로 ❶환산	시장에서 거래되지 않는 것은 포함하지 않음 ┘ 생산 과정에서 사용된 중간재의 가치는 계산하지 않는다.

┌ 이전에 생산되어 이미 사용되고 있는 것은
포함하지 않는다.

(2) **1인당 국내 총생산**

① 의미: 국내 총생산을 그 나라의 총인구로 나눈 수치

$$1인당\ 국내\ 총생산 = \frac{국내\ 총생산}{총인구}$$

┌ 국내 총생산이 크다는 것은 그 나라의
경제 규모가 크다는 것을 나타내지만
국내 총생산이 크다고 해서 반드시 그
나라 국민들의 평균적인 소득 수준이
높다고 할 수 없다. 따라서 그 나라 국
민의 평균적인 생활 수준은 1인당 국내
총생산을 통해 파악할 수 있다.

② 유용성: 한 나라 국민들의 평균적인 소득 수준 파악

2 국내 총생산의 한계
┌ 국내 총생산은 한 나라의 경제 활동 규모를 나타내는 데 매우 유용하지만,
국민들의 삶의 질을 정확하게 반영하지는 못한다.

(1) **시장 가치만 포함** 삶의 만족도를 높이는 봉사 활동이나 가사 노동 등과 같이 시장에서 거래되지 않는 활동은 포함되지 않음

(2) **❷삶의 질 저하 요소 미반영** 삶의 질을 떨어뜨리는 교통사고나 환경 오염 등으로 인한 피해는 반영하지 않음 ┌ 교통사고를 처리하거나 환경 오염을 정화하는 데 들어가는 비용은
국내 총생산을 오히려 증가시킨다.

(3) **소득 분배 상황 파악 불가능** 한 나라 국민들의 소득 분배 상태나 ❸빈부 격차 정도를 파악하기 어려워 국민 개개인의 생활 수준을 알려주지 못함
└ 국내 총생산은 한 나라의 전체적인 경제 규모만을 보여 주고, 1인당 국내
총생산은 국민들의 평균적인 소득 수준만을 나타내기 때문이다.

3 국내 총생산의 증가

(1) **경제 성장**

① 의미: 한 나라 경제의 생산 능력이 커져서 국내 총생산이 늘어나는 것

더알기 ② 경제 성장률: 실질 국내 총생산의 증가율 ┌ 경제 성장률은 올해의 경제가 얼마나 성장했는가를
나타내는 지표이다.

$$경제\ 성장률(\%) = \frac{금년도\ 실질\ 국내\ 총생산 - 전년도\ 실질\ 국내\ 총생산}{전년도\ 실질\ 국내\ 총생산} \times 100$$

(2) **긍정적 영향**

① 일자리와 국민의 평균 소득 증가 ─ 물질적인 풍요를 누릴 수 있게 되었다.

② 의료 서비스의 수준 상승

③ 교육 기회 확대

③ 다양한 문화 시설의 보급

더알기 국내 총생산과 국민 총생산

GDP　　　GNP

외국인이
국내에서
벌어들인
소득 | 내국인이
국내에서
벌어들인
소득 | 내국인이
외국에서
벌어들인
소득

국내 총생산(GDP)은 우리나라 국경 안에서 우리나라 사람과 외국인이 생산한 최종 생산물의 합이고, 국민 총생산(GNP)은 우리나라 사람이 국내와 외국에서 생산한 최종 생산물의 합이다.

자료1 국내 총생산 파악하기

국내 총생산은 '최종 생산물 가치의 합계＝각 생산 단계의 부가 가치의 합계＝총생산물의 가치 − 중간 생산물의 가치'로 계산할 수 있다. 위의 사례에서 국내 총생산은 최종 생산물인 국수의 가치 7,000원으로 구할 수 있고, 각 생산 단계마다 더해진 가치 2,000원, 1,000원, 4,000원을 모두 합한 7,000원으로도 구할 수 있다.

더알기 실질 국내 총생산

경제 성장률은 기준이 되는 해의 가격을 적용해서 구한 실질 국내 총생산의 증가율로 측정한다. 국내 총생산은 실제로 재화와 서비스를 많이 생산할 때도 증가하지만 재화와 서비스의 생산량이 늘어나지 않고 물가만 오를 때에도 증가하기 때문에 실질 국내 총생산을 사용하여 계산하는 것이다.

용어
쏙쏙

❶ 환산(換 − 바꿀, 算 − 셈): 어떤 단위나 척도로 된 것을 다른 단위나 척도로 고쳐서 헤아림

❷ 삶의 질: 개인의 주관적 만족감 또는 행복감을 뜻하는 포괄적인 의미로, 사람들이 정신적·신체적·경제적·사회적 상태에서 느끼는 행복한 정도

❸ 빈부 격차: 재산이나 소득이 많은 사람과 적은 사람과의 차이가 발생하면서 일어나는 경제적 불평등

(3) 부정적 영향

① 자원 고갈

② 환경 오염 - 생산 과정에서 배출되는 오염 물질로 인해 환경 오염이 유발되어 환경 정화 비용이 발생한다.

③ 빈부 격차, 계층 간 갈등 확대

 개념 체크

1. 1인당 국내 총생산을 통해 한 나라 국민들의 평균 소득을 파악할 수 있다. (○, ×)
2. 경제 성장은 _ _ _ _ _ _ 의 증가로 나타난다.

정답 1. ○ 2. 국내 총생산

② 물가 상승

1 물가와 물가 지수

(1) 물가 여러 상품의 가격을 종합하여 평균적으로 나타낸 것으로, 여러 상품의 전반적인 가격 수준을 파악할 수 있음

자료2 (2) 물가 지수

① 의미: 물가의 변동을 수치로 나타낸 것으로, 기준이 되는 해의 물가 수준을 100으로 했을 때, 비교할 연도의 물가 수준을 측정하여 나타냄 — 어떤 해의 물가 지수가 110이라면, 기준 연도에 비해 그 해의 물가가 10% 상승했음을 의미한다.

② 종류: 소비자 물가 지수, 생산자 물가 지수 등

2 물가 상승의 원인과 영향

(1) 인플레이션 물가가 지속적으로 오르는 현상

자료3 (2) 원인

① **❶총수요 증가**: 가계의 소비, 기업의 투자, 정부의 지출이 늘어남에 따라 총수요가 ❷총공급보다 많아짐

② **❸통화량 증가**: 시중에 공급되는 통화량이 많아지면서 화폐의 가치 하락

③ 생산비 상승: 임금이나 ❹원자재 가격 등이 올라 생산비 증가

(3) 영향

자료4 ① 화폐의 가치 하락으로 임금이나 연금 생활자, 현금이나 예금과 같은 금융 자산 소유자가 불리해지고, 채무자는 유리해지는 반면 채권자는 불리해짐

② 실물 자산의 가치 상승으로 토지, 건물 등을 보유한 사람은 유리해짐

③ 부동산 ❺투기와 같은 불건전한 거래에 집중, 빈부 격차 확대 우려

④ 기업의 투자 활동 위축으로 국민 경제 성장을 저해함

⑤ 국내 상품 가격 상승으로 수출 감소, 외국 상품의 상대적 가격 하락으로 수입 증가 — 수출업자들은 손해를 보게 되고, 수입업자들은 이득을 보게 된다.

3 물가 상승의 해결 방안 경제 전체의 수요를 줄이기 위한 노력과 생산비를 낮추려는 노력이 함께 필요함

정부	• 과도한 재정 지출을 줄이고 세금을 많이 거두어들임 • 생활필수품의 가격 상승 규제, 공공요금의 인상 억제
❻중앙은행	이자율을 높여 저축을 유도하고 통화량을 줄임
기업	기술 개발, 경영 혁신 등을 통한 생산비 절감 및 생산성 향상 노력
가계	과소비와 사재기 자제, 건전하고 합리적인 소비 생활
근로자	과도한 임금 인상 요구 자제, 생산성 향상을 위한 노력

 개념 체크

1. 물가 지수는 여러 상품의 가격을 종합하여 평균적으로 나타낸 것이다. (○, ×)
2. 물가가 상승하면 __의 가치는 하락하고, __ __의 가치는 상승한다.

정답 1. × 2. 화폐, 실물 자산

 용어 쏙쏙

❶ 총수요: 한 나라의 경제 주체가 일정 기간 동안 구입하고자 하는 재화와 서비스의 합
❷ 총공급: 한 나라의 경제 주체가 일정 기간 동안 공급하고자 하는 재화와 서비스의 합
❸ 통화량: 한 국가에서 일정 시점에 시중에 유통되는 화폐의 양
❹ 원자재: 생산의 원료가 되는 자재
❺ 투기: 짧은 기간 동안에 가격이 폭등할 것이라고 예견하고서 매수하는 행위, 실제 필요가 아니라 가격의 차이로 인한 이익만을 위한 구입
❻ 중앙은행: 한 국가의 금융 제도의 중심이 되는 금융 기관으로 화폐 발행을 담당, 우리나라에서는 한국은행이 중앙은행의 기능을 수행함

자료2 소비자 물가 지수

※2010년을 100으로 놓고 산정한 물가 지수 (통계청, 2016)

우리나라의 소비자 물가 지수는 1965년에 비해 2015년에 약 36배 상승하였다. 이는 1965년에 만 원으로 살 수 있었던 상품을 2015년에는 약 36만 원을 내야 살 수 있다는 것을 의미한다.

자료3 인플레이션의 발생 원인

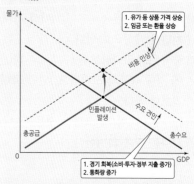

통화량이 증가하거나 정부 지출이 증가하면 전체적인 수요가 증가하여 물가가 상승한다. 일반적으로 경제 전체의 수요가 경제 전체의 공급보다 많으면 물가가 상승하게 된다. 한편 임금이나 원자재 가격 상승으로 생산비가 증가하면 물가가 상승한다.

자료4 인플레이션과 화폐 가치의 하락

1980년대	2010년대
용돈 30,000원 = 떡볶이 (150원) × 200인분	용돈 30,000원 = 떡볶이 (2,000원) × 15인분

용돈이 30,000원으로 동일하다고 가정했을 때, 1980년대에는 떡볶이를 200인분 사 먹을 수 있었다. 하지만 2010년대에는 15인분만 사 먹을 수 있게 되었다. 이처럼 물가가 상승하면 같은 돈으로 살 수 있는 상품의 양이 줄어들어 화폐의 가치는 하락한다.

01 다음 설명이 맞으면 ○표, 틀리면 ×표 하시오.

(1) 국내 총생산은 생산자의 국적과 관계가 없다. (　　　)

(2) 국내 총생산은 이전에 생산되어 이미 사용하고 있는 것도 모두 포함한다. (　　　)

(3) 1인당 국내 총생산은 그 나라의 경제 규모를 나타내는 지표이나 (　　　)

(4) 한 나라의 생산 능력이 커져서 생산량이 늘어나는 것은 국내 총생산의 증가를 의미한다. (　　　)

(5) 국내 총생산이 증가하면 평균 소득이 높아지고 풍요로운 삶을 누릴 수 있다. (　　　)

(6) 경제가 성장하면 환경 오염, 빈부 격차 확대 등과 같은 사회 문제가 사라지게 된다. (　　　)

02 다음 빈칸에 알맞은 말을 쓰시오.

(1) 국내 총생산은 (　　　　)에서 거래되는 생산물의 가치만을 대상으로 한다.

(2) 중국은 우리나라보다 (　　　　)이/가 훨씬 많기 때문에 경제 규모가 크더라도 1인당 국내 총생산이 우리나라보다 작다.

(3) (　　　　)이/가 크다는 것은 그 나라의 경제 규모가 크다는 것을 의미한다.

03 다음 중 알맞은 말에 ○표를 하시오.

(1) (봉사 활동, 환경 오염)은 처리하는 과정에서 들어가는 비용이 국내 총생산에 포함된다.

(2) (국내 총생산, 1인당 국내 총생산)을 통해 한 나라 국민들의 평균 소득을 파악할 수 있다.

04 다음 빈칸에 알맞은 말을 쓰시오.

(1) (　　　　)(이)란 기준이 되는 해의 물가 수준을 100으로 하여 비교할 연도의 물가 수준을 나타낸 지수이다.

(2) 물가가 지속적으로 오르는 현상을 (　　　　)(이)라고 한다.

(3) 물가 안정을 위해 정부는 과도한 재정 지출을 줄이고 (　　　　)을/를 많이 거두어들인다.

05 다음 중 알맞은 말에 ○표를 하시오.

(1) 물가가 상승하면 (화폐, 실물) 자산을 보유한 사람이 유리해진다.

(2) 물가가 상승하면 사람들은 열심히 일하기보다는 (투자, 투기)와 같은 불건전한 거래에 집중할 수 있다.

01 빈칸 ㉠에 들어갈 말로 가장 적절한 것은?

_하
_{난이도}

> 국내 총생산이란 일정 기간 동안 한 나라 안에서 새로이 생산된 (　㉠　) 생산물의 시장 가치의 합이다.

① 처음 　　② 중간 　　③ 최종
④ 모든 　　⑤ 시장

02 국내 총생산에 포함되는 것을 【보기】에서 고른 것은?

_중
_{난이도}

보기
ㄱ. 거리에서 어느 할머니가 파는 참외를 산 가격
ㄴ. 제빵업자가 빵을 만들기 위해 산 밀가루 구입비
ㄷ. 외국인 근로자가 국내 공장에서 일하고 받은 임금
ㄹ. 작년에 산 컴퓨터를 올해 중고 시장에서 판매한 가격

① ㄱ, ㄴ 　　② ㄱ, ㄷ 　　③ ㄴ, ㄷ
④ ㄴ, ㄹ 　　⑤ ㄷ, ㄹ

03 다음 사례의 배추가 국내 총생산에 포함되지 <u>않는</u> 이유로 가장 적절한 것은?

_중
_{난이도}

> 할아버지께서 텃밭에서 직접 기른 배추를 김장할 때 쓰라고 가져다주셨다.

① 다른 나라에서 생산되었기 때문이다.
② 시장에서 거래된 생산물이 아니기 때문이다.
③ 우리나라 사람이 생산하지 않았기 때문이다.
④ 그 해에 새롭게 생산된 것이 아니기 때문이다.
⑤ 최종적으로 생산된 재화나 서비스가 아니기 때문이다.

04 다음 자료에 대한 설명으로 가장 적절한 것은?

_상
_{난이도}

① 경제 규모가 가장 큰 나라는 일본이다.
② 우리나라의 인구는 일본의 인구보다 적다.
③ 우리나라의 경제 규모는 일본, 중국보다 크다.
④ 우리나라 국민들의 평균적인 소득 수준은 중국보다 낮다.
⑤ 국민들의 평균적인 소득 수준이 가장 높은 나라는 중국이다.

05 국내 총생산에 대한 옳은 설명을 [보기]에서 고른 것은?

(상)
난이도

[보기]
ㄱ. 국내 총생산은 한 나라의 경제 규모를 나타낸다.
ㄴ. 중고 거래는 그 해의 국내 총생산에 포함되지 않는다.
ㄷ. 국내 총생산이 큰 나라일수록 1인당 국내 총생산이 크다.
ㄹ. 떡볶이를 생산하는 데 사용된 떡의 가격은 국내 총생산에 포함된다.

① ㄱ, ㄴ   ② ㄱ, ㄷ   ③ ㄴ, ㄷ
④ ㄴ, ㄹ   ⑤ ㄷ, ㄹ

06 밑줄 친 부분에 해당하는 사례로 가장 적절한 것은?

(중)
난이도

국내 총생산은 시장에서 거래되는 생산물의 가치만을 대상으로 하기 때문에 시장에서 거래되지 않는 것은 제외한다.

① 가정주부의 가사 노동
② 외국인 노동자들의 월급
③ 중고 시장에서 구매한 컴퓨터
④ 책을 만드는 과정에서 사용된 종이
⑤ 환경 오염을 정화하는 데 들어간 비용

같은 주제 다른 문제

● 다음 중 국내 총생산에 포함되는 것은? 답 ⑤
① 가사 노동   ② 봉사 활동   ③ 중간재의 비용
④ 중고 상품 거래   ⑤ 교통사고 처리 비용

07 다음 지수를 통해 추론할 수 있는 내용으로 가장 적절한 것은?

(중)
난이도

• 인간 개발 지수(HDI)는 국제 연합이 발표하는 삶의 질 지표이다.
• 더 나은 삶 지수(BLI)는 경제 협력 개발 기구가 주거, 소득, 건강 등 11개 부분을 평가하여 발표하는 지수이다.

① 국내 총생산은 삶의 질을 정확하게 반영하지 못한다.
② 국내 총생산은 생산량이 늘어나는 것을 나타내지 못한다.
③ 국내 총생산을 통해 국가 간의 경제 규모를 비교할 수 없다.
④ 국내 총생산을 통해 한 나라의 경제 상황을 파악할 수 없다.
⑤ 국내 총생산을 통해 국민들의 평균적인 소득 수준을 알 수 없다.

08 국내 총생산의 한계로 적절하지 않은 것은?

(중)
난이도

① 삶의 질을 떨어뜨리는 일이 포함될 수 있다.
② 국민 개개인의 생활 수준을 알려주지 못한다.
③ 국민들의 소득 분배 상태를 파악하기 어렵다.
④ 삶의 질을 높이는 활동이 반영되지 못할 수 있다.
⑤ 국가 간의 경제 규모를 비교하는 데 어려움이 있다.

09 밑줄 친 지표를 사용하는 이유로 가장 적절한 것은?

(상)
난이도

실질 국내 총생산은 경제 성장률을 측정하기 위해 물가의 변동을 제외한 지표이다.

① 국내 총생산은 시장 가격으로 표시되기 때문이다.
② 국내 총생산은 국가 간의 경제 규모를 나타내기 때문이다.
③ 국내 총생산의 증가는 곧 경제 성장을 나타내기 때문이다.
④ 국내 총생산은 국민들의 평균적인 소득 수준을 나타내기 때문이다.
⑤ 국내 총생산은 국민들의 소득 분배 상태를 파악하기 어렵기 때문이다.

10 경제 성장의 영향으로 옳은 것을 [보기]에서 고른 것은?

(하)
난이도

[보기]
ㄱ. 의료·교육 등의 서비스가 확대된다.
ㄴ. 일자리가 증가하고 평균 소득이 늘어난다.
ㄷ. 빈부 격차가 완화되어 사회 갈등이 줄어든다.
ㄹ. 문화 시설이 줄어 여가 활동을 누릴 기회가 감소한다.

① ㄱ, ㄴ   ② ㄱ, ㄷ   ③ ㄴ, ㄷ
④ ㄴ, ㄹ   ⑤ ㄷ, ㄹ

11 다음 자료는 우리나라 국내 총생산의 변화를 나타낸 것이다. 이에 대한 설명으로 적절하지 <u>않은</u> 것은?

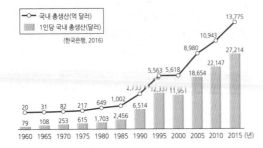

① 우리나라의 생산량은 지속적으로 증가하였다.
② 자원 고갈, 환경 오염 같은 사회 문제는 감소하였다.
③ 우리나라 국민들의 평균적인 소득 수준은 높아졌다.
④ 질 높은 교육과 의료 혜택으로 삶의 질이 향상되었다.
⑤ 더 많은 재화와 서비스를 소비할 수 있어 물질적으로 풍요로운 생활을 누리게 되었다.

12 A국의 2018년 경제 성장률로 옳은 것은?

> A국의 생산품은 빵과 과자이다. A국은 2017년에 빵과 과자를 모두 10개씩 생산하였고, 2018년에는 빵과 과자를 모두 20개씩 생산하였다.(단, 빵과 과자의 가격은 각각 1,000원으로, 오랜 기간 변화하지 않았다.)

① 50%　　② 100%　　③ 150%
④ 200%　　⑤ 250%

13 다음 자료에 대한 옳은 설명을 [보기]에서 고른 것은?

※2010년을 100으로 놓고 산정한 물가 지수　(통계청, 2016)

▲ 우리나라 소비자 물가 지수 추이

[보기]
ㄱ. 2010년의 물가가 가장 높다.
ㄴ. 1990년대보다 1970년대의 물가 상승 폭이 크다.
ㄷ. 모든 개별 상품의 가격은 2000년대에 모두 올랐다.
ㄹ. 2015년은 2010년에 비해 물가가 약 10% 올랐다.

① ㄱ, ㄴ　　② ㄱ, ㄷ　　③ ㄴ, ㄷ
④ ㄴ, ㄹ　　⑤ ㄷ, ㄹ

14 인플레이션이 발생할 경우 이득을 보게 되는 사람을 [보기]에서 고른 것은?

[보기]
ㄱ. 채무자
ㄴ. 연금 생활자
ㄷ. 부동산 소유자
ㄹ. 예금 중심의 금융 자산 소유자

① ㄱ, ㄴ　　② ㄱ, ㄷ　　③ ㄴ, ㄷ
④ ㄴ, ㄹ　　⑤ ㄷ, ㄹ

같은 주제 다른 문제

● 다음과 같은 특징이 나타나는 현상으로 가장 적절한 것은? **답** ③

| • 화폐 가치 하락 | • 채무자 이득 | • 투기 현상 발생 |

① 실업
② 경제 성장
③ 인플레이션
④ 국내 총생산 증가
⑤ 물가 지수의 하락

15 물가 상승의 영향으로 옳지 <u>않은</u> 것은?

① 빈부 격차가 확대될 수 있다.
② 기업의 투자 활동이 위축된다.
③ 실물 자산의 가치가 상승한다.
④ 일정한 임금 생활자는 유리해진다.
⑤ 사람들이 불건전한 거래에 집중할 수 있다.

16 빈칸 ㉠~㉢에 들어갈 말을 바르게 연결한 것은?

> 물가 안정을 위해 (㉠)은/는 합리적인 소비 생활을 해야 한다. (㉡)은/는 기술 개발을 통해 생산비 절감을 위해 노력하고, (㉢)은/는 과도한 재정 지출을 줄이려는 노력을 기울여야 한다.

	㉠	㉡	㉢
①	가계	기업	정부
②	가계	정부	기업
③	기업	가계	정부
④	기업	정부	가계
⑤	정부	가계	기업

17 다음 정책의 공통적인 목적으로 옳은 것은?

| • 이자율 인상 | • 생활필수품 가격 인상 규제 |
| • 재정 지출의 감소와 세금 인상 |

① 실업 감소
② 물가 안정
③ 경제 성장
④ 인플레이션 발생
⑤ 국내 총생산의 한계 극복

01 빈칸 ㉠에 들어갈 말을 쓰시오.

> • (㉠)은/는 일정 기간 동안 한 나라 안에서 새로이 생산된 최종 생산물의 시장 가치의 합이다.
> • (㉠)이/가 크다는 것은 그 나라의 경제 규모가 크다는 것을 의미한다.
> • (㉠)이/가 증가하는 것은 생산 능력이 커져서 생산량이 늘어나는 것을 의미한다.

02 다음 글에 나타난 국내 총생산의 한계를 서술하시오.

> 국내 총생산은 삶의 만족도를 높이는 봉사 활동이나 전업주부의 가사 노동을 반영하지 못한다.

03 다음 자료를 보고 물음에 답하시오.

> (가) 교통사고가 나서 차를 수리하는 비용이 발생하였다.
> (나) 책상을 만들기 위해 나무를 구입하였다.

(1) (가), (나) 중 국내 총생산에 포함되는 것을 쓰고, 그 이유를 서술하시오.

(2) (가), (나) 중 국내 총생산에 포함되지 않는 것을 쓰고, 그 이유를 서술하시오.

04 다음은 우리나라 국내 총생산의 추이이다. 이에 따라 발생할 것으로 예상되는 사회 문제를 쓰시오.

1990년	2000년	2010년	2015년
2,793억 달러	5,618억 달러	10,943억 달러	13,775억 달러

05 빈칸 ㉠에 들어갈 말을 쓰고, 그 의미를 서술하시오.

> 우리는 물가를 통해 여러 상품의 전반적인 가격 수준을 파악하고 있다. 물가의 변동이 우리나라의 경제생활에 미치는 영향은 매우 크다. 따라서 정부는 이러한 물가의 움직임을 한눈에 볼 수 있도록 (㉠)을/를 작성하고 있다.

06 다음 글을 읽고 물음에 답하시오.

> 제1차 세계 대전에서 패한 독일은 막대한 전쟁 배상금을 마련하기 위해 화폐를 마구 발행하였다. 그 결과 물가가 1921년 1월에 비해 1923년 말에는 무려 100억 배나 상승하였다.

(1) 위 상황에 대한 중앙은행의 대응 방안을 서술하시오.

(2) 위 상황에 대한 정부의 대응 방안을 두 가지 서술하시오.

07 (가)~(다) 중 인플레이션이 발생했을 때 이득을 볼 것으로 예상되는 사람을 쓰고, 그 이유를 서술하시오.

> (가) 현금을 많이 소유하고 있는 사람
> (나) 일정한 연금을 받고 생활하는 사람
> (다) 외국 상품을 수입하여 국내에 판매하는 사람

02 ● 물가 상승과 실업 (2)
03 ● 국제 거래와 환율

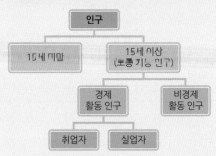

❶ 실업

⭐1 실업의 의미와 유형

(1) **의미** 일할 능력과 의사가 있는데도 일자리를 갖지 못한 상태

(2) **유형**

경기적 실업	경기가 침체되어 기업이 신규 채용을 줄이거나 고용을 감소시키면서 발생
구조적 실업	산업 구조의 변화나 기술 발달로 관련 부문의 일자리가 사라져 발생
계절적 실업	계절의 영향을 많이 받는 특정 업종에서 계절의 변화에 따라 고용 기회가 줄어들어 발생 – 예 농업, 어업, 관광업 등
마찰적 실업	새로운 일자리를 찾기 위해 현재의 직장을 일시적으로 그만두어 발생

[자료1] (3) **실업률** 경제 활동 인구에서 실업자가 차지하는 비율

> 마찰적 실업은 자발적으로 일자리를 그만둔다는 점에서 자발적 실업이다. 다른 실업은 비자발적 실업이다.

$$실업률(\%) = \frac{실업자\ 수}{경제\ 활동\ 인구수(취업자\ 수 + 실업자\ 수)} \times 100$$

2 실업의 영향

(1) **개인적 측면**

① 소득 감소로 인해 생계유지가 어려워져 정서적·경제적으로 어려움을 겪고, 생활 수준이 하락하게 됨

② 자아실현을 통한 만족감과 성취감을 얻을 수 없게 되고, 불확실한 미래에 대한 불안감이 커질 수 있음

(2) **사회적 차원**

① 인적 자원의 낭비 ┌ 일할 능력이 있는 사람이 생산 활동에 참여하지 못하게 됨으로써 인적 자원이 낭비되고, 이는 사회 전체의 생산을 감소시키고 경제 성장의 잠재력을 약화시킨다.

② 기업의 생산과 투자 위축 ┌ 기계의 소비 감소가 기업의 생산과 투자 위축으로 이어져 국민 경제가 활력을 잃게 된다.

③ ❶세수가 감소하고 실업 인구 부양 부담이 커져 정부의 ❷재정 부담 증가

④ ❸빈곤층 확산, 가족 해체, ❹생계형 범죄 증가 등 사회 문제 발생

⭐3 실업의 해결 방안

[자료2] (1) **정부**

① 재정 지출을 확대함으로써 투자와 소비를 활성화하고, 일자리를 창출함

② 인력 개발, 직업 훈련 프로그램을 운영함

③ 고용 안정 센터와 취업 ❺박람회 등을 통해 취업 정보를 제공함

[더 알기] ④ 고용 보험 제도를 통해 경제적 어려움을 지원함

(2) **기업** 시장 개척이나 연구 개발을 통해 고용을 창출하려고 노력

(3) **근로자** 자기 능력을 계발하고 새로운 기술을 습득하여 생산성과 업무 처리 능력을 향상하려고 노력 – 근로자와 기업은 신뢰를 바탕으로 서로 협력하여 바람직한 노사 관계를 확립해야 한다.

> **시험에 꼭 나오는 개념체크**
> 1. 중학생은 일자리가 없으므로 실업자이다. (○, ×)
> 2. 경기적 실업 해결을 위해 정부는 ＿＿＿＿＿을 확대한다.
>
> 정답 1. × 2. 재정 지출

[자료1] 경제 활동 인구의 구성

```
           인구
     ┌──────┴──────┐
  15세 미만      15세 이상
              (노동 가능 인구)
              ┌──────┴──────┐
            경제           비경제
          활동 인구       활동 인구
       ┌────┴────┐
     취업자      실업자
```

노동 가능 인구는 경제 활동 인구와 비경제 활동 인구로 구분된다. 경제 활동 인구란 재화나 서비스를 생산하기 위해 노동을 제공할 의사와 능력이 있는 사람을 말한다. 비경제 활동 인구란 15세 이상 인구 중 취업자도 실업자도 아닌 사람, 즉 일할 능력은 있어도 일할 의사가 없거나, 일할 능력이 없는 사람을 말한다. 경제 활동 인구는 현재 취업 상태에 있는지 여부에 따라 취업자와 실업자로 구분된다.

[자료2] 실업의 유형별 대책

원인	대책
경기적 실업	재정 지출을 늘려 투자와 소비를 활성화하고, 새로운 일자리를 창출하기 위해 노력
구조적 실업	미래의 유망한 직업이나 기술을 예측하여 그에 필요한 인력을 개발하거나 직업 훈련을 실시
계절적 실업	적절한 구직 정보를 제공하여 기업과 근로자의 탐색 시간과 비용을 줄이도록 함
마찰적 실업	

[더 알기] 우리나라의 고용 보험 제도

우리나라는 실업자들의 경제적 어려움을 지원하기 위해 고용 보험 제도를 시행하고 있다. 실식한 경우 생활 안정을 위하여 일정 기간 동안 급여를 지급하는 실업 급여 사업과 함께 구직자에 대한 직업 능력 개발·향상 및 적극적인 취업 알선을 통한 재취업의 촉진과 실업 예방을 위하여 고용 안정 사업 및 직업 능력 개발 사업 등을 실시하고 있다.

용어 쏙쏙

❶ 세수: 세금으로 얻게 되는 정부의 수입
❷ 재정(財 - 재물, 政 - 정사): 국가 및 공공 단체가 구성원들의 욕구 충족을 위해 재화를 획득하고 관리하는 경제 활동의 총체
❸ 빈곤(貧 - 가난할, 困 - 괴로울): 최소한의 인간다운 삶을 사는 데 필요한 경제적·물

적 자원이 부족한 상태
❹ 생계형 범죄: 경제적 어려움에 처한 사람이 생계를 유지하기 위해 저지르는 범죄
❺ 박람회: 특정 문화나 산업 등을 소개하기 위해 그에 관련된 사물이나 상품을 진열해 놓은 곳

② 국제 거래

⭐1 국제 거래의 의미와 필요성

(1) **의미** 국가 간에 생산물이나 생산 요소 등이 국경을 넘어 거래되는 것

(2) **필요성**

① 각 국가가 처한 생산 조건이 달라 생산비의 차이가 발생하는데, 거래를 통해 서로 이익을 얻을 수 있음 └ 자연환경, 자원, 노동, 자본, 기술 등의 차이가 있다.

② ❶비교 우위가 있는 상품을 특화하여 수출하고, 그렇지 않은 상품은 수입함
└ 소비자는 더 많은 상품을 선택할 수 있으며, 기업은 수출을 통해 더 많은 이윤을 얻을 수 있다.

2 국제 거래의 특징과 확대

(1) **특징**

① 상품이나 생산 요소의 이동 제한: 국가마다 법과 제도가 다르고, ❷관세나 ❸통관 절차 등이 존재하여 상품이나 생산 요소의 이동이 자유롭지 못함

② 환율 문제: 각 나라마다 사용하는 화폐가 다르므로 국제 거래 시 환율을 고려해야 함

자료3 (2) **확대** ❹세계 무역 기구(WTO)의 출범과 ❺자유 무역 협정(FTA) 체결 국가의 증가로 거래 대상이 재화 위주에서 서비스와 생산 요소로 다양화, 세계 무역 규모의 확대

> **시험에 꼭 나오는 개념 체크**
> 1. 각국이 처한 생산 조건이 달라 국제 거래가 발생한다. (○, ×)
> 2. 국제 거래는 재화를 대상으로만 이루어진다. (○, ×)
>
> 目 1. ○ 2. ×

③ 환율

1 환율의 의미와 결정

(1) **의미** 두 나라 화폐의 교환 비율로, 외국 화폐 한 단위를 사기 위해 필요한 우리나라의 화폐 가격으로 표시 ─ 예를 들어 미국 화폐 1달러를 우리나라의 화폐 1,100원과 교환할 수 있다면, 환율은 '1,100원/달러'로 표시한다.

자료4 (2) **결정 원리** 외화의 수요와 공급에 의해 외국 화폐의 가격인 환율 결정

(3) **외화의 수요와 공급**

외화의 수요	외국 상품의 수입, 내국인의 해외여행, 내국인의 해외 투자와 유학, ❻외채 상환 등과 같이 외화가 해외로 나가는 경우에 발생
외화의 공급	국내 상품의 수출, 외국인의 국내 관광, 외국인의 국내 투자와 유학, 외채 도입 등과 같이 외화가 국내로 들어오는 경우에 발생

⭐2 환율의 변동

반대로 외화의 수요가 감소하는 경우에는 환율이 하락한다. 반대로 외화의 공급이 감소하는 경우에는 환율이 상승한다.

(1) **변동 요인** 외화의 수요 증가 ➡ 환율 상승, 외화의 공급 증가 ➡ 환율 하락

(2) **변동의 영향** 1달러가 1,000원에서 2,000원으로 오르면 10,000원짜리 국내 상품이 외국에서는 10달러에서 5달러로 상대적으로 저렴해지므로 수출에 유리해진다.

환율 상승	• 원화의 가치 하락　　　　　• 수출 증가, 수입 감소 • 내국인의 해외여행 감소, 외국인 관광객 증가 • 수입 원자재 가격 상승으로 물가 상승 • 외채 상환 부담 증가
환율 하락	• 원화의 가치 상승　　　　　• 수출 감소, 수입 증가 • 내국인의 해외여행 증가, 외국인 관광객 감소 • 수입 상품의 가격 하락으로 물가 안정에 기여 • 외채 상환 부담 감소

> **시험에 꼭 나오는 개념 체크**
> 1. 환율은 두 나라 화폐의 교환 비율이다. (○, ×)
> 2. 환율이 상승하면 (수출, 수입)이 증가하고 (수출, 수입)이 감소한다.
>
> 目 1. ○ 2. 수출, 수입

더 알기 비교 우위

〈갑국과 을국의 생산 비용〉

구분	가방	옷
갑국	10만 원	5만 원
을국	40만 원	10만 원

갑국은 가방과 옷의 생산 비용이 을국보다 덜 들기 때문에 두 상품 모두에 절대 우위를 갖는다. 그런데 가방 1개를 생산하려면 갑국은 옷을 2개, 을국은 4개 포기해야 하므로 가방 생산의 기회비용은 갑국이 더 적다. 반면 옷 생산의 기회비용은 갑국은 가방 0.5개, 을국은 0.25개로, 을국이 더 적다. 이때 비교 우위에 따라 갑국은 가방만을, 을국은 옷만을 생산하여 거래하면 모두 이익을 얻는다.

자료3 국제 거래의 확대

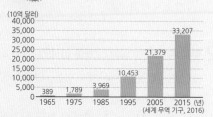

(10억 달러)
1965	1975	1985	1995	2005	2015 (년)
389	1,789	3,969	10,453	21,379	33,207

(세계 무역 기구, 2016)

▲ 세계 무역 규모의 변화

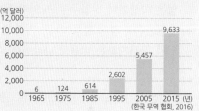

(억 달러)
1965	1975	1985	1995	2005	2015 (년)
6	124	614	2,602	5,457	9,633

(한국 무역 협회, 2016)

▲ 우리나라 무역 규모의 변화

세계화, 개방화의 추세에 따라 세계 무역 규모와 우리나라의 무역 규모가 크게 증가하고 있다.

자료4 환율의 결정

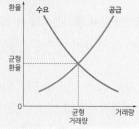

환율은 외화의 가격이므로 다른 재화나 서비스의 가격과 마찬가지로 외화의 수요와 공급에 의해 결정된다. 수요가 증가하면 외화의 가격, 즉 환율이 상승하고 수요가 감소하면 환율이 하락한다. 공급이 증가하면 환율은 하락하고 공급이 감소하면 환율은 상승한다.

01 다음 설명에 해당하는 실업의 유형을 보기에서 골라 기호를 쓰시오.

보기
ㄱ. 경기적 실업 　　　 ㄴ. 구조적 실업
ㄷ. 계절적 실업 　　　 ㄹ. 마찰적 실업

(1) 새로운 일자리를 찾기 위해 현재의 직장을 임시적으로 그만두었다. 　　　　(　　)
(2) 산업 구조의 변화나 기술 발달로 관련 부문의 일자리가 사라졌다. 　　　　(　　)
(3) 계절의 영향을 많이 받는 특정 업종에서 계절의 변화에 따라 발생한다. 　　　　(　　)
(4) 경제가 침체되어 기업이 신규 채용을 줄이거나 고용을 감소시키고 있다. 　　　　(　　)

02 다음 중 알맞은 말에 ○표를 하시오.

(1) 실업은 일할 의사가 (있음, 없음)에도 불구하고 일자리가 (있는, 없는) 상태이다.
(2) (경제 활동 인구, 비경제 활동 인구)에는 일할 의사가 없는 학생이나 전업주부, 노약자 등이 포함된다.
(3) 실업률은 (경제 활동 인구, 비경제 활동 인구) 중 실업자가 차지하는 비율로 나타낸다.

03 고용 안정을 위한 노력과 관련하여 서로 관련 있는 것끼리 연결하시오.

(1) 기업 •　　　　　• ㉠ 자기 계발
(2) 정부 •　　　　　• ㉡ 재정 지출 확대
(3) 근로자 •　　　　• ㉢ 시장 개척, 연구 개발

04 다음 설명이 맞으면 ○표, 틀리면 ×표 하시오.

(1) 국제 거래를 통해 자기 나라에서 생산할 수 없는 제품만 구할 수 있다. 　　　　(　　)
(2) 각국이 비교 우위에 있는 상품을 특화 생산하여 교역하면 서로 경제적 이득을 얻을 수 있다. 　　　　(　　)
(3) 최근에는 세계화, 개방화의 추세에 따라 서비스나 생산 요소의 국제적인 이동이 불가능해졌다. 　　　　(　　)

05 다음 빈칸에 알맞은 말을 쓰시오.

(1) 외국 화폐의 가격인 환율은 외화의 (　　　)와/과 (　　　)에 의해 정해진다.
(2) 환율이 (　　　)하면 수출은 감소하고 수입은 증가한다.

01 중요 빈칸 ㉠, ㉡에 들어갈 용어에 대한 설명으로 옳은 것은?
(중) 난이도

실업률은 (㉠) 가운데 (㉡)이/가 차지하는 비율로 나타낸다.

① ㉠은 모든 연령을 포함한다.
② ㉠은 일할 의사가 없는 사람이다.
③ ㉠에는 전업주부, 학생 등이 포함된다.
④ ㉡은 일할 의사가 있으나 일자리가 없는 상태이다.
⑤ ㉡은 일할 의사가 없어서 일자리가 없는 상태이다.

02 경기적 실업에 대한 옳은 설명을 보기에서 고른 것은?
(중) 난이도

보기
ㄱ. 경제 침체가 원인이다.
ㄴ. 산업 구조의 변화가 원인이다.
ㄷ. 정부가 재정 지출을 확대하여 해결한다.
ㄹ. 정부가 직업 훈련 프로그램을 운영하여 해결한다.

① ㄱ, ㄴ 　　 ② ㄱ, ㄷ 　　 ③ ㄴ, ㄷ
④ ㄴ, ㄹ 　　 ⑤ ㄷ, ㄹ

03 실업의 영향에 대한 설명으로 적절하지 않은 것은?
(하) 난이도

① 소득이 없어진다.
② 인적 자원이 낭비된다.
③ 기업의 활동이 위축된다.
④ 생계형 범죄가 늘어난다.
⑤ 자아실현의 기회가 증가한다.

04 경제 활동 인구의 구성 중 다음과 같은 사람이 속한 범주로 옳은 것은?
(중) 난이도

• 중학생 　　　 • 노약자 　　　 • 전업주부

① 취업자 　　　　　 ② 실업자
③ 부양 가능 인구 　 ④ 경제 활동 인구
⑤ 비경제 활동 인구

같은 주제 다른 문제 ……………………

◆ 비경제 활동 인구에 속하지 않는 사람을 두 가지 고르면? 답 ②, ④

① 노인 　　　　 ② 실업자 　　　 ③ 고등학생
④ 초등학생 　　 ⑤ 전업주부

05 실업에 대한 대책으로 적절하지 <u>않은</u> 것은?

(중) 난이도

① 과도한 재정 지출을 줄인다.
② 시장 개척을 통해 고용을 창출한다.
③ 취업 박람회 등 취업 정보를 제공한다.
④ 실업자들의 경제적 어려움을 지원한다.
⑤ 자기 계발을 통해 업무 능력을 향상시킨다.

06 다음은 갑국의 노동 가능 인구 구성을 나타낸 것이다. 갑국의 실업률로 옳은 것은?

(중) 난이도

- 노동 가능 인구: 100만 명
- 경제 활동 인구: 80만 명
- 비경제 활동 인구: 20만 명
- 취업자: 70만 명
- 실업자: 10만 명

① 10% ② 12.5% ③ 20%
④ 23.5% ⑤ 25%

07 다음은 어떤 학생이 작성한 수행 평가 답안지이다. 이 학생이 받게 될 점수로 옳은 것은?

(상) 난이도

※ 실업에 대한 설명이 맞으면 ○표, 틀리면 ×표를 하시오.(단, 맞으면 1점, 틀리면 0점을 부여한다.)

문항	내용	답
1	계절적 실업은 자발적으로 일어난다.	○
2	실업자에는 비경제 활동 인구가 포함된다.	○
3	정부의 노력만으로 실업 문제를 해결할 수 있다.	×
4	고용 보험 제도는 실업자들의 경제적 어려움을 지원한다.	×

① 0점 ② 1점 ③ 2점
④ 3점 ⑤ 4점

08 다음 설명에 해당하는 용어로 가장 적절한 것은?

(하) 난이도

세계의 여러 국가들은 각자 보유하는 생산 조건이 다르다. 그러므로 각 국가들은 잘 생산할 수 있는 제품이 있고 그렇지 않은 제품이 있다. 다른 국가와 비교하여 상대적으로 잘 생산할 수 있는 제품이 있는 것이다.

① 비교 우위 ② 자유 무역 ③ 국제 거래
④ 환율 변동 ⑤ 인플레이션

09 국제 거래의 특징으로 옳은 것을 보기 에서 고른 것은?

(상) 난이도

보기

ㄱ. 국제 거래를 통해 다른 나라보다 생산비가 많이 드는 상품을 확보할 수 있다.
ㄴ. 국제 거래는 국내 거래와 비교하여 상품이나 생산 요소의 이동이 더욱 자유롭다.
ㄷ. 오늘날 국제 거래의 대상이 매우 다양하고 광범위해졌지만, 그 규모는 축소되고 있다.
ㄹ. 각 나라마다 사용하는 화폐가 다르기 때문에 국제 거래를 할 때에는 환율을 고려해야 한다.

① ㄱ, ㄴ ② ㄱ, ㄹ ③ ㄴ, ㄷ
④ ㄴ, ㄹ ⑤ ㄷ, ㄹ

10 빈칸 ⊙~ⓒ에 들어갈 말을 바르게 연결한 것은?

(중) 난이도

국제 거래는 국내 거래에 비해 복잡할 뿐만 아니라 제약 요인도 많다. 예를 들어 다른 나라에 물건을 수출할 때 그 나라에서 (⊙)(이)라는 세금을 매기기도 한다. 그러나 자유 무역 활성화를 위한 (ⓒ)가 1995년 출범하면서 국제 거래의 대상과 규모가 점차 확대되고 있다. 또한 특정 국가 간의 무역 장벽을 완화 혹은 철폐하는 (ⓒ)를 체결하는 국가들이 증가하고 있다.

	⊙	ⓒ	ⓒ
①	환율	WTO	FTA
②	관세	FTA	WTO
③	관세	GDP	FTA
④	관세	WTO	FTA
⑤	관세	FTA	GDP

11 국제 거래의 필요성에 대한 설명으로 옳지 <u>않은</u> 것은?

(중) 난이도

① 소비자들은 더욱 다양한 상품을 소비할 수 있다.
② 기업은 더 많은 이윤을 얻을 수 있는 기회를 얻는다.
③ 자기 나라에서 생산할 수 있는 상품만을 얻을 수 있다.
④ 생산이 불리한 품목을 수입하여 경제적 이익을 얻을 수 있다.
⑤ 생산이 유리한 품목을 수출하여 다른 나라에게도 이득을 줄 수 있다.

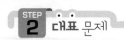

12 외화의 수요가 발생하는 경우로 가장 적절한 것은?

 난이도

① 외채의 도입
② 국내 상품의 수출
③ 외국인의 국내 투자
④ 외국인의 국내 관광
⑤ 내국인의 해외 유학

16 다음과 같은 상황이 지속될 경우 환율 변화와 그 영향을 예상했을 때, 합리적인 행동으로 옳지 <u>않은</u> 것은?

 난이도

- 국내 상품의 수출이 꾸준히 증가할 것이다.
- 외국인의 국내 투자가 꾸준히 증가할 것이다.
- 외국인의 국내 관광이 꾸준히 증가할 것이다.

① 사고 싶었던 외국 상품을 지금 구입한다.
② 계획 중이던 해외여행을 다음으로 미룬다.
③ 원자재의 수입 비중이 높은 회사에 투자를 더욱 늘린다.
④ 다른 나라에 수출하려는 상품의 생산을 최대한으로 줄인다.
⑤ 외국에서 유학 중인 딸에게 보내는 용돈을 다음으로 미룬다.

13 환율에 대한 옳은 설명을 보기 에서 고른 것은?

 난이도

보기

ㄱ. 외화의 수요와 공급에 의해 결정된다.
ㄴ. 환율은 두 나라 화폐가 교환되는 비율이다.
ㄷ. 환율이 올랐다는 것은 우리나라 돈의 가치가 상승했다는 의미이다.
ㄹ. 환율은 우리나라 돈 한 단위를 사기 위해 필요한 외화의 가격으로 표시한다.

① ㄱ, ㄴ ② ㄱ, ㄷ ③ ㄴ, ㄷ
④ ㄴ, ㄹ ⑤ ㄷ, ㄹ

17 환율이 상승할 때 이득을 보는 사람을 보기 에서 고른 것은?

 난이도

보기

ㄱ. 다른 나라에 자동차를 수출하는 수출업자 갑
ㄴ. 외국 은행에서 빌린 자금을 이번에 갚아야 하는 을
ㄷ. 다른 나라에서 휴대 전화를 수입하여 국내에 판매하는 병
ㄹ. 외국 이민 후 오랜만에 한국에 사는 아들을 보러 가려고 하는 정

① ㄱ, ㄴ ② ㄱ, ㄹ ③ ㄴ, ㄷ
④ ㄴ, ㄹ ⑤ ㄷ, ㄹ

14 환율이 상승하는 경우를 보기 에서 고른 것은?

난이도

보기

ㄱ. 외국인 관광객이 증가하였다.
ㄴ. 국내 상품의 수출이 증가하였다.
ㄷ. 외국으로 유학 가는 사람이 늘어났다.
ㄹ. 다른 나라에 투자하는 사람들이 늘어나고 있다.

① ㄱ, ㄴ ② ㄱ, ㄷ ③ ㄴ, ㄷ
④ ㄴ, ㄹ ⑤ ㄷ, ㄹ

18 환율이 하락할 때 나타날 결과로 옳은 것은?

난이도

① 수출이 증가한다.
② 수입이 감소한다.
③ 외채에 대한 부담이 증가한다.
④ 내국인의 해외여행이 증가한다.
⑤ 외국인의 국내 관광이 증가한다.

같은 주제 다른 문제

● 환율이 상승할 때 나타날 결과로 옳은 것은? 답 ④

① 수출 감소 ② 수입 증가 ③ 외채 부담 감소
④ 외국인 관광객 증가 ⑤ 내국인의 해외여행 증가

15 다음 중 환율의 변화가 <u>다르게</u> 나타나는 것은?

 난이도

① 외국 상품에 대한 수요가 증가하고 있다.
② 다른 나라에서 외채를 도입하기로 하였다.
③ 연휴 기간에 해외여행을 가는 사람이 늘어나고 있다.
④ 외국인들이 우리나라에 투자하는 비율이 감소하고 있다.
⑤ 우리나라의 대외 이미지가 안 좋아지면서 우리나라 상품에 대한 인기가 떨어지고 있다.

01 빈칸 ㉠에 들어갈 말을 쓰시오.

> 생산 활동이 가능한 15세 이상의 사람 중 일할 의사와 능력이 있는 사람을 (㉠)(이)라고 한다. 한 국가의 실업률은 (㉠) 중 실업자가 차지하는 비율로 나타낸다.

―――――――――――――――――――

02 다음 사례가 해당하는 실업의 유형을 쓰고, 그 의미를 서술하시오.

> 1970년대와 1980년대 초까지 우리나라의 수출 산업으로 떠올랐던 섬유, 신발 사업이 사양화되면서 많은 사람이 일자리를 잃게 되었다.

―――――――――――――――――――
―――――――――――――――――――

03 다음 글을 읽고 물음에 답하시오.

> 새로운 일자리를 찾기 위해 현재의 직장을 일시적으로 그만두면서 발생하는 자발적인 실업이다.

(1) 위 내용에 해당하는 실업의 유형을 쓰시오.

―――――――――――――――――――

(2) 위와 같은 실업에 대한 정부의 대책을 서술하시오.

―――――――――――――――――――
―――――――――――――――――――

04 국제 거래가 국내 거래와 다른 점을 두 가지 서술하시오.

―――――――――――――――――――
―――――――――――――――――――

05 다음과 같은 상황을 해결하기 위해 각국이 공통적으로 취할 수 있는 해결책을 서술하시오.

> • 갑국은 농산물은 풍부하지만 공산품이 부족하다.
> • 을국은 천연자원이 풍부하지만 인구가 너무 적어 노동력이 부족하다.
> • 병국은 인구가 많아 노동력은 풍부하지만 기술이 부족하여 생산에 어려움이 있다.

―――――――――――――――――――
―――――――――――――――――――

06 다음 글을 읽고 물음에 답하시오.

> 미국의 화폐 1달러를 사기 위해서 1,000원이 필요했으나, 이제는 1달러를 사기 위해서 1,200원이 필요하다.

(1) 위와 같은 상황은 환율 (상승, 하락)을 나타낸다.

(2) 위와 같은 상황이 발생하는 원인을 외화 수요의 측면에서 세 가지 서술하시오.

―――――――――――――――――――
―――――――――――――――――――

(3) 위와 같은 상황이 발생하는 원인을 외화 공급의 측면에서 세 가지 서술하시오.

―――――――――――――――――――
―――――――――――――――――――

07 환율이 하락하면 수출이 감소하고 수입이 증가하는 이유를 서술하시오.

―――――――――――――――――――
―――――――――――――――――――

01 국민 경제와 국내 총생산

1 국내 총생산

(1) 국내 총생산의 의미

일정 기간 동안	보통 1년 동안 생산된 것만 포함함
한 나라 안에서	생산자의 국적과 관계없이 그 나라의 국경 안에서 생산된 것만을 포함함
새롭게 생산된	그 해에 새롭게 생산된 것만을 계산하며, 그전에 생산된 중고품은 제외함
최종 생산물의 가치를	최종적으로 생산된 재화나 서비스의 가치만을 측정함
시장 가격으로 환산	시장에서 거래되지 않는 것은 포함하지 않음

(2) 국내 총생산과 1인당 국내 총생산

국내 총생산	한 국가의 경제 규모를 나타내는 지표
1인당 국내 총생산	• 국내 총생산을 그 나라의 총인구로 나눈 수치 • 한 나라 국민들의 평균적인 소득 수준을 나타냄

2 국내 총생산의 한계

한계	• 시장에서 거래되는 재화와 서비스의 가치만을 측정함 • 국민들의 삶의 질을 정확하게 반영하지 못함 • 국민들의 소득 분배 상태를 파악하기 어려움 • 국민 개개인의 생활 수준을 알려 주지 못함

3 국내 총생산의 증가

의미	한 나라의 생산 능력이 커져서 생산량이 늘어나는 것으로, 경제 성장은 국내 총생산의 증가를 의미함
영향	• 일자리가 늘어나고 국민의 평균 소득이 증가함 • 의료 서비스의 수준이 높아지고 교육 기회가 확대됨 • 다양한 문화 시설이 보급되어 한층 풍요로운 삶을 누림
문제	자원 고갈, 환경 오염, 빈부 격차 확대 등 사회 문제 발생

02 물가 상승과 실업

1 물가 상승

(1) 물가와 물가 지수

물가	여러 상품의 가격을 종합하여 평균적으로 나타낸 것
물가 지수	기준이 되는 해의 물가 수준을 100으로 하여 비교할 연도의 물가 수준을 나타낸 지수

(2) 물가 상승의 영향과 해결 방안

인플레이션	물가가 지속적으로 오르는 현상
영향	• 화폐 가치 하락으로 임금·연금 생활자나 현금·예금 소유자 불리 • 실물 자산의 가치 상승으로 토지, 건물 보유자 유리 • 저축 대신 투기와 같은 불건전한 거래에 집중
해결 방안	• 정부: 과도한 재정 지출을 줄이고 세금을 많이 거둠, 생활필수품의 가격 상승 규제, 공공요금의 인상 억제 • 중앙은행: 이자율을 높여 통화량을 줄임

2 실업

(1) 실업의 의미와 영향

실업	일할 능력과 의사가 있는데도 일자리가 없는 상태 *실업률: 경제 활동 인구에서 실업자가 차지하는 비율
영향	• 개인적: 가계의 소비 감소로 경제생활이 어려워짐, 자신감 상실, 직업을 통한 자아실현의 기회를 가질 수 없음 • 사회적: 인적 자원 낭비, 기업 활동 위축, 정부의 재정 부담 증가, 빈곤층의 확산, 가족 해체, 생계형 범죄 증가 등 사회 문제 발생

(2) 실업의 유형

경기적 실업	경제 침체로 인해 발생
구조적 실업	산업 구조의 변화나 기술 발달로 관련 일자리가 사라져 발생
계절적 실업	계절의 영향을 받는 특정 업종에서 계절의 변화로 발생
마찰적 실업	새로운 일자리를 찾기 위해 직장을 일시적으로 그만두어 발생

(3) 실업의 해결 방안

정부	• 재정 지출을 확대하여 일자리 창출(경기적 실업) • 다양한 직업 훈련 프로그램 운영(구조적 실업) • 취업 정보 제공(마찰적 실업, 계절적 실업) • 고용 보험 제도를 통해 실업자들의 경제적 어려움 지원
기업	시장 개척이나 연구 개발을 통해 고용을 창출하려고 노력
근로자	자기 계발을 통해 업무 능력 향상

03 국제 거래와 환율

1 국제 거래

국제 거래의 발생	각 국가가 처한 생산 조건이 다름 → 비교 우위에 있는 상품을 특화하여 교역하면 서로 경제적 이득을 얻을 수 있음
국제 거래의 확대	• WTO가 출범하고 FTA 체결 국가가 증가하면서 국제 거래의 대상과 규모가 점차 확대됨 • 재화뿐만 아니라 서비스도 국제 거래의 대상이 되고, 생산 요소의 이동도 활발해짐

2 환율

(1) 환율의 의미와 결정

환율	두 나라 화폐의 교환 비율
환율의 결정	• 외화의 수요와 공급에 의해 결정 • 외화의 수요: 외국 상품의 수입, 내국인의 해외여행, 내국인의 해외 투자, 외채 상환 등 외화가 해외로 나가는 경우 • 외화의 공급: 국내 상품의 수출, 외국인의 국내 관광, 외국인의 국내 투자, 외채 도입 등 외화가 국내로 들어오는 경우

(2) 환율 변동의 영향

환율 상승	• 원화의 가치 하락　　• 외채 부담 증가 • 수출 증가, 수입 감소 • 해외여행 감소, 외국인 관광객 증가
환율 하락	• 원화의 가치 상승　　• 외채 부담 감소 • 수출 감소, 수입 증가 • 해외여행 증가, 외국인 관광객 감소

01 국민 경제와 국내 총생산

01 밑줄 친 ㉠~㉤에 대한 설명으로 옳지 <u>않은</u> 것은?

(종 난이도)

> 국내 총생산이란 ㉠일정 기간 동안 ㉡한 나라 안에서 ㉢새로이 생산된 ㉣최종 생산물의 ㉤시장 가치의 합을 말한다.

① ㉠ - 보통 1년을 기준으로 한다.
② ㉡ - 생산자의 국적과 관계가 없다.
③ ㉢ - 중고 거래는 포함하지 않는다.
④ ㉣ - 생산 과정에서 사용된 모든 가치를 포함한다.
⑤ ㉤ - 시장에서 거래되지 않는 것은 제외한다.

02 국내 총생산에 포함되는 것을 **보기**에서 고른 것은?

(중 난이도)

> **보기**
> ㄱ. 외국인 근로자가 우리나라에서 생산한 신발
> ㄴ. 할머니가 텃밭에서 재배해 가져다주신 토마토
> ㄷ. 올해 새롭게 생산된 선풍기를 사는 데 든 비용
> ㄹ. 우리나라 축구 선수가 외국 리그에서 받은 연봉

① ㄱ, ㄴ　　② ㄱ, ㄷ　　③ ㄴ, ㄷ
④ ㄴ, ㄹ　　⑤ ㄷ, ㄹ

03 다음 사례가 공통적으로 의미하는 바로 옳은 것은?

(중 난이도)

> • 봉사 활동이나 전업주부의 가사 노동 등은 국내 총생산에 반영되지 않는다.
> • 교통사고나 환경 오염을 처리하는 데 들어가는 비용은 국내 총생산에 포함된다.

① 국내 총생산의 증가는 경제 성장을 의미한다.
② 국내 총생산의 증가는 사회 문제를 해결한다.
③ 국내 총생산은 국민들의 평균적인 소득 수준을 보여 준다.
④ 국내 총생산은 국민들의 삶의 질을 정확하게 반영하지 못한다.
⑤ 국내 총생산은 한 나라의 전반적인 생산 활동을 나타내는 지표로서의 의미를 상실하고 있다.

04 국민의 평균 소득 수준을 보여 주는 지표로 가장 적절한 것은?

(하 난이도)
① 물가 지수　　② 국내 총생산　　③ 경제 성장률
④ 국민 총생산　　⑤ 1인당 국내 총생산

05 다음은 A국에서 생산되는 상품의 가격과 생산량을 나타낸 표이다. 이에 대한 옳은 설명을 **보기**에서 고른 것은?(단, A국은 자동차, 휴대 전화, 컴퓨터만을 생산한다고 가정한다.)

(상 난이도)

구분	2017년(기준 연도)		2018년	
	가격	생산량	가격	생산량
자동차	10,000원	10개	20,000원	15개
휴대 전화	20,000원	10개	40,000원	15개
컴퓨터	30,000원	10개	60,000원	15개

> **보기**
> ㄱ. A국의 2017년 경제 성장률은 50%이다.
> ㄴ. 2017년 A국의 국내 총생산은 1,200,000원이다.
> ㄷ. 2018년 A국의 실질 국내 총생산은 900,000원이다.
> ㄹ. 2018년 A국의 경제는 2017년과 비교하여 성장하였다.

① ㄱ, ㄴ　　② ㄱ, ㄷ　　③ ㄴ, ㄷ
④ ㄴ, ㄹ　　⑤ ㄷ, ㄹ

서술형

06 다음 글을 통해 알 수 있는 국내 총생산의 한계를 서술하시오.

(상 난이도)

> 갑국과 을국은 GDP와 1인당 GDP가 모두 비슷한 수치를 나타내고 있다. 갑국은 상위 1%의 부자들이 벌어들이는 소득이 전체 소득의 40%에 육박할 정도로 일부가 차지하는 생산의 비중이 크다. 반면 을국은 대부분의 국민이 비슷한 수준의 소득을 갖고 있다.

02 물가 상승과 실업

07 인플레이션에 대한 설명으로 가장 적절한 것은?

(중 난이도)
① 인플레이션이 발생하면 기업의 투자 활동이 더욱 활발해진다.
② 물가가 상황에 따라 오르기도 하고 내리기도 하는 것을 말한다.
③ 인플레이션이 발생하면 실물 자산의 가치가 상대적으로 상승한다.
④ 인플레이션의 발생을 막기 위해 중앙은행은 세금을 많이 거두어들인다.
⑤ 인플레이션의 발생을 막기 위해 정부는 재정 지출을 확대하여 일자리를 창출한다.

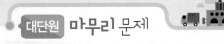

08 물가 지수에 대한 설명으로 옳은 것은?

 상 난이도

① 개별 상품의 가치를 화폐 단위로 나타낸 것이다.
② 여러 상품의 가격을 종합하여 평균한 값으로 나타낸다.
③ 비교할 연도의 전년 물가 수준을 100으로 해서 비교한다.
④ 물가 지수가 90이라면 기준 연도에 비해서 물가는 오르지 않았다.
⑤ 물가 지수가 110이라면 기준 연도에 비해서 물가는 오르지 않았다.

09 다음과 같은 활동을 통해 달성하려고 하는 목적으로 가장 적절한 것은?

하 난이도

• 이자율을 높인다.
• 재정 지출을 줄인다.
• 세금을 많이 거두어들인다.

① 물가 안정
② 고용 안정
③ 경제 성장
④ 인플레이션 유도
⑤ 국제 거래 활성화

10 빈칸 ㉠~㉢에 들어갈 말을 바르게 연결한 것은?

중요

중 난이도

물가가 상승하면 일정한 (㉠)으로 생활하거나 (㉡)과 같은 자산을 소유한 사람은 불리해지고, (㉢)을/를 보유한 사람은 유리해진다. 이에 따라 사람들은 투기와 같은 불건전한 거래에 집중할 수 있다.

	㉠	㉡	㉢		㉠	㉡	㉢
①	임금	주식	토지	②	임금	예금	토지
③	이윤	예금	건물	④	이윤	건물	주식
⑤	연금	현금	주식				

11 실업에 대한 옳은 설명을 **보기** 에서 고른 것은?

중 난이도

보기

ㄱ. 일할 능력과 의사가 없어서 일자리를 갖지 못한 상태이다.
ㄴ. 개인적 차원의 영향은 크나 사회적 차원의 손실은 크지 않다.
ㄷ. 빈곤층 확산, 가족 해체 등과 같은 사회 문제의 원인이 될 수 있다.
ㄹ. 한 국가의 실업률은 경제 활동 인구 중 실업자가 차지하는 비율로 나타낸다.

① ㄱ, ㄴ
② ㄱ, ㄷ
③ ㄴ, ㄷ
④ ㄴ, ㄹ
⑤ ㄷ, ㄹ

12 다음 A국의 실업자 수로 옳은 것은?

상 난이도

A국에서 실업률이 20%에 이르면서 실업이 큰 사회 문제로 대두되고 있다. A국의 전체 인구는 100만 명인데, 그중 15세 미만 인구는 20만 명이다. A국에서 현재 일할 의사나 능력이 없는 사람은 30만 명이다.

① 10만 명
② 20만 명
③ 30만 명
④ 40만 명
⑤ 50만 명

13 다음 글에 나타난 실업의 종류를 쓰고, 이에 대한 정부의 대책을 서술하시오.

서술형

중 난이도

급격한 경기 변동이나 경기 침체로 발생하는 실업이다. 경기가 어려워지면서 상품이 팔리지 않아 노동에 대한 수요가 줄어들게 되고, 기업은 신규 채용을 줄이거나 고용을 감소하게 된다.

14 다음 자료에 대한 옳은 설명을 **보기** 에서 고른 것은?

중 난이도

실업률 11년 만에 최고

실업률이 지난 9월 기준으로 11년 만에 최고치를 기록했다. 경기 침체로 조선 및 해운업의 구조 조정이 시작되면서 관련 산업에서 수만 명의 실직

(단위: %)

2.9 (2012)
2.7 (2013)
3.2 (2014)
3.2 (2015)
3.6 (2016(년))

(통계청, 2016)

▲ 연도별 9월 실업률

자가 나오고 있다. 또한 수출 부진이 장기화되면서 제조업 종사자 수도 계속 줄고 있다.

보기

ㄱ. 경기적 실업이 발생하고 있다.
ㄴ. 정부의 노력만으로 해결할 수 있다.
ㄷ. 직업을 통한 자아실현의 기회가 늘어났다.
ㄹ. 실업 문제 해결을 위해 정부는 재정 지출을 확대한다.

① ㄱ, ㄴ
② ㄱ, ㄹ
③ ㄴ, ㄷ
④ ㄴ, ㄹ
⑤ ㄷ, ㄹ

03 국제 거래와 환율

15 국제 거래에 대한 설명으로 가장 적절한 것은?

(중)
난이도

① 교역하는 각 국가가 모두 이득을 볼 수는 없다.
② 자국에서 생산할 수 없는 상품만을 교역하여 수입한다.
③ 국내 거래에 비해 상품이나 생산 요소의 이동이 자유 롭지 못하다.
④ 국내 거래에 비해 다소 복잡하나 제약하는 요인은 오 히려 더욱 적다.
⑤ 각 국가가 처해 있는 생산 조건이 너무 다르면 교역이 일어날 수 없다.

16 다음은 갑국과 을국의 생산 조건을 나타낸 표이다. 이에 대한
(상)
난이도 설명으로 옳은 것은?(단, 다른 조건은 고려하지 않는다.)

구분	가방	옷
갑국	1개 생산에 1시간	1개 생산에 5시간
을국	1개 생산에 4시간	1개 생산에 8시간

① 갑국과 을국은 교역이 일어날 수 없다.
② 갑국은 을국에 비해 가방에 비교 우위가 있다.
③ 을국은 갑국에 비해 비교 우위에 있는 상품이 없다.
④ 교역이 일어나면 갑국은 이득을, 을국은 손해를 본다.
⑤ 갑국은 옷을, 을국은 가방을 특화·생산하여 교역하면 서로 이득이다.

17 다음과 같은 상황과 함께 나타난 변화로 옳은 것은?

(중)
난이도

• 1995년 세계 무역 기구(WTO) 출범
• 자유 무역 협정(FTA)을 체결하는 국가의 증가

① 각국의 무역 의존도 감소
② 각 국가의 자연환경 변화
③ 국제 거래의 제약 요인 증가
④ 국제 거래의 대상과 규모 확대
⑤ 국내 경제에서 국내 거래가 차지하는 비중 증가

18 외화의 수요가 증가하는 원인으로 옳은 것은?

(하)
난이도

① 외국 상품의 수입 증가
② 국내 상품의 수출 증가
③ 내국인의 해외여행 감소
④ 외국인의 국내 여행 감소
⑤ 외국인의 국내 투자 증가

19 다음과 같은 상황이 발생한 경우 일어날 변화를 보기에서 고른
(중)
난이도 것은?

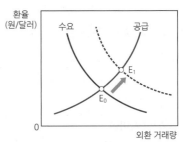

보기
ㄱ. 수출의 감소   ㄴ. 원화의 가치 하락
ㄷ. 외국인 관광객의 증가 ㄹ. 외채에 대한 부담 감소

① ㄱ, ㄴ   ② ㄱ, ㄷ   ③ ㄴ, ㄷ
④ ㄴ, ㄹ   ⑤ ㄷ, ㄹ

20 다음과 같은 상황에 대한 설명으로 가장 적절한 것은?

(상)
난이도

1달러를 사기 위해 1,000원이 필요했으나, 이제는 1달 러를 사기 위해 2,000원이 필요하다.

① 원화의 가치가 상승하였다.
② 내국인의 해외 투자가 감소하면 발생할 수 있다.
③ 외국에서 외채를 대량으로 들여오면 발생할 수 있다.
④ 외국에서 상품을 수입하는 국내 유통업자는 이득을 본다.
⑤ 외국 은행에서 빌린 자금을 갚아야 하는 국내 기업가 는 부담이 커진다.

21 환율이 하락할 때 나타나는 변화를 다음 제시된 주체들의 입장
(중)
난이도 에서 서술하시오.

• 외국 여행을 가는 대학생
• 외국에 물건을 수출하는 기업가
• 외국에 사는 딸에게 용돈을 보내 주어야 하는 어머니

_____

_____

01 ● 국제 사회의 특성과 행위 주체
02 ● 국제 관계와 외교 정책 (1)

❶ 국제 사회의 의미와 특성

더알기 1 국제 사회

(1) **의미** 세계 여러 나라가 서로 밀접한 관계를 맺으며 영향을 주고받는 사회 ➡ ❶주권을 가진 국가를 기본 요소로 함

(2) **국내 사회와의 차이점**

국내 사회	국제 사회
• 공동의 행위 기준인 법규가 있음	• 법이나 제도적 장치가 미흡함
• ❷공권력을 가지는 ❸중앙 정부가 존재함	• 공권력을 가지는 중앙 정부가 없음
• 개인이나 집단 간 ❹분쟁이 발생할 경우 경찰이나 법에 의해 분쟁을 해결함	• 국가 간 분쟁이 발생할 경우 적절하게 제재하기 어려움

⭐ 2 국제 사회의 특성

(1) **자국의 이익 추구** 자국의 이익을 최우선으로 추구하므로 국가 간 경쟁과 갈등이 발생할 수 있음

(2) **중앙 정부의 부재** 국가 간 분쟁이 발생할 경우 이를 조정할 강제력을 가진 중앙 정부가 존재하지 않음

┌ 형식적으로 각국은 평등한 주권을 가지지만 실제로는 약소국에 비해 강대국이 많은 영향력을 행사한다. ─┐

자료1 (3) **힘의 논리 작용** ❺강대국에 의해 국제 사회가 주도되거나 분쟁이 조정됨 ─┘

(4) **국제 평화주의 옹호** 국제 평화주의에 입각하여 ❻국제법을 존중하고 국제 질서를 준수함

(5) **국제 협력 확대** 국가 간의 상호 의존 심화, 어느 한 나라의 노력만으로 해결할 수 없는 문제가 증가함
└ 예 환경, 인권, 난민 등

시험에 꼭 나오는 개념 체크
1. 국제 사회에는 강제력을 가진 ＿＿ ＿＿가 존재하지 않는다.
2. 자국의 이익 추구로 갈등이 발생할 수 있다. (○, ×)

답 1. 중앙 정부 2. ○

❷ 국제 사회의 행위 주체

교과서마다 달라요	동아	정부 간 기구
정부 간 기구와 정부 간 국제기구	미래엔, 비상, 지학사 금성, 천재교육	정부 간 국제기구

⭐ 1 국제 사회 행위 주체의 종류

(1) **국가** ─ 가장 중요한 행위 주체이다.

① 국제 사회의 가장 기본적이고 전통적인 행위 주체

② 독립적인 주권을 행사하며, 자국의 안전과 이익을 위한 공식적인 활동을 함

자료2 (2) **국제기구** 국제 사회에서 발생하는 여러 가지 문제를 해결하기 위해 조직된 정부나 개인의 모임
┌ 국제 평화를 위협하는 행위에 개입하거나 국가 간 분쟁을 중재함으로써 국제 질서 유지에 기여한다.

정부 간 국제기구	• 2개 이상의 주권 국가로 구성된 국제기구 • 국제 연합(UN), 유럽 연합(EU), 국제 통화 기금(IMF), 경제 협력 개발 기구(OECD), 세계 무역 기구(WTO) 등
국제 비정부 기구	• 국경을 넘어 활동하는 개인이나 민간단체로 구성된 국제기구 • 그린피스, 국경 없는 의사회, 국제 사면 위원회, 국제 적십자 위원회, 세이브 더 칠드런 등

└ 최근 시민 사회의 확대, 개인과 민간단체의 적극적인 활동으로 국제 비정부 기구의 역할이 확대되고 있다.

더알기 국제 사회를 바라보는 두 관점

현실주의적 관점	국가는 자국의 이익과 권력을 추구하기 때문에 국가 간의 힘의 관계에 따라 국제 사회의 모든 것이 결정된다고 보는 관점
이상주의적 관점	국제 사회는 인간의 이성을 바탕으로 하기 때문에 국가 간 약속과 국제기구를 통해 국제 평화를 이룰 수 있다고 보는 관점

자료1 국제 연합(UN) 안전 보장 이사회

국제 연합(UN) 안전 보장 이사회는 국제 평화와 안전을 유지하고자 필요한 행동을 취할 책임과 권한을 가지는 국제 연합의 핵심 기관이다. 5개의 상임 이사국(미국·중국·러시아·영국·프랑스)과 10개의 비상임 이사국으로 구성된다. 주요 결정은 상임 이사국을 모두 포함한 9개국 이상의 찬성으로 이루어지는데, 상임 이사국은 거부권을 행사할 수 있어 상임 이사국 중 어느 한 국가라도 반대하면 어떠한 결정도 성립될 수 없다.

안전 보장 이사회의 상임 이사국은 비상임 이사국과 달리 임기 제한이 없으며 거부권을 행사할 수 있다. 이는 국제 사회에서 힘의 논리가 작용하는 것으로 볼 수 있다.

자료2 다양한 국제기구의 활동

국제 연합 (UN)	1945년 국제 평화와 안전 보장을 목적으로 설립되었으며, 평화 유지, 군비 축소, 국제 협력 증진 등의 활동 전개
국제 통화 기금(IMF)	국제 통화 질서를 유지하고 세계 경제의 발전과 균형 있는 성장을 위해 설립된 국제 금융 기관
경제 협력 개발 기구 (OECD)	세계 경제 발전과 무역 촉진을 위해 만들어진 국제기구로, 회원국의 경제 성장과 생활 수준의 향상을 위해 노력함
그린피스	핵 활동 금지, 자연 보호 운동 등을 통해 지구의 환경을 보전하고 평화를 지키려는 국제기구
국제 사면 위원회	세계의 인권 침해 사례들을 찾아내고 이를 국제 사회에 알리는 등 인류의 인권 실현을 목적으로 활동함
국경 없는 의사회	정치·종교·인종·이념을 초월하여 전쟁, 기아, 질병, 자연재해 등으로 고통받는 전 세계의 사람들을 구호하기 위해 설립한 국제 민간 의료 구호 단체

용어 쏙쏙

❶ 주권(主-주인, 權-권력): 국가의 의사를 최종적으로 결정하는 최고의 권력, 대외적으로는 독립성을 가짐

❷ 공권력: 국가나 공공 단체가 국민에 대해 우월한 의사 주체로서 명령·강제하는 권력

❸ 중앙 정부: 사회 전체를 통틀어 다스리는 최고 기관

❹ 분쟁: 말썽을 일으켜 시끄럽고 복잡하게 다툼

❺ 강대국(强-강하다, 大-크다, 國-나라): 국력이 강하고 정치적·군사적·경제적 영향력을 이웃하는 다른 나라와 지역을 넘어 전 세계에까지 행사할 수 있는 나라

❻ 국제법: 국가 간의 협의에 따라 국가 간의 권리와 의무를 규정한 법률

자료3 **(3) 다국적 기업**

① 의미: 세계 여러 나라에서 생산과 판매를 하며 국제적 규모로 경제 활동을 하는 기업

② 특징: 세계화, 정보화로 인해 영향력이 확대되고 있으며 국제 경제뿐만 아니라 국제 정치에도 영향을 미침

(4) 기타 영향력 있는 개인(종교 지도자, 국제 연합 사무총장 등), 개별 국가 내 지방 정부나 소수 민족 등
└ 프란치스코 교황의 경우 사회적 소수자에 대한 관심과 관용을 촉구하면서 국제 평화를 위한 활동을 하고 있다.

2 국제 사회의 행위 주체와 국제 관계 변화

과거	• 개별 국가의 영향력이 컸음 • 각국은 자국의 안전 보장과 이익 확보를 위해 영향력 행사
오늘날	• 국가 외에도 다양한 행위 주체들의 영향력 증대 • 개별 행위 주체의 목표 달성과 더불어 지구 공동의 이익을 위해 활동

시험에 꼭 나오는 개념 체크
1. _____은 세계 여러 나라에서 생산과 판매를 한다.
2. 교황은 국제 사회의 행위 주체에 해당한다. (o, ×)

답 1. 다국적 기업 2. o

3 국제 사회의 갈등과 협력

1 국제 사회의 경쟁과 갈등
소련이 무너지고 독일이 통일하면서 냉전 체제가 막을 내렸다.┐
(1) 국제 사회의 변화 미국과 구소련을 중심으로 이념 경쟁 치열 ➡ ❶냉전 체제의 붕괴 ➡ ❷이념보다 ❸실리 추구, 다양한 원인으로 인한 갈등과 경쟁이 나타남

자료4 **(2) 경쟁과 갈등의 원인** 자국의 이익을 최우선으로 하는 태도, 민족·영토·종교 등의 차이, 영토 확장 및 ❹영유권 주장, 자원의 개발과 이용 등

(3) 경쟁과 갈등 사례 – 대체로 다양한 요인이 복합적으로 작용하기 때문에 해결이 어렵다.

이스라엘 – 팔레스타인 분쟁	유대인들이 팔레스타인 지역에 이스라엘을 건국하면서 시작된 유대인과 아랍인 간의 영토 분쟁이 종교적·민족적 분쟁으로 확산됨
카슈미르 분쟁	영국령 인도 제국이 인도와 파키스탄으로 분리되면서 주민 대다수가 이슬람교였던 카슈미르 지역이 이슬람 국가인 파키스탄에 포함되지 않고 힌두 국가인 인도에 포함되면서 영유권 분쟁이 시작됨
코소보 분쟁	세르비아 공화국의 지배를 받고 있던 코소보에서 다수를 차지한 알바니아계 주민들이 분리 독립을 요구하자 세르비아가 알바니아계 주민을 학살하여 많은 ❺난민이 발생함
티베트 독립 운동	독립을 주장하는 티베트와 이를 허용하지 않으려는 중국 정부 간에 갈등이 나타남
카스피해 연안국 분쟁	다량의 석유와 가스가 매장되어 있는 카스피해 연안에 인접한 국가들 간에 자원 개발을 두고 분쟁이 벌어짐
센카쿠 열도 (댜오위다오) 분쟁	방대한 양의 자원, 해상 교통로 및 전략적 ❻요충지 확보라는 중요성 때문에 일본과 중국, 대만이 센카쿠 열도 지역의 영유권을 주장함

자료5 **2 국제 사회의 협력**

(1) 필요성 국제 사회의 갈등은 해당 지역의 노력만으로 해결되기 어려움

(2) 국제 협력의 모습

① 정상 회의, 국가 간 조약, 국제법, 국제기구 등을 통한 갈등 해결

② 전 지구적 차원의 문제 해결을 위한 국제 협력 확대

시험에 꼭 나오는 개념 체크
1. 국제 사회의 갈등은 다양한 요인이 복합적으로 작용하기 때문에 해결이 어렵다. (o, ×)
2. 국제 사회의 문제는 특정 국가의 노력만으로 해결이 가능하다. (o, ×)

답 1. o 2. ×

용어 쏙쏙

❶ 냉전 체제: 제2차 세계 대전이 끝난 후 자본주의 국가의 우두머리인 미국과 공산주의 국가의 우두머리인 구소련이 세계를 분할하여 대립하던 국제 질서 체제

❷ 이념(理 – 다스리다, 念 – 생각): 어떤 것을 이상적으로 여기는 생각

❸ 실리: 실제로 얻는 이익

❹ 영유권: 한 나라가 일정한 영토와 관련된 문제에 대해 처리할 수 있는 권리

❺ 난민: 인종, 종교 또는 정치적·사상적 차이로 인한 박해를 피해 외국이나 다른 지방으로 탈출하는 사람들

❻ 요충지: 아주 중요한 곳

자료3 **다국적 기업**

▲ 미국 뉴욕 맨해튼 거리의 다국적 기업 광고 간판

다국적 기업이 세계 여러 나라에서 경영 활동을 하는 과정에서 국가 간 교류가 늘어나고 상호 의존성도 높아지고 있다. 또한 다국적 기업은 오늘날 세계 경제의 상당 부분을 차지하고 있고, 이들의 규모는 일부 국가의 경제 규모보다 큰 경우도 있어서 국제 사회에서의 영향력이 점차 확대되고 있다.

자료4 **다국적 기업 간 갈등**

> 세계 스마트폰 시장에서 경쟁하고 있는 다국적 기업 A 회사와 S 회사 간에 특허와 디자인을 둘러싼 갈등이 일어났다. 이로 인해 2011년부터 2018년까지 세계 각국의 법원에서 소송이 진행되었다.

스마트폰 제조사 간의 특허 소송 사례에서 볼 수 있듯이 다국적 기업은 세계 시장에서 시장 확보를 두고 서로 경쟁하고, 그 경쟁이 과열되면 갈등을 겪기도 한다.

자료5 **국제 사회의 협력**

> 국제 연합(UN) 개발 정상 회의에서는 빈곤, 질병, 교육 불평등, 환경 오염 등 지구촌이 직면한 문제를 해결하기 위해 국제 사회가 함께 달성해야 할 '지속 가능 발전 목표(SDGs: Sustainable Development Goals)'에 합의하였다. 이에 따라 국제 사회는 환경, 경제, 사회 영역에서 17가지 주요 목표를 세우고 이를 달성하고자 한다.

국제 사회는 환경 오염, 인권 침해, 기아와 빈곤 등과 같은 전 지구적 차원의 문제를 해결하고자 국제적 협력을 확대하고 있다.

01 다음 설명이 맞으면 ○표, 틀리면 ×표 하시오.

(1) 국제 사회는 주권 국가를 기본 요소로 한다. ( )

(2) 국제 사회에는 중앙 정부가 존재하여 국가 간 분쟁을 조정한다. ( )

(3) 개인은 국제 사회의 행위 주체로서 활동할 수 없다. ( )

(4) 다국적 기업은 경제적 측면에서만 국제 사회에 영향을 미친다. ( )

(5) 국제 사회의 갈등은 대체적으로 다양한 요인이 복합적으로 작용하여 발생한다. ( )

02 다음 빈칸에 알맞은 말을 쓰시오.

(1) 국제 사회는 ( )이/가 작용하여 강대국에 의해 주도된다.

(2) ( )은/는 국제 사회의 가장 기본적인 행위 주체이다.

(3) ( )은/는 세계 여러 나라에서 생산과 판매를 하며 국제적 규모로 경제 활동을 한다.

(4) 국제 사회의 갈등은 해당 지역의 노력만으로 해결하기 어렵기 때문에 국제 ( )이/가 필요하다.

03 다음 ㉠, ㉡에 들어갈 알맞은 말을 쓰시오.

| (㉠) | • 2개 이상의 주권 국가로 구성된 국제기구
• 국제 연합(UN), 유럽 연합(EU), 국제 통화 기금(IMF) 등 |
| (㉡) | • 국경을 넘어 활동하는 개인이나 민간단체로 구성된 국제기구
• 그린피스, 국경 없는 의사회, 국제 사면 위원회 등 |

㉠ _____ ㉡ _____

04 다음 중 알맞은 말에 ○표를 하시오.

(1) 국제 사회에서 각국은 (자국의 이익, 공동의 이익)을 최우선으로 생각한다.

(2) 국제 사회에서 각국은 국제 평화주의에 입각하여 (국내법, 국제법)을 존중하고 국제 질서를 준수한다.

(3) 냉전 체제 붕괴 이후 오늘날 국제 사회에서는 (이념, 실리)을/를 추구하는 모습이 나타난다.

01 국제 사회에 대한 옳은 설명을 **보기**에서 고른 것은?

중 난이도

보기

ㄱ. 주권 국가를 기본 단위로 한다.

ㄴ. 강제성을 가진 중앙 정부가 존재한다.

ㄷ. 국가 간 경쟁이 심화되면서 협력은 점차 축소되는 추세이다.

ㄹ. 국가 간에 갈등이 발생하기도 하고 협력이 이루어지기도 한다.

① ㄱ, ㄴ   ② ㄱ, ㄹ   ③ ㄴ, ㄷ

④ ㄴ, ㄹ   ⑤ ㄷ, ㄹ

02 다음 내용을 통해 알 수 있는 국제 사회의 특징으로 가장 적절한 것은?

중 난이도

국제 연합(UN) 안전 보장 이사회는 5개의 상임 이사국(미국·중국·러시아·영국·프랑스)과 10개의 비상임 이사국으로 구성된다. 주요 결정은 상임 이사국을 모두 포함한 9개국 이상의 찬성으로 이루어지는데, 상임 이사국은 거부권을 행사할 수 있어 상임 이사국 중 어느 한 국가라도 반대하면 어떠한 결정도 성립될 수 없다.

① 강대국이 국제 사회를 주도한다.

② 중앙 정부가 존재하지 않아 갈등이 증가한다.

③ 각국은 국제 사회에서 대등하게 주권을 행사한다.

④ 각국은 자국의 이익보다는 이념을 중시하고 있다.

⑤ 전 지구적 차원의 문제를 해결하고자 국제 협력이 증가하고 있다.

03 다음 설명에 해당하는 국제 사회의 행위 주체가 <u>아닌</u> 것은?

중 난이도

국경을 넘어 활동하는 개인이나 민간단체로 구성된 국제기구를 의미한다.

① 그린피스   ② 국제 연합

③ 국경 없는 의사회   ④ 국제 사면 위원회

⑤ 세이브 더 칠드런

🎈 **같은 주제 다른 문제** ....

● 다음 ㉠에 해당하는 국제기구로 옳은 것은? **답** ③

| 정부 간 국제기구 | 2개 이상의 주권 국가로 구성된 국제기구 |
| (㉠) | 국경을 넘어 활동하는 개인이나 민간단체로 구성된 국제기구 |

① 국제 연합   ② 유럽 연합   ③ 그린피스

④ 국제 통화 기금   ⑤ 경제 협력 개발 기구

04 빈칸 ㉠에 들어갈 국제 사회의 행위 주체로 옳은 것은?

(하)
난이도

> 국제 사회에서는 세계 여러 (㉠)이/가 서로 밀접한 관계를 맺으며 영향을 주고받는다. (㉠)은/는 국제 사회의 가장 기본적인 행위 주체이다.

① 국가
② 소수 민족
③ 다국적 기업
④ 정부 간 국제기구
⑤ 국제 비정부 기구

05 밑줄 친 ㉠에 대한 설명으로 옳은 것은?

(중)
난이도

> 핵 활동 금지, 자연 보호 운동 등을 통해 지구의 환경을 보전하고 평화를 지키려는 목적을 지닌 ㉠그린피스는 최근 멕시코를 방문하여 기후 변화와 산업화로 인해 파괴되고 있는 빙하를 보호하기 위한 캠페인을 펼쳤다.

① 개인이나 민간단체가 모여 조직한 국제기구이다.
② 각국의 정부가 주축이 되어 만들어지는 조직이다.
③ 특정 집단의 이익을 달성하고자 활동하는 조직이다.
④ 국제 사회를 구성하는 가장 기본적인 행위 주체이다.
⑤ 세계 경제 협력의 중요성 증대로 영향력이 커지고 있다.

06 다음 국제 사회의 행위 주체에 대한 설명으로 옳은 것은?

(중)
난이도

> 세계 여러 나라에 자회사와 공장을 설립하여 국제적 규모로 상품을 생산·판매하면서 국경을 넘나들며 활동하는 행위 주체이다.

① 국제 비정부 기구에 해당한다.
② 주권을 지닌 독립적 주체이다.
③ 국경의 의미를 더욱 강하게 만들고 있다.
④ 과거에 비해 오늘날 그 영향력은 줄어들고 있다.
⑤ 활동 과정에서 국가 간 교류를 더욱 활발하게 만들고 상호 의존성을 높인다.

🎈 같은 주제 다른 문제

● 다음에서 설명하는 국제 사회의 행위 주체로 옳은 것은? 답 ④

• 세계 여러 나라에 자회사와 공장을 두고 국제적 규모로 상품을 생산·판매한다.
• 세계화로 인해 그 영향력이 확대되고 있다.

① 국가   ② 국제기구   ③ 소수 민족
④ 다국적 기업   ⑤ 개별 국가 내 지방 정부

07 다음 사람들의 공통점으로 옳은 것은?

(중)
난이도

> • 프란치스코 교황
> • 안토니오 구테헤스 국제 연합(UN) 사무총장

① 국제 사회의 가장 기본적인 행위 주체이다.
② 세계 여러 나라에 상품을 판매하는 행위 주체이다.
③ 정부 간 국제기구를 대표하는 영향력 있는 개인이다.
④ 국제 사회를 대상으로 경제적 이익을 극대화하려는 행위 주체이다.
⑤ 개인이지만 국제적인 영향력을 행사하는 국제 사회의 행위 주체이다.

08 오늘날 국제 사회에서 나타나는 변화의 모습으로 옳은 것을 보기 에서 고른 것은?

(중)
난이도

보기
> ㄱ. 이념 대립이 점차 강해지고 있다.
> ㄴ. 국가 간 교류가 점차 늘어나고 있다.
> ㄷ. 갈등과 협력의 모습이 함께 나타나고 있다.
> ㄹ. 각국은 자국의 이익보다 국제 사회의 공존을 최우선시한다.

① ㄱ, ㄴ   ② ㄱ, ㄷ   ③ ㄴ, ㄷ
④ ㄴ, ㄹ   ⑤ ㄷ, ㄹ

09 다음 사례에 나타난 국제 사회의 경쟁과 갈등에 대한 설명으로 가장 적절한 것은?

(상)
난이도

> 제2차 세계 대전 후 유대인들이 팔레스타인 지역에 이스라엘을 건국하면서 시작된 유대인과 아랍인 간의 갈등은 영토 분쟁에서 종교적·민족적 분쟁으로 확산되어 지금도 계속되고 있다. 양국 간의 공격과 보복 행위가 반복되면서 무력 분쟁이 지속되고 있어 양국 간의 갈등은 심화되고 있다.

① 자원을 둘러싸고 나타난 갈등이다.
② 중앙 정부의 개입이 필수적인 갈등이다.
③ 소수 민족의 독립을 두고 나타난 갈등이다.
④ 갈등 당사자들에게만 영향을 미치는 갈등이다.
⑤ 다양한 요인이 복합적으로 작용하여 나타난 갈등이다.

10 국제 사회의 경쟁과 갈등에 대한 옳은 설명을 보기 에서 고른 것은?

보기

ㄱ. 국제법을 적용하여 모두 해결할 수 있다.
ㄴ. 갈등이 나타나는 지역의 노력만으로 해결할 수 있다.
ㄷ. 여러 가지 원인이 복합적으로 작용하여 발생하는 경우가 많다.
ㄹ. 한 지역에서 발생한 갈등이 주변 국가와 전 세계에 영향을 미치기도 한다.

① ㄱ, ㄴ ② ㄱ, ㄷ ③ ㄴ, ㄷ
④ ㄴ, ㄹ ⑤ ㄷ, ㄹ

11 국제 사회의 갈등 요인으로 적절한 것을 보기 에서 고른 것은?

보기

ㄱ. 냉전 체제의 붕괴 ㄴ. 국가 간 조약 체결
ㄷ. 자원의 개발 및 이용 ㄹ. 민족·인종·종교의 차이

① ㄱ, ㄴ ② ㄱ, ㄷ ③ ㄴ, ㄷ
④ ㄴ, ㄹ ⑤ ㄷ, ㄹ

같은 주제 다른 문제

● 국제 사회의 갈등 요인으로 적절하지 않은 것은? 답 ⑤

① 영토 확장 ② 자원 이용 ③ 민족의 차이
④ 종교의 차이 ⑤ 국제기구 설립

12 다음 사례에 대해 학생들이 나눈 대화 내용으로 옳지 <u>않은</u> 것은?

세계 3대 석유·가스 매장 지역인 카스피해 연안에 인접한 국가들 간에 자원 개발과 송유관 건설을 둘러싸고 영유권 분할에 대한 분쟁이 벌어지고 있다. 지난 20년간 협상을 해 왔으나 각국의 첨예한 이해 대립으로 현재까지 이란과 러시아를 비롯한 주변 국가 간의 공식적인 합의는 이루어지지 않고 있다.

① 자원의 개발과 이용을 둘러싸고 갈등이 발생하고 있어.
② 최종적으로는 무력을 통해 문제를 해결할 수밖에 없어.
③ 갈등을 해결하려면 먼저 해당 국가들의 대화와 협상이 필요해.
④ 서로 자국의 이익을 우선으로 추구하다 보니 갈등 해결이 쉽지 않아.
⑤ 해당 국가뿐만 아니라 전 세계적으로 영향을 미칠 수도 있는 문제야.

13 다음 내용을 통해 알 수 있는 국제 사회의 모습으로 가장 적절한 것은?

국제 연합(UN) 개발 정상 회의에서는 빈곤, 질병, 교육 불평등, 환경 오염 등 지구촌이 직면한 문제를 해결하기 위해 국제 사회가 함께 달성해야 할 지속 가능 발전 목표에 합의하였다. 이에 따라 국제 사회는 환경, 경제, 사회 영역에서 17가지 주요 목표를 세우고 이를 달성하고자 한다.

① 정부 간 국제기구의 역할이 위축되고 있다.
② 각국은 자국의 이익을 최우선으로 생각한다.
③ 국제 평화를 지키려면 국가 간 조약 체결이 우선시되어야 한다.
④ 전 지구적 차원의 문제를 해결하기 위해 국제적으로 협력하고 있다.
⑤ 국제 사회는 강제력을 지닌 중앙 정부가 존재하지 않아 분쟁 해결이 어렵다.

14 다음 (가)에 들어갈 적절한 내용을 보기 에서 고른 것은?

오늘날 국제 사회에는 환경 오염, 인권 침해, 기아와 빈곤 등과 같은 문제가 나타나고 있어.

(가)

보기

ㄱ. 해당 국가의 노력만으로 해결할 수 있는 문제야.
ㄴ. 군사적 수단을 통해 해결하는 것이 가장 효과적이야.
ㄷ. 전 지구적 차원의 문제이므로 국제 협력을 통해 해결해야 해.
ㄹ. 문제 해결을 위해 다양한 국제기구의 적극적인 활동이 필요해.

① ㄱ, ㄴ ② ㄱ, ㄷ ③ ㄴ, ㄷ
④ ㄴ, ㄹ ⑤ ㄷ, ㄹ

15 오늘날 국제 사회의 협력이 필요한 이유로 옳은 것은?

① 자국의 이익을 최대로 추구할 수 있기 때문이다.
② 국가 간의 상호 의존성이 약화되고 있기 때문이다.
③ 전 지구적 차원의 문제가 발생하고 있기 때문이다.
④ 갈등을 겪는 국가 간의 협약 사항이 잘 지켜지지 않기 때문이다.
⑤ 대부분의 국가들이 국제법과 국제 질서를 준수하고 있기 때문이다.

01 다음 글을 읽고 물음에 답하시오.

> (㉠)에서는 세계 여러 나라들이 서로 밀접한 관계를 맺으며 영향을 주고받는다. 주권 국가를 기본 단위로 하는 (㉠)은/는 국내 사회와는 다른 특성을 가진다.

(1) 빈칸 ㉠에 들어갈 말을 쓰시오.

(2) 밑줄 친 부분에 해당하는 내용을 두 가지 서술하시오.

02 다음 사회 시간에 정리한 내용을 보고 물음에 답하시오.

〈국제기구〉

구분	예시
㉠	국제 연합(UN), 유럽 연합(EU), 국제 통화 기금(IMF), 경제 협력 개발 기구(OECD), 세계 무역 기구(WTO) 등
㉡	그린피스, 국경 없는 의사회, 국제 사면 위원회, 국제 적십자 위원회, 세이브 더 칠드런 등

(1) 빈칸 ㉠, ㉡에 들어갈 명칭을 각각 쓰시오.

㉠ _____   ㉡ _____

(2) ㉠, ㉡의 공통점과 차이점을 서술하시오.

03 다음 내용에 해당하는 국제 사회의 행위 주체를 쓰시오.

> • 세계 여러 나라에서 상품을 생산·판매한다.
> • 세계화와 경제 협력의 중요성 증대로 국제 사회에서의 영향력이 커지고 있다.

04 빈칸 ㉠에 들어갈 국제 사회의 행위 주체를 쓰시오.

> (㉠)은/는 국제 사회를 구성하는 가장 기본적인 행위 주체이다. (㉠)은/는 독립적인 주권을 행사하며 자신들의 안전과 이익을 위한 공식적인 활동을 수행한다.

05 다음 교사의 질문에 대한 알맞은 답변을 두 가지 서술하시오.

06 다음 자료에 나타난 국제 사회의 특성을 서술하시오.

> **파리 기후 변화 협약 최종 합의문 채택**
> 2015년 프랑스 파리에서 열린 제21차 국제 연합 기후 변화 협약(UNFCCC) 당사국 총회(COP21) 결과, 교토 의정서를 대체할 새로운 기후 변화 체제를 수립하기 위한 최종 합의문인 '파리 협정(Paris Agreement)'을 채택하였다.

02 국제 관계와 외교 정책 (2)
03 우리나라의 국제 갈등

1 국제 사회의 공존을 위한 노력

1 공존을 위한 노력

(1) **국제 평화 지향** 자국이 이익을 추구하면서 동시에 국제 평화를 지향하여 둘을 조화시켜야 함 ─ 국제 사회의 분쟁을 해결하기 위한 기준으로 국제법을 활용하고 국제기구는 중재자로서의 활동을 수행한다.

(2) **국제법 준수 및 국제기구 참여** 국가들의 상호 합의를 통해 만든 국제법을 준수하고 다양한 국제기구를 창설하여 국제 협력 증진을 위해 노력함

(3) **민간단체를 통한 협력** 인권, 보건, 환경 등 다양한 영역에서 국제 사회의 문제 해결을 위해 노력함

(4) **세계 시민 의식 함양** 공동체 의식을 바탕으로 국제 사회 문제에 관심을 두고, 그 문제를 해결하고자 적극적으로 행동하는 참여 의식과 책임 의식을 가져야 함

2 외교를 통한 공존 노력

(1) **외교** 국제 사회에서 자국의 이익을 평화적으로 달성하기 위해 수행하는 ❶대외적 활동

[자료1] (2) **외교의 중요성**

교과서마다 달라요 외교를 통한 갈등 해결 사례	
미래엔	미국과 소련의 전략 무기 감축 협정
비상, 동아	이란의 핵 협상
지학사	미국과 쿠바의 국교 정상화
천재교육	핑퐁 외교

① 국제 문제 해결로 국제 사회 공존에 기여

② 자국의 정치적·경제적 이익 실현

③ 자국의 대외적 ❷위상 향상

(3) **외교 정책** 외교 활동에서 협상과 설득을 통해 자국의 목적을 달성하고자 시행하는 정책 ─ 외교 정책이 잘 시행되지 못하면 국가 이익의 손실과 국제적 고립을 초래할 수 있다.

(4) **외교 정책 결정 시 검토 사항**

① 자국의 내부 상황   ② 다른 나라와의 관계   ③ 국제 ❸정세의 변화

(5) **오늘날의 외교 양상** ─ 전통적인 외교 활동은 대사의 교환, 정상 회담, 정부 간 협상 등 정부 간 활동이 중심이 되었다.

① 정치·군사 분야를 넘어 경제·스포츠·문화 등의 분야로 확대

[더알기] ② 공식적 외교 활동과 민간 외교 활동 등 다양한 교류 방법 활용

> **[시험에 꼭 나오는] 개념 체크**
> 1. ___는 국제 사회에서 자국의 이익을 평화적으로 달성하기 위해 수행하는 대외적 활동이다.
> 2. 오늘날 외교 활동은 정부 간 공식적 활동만 활용되고 있다. (o, ×)
>
> 답 1. 외교 2. ×

2 우리나라가 직면한 국가 간 갈등 문제

1 우리나라와 일본의 갈등 문제

독도 영유권 문제	명백한 우리 영토인 독도에 대해 일본이 영유권을 주장하면서 갈등이 발생함
동해 ❹표기 문제	일본이 세계 지도에 동해를 일본해로 표기할 것을 주장하여 갈등이 발생함
일본군 ❺위안부 문제	일본군 위안부의 강제 동원에 대해 일본의 사죄를 바라는 우리나라와 강제 동원 여부를 감추려는 일본 간 입장 차이로 갈등이 발생함
역사 교과서 ❻왜곡 문제	독도 영유권 주장 내용과 더불어 왜곡된 역사를 일본이 자국 역사 교과서에 일방적으로 반영하면서 갈등이 발생함

[자료2] (표 왼쪽)

[자료1] 이란 핵 협상을 이끈 외교 정책

> 2002년 이란의 핵무기 개발 의혹이 폭로되면서 시작된 이란 핵 위기 갈등이 주요 6개국과 이란의 외교 협상으로 2015년에 극적으로 해결되었다. 협상에서 이란은 핵 개발 활동을 중단하기로 하였고, 국제 사회는 그 대가로 국제 사회의 이란산 원유 수입 금지 조치와 같은 이란에 대한 경제적 제재를 해제하기로 합의하였다.

이란 핵 협상으로 이란은 석유를 수출할 수 있게 되어 경제적 이익을 얻을 수 있게 되었고, 국제 사회는 핵 위협의 완화로 세계 평화 유지를 향해 한 걸음 더 나아가게 되었다. 이처럼 외교 정책이 잘 시행될 경우 국제 사회의 우호를 증진하고 각국에 이익을 가져다준다.

[더알기] 공식적 외교 활동과 민간 외교 활동

공식적 외교 활동	정부와 정부 사이에서 이루어지는 국가 원수나 외교관의 외교 활동
민간 외교 활동	학문, 예술, 스포츠, 정치, 경제 등의 다양한 영역에서 일반 시민이나 각종 민간단체에 의해 이루어지는 외교 활동

[자료2] 동해 표기 문제

▲ 동해를 일본해로 표기한 세계 지도

동해는 2천 년 이상 사용해 오고 있는 고유한 명칭이다. 그런데 일본은 세계 지도에 동해를 일본해로만 표시할 것을 주장하고 있다. 이에 세계적인 지도 제작사와 출판사, 지도 웹 사이트에서 제공하는 지도에 일본해로 표시된 경우가 많아 우리나라와 일본 간 갈등이 발생하고 있다.

용어 쏙쏙

❶ 대외(對-대하다, 外-바깥): 외부 또는 나라 밖에 대함

❷ 위상(位-자리, 相-서로): 어떤 사물이 다른 사물과의 관계 속에서 가지는 위치나 상태

❸ 정세: 일이 되어 가는 형편

❹ 표기: 적어서 나타냄

❺ 위안부: 제2차 세계 대전 동안 일본군의 성적 욕구를 해소하기 위한 목적으로 강제로 동원하여 일본군의 점령지나 주둔지 등의 위안소에 배치한 여성

❻ 왜곡: 사실과 다르게 해석하거나 그릇되게 함

★ 2 일본의 독도 영유권 주장

> 일본이 독도 문제를 국제 사법 재판소에 제소하려는 것은 국제 사회에서 독도를 분쟁 지역으로 만들어 힘의 논리를 이용하여 자신들이 유리한 입장을 확보하려는 의도이다.

(1) **내용** 일본이 독도에 대한 영유권을 주장하며 **❶국제 사법 재판소**에서 이 문제를 해결하려고 함

(2) **목적** 독도가 지닌 군사적·경제적 이익을 차지하고자 함

자료3 (3) **우리나라의 입장** 독도는 명백한 우리의 영토이므로 독도 문제는 외교적 **❷교섭**이나 **❸사법**적 해결의 대상이 될 수 없음

(4) **현재의 상황** 일본은 끊임없이 독도 영유권을 주장하며 왜곡된 내용을 교과서에 기술하는 등 양국 갈등이 심화되고 있음

3 우리나라와 중국의 갈등 문제

동북 공정 문제	우리나라의 역사를 중국의 역사로 통합하려는 역사 왜곡으로 양국 간 갈등이 발생함
불법 **❹조업** 문제	중국 어선이 우리나라의 **❺배타적 경제 수역**을 침범하여 서해에서 불법으로 어업 활동을 하면서 양국 간 갈등이 발생함

자료4 ### 4 중국의 동북 공정

> 중국은 고조선, 고구려, 발해가 고대 중국의 지방 정권이라고 주장하며 역사를 왜곡하고 있다.

(1) **내용** 현재 중국의 영토 안에서 전개된 모든 역사는 중국의 역사라고 주장하며 고조선과 고구려, 발해의 역사를 중국의 역사로 편입하려 함

(2) **목적** 소수 민족의 독립 방지, 한반도 통일 이후 발생할 수 있는 한·중 간의 영토 분쟁 방지

(3) **우리나라의 입장** 고조선과 고구려, 발해의 역사는 명백한 우리의 역사임

(4) **현재의 상황** 중국 정부는 이 문제를 학문적 차원에 한정하고 더는 확대하지 않겠다고 약속했지만 양국 간의 갈등은 지속되고 있음

> **시험에 꼭 나오는 개념 체크**
> 1. 일본은 명백한 우리나라 영토인 ＿＿에 대해 영유권을 주장하고 있다.
> 2. 고구려의 역사는 중국의 역사이다. (○, ×)
>
> 답 1. 독도 2. ×

---

❸ 국가 간 갈등 문제의 해결 방안

1 정부

역할	객관적인 근거에 입각하여 상호 협력과 이해를 통해 원만하게 해결해야 함
노력 방안	• 적극적인 외교 활동 전개 • 관련 연구 기관 설립 및 운영 • 주변 국가와 **❻학술** 교류 및 공동 연구 활성화 • 대내외적으로 홍보하고 교육할 수 있는 제도와 여건 마련

자료5 ### 2 시민 사회

역할	시민 사회의 적극적인 참여와 노력이 이루어져야 함
노력 방안	• 언론 기관의 홍보 활동 ┌ 국가 간 갈등 문제에 대해 우리나라의 정당성을 알림으로써 국제 사회의 관심과 지지를 얻어 낼 수 있다. • 시민 단체에서 주관하는 각종 행사를 통해 시민 참여 독려 • 국민의 관심과 적극적인 참여

> **시험에 꼭 나오는 개념 체크**
> 1. 국가 간 갈등 해결을 위해서는 외교 활동이 중요하다. (○, ×)
> 2. 국가 간 갈등은 정부 차원에서만 해결할 수 있다. (○, ×)
>
> 답 1. ○ 2. ×

자료3 ### 역사책에 나타난 독도

▲ 삼국사기

독도가 우리 고유의 영토라는 근거는 6세기로 거슬러 올라가 찾을 수 있다. 삼국 시대 이전 울릉도와 독도는 우산국이라 불리는 소규모의 왕국이었는데, 512년에 신라의 이사부 장군이 우산국을 정복한 이래 신라의 지배를 받았다고 "삼국사기"(1145)에 기록되어 있다. "고려사"(1451), "세종실록지리지"(1454), 대한 제국 칙령 제41호(1900) 등의 기록을 통해서도 울릉도와 독도는 삼국 시대 이래 우리의 영토였음을 알 수 있다.

자료4 ### 중국의 동북 공정

중국이 랴오닝 성에 있는 고구려 성산산성 입구 표지석에 '고구려는 중국의 소수 민족 지방 정권'이라는 문구를 새겨 넣어 역사를 왜곡하고 있다. 중국은 고구려가 중국의 지방 정권이기 때문에 고려는 고구려를 계승한 나라로 볼 수 없다고 주장한다. 그러

▲ 중국 라오닝 성에 있는 고구려 성산산성 입구 표지석

나 고려(高麗)가 고구려(高句麗)를 계승하였음은 국호를 통해 알 수 있고, 고려가 건국 초부터 고구려의 수도였던 서경(평양)을 중시하면서 고구려의 옛 영토를 회복하고자 북진 정책을 추진한 것을 통해서도 알 수 있다.

자료5 ### 사이버 외교 사절단, 반크(VANK)

반크는 전 세계에 한국의 모습을 올바로 알리는 것을 목표로 활동한다. 교육 프로그램을 통해 사이버 외교관을 양성하고, 이들을 통해 우리나라에 관해 왜곡되거나 잘못 기재되어 있는 자료를 바로잡는 활동을 전개하고 있다.

용어 쏙쏙

❶ 국제 사법 재판소: 국가 간의 분쟁을 국제법을 적용하여 해결하는 국제 연합(UN)의 사법 기관
❷ 교섭: 어떤 일을 이루기 위하여 서로 의논하고 절충함
❸ 사법: 법을 해석하여 그 의미를 선언하고 적용하는 국가의 통치 작용
❹ 조업: 기계 따위를 움직여 일을 함
❺ 배타적 경제 수역: 자국 연안으로부터 200해리까지의 모든 자원에 대해 독점적 권리를 행사할 수 있는 유엔 국제 해양법상의 수역
❻ 학술: 학문과 기술을 아울러 이르는 말

01 다음 빈칸에 알맞은 말을 쓰시오.

(1) 국제 사회의 공존을 위해 각국은 국가들의 상호 합의에 의해 마련된 (　　　)을/를 준수해야 한다.

(2) (　　　)은/는 공동체 의식을 바탕으로 국제 사회 문제를 해결하고자 적극적으로 행동하는 의식이다.

(3) 일본은 세계 지도에 (　　　)을/를 일본해로 표기할 것을 주장하여 우리나라와 갈등을 겪고 있다.

(4) 고조선, 고구려, 발해의 역사가 중국의 역사라고 주장하는 (　　　) 때문에 중국과 우리나라는 갈등을 겪고 있다.

02 다음 ㉠, ㉡에 해당하는 갈등 문제를 보기에서 골라 기호를 쓰시오.

일본과의 갈등 문제	㉠
중국과의 갈등 문제	㉡

보기
ㄱ. 동북 공정 문제
ㄴ. 동해 표기 문제
ㄷ. 불법 조업 문제
ㄹ. 독도 영유권 문제

㉠ ＿＿＿＿＿＿　　　㉡ ＿＿＿＿＿＿

03 다음 설명이 맞으면 ○표, 틀리면 ×표 하시오.

(1) 외교 활동은 외교관에 의한 공식적 외교로만 이루어진다. (　　)

(2) 중국은 고조선과 고구려, 발해를 고대 중국의 지방 정권 중 하나로 전락시켜 중국의 역사로 편입하려 하고 있다. (　　)

(3) 독도에 대한 영유권 갈등은 국제 사법 재판소를 통해 해결해야 한다. (　　)

(4) 국가 간 갈등 문제를 해결하기 위해서는 언론 기관의 홍보 활동도 중요하다. (　　)

04 다음 중 알맞은 말에 ○표를 하시오.

(1) 국제 사회의 공존을 위해서는 다양한 (지방 정부, 국제기구)를 창설하여 국제 협력 증진을 위해 노력해야 한다.

(2) 오늘날의 외교는 과거와 달리 (정치, 문화) 분야까지 확대된 양상을 보인다.

(3) 중국은 동북 공정을 통해 한반도 통일 이후 발생할 수 있는 (영토, 종교) 분쟁을 방지하고자 한다.

01 국제 사회의 공존을 위한 노력으로 적절한 것만을 보기에서 있는 대로 고른 것은?
중 난이도

보기
ㄱ. 국제법을 준수하도록 한다.
ㄴ. 자국의 이익 실현을 최우선으로 한다.
ㄷ. 다양한 국제기구를 통해 협력을 증진한다.
ㄹ. 분쟁을 겪는 해당국은 외교를 통해 문제를 해결하려고 노력한다.

① ㄱ, ㄴ　　　② ㄴ, ㄷ　　　③ ㄷ, ㄹ
④ ㄱ, ㄴ, ㄹ　　　⑤ ㄱ, ㄷ, ㄹ

02 외교에 대한 설명으로 옳지 <u>않은</u> 것은?
중 난이도

① 자국의 대외적 위상을 높이는 데 도움이 된다.
② 자국의 정치적·경제적 이익을 실현할 수 있게 한다.
③ 국가 원수나 외교관만이 할 수 있는 공식적인 활동이다.
④ 자국의 이익을 평화적으로 달성하고자 수행하는 활동이다.
⑤ 정치·군사 분야뿐만 아니라 경제, 문화, 스포츠 등으로 확대되고 있다.

같은 주제 다른 문제

● 다음에서 설명하는 개념으로 옳은 것은? 답 ①

국제 사회에서 자국의 이익을 평화적으로 달성하기 위해 수행하는 대외적 활동을 의미하며, 이는 자국의 이익 실현과 국제 사회의 공존에 기여한다.

① 외교　　② 조약　　③ 국방　　④ 재정　　⑤ 감찰

03 다음 사례를 통해 추론할 수 있는 내용으로 가장 적절한 것은?
중 난이도

2002년 이란의 핵무기 개발 의혹이 폭로되면서 시작된 이란 핵 위기 갈등이 주요 6개국과 이란의 외교 협상으로 2015년에 극적으로 해결되었다. 협상에서 이란은 핵 개발 활동을 중단하기로 하였고, 국제 사회는 그 대가로 국제 사회의 이란산 원유 수입 금지 조치와 같은 이란에 대한 경제적 제재를 해제하기로 합의하였다.

① 최근에는 민간 외교가 활발히 이루어진다.
② 무력을 통해 자국의 이익을 실현할 수 있다.
③ 외교 정책에서 다른 나라와의 관계는 중요하지 않다.
④ 외교를 통해 자국의 이익과 국제 사회의 공존을 실현할 수 있다.
⑤ 외교는 해당 국가에만 이익이 될 뿐 다른 국가에는 영향을 미치지 않는다.

04 다음 ㉠~㉤의 내용 중 적절하지 <u>않은</u> 것은?

난이도

〈외교 정책을 통해 국제 사회의 공존에 기여한 사례〉
㉠ 미국과 중국은 핑퐁 외교를 통해 갈등 관계를 해소하였다.
㉡ 이란 핵 협상이 타결되면서 국제 사회의 핵 위협이 완화되었다.
㉢ 프랑스, 독일 등은 그리스가 경제 위기를 극복할 수 있도록 지원하였다.
㉣ 공산주의의 확산을 막기 위해 미국과 남베트남은 북베트남과 전쟁을 벌였다.
㉤ 우리나라는 레바논 폭탄 테러 지역에 평화 유지군을 파병하여 주민 보호 활동을 하였다.

① ㉠ ② ㉡ ③ ㉢
④ ㉣ ⑤ ㉤

05 다음 내용을 통해 알 수 있는 외교의 특징으로 옳은 것을 [보기] 에서 고른 것은?

난이도

1971년 중국의 초청으로 미국 탁구 대표 팀이 중국을 방문한 것이 계기가 되어 미국과 중국은 적대적 관계에서 우호적 관계로 변화하였다. 이 사건을 두고 핑퐁 외교라고 한다.

[보기]
ㄱ. 상대 국가를 위협하는 방법이 효과적이다.
ㄴ. 국가 간 문제를 평화적으로 해결하는 활동이다.
ㄷ. 국가적 차원보다는 민간 중심의 외교 활동이 더 효과적이다.
ㄹ. 정치·군사 분야뿐만 아니라 스포츠·문화 분야까지 확대될 수 있다.

① ㄱ, ㄴ ② ㄱ, ㄷ ③ ㄴ, ㄷ
④ ㄴ, ㄹ ⑤ ㄷ, ㄹ

06 다음에서 설명하는 개념으로 옳은 것은?

난이도

공동체 의식을 바탕으로 국제 사회 문제에 관심을 두고, 그 문제를 해결하고자 적극적으로 행동하는 참여 의식과 책임 의식을 의미한다. 이를 함양함으로써 국제 사회 공존에 기여할 수 있다.

① 외교 ② 조약 ③ 국제법
④ 국제 평화주의 ⑤ 세계 시민 의식

07 외교 정책 결정 시 고려해야 할 사항으로 적절한 것만을 [보기] 에서 있는 대로 고른 것은?

난이도

[보기]
ㄱ. 자국의 내부 상황
ㄴ. 자국의 추구 이념
ㄷ. 국제 정세의 변화
ㄹ. 다른 나라와의 관계

① ㄱ, ㄴ ② ㄴ, ㄷ ③ ㄷ, ㄹ
④ ㄱ, ㄴ, ㄹ ⑤ ㄱ, ㄷ, ㄹ

08 밑줄 친 '이곳'에 해당하는 우리나라의 지역으로 옳은 것은?

난이도

• 일본은 <u>이곳</u>을 '다케시마'라고 부른다.
• 일본은 국제 사법 재판소에 <u>이곳</u>에 대한 영유권을 주장하며 재판을 요청하려 한다.
• <u>이곳</u>은 명백한 우리나라의 영토이다.

① 독도 ② 백령도 ③ 백두산
④ 제주도 ⑤ 울릉도

같은 주제 다른 문제

● 다음에서 설명하는 우리나라의 지역으로 옳은 것은? 답 ②

명백한 우리나라의 영토이나 일본이 영유권을 주장하면서 갈등이 발생하였다. 일본은 이 지역이 지닌 군사적·경제적 이익을 차지하고자 한다.

① 간도 ② 독도 ③ 울릉도
④ 제주도 ⑤ 백두산

09 우리나라와 일본의 국가 간 갈등 문제를 [보기] 에서 고른 것은?

난이도

[보기]
ㄱ. 위안부 문제
ㄴ. 동해 표기 문제
ㄷ. 동북 공정 문제
ㄹ. 불법 조업 문제

① ㄱ, ㄴ ② ㄱ, ㄷ ③ ㄴ, ㄷ
④ ㄴ, ㄹ ⑤ ㄷ, ㄹ

10 독도 문제에 대한 설명으로 옳지 <u>않은</u> 것은?

(중 난이도)

① 독도는 지리적·역사적으로 명백한 우리나라의 영토이다.
② 일본이 일방적으로 독도의 영유권을 주장하여 발생하였다.
③ 일본은 독도 문제를 영토 분쟁으로 확대하려는 의도를 가지고 있다.
④ 우리나라는 독도 문제를 국제 사법 재판소를 통해 해결하기를 원한다.
⑤ 일본은 끊임없이 독도 영유권을 주장하며 교과서에도 왜곡된 내용을 기술하고 있다.

11 우리나라와 중국의 국가 간 갈등 문제를 보기 에서 고른 것은?

(하 난이도)

> **보기**
> ㄱ. 위안부 문제
> ㄴ. 불법 조업 문제
> ㄷ. 동해 표기 문제
> ㄹ. 동북 공정 문제

① ㄱ, ㄴ　　② ㄱ, ㄷ　　③ ㄴ, ㄷ
④ ㄴ, ㄹ　　⑤ ㄷ, ㄹ

12 다음 자료와 관련한 설명으로 적절하지 <u>않은</u> 것은?

(상 난이도)

① 중국의 동북 공정과 관련한 것이다.
② 우리나라와 중국 간의 갈등 문제를 보여 준다.
③ 소수 민족의 독립을 방지하고자 중국이 주장하는 내용이다.
④ 중국이 고조선과 고구려, 발해의 역사를 우리나라의 역사로 인정하였다.
⑤ 한반도 통일 이후 우리나라와의 영토 분쟁이 있을 것을 방지하고자 중국에서 주장하는 내용이다.

13 다음을 통해 중국이 동북 공정을 추진하는 목적을 추론한 내용으로 가장 적절한 것은?

(상 난이도)

> • 중국은 한족과 55개의 소수 민족으로 이루어진 다민족 국가로, 소수 민족의 독립 요구가 거세지고 있다.
> • 중국은 시짱 자치구에 있는 티베트의 역사를 인정하지 않고 있으며, 몽골의 영토를 중국의 영토라고 주장하고 있나.
> • 러시아의 경우 과거 구소련이 해체될 때 각 민족 국가들이 독립하여 러시아의 영토가 줄어들었다.

① 러시아보다 높은 위상을 유지하기 위해
② 중국의 고대사를 체계적으로 연구하기 위해
③ 주변 국가와 우호적인 관계를 유지하기 위해
④ 소수 민족의 역사를 중국 역사에서 분리하기 위해
⑤ 소수 민족의 독립으로 인한 영토 축소를 방지하기 위해

14 우리나라가 직면한 국가 간 갈등 문제를 해결하기 위한 방법으로 적절하지 <u>않은</u> 것은?

(중 난이도)

① 외교를 통해 문제를 해결하고자 노력한다.
② 국제 평화주의를 지향하는 자세로 문제를 해결하고자 노력한다.
③ 객관적인 근거를 토대로 우리나라의 입장을 국제 사회에 알린다.
④ 상대 국가의 주장을 면밀히 검토하여 그에 대해 논리적으로 대응한다.
⑤ 갈등을 겪고 있는 상대국과의 교류를 차단하고 국제법에 따른 결정을 기다린다.

15 다음과 같은 국가 간 갈등 해결 방법의 장점으로 옳은 것은?

(상 난이도)

> 사이버 외교 사절단 반크(VANK)는 '일본해'로 표기된 지도를 찾아내어 '동해'로 표기하거나 병기할 것을 요구하고, 중국의 동북 공정에 반대하며 역사 바로잡기 활동을 하고 있다.

① 갈등 문제에 감정적인 대응을 할 수 있다.
② 갈등을 발생시킨 국가에 대해 응징할 수 있다.
③ 정상 회담을 통해 국가 간 갈등을 해결할 수 있다.
④ 국제 사회에 우리의 정당성을 효과적으로 알릴 수 있다.
⑤ 국제기구에 중재를 요청하여 원만한 해결을 할 수 있다.

01 다음 글을 읽고 물음에 답하시오.

> (㉠)은/는 한 국가가 국제 사회에서 자국의 이익을 위한 평화적인 방법을 통해 실현하는 대외적인 활동을 말한다.

(1) 빈칸 ㉠에 들어갈 말을 쓰시오.

_____

(2) 국제 사회에서 ㉠이 중요한 이유를 두 가지 서술하시오.

_____

_____

02 다음과 같은 국제 사회에서 각국은 공존을 위해 어떠한 노력을 해야 하는지 서술하시오.

> • 자국의 이익 추구로 인해 국제 사회의 경쟁과 갈등이 심화되고 있다.
> • 특정 지역의 문제가 아니라 전 세계의 국가들이 공통으로 해결해야 할 문제가 증가하고 있다.

_____

_____

03 다음 글을 읽고 물음에 답하시오.

> 우리 정부는 역사적으로나 국제법상으로나 독도는 우리 영토이기 때문에 독도 문제를 외교적 교섭이나 사법적 방법으로 해결해야 할 이유가 없다고 보고 있다. 그러나 일본은 독도 문제를 (㉠)에서 해결해야 한다고 수상하고 있다.

(1) 빈칸 ㉠에 들어갈 말을 쓰시오.

_____

(2) 일본이 밑줄 친 내용과 같이 주장하는 이유를 서술하시오.

_____

_____

04 빈칸 ㉠에 들어갈 용어를 쓰시오.

> (㉠)은/는 우리나라가 2천 년 이상 사용해 오고 있는 고유한 명칭이다. 그런데 일본은 세계 지도에 (㉠)을/를 일본해로만 표시할 것을 주장하고 있다. 이에 세계적인 지도 제작사와 출판사, 지도 웹 사이트에서 제공하는 지도에 일본해로 표시된 경우가 많아 갈등이 발생하고 있다.

_____

05 다음 자료를 보고 물음에 답하시오.

> 중국이 랴오닝 성에 있는 고구려 성산산성 입구 표지석에 '고구려는 중국의 소수 민족 지방 정권'이라는 문구를 새겨 넣었다. 중국은 고구려가 중국의 지방 정권이기 때문에 고려는 고구려를 계승한 나라로 볼 수 없다고 주장한다. 중국은 이처럼 (㉠) 사업을 통해 현재의 중국 영토 안에서 전개된 모든 역사를 중국의 역사라고 주장하고 있다.

▲ 중국 랴오닝 성에 있는 고구려 성산산성 입구 표지석

(1) 빈칸 ㉠에 들어갈 말을 쓰시오.

_____

(2) 중국이 위와 같은 주장을 하는 이유를 서술하시오.

_____

_____

06 다음과 같은 노력을 통해 얻을 수 있는 효과를 국가 간 갈등 문제 해결이라는 측면에서 서술하시오.

> • 시민들은 '고조선, 고구려, 발해의 역사는 우리나라의 역사'라는 내용을 담은 현수막을 들고 중국의 동북 공정 중단을 요구하는 거리 행진을 하였다.
> • 반크는 영어로 '일본해'를 '동해'로 표기하거나 병기할 것을 요구하는 등 한국에 대한 자료가 왜곡되거나 잘못 기재되어 있는 것을 바로잡고자 노력하고 있다.

_____

_____

01 국제 사회의 특성과 행위 주체

1 국제 사회

(1) 의미   세계 여러 나라가 서로 밀접한 관계를 맺으며 영향을 주고받는 사회, 주권 국가를 기본 요소로 함

(2) 특성

자국의 이익 추구	자국의 이익을 최우선으로 추구하므로 국가 간의 경쟁과 갈등이 발생할 수 있음
중앙 정부의 부재	국가 간에 분쟁이 발생해도 이를 조정할 강제력을 가진 중앙 정부가 존재하지 않음
힘의 논리 작용	강대국에 의해 국제 사회가 주도되거나 분쟁이 조정됨
국제 평화주의 옹호	국제 평화주의에 입각하여 국제법을 존중하고 국제 질서를 준수함
국제 협력 확대	국가 간의 상호 의존 심화, 어느 한 나라의 노력만으로 해결할 수 없는 문제가 증가함

2 국제 사회의 행위 주체

(1) 종류

국가	국제 사회의 가장 기본적인 행위 주체, 독립적인 주권을 행사하며 자국의 안전과 이익을 위한 공식적인 활동을 함
국제기구	국제 사회에서 발생하는 여러 가지 문제 해결을 위해 조직된 정부나 개인의 모임(정부 간 국제기구, 국제 비정부 기구)
다국적 기업	세계 여러 나라에서 생산과 판매를 하며 국제적 규모로 경제 활동을 하는 기업
기타	영향력 있는 개인, 개별 국가 내 지방 정부나 소수 민족 등

(2) 국제 사회의 행위 주체와 국제 관계의 변화

과거	• 개별 국가의 영향력이 컸음 • 각국은 자국의 안전 보장과 이익 확보를 위해 영향력 행사
오늘날	• 국가 외에도 다양한 행위 주체들의 영향력 증대 • 개별 행위 주체의 목표 달성과 더불어 지구 공동의 이익을 위해 활동

02 국제 관계와 외교 정책

1 국제 사회의 갈등과 협력

(1) 국제 사회의 경쟁과 갈등

원인	자국의 이익을 최우선으로 하는 태도, 민족·영토·종교 등의 차이, 영토 확장 및 영유권 주장, 자원의 개발과 이용 등
사례	이스라엘 – 팔레스타인 분쟁, 카슈미르 분쟁, 코소보 분쟁, 티베트 독립 운동, 카스피해 연안국 분쟁, 센카쿠 열도(댜오위다오) 분쟁 등

(2) 국제 사회의 협력

필요성	국제 사회의 갈등은 해당 지역의 노력만으로 해결되기 어려움
협력의 모습	• 정상 회의, 국가 간 조약, 국제법, 국제기구 등을 통한 갈등 해결 • 전 지구적 차원의 문제 해결을 위한 국제 협력 확대

2 국제 사회의 공존을 위한 노력

(1) 공존을 위한 노력   국제 평화 지향, 국제법 준수 및 국제기구 참여, 민간단체를 통한 협력, 세계 시민 의식 함양

(2) 외교

의미	국제 사회에서 자국의 이익을 평화적으로 달성하기 위해 수행하는 대외적 활동
중요성	• 국제 문제 해결로 국제 사회 공존에 기여 • 자국의 정치적·경제적 이익 실현 • 자국의 대외적 위상 향상
오늘날 양상	• 정치·군사 분야를 넘어 경제·스포츠·문화 등의 분야로 확대 • 공식적 외교 활동과 민간 외교 활동 등 다양한 교류 방법 활용

03 우리나라의 국제 갈등

1 우리나라가 직면한 국가 간 갈등 문제

(1) 우리나라와 일본의 갈등 문제

독도 영유권 문제	명백한 우리 영토인 독도에 대해 일본이 영유권을 주장하면서 갈등이 발생함
동해 표기 문제	일본이 세계 지도에 동해를 일본해로 표기할 것을 주장하여 갈등이 발생함
일본군 위안부 문제	일본군 위안부의 강제 동원에 대해 일본의 사죄를 바라는 우리나라와 강제 동원 여부를 감추려는 일본과의 입장 차이로 갈등이 발생함
역사 교과서 왜곡 문제	독도 영유권 주장 내용과 더불어 왜곡된 역사를 일본이 자국 역사 교과서에 일방적으로 반영하면서 갈등이 발생함

(2) 우리나라와 중국의 갈등 문제

동북 공정 문제	우리나라의 역사를 중국의 역사로 통합하려는 역사 왜곡으로 양국 간 갈등이 발생함
불법 조업 문제	중국 어선이 우리나라의 배타적 경제 수역을 침범하여 서해에서 불법으로 어업 활동을 하면서 양국 간 갈등이 발생함

2 국가 간 갈등 문제 해결 방안

(1) 정부

역할	객관적인 근거에 입각하여 상호 협력과 이해를 통해 원만하게 해결해야 함
노력 방안	• 적극적인 외교 활동 전개 • 관련 연구 기관 설립 및 운영 • 주변 국가와 학술 교류 및 공동 연구 활성화 • 대내외적으로 홍보하고 교육할 수 있는 제도와 여건 마련

(2) 시민 사회

역할	시민 사회의 적극적인 참여와 노력이 이루어져야 함
노력 방안	• 언론 기관의 홍보 활동 • 시민 단체에서 주관하는 각종 행사를 통해 시민 참여 독려 • 국민의 관심과 적극적인 참여

01 국제 사회의 특성과 행위 주체

01 다음 설명에 해당하는 개념으로 옳은 것은?

> 주권을 가진 국가를 기본적인 구성 요소로 하는 사회를 의미한다. 이 사회에서 각 국가는 밀접한 관계를 가지고 서로 영향을 주고받는다.

① 국제법
② 국제 사회
③ 국제 거래
④ 자유 무역
⑤ 보호 무역

02 국제 사회에 대한 설명으로 옳지 <u>않은</u> 것은?

① 힘의 논리가 작용한다.
② 자국의 이익을 최우선으로 추구한다.
③ 국제법을 통해 국제 질서를 유지한다.
④ 국제기구를 통해 국가 간의 갈등을 중재한다.
⑤ 공권력을 가진 중앙 정부를 통해 국가 간의 갈등을 해결한다.

03 밑줄 친 ㉠을 통해 추론할 수 있는 내용으로 가장 적절한 것은?

> 핵을 보유한 국가가 점차 늘어나면서 미국과 소련은 1969년에 핵무기 확산을 방지하고자 핵 확산 금지 조약(NPT; Nuclear Nonproliferation Treaty)을 체결하였다. 이 조약에서 핵무기 보유국은 핵무기를 다른 국가에 양도하지 않기로 되어 있었다. 그런데 ㉠핵보유국 중 인도, 파키스탄, 이스라엘은 이 조약에 가입하지 않았다.

① 국제 사회는 국제 조약의 지배를 받는다.
② 외교 관계는 자국의 이익에 따라 변화한다.
③ 국제 사회에서는 분쟁 해결을 위한 방안이 미흡하다.
④ 국제 사회는 국제 여론을 통해 국제 질서를 유지한다.
⑤ 모든 국가는 군사력과 관계없이 동등한 영향력을 가진다.

04 다음과 같은 특징을 가진 국제 사회의 행위 주체를 쓰시오.

> 국제 사회의 구성 요소 중 가장 전통적이고 대표적이며, 각자 주권을 동등하게 행사한다.

05 국제 사회의 행위 주체에 대한 옳은 설명을 보기 에서 고른 것은?

> 보기
> ㄱ. 국제기구는 각국 정부만을 회원으로 한다.
> ㄴ. 다국적 기업은 국가 내부에서만 활동하는 기업이다.
> ㄷ. 과거에 비해 오늘날에는 행위 주체가 다양해지고 있다.
> ㄹ. 국제적인 영향력을 미치는 개인이 행위 주체로 활동하기도 한다.

① ㄱ, ㄴ
② ㄱ, ㄷ
③ ㄴ, ㄷ
④ ㄴ, ㄹ
⑤ ㄷ, ㄹ

06 다음 국제 사회의 행위 주체들의 공통점으로 가장 적절한 것은?

> • 국제 연합(UN)
> • 유럽 연합(EU)
> • 국제 통화 기금(IMF)
> • 경제 협력 개발 기구(OECD)

① 독립적인 주권을 가진다.
② 각 국가의 정부를 회원으로 한다.
③ 국제 사회에서 그 영향력이 점차 약해지고 있다.
④ 국가의 일부분이지만 독자적인 입장을 가지고 있다.
⑤ 국제 비정부 기구에 해당하며 공익을 위해 활동한다.

07 다음에서 4번 학생이 뽑은 공에 적힌 국제 사회 행위 주체를 쓰고, (가)에 들어갈 내용을 서술하시오.(단, 상자 속에는 국가, 국제기구, 다국적 기업이 표시된 세 개의 공이 들어 있으며 학생들은 모두 옳게 설명함)

08 다음 설명에 해당하는 국제 사회 행위 주체의 예를 보기 에서 고른 것은?
(종 난이도)

> 개인이나 민간단체를 회원으로 하며 경제, 환경, 인권 등 다양한 분야에서 국경을 넘어 활동한다.

보기
ㄱ. 교황
ㄴ. 그린피스
ㄷ. 세계 무역 기구
ㄹ. 국제 사면 위원회

① ㄱ, ㄴ   ② ㄱ, ㄷ   ③ ㄴ, ㄷ
④ ㄴ, ㄹ   ⑤ ㄷ, ㄹ

---

02 국제 관계와 외교 정책

09 오늘날 국제 사회에 대한 옳은 설명을 보기 에서 고른 것은?
(종 난이도)

보기
ㄱ. 냉전 체제가 유지되고 있다.
ㄴ. 국경의 의미가 전보다 강화되고 있다.
ㄷ. 다양한 이유로 국가 간 경쟁과 갈등이 발생한다.
ㄹ. 국제 사회의 공존을 위해 협력이 이루어지기도 한다.

① ㄱ, ㄴ   ② ㄱ, ㄷ   ③ ㄴ, ㄷ
④ ㄴ, ㄹ   ⑤ ㄷ, ㄹ

10 (중요) 오늘날 국제 사회에 나타나는 경쟁과 갈등에 대한 설명으로 옳지 <u>않은</u> 것은?
(종 난이도)

① 이념을 둘러싼 대립과 갈등이 심화되었다.
② 민족과 인종, 종교, 자원 등을 이유로 다양한 갈등이 발생하고 있다.
③ 한 지역에서 발생한 갈등이 주변 국가와 전 세계에 영향을 미치기도 한다.
④ 자국의 이익을 실현하기 위한 경쟁이 지나칠 경우 갈등으로 확대되기도 한다.
⑤ 다양한 요인이 복합적으로 작용하여 발생하는 경우가 많기 때문에 원만한 해결이 어렵다.

---

11 다음 사례에서 갈등이 나타난 원인으로 가장 적절한 것은?
(상 난이도)

> 영국령 인도 제국이 인도와 파키스탄으로 분리되는 과정에서 주민의 대부분이 이슬람교도였던 카슈미르 지역은 이슬람 국가인 파키스탄에 포함되지 않고 힌두 국가인 인도에 포함됨에 따라 영유권 분쟁이 시작되었다. 인도와 파키스탄은 이 지역을 두고 세 차례 큰 전쟁을 벌였으며, 양국 간의 분쟁이 끊이지 않아 현재까지도 분쟁이 지속되고 있다. 현재 잠무 카슈미르는 인도령, 아자드 카슈미르는 파키스탄령으로 분할되어 통치되고 있다.

① 인권 침해
② 종교 문제
③ 천연자원 확보
④ 상품 시장 확대
⑤ 서구 문화에 대한 저항

12 국제 사회의 공존을 위한 노력으로 적절한 것을 보기 에서 고른 것은?
(종 난이도)

보기
ㄱ. 국가 간의 갈등을 전쟁으로 해결한다.
ㄴ. 대화와 협상을 통해 갈등 문제를 해결한다.
ㄷ. 강대국이 더 많은 영향력을 행사하도록 한다.
ㄹ. 전 지구적 차원의 문제를 해결하기 위해 국제 사회가 협력한다.

① ㄱ, ㄴ   ② ㄱ, ㄷ   ③ ㄴ, ㄷ
④ ㄴ, ㄹ   ⑤ ㄷ, ㄹ

주관식
13 빈칸 ㉠에 들어갈 개념을 쓰시오.
(하 난이도)

> (㉠)은/는 한 국가가 국제 사회에서 자국의 이익을 위한 평화적인 방법을 통해 실현하는 대외적인 활동을 말한다. (㉠) 정책을 결정할 때에는 자국의 내부 상황, 다른 나라와의 관계, 국제 정세의 변화를 고려해야 한다.

14 외교에 대한 옳은 설명을 [보기]에서 고른 것은?

[보기]
ㄱ. 외교를 통해 국가의 대외적 위상을 높일 수 있다.
ㄴ. 정치·군사 분야에만 한정되어 수행되는 활동이다.
ㄷ. 무력을 이용하여 자국의 이익을 실현하려고 하는 활동이다.
ㄹ. 외교를 제대로 수행하지 않으면 국제적 고립을 초래할 수 있다.

① ㄱ, ㄴ ② ㄱ, ㄹ ③ ㄴ, ㄷ
④ ㄴ, ㄹ ⑤ ㄷ, ㄹ

03 우리나라의 국제 갈등

[15~16] 다음 자료를 보고 물음에 답하시오.

• 일본은 일본의 역사 교과서에 (㉠)이/가 일본의 영토라는 내용을 담고 있다.
• 일본 시마네 현은 (㉠)이/가 시마네 현에 편입된 지 100주년이 되었다며 이것을 기념해 '다케시마의 날'을 제정하였다.

15 빈칸 ㉠에 들어갈 지역을 쓰시오.

_____

16 일본이 지속적으로 위와 같은 활동을 하는 목적으로 가장 적절한 것은?

① 일본 내 소수 민족의 독립을 막기 위해서
② 우리나라와 일본의 해양 환경을 보호하기 위해서
③ 우리나라의 역사를 일본의 역사로 편입시키기 위해서
④ 일본과 우리나라 간의 갈등 문제를 원만하게 해결하기 위해서
⑤ 국제 사회에서 독도를 영토 분쟁 지역으로 인식시키기 위해서

17 다음은 수행 평가를 하기 위해 수집한 자료이다. 수행 평가 주제로 가장 적절한 것은?

• 삼국 시대 이전 울릉도와 독도는 우산국이라 불리는 소규모의 왕국이었는데, 512년에 신라의 이사부 장군이 우산국을 정복한 이래 신라의 지배를 받았다고 "삼국사기"(1145)에 기록되어 있다.
• 18세기 일본에서 제작된 '삼국접양지도'에는 울릉도와 독도가 일본이 아닌 조선과 동일한 색으로 표시되어 있다.

① 독도의 해양 환경 조사하기
② 한국, 일본, 중국의 고대 외교 사례 조사하기
③ 동북 공정의 허구성을 입증하는 자료 조사하기
④ 독도가 우리나라의 영토라는 근거 자료 조사하기
⑤ 일본의 독도 영유권 주장을 뒷받침하는 자료 조사하기

18 동북 공정 문제에 대한 옳은 설명을 [보기]에서 고른 것은?

[보기]
ㄱ. 주변 국가와의 관계를 개선하기 위한 중국의 외교 정책이다.
ㄴ. 중국은 동북 공정을 통해 소수 민족의 독립을 방지하고자 한다.
ㄷ. 중국은 고구려와 발해를 중국 고대 지방 정권의 일부라고 주장한다.
ㄹ. 우리나라는 동북 공정 문제를 국제 사법 재판소에서 해결하기를 원한다.

① ㄱ, ㄴ ② ㄱ, ㄷ ③ ㄴ, ㄷ
④ ㄴ, ㄹ ⑤ ㄷ, ㄹ

19 우리나라가 직면한 국제 갈등을 해결하기 위한 각 주체들의 노력으로 적절하지 <u>않은</u> 것은?

① 시민 단체 A는 독도는 우리나라의 영토라는 의미를 담은 플래시 몹을 선보였다.
② 정부는 동북아 역사 재단을 설립하여 주변국들의 역사 왜곡에 철저히 대응하고자 한다.
③ 민간 외교 단체 B는 세계적인 지도 제작사와 출판사에 서한을 보내 동해 표기를 요구하였다.
④ 한국 홍보 전문가 C는 뉴욕 타임스퀘어의 전광판 광고를 통해 국제 사회에 독도 문제를 알렸다.
⑤ 방송사 D는 국제 사법 재판소를 통한 독도 문제 해결의 필요성을 강조하는 홍보물을 방영하였다.

01 인구 분포

1 세계의 인구 분포

1 인구와 인구 밀도

(1) **인구** 일정한 지역에서 살고 있는 사람의 수

(2) **인구 밀도** 한 국가 또는 지역의 총인구를 총면적으로 나눈 것, 보통 1km² 안에 살고 있는 사람의 수로 나타냄

2 세계 인구 분포의 특징

(1) **불균등한 분포** 육지 면적이 넓은 북반구에 세계 인구의 90% 이상이 거주

(디르케 세계 지도, 2015)

▲ 세계의 인구 분포

(2) **위도별 분포** ─ 인구 밀집 지역은 인구 밀도가 높고, 인구 희박 지역은 인구 밀도가 낮다.

① 인구 ❶밀집 지역: 북위 20°~40°의 온화한 기후가 나타나는 지역

② 인구 ❷희박 지역: 적도 부근, 극지방, 내륙의 사막 지역 등
└ 인간의 거주에 불리한 기후가 나타나기 때문이다.

자료1 (3) **대륙별 분포**

① 인구 밀집 지역: 아시아 대륙, 유럽 대륙 ── 세계 인구의 절반 이상이 분포한다.

② 인구 희박 지역: 오세아니아 대륙에 가장 적은 인구 분포

자료2 3 인구 분포에 영향을 미치는 요인

교과서마다 달라요	인문·사회적 요인
동아	사회·경제적 요인
비상, 천재교과서	인문적 요인
미래엔, 금성, 천재교육, 박영사	인문·사회적 요인

(1) **자연적 요인** 기후, 지형, ❸식생 등

인구 밀집 지역	기후가 온화한 지역, 평야가 발달한 지역, 물을 얻기 쉬운 지역 예 ❹계절풍의 영향으로 벼농사가 활발한 아시아 지역
인구 희박 지역	• 열대 기후 지역 예 브라질 아마존강 유역 • 건조 기후 지역 예 사하라 사막, 오스트레일리아 내륙 • 한대 기후 지역 예 그린란드, 캐나다 북부 • ❺험준한 산지 지역 예 알프스산맥, 히말라야산맥

(2) **인문·사회적 요인** 경제, 교통, 산업, 종교, 문화 등

인구 밀집 지역	• 경제가 발달하고 일자리가 풍부한 지역 • 교통이 편리한 지역 • 교육 여건과 문화 시설이 잘 갖추어진 지역 예 서부 유럽, 미국 북동부, 일본의 태평양 연안 지역 • 종교의 영향: 이슬람교 지역은 자연환경이 비슷한 다른 지역보다 인구가 많음
인구 희박 지역	• 교통이 불편한 지역 • 일자리가 부족한 지역 • ❻전쟁·❼분쟁이 자주 발생하는 지역

자료1 대륙별 인구 분포

남아메리카 5.7 ─ 오세아니아 0.5
북아메리카 7.8
유럽 10.0
아프리카 16.2
인구수 74억 1,800만 명
아시아 59.8(%)

(세계 인구 보고서, 2016)

대륙별 인구 분포를 살펴보면 전 세계 육지 면적의 약 23%에 해당하는 아시아 대륙에 세계 인구의 약 60% 정도가 모여 살고, 전체 육지 면적의 약 6%에 해당하는 오세아니아 대륙에 가장 적은 인구가 살고 있다. 중국, 인도, 인도네시아 등 인구가 많은 나라들이 위치한 아시아 대륙에 가장 많은 인구가 분포한다.

자료2 인구 분포에 영향을 미치는 요인

• 인구 밀집 지역

▲ 중국 동남부 지역

▲ 미국 북동부 지역

• 인구 희박 지역

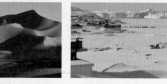

▲ 사하라 사막   ▲ 그린란드

계절풍의 영향을 받아 벼농사에 유리한 중국 동남부 지역, 산업이 발달하여 일자리가 풍부한 미국 북동부 지역은 인구가 밀집되어 있다. 반면 연 강수량이 매우 적어 물이 부족한 사하라 사막, 기온이 매우 낮아 농작물 재배가 어려운 그린란드는 인구가 희박하다.

용어 쏙쏙

❶ 밀집(密-빽빽할, 集-모을): 빽빽하게 모여 있음
❷ 희박(稀-드물, 薄-엷을): 드물고 적으며 밀도가 엷음
❸ 식생(植-심을, 生-날): 어떤 일정한 장소에서 모여 사는 식물 집단
❹ 계절풍: 계절에 따라 주기적으로 일정한 방향으로 부는 바람으로 일반적으로 여름

에는 해양에서 대륙으로, 겨울에는 대륙에서 해양으로 바람의 방향이 바뀜
❺ 험준(險-험할, 峻-높을): 험하며 높고 가파름
❻ 전쟁(戰-싸움, 爭-다툴): 국가 또는 교전 단체 사이에 무력을 사용하여 싸움
❼ 분쟁(紛-어지러울, 爭-다툴): 시끄럽고 복잡하게 다투는 것

4 중국의 지역별 인구 분포

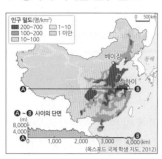

인구 밀집 지역	• 동부 해안 지역 • 저지대이며 평야가 발달해 농업 활동에 유리함 • 공업이 발달하여 일자리를 구하기 쉬움
인구 희박 지역	• 서부 내륙 지역 • 산지나 고원, 사막 등이 분포하고 있어 농업 활동에 불리함 • 산업 활동 발달이 미약함

◀ 중국의 인구 분포(2012년)
(옥스퍼드 국제 학생 지도, 2012)

시험에 꼭 나오는 개념체크
1. 세계 인구의 절반 이상이 _ _ _ _ 대륙에 분포한다.
2. 산업화 이후 인문·사회적 요인이 인구 분포에 더 많은 영향을 미치게 되었다. (○, ×)

답 1. 아시아 2. ○

② 우리나라의 인구 분포

〈자료3〉 1 ❶산업화 이전의 인구 분포

(1) **특징** 벼농사 중심의 농업 사회 ➡ 지형, 기후 등 자연적 요인의 영향이 큼

(2) **구분**

┌─ 농업 활동에 유리하기 때문이다.

인구 밀집 지역	남서부 지역 ➡ 기후가 온화하고 평야가 발달
인구 희박 지역	북동부 지역 ➡ 기온이 낮고 산지가 많이 분포

〈자료4〉 2 산업화 이후의 인구 분포

교과서마다 달라요

남동 임해 공업 지역	
비상, 금성, 천재교육	남동 임해 공업 지역
박영사	남동 임해 지역
동아, 미래엔	울산, 포항, 여수 등 도시명으로 표현

(1) **특징**
① 산업, 교통 등 인문·사회적 요인의 영향이 큼
② 산업화로 인한 ❷이촌 향도 현상 심화

(2) **구분**

┌─ 전체 인구의 절반가량이 살고 있다.

〈더 알기〉

인구 밀집 지역	• ❸수도권: 정치·경제·문화의 중심지, 일자리와 교육 기회 풍부 • 대도시: 교통과 서비스업의 발달 ⑩ 부산, 대전 등 • 남동 ❹임해 공업 지역: ❺중화학 공업 발달로 일자리 풍부 ⑩ 울산, 포항 등
인구 희박 지역	• 태백산맥, 소백산맥 일대의 산지 지역 • 농어촌 지역: 산업 시설 부족, 의료·교육·문화 시설 등에 대한 접근성이 낮음 ➡ 인구 ❻정체 및 감소 현상 발생

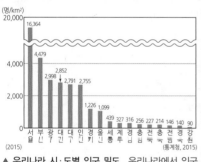

▶ 서울특별시 정치·경제·문화의 중심지이다.

◀ 강원도 태백 산지가 많은 지역이다.

▲ 우리나라 시·도별 인구 밀도 우리나라에서 인구 밀도가 가장 높은 곳은 서울특별시이며, 인구 밀도가 가장 낮은 곳은 강원도이다.

시험에 꼭 나오는 개념체크
1. 산업화 이전의 우리나라는 북동부 지역의 인구 밀도가 높았다. (○, ×)
2. 현재 우리나라 인구의 절반가량이 _ _ _ 에 분포하고 있다.

답 1. × 2. 수도권

〈자료3〉 산업화 이전 우리나라의 인구 분포

◀ 1940년의 인구 분포

산업화 이전의 인구 분포는 자연환경의 영향을 많이 받았다. 기후가 온화하고 평야가 발달한 남서부 지역은 벼농사에 유리하여 인구가 집중되었다. 반면, 개마고원과 태백산맥 등 산지가 많고 기온이 낮은 북동부 지역은 벼농사에 불리하여 인구가 희박하였다.

〈자료4〉 산업화 이후 우리나라의 인구 분포

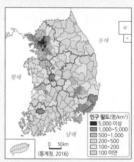

◀ 2013년의 인구 분포

산업화와 도시화가 진행되면서 산업이 발달하여 일자리가 풍부하고, 교통이 편리하며, 생활 편의 시설이 발달한 수도권, 대도시, 남동 임해 공업 지역에 인구가 밀집되었다. 반면, 농촌이나 산지 지역은 인구가 희박하다.

〈더 알기〉 수도권으로의 인구 집중

우리나라 전체 인구에서 수도권 인구가 차지하는 비율은 1960년에 약 21%였으나, 2010년에는 약 49%로 증가하였다. 수도권의 면적은 우리나라 전체 면적의 약 11.8%에 불과하지만 우리나라 인구의 절반 정도가 수도권에 거주하고 있다. 특히 서울은 전체 면적의 1%도 안 되지만 전국 인구의 약 20%가 모여 살고 있어 서울의 인구 밀도는 매우 높다.

용어쏙쏙

❶ 산업화: 전체 산업에서 공업이 차지하는 비율이 높아지는 현상
❷ 이촌 향도(離-떠날, 村-마을, 向-향할, 都-도읍): 농촌의 인구가 일자리를 찾아 도시로 이동하는 현상
❸ 수도권: 수도의 영향이 직접적으로 미치는 범위로 서울, 인천, 경기도가 포함됨
❹ 임해(臨-임할, 海-바다): 바다 가까이에 있음
❺ 중화학 공업: 배, 자동차 등과 같이 무거운 제품을 생산하는 중공업과 석유 화학 공업을 아울러 이르는 공업
❻ 정체(停-머무를, 滯-막힐): 발전하거나 나아가지 못하고 머물러 그침

01 다음 설명이 맞으면 ○표, 틀리면 ×표를 하시오.

(1) 세계 인구의 대부분은 북반구에 살고 있다. (　　)

(2) 적도 부근이나 극지방은 인구 밀도가 높다. (　　)

(3) 유럽보다 오세아니아 대륙의 인구 밀도가 높다. (　　)

02 인구 분포에 영향을 미치는 요인을 바르게 연결하시오.

(1) 자연적 요인 ・

(2) 인문·사회적 요인 ・

　　　　　　　・ ㉠ 기후
　　　　　　　・ ㉡ 교통
　　　　　　　・ ㉢ 산업
　　　　　　　・ ㉣ 지형

03 다음 중 알맞은 말에 ○표를 하시오.

(1) 계절풍의 영향으로 벼농사 재배에 유리한 동아시아 지역은 인구 (밀집, 희박) 지역이다.

(2) (서부 유럽, 캐나다 북부) 지역은 일찍부터 산업이 발달하여 인구가 밀집하였다.

(3) 최근 과학 기술이 발달하면서 (자연적, 인문·사회적) 요인이 인구 분포에 더 많은 영향을 미치고 있다.

04 다음 빈칸에 알맞은 말을 쓰시오.

(1) 어떤 지역이나 국가의 총인구를 총면적으로 나눈 값을 (　　　　)(이)라고 한다.

(2) (　　　　)은/는 산업화 및 도시화의 영향으로 농촌의 인구가 도시로 이동하는 현상을 말한다.

05 다음 설명이 맞으면 ○표, 틀리면 ×표를 하시오.

(1) 산업화 이전의 우리나라는 북동부 지역에 인구가 밀집하였다. (　　)

(2) 현재 우리나라 인구의 절반가량이 수도권에서 살고 있다. (　　)

(3) 부산, 대전 등은 교통과 서비스업이 발달한 인구 밀집 지역이다. (　　)

06 산업화 이후 우리나라의 인구 분포 특성과 관련 지역을 바르게 연결하시오.

(1) 인구 밀집 지역 ・

(2) 인구 희박 지역 ・

　　　　　　　・ ㉠ 수도권
　　　　　　　・ ㉡ 강원도 산간
　　　　　　　・ ㉢ 농어촌 지역
　　　　　　　・ ㉣ 남동 임해 지역

01 세계의 인구 분포에 대한 설명으로 옳은 것은?

(중 난이도)

① 인구가 비교적 고르게 분포한다.

② 적도 부근에 많은 인구가 거주하고 있다.

③ 세계 인구의 대부분이 남반구에 분포하고 있다.

④ 해안 지역보다 내륙 지역에 많은 인구가 살고 있다.

⑤ 고위도보다 중위도 지역에 더 많은 인구가 거주한다.

02 다음 그래프는 대륙별 인구 분포를 나타낸 것이다. 그래프의 A에 해당하는 대륙은?

(하 난이도)

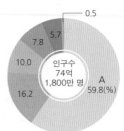

0.5
5.7
7.8
10.0
16.2

인구수
74억
1,800만 명

A
59.8(%)

(세계 인구 보고서, 2016)

① 유럽　　　② 아시아　　　③ 아프리카

④ 오세아니아　　　⑤ 북아메리카

🎈 **같은 주제 다른 문제** ⸺⸺⸺⸺⸺⸺⸺⸺⸺⸺⸺⸺⸺⸺⸺⸺

🎈 가장 적은 인구가 분포하고 있는 대륙은? **답** ④

① 유럽　　　② 아시아　　　③ 아프리카
④ 오세아니아　　　⑤ 남아메리카

03 다음 지도는 세계의 인구 분포를 나타낸 것이다. 이에 대한 옳은 설명을 보기 에서 고른 것은?

(중 난이도)

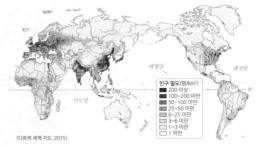

인구 밀도(명/km²)
■ 200 이상
■ 100~200 미만
■ 50~100 미만
■ 25~50 미만
□ 6~25 미만
□ 3~6 미만
□ 1~3 미만
□ 1 미만

태평양　대서양
인도양

(디르케 세계 지도, 2015)

보기

ㄱ. 사막 지역에는 인구가 적게 거주한다.

ㄴ. 극지방 주변에 많은 인구가 살고 있다.

ㄷ. 북위 20°~40° 부근에 인구가 많이 분포한다.

ㄹ. 유럽보다 북아메리카 대륙에 많은 인구가 분포한다.

① ㄱ, ㄴ　　　② ㄱ, ㄷ　　　③ ㄴ, ㄷ

④ ㄴ, ㄹ　　　⑤ ㄷ, ㄹ

04 다음 글의 밑줄 친 요인에 해당하는 것을 보기 에서 고른 것은?

난이도 하

> 과거부터 자연적 요인은 인구 분포에 중요한 영향을 미쳤으나, 산업화가 진행되면서 인문·사회적 요인이 인구 분포에 더 큰 영향을 주고 있다.

보기
ㄱ. 지형　　　　　　　ㄴ. 문화
ㄷ. 교통　　　　　　　ㄹ. 기후

① ㄱ, ㄴ　　　② ㄱ, ㄷ　　　③ ㄴ, ㄷ
④ ㄴ, ㄹ　　　⑤ ㄷ, ㄹ

05 각 지역에 대한 설명으로 옳은 것을 보기 에서 고른 것은?

난이도 중

보기
> ㄱ. 캐나다 북부 – 고온 다습하고 밀림이 우거져 인간의 거주에 불리한 곳이다.
> ㄴ. 동부 아시아 – 계절풍의 영향으로 벼농사 재배에 유리해 인구가 밀집하였다.
> ㄷ. 오스트레일리아 내륙 – 물을 얻기 쉬워 일찍부터 많은 사람들이 모여 살았다.
> ㄹ. 알프스산맥 – 높고 가파르기 때문에 인간이 거주하기에 불리한 지형이 나타난다.

① ㄱ, ㄴ　　　② ㄱ, ㄹ　　　③ ㄴ, ㄷ
④ ㄴ, ㄹ　　　⑤ ㄷ, ㄹ

06 다음 두 지역에 대한 공통적인 설명으로 가장 적절한 것은?

난이도 중

> • 서부 유럽　　　　　　• 미국 북동부

① 전쟁과 분쟁이 자주 발생해 인구 밀도가 낮다.
② 평야가 넓어 벼농사가 발달해 인구가 밀집되었다.
③ 경제가 발달하여 일자리가 풍부해 인구 밀도가 높다.
④ 고위도에 위치해 기온이 낮아 인간 거주에 불리하다.
⑤ 교통이 불편하고 교육·문화 시설이 미비해 인구가 희박하다.

07 다음 지도는 세계의 인구 분포를 나타낸 것이다. A~E의 인구 분포에 영향을 미친 요인에 대한 설명으로 옳지 않은 것은?

난이도 상

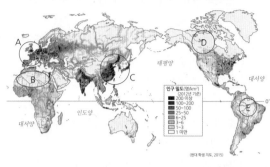

(현대 학생 지도, 2015)

① A – 일찍부터 산업이 발달하여 인구가 밀집했다.
② B – 강수량이 적어 농업에 불리해 인구가 희박하다.
③ C – 계절풍의 영향으로 벼농사가 발달해 인구가 밀집했다.
④ D – 연중 기온이 낮아 거주에 불리해 인구가 희박하다.
⑤ E – 기온이 온화하며 물을 구하기 쉬워 인구가 밀집했다.

같은 주제 다른 문제

● 지도의 A~E 중 인구 밀집 지역을 바르게 묶은 것은? 답 ②
① A, B　　② A, C　　③ B, E　　④ C, D　　⑤ D, E

08 다음 (가), (나)에 해당하는 지역을 지도에서 골라 바르게 연결한 것은?

난이도 중

> (가) 평야가 발달해 있으며 계절풍의 영향으로 강수량이 많아 인구가 밀집했다.
> (나) 강수량이 매우 적어 물을 구하기 어려우며, 농업에 불리해 인구가 희박하다.

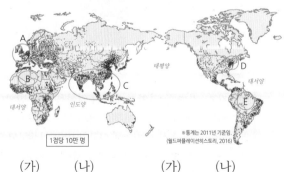

※통계는 2011년 기준임
(월드퍼플레이션히스토리, 2016)
1점당 10만 명

	(가)	(나)		(가)	(나)
①	A	B	②	A	D
③	C	B	④	C	E
⑤	D	E			

09 우리나라 인구 분포에 대한 설명으로 옳지 <u>않은</u> 것은?

① 산업화 이전에는 산지가 많은 북동부 지역에 인구가 밀집하였다.

② 1960년대 이후 이촌 향도 현상으로 수도권의 인구 밀도가 높아졌다.

③ 중화학 공업이 발달한 남동 임해 공업 지역의 인구 밀도가 높게 나타난다.

④ 소백산맥 일대 및 농어촌 지역은 인구가 감소하여 인구 밀도가 낮아졌다.

⑤ 1960년대 이후에는 자연적 요인보다 인문·사회적 요인의 영향을 더 많이 받았다.

10 산업화 이후 우리나라에서 인구 밀도가 높은 지역을 보기 에서 고른 것은?

보기
ㄱ. 지방 대도시   ㄴ. 남서부 농촌 지역
ㄷ. 태백산맥 산간 지역   ㄹ. 남동 임해 공업 지역

① ㄱ, ㄴ   ② ㄱ, ㄹ   ③ ㄴ, ㄷ
④ ㄴ, ㄹ   ⑤ ㄷ, ㄹ

11 다음 지도는 1940년대 우리나라의 인구 분포를 나타낸 것이다. 이에 대한 옳은 설명을 보기 에서 고른 것은?

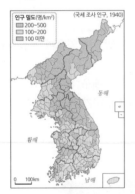

보기
ㄱ. 기후, 지형 등 자연적 요인의 영향을 많이 받았다.
ㄴ. 벼농사에 유리한 남서부 지역의 인구 밀도가 높다.
ㄷ. 평야에 비해 산지 지역에 인구가 많이 거주하고 있다.
ㄹ. 산업화의 영향으로 남동 해안 지역에 인구가 집중되어 있다.

① ㄱ, ㄴ   ② ㄱ, ㄷ   ③ ㄴ, ㄷ
④ ㄴ, ㄹ   ⑤ ㄷ, ㄹ

12 다음 지도는 2015년 우리나라의 인구 분포를 나타낸 것이다. A~D 지역에 대한 옳은 설명을 보기 에서 고른 것은?

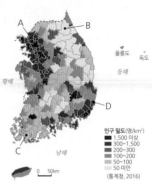

보기
ㄱ. A - 우리나라 정치·경제·문화의 중심지이며, 인구가 밀집했다.
ㄴ. B - 평야가 발달하였으나, 이촌 향도 현상에 의해 인구 밀도가 낮아졌다.
ㄷ. C - 산지가 많이 분포하고 교통이 불편해 인구가 적게 거주한다.
ㄹ. D - 중화학 공업이 발달하여 일자리가 풍부해 많은 인구가 분포한다.

① ㄱ, ㄷ   ② ㄱ, ㄹ   ③ ㄴ, ㄷ
④ ㄴ, ㄹ   ⑤ ㄷ, ㄹ

같은 주제 다른 문제

● 지도의 A~D 중 인구가 정체되거나 감소하는 지역이 바르게 짝지어진 것은? 답 ③
① A, B   ② A, C   ③ B, C   ④ B, D   ⑤ C, D

13 다음 그래프는 수도권과 비수도권의 인구 비율 변화를 나타낸 것이다. 수도권의 인구가 증가하게 된 원인으로 가장 적절한 것은?

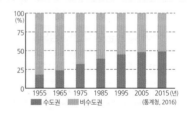

① 기후가 온화하고 강수량이 풍부하기 때문

② 지하자원이 풍부해 공업 발달에 유리하기 때문

③ 문화 자원이 풍부해 관광 산업이 발달했기 때문

④ 평야가 넓게 펼쳐져 농업 활동에 유리하기 때문

⑤ 일자리와 교육 기회가 다른 지역에 비해 풍부하기 때문

> 정답 21쪽

01 다음 지도는 세계의 인구 분포를 나타낸 것이다. 인구 밀집 지역과 희박 지역을 위도에 따른 기후의 특징을 토대로 구분하여 서술하시오.

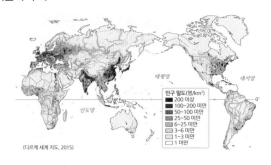

(디르케 세계 지도, 2015)

_____

_____

02 다음 지도의 A, B 지역에 인구가 밀집하게 된 원인을 각각 서술하시오.

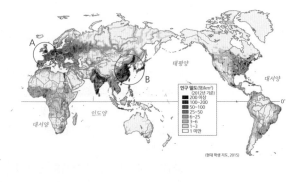

(현대 학생 지도, 2015)

_____

_____

03 (가)~(다) 지역의 인구가 희박한 원인을 각각 서술하시오.

> (가) 사하라 사막
> (나) 그린란드 지역
> (다) 브라질의 아마존강 유역

_____

_____

04 다음 글의 ㉠, ㉡에 알맞은 말을 쓰시오.

> 우리나라는 산업화 이후 일자리가 풍부한 도시 지역으로 인구가 모여들면서 현재 (㉠) 지역에 우리나라 전체 인구의 절반가량이 분포하고 있다. 반면, (㉡) 현상으로 인구가 빠져나간 농어촌과 산지 지역은 인구가 감소하고 있다.

㉠ _____   ㉡ _____

05 산업화 이전 우리나라의 인구 분포에 영향을 미친 요인을 두 가지 쓰고, 인구 밀집 지역의 특징을 서술하시오.

_____

_____

06 다음 지도는 산업화 이후 우리나라의 인구 분포를 나타낸 것이다. A 지역의 인구 밀도가 낮은 이유와 B 지역의 인구 밀도가 높은 이유를 각각 서술하시오.

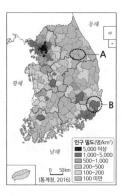

_____

_____

07 다음 그래프는 울산광역시의 인구 변화를 나타낸 것이다. 울산광역시의 인구가 급증하게 된 가장 큰 원인을 서술하시오.

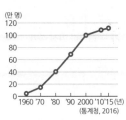

(통계청, 2016)

_____

_____

02 ● 인구 이동
03 ● 인구 문제

1 다양한 인구 이동

1 인구 이동의 요인과 유형

(1) 인구 이동 사람들이 한 장소에서 다른 장소로 옮겨 가는 것

(2) 이동 요인

① **❶배출 요인**: 인구를 다른 지역으로 밀어내는 요인 예 낮은 임금, 실업, 교육 및 문화 시설 부족, 열악한 주거 환경, 전쟁 및 분쟁, 잦은 자연재해 등 – 인구 유출이 발생한다.

② **❷흡인 요인**: 인구를 내부 지역으로 끌어들이는 요인 예 높은 임금, 풍부한 일자리, 다양한 교육 및 문화 시설, 쾌적한 주거 환경, 정치·종교의 자유 보장 등 – 인구 유입이 발생한다.

(3) 이동 유형

이동 범위	이동 동기	이동 기간
국제 이동, 국내 이동	자발적 이동, 강제적 이동	영구적 이동, 일시적 이동

└─한 국가에서 다른 국가로 이동   └이민 └여행, 유학

2 세계의 인구 이동

자료1 (1) 과거의 인구 이동

종교적 이동	영국의 ❸청교도들이 종교의 자유를 찾아 아메리카 대륙으로 이동
강제적 이동	❹노예 무역으로 아프리카 흑인들을 아메리카 대륙으로 강제 이동
경제적 이동	• 중국인들이 일자리를 찾아 동남아시아로 이동 • 신항로 개척 이후 유럽인의 ❺신대륙으로의 이동

자료2 (2) 오늘날의 인구 이동

└─오늘날 가장 많이 발생하는 인구 이동 유형이다.

경제적 이동	개발 도상국에서 선진국으로 일자리를 찾아 이동 예 서남아시아·북부 아프리카 → 서부 유럽, 라틴 아메리카(멕시코 등) → 미국
정치적 이동	민족 탄압, 전쟁 및 분쟁 등을 피해 다른 지역으로 이동 예 아프리카 및 서남아시아의 ❻난민
환경적 이동	환경 문제 및 자연재해로 인해 다른 지역으로 이동 예 투발루에서 뉴질랜드로 이주하는 환경 난민

3 우리나라의 인구 이동

더알기	국내 이동	• 1960~1980년대: 급속한 산업화로 이촌 향도 발생 → 수도권, 신흥 공업 도시로 이동 • 1990년대 이후: 대도시의 인구 일부가 주변 지역이나 농촌으로 이동
	국제 이동	• 일제 강점기: 중국, 러시아, 일본 등지로의 이주가 많음 • 1960~1970년대: 일자리를 찾아 청장년층이 독일, 서남아시아로 이동 • 1980년대 이후: 취업이나 결혼을 위해 중국과 동남아시아에서 유입되는 외국인 증가 → 다문화 가정 증가

시험에 꼭 나오는 개념 체크

1. 인구 이동의 요인 중 높은 임금, 쾌적한 주거 환경은 배출 요인에 해당한다. (○, ×)
2. 최근 국제 이동은 개발 도상국에서 선진국으로 일자리를 찾아 떠나는 ____ 이동이 많다.

답 1. × 2. 경제적

자료1 과거 세계의 인구 이동

신항로 발견 이후 유럽인들은 식민지를 개척하려고 신대륙으로 이동했으며, 아프리카인들은 노예 무역에 의해 강제적으로 아프리카로 이동했다. 중국인들은 19세기 이후 일자리를 찾아 동남아시아로 이동했다.

자료2 오늘날 세계의 인구 이동

• 경제적 이동: 서남아시아, 북부 아프리카에서 일자리를 찾아 서부 유럽으로 이주하는 사람들이 많으며, 라틴 아메리카의 많은 인구가 일자리를 찾기 위해 산업이 발달한 미국으로 향하고 있다.

• 정치적 이동: 아프리카와 서남아시아에서는 정치적 불안정으로 내전이나 분쟁이 자주 발생하여 주변의 다른 국가나 유럽으로 이동한다.

더알기 우리나라의 시기별 인구 이동 지도

▲ 1960~1980년대   ▲ 1990년대 이후

용어 쏙쏙

❶ 배출(排 – 밀칠, 出 – 날): 밖으로 밀어 내보냄
❷ 흡인(吸 – 마실, 引 – 끌): 빨아들이거나 끌어당김
❸ 청교도: 영국 국교회에 반대하여 생긴 개신교의 한 교파로 철저한 금욕주의를 주장함

❹ 노예 무역: 유럽인이 아메리카에 정착한 이후 필요한 노동력을 확보하기 위해 아프리카의 흑인들을 노예로 사고판 무역의 형태
❺ 신대륙: 유럽인에 의해 새롭게 발견된 땅으로 아메리카와 오세아니아 대륙을 말함
❻ 난민: 전쟁, 빈곤 등으로 살기 어려워져 다른 지역으로 이동하는 사람들

② 인구 이동이 지역에 미치는 영향

자료3 **1 인구 유입 지역**

(1) **지역** 앵글로아메리카, 서부 유럽, 오세아니아에 위치한 선진국

(2) **특징 및 문제점**

┌─ 청장년층 인구 유입이 많다.

특징	• 노동력이 풍부해져 경제 활성화 ┌─ 이주민들에 의해 새로운 문화가 전파되었다. • 문화적 다양성 증가 → 다양한 문화 경관 형성
문제점	• 이주민과 현지인 간의 문화적 차이로 인한 갈등 • 일자리를 둘러싸고 ❶내국인과 외국인 사이의 갈등 • 이주자를 향한 사회적·경제적 불평등 발생

자료3 **2 인구 유출 지역**

(1) **지역** 아프리카, 아시아, 라틴 아메리카의 개발 도상국

(2) **특징 및 문제점** ┌─ 이주자들이 본국으로 송금하는 외화가 늘어나
본국 경제 활성화에 도움을 주기도 한다.

특징	• 임금 수준이 낮고 일자리가 부족 • 잦은 내전 및 분쟁의 발생으로 정치적 불안정
문제점	• 청장년층 및 고급 기술 인력의 유출로 경제 성장 ❷둔화, 노동력 부족 현상 발생 • 남성들이 주로 유출되어 ❸성비 불균형 현상 발생

시험에 꼭 나오는 개념 체크
1. 인구 유입이 많은 지역에서는 이주민과 현지인 사이에 문화적 갈등이 발생할 수 있다. (○, ×)
2. 인구 유출이 많은 지역에서는 청장년층의 인력 유출로 ＿＿＿＿ 부족 현상이 나타나기도 한다.

답 1. ○ 2. 노동력

③ 지역마다 다른 인구 문제

자료4 **1 세계의 인구 성장** 산업 혁명 이후 의학 및 생활 수준 향상 등으로 급속히 증가

┌─ 의학 발달 및 생활 환경 개선의 영향

(1) **개발 도상국** 사망률은 낮으나, 출산율이 높음 → 인구가 폭발적으로 증가

(2) **선진국** 출산율과 사망률이 모두 낮음 → 인구 증가 속도가 완만하거나 정체

2 개발 도상국의 인구 문제와 대책

인구 문제	• 식량 및 자원 부족, 일자리 부족 문제 → ❹빈곤 및 기아 발생 • 이촌 향도로 인한 도시 인구 급증 → 주택 부족, 교통 혼잡, 환경 오염 등 • 일부 국가에서 남아 선호 사상으로 인한 성비 불균형 문제 발생
대책	• 산아 제한 정책: 교육 및 의료 프로그램의 보급, 가족계획 사업 실시 • ❺인구 부양력 증대: 식량 증산 및 경제 개발 정책 • 농촌 생활 환경 개선: 도시로의 지나친 인구 유입 방지

자료5 **3 선진국의 인구 문제와 대책** 65세 이상 노인 인구 비율이 전체 인구의 7%를 넘으면 고령화 사회, 14%를 넘으면 고령 사회, 20%를 넘으면 초고령 사회라고 한다.

인구 문제	저출산	고령화
원인	여성의 사회 활동 증가, 자녀에 대한 가치관 변화, 육아와 가사 부담 증가 등	의료 기술의 발달과 경제 수준 향상으로 평균 수명 연장
문제점	노동력 부족 → 경제 활동 침체	질병·소외 등 노인 문제, 노인 복지 비용 증가
대책	• 출산 장려 정책: 출산 및 육아 수당 지급, 보육 시설 확대 • 양성평등 문화 확산	• 노인의 경제적 기반 마련: 일자리 창출, 정년 연장, ❻임금 피크제 • 노인 문화 조성, ❼실버산업 육성

시험에 꼭 나오는 개념 체크
1. 개발 도상국에서는 노동력 부족 및 경기 침체 문제가 나타난다. (○, ×)
2. 선진국에서는 저출산에 대한 대책으로 ＿＿ ＿＿ 정책을 실시하고 있다.

답 1. × 2. 출산 장려

자료3 **세계의 인구 유입 지역과 유출 지역**

최근에는 소득이 낮고 고용 기회가 적으며 정치적으로 불안정한 개발 도상국에서 인구가 많이 유출되고 있다. 일자리가 많고 생활 기반이 잘 조성된 선진국들은 인구가 유입되고 있다.

자료4 **선진국과 개발 도상국의 인구 피라미드**

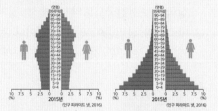

▲ 선진국 – 일본   ▲ 개발 도상국 – 잠비아

선진국인 일본은 유소년층의 인구 비율이 낮아 저출산 현상으로 인해 노동력의 공급이 줄어들고, 경제 성장에도 어려움을 겪을 수 있다. 또한 노년층의 인구 비율이 높아 노인 소외 및 빈곤, 노인 복지 비용 증가 등의 문제가 발생할 수 있다. 반면 개발 도상국인 잠비아는 유소년층의 인구 비율이 높아 인구 급증으로 인한 식량 및 자원 부족 문제, 일자리 부족 문제 등이 나타날 수 있다.

자료5 **우리나라의 시기별 가족계획 포스터**

▲ 1980년대   ▲ 2000년대

우리나라는 1960~1980년대에 출산율을 낮추기 위해 가족계획을 통한 출산 억제 정책을 실시하였고, 1990년대에는 성비 불균형 문제를 해결하기 위한 인구 정책을 실시하였다. 출산율이 급격하게 낮아진 2000년대 이후에는 적극적인 출산 장려 정책을 실시하고 있다.

용어 쏙쏙

❶ 내국인: 자기 나라 사람을 다른 나라 사람에 상대하여 이르는 말
❷ 둔화(鈍 – 둔할, 化 – 될): 느리고 무디어짐
❸ 성비(性 – 성별, 比 – 견줄): 여성 100명에 대한 남성의 수
❹ 빈곤(貧 – 가난할, 困 – 곤할): 가난하여 살기 어려운 상황

❺ 인구 부양력: 한 국가의 인구가 그 국가 내에서 사용 가능한 자원으로 생활할 수 있는 능력
❻ 임금 피크제: 일정한 나이가 되면 임금을 줄이는 대신 정년을 보장해 주는 제도
❼ 실버산업: 노인 인구를 대상으로 하는 의료, 여가, 교육 등과 관련된 산업

01 인구 이동 요인을 관련있는 것끼리 연결하시오.

(1) 배출 요인 •
(2) 흡인 요인 •

• ㉠ 낮은 임금
• ㉡ 전쟁 및 분쟁
• ㉢ 풍부한 일자리
• ㉣ 쾌적한 주거 환경

02 다음 중 알맞은 말에 ○표를 하시오.

(1) 과거 노예 무역에 의해 아프리카 흑인들이 아메리카로 이주한 것은 (종교적, 강제적) 이동에 해당한다.
(2) 오늘날 가장 많이 나타나는 인구 이동 유형은 개발 도상국에서 선진국으로의 (경제적, 정치적) 이동이다.
(3) 아프리카 난민들이 민족 탄압이나 전쟁을 피해 다른 지역으로 이주한 것은 (정치적, 환경적) 이동에 해당한다.

03 다음 설명이 맞으면 ○표, 틀리면 ×표를 하시오.

(1) 인구 유입이 많은 지역에서는 문화적 다양성이 증가할 수 있다. (   )
(2) 인구 유입이 많은 지역은 임금 수준이 낮고 일자리가 부족하다. (   )
(3) 인구 유출이 많은 지역은 청장년층 인력이 빠져나가 노동력 부족 문제가 나타날 수 있다. (   )

04 다음 빈칸에 알맞은 말을 쓰시오.

(1) 전체 인구에서 65세 이상 노년층이 차지하는 비율이 높아지는 현상을 (   )(이)라고 한다.
(2) 선진국에서는 여성의 사회 활동 증가, 자녀에 대한 가치관 변화, 육아와 가사 부담 증가 등으로 인해 (   ) 현상이 나타나고 있다.
(3) 개발 도상국에서는 (   ) 정책을 실시하여 인구 성장을 억제하기 위해 노력하고 있다.

05 선진국과 개발 도상국의 인구 문제 해결 방안을 연결하시오.

(1) 선진국 •
(2) 개발 도상국 •

• ㉠ 노인 복지 개선
• ㉡ 식량 생산 증대
• ㉢ 농촌 생활 환경 개선
• ㉣ 출산 및 육아 수당 지급

01 인구 이동의 흡인 요인을 보기 에서 고른 것은?

하 난이도

> 보기
> ㄱ. 빈곤
> ㄴ. 높은 임금
> ㄷ. 잦은 자연재해
> ㄹ. 다양한 교육·문화 시설

① ㄱ, ㄴ   ② ㄱ, ㄷ   ③ ㄴ, ㄷ
④ ㄴ, ㄹ   ⑤ ㄷ, ㄹ

같은 주제 다른 문제

● 인구 이동의 배출 요인을 〈보기〉에서 고른 것은? 답 ②
① ㄱ, ㄴ   ② ㄱ, ㄷ   ③ ㄴ, ㄷ
④ ㄴ, ㄹ   ⑤ ㄷ, ㄹ

02 (가), (나) 인구 이동의 유형을 바르게 연결한 것은?

중 난이도

> (가) 많은 흑인들이 노예 무역에 의해 아프리카에서 아메리카 지역으로 이주했다.
> (나) 많은 중국인들이 일자리를 찾아 동남아시아 지역으로 이주했다.

	(가)	(나)
①	종교적 이동	정치적 이동
②	강제적 이동	경제적 이동
③	정치적 이동	환경적 이동
④	경제적 이동	강제적 이동
⑤	환경적 이동	종교적 이동

03 세계의 인구 이동에 대한 설명으로 옳지 않은 것은?

중 난이도

① 오늘날 인구 이동의 주된 유형은 정치적 이동이다.
② 개발 도상국에서 선진국으로의 이주가 많이 발생한다.
③ 환경 문제와 자연재해로 어쩔 수 없이 거주지를 떠나기도 한다.
④ 지역별로 정치적·경제적 조건 등이 다르기 때문에 인구 이동이 발생한다.
⑤ 선진국의 풍부한 일자리, 쾌적한 환경 등이 흡인 요인으로 작용하고 있다.

▶ 정답 22쪽

04 다음 글의 내용과 관련있는 인구 이동의 유형은?

중 난이도

> 아프리카에 있는 남수단은 오랜 내전 끝에 수단에서 독립했다. 그러나 정부군과 반군의 내전으로 많은 난민들이 발생했고, 여성과 아이들로 이루어진 난민의 대부분은 케냐, 에티오피아 등지의 난민촌으로 이동했다.

① 경제적 이동　　　　② 환경적 이동
③ 정치적 이동　　　　④ 종교적 이동
⑤ 일시적 이동

05 다음 지도에 나타난 인구 이동의 주된 원인으로 가장 적절한 것은?

중 난이도

(국제 연합, 디르케 세계 지도, 2015)

① 종교적 자유를 찾기 위해
② 어학 연수 및 유학을 위해
③ 쾌적한 휴양지로 여행하기 위해
④ 임금이 높고 더 나은 일자리를 찾기 위해
⑤ 내전이나 분쟁 등 정치적 불안정을 해소하기 위해

06 다음 그래프는 우리나라 체류 외국인의 국적별 비율을 나타낸 것이다. 이들이 이주하게 된 가장 큰 원인은?

중 난이도

(통계청, 2016)

① 취업이나 결혼을 하기 위해
② 전쟁 및 분쟁을 피하기 위해
③ 종교를 전파하고 자유를 찾기 위해
④ 자연재해 증가로 인한 피해를 해소하기 위해
⑤ 서로 다른 언어 사용으로 인한 갈등을 해소하기 위해

07 오늘날 대표적인 인구 유입 지역을 [보기]에서 고른 것은?

하 난이도

> [보기]
> ㄱ. 북서부 유럽　　　　ㄴ. 남부 아시아
> ㄷ. 라틴 아메리카　　　ㄹ. 앵글로아메리카

① ㄱ, ㄴ　　　② ㄱ, ㄹ　　　③ ㄴ, ㄷ
④ ㄴ, ㄹ　　　⑤ ㄷ, ㄹ

08 인구 유출 지역에서 나타날 수 있는 현상을 [보기]에서 고른 것은?

중 난이도

> [보기]
> ㄱ. 이주민에 의해 다양한 문화적 경관이 나타난다.
> ㄴ. 청장년층의 이동이 증가해 경제 성장이 둔화될 수 있다.
> ㄷ. 이주자에 대한 사회적 불평등으로 갈등이 발생할 수 있다.
> ㄹ. 젊고 우수한 노동력이 빠져나가 노동력 부족 문제가 나타난다.

① ㄱ, ㄴ　　　② ㄱ, ㄷ　　　③ ㄴ, ㄷ
④ ㄴ, ㄹ　　　⑤ ㄷ, ㄹ

09 다음 인구 이동을 나타낸 지도를 보고, 서부 유럽에서 나타날 수 있는 현상을 [보기]에서 고른 것은?

상 난이도

(국제 연합, 2016)

> [보기]
> ㄱ. 노동력 부족 문제가 완화될 수 있다.
> ㄴ. 고급 인력이 유출되어 산업 성장이 둔화될 수 있다.
> ㄷ. 언어와 종교 등 문화적 차이로 인한 갈등이 발생할 수 있다.
> ㄹ. 이주자들이 본국에 송금하는 외화가 늘면서 경제가 활성화될 수 있다.

① ㄱ, ㄴ　　　② ㄱ, ㄷ　　　③ ㄴ, ㄷ
④ ㄴ, ㄹ　　　⑤ ㄷ, ㄹ

10 개발 도상국의 인구 문제에 대한 옳은 설명을 [보기]에서 고른 것은?
(하) 난이도

보기
ㄱ. 식량 및 자원 부족 문제가 나타난다.
ㄴ. 노년층의 증가로 노인 인구 부양비가 늘어난다.
ㄷ. 도시 인구 급증으로 주택 부족, 환경 오염 등이 나타난다.
ㄹ. 노동 가능 인구가 줄어 경제 성장에 어려움을 겪을 수 있다.

① ㄱ, ㄴ   ② ㄱ, ㄷ   ③ ㄴ, ㄷ
④ ㄴ, ㄹ   ⑤ ㄷ, ㄹ

● 선진국의 인구 문제에 대한 옳은 설명을 〈보기〉에서 고른 것은? 답 ④
① ㄱ, ㄴ   ② ㄱ, ㄷ   ③ ㄴ, ㄷ   ④ ㄴ, ㄹ   ⑤ ㄷ, ㄹ

11 다음과 같은 인구 구조를 가진 지역에서 나타나는 인구 문제는?
(중) 난이도

2015년
(인구 피라미드 넷, 2016)

① 성비 불균형 문제   ② 노동력 부족 문제
③ 빈곤 및 기아 문제   ④ 식량 및 자원 부족 문제
⑤ 도시의 주택 부족 및 교통 혼잡 문제

12 다음 그래프는 65세 이상 인구 비율을 나타낸 것이다. 미국, 독일, 일본에서 나타날 수 있는 현상으로 옳은 것은?
(중) 난이도

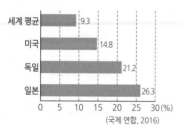

(국제 연합, 2016)

① 노인 복지 비용이 감소한다.
② 식량 부족으로 빈곤 문제가 나타난다.
③ 일자리가 부족해져 실업 문제가 발생한다.
④ 경제가 활성화되어 국가 경쟁력이 강화된다.
⑤ 노인 소외 및 세대 간 갈등 문제가 나타난다.

13 다음과 같은 인구 구조를 가진 지역의 인구 문제를 해결하기 위한 방안을 [보기]에서 고른 것은?
(중) 난이도

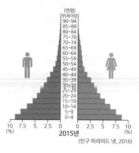

2015년
(인구 피라미드 넷, 2016)

보기
ㄱ. 출산 장려 정책을 실시한다.
ㄴ. 농촌 생활 환경을 개선한다.
ㄷ. 노인 복지 제도를 강화한다.
ㄹ. 식량 증산 및 경제 개발 정책을 실시한다.

① ㄱ, ㄴ   ② ㄱ, ㄷ   ③ ㄴ, ㄷ
④ ㄴ, ㄹ   ⑤ ㄷ, ㄹ

14 다음 그래프는 어느 국가의 합계 출산율의 변화를 나타낸 것이다. 이와 같은 현상의 배경으로 옳지 않은 것은?
(중) 난이도

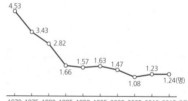

(통계청, 2016)

① 산업 구조의 변화
② 여성의 결혼 연령 하락
③ 자녀 양육에 대한 부담 증가
④ 여성의 경제 활동 참여율 증가
⑤ 결혼과 자녀에 대한 가치관 변화

15 선진국에서 나타나는 인구 문제를 해결하기 위한 대책으로 옳지 않은 것은?
(중) 난이도

① 실버산업을 육성한다.
② 노인 복지 제도를 강화한다.
③ 보육 시설을 확대해 나간다.
④ 출산 및 육아 수당을 지급한다.
⑤ 정부 주도의 경제 개발 정책을 강화한다.

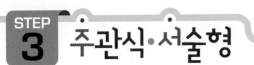

01 다음 글의 ㉠, ㉡에 들어갈 봉어를 쓰고, 그 예를 각각 두 가지씩 서술하시오.

> 사람들이 들어오는 인구 유입 지역은 사람들을 끌어들이는 (㉠) 요인이 있다. 반면 사람들이 빠져나가는 인구 유출 지역은 사람들을 떠나게 하는 (㉡) 요인이 있다.

_____

_____

02 다음 지도에 나타난 인구 이동의 유형을 쓰고, 이동의 주요 원인을 서술하시오.

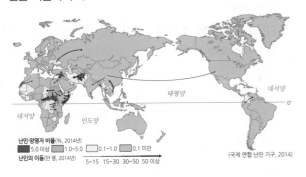

난민·망명자 비율(%, 2014년)
5.0 이상 1.0~5.0 0.1~1.0 0.1 미만
난민의 이동(만 명, 2014년) 5~15 15~30 30~50 50 이상
(국제 연합 난민 기구, 2014)

_____

_____

03 다음 지도는 어느 지역으로의 인구 유입을 나타낸 것이다. 인구가 이동하게 된 주된 원인을 쓰고, 인구 유입 지역에서 나타날 수 있는 문제점을 서술하시오.

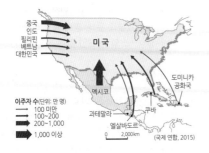

이주자 수(단위: 만 명)
— 100 미만
— 100~200
➡ 200~1,000
➡ 1,000 이상
(국제 연합, 2015)

_____

_____

04 다음 지도는 인구의 유입 지역과 유출 지역을 나타낸 것이다. B 지역에서 나타날 수 있는 변화를 두 가지 서술하시오.

순 이주자 수(만 명, 1985~2015년)
A   B
250 이상   250 이상
50~250   50~250
50 미만   50 미만
자료 없음
(국제 연합, 2015)

_____

_____

05 다음 그래프는 경제 개발 협력 기구 주요 회원국의 합계 출산율을 나타낸 것이다. 일본과 우리나라에서 발생할 수 있는 문제점을 두 가지 서술하시오.

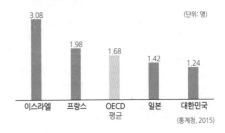

(단위: 명)
이스라엘 3.08 프랑스 1.98 OECD 평균 1.68 일본 1.42 대한민국 1.24
(통계청, 2015)

_____

_____

06 다음은 어느 국가의 인구 피라미드를 나타낸 것이다. 이 국가에서 나타날 수 있는 인구 문제를 해결하기 위한 방안을 두 가지 서술하시오.

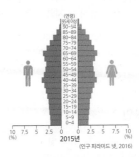

2015년
(인구 피라미드 넷, 2016)

_____

_____

01 인구 분포

1 세계 인구 분포의 특징

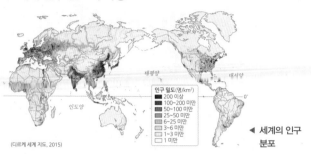

◀ 세계의 인구 분포

(디르케 세계 지도, 2015)

위도별 분포	• 인구 밀집 지역: 북위 20°~40°의 온화한 기후 지역 • 인구 희박 지역: 적도 부근, 극지방, 내륙의 사막 지역
대륙별 분포	• 인구 밀집 지역: 아시아 대륙, 유럽 대륙 • 인구 희박 지역: 오세아니아 대륙에 가장 적은 인구 분포

2 인구 분포에 영향을 미치는 요인

자연적 요인	• 기후, 지형, 식생 등 • 인구 밀집 지역: 기후가 온화한 지역, 평야가 발달한 지역, 물을 얻기 쉬운 지역 • 인구 희박 지역: 열대·건조·한대 기후 지역, 험준한 산지
인문·사회적 요인	• 경제, 교통, 산업, 종교, 문화 등 • 인구 밀집 지역: 경제가 발달하고 일자리가 풍부한 지역, 교육과 문화 시설이 잘 갖추어진 지역 • 인구 희박 지역: 교통이 불편한 지역, 일자리가 부족한 지역, 전쟁·분쟁이 자주 발생하는 지역

3 우리나라의 인구 분포

(1) **산업화 이전**   자연적 요인의 영향이 큼

인구 밀집 지역	남서부 지역 ➡ 기후가 온화하고 평야가 발달
인구 희박 지역	북동부 지역 ➡ 기온이 낮고 산지가 많이 분포

(2) **산업화 이후**   인문·사회적 요인의 영향이 큼

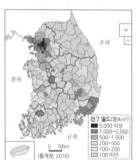

◀ 2013년의 인구 분포

인구 밀집 지역	• 수도권: 정치·경제·문화의 중심지, 일자리 풍부 • 대도시: 교통과 서비스업의 발달 • 남동 임해 공업 지역: 중화학 공업 발달로 일자리 풍부
인구 희박 지역	산지 지역, 농어촌 지역 ➡ 산업 시설 부족, 교육·문화 시설 등의 접근성 낮음

02 인구 이동

1 인구 이동 요인

배출 요인	낮은 임금, 실업, 교육 및 문화 시설 부족, 열악한 주거 환경, 전쟁 및 분쟁, 잦은 자연재해 등
흡인 요인	높은 임금, 풍부한 일자리, 다양한 교육 및 문화 시설, 쾌적한 주거 환경, 정치·종교의 자유 보장 등

2 오늘날 세계의 인구 이동

경제적 이동	• 오늘날 가장 많이 발생하는 인구 이동 유형 • 개발 도상국에서 선진국으로 일자리를 찾아 이동 예) 서남아시아·북부 아프리카 ➡ 서부 유럽 라틴 아메리카(멕시코 등) ➡ 미국
정치적 이동	민족 탄압, 전쟁 및 분쟁 등을 피해 다른 지역으로 이동 예) 아프리카 및 서남아시아의 난민
환경적 이동	환경 문제 및 자연재해로 인해 다른 지역으로 이동 예) 투발루에서 뉴질랜드 등으로 이주하는 환경 난민

3 우리나라의 인구 이동

국내 이동	• 1960~1980년대: 급속한 산업화로 이촌 향도 발생 ➡ 수도권, 신흥 공업 도시로 이동 • 1990년대 이후: 대도시의 인구 일부가 주변 지역이나 농촌으로 이동
국제 이동	• 일제 강점기: 중국, 러시아, 일본 등지로 이주 • 1960~1970년대: 일자리를 찾아 독일, 서남아시아로 이동 • 1980년대 이후: 취업, 결혼을 위해 중국과 동남아시아에서 유입되는 외국인 증가

4 인구 이동이 지역에 미치는 영향

(1) **인구 유입 지역**   서부 유럽, 앵글로아메리카 등에 위치한 선진국

특징	노동력이 풍부해져 경제 활성화, 문화적 다양성 증가
문제점	• 이주민과 현지인 간의 문화적 차이로 인한 갈등 • 일자리를 둘러싸고 내국인과 외국인 사이의 갈등

(2) **인구 유출 지역**   아프리카, 아시아, 라틴 아메리카의 개발 도상국

특징	• 낮은 임금 수준, 일자리 부족, 잦은 내전 및 분쟁 발생 • 이주자들이 송금하는 외화가 본국의 경제 활성화에 도움을 줌
문제점	청장년층 및 고급 기술 인력 유출로 노동력 부족 현상 발생

03 인구 문제

1 세계의 인구 문제

개발 도상국	• 인구 급증으로 인한 문제 발생 • 식량 및 자원 부족, 일자리 부족 문제 ➡ 빈곤 및 기아 발생 • 도시 인구 급증 ➡ 주택 부족, 교통 혼잡, 환경 오염 등 • 남아 선호 사상으로 일부 국가에서 성비 불균형 문제 발생
선진국	• 느리거나 정체된 인구 증가로 인한 문제 발생 • 저출산: 노동력 부족 문제, 경제 활동 침체 • 고령화: 질병·소외 등 노인 문제, 노인 복지 비용 증가

2 인구 문제의 대책

개발 도상국	• 산아 제한 정책: 교육 및 의료 프로그램 보급, 가족계획 사업 • 인구 부양력 증대: 식량 증산 및 경제 개발 정책 • 농촌 생활 환경 개선: 도시로의 지나친 인구 유입 방지
선진국	• 저출산: 출산 장려 정책, 양성평등 문화 확산 등 • 고령화: 노인 일자리 창출, 정년 연장, 임금 피크제, 실버산업 육성 등

01 인구 분포

01 다음 지도는 세계의 인구 분포를 나타낸 것이다. 이에 대한 설명으로 옳지 **않은** 것은?
(중)
난이도

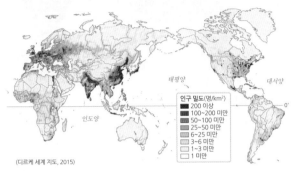

① 적도 주변의 인구 밀도는 낮은 편이다.
② 남반구에 비해 북반구에 많은 인구가 거주한다.
③ 아시아 대륙에 가장 많은 인구가 분포하고 있다.
④ 해안으로부터 가까운 지역에 많은 인구가 분포한다.
⑤ 중위도보다 고위도 지역의 인구 밀도가 높은 편이다.

02 다음 지도는 세계의 인구 분포를 나타낸 것이다. A~D 지역에 대한 옳은 설명을 보기 에서 고른 것은?
(중)
난이도

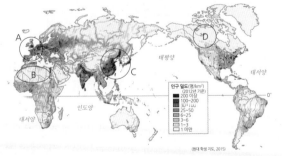

보기
ㄱ. A – 기온이 매우 낮아 농업에 불리하다.
ㄴ. B – 강수량이 매우 적어 물을 구하기 어렵다.
ㄷ. C – 계절풍의 영향을 받아 벼농사가 발달했다.
ㄹ. D – 일찍부터 산업이 발달해 일자리가 풍부하다.

① ㄱ, ㄴ ② ㄱ, ㄷ ③ ㄴ, ㄷ
④ ㄴ, ㄹ ⑤ ㄷ, ㄹ

03 다음 조건 에 맞게 (가), (나) 지역의 인구 밀도를 비교하여 쓰고, 해당 지역의 인구 분포에 영향을 미친 원인을 각각 서술하시오.
(상)
난이도

(가) 알프스·히말라야산맥
(나) 서부 유럽 및 미국 북동부 지역

조건
(가)는 자연적 요인, (나)는 인문·사회적 요인을 활용하여 답안을 서술할 것

_____

_____

04 다음 지도는 산업화 이후 우리나라의 인구 분포를 나타낸 것이다. 이에 대한 설명으로 옳은 것은?
(중)
난이도

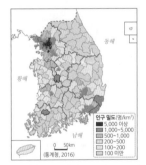

① 강원도 산간 지역의 인구 밀도가 높다.
② 남동 임해 공업 지역의 인구 밀도가 높다.
③ 인구가 전국적으로 고르게 분포하고 있다.
④ 수도권보다 지방 대도시에 더 많은 인구가 분포한다.
⑤ 벼농사에 유리한 남서부 지역의 인구 밀도가 가장 높다.

05 우리나라 인구 분포에 대한 옳은 설명을 보기 에서 고른 것은?
(중)
난이도

보기
ㄱ. 자연적 요인의 중요성이 커지고 있다.
ㄴ. 산지 및 농어촌 지역의 인구 밀도가 증가하고 있다.
ㄷ. 산업화 이전에는 남서부 지역의 인구 밀도가 높았다.
ㄹ. 산업화 이후 이촌 향도 현상으로 수도권의 인구 밀도가 높아졌다.

① ㄱ, ㄴ ② ㄱ, ㄷ ③ ㄴ, ㄷ
④ ㄴ, ㄹ ⑤ ㄷ, ㄹ

02 인구 이동

06 인구 이동의 흡인 요인과 배출 요인을 바르게 연결한 것은?

	흡인 요인	배출 요인
①	자연재해	풍부한 일자리
②	높은 임금	전쟁 및 분쟁 발생
③	낮은 임금	잦은 자연재해
④	풍부한 일자리	다양한 교육·의료 시설
⑤	열악한 주거 환경	높은 임금

[07~08] 다음 지도는 세계의 주요 인구 이동을 나타낸 것이다. 이를 보고 물음에 답하시오.

→ A → B → C
(디르케 세계 지도, 2015/신편 지리 자료, 2016)

07 지도에 표시된 A, B 인구 이동의 유형을 바르게 연결한 것은?

	A	B
①	정치적 이동	종교적 이동
②	환경적 이동	정치적 이동
③	경제적 이동	강제적 이동
④	강제적 이동	일시적 이동
⑤	종교적 이동	환경적 이동

08 지도에 표시된 C 인구 이동의 주된 원인으로 옳은 것은?

① 내전이나 분쟁을 피하기 위해서 이동했다.
② 문화적 차이로 인한 갈등을 피하고자 이동했다.
③ 단기 관광 및 휴양을 위해 일시적으로 이동했다.
④ 임금 수준이 더 높은 일자리를 찾기 위해 이동했다.
⑤ 지구 온난화로 인한 환경 문제를 피하기 위해 이동했다.

09 다음 지도의 A 지역에서 나타날 수 있는 현상을 **보기**에서 고른 것은?

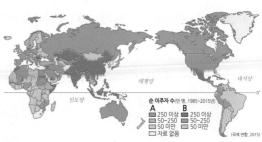

순 이주자 수(만 명, 1985~2015년)
A   B
250 이상   250 이상
50~250   50~250
50 미만   50 미만
자료 없음
(국제 연합, 2015)

보기

ㄱ. 다른 지역에 비해 청장년층의 비중이 낮아진다.
ㄴ. 이주민에 의해 다양한 문화적 경관이 형성되기도 한다.
ㄷ. 기술자와 고급 인력이 유출되어 노동력 부족 현상이 나타나기도 한다.
ㄹ. 일자리를 두고 내국인과 외국인 근로자 사이에 갈등이 나타날 수 있다.

① ㄱ, ㄴ   ② ㄱ, ㄷ   ③ ㄴ, ㄷ
④ ㄴ, ㄹ   ⑤ ㄷ, ㄹ

10 다음 지도는 어떤 지역의 인구 이동 경로를 나타낸 것이다. 이에 대한 설명으로 옳지 않은 것은?

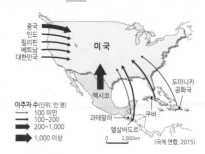

이주자 수(단위: 만 명)
100 미만
100~200
200~1,000
1,000 이상
0   2,000km
(국제 연합, 2015)

① 멕시코는 임금이 낮고, 일자리가 부족한 편이다.
② 미국은 청장년층의 유입으로 저임금 노동력 확보가 수월하다.
③ 미국의 높은 임금과 풍부한 일자리가 흡인 요인으로 작용하고 있다.
④ 미국에서는 이주민과 기존 주민 간 문화적 차이로 인한 갈등이 줄어든다.
⑤ 미국으로 이주한 사람들이 고국으로 보내는 돈은 가족과 고국의 경제 발전에 도움이 된다.

03 인구 문제

11 다음 그래프는 세계의 인구 성장을 나타낸 것이다. 이에 대한 설명으로 옳은 것은?

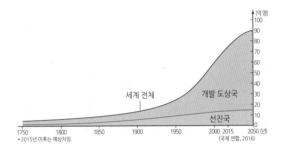

① 선진국은 인구가 급격하게 성장했다.
② 개발 도상국은 인구가 완만하게 성장했다.
③ 19세기에 들어 세계 인구의 증가 속도는 점차 느려지고 있다.
④ 개발 도상국은 출생률은 높지만 사망률이 낮아져 인구가 증가했다.
⑤ 선진국은 경제가 발전하면서 인구 부양력이 낮아져 인구 증가 속도가 정체되고 있다.

12 다음과 같은 인구 구조를 가진 지역에서 나타날 수 있는 인구 문제를 보기에서 고른 것은?

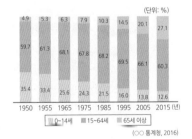

> 보기
> ㄱ. 노인 인구를 부양하기 위한 세금 부담이 커진다.
> ㄴ. 식량 및 자원 부족으로 빈곤 문제가 나타나고 있다.
> ㄷ. 경제 활동에 필요한 노동력을 확보하는 데 어려움이 있다.
> ㄹ. 대도시의 인구 과밀로 주택 부족, 교통 혼잡 등이 발생한다.

① ㄱ, ㄴ   ② ㄱ, ㄷ   ③ ㄴ, ㄷ
④ ㄴ, ㄹ   ⑤ ㄷ, ㄹ

13 다음 그래프는 어느 국가들의 합계 출산율을 나타낸 것이다. 제시된 국가에서 시행해야 할 인구 정책으로 적절하지 않은 것은?

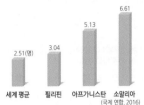

① 가족계획 사업
② 실버산업 육성
③ 식량 증산 정책
④ 산아 제한 정책
⑤ 농촌 생활 환경 개선

14 다음 그래프는 어느 국가의 합계 출산율 변화를 나타낸 것이다. A 시기에 이루어진 정책으로 적절한 것을 보기에서 고른 것은?

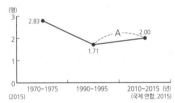

> 보기
> ㄱ. 농촌의 생활 환경 개선
> ㄴ. 출산·육아 보조금 지급
> ㄷ. 양성평등의 사회적 분위기 조성
> ㄹ. 노인 일자리 창출과 정년 연장

① ㄱ, ㄴ   ② ㄱ, ㄹ   ③ ㄴ, ㄷ
④ ㄴ, ㄹ   ⑤ ㄷ, ㄹ

15 다음 그래프는 우리나라의 65세 이상 인구 비율 변화를 나타낸 것이다. 이러한 현상이 지속될 경우 나타날 수 있는 문제점과 해결책을 각각 두 가지씩 서술하시오.

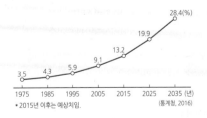

_____

_____

01 ● 세계 여러 도시의 다양성
02 ● 도시 내부 공간의 다양성

1 도시의 의미와 특징

더알기 1 도시의 의미와 기능 ─ 도시는 인간의 대표적인 거주 공간으로 세계 인구의 절반가량이 도시에 거주하고 있다.

(1) **도시의 의미** 인구 밀집 지역으로, 사회적·경제적·정치적 활동의 중심지

(2) **기능** 생활 편의 시설 집중 ➡ 주변 지역에 상품과 서비스를 제공

자료1 2 도시의 특징

(1) **토지 이용**

① 높은 인구 밀도 ➡ 좁은 지역에 많은 사람들이 모여 살고 있음

② 고층 빌딩 등 ❶집약적 토지 이용 ➡ 한정된 공간을 효율적으로 활용할 수 있음

(2) ❷**산업** 서비스업, ❸제조업 발달 ➡ 2·3차 산업의 비중이 높음

(3) **경관** 건축물, 도로와 같은 인문 경관이 많이 나타남

> **시험에 꼭 나오는 개념 체크**
> 1. ＿＿는 인구가 밀집한 곳으로 사회적·경제적·정치적 활동의 중심지이다.
> 2. 도시는 촌락보다 2·3차 산업에 종사하는 인구의 비중이 높다. (○, ×)
>
> 답 1. 도시 2. ○

2 유명하거나 매력적인 도시들

1 세계적으로 유명해진 도시의 요인

(1) **긍정적 요인** 쾌적한 환경, 복지 제도 발달, 풍부한 문화유산 등

(2) **부정적 요인** 인구 과밀, 극심한 ❺빈부 격차, 높은 범죄율 등

2 매력적인 도시의 요인 거주하는 시민이 살고 싶은 도시, 행복을 느끼는 도시 등

자료2 3 다양한 특징을 가진 세계적인 도시들 ─ 세계 경제, 문화, 정치의 중심지로 세계적 영향력을 가진 금융 기관, 다국적 기업의 본사, 각종 국제기구의 활동이 활발히 이루어지는 도시이다.

특징	대표 도시	내용
세계 경제의 중심지 (세계 도시)	• 미국의 뉴욕 • 영국의 런던 • 일본의 도쿄	다국적 기업의 본사, 국제기구, 국제 금융 기관 입지, 자본과 정보 집중
쾌적한 생태 환경	• 독일의 프라이부르크 • 브라질의 쿠리치바	친환경 에너지 사용, 대중교통 발달
오랜 역사와 문화 유적	• 그리스의 아테네 • 튀르키예의 이스탄불 • 중국의 베이징, 시안	오랜 세월에 걸쳐 형성된 역사 유적이 많은 도시
다양한 자연환경	• 캐나다의 옐로나이프 • 에콰도르의 키토	• 북극권에 위치하여 오로라 감상 • 연중 온화한 열대 고산 기후
독특한 경관	• 이탈리아의 베네치아 • 말리의 팀북투	• ❻석호에 건설된 물의 도시 • 흙으로 지어진 건물 경관
부정적 요인	• 아프가니스탄의 카불 • 나이지리아의 라고스	인구 과밀, 극심한 빈부 격차, 내전

> **시험에 꼭 나오는 개념 체크**
> 1. 뉴욕, 런던, 도쿄는 세계 경제의 중심지로 ＿＿ ＿＿로 불린다.
> 2. 프라이부르크, 쿠리치바는 오랜 역사와 문화 유적지로 유명한 도시이다. (○, ×)
>
> 답 1. 세계 도시 2. ×

더알기 도시의 기준

국가	최소 인구(명)
우리나라	20,000
미국	2,500
오스트레일리아	1,000
스웨덴	200

도시의 기준은 나라마다 다르며, 일반적으로 인구를 기준으로 구분한다.

자료1 도시와 ❹촌락의 비교

▲ 도시　　　　　　▲ 촌락

구분	도시	촌락
인구 밀도	높음	낮음
주요 산업	2·3차 산업	1차 산업
토지 이용	도로, 공장, 아파트 등 ➡ 집약적 이용	농경지, 임야 등 ➡ 조방적 이용
공통점	인간의 거주 공간, 취락으로 이용	

자료2 세계의 유명하거나 매력적인 도시

세계적으로 유명한 도시 중에는 세계 경제의 흐름을 주도하는 도시도 있고, 관광지나 아름다운 도시 경관으로 알려진 도시도 있다. 반면 극심한 교통 혼잡이나 빈곤과 같은 부정적 요인이 도시를 유명하게 만들기도 한다.

용어 쏙쏙

❶ 집약적(集-모일, 約-묶을, 的-과녁): 모아서 집중하는 것
❷ 산업: 생산을 목적으로 하는 사업으로 농업, 어업, 임업, 광업, 공업, 서비스업 등을 말함
❸ 제조업(製-지을, 造-지을, 業-일): 물품을 대량으로 만드는 사업
❹ 촌락(村-마을, 落-떨어질): 농림·수산업 등 1차 산업이 주를 이루는 거주 지역으로 도시에 대응하는 개념
❺ 빈부 격차: 부자와 가난한 사람 간의 격차
❻ 석호(潟-개펄, 湖-호수): 모래가 만의 입구를 막아 바다와 분리되어 생긴 호수

3 도시 중심부와 주변 지역의 경관

1 도시 중심부의 경관

(1) **도시 경관의 의미** 건축물, 도로의 형태, 토지 이용 모습과 같이 겉으로 드러나는 도시의 모습

(2) **❶도심**

① 도시 중심부에 위치한 지역

② 정부 기관, 기업의 본사, 주요 금융 기관, 백화점 등이 밀집한 중심 업무 지구(CBD) 형성 ┐중추 관리 기능을 비롯하여 상업 기능 및 고급 서비스 기능이 밀집된 지역┘

③ 높은 ❷접근성·❸지가 ➡ 업무용 고층 건물 밀집, ❹인구 공동화 현상 발생 [자료3]

2 도시 중심부 바깥쪽의 경관

부도심	• 도심과 주변 지역을 연결하는 교통이 편리한 곳에 형성 • 도심의 상업·업무 기능을 분담 • 지가가 높으며, 도심과 유사한 경관이 나타남
중간 지역	• 도심과 주변 지역 사이에 위치 • 상업·업무 기능, 공업 기능, ❺주거 기능 혼재
주변 지역	• 주거 및 공업 기능 분포 • 도시와 농촌의 모습이 혼재 • ❻개발 제한 구역으로 지정되기도 함
위성 도시	• 대도시 주변에 위치 • 대도시의 기능 중 일부를 분담

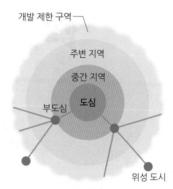

▲ 도시 내부 구조 모식도

4 도시 내부의 지역 분화

1 도시 내부 기능 지역의 분화

교과서마다 달라요		
도시 내부 기능 지역의 분화	동아	도시 내부 기능 지역의 분화
	미래엔, 비상	도시 내부의 지역 분화
	금성	지역 분화

도시 발달 초기		도시 성장
상업 및 업무 기능, 주거 기능, 공업 기능 등이 뒤섞여서 분포	➡	유사한 기능별로 모여서 도시 공간 구분

2 도시 내부 기능 지역의 분화 원인 [자료4]

(1) **경제적 측면** 접근성과 지가의 차이

① 접근성이 좋고 지가가 높은 도심 ➡ 상업 및 업무 기능 집중

② 비교적 저렴하고 넓은 토지가 있는 주변 지역 ➡ 주거 기능, 공업 기능 입지

(2) **그 외 원인** 소득 수준에 따른 계층 차이, 민족이나 인종 차이, 식민 지배와 같은 역사적 경험, 개발 정책 등

---

❶ 도심(都-도읍, 心-중심): 도시의 중심
❷ 접근성: 한 장소에서 다른 장소로 도달하기에 편리한 정도
❸ 지가(地-땅, 價-값): 토지의 가격 또는 경제적 가치
❹ 인구 공동화: 도심에서 낮에는 쇼핑, 업무 등으로 인구가 집중되지만, 밤에는 귀가,

퇴근 등으로 인해 인구가 없고 텅 비게 되는 상태
❺ 주거(住-살, 居-살): 어떤 곳에 자리 잡고 삶
❻ 개발 제한 구역: 도시의 무질서한 확산 방지와 도시의 자연환경 보전을 위하여 도시 개발을 제한하도록 지정한 구역

[자료3] 인구 공동화 현상

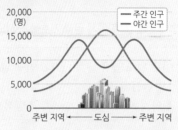

도심은 낮 시간에는 업무나 쇼핑을 위해 이동해 온 사람들로 인구 밀도가 높게 나타나지만, 주거 기능이 없어 밤에는 한산해지는 인구 공동화 현상이 나타난다.

[더 알기] 집심 현상과 이심 현상

접근성이 좋고 지가가 높은 도심에 높은 접근성을 필요로 하고 비싼 지가를 지불할 수 있는 업무 기능, 상업 기능이 집중하는 현상을 집심 현상이라고 한다. 비교적 지가가 저렴한 주변 지역으로 주택이나 학교, 공장 등이 빠져나가는 현상을 이심 현상이라고 한다.

[자료4] 서울의 지가와 지역 분화

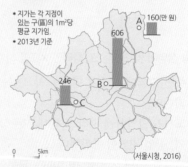

* 지가는 각 지점이 있는 구(區)의 1m²당 평균 지가임.
* 2013년 기준

서울에서 가장 접근성이 좋은 도심(B)은 지가도 높게 형성되어 대기업의 본사, 금융 기관, 백화점 등이 밀집해 있다. 부도심(C)은 도심의 상업·업무 기능을 분담하고 있다. 주변 지역(A)에는 대규모 아파트 단지가 입지한 주거 지역이 나타난다.

01 도시의 특징을 보기에서 골라 기호를 쓰시오.

보기
┌─────────────────────────────────────┐
│ ㄱ. 인구 밀도 높음   ㄴ. 인구 밀도 낮음 │
│ ㄷ. 1차 산업에 종사   ㄹ. 2·3차 산업에 종사 │
│ ㅁ. 집약적 토지 이용   ㅂ. 조방적 토지 이용 │
└─────────────────────────────────────┘

02 다음 특징에 해당하는 도시를 연결하시오.

(1) 생태 환경 도시 •   • ㉠ 그리스의 아테네
(2) 풍부한 문화유산 •   • ㉡ 에콰도르의 키토
(3) 열대 고산 기후 지역 •   • ㉢ 브라질의 쿠리치바

03 다음 중 알맞은 말에 ○표를 하시오.

(1) 빈부 격차, 인구 과밀, 높은 범죄율은 도시가 유명해지는 (긍정적, 부정적) 요인이다.
(2) 금융 기관, 다국적 기업의 본사, 국제기구 등이 집중된 (세계 도시, 거대 도시)에는 뉴욕, 런던, 도쿄 등이 있다.

04 다음 글의 ㉠~㉢에 알맞은 말을 쓰시오.

┌─────────────────────────────────────┐
│   도시 중심부에 위치하여 도시 내에서 접근성과 지가 │
│ 가 가장 높은 지역은 (㉠)이다. (㉠)은/는 │
│ 정부 기관, 대기업의 본사, 금융 기관 등 상업 및 업무 │
│ 기능이 모여 (㉡)을/를 형성하고 있으며, 주거 기 │
│ 능 약화로 낮과 밤의 인구 밀도 차이가 큰 (㉢) │
│ 현상이 나타난다. │
└─────────────────────────────────────┘

㉠ _____ ㉡ _____ ㉢ _____

05 다음 설명이 맞으면 ○표, 틀리면 ×표를 하시오.

(1) 주변 지역에는 주거 단지와 학교, 녹지, 공장 등이 입지한다. ( )
(2) 도시가 발달함에 따라 도시 내부는 상업 지역, 주거 지역, 공업 지역이 통합된다. ( )
(3) 도심과 주변 지역을 연결하는 교통이 편리한 곳에는 도심의 기능을 분담하는 부도심이 형성된다. ( )

06 다음 빈칸에 알맞은 말을 쓰시오.

(1) 도시 내부에서 기능 지역이 분리되는 이유는 접근성과 ( )의 차이 때문이다.
(2) 도시의 주변 지역에는 도시의 무질서한 팽창을 막기 위한 ( )이/가 지정되기도 한다.

01 도시에 대한 설명으로 옳은 것은?
중 난이도

① 토지 이용이 조방적으로 이루어진다.
② 세계 인구의 절반가량이 거주하고 있다.
③ 1차 산업에 종사하는 사람의 비중이 높다.
④ 도시가 성장할수록 인구 밀도가 낮아진다.
⑤ 농업의 중심지로 주변 지역에 식량을 공급한다.

02 다음 스카이라인과 랜드마크에 해당하는 도시에 대한 설명으로 옳은 것을 보기에서 고른 것은?
상 난이도

보기
┌─────────────────────────────────────┐
│ ㄱ. 세계 경제의 중심지 역할을 하는 세계 도시이다. │
│ ㄴ. 다국적 기업의 본사와 국제기구가 집중되어 있다. │
│ ㄷ. 지중해 무역의 중심지로 석호에 건설된 물의 도시이다. │
│ ㄹ. 유럽과 아시아를 잇는 교역의 중심 도시로 성장하였다. │
└─────────────────────────────────────┘

① ㄱ, ㄴ   ② ㄱ, ㄷ   ③ ㄴ, ㄷ
④ ㄴ, ㄹ   ⑤ ㄷ, ㄹ

03 다음 글의 빈칸에 들어갈 도시로 옳은 것은?
중 난이도

┌─────────────────────────────────────┐
│ ( )은/는 인도양과 태평양을 연결하는 길목에 │
│ 위치하여 교역의 중심지로 발전한 도시 국가이다. │
└─────────────────────────────────────┘

① 두바이   ② 시드니   ③ 싱가포르
④ 암스테르담   ⑤ 케이프타운

04 다음 글의 밑줄 친 부분에 해당하는 요인으로 옳지 않은 것은?
하 난이도

┌─────────────────────────────────────┐
│   유명한 도시는 풍부한 문화유산, 화려한 건축물, 쾌적 │
│ 한 환경을 자랑하는 도시일 수 있다. 이러한 긍정적 요 │
│ 인 외에도 부정적 요인으로 유명한 도시도 있다. │
└─────────────────────────────────────┘

① 부정부패   ② 교통 발달
③ 인구 과밀   ④ 높은 범죄율
⑤ 높은 빈부 격차

05 다음 지도의 A~E 도시에 대한 설명으로 옳지 않은 것은?

(상)
난이도

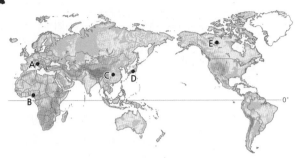

① A – 석호에 건설된 물의 도시이다.
② B – 관광업, 항공, 금융업의 중심지로 성장하였다.
③ C – 오랜 세월에 걸쳐 형성된 역사 유적이 많다.
④ D – 세계 도시로, 자본과 정보가 집중되고 있다.
⑤ E – 오로라를 감상하려는 관광객들이 많이 찾는다.

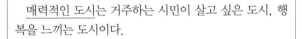

● 다음 설명에 해당하는 도시를 지도에서 고르면? 답 ③

중국에서 가장 잘 보존된 성벽을 볼 수 있는 역사와 문화의 도시이다.

① A   ② B   ③ C   ④ D   ⑤ E

06 다음 글의 밑줄 친 도시의 특징으로 옳지 않은 것은?

(하)
난이도

매력적인 도시는 거주하는 시민이 살고 싶은 도시, 행복을 느끼는 도시이다.

① 높은 빈부 격차   ② 복지 제도 발달
③ 쾌적한 생태 환경   ④ 높고 화려한 건축물
⑤ 오랜 역사와 풍부한 문화유산

07 다음 글의 빈칸에 들어갈 도시로 옳은 것은?

(중)
난이도

도시가 입지하고 있는 지역의 기후가 그 도시의 매력이 되기도 한다. (   )은/는 열대 고산 기후 지역에 위치하여 일 년 내내 온화한 날씨가 나타나 미국의 은퇴자들이 살고 싶은 도시로 꼽으면서 유명해졌다.

① 영국의 런던   ② 튀르키예의 이스탄불
③ 에콰도르의 키토   ④ 이탈리아의 베네치아
⑤ 오스트레일리아의 시드니

08 다음 도시들의 공통점으로 가장 적절한 것은?

(중)
난이도

• 중국의 베이징
• 그리스의 아테네
• 튀르키예의 이스탄불

① 생태 환경 도시
② 국제 금융·업무 도시
③ 역사 유적이 많은 도시
④ 자연과 조화를 이룬 도시
⑤ 세계적인 산업·물류의 중심지

● 오랜 역사와 문화 유적으로 유명해진 도시는? 답 ②

① 뉴욕   ② 로마   ③ 시드니
④ 싱가포르   ⑤ 프라이부르크

09 다음 설명에 해당하는 지역을 그림의 A~E에서 고르면?

(중)
난이도

• 인구 공동화 현상이 나타난다.
• 도시 내에서 접근성과 지가가 가장 높다.
• 정부 기관, 기업의 본사, 백화점 등이 분포한다.

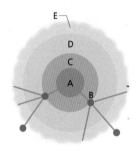

① A   ② B   ③ C   ④ D   ⑤ E

● A~E 중 중심 업무 지구(CBD)에 해당하는 지역으로 옳은 것은? 답 ①

① A   ② B   ③ C   ④ D   ⑤ E

10 다음 글의 빈칸에 들어갈 용어로 옳은 것은?

(중)
난이도

도시의 중심부는 낮에는 업무나 쇼핑을 위해 이동해 온 사람들로 높은 인구 밀도를 보이지만, 주거 기능이 약해 밤에는 한산해지는데, 이를 (   )(이)라고 한다.

① 도시화   ② 이촌 향도   ③ 집심 현상
④ 이심 현상   ⑤ 인구 공동화 현상

11 다음 A 지역에 대한 설명으로 옳은 것을 보기 에서 고른 것은?

(중)
난이도

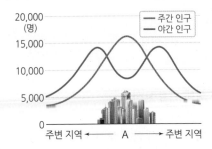

20,000
(명)

15,000

10,000

5,000

0

― 주간 인구
― 야간 인구

주변 지역 ←――― A ―――→ 주변 지역

보기
ㄱ. 출퇴근 시간 교통 체증이 자주 발생한다.
ㄴ. 높은 인구 밀도로 주거 기능이 발달하였다.
ㄷ. 주간과 야간의 인구 밀도가 큰 차이를 보인다.
ㄹ. 상업 및 업무 기능의 이심 현상이 두드러진다.

① ㄱ, ㄴ ② ㄱ, ㄷ ③ ㄴ, ㄷ
④ ㄴ, ㄹ ⑤ ㄷ, ㄹ

12 (가)~(다)에 해당하는 도시 내부 지역을 바르게 연결한 것은?

(중)
난이도

(가) 교통이 편리한 곳으로 도심의 기능을 분담한다.
(나) 도시의 무질서한 팽창을 막기 위해 지정되었다.
(다) 도심에 가까우며 주택, 상가, 공장이 뒤섞여 있다.

	(가)	(나)	(다)
①	부도심	주변 지역	위성 도시
②	부도심	개발 제한 구역	중간 지역
③	부도심	주변 지역	중간 지역
④	위성 도시	개발 제한 구역	부도심
⑤	위성 도시	개발 제한 구역	중간 지역

13 도시 내부 기능 지역의 분화에 대한 설명 중 옳지 <u>않은</u> 것은?

(상)
난이도

① 주거 기능은 지가가 높은 지역으로 집중된다.
② 상업 기능은 접근성이 좋은 곳에 위치하려고 한다.
③ 도심은 높은 지가를 지불할 수 있는 기능이 남게 된다.
④ 공업 기능은 넓은 토지를 확보할 수 있는 곳으로 이동한다.
⑤ 인종, 도시 계획, 소득에 따라서 도시 지역 분화가 나타나기도 한다.

14 다음 글의 ㉠, ㉡에 들어갈 내용을 바르게 연결한 것은?

(중)
난이도

도심은 도시 내부에서 (㉠)이/가 가장 높기 때문에 지가가 매우 높다. 따라서 이 지역에는 이러한 지가를 지불할 수 있는 (㉡) 기능이 남게 된다.

	㉠	㉡		㉠	㉡
①	접근성	상업·업무	②	인구 밀도	상업·업무
③	접근성	주거·공업	④	인구 밀도	주거·공업
⑤	고층 건물	상업·업무			

15 다음 지도의 A 지역에서 쉽게 볼 수 있는 경관은?

(중)
난이도

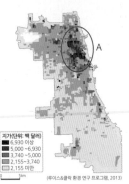

지가(단위: 백 달러)
■ 6,930 이상
■ 5,000~6,930
■ 3,740~5,000
■ 2,155~3,740
□ 2,155 미만

0 5km

(루이스&클락 환경 연구 프로그램, 2013)

① 대규모 공장
② 원예 농업 시설
③ 저층의 주택 단지
④ 업무용 고층 빌딩
⑤ 창고와 같은 물류 센터

같은 주제 다른 문제
● A 지역에 입지하기 유리한 건물은? 답 ⑤
① 농장 ② 창고 ③ 주택 ④ 공장 ⑤ 백화점

16 도심에서 주변 지역으로 이동하며 나타나는 변화로 옳은 것을 보기 에서 고른 것은?

(하)
난이도

보기
ㄱ. 지가가 낮아진다.
ㄴ. 접근성이 좋아진다.
ㄷ. 녹지 면적이 늘어난다.
ㄹ. 건물의 높이가 높아진다.

① ㄱ, ㄴ ② ㄱ, ㄷ ③ ㄴ, ㄷ
④ ㄴ, ㄹ ⑤ ㄷ, ㄹ

01 다음 글의 빈칸에 공통으로 들어갈 말을 쓰시오.

> (   )은/는 인구 밀도가 높은 곳으로, 사회적·경제적·정치적 활동의 중심지이다. (   )에 사는 사람들은 주로 서비스업, 제조업에 종사하며 주변 지역에 재화와 서비스를 공급한다.

---

02 다음 사진에 나타난 도시의 공통점을 서술하시오.

▲ 로마

▲ 쿠스코

▲ 아테네

▲ 이스탄불

---

03 다음 글을 읽고 물음에 답하시오.

> 오늘날 교통과 통신 기술의 발달로 세계의 주요 도시들 간 상호 작용이 활발해지고 있다. 특히, 뉴욕, 런던, 도쿄는 세계 경제, 문화, 정치의 중심지로 세계적 영향력을 가지는 (㉠   )이다.

(1) ㉠에 들어갈 용어를 쓰시오.

---

(2) 밑줄 친 중심지의 역할을 구체적으로 두 가지 서술하시오.

---

04 다음 글의 빈칸에 들어갈 말을 쓰시오.

> 도심과 주변·지역 사이 교통이 편리한 곳에는 도심의 기능을 분담하는 (   )이/가 형성된다. 이곳에는 쇼핑몰, 업무용 사무실, 고급 서비스 기능이 밀집한 경관이 나타난다.

---

05 다음 글의 밑줄 친 현상이 나타나는 이유를 경제적 측면에서 서술하시오.

> 도시는 처음 형성될 때 여러 기능이 뒤섞여 분포하지만, 도시가 성장함에 따라 비슷한 기능끼리 모이면서 공간적으로 구분되기 시작한다. 유사한 기능별로 도시 공간이 나누어지는 것을 <u>도시 내부 기능 지역의 분화</u>라고 한다.

---

06 다음 글을 읽고 물음에 답하시오.

> 도시 중심부는 지가가 높고, 접근성이 좋아 중심 업무 기능과 전문 상업 기능이 집중한다. 그 결과 주거 기능이 약화되어 낮과 밤의 인구 밀도 차이가 큰 (㉠   )이/가 나타난다.

(1) ㉠에 들어갈 현상을 쓰시오.

---

(2) ㉠으로 인해 예상 가능한 도시 문제를 서술하시오.

03 ● 선진국과 개발 도상국의 도시
04 ● 살기 좋은 도시

❶ 선진국과 개발 도상국의 도시화

1 도시화의 의미와 특징

(1) 도시화의 의미 도시의 수가 많아지거나, 도시 인구의 비율이 높아지고, 도시적 생활 양식이 ❶보편화되는 과정

> 촌락과 구별되는 독특한 생활 모습으로, 다양한 문화 생활, 공동 주택, 광범위한 생활권, 다양한 직업 등의 특징이 나타난다.

(2) 도시화의 특징

[더 알기] ① 세계의 ❷도시화율: 1950년 약 30% ➡ 2010년 약 50% 이상

② 일반적으로 개발 도상국보다 선진국에서 높게 나타남

[자료 1] **(3) 도시화 단계**

초기 단계	• 도시화율 약 25% 미만 • 농업 중심 사회, 도시화율이 낮고, 도시화의 진행 속도가 느림
가속화 단계	• 도시화율 약 25~70% • 산업화가 빠르게 진행, 이촌 향도로 급속한 도시 인구 증가
종착 단계	• 도시화율 약 70% 이상 • 도시의 성장 속도가 느려짐, 대도시권 확대, ❸역도시화 현상이 나타나기도 함

[자료 2] **2 선진국과 개발 도상국의 도시화 과정**

구분	선진국	개발 도상국
진행 과정	• 산업 혁명 이후 200여 년 동안 서서히 진행 • 촌락에서 도시로의 인구 이동 - 이촌 향도	• 제2차 세계 대전 이후 빠른 속도로 진행 • 도시로의 인구 이동 + 높은 출산율 ➡ 폭발적인 인구 증가
배경	제조업 성장에 따라 생겨난 새로운 일자리를 찾아 도시로 인구 이동 ➡ 도시 경제 발달	제조업이 성장하지 못한 상태에서 촌락 생활의 어려움 때문에 도시로 인구 이동 ➡ 도시 난개발
특징	오래된 도시화 역사 ➡ 오늘날 도시화 정체 또는 역도시화 현상이 나타남	짧은 도시화 역사 ➡ ❹수위 도시에 많은 인구 집중

[시험에 꼭 나오는 개념 체크]
1. 현재 세계 인구의 절반 이상이 도시에 거주한다. (○, ×)
2. 도시화 과정 중 가장 급속한 도시화가 이루어지는 단계는 ___ ___ 단계이다.

답 1. ○ 2. 가속화

❷ 선진국과 개발 도상국의 도시 문제

1 선진국의 도시 문제

(1) 원인 도시화의 역사기 오래되어 시설 ❺노후화, 인구 감소로 인한 문제 발생

(2) 도시 문제

① 도심 지역에 불량 주거 지역 형성 ➡ 높은 범죄율, 노숙자 문제

② 인구 공동화 현상 ➡ 교통 체증 발생

③ 제조업 쇠퇴 ➡ 도시 경제 침체

2 개발 도상국의 도시 문제

(1) 원인 급격한 도시화로 짧은 시기에 도시의 ❻수용 능력을 넘어서는 인구 집중

[더 알기] 도시화율

$$도시화율(\%) = \frac{도시 거주 인구}{전체 인구} \times 100$$

도시화의 정도는 전체 인구 중에서 도시에 거주하는 인구의 비율인 도시화율로 나타낸다. 도시화율을 통해 특정 지역 또는 국가의 산업 및 경제 발전 수준을 파악할 수 있다.

[자료 1] 도시화 곡선

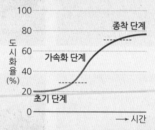

도시화 곡선이란 도시화 과정을 나타낸 'S'자 형태의 곡선으로, 곡선의 기울기를 통해 도시화의 진행 속도를 파악할 수 있다. 곡선의 기울기가 급할수록 도시화가 빠르게 진행됨을 의미한다.

[자료 2] 선진국과 개발 도상국의 도시화 곡선

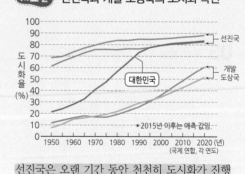

*2015년 이후는 예측 값임.

선진국은 오랜 기간 동안 천천히 도시화가 진행되어 도시화 곡선의 기울기가 완만하다. 그에 비해 개발 도상국은 짧은 기간 동안 도시화가 진행되어 도시화 곡선의 기울기가 급하다. 일반적으로 선진국의 도시화율이 개발 도상국보다 높다.

용어 쏙쏙

❶ 보편화(普 - 넓을, 遍 - 두루, 化 - 될): 널리 일반인에게 퍼짐
❷ 도시화율: 도시화 정도를 나타내는 지표로 전체 인구 중에 도시에 거주하는 인구의 비율
❸ 역도시화: 도시의 인구가 촌락으로 다시 이동하여 도시 인구가 줄어드는 현상
❹ 수위(首 - 머리, 位 - 자리) 도시: 첫째가는 자리나 우두머리가 되는 도시, 일반적으로 한 나라에서 가장 인구가 많은 도시를 말함
❺ 노후(老 - 늙을, 朽 - 썩을): 시설이나 설비 등이 낡아서 기능이 뒤떨어지는 것
❻ 수용 능력: 삶의 질을 유지하는 수준에서 일정 지역이 지탱할 수 있는 인구 밀도

(2) 도시 문제

① 주택, 상하수도 시설과 같은 도시 기반 시설 부족

② 도로 정비 불량 → 교통 혼잡 발생 ┐ 개발 도상국에서는 무허가 불량 주택이 도시 문제가 되고 있다.

③ 도시 내 빈부 격차, 실업, 범죄 문제 심각

1. 선진국은 도시화의 역사가 오래되어 도심 지역 노후화 문제가 발생한다. (○, ×)
2. 개발 도상국은 도시 내 _ _ _ _, 실업, 범죄 문제가 발생하고 있다.

정답 1. ○ 2. 빈부 격차

③ 살기 좋은 도시

1 살기 좋은 도시   거주민의 삶의 질이 높은 도시

(1) 삶의 질의 평가 기준   └ 개인의 삶 또는 개인이 주변 환경에 대해 갖는 만족도를 의미한다.

① 주관적 측면: 도시에서 느끼는 행복감, 생활의 편리성 등

② 객관적 측면: 소득, 경제적 발전 등

(2) 삶의 질이 높은 도시   자연환경이 쾌적한 친환경 도시, 도시 문제를 신속하게 해결할 수 있는 도시, 사회적 ❶소외 계층이 생활하기 편리한 도시, 다양한 문화 요소가 ❷공존하는 도시

2 도시 문제의 해결

(1) 도시 문제와 삶의 질

① 인구 ❸밀집과 무분별한 개발 → 삶의 질 하락

② 도시민들의 생활 수준과 삶의 질에 대한 기대 상승 → 도시 문제 해결 의지 높아짐

(2) 도시 문제와 해결 방안   지방 자치 단체와 지역 주민, 정부의 참여와 실천 필요

구분	도시 문제	해결 방안
주택 문제	주택 부족, 무허가 주택 및 빈민촌 형성 등	도시에 집중된 기능과 인구 분산, ❹공공 주택 건설, 노후화된 지역 재개발 ┐ 해당 지역의 낡은 주택을 철거하고, 상가, 건물 등을 새로 건설하는 사업
교통 문제	교통 혼잡, 주차 시설 부족 등	도심 진입 차량에 ❺혼잡 통행료 부과, 대중교통과 자전거 이용 장려
환경 문제	대기 오염, 수질 오염, 쓰레기 문제 등	쓰레기 분리수거와 재활용 정책, ❻신·재생 에너지 활용, 오염된 하천을 생태 하천으로 복원

3 살기 좋은 도시의 조건

물리적 환경	• 주택, 도로, 대중교통 체계가 편리하게 갖추어짐 • 쾌적한 자연환경
사회·경제적 조건	• 풍부한 일자리와 활발한 경제 활동 • 높은 수준의 교육, 의료, 보건, 문화, 주거 환경, 행정 서비스 제공
사회·문화적 다양성 인정	경제적 수준, 성별, 연령, ❼인종, 종교에 따른 차별 없음
사례	• 캐나다의 밴쿠버: 차별 없는 다문화 도시, 환경 우선 정책, 다양한 사회 보장 제도 실시 • 오스트리아의 빈: 문화와 예술의 도시, 편리한 도시 교통 시스템, 매우 낮은 범죄 발생률 • 우리나라의 순천: 갈대숲과 갯벌, 철새가 어우러진 생태 관광지, 지역 경제 활기

1. 살기 좋은 도시는 경제력만으로 결정된다. (○, ×)
2. 살기 좋은 도시는 사회·문화적 _ _ _ _ 을 인정하는 포용성을 지녀야 한다.

정답 1. × 2. 다양성

자료3 쿠리치바의 도시 문제 해결을 위한 노력

▲ 원통형 버스 정류장

▲ 쿠리치바의 주택가

정책	내용
교통	대중교통 이용 확대 - 버스 전용 차선, 버스 체계 정비 - 서비스 질 개선
교육 및 복지	• 빈곤 지역 아이들에게 방과 후 교실 지원 • 식사와 의료 지원 확대
환경	• 쓰레기 구매 프로그램 정책 • 재활용 센터 활성화
주택	스스로 살 집을 지을 수 있도록 지원

더알기 울산의 태화강 살리기 사업

1960년대 이후 울산광역시에 대규모 산업 단지가 조성된 이후 폐수와 쓰레기로 인해 태화강의 수질이 급격하게 악화되었다. 악취와 물고기의 떼죽음 등 심각한 환경 문제로 주민들의 불편이 커지면서 울산광역시와 시민, 환경 단체들이 함께 '태화강 살리기 사업'을 본격적으로 추진하였다. 산업 단지와 주거지에서 태화강으로 유입되는 폐수를 차단하고, 강바닥의 오염된 흙을 제거했으며 지속적인 시민들의 감시와 청소 등을 통해 태화강을 살리는 데 성공하였다.

자료4 살기 좋은 도시의 조건

▲ 오스트레일리아 캔버라

▲ 우리나라 수도권

경제 협력 개발 기구(OECD)는 세계 여러 지역의 삶의 질을 비교하기 위해 소득, 건강, 안전, 주거, 삶의 만족도, 서비스 접근성, 시민 참여, 교육, 일자리, 공동체, 환경 분야에 점수를 부여하여 평가한다. 그 결과 가장 높은 점수를 받은 도시로 오스트레일리아의 캔버라가 선정되었다.

용어쏙쏙
❶ 소외 계층: 어떤 무리에서 따돌리거나 멀리하는 계층
❷ 공존(共-한가지, 存-있을): 다른 문화나 현상이 함께 존재함
❸ 밀집(密-빽빽할, 集-모을): 빈틈없이 빽빽하게 모여 있음
❹ 공공 주택: 공공 기관이 만드는 집합 주택
❺ 혼잡 통행료: 교통 혼잡 지역을 통행하는 차량에서 통행료를 거두는 제도
❻ 신·재생 에너지: 화석 연료를 변환하여 이용하거나 햇빛, 물, 지열 등 재생 가능한 에너지를 변환시켜 이용하는 에너지, 태양 에너지, 지열 에너지, 해양 에너지 등
❼ 인종(人-사람, 種-씨): 사회적 또는 생물학적으로 구분되는 인간의 무리

01 다음 설명에 해당하는 용어를 보기 에서 골라 기호를 쓰시오.

> 보기
> ㄱ. 도시화   ㄴ. 도시화율   ㄷ. 도시화 곡선

(1) 도시의 수나 면적, 도시에 거주하는 인구가 증가하는 과정 ( )

(2) 전체 인구에서 도시 거주 인구의 비율 ( )

(3) 도시화 단계를 초기, 가속화, 종착 단계로 구분한 곡선 ( )

02 도시화 곡선의 각 단계에 해당하는 내용을 연결하시오.

(1) 초기 단계 •   • ㉠ 농업 중심 사회

(2) 가속화 단계 •   • ㉡ 대도시권 확대

(3) 종착 단계 •   • ㉢ 도시 인구 급증

03 다음 표의 ㉠~㉢에 알맞은 말을 쓰시오.

구분	선진국	개발 도상국
도시화 속도	서서히 진행	(㉠) 진행
배경	도시의 제조업 성장 → 새로운 (㉡)를 찾아 이동	촌락 생활의 어려움 → 도시로 이동
특징	도시화의 종착 단계로 인구 감소	이촌 향도+높은 (㉢) → 폭발적인 인구 증가

㉠ _____ ㉡ _____ ㉢ _____

04 다음 중 알맞은 말에 ○표를 하시오.

(1) (선진국, 개발 도상국)의 도심 지역에는 불량 주거 지역이 형성되는데, 오랜 도시화의 역사로 인해 건물들이 노후화되었기 때문이다.

(2) 개발 도상국 도시의 경우 주택, 상하수도 시설 등의 부족으로 인한 (무허가 주택, 교통 혼잡)이 도시 문제가 되고 있다.

05 다음 설명이 맞으면 ○표, 틀리면 ×표를 하시오.

(1) 살기 좋은 도시는 소득처럼 양적인 측면만 고려해서 평가할 수 있다. ( )

(2) 사회적 소외 계층이 생활하기 편리한 도시도 살기 좋은 도시의 판단 기준이 된다. ( )

06 다음 글의 빈칸에 알맞은 말을 쓰시오.

> 도시에 사는 거주민이 도시 생활에 느끼는 행복감, 생활의 편리성은 도시의 ( )을/를 평가하는 주관적 기준이다.

01 도시화에 대한 설명으로 옳은 것을 보기 에서 고른 것은?

중 난이도

> 보기
> ㄱ. 도시적 생활 양식이 보편화된다.
> ㄴ. 농촌의 인구가 도시로 이동한다.
> ㄷ. 선진국보다 개발 도상국에서 높게 나타난다.
> ㄹ. 현재 세계 인구의 90% 이상이 도시에 살고 있다.

① ㄱ, ㄴ   ② ㄱ, ㄷ   ③ ㄴ, ㄷ
④ ㄴ, ㄹ   ⑤ ㄷ, ㄹ

02 다음 ㉠에 들어갈 말로 옳은 것은?
하 난이도

$$도시화율(\%) = \frac{㉠}{전체\ 인구} \times 100$$

① 농촌 거주 인구   ② 도시 출산 인구

③ 이촌 향도 인구   ④ 도시 거주 인구

⑤ 제조업 종사자 수

03 다음 도시화 곡선의 초기 단계에 해당하는 내용으로 옳은 것은?
중 난이도

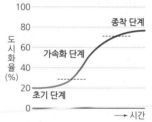

① 높은 1차 산업 비중

② 산업화로 제조업 발달

③ 도시 인구 증가율 둔화

④ 도시 인구가 농촌으로 분산

⑤ 이촌 향도로 인한 도시 인구 급증

> **같은 주제 다른 문제**
>
> ● 다음 설명에 해당하는 도시화 단계는? 답 ④
>
> | • 역도시화 | • 높은 도시화율 | • 도시 인구 증가율 둔화 |
> |-----------|----------------|------------------------|
>
> ① 초기 단계   ② 최종 단계   ③ 중간 단계
> ④ 종착 단계   ⑤ 가속화 단계

04 다음 우리나라의 도시화율 변화 그래프에 대한 설명으로 옳은 것을 보기 에서 고른 것은?

(상) 난이도

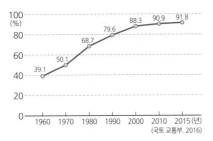
(국토 교통부, 2016)

보기
ㄱ. 1960년대 - 이전에는 도시가 존재하지 않았다.
ㄴ. 1970년대 - 인구의 절반 이상이 도시에 거주한다.
ㄷ. 1980년대 - 이촌 향도 현상이 처음 나타난다.
ㄹ. 1990년대 - 도시의 성장 속도가 느려진다.

① ㄱ, ㄴ   ② ㄱ, ㄷ   ③ ㄴ, ㄷ
④ ㄴ, ㄹ   ⑤ ㄷ, ㄹ

05 다음 글의 빈칸에 들어갈 용어로 옳은 것은?

(하) 난이도

(   )은/는 농촌 인구가 도시로 이동하는 현상
이다. 제조업이 발달하면서 많은 농촌 인구가 일자리를
찾아 도시로 이동하였다. (   )은/는 도시화 과정
중 가속화 단계에서 두드러진다.

① 교외화   ② 공동화   ③ 역도시화
④ 가도시화   ⑤ 이촌 향도

06 다음 (가), (나)는 어느 지역의 변화 모습을 나타낸 것이다. (가)에서 (나)로 변화한 과정에 대한 설명으로 옳은 것을 보기 에서 고른 것은?

(중) 난이도

(가)   (나)

 →

보기
ㄱ. 도시화율이 낮아졌다.
ㄴ. 도시의 인구가 증가하였다.
ㄷ. 도시의 일자리가 감소하였다.
ㄹ. 도시적 생활 양식이 보편화되었다.

① ㄱ, ㄴ   ② ㄱ, ㄷ   ③ ㄴ, ㄷ
④ ㄴ, ㄹ   ⑤ ㄷ, ㄹ

07 다음 도시화 곡선에 대한 설명으로 옳지 않은 것은?

(중) 난이도

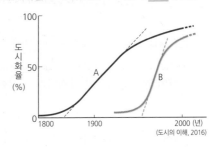
(도시의 이해, 2016)

① A는 B보다 도시화의 역사가 오래되었다.
② A는 도시화의 정체 현상이 나타나고 있다.
③ A는 B보다 단기간에 도시화가 진행되었다.
④ B는 A보다 평균적인 도시화율이 낮게 나타난다.
⑤ B는 이촌 향도와 자연 증가로 도시 인구가 급증하였다.

같은 주제 다른 문제 ·····

● 도시화 곡선의 A, B를 선진국과 개발 도상국으로 구분하여 쓰시오.
🔑 A-선진국, B-개발 도상국

08 다음 지도의 B 지역과 비교한 A 지역의 도시화 과정의 특징으로 옳은 것은?

(중) 난이도

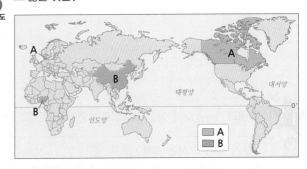

① 현재 도시화 진행 속도가 빠르다.
② 무허가 불량 주택 문제가 심각하다.
③ 오늘날 도시화가 정체된 경우가 많다.
④ 높은 출산율에 의한 도시 인구 증가가 두드러진다.
⑤ 충분한 일자리가 없는 상태에서 농촌 인구가 몰려들었다.

같은 주제 다른 문제 ·····

● A 지역과 비교한 B 지역의 도시 특징으로 옳은 것은? 🔑 ②
① 높은 소득   ② 높은 출산율   ③ 낮은 범죄율
④ 풍부한 일자리   ⑤ 오랜 도시 역사

09 다음 글의 빈칸에 들어갈 지역에서 나타나는 도시 문제가 <u>아닌</u> 것은?
(중) 난이도

> 산업의 근대화와 경제 개발이 선진국에 비해 뒤떨어지는 나라를 (　　　)(이)라고 한다. (　　　)은/는 급속한 산업화로 단기간에 급격하게 도시화가 이루어졌다.

① 빈부 격차　　② 인구 감소　　③ 교통 혼잡
④ 무허가 주택　　⑤ 빈민촌 형성

10 다음 글의 밑줄 친 정책에 해당하는 것은?
(상) 난이도

> 브라질의 쿠리치바는 급속한 도시화로 인구와 자동차가 급격하게 늘어나면서 심각한 교통 문제가 발생하였다. 이를 <u>해결하기 위한 다양한 정책</u>을 실시하였다.

① 개인 승용차 보급을 위한 세금 감면
② 도시 내 각 지역을 연결하는 지하철 건설
③ 자동차 소유 부담을 줄이기 위한 기름값 인하
④ 대중교통 이용을 높이기 위해 버스 전용 차선 도입
⑤ 원활한 차량 통행을 위해 대규모 도로 확장 공사 시행

11 다음 글의 ㉠~㉢에 들어갈 말을 바르게 연결한 것은?
(중) 난이도 중요

> 살기 좋은 도시는 주택, 도로, 공원 등 (　㉠　)을 갖추었다고 완성되는 것은 아니다. 도시에 거주하는 주민의 (　㉡　)을 향상시킬 수 있어야 한다. (　㉡　)은 거주민이 도시에서 느끼는 행복감처럼 (　㉢　)인 경험을 통해 평가할 수 있다.

	㉠	㉡	㉢
①	물리적 환경	삶의 질	객관적
②	물리적 환경	소득	주관적
③	물리적 환경	삶의 질	주관적
④	자연환경	삶의 질	주관적
⑤	자연환경	소득	객관적

12 살기 좋은 도시의 조건으로 옳지 <u>않은</u> 것은?
(하) 난이도

① 많은 인구
② 낮은 범죄율
③ 쾌적한 자연환경
④ 다양한 경제 활동
⑤ 교육, 의료 서비스 발달

13 다음 자료에서 해결에 성공한 도시 문제로 옳은 것은?
(중) 난이도 중요

> 하이라인 파크는 녹슨 고가 철길을 공원으로 조성하면서 뉴욕의 대표적인 관광 명소가 되었다.

① 교통 혼잡 문제
② 생활 쓰레기 처리 문제
③ 도심 주변의 경관 노후화
④ 빈부 격차로 인한 높은 범죄율
⑤ 자동차 배기가스로 인한 대기 오염

14 다음은 살기 좋은 도시를 평가하는 자료로 우리나라 수도권의 점수이다. 이에 대한 해석으로 옳은 것을 보기 에서 고른 것은?
(하) 난이도

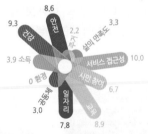

(경제 협력 개발 기구, 2016.)

> **보기**
> ㄱ. 환경 분야 점수가 높다.
> ㄴ. 서비스 접근성에서 만점을 받았다.
> ㄷ. 비교적 좋은 교육 환경을 갖추고 있다.
> ㄹ. 삶의 만족도는 살기 좋은 도시의 조건으로 중요하지 않다.

① ㄱ, ㄴ　　② ㄱ, ㄷ　　③ ㄴ, ㄷ
④ ㄴ, ㄹ　　⑤ ㄷ, ㄹ

01 다음 글의 빈칸에 들어갈 말을 쓰시오.

> 도시의 수나 면적, 도시에 거주하는 인구가 양적으로 증가하거나 도시적 생활 양식이 보편화되는 과정을 ( )(이)라고 한다.

_____

_____

02 다음 자료를 보고 물음에 답하시오.

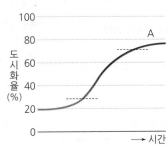

(1) A에 해당하는 도시화 단계를 쓰시오.

_____

(2) A 단계에서 나타나는 특징을 세 가지 서술하시오.

_____

_____

_____

03 다음 도시화 곡선을 보고 물음에 답하시오.

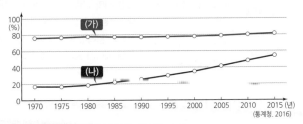

(1) (가), (나)를 영국과 중국으로 구분하시오.

(가) _____ (나) _____

(2) (가)와 비교한 (나)의 도시화 특징을 세 가지 서술하시오.

_____

_____

04 다음 정책이 공통으로 대응하는 도시 문제를 쓰시오.

> • 자전거 이용 장려 • 버스 전용 차선 도입
> • 교통 혼잡 통행료 부과 • 대중교통 서비스 질 향상

_____

_____

05 다음 글의 밑줄 친 정책으로 기대되는 효과를 서술하시오.

> 스웨덴의 예테보리는 1960~1970년대에 대기 오염이 심각한 도시였다. 석유나 석탄 같은 화석 연료를 사용하면서 많은 오염 물질을 배출하였다. 시 당국은 '탈석유 정책'을 펼치며 석유 대신 바이오 가스를 난방 에너지로 사용하도록 유도하고 있다. 또한 교통 혼잡료와 비싼 주차료 정책을 시행하고 있다.

_____

_____

_____

06 다음 글을 읽고 물음에 답하시오.

> 울산광역시는 우리나라의 대표적 공업 도시로 대규모 산업 단지가 조성되어 있다. 이로 인해 울산광역시를 가로질러 흐르는 태화강에 지속적으로 폐수가 유입되어 물고기가 떼죽음을 당하는 등 ㉠심각한 도시 문제가 나타났다. 울산광역시는 시민, 환경 단체들과 함께 ㉡'태화강 살리기 사업'을 추진하여 오랜 노력 끝에 수질과 환경 개선에 성공하였다.

(1) ㉠에 해당하는 도시 문제를 쓰시오.

_____

(2) ㉡에 해당하는 사업을 두 가지 서술하시오.

_____

_____

대단원 한눈에 정리하기

01 세계 여러 도시의 다양성

1 세계적으로 유명해진 도시의 요인

긍정적 요인	쾌적한 환경, 복지 제도 발달, 풍부한 문화유산 등
부정적 요인	인구 과밀, 극심한 빈부 격차, 높은 범죄율 등

2 다양한 특징을 가진 세계적인 도시들

특징	대표 도시	내용
세계 경제의 중심지	• 미국의 뉴욕 • 영국의 런던 • 일본의 도쿄	다국적 기업의 본사, 국제기구, 국제 금융 기관 입지
쾌적한 생태 환경	• 독일의 프라이부르크 • 브라질의 쿠리치바	친환경 에너지 사용, 대중교통 발달
오랜 역사와 문화 유적	• 그리스의 아테네 • 중국의 베이징	오랜 세월에 걸쳐 형성된 역사 유적이 많은 도시
자연환경	• 에콰도르의 키토	연중 온화한 열대 고산 기후
독특한 경관	• 이탈리아의 베네치아 • 말리의 팀북투	• 석호에 건설된 물의 도시 • 흙으로 지어진 건물 경관

02 도시 내부 공간의 다양성

1 도시 내부 구조

도심	• 정부 기관, 기업의 본사, 주요 금융 기관, 백화점 등이 밀집한 중심 업무 지구(CBD) 형성 • 업무용 고층 건물 밀집, 인구 공동화 현상
부도심	• 도심과 주변 지역을 연결하는 교통이 편리한 곳에 형성 • 도심의 기능 분담
중간 지역	• 도심과 주변 지역 사이에 위치 • 상업·업무 기능, 공업 기능, 주거 기능 혼재
주변 지역	• 주거 기능, 공업 기능 분포 • 도시와 농촌의 모습이 혼재 • 개발 제한 구역으로 지정되기도 함

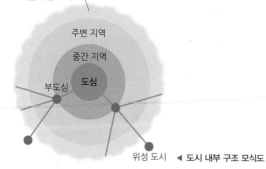

▲ 도시 내부 구조 모식도

2 도시 내부 기능 지역의 분화 원인 유사한 기능별로 도시 공간 구분

접근성과 지가 차이	• 접근성이 좋고 지가가 높은 도심 ➡ 상업 및 업무 기능 집중 • 저렴하고 넓은 토지가 있는 주변 지역 ➡ 주거 기능, 공업 기능 입지
그 외 원인	소득 수준에 따른 계층 차이, 민족이나 인종 차이, 식민 지배와 같은 역사적 경험, 개발 정책 등

03 선진국과 개발 도상국의 도시

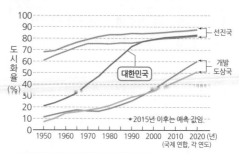

▲ 선진국과 개발 도상국의 도시화 곡선

구분	선진국	개발 도상국
도시화 과정	• 산업 혁명 이후 200여 년 동안 서서히 진행 • 이촌 향도로 성장	• 제2차 세계 대전 이후 빠른 속도로 진행 • 이촌 향도 + 높은 출산율 ➡ 폭발적인 인구 증가
도시화 배경	제조업 성장에 따라 새로운 일자리를 찾아 도시로 인구 이동	제조업이 성장하지 못한 상태에서 촌락 생활의 어려움 때문에 도시로 인구 이동
특징	오늘날 도시화 정체 또는 역도시화 현상이 나타남	수위 도시에 많은 인구 집중, 도시 난개발
도시 문제	• 도심 지역에 노후한 불량 주거 지역 형성 ➡ 높은 범죄율, 노숙자 문제 • 인구 공동화 현상 ➡ 교통 체증 발생 • 제조업 쇠퇴 ➡ 도시 경제 침체	• 주택, 상하수도 시설과 같은 도시 기반 시설 부족 • 도로 정비 불량 ➡ 교통 혼잡 • 도시 내 빈부 격차, 실업, 범죄 문제 심각

04 살기 좋은 도시

1 도시 문제와 해결 방안

구분	도시 문제	해결 방안
주택 문제	주택 부족, 무허가 주택 및 빈민촌 형성 등	도시에 집중된 기능과 인구 분산, 공공 주택 건설, 노후화된 지역 재개발
교통 문제	교통 혼잡, 주차 시설 부족 등	도심 진입 차량에 혼잡 통행료 부과, 대중교통과 자전거 이용 장려
환경 문제	대기 오염, 수질 오염, 쓰레기 문제 등	쓰레기 분리수거와 재활용 정책, 신·재생 에너지 활용, 오염된 하천을 생태 하천으로 복원

2 살기 좋은 도시의 조건

물리적 환경	• 주택, 도로, 대중교통 체계가 편리하게 갖추어짐 • 쾌적한 자연환경
사회·경제적 조건	• 풍부한 일자리와 활발한 경제 활동 • 높은 수준의 교육, 의료, 보건, 문화, 주거 환경, 행정 서비스 제공
다양성 인정	경제적 수준, 성별, 연령, 인종, 종교에 따른 차별 없음
사례	• 캐나다의 밴쿠버: 차별 없는 다문화 도시, 환경 우선 정책 • 오스트리아의 빈: 문화와 예술의 도시, 낮은 범죄율 • 우리나라의 순천: 갈대숲과 갯벌, 철새의 생태 관광지

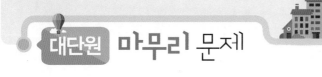

01 세계 여러 도시의 다양성

01 도시의 특징으로 옳지 <u>않은</u> 것은?

① 촌락에 비해 인구 밀도가 높다.
② 건축물과 도로 등 인문 경관이 발달하였다.
③ 세계 인구의 50% 이상이 도시에 거주한다.
④ 제조업, 서비스업에 종사하는 인구 비중이 높다.
⑤ 주변 지역에서 제공하는 재화와 서비스에 의존한다.

02 다음 (가) 지역과 비교했을 때 (나) 지역의 특징을 인구 밀도, 산업, 토지 이용 측면에서 서술하시오.

(가)	(나)

_____

_____

03 다음 글에서 설명하는 도시는?

열대 고산 기후 지역에 위치한 이 도시는 일 년 내내 온화한 날씨가 나타난다. 노인들을 위한 의료 서비스가 잘 갖추어져 있어 미국의 은퇴자들이 살고 싶은 도시로 꼽으면서 유명해졌다.

① 키토 　　② 도쿄 　　③ 베이징
④ 싱가포르 　　⑤ 베네치아

04 유명하거나 매력적인 도시에 대한 설명으로 옳지 <u>않은</u> 것은?

① 아테네 – 역사 유적이 많은 도시이다.
② 베네치아 – 석호에 건설된 물의 도시이다.
③ 쿠리치바 – 대표적인 생태 환경 도시이다.
④ 뉴욕 – 세계 도시로 자본과 정보가 집중된다.
⑤ 시드니 – 북극권에 위치하여 오로라를 볼 수 있다.

05 다음 글의 밑줄 친 ㉠에 해당하는 것을 보기 에서 고른 것은?

유명한 도시 중에는 풍부한 문화유산, 화려한 건축물, 쾌적한 환경을 자랑하는 도시가 많다. 하지만 ㉠부정적 요인으로 유명한 도시도 있다.

보기

ㄱ. 인구 과밀 　　　ㄴ. 교통 발달
ㄷ. 높은 소득 　　　ㄹ. 높은 빈부 격차

① ㄱ, ㄴ　　② ㄱ, ㄹ　　③ ㄴ, ㄷ
④ ㄴ, ㄹ　　⑤ ㄷ, ㄹ

02 도시 내부 공간의 다양성

06 다음 글의 빈칸에 들어갈 도시 내부 지역을 쓰시오.

도시 내에서 접근성이 가장 좋은 (　　　)은/는 고층 건물이 밀집하고 백화점, 은행, 대기업 본사, 공공 기관 등 업무 기능과 상업 기능이 집중된 곳이다.

_____

07 다음 설명에 해당하는 지역을 그림의 A~E에서 고른 것은?

• 도심과 주변 지역 사이에 위치한다.
• 상업·공업·주거 기능이 혼재되어 나타난다.

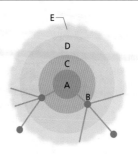

① A　　② B　　③ C
④ D　　⑤ E

08 다음 설명에 해당하는 도시 내부 지역은?

(하) 난이도

> 도심과 주변 지역을 연결하는 교통의 요지에 형성된다. 도심의 기능을 분담하여 상업·업무 기능이 집중되어 있다. 일부 주거 기능도 나타난다.

① 부도심　　② 중간 지역　　③ 외곽 지역
④ 위성 도시　　⑤ 개발 제한 구역

09 도시 내부 기능 지역의 분화에 대한 설명으로 옳은 것을 보기에서 고른 것은?

(상) 난이도

보기

> ㄱ. 도시가 성장할수록 내부 기능 지역이 뒤섞여서 분포한다.
> ㄴ. 공업 기능은 접근성이 좋고 지가가 높은 도심에 입지한다.
> ㄷ. 민족이나 인종에 따라서 도시 지역 분화가 나타나기도 한다.
> ㄹ. 도심에 있던 주거 기능이 주변 지역으로 이동하는 것을 이심 현상이라고 한다.

① ㄱ, ㄴ　　② ㄱ, ㄷ　　③ ㄴ, ㄷ
④ ㄴ, ㄹ　　⑤ ㄷ, ㄹ

10 다음 그림의 ㉠에 들어갈 적절한 내용을 서술하시오.

(상) 난이도

_____

_____

03 선진국과 개발 도상국의 도시

11 다음 도시화 곡선의 A 단계에 해당하는 내용으로 옳은 것은?

(중) 난이도

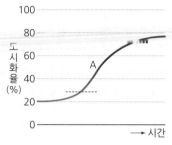

① 도시 인구 증가율 둔화
② 도시 인구가 농촌으로 분산
③ 대부분의 인구가 촌락에 거주
④ 1차 산업 종사자 비중이 가장 높음
⑤ 이촌 향도로 도시화율이 빠르게 증가

12 다음 글의 ㉠~㉤ 중 잘못된 내용을 고른 것은?

(하) 난이도

> 선진국의 도시화는 ㉠산업 혁명 이후 200년에 걸쳐 서서히 진행되었으며, 주로 ㉡높은 출산율로 인해 도시 인구가 증가하였다. 현재는 ㉢도시화의 종착 단계에 이른 도시가 많다.
> 이에 반해 개발 도상국의 도시화는 ㉣제2차 세계 대전 이후 단기간에 급속하게 진행되었다. 경제 발전을 동반하지 못한 채 짧은 기간 인구가 집중되어 ㉤불량 주택, 빈부 격차 등 많은 도시 문제가 나타나고 있다.

① ㉠　　② ㉡　　③ ㉢　　④ ㉣　　⑤ ㉤

13 다음 그래프에서 A 지역의 도시화 과정의 특징으로 옳은 것은?

(상) 난이도

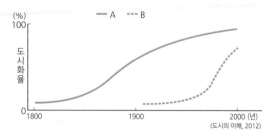

(도시의 이해, 2012)

① 도시화 진행 속도가 빠르다.
② 1900년부터 도시화가 진행되었다.
③ 도시화 단계 중 종착 단계에 들어서 있다.
④ 높은 출산율로 도시 인구가 빠르게 증가하였다.
⑤ 촌락 생활의 어려움으로 도시에 인구가 몰려들었다.

14 다음 글의 ㉠~㉢에 들어갈 내용을 바르게 연결한 것은?

중
난이도

> 짧은 기간 동안 급격한 (㉠)가 이루어진 (㉡)의 경우, 무작정 도시로 이동한 사람들로 인해 (㉢)와/과 빈민촌이 형성되고, 교통 혼잡이 발생하는 등 도시 문제가 심각하다.

	㉠	㉡	㉢
①	도시화	선진국	무허가 주택
②	도시화	개발 도상국	고급 주택지
③	도시화	개발 도상국	무허가 주택
④	역도시화	개발 도상국	고급 주택지
⑤	역도시화	선진국	무허가 주택

서술형
15 다음 도시에서 예상되는 도시 문제를 서술하시오.

상
난이도

> 브라질의 리우데자네이루 해안가에는 부유층 주거지와 호텔, 고층 아파트가 들어서 있다. 하지만 내륙 지역의 돌산 언덕에는 '파벨라'라고 불리는 불량 주택 지역이 형성되어 있다.

_____

_____

16 다음 대륙별 도시화율 변화 그래프의 분석으로 옳은 것을 보기에서 고른 것은?

상
난이도

보기

> ㄱ. 이촌 향도 현상은 오세아니아에서 가장 뚜렷하다.
> ㄴ. 2014년 아시아는 도시화 곡선의 가속화 단계에 있다.
> ㄷ. 아프리카는 전체 인구의 절반이 도시에 거주한다.
> ㄹ. 라틴 아메리카는 유럽보다 급격한 도시화가 진행되었다.

① ㄱ, ㄴ   ② ㄱ, ㄹ   ③ ㄴ, ㄷ
④ ㄴ, ㄹ   ⑤ ㄷ, ㄹ

---

04 살기 좋은 도시

17 다음 설명에 해당하는 살기 좋은 도시는?

상
난이도

> 교통 문제 해결을 위해 이중 굴절 버스와 버스 전용 차선, 광역·지선 버스 체계를 도입하여 우리나라에도 영향을 끼쳤다. 또한 사회적 약자가 대중교통을 편리하게 이용할 수 있도록 서비스의 질을 높이는 정책을 추진하고 있다.

① 빈   ② 멜버른   ③ 밴쿠버
④ 쿠리치바   ⑤ 싱가포르

18 삶의 질을 고려했을 때 살기 좋은 도시의 조건으로 적절한 것은?

하
난이도

① 많은 인구   ② 높은 범죄율
③ 쾌적한 환경   ④ 극심한 빈부 격차
⑤ 경쟁 위주의 교육 시스템

19 다음 도시의 공통점으로 옳은 것은?

중
난이도

• 오스트리아의 빈	• 캐나다의 밴쿠버

① 극심한 빈부 격차로 계층 간 갈등이 심각하다.
② 삶의 질이 높아 살기 좋은 도시로 주목받고 있다.
③ 대규모 산업 단지가 입지하여 일자리가 풍부하다.
④ 세계적인 축제를 열어 많은 관광 수입을 얻고 있다.
⑤ 자동차 배기가스로 인한 대기 오염 문제가 심각하다.

서술형
20 살기 좋은 도시를 만들기 위해 표의 ㉠, ㉡에 들어갈 구체적인 대책을 각각 한 가지씩 서술하시오.

중
난이도

도시 문제	정책 분야	대책
교통 체증	교통 정책	버스 전용 차선 도입
빈부 격차	복지 정책	빈곤층에게 식사와 의료 지원
대기 오염	환경 정책	㉠
주택 부족	주택 정책	㉡

_____

_____

01 농업의 기업화와 세계화

❶ 농업 생산의 기업화와 세계화

1 농업의 기업화

(1) **❶농업의 의미와 유형**

① 의미: 농작물을 재배하고 가축을 사육하는 경제 활동

② 유형: ❷자급적 농업, ❸상업적 농업

(2) **농업의 변화** 자급적 농업 ➡ 시장 판매 목적의 대규모 기업적(상업적) 농업으로 확대

〈자료1〉 (3) **농업의 기업화** 다국적 농업 기업들이 농축산물의 생산 및 유통에 이르는 전반을 장악하고 영향을 미치는 현상

〈더알기〉 ① 미국, 캐나다, 오스트레일리아 등의 넓은 농업 지역 ➡ 기업들이 쌀, 밀, 옥수수, 쇠고기 등의 농·축산업에 많은 자본과 기술 투입

② 아프리카·아시아·남아메리카 등의 ❹개발 도상국에 위치한 다국적 기업의 ❺플랜테이션 농장 ➡ 커피, 카카오, 바나나 등 열대 작물 생산 및 수출

◀ 세계의 기업적 농업 분포

〈자료2〉 **2 농업의 세계화** ─ 세계화란 세계 여러 나라가 정치, 경제, 사회, 문화 등 다양한 분야에서 서로 많은 영향을 주고받으면서 교류가 많아지는 현상이다.

(1) **의미** 전 세계를 대상으로 농축산물의 생산과 유통이 이루어지고 있는 현상

(2) **배경**

① 교통과 통신 기술의 발달 ➡ 다양한 농산물의 수요 증가

② 냉장 및 냉동 기술의 발달 ➡ 농축산물을 멀리 떨어진 지역까지 운송 가능

(3) **결과** 일상생활에서 소비하는 먹거리의 ❻원산지가 다양해짐

◀ 영국 런던에서 소비되는 각종 먹거리의 원산지와 이동 거리

〈사험에 꼭 나오는 **개념 체크**〉
1. 개발 도상국에 위치한 다국적 기업의 플랜테이션 농장에서는 쌀과 밀을 재배한다. (○, ×)
2. 농업의 ____가 가능하게 된 것은 냉장 및 냉동 기술의 발달로 농축산물을 멀리 떨어진 지역까지 운송할 수 있게 되었기 때문이다.

정답 | 1. × 2. 세계화

〈자료1〉 **다국적 농업 기업의 성장**

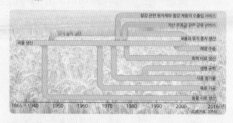

다국적 농업 기업인 C사는 본래 곡물 생산만 실시하던 기업이었다. 그러나 1950년대 이후 사업의 범위가 점차 넓어지면서 농산물의 가공, 수송 등의 영역뿐만 아니라 비료 생산, 금융 등 매우 다양한 분야의 사업을 추진하게 되었다.

〈더알기〉 **곡물 메이저**

▲ 곡물 메이저(C기업)의 해외 사업 진출 현황(2005)

곡물 메이저란 전 세계에 곡물 생산지를 두고 곡물을 수출입하는 다국적 기업을 일컫는 말로, 먹거리 생산·유통·식품 가공에 이르는 전체 과정에서 세계적 차원의 시스템을 형성한다.

〈자료2〉 **농업 기업의 생산과 유통 시스템**

세계적인 농업 기업인 D사는 열대 지역을 중심으로 바나나, 파인애플, 망고 등을 직접 재배하거나 구매한다. 이 과일을 전 세계에 있는 유통망을 이용하여 포장, 가공, 판매하게 된다.

용어 쏙쏙

❶ 농업(農 – 농사, 業 – 일): 땅을 이용하여 인간 생활에 필요한 식물을 가꾸거나, 유용한 동물을 기르거나 하는 산업

❷ 자급적 농업: 필요한 농산물을 자체적으로 생산하여 공급하는 농업 유형

❸ 상업적 농업: 시장에 판매하여 이윤을 얻기 위해 농산물을 생산하는 농업 유형

❹ 개발 도상국: 소득이 비교적 낮고 1차 산업에 경제를 많이 의존하고 있는 국가

❺ 플랜테이션: 열대 기후 지역에서 선진국의 자본 및 기술과 개발 도상국의 저렴한 노동력이 결합하여 단일 상품 작물을 대규모로 재배하는 상업적 농업

❻ 원산지(原 – 근원, 産 – 낳을, 地 – 땅): 어떤 동·식물이 나고 자란 장소

❷ 농업 생산의 기업화와 세계화로 인한 지역 변화

⭐1 생산 지역의 변화

(1) 다국적 농업 기업

> 녹색 혁명은 식량 생산량을 증대시키기 위해 다수확 품종의 개발, 관개 시설의 확충, 살충제 및 화학 비료의 사용 등를 도입한 20세기 중·후반 농업 기술의 혁신을 뜻한다.

① 유전 공학 기술을 접목한 녹색 혁명을 주도하여 농산물의 생산량 증대

② 농산물의 대량 생산 체계를 갖추고 세계 시장에서 경쟁력 확보

(2) 변화 모습

> 자신의 소유인 땅에서 농사를 짓고 직접 경영하는 농민

> 다량의 농산물을 체계적이고 조직적인 방식으로 생산하고 판매하는 농업 또는 그러한 농업을 운영하는 사람

① 대규모 상업적 농업 지역에서 자영농 감소 ➡ 기업농 비중 증가

② 일부 농작물만 대량으로 재배하는 ❶단일 경작 체계 확립

③ 일자리를 제공하고 해당 작물의 국제적 판매 증가로 지역 경제 활성화

(3) 문제점

① 환경 문제: 과도한 비료 사용에 따른 토양 오염과 지하수 고갈 등

② 생태계 파괴: 열대 우림 면적 감소 등 삼림 파괴

자료3 ③ 식량 자급률 하락: 플랜테이션 농장이 위치한 국가들의 식량 작물 생산량 감소

0 200km

1985년 → 2005년 → 2010년

■ 열대 우림 지역
(James F. Luhr, Earth, 2013)

◀ **인도네시아 보르네오섬의 열대 우림 면적 감소**
보르네오섬은 목재 채취 및 대규모 기름야자 농장이 들어서면서 열대 우림이 급속히 파괴되고 있다.

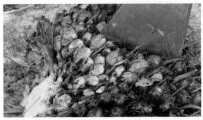

▲ 보르네오섬의 기름야자

▲ 열대 우림의 파괴로 멸종 위기에 처한 오랑우탄

⭐2 소비 지역의 변화

(1) 식생활의 변화

교과서마다 달라요	동아	푸드 마일
푸드 마일	박영사	푸드 마일리지

① 세계 여러 지역에서 생산한 농산물을 저렴하게 구매 가능

② 육류, 과일 소비 증가, 커피와 같은 ❷기호 작물의 소비 증가

더 알기 ③ 농축산물의 수출, 수입이 활발해지면서 푸드 마일 증가

(2) 문제점

자료4 ① 농산물의 대량 수입 ➡ 식량 자급률 하락

② 수입 농산물 안전성 문제

③ 국제 농산물 가격 상승 ➡ 식량 부족 문제 및 ❸애그플레이션 발생

(3) 지역의 대응

① 지역 내의 우수 농산물에 대한 생산과 홍보

② ❹로컬 푸드 운동을 통한 국산 농산물 소비 촉진 ⓓ 캐나다의 100마일 다이어트 운동, 일본의 ❺지산지소 운동 등

시험에 꼭 나오는 개념 체크
1. 미국, 브라질 등의 대규모 상업적 농업 지역에서는 자영농이 감소하고 있다. (○, ×)
2. 농산물의 주요 소비 지역에서는 _____ 운동을 통한 국산 농산물 소비를 촉진하고 있다.

답 1. ○ 2. 로컬 푸드

용어 쏙쏙
❶ 단일 경작 체계: 농경지에 한 종류의 농작물만을 재배하는 농업 체계
❷ 기호 작물(嗜-즐길, 好-좋을, 作-지을, 物-물건): 술, 담배, 커피, 사탕수수, 카카오 등 취향에 따라 즐거움을 얻기 위해 재배되는 농작물
❸ 애그플레이션(Agflation): 곡물 가격의 상승이 국가 전체의 물가 상승으로 이어지는 현상으로, 농업(Agriculture)과 인플레이션(Inflation)의 합성어
❹ 로컬 푸드: 동일 지역에서 생산·소비되는 농축수산물로, 장거리 운송을 거치지 않은 것
❺ 지산지소(地-땅, 産-낳을, 地-땅, 消-소비할) 운동: 일본의 로컬 푸드 운동

자료3 개발 도상국의 식량 작물 생산량 감소

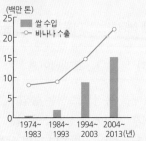

(백만 톤)
■ 쌀 수입
○ 바나나 수출

1974~1983 1984~1993 1994~2003 2004~2013(년)

▲ 필리핀의 쌀 수입량과 바나나 수출량의 변화

필리핀에서 다국적 기업이 바나나를 재배하면서 바나나 수출량이 많이 증가하였다. 반면에 급격한 인구 성장에 따라 쌀 소비량이 늘어나면서 대표적인 쌀 수출국에서 수입국으로 변화하였다.

더 알기 푸드 마일

오렌지 5kg 수송 / 제주산 감귤 5kg 수송
거리 11,127km 이산화 탄소 배출량 2,638g
거리 592km 이산화 탄소 배출량 310g
(2014) (윤리적 소비의 이해와 실천, 2014)

▲ 이동 거리에 따른 선박의 이산화 탄소 배출량 차이

농축산물의 무게에 이동 거리를 곱한 값을 '푸드 마일(food miles)'이라고 하는데, 푸드 마일의 값이 클수록 농축산물이 생산지에서 소비지까지 먼 거리를 이동해 왔다는 것을 뜻한다. 식품이 먼 거리를 이동하게 되면 식품의 신선도가 떨어지고 교통수단으로 인한 이산화 탄소 배출량도 많아진다.

자료4 우리나라의 식량 자급률

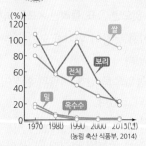

(%)
쌀
보리
전체
밀
옥수수
1970 1980 1990 2000 2013(년)
(농림 축산 식품부, 2014)

식량 자급률이란 한 나라의 식량 소비량 중 국내에서 생산하는 식량의 비율을 말한다. 우리나라에서 쌀은 다른 작물에 비해 자급률이 높은 편이지만, 옥수수와 밀의 대부분은 수입에 의존하고 있다.

01 다음 설명에 해당하는 용어를 보기 에서 골라 기호를 쓰시오.

보기
ㄱ. 세계화   ㄴ. 플랜테이션   ㄷ. 상업적 농업

(1) 시장 판매를 목적으로 하는 농업 (   )
(2) 열대 기후 지역에서 선진국의 자본 및 기술과 개발 도상국의 노동력이 결합하여 단일 상품 작물을 대규모로 재배하는 농업 (   )
(3) 세계 여러 나라가 정치, 경제, 사회, 문화 등 다양한 분야에서 서로 많은 영향을 주고받으면서 교류가 많아지는 현상 (   )

02 다음 표의 ㉠~㉢에 알맞은 말을 쓰시오.

구분	설명
농업의 변화	과거 (㉠) 농업에서 상업적 농업으로 변화
주요 재배 지역	• 미국, 캐나다 ➡ 쌀, 밀, (㉡), 쇠고기 등 생산 • 개발 도상국 ➡ (㉢), 바나나, 카카오 등의 작물 재배

㉠ _____   ㉡ _____   ㉢ _____

03 다음 중 알맞은 말에 ○표를 하시오.

(1) 다국적 농업 기업들은 (유전 공학, 자급적 농업) 기술을 접목한 녹색 혁명을 주도하여 농산물의 생산량을 증대시키고 있다.
(2) 기업적 농업이 실시되는 지역에서는 일부 농작물을 대량으로 재배하는 (다중, 단일) 경작 체계가 확립되어 있다.

04 다음 설명이 맞으면 ○표, 틀리면 ×표를 하시오.

(1) 플랜테이션 농장이 위치한 국가들은 식량 자급률이 하락하고 있다. (   )
(2) 기업적 농업으로 인해 지역의 환경이 개선되고 생태계가 유지되고 있다. (   )
(3) 인도네시아 보르네오섬 일대는 기름야자 농장이 들어서면서 열대 우림이 파괴되고 있다. (   )

05 다음 빈칸에 알맞은 말을 쓰시오.

(1) 농축산물의 수출과 수입이 활발해지면서 (   )이/가 증가하고 있다.
(2) (   )은/는 국제 농산물 가격이 오르면서 국내 물가 전체가 오르는 현상이다.

01 다음 지도에 표시된 농업 지역의 특징으로 옳지 않은 것은?

중 난이도

태평양   인도양   대서양

■ 기업적 목축   ■ 기업적 곡물 농업   (구드 세계 지도, 2015)

① 대규모 자본이 투입된 지역이다.
② 농축산물을 대량으로 생산하는 지역이다.
③ 사막이나 고산 지대 등 인간 거주가 어려운 지역이다.
④ 판매를 목적으로 하는 농축산물을 생산하는 지역이다.
⑤ 다양한 사업 분야를 갖고 있는 다국적 농업 기업이 진출해 있는 지역이다.

02 다음에서 설명하고 있는 농업은?

하 난이도

• 아프리카와 아시아의 개발 도상국에 위치
• 선진국의 자본 및 기술과 개발 도상국의 노동력 결합
• 커피, 카카오, 바나나 등 열대 작물을 대량으로 생산 및 수출하는 농업

① 주곡 농업   ② 플랜테이션   ③ 컴팩트 농업
④ 자급적 농업   ⑤ 친환경 농업

03 다음 자료는 다국적 농업 기업인 C사의 성장 과정을 나타낸 것이다. 이에 대한 옳은 설명을 보기 에서 고른 것은?

상 난이도

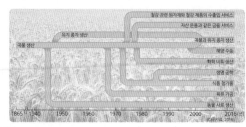

곡물 생산   유지 종자 생산   철강 관련 원자재와 철강 제품의 수출입 서비스 / 자산 운용과 같은 금융 서비스 / 곡물과 유지 종자 생산 / 해양 수송 / 화학 비료 생산 / 생명 공학 / 식품 첨가물 / 동물 사료 생산

1865 1940 1950 1960 1970 1980 1990 2000 2016(년)

보기
ㄱ. C 기업의 사업 영역은 점차 넓어져 왔다.
ㄴ. C 기업은 주로 선진국에서만 활동할 것이다.
ㄷ. C 기업은 운송, 금융 등 여러 사업 영역에 진출해 있다.
ㄹ. C 기업은 농업 분야에서 멀어져 첨단 공학 분야로 영역을 변경하였다.

① ㄱ, ㄴ   ② ㄱ, ㄷ   ③ ㄴ, ㄷ
④ ㄴ, ㄹ   ⑤ ㄷ, ㄹ

04 다음 지도와 같은 농업 활동이 가능하게 된 원인으로 옳은 것을 보기 에서 고른 것은?

(중) 난이도

▲ 영국 런던에서 소비되는 각종 먹거리의 원산지와 이동 거리

보기
ㄱ. 기후 변화로 인한 농경지 확대
ㄴ. 냉장, 냉동 등의 운송 기술 발달
ㄷ. 다양한 농산물에 대한 수요 증가
ㄹ. 전통적 농업을 실시하는 지역의 확대

① ㄱ, ㄴ　　　② ㄱ, ㄷ　　　③ ㄴ, ㄷ
④ ㄴ, ㄹ　　　⑤ ㄷ, ㄹ

05 다음 D사와 같이 농업 기업이 확대되면서 나타날 수 있는 문제점으로 옳은 것은?

(중) 난이도

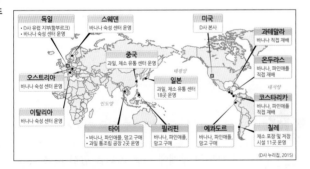

① 농산물의 수출과 수입이 중단된다.
② 열대 과일의 운송과 저장이 어려워진다.
③ 개발 도상국의 식량 자급률이 높아지게 된다.
④ 비료와 농약 부족으로 농축산물의 생산량이 급격하게 감소하게 된다.
⑤ 농민들이 열악한 환경에서 대규모 농업 기업에 고용되어 일하기도 한다.

같은 주제 다른 문제

💬 다음과 같은 특징을 가지는 기업은? 답 곡물 메이저

전 세계에 곡물 생산지를 두고 곡물을 수출입하는 다국적 기업을 일컫는 말로, 먹거리 생산·유통·식품 가공에 이르는 전체 과정에서 세계적 차원의 시스템을 형성한다.

06 플랜테이션 농장이 많이 위치한 대륙을 보기 에서 고른 것은?

(하) 난이도

보기
ㄱ. 유럽　　　　　ㄴ. 아시아
ㄷ. 아프리카　　　ㄹ. 남아메리카
ㅁ. 북아메리카

① ㄱ, ㄴ, ㄷ　　　② ㄱ, ㄷ, ㄹ
③ ㄴ, ㄷ, ㄹ　　　④ ㄴ, ㄹ, ㅁ
⑤ ㄷ, ㄹ, ㅁ

07 다음 그래프는 필리핀의 농산물 수입·수출량 변화를 나타낸 것이다. A, B 작물을 바르게 연결한 것은?

(중) 난이도

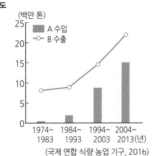

(국제 연합 식량 농업 기구, 2016)

	A	B
①	쌀	바나나
②	쌀	옥수수
③	바나나	쌀
④	바나나	옥수수
⑤	옥수수	바나나

08 다음 그림과 같은 어려움을 겪고 있는 지역을 지도에서 고른 것은?

(상) 난이도

이곳에서는 과자, 초콜릿 등에 사용하는 식물성 기름인 '팜유'를 채취하고 있어. 전 세계에서 소비되는 팜유 중 85%는 이곳에서 생산하지. 팜유는 열대 작물인 기름야자 나무에서 채취하는데, 경작지를 만들고자 기존의 숲을 태워 농장으로 바꿈으로써 주민들은 고향을 잃고, 오랑우탄도 멸종 위기에 처하게 되었어.

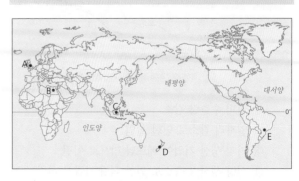

① A　　② B　　③ C　　④ D　　⑤ E

09 다음 그래프는 우리나라 1인당 쌀 소비량의 변화를 나타낸 것이다. 이러한 현상이 나타나게 된 원인을 보기 에서 고른 것은?
(중) 난이도

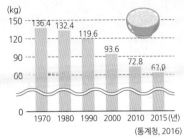

(통계청, 2016)

보기

ㄱ. 쌀 생산량이 크게 늘었다.
ㄴ. 자급적 방식의 농업이 활발해졌다.
ㄷ. 외국산 농산물의 수입량이 늘어났다.
ㄹ. 우리나라 국민들의 식생활이 변화하였다.

① ㄱ, ㄴ   ② ㄱ, ㄹ   ③ ㄴ, ㄷ
④ ㄴ, ㄹ   ⑤ ㄷ, ㄹ

10 다음에서 설명하고 있는 용어는?
(하) 난이도

식량 생산량을 증대시키기 위해 다수확 품종의 개발, 관개 시설의 확충, 살충제 및 화학 비료의 사용 등을 도입한 20세기 중·후반 농업 기술의 혁신을 말한다.

① 녹색 혁명   ② 곡물 메이저   ③ 다국적 기업
④ 기업적 농업   ⑤ 상업적 농업

11 다음 그래프는 베트남의 커피 농업을 나타낸 것이다. 이와 같은 현상이 지속될 경우 나타날 수 있는 문제점은?
(중) 난이도

(베트남 통계청, 2016)

① 커피 수출량 감소
② 일자리 감소로 인한 실업
③ 커피 생산 기업이 베트남 밖으로 이전
④ 식량 생산량 축소로 인한 식량 자급률 하락
⑤ 쌀 중심의 농업 확대로 인한 농가 소득 감소

12 다음 그래프는 우리나라의 식량 자급률 변화를 나타낸 것이다. 자료를 분석한 내용으로 옳지 않은 것은?
(상) 난이도

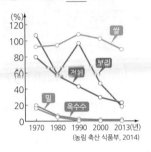

(농림 축산 식품부, 2014)

① 전체적으로 식량 자급률이 낮아지고 있다.
② 밀과 옥수수는 거의 대부분을 수입에 의존한다.
③ 식량 자급률이 낮아진 것은 식량의 수입이 늘어났기 때문이다.
④ 대규모 플랜테이션 농장이 들어서면서 우리나라의 곡물 생산량이 감소하고 있다.
⑤ 2013년 기준 쌀은 비교적 높은 자급률을 유지하고 있으나 다른 곡물들은 자급률이 쌀의 절반에 미치지 못한다.

같은 주제 다른 문제

● 플랜테이션을 실시하는 나라의 식량 자급률이 낮아지는 원인으로 옳은 것은? 답 ③
① 국민 소득 증가   ② 기호 작물의 재배 감소
③ 식량 작물의 재배 감소   ④ 기업적 농업 면적 감소
⑤ 다국적 농업 기업의 해외 이전

13 다음 글을 읽고 분석한 내용으로 옳은 것은?
(중) 난이도

농축산물의 무게에 이동 거리를 곱한 값을 '푸드 마일(food miles)'이라고 하는데, 푸드 마일의 값이 클수록 농축산물이 생산지에서 소비지까지 먼 거리를 이동해 왔다는 것을 뜻한다.

• 푸드 마일(kg·km) = 무게(kg) × 거리(km)

① 푸드 마일 값이 크면 안전한 식품이다.
② 푸드 마일 값이 크면 가까운 곳에서 생산된 식품이다.
③ 푸드 마일 값이 작으면 이동한 식품의 양이 많다는 뜻이다.
④ 푸드 마일 값이 작으면 이산화 탄소 배출이 많은 식품이다.
⑤ 로컬 푸드 운동은 푸드 마일이 낮은 식품을 소비하자는 취지의 식생활 운동이다.

01 다음에서 설명하고 있는 개념을 쓰시오.

> 열대 기후 지역에서 선진국의 자본과 기술이 개발 도상국의 저렴한 노동력과 결합하여 상품 작물을 재배하는 농업을 말한다.

02 다음은 우리나라에서 소비되는 음식들의 원산지를 나타낸 것이다. 이와 같은 먹거리의 세계화가 일어나게 된 원인을 두 가지 서술하시오.

03 다음은 어떤 곡물 회사의 해외 사업 진출 현황을 나타낸 것이다. 이를 보고 물음에 답하시오.

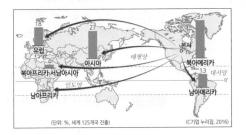

(1) 위와 같은 다국적 곡물 기업을 무엇이라고 하는지 쓰시오.

(2) 위와 같은 기업이 세계 곡물 시장에서 큰 영향력을 행사하는 이유를 서술하시오.

04 다음은 인도네시아 보르네오섬의 열대 우림 면적 변화를 나타낸 것이다. 이와 같은 현상이 나타나게 된 원인을 서술하시오.

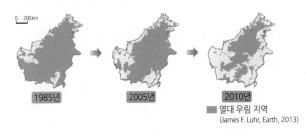

■ 열대 우림 지역
(James F. Luhr, Earth, 2013)

05 다음 글을 읽고 물음에 답하시오.

> 필리핀은 1980년대까지 쌀을 자급했을 뿐만 아니라 수출했던 나라이다. 하지만 농산물 시장이 개방되면서 외국 기업농들이 땅을 사들여 바나나 농장으로 바꾸었다. 이후 식량 부족으로 필리핀은 식량 위기를 맞이하였고, 많은 사람이 어려움을 겪게 되었다. 특히 2008년 세계적인 냉해로 곡물이 부족하게 되자, ㉠식품을 포함한 국가 전체의 물가가 상승하면서 국민들은 큰 어려움을 겪었다.

(1) ㉠과 같은 현상을 무엇이라고 하는지 쓰시오.

(2) 필리핀이 위와 같은 어려움을 겪게 된 원인을 서술하시오.

06 다음 자료를 보고 서울의 소비자가 오렌지 대신 제수산 감귤을 구매했을 때의 장점을 두 가지 서술하시오.

02 다국적 기업의 공간적 분업과 지역 변화
03 서비스업의 세계화와 지역 변화

1 다국적 기업의 공간적 분업과 지역 변화

자료1 1 다국적 기업

(1) **의미** 세계 각지에 자회사를 두고 여러 나라에서 생산과 판매 활동을 하는 기업

(2) **성장 배경** 교통과 통신의 발달, ①세계 무역 기구(WTO)의 등장, ②자유 무역 협정(FTA) 확대 ➡ 경제 활동의 세계화 촉진

(3) **영향력** 다국적 기업이 세계 경제에서 차지하는 영향력이 점차 증가함, 매출액이 한 나라의 국내 총생산(GDP)보다 많은 경우도 있음

2 다국적 기업의 성장과 공간적 분업

(1) **다국적 기업의 성장 과정** 기업의 규모가 커지면서 본사, 연구소, 생산 공장, 영업 지점 등이 세계 각지로 분산

전체 기업을 관리하고 중요한 의사 결정을 함 ┐ ┌ 신제품과 생산 기술을 개발함

제품 판매가 늘어 지방에 영업 지점을 만들고 생산 시설을 확충했어요.

대도시에 공장을 만들고 기업 활동을 시작했어요.

외국에도 영업 지점을 만들어 제품 판매 시장을 확대했어요.

본사, 생산 공장, 영업 지점 등이 여러 국가에 분포하는 기업이 되었습니다.

자료2 (2) 다국적 기업의 공간적 분업
경영의 효율성을 높이고 기업의 이윤을 극대화하기 위해 기업의 여러 기능들이 서로 다른 지역에 입지하여 업무를 분담하는 현상

본사와 연구소	• 기술 수준이 높고 교통과 통신 시설을 잘 갖춘 선진국에 주로 입지 • 우수한 교육 시설과 전문 인력을 필요로 함
생산 공장	• 땅값이 저렴하고 값싼 노동력이 풍부한 개발 도상국에 주로 입지 • ③관세, 수출 제한 등의 ④무역 장벽을 피하기 위해 선진국에 공장을 세우기도 함
최근의 변화	• 개발 도상국에 본사를 둔 기업들도 다국적 기업으로 발전 • 농산물 생산과 가공, 유통, 금융, 서비스업, 자원 개발 등 다양한 분야로 확대

3 다국적 기업의 진출에 따른 지역 변화

긍정적 변화	• 새로운 산업 단지가 조성되어 일자리가 늘어남 • 투자가 확대되며 관련 산업 발달 • 선진 기술의 이전
부정적 변화	• 지역에서 창출된 가치가 외부로 유출 • 공장 노동자들의 열악한 근무 환경 및 낮은 임금 • 다국적 기업의 생산 공장이 철수할 경우 실업 및 경기 침체 ➡ ⑤산업 공동화 현상 발생

시험에 꼭 나오는 개념 체크
1. _____은 세계 각지에 자회사를 두고 여러 나라에서 생산과 판매 활동을 하는 기업이다.
2. 다국적 기업의 생산 공장은 비용 절감을 위해 선진국에 주로 입지한다. (○, ×)

답 1. 다국적 기업 2. ×

 용어 쏙쏙

❶ 세계 무역 기구(WTO): 1995년 세계 무역의 관리 및 자유화를 촉진하기 위해 설립된 국제기구
❷ 자유 무역 협정(FTA): 국가의 무역 거래에서 관세 등의 장벽을 제거하는 협정
❸ 관세(關 - 빗장, 稅 - 세금): 상품이 국경을 넘나들면서 붙는 세금
❹ 무역 장벽(貿 - 무역할, 易 - 바꿀, 障 - 막을, 壁 - 벽): 무역에서 자국 상품을 보호하고 교역 조건을 유리하게 하기 위해 취하는 높은 관세, 수출입 제한 등의 제도
❺ 산업 공동화: 지역에 기반을 둔 산업이 다른 지역으로 이전하면서 기존 산업이 쇠퇴하는 현상

자료1 생활 속의 다국적 기업 제품

휴대 전화
• 본사 한국
• 제조국 중국

운동화
• 본사 독일
• 제조국 베트남

우리가 일상생활 속에서 만나는 많은 제품들은 다국적 기업에서 생산된 것이다. 제품에 표시된 생산 국가를 확인해 보면 제품의 본사와 생산 국가가 서로 다른 것을 확인할 수 있다.

자료2 다국적 기업의 공간적 분업 사례

(H 자동차 누리집, 2016)

▲ ○○ 기업의 해외 진출 현황

○○ 자동차 회사는 우리나라의 다국적 기업으로 세계 여러 국가에 진출하여 생산과 판매를 하고 있다. 인도의 생산 공장(A)은 노동력이 풍부하고 임금이 높지 않은 입지 특성을 이용한 것이다. 미국의 생산 공장(B)은 제품 수출에 대한 무역 장벽을 극복하기 위해 세워진 것이다.

더알기 산업 공동화의 사례 - 미국 디트로이트

미국의 디트로이트는 1950년대 자동차를 생산하는 세계적 규모의 다국적 기업 공장들이 들어서면서 인구가 180만 명에 달할 정도로 번창하였다. 하지만 20세기 후반부터 멕시코 등의 개발 도상국으로 자동차 생산 공장이 이전하면서 실업률이 증가하고 지역 경제가 침체하여 미국에서 가장 가난한 지역 중 하나로 남아 있다.

② 서비스업의 세계화와 지역 변화

1 서비스업

(1) **의미** 경제 활동 주체에게 서비스를 제공하는 산업

(2) **특징** 다른 산업을 지원하고 보조하는 성격으로 고용 창출 효과가 큼

(3) **사례** 도·소매업, 음식 및 숙박업, 금융·❶유통·광고업, 교통 산업, 부동산업 등

2 서비스업의 성장과 입지 변화

(1) **❷탈공업화 사회** 각 나라의 생산과 고용 면에서 서비스업이 차지하는 비중이 점차 높아지고 있음 → 선진국은 서비스업의 고용 비중이 높게 나타나고, 저개발 국가들은 서비스업 종사자의 비중이 대체로 낮은 편

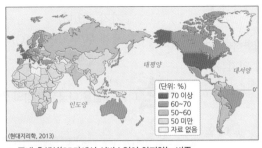

(단위: %)
- 70 이상
- 60~70
- 50~60
- 50 미만
- 자료 없음

(현대지리학, 2013)

▲ 국내 총생산(GDP)에서 서비스업이 차지하는 비중

(2) **서비스업의 성장** 교통과 통신의 발달 → 경제 활동의 시간적·공간적 제약 감소 → 서비스업의 세계화가 가능해짐

자료3 (3) **세계화와 서비스업의 입지**

공간적 분산	대형 상점 등은 세계 여러 곳에 상점을 세워 유사한 상품과 서비스를 제공
공간적 집중	의료, 금융업 등의 전문화된 서비스업은 ❸접근성이 좋은 대도시에 집중
새롭게 발전한 서비스업	• 의료 산업: 선진국에서 진료받기를 원하는 사람들이 늘어나면서 의료 산업이 하나의 관광 산업으로 발전 • 교육 서비스업: 인터넷이나 스마트폰을 이용한 교육 서비스 기업이 등장, 세계 여러 지역에 국제 학교와 대학의 분교 설립

3 관광의 세계화와 지역 변화

(1) **배경** 소득 수준의 향상, 여가 시간의 증대, 교통과 통신의 발달

(2) **영향**

① 부정적 측면: 자연환경 파괴, 지역의 고유문화 쇠퇴 등

더알기 ② 긍정적 측면: 교통 및 숙박 등 연관 산업의 발달, 지역 주민의 고용 창출과 소득 증가, 지속 가능한 관광에 대한 관심

교과서마다 달라요	동아	지속 가능한 관광
지속 가능한 관광	미래엔, 천재교과서	공정 여행

★ 4 유통의 세계화와 지역 변화

(1) **배경** 교통과 정보 통신의 발달, 다국적 기업의 활동 증가, ❹전자 상거래 증가

(2) **영향** 상품 구매의 시간과 공간적 제약 극복, 택배 산업의 발달과 ❺물류 창고업의 발달 등

자료4 (3) **전자 상거래** 유통 산업 발전의 주요 역할을 담당, 상품 구매의 편리성 때문에 전 세계적으로 성장
전자 상거래가 발달하면서 일반 소비자들이 인터넷을 통해 해외의 물건을 직접 구매하는 해외 직구(직접 구매)가 늘어나고 있다.

시험에 꼭 나오는 개념체크

1. 각 나라의 생산과 고용 면에서 서비스업이 차지하는 비중이 점차 높아지고 있다. (○, ×)

2. ＿＿＿＿＿의 발달로 상품 구매의 시간과 공간적 제약이 극복되고 택배 산업과 물류 창고업이 발달하게 되었다.

답 1. ○ 2. 전자 상거래

자료3 기업 콜센터의 입지 변화

델리 4위
푸나 8위
뭄바이 3위
하이데라바드 6위
벵갈루루 1위
첸나이 5위
인도
마닐라 2위
세부 7위
필리핀
*2016년 2월 기준
(Tholons, 2016)

▲ 기업 콜센터가 많이 입지한 상위 8개 도시

인도의 벵갈루루를 비롯한 여러 도시들은 미국 기업의 24시간 콜센터를 운영하던 대표적인 지역이다. 시차를 활용하여 심야 시간에도 미국의 소비자가 콜센터와 연락할 수 있게 한 것이다. 그러나 인도의 경제가 성장하면서 영어에 능통하고 노동비가 저렴한 필리핀의 마닐라 등이 새롭게 콜센터의 중심지로 부상하고 있다.

더알기 지속 가능한 관광(공정 여행)의 원칙

지속 가능한 관광은 현지의 문화를 존중하고 생태계에 미치는 영향을 최소화하며, 현지 주민과의 교류와 체험을 강조하는 관광을 말한다. 이를 위해서는 현지인이 운영하는 숙소와 음식점, 대중교통 이용하기, 현지의 동식물로 만든 기념품은 사지 않기, 여행지의 생활 방식과 종교를 존중하고 문화를 체험하기 등의 원칙을 지킬 필요가 있다.

자료4 전자 상거래

제조 공장 → 도매상 → 소매상 → 소비자
제조 공장 → 전자 상거래 사이트 → 물류 센터 → 소비자
→ 상품 이동   ···▶ 정보 이동

▲ 기존 상거래(왼쪽)와 전자 상거래(오른쪽)의 유통 구조

전자 상거래는 유통 단계를 줄이는 역할과 함께 물류 산업 활성화에도 이바지하고 있으며, 유통 구조도 크게 변화시키고 있다. 상점을 방문할 필요 없이 온라인에서 주문과 결제를 하고, 원하는 곳에서 상품을 받아 볼 수 있기 때문에 기존 유통과 달리 시간과 공간에 대한 제약이 적다. 최근에는 전자 상거래를 통한 교역의 비중이 증가하고 있다.

01 다음 설명에 해당하는 용어를 보기 에서 골라 기호를 쓰시오.

보기

ㄱ. 다국적 기업   ㄴ. 공간적 분업   ㄷ. 자유 무역 협정

(1) 국가 간 상품의 자유로운 이동을 위해 관세 등의 장벽을 제거하는 협정 (   )

(2) 세계 각지에 지회사를 두고 여러 나라에서 생산과 판매 활동을 하는 기업 (   )

(3) 경영의 효율성을 높이고 기업의 이윤을 극대화하기 위해 기업의 여러 기능들이 서로 다른 지역에 입지하여 업무를 분담하는 현상 (   )

02 다음은 다국적 기업에 대한 내용을 정리한 표이다. ㉠~㉢에 알맞은 말을 쓰시오.

구분	설명
본사와 연구소	기술 수준이 높고 교통과 통신 시설을 잘 갖춘 (㉠)에 주로 입지
생산 공장	• 땅값이 저렴하고 노동력이 풍부한 (㉡)에 입지 • 관세, 수출 제한 등의 (㉢)을/를 극복하기 위해 선진국에 입지하기도 함

㉠ _____ ㉡ _____ ㉢ _____

03 다국적 기업의 진출에 따른 지역 변화를 바르게 연결하시오.

(1) 공장 철수 •　　　　　• ㉠ 일자리 창출

(2) 공장 유입 •　　　　　• ㉡ 산업 공동화 현상

04 다음 중 알맞은 말에 ○표를 하시오.

(1) 탈공업화 사회란 (농업, 서비스업) 중심의 경제 구조로 변해가는 것을 뜻한다.

(2) (선진국, 개발 도상국)은 대체로 서비스업의 고용 비중이 높게 나타난다.

05 다음 설명이 맞으면 ○표, 틀리면 ×표를 하시오.

(1) 의료, 금융업 등의 전문화된 서비스업은 농촌 지역에 많이 입지한다. (   )

(2) 콜센터는 유럽과 미국 지역에 주로 입지한다. (   )

06 다음 빈칸에 알맞은 말을 쓰시오.

(1) (   )은/는 현지의 문화를 존중하고 생태계에 미치는 영향을 최소화하는 관광이다.

(2) 인터넷 통신망을 이용하여 물건을 사고파는 (   )의 증가로 상품 구매가 더욱 편리해지고 있다.

01 다국적 기업에 대한 설명으로 옳은 것은?

(중 난이도)

① 자국 내에서의 기업 활동을 가장 중요시한다.

② 국내 기술을 보호하기 위한 목적으로 육성되었다.

③ 자국의 자본, 노동력, 기술만을 사용하여 상품과 서비스를 개발한다.

④ 보통 한 분야의 상품을 집중적으로 생산하는 시스템을 가지고 있다.

⑤ 세계 무역 기구(WTO)의 출범으로 자본, 노동 등이 자유롭게 이동하면서 빠르게 증가하고 있다.

02 다음 그림을 다국적 기업의 형성 과정 순서대로 바르게 나열한 것은?

(중 난이도)

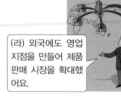

(가) 제품 판매가 늘어 지방에 영업 지점을 만들고 생산 시설을 확충했어요.

(나) 본사, 생산 공장, 영업 지점 등이 여러 국가에 분포하는 기업이 되었습니다.

(다) 대도시에 공장을 만들고 기업 활동을 시작했어요.

(라) 외국에도 영업 지점을 만들어 제품 판매 시장을 확대했어요.

① (가) → (나) → (다) → (라)

② (나) → (가) → (라) → (다)

③ (다) → (가) → (라) → (나)

④ (다) → (라) → (가) → (나)

⑤ (라) → (다) → (가) → (나)

03 다음 그래프를 보고 분석한 내용으로 옳은 것을 보기 에서 고른 것은?

(상 난이도)

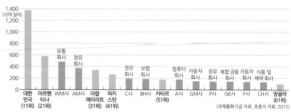

▲ 세계 10대 다국적 기업의 매출액과 여러 국가의 국내 총생산(GDP)

보기

ㄱ. 한 국가의 국내 총생산을 넘어서는 다국적 기업도 있다.

ㄴ. 세계 경제에서 다국적 기업이 차지하는 위상이 높다.

ㄷ. 다국적 기업은 한 종류의 재화나 서비스를 공급한다.

ㄹ. 다국적 기업의 산업 분야는 제조업으로 한정되어 있다.

① ㄱ, ㄴ　　　② ㄱ, ㄷ　　　③ ㄴ, ㄷ

④ ㄴ, ㄹ　　　⑤ ㄷ, ㄹ

04 다음 글의 ㉠, ㉡에 들어갈 말을 바르게 연결한 것은?

㊥ 난이도

> 다국적 기업은 크게 본사와 연구소, 영업소, 생산 공장으로 구분된다. (㉠)의 핵심 지역에는 전체 기업을 관리하고 중요한 의사 결정을 하는 본사가 주로 입지한다. 반면 영업소나 (㉡)은/는 저렴한 노동력이 풍부한 국가에 입지하는 경우가 많다.

	㉠	㉡
①	선진국	연구소
②	선진국	생산 공장
③	농촌 지역	연구소
④	개발 도상국	생산 공장
⑤	개발 도상국	연구소

05 다음 지도는 한 자동차 회사의 해외 진출 현황을 나타낸 것이다. A 지역에 생산 공장이 세워진 이유로 옳은 것은?

㊖ 난이도

① 저렴한 노동력이 풍부하기 때문
② 본사와 연구소가 입지한 국가이기 때문
③ 제품 수출에 유리한 항구를 끼고 있기 때문
④ 석유와 철광석 등의 제품 원료가 풍부하기 때문
⑤ 관세 및 수출입 규제 등의 무역 장벽을 극복하기 위해

06 다국적 기업의 변화 모습에 대한 설명으로 옳은 것을 보기 에서 고른 것은?

㊥ 난이도

> **보기**
> ㄱ. 다국적 기업의 숫자가 감소하고 있다.
> ㄴ. 농업, 금융, 유통 분야에도 진출하고 있다.
> ㄷ. 다국적 기업의 진출 국가가 한정되고 있다.
> ㄹ. 개발 도상국에 본사를 둔 다국적 기업도 나타난다.

① ㄱ, ㄴ   ② ㄱ, ㄷ   ③ ㄴ, ㄷ
④ ㄴ, ㄹ   ⑤ ㄷ, ㄹ

07 다음 글을 읽고 폴란드 경제에 대한 예측으로 옳은 것을 보기 에서 고른 것은?

㊥ 난이도

> 글로벌 IT 기업들의 연구 및 개발 센터가 폴란드의 바르샤바에만 150여 개가 있어 폴란드가 유럽의 '실리콘밸리'로 부상하고 있다. 세계적인 전자 상거래 기업인 ○○은 현지 인력만 약 만 명을 고용하고 있다.

> **보기**
> ㄱ. 폴란드의 도시 인구가 감소할 것이다.
> ㄴ. 폴란드의 서비스 산업이 위축될 것이다.
> ㄷ. 폴란드에 첨단 IT 기술이 전달될 기회가 될 것이다.
> ㄹ. 폴란드 정부는 교통과 통신망 정비에 힘을 쏟을 것이다.

① ㄱ, ㄴ   ② ㄱ, ㄷ   ③ ㄴ, ㄷ
④ ㄴ, ㄹ   ⑤ ㄷ, ㄹ

08 다음 현상이 나타났을 때 발생할 수 있는 문제로 옳은 것은?

㊥ 난이도

> '세계의 공장'으로 불리며 세계 최대 제조업 기지로 군림했던 중국의 위상이 비틀거리고 있다. 미국 ○○사는 중국 베이징에 있는 공장을 폐쇄하고 생산 설비를 베트남으로 옮기기로 했다. 공장의 폐쇄로 총 9,000명의 인력이 구조 조정될 것이라고 전했다.

① 산업 공동화 현상이 나타난다.
② 지역의 일자리가 늘고 소득이 증가한다.
③ 다국적 기업의 본사와 연구소가 들어선다.
④ 중국 정부가 걷을 수 있는 세금이 늘어난다.
⑤ 다국적 기업에 무역 장벽이 늘어 활동이 위축된다.

09 다음 글에서 설명하고 있는 산업 분야는?

㊦ 난이도

> • 다른 산업을 지원하고 보조하는 성격이며 고용 창출 효과가 크다.
> • 도·소매업, 음식·숙박업, 금융·유통·광고업, 교통 산업, 부동산업 등

① 농업   ② 축산업   ③ 제조업
④ 서비스업   ⑤ 광물 가공업

🎈 같은 **주제** 다른 문제 ....

● 다음 글의 빈칸에 들어갈 말은? **답** 고용

> 서비스업은 경제 활동 주체에게 서비스를 제공하는 산업으로, 다른 산업을 지원하고 보조하는 성격이며 ( ) 창출 효과가 크다.

10 다음 지도는 국내 총생산(GDP)에서 서비스업이 차지하는 비중을 나타낸 것이다. 이를 분석한 내용으로 옳은 것은?

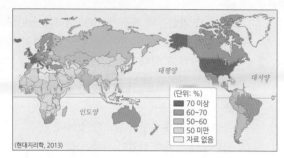

(단위: %)
- 70 이상
- 60~70
- 50~60
- 50 미만
- 자료 없음

(현대지리학, 2013)

① 서비스업의 비중이 점차 낮아지고 있다.
② 서부 유럽보다 중국의 서비스업 비중이 더 높다.
③ 경제 규모와 서비스업 비중은 대체로 반비례한다.
④ 북아메리카는 서비스업의 비중이 상대적으로 높다.
⑤ 아프리카는 다른 대륙보다 서비스업의 비중이 높다.

11 다음 지도는 기업 콜센터가 많이 입지한 상위 8개 도시이다. 이 지역에서 콜센터 산업이 발달한 이유는?

델리 4위
푸나 8위 인도
뭄바이 3위
하이데라바드 6위
벵갈루루 1위 마닐라 2위 필리핀
첸나이 5위 세부 7위
인도양
*2016년 2월 기준
(Tholons, 2016)

① 미국과의 거리가 가깝기 때문
② 미국과 유럽 등과 문화가 유사하기 때문
③ 다국적 기업의 본사가 가장 많이 위치하기 때문
④ 미국과 유럽 등의 국가와 사용하는 시간대가 같기 때문
⑤ 영어에 능통하고 노동비가 저렴한 노동력이 풍부하기 때문

12 다음과 같은 산업이 발달하게 된 배경으로 옳은 것은?

> 인터넷이나 스마트폰을 이용한 교육 서비스 기업이 등장하고, 세계 여러 지역에 국제 학교와 대학의 분교가 설립되고 있다.

① 대도시 인구 감소
② 교통과 통신의 발달
③ 교육 서비스 수요 감소
④ 교육 서비스 산업의 공간적 집중
⑤ 서비스 산업에 대한 국제 교류 제한

13 관광 산업의 발달이 지역 경제에 미치는 영향으로 옳은 것을 보기 에서 고른 것은?

보기
ㄱ. 교통 및 숙박 산업과 같은 각종 연관 산업의 발전을 촉진한다.
ㄴ. 유명한 관광지가 있는 국가들은 많은 경제적 이익이 발생하고 있다.
ㄷ. 고용 창출 효과가 적어 지역의 일자리 증가에는 큰 도움이 되지 못한다.
ㄹ. 소득 수준 향상과 여가 시간의 감소로 관광 산업이 위축되고 있는 추세이다.

① ㄱ, ㄴ   ② ㄱ, ㄹ   ③ ㄴ, ㄷ
④ ㄴ, ㄹ   ⑤ ㄷ, ㄹ

같은 주제 다른 문제

● 다음과 같은 특징을 갖는 산업은? 답 ④

> 소득 수준 향상과 여가 시간이 늘고, 교통과 통신이 발달하여 세계 여러 지역에 대한 관심이 높아지면서 점점 발달하고 있다.

① 제조업   ② 유통업   ③ 화학 공업
④ 관광 산업   ⑤ 전자 상거래업

14 다음과 같은 관광이 주목받게 된 이유로 적절한 것은?

> 세계 여러 지역을 여행할 때에는 현지인이 운영하는 숙소와 음식점, 대중교통을 이용하기, 현지의 동식물로 만든 기념품은 사지 않기, 여행지의 생활 방식과 종교를 존중하고 문화를 체험하기 등의 원칙을 지켜야 한다.

① 관광 산업이 소득을 증대시켜 주기 때문이다.
② 관광 산업이 국내 총생산을 증대시켜 주기 때문이다.
③ 관광객 유치를 통해 지역 경제가 활성화되기 때문이다.
④ 관광객이 늘면서 자연환경이 파괴되고 고유문화가 쇠퇴할 수 있기 때문이다.
⑤ 교통과 통신이 발달하지 못한 곳으로 관광객이 몰려 갑작스럽게 경제가 발전하기 때문이다.

15 다음 설명에 해당하는 산업은?

> 이 산업은 유통 단계를 줄이는 역할과 함께 물류 산업 활성화에 이바지하고 있으며, 유통 구조도 크게 변화시키고 있다. 상점을 방문할 필요가 없이 온라인에서 주문과 결제를 할 수 있고, 원하는 곳에서 상품을 받아 볼 수 있다.

① 증권업   ② 금융업   ③ 건축업
④ 콜센터 산업   ⑤ 전자 상거래업

01 다음 글을 읽고 물음에 답하시오.

> 일상생활 속에서 만나는 많은 제품들은 (㉠)에서 생산된 것이다. (㉠)은/는 세계 각지에 자회사를 두고 여러 나라에서 생산과 판매 활동을 하는 기업으로, 세계 경제에서 차지하는 영향력이 커지고 있다.

(1) ㉠에 들어갈 말을 쓰시오.

_____

(2) 오늘날 ㉠의 영향력이 점차 커지고 있는 배경을 두 가지 서술하시오.

_____

_____

02 다음은 다국적 기업의 성장 과정을 나타낸 그림이다. (라) 단계에서 본사와 연구소가 주로 입지하는 지역이 어디인지 쓰고, 해당 지역에 입지하는 이유를 서술하시오.

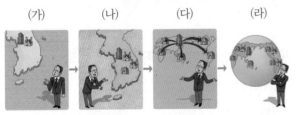

(가)   (나)   (다)   (라)

_____

_____

03 다음과 같은 현상이 나타났을 때, 지역이 겪을 수 있는 부정적인 변화 모습을 서술하시오.

> 부산은 1970년대 세계적인 신발 생산지였으나 1980년대 후반 이후 많은 기업이 인도네시아, 베트남, 중국 등으로 생산 공장을 이전하면서 신발 산업이 점차 쇠퇴하였다.

_____

_____

04 다음 글과 같은 현상이 나타나는 이유를 두 가지 서술하시오.

> 미국에 본사를 두고 있는 A 기업은 최근 필리핀에 있는 콜센터 직원 수를 두 배로 늘렸다. 이 기업은 마닐라, 세부, 바탕가스 등 필리핀에만 세 곳에 사무실을 운영하며, 이곳에서 일하는 필리핀 현지 직원은 무려 만 명이 넘는다. 콜센터는 업무 환경상 고객과 가까운 거리에 있을 필요가 없다.

_____

_____

05 다음 글의 밑줄 친 ㉠을 실천하고자 할 때 지켜야 할 원칙을 두 가지 서술하시오.

> ㉠지속 가능한 관광은 현지의 문화를 존중하고 생태계에 미치는 영향을 최소화하며, 현지 주민과의 교류와 체험을 강조하는 관광을 말한다.

_____

_____

06 다음 자료는 어떤 유통 산업 분야의 흐름을 나타낸 것이다. 이를 보고 물음에 답하시오.

온라인 구매   상품 확보 및   물류 센터   배송   상품 수령
배송 준비   집화

(1) 위와 같은 유통 산업을 무엇이라고 하는지 쓰시오.

_____

(2) 위와 같은 산업이 발달했을 때 소비자가 얻을 수 있는 장점과 함께 발전하는 산업 분야가 무엇인지 각각 한 가지씩 서술하시오.

_____

_____

01 농업의 기업화와 세계화

1 농업의 변화 자급적 농업 ➡ 시장 판매 목적의 대규모 기업적 (상업적) 농업으로 확대

2 농업의 기업화 다국적 농업 기업들이 농축산물의 생산 및 유통에 이르는 전반을 장악하고 영향을 미치는 현상

3 농업의 세계화

의미	전 세계를 대상으로 농축산물의 생산과 유통이 이루어지고 있는 현상
배경	• 교통과 통신 기술의 발달 ➡ 다양한 농산물의 수요 증가 • 냉장 및 냉동 기술의 발달 ➡ 농축산물을 멀리 떨어진 지역까지 운송 가능
결과	• 일상생활에서 소비하는 먹거리의 원산지가 다양해짐 • 전통 농업이 감소하고, 농민들이 열악한 노동 조건에서 대규모 농업 기업에 고용되어 일하게 되기도 함

4 생산 지역의 변화

다국적 농업 기업	• 녹색 혁명을 주도하여 생산량 증대 • 대량 생산 체계를 갖추고 세계 시장에서 경쟁력 확보
변화 모습	• 상업적 농업 지역에서는 자영농 감소(미국, 브라질 등) • 일부 농작물만 대량으로 재배하는 단일 경작 체계 확립 • 일자리 제공, 국제적 판매량 증가로 지역 경제 활성화
문제점	• 과도한 비료 사용에 따른 토양 오염과 지하수 고갈 등의 환경 문제 • 삼림 파괴로 인한 생태계 파괴 • 플랜테이션 농장이 위치한 국가들의 식량 작물 생산량 감소 ➡ 식량 자급률 하락

5 소비 지역의 변화

식생활의 변화	• 세계 여러 지역에서 생산한 농산물을 저렴하게 구매 가능 • 육류, 과일 소비 증가, 커피 같은 기호 작물의 소비 증가 • 농축산물의 수출, 수입이 활발해지면서 푸드 마일 증가
문제점	• 농산물의 대량 수입 ➡ 식량 자급률 하락 • 수입 농산물 안전성 문제 • 국제 농산물 가격 상승 ➡ 식량 부족 문제 및 애그플레이션 발생
지역의 대응	• 지역 내의 우수 농산물에 대한 생산과 홍보 • 로컬 푸드 운동을 통한 국산 농산물 소비 촉진

02 다국적 기업의 공간적 분업과 지역 변화

1 다국적 기업의 성장

(1) 다국적 기업 세계 각지에 자회사를 두고 여러 나라에서 생산과 판매 활동을 하는 기업

성장 배경	교통과 통신의 발달, 세계 무역 기구(WTO)의 등장, 자유 무역 협정(FTA) 확대 ➡ 경제 활동의 세계화 촉진
영향력	세계 경제에서 차지하는 영향력 증가, 매출액이 한 나라의 국내 총생산(GDP)보다 많은 경우도 있음

(2) 다국적 기업의 성장 과정

(3) 다국적 기업의 공간적 분업

본사와 연구소	기술 수준이 높고 교통과 통신 시설을 잘 갖춘 선진국에 주로 입지
생산 공장	• 땅값이 저렴하고 값싼 노동력이 풍부한 개발 도상국에 주로 입지 • 무역 장벽을 피하기 위해 선진국에 공장을 세우기도 함
최근의 변화	• 개발 도상국에 본사를 둔 기업들도 다국적 기업으로 발전 • 농산물 생산과 가공, 유통, 금융, 서비스업, 자원 개발 등 다양한 분야로 확대

2 다국적 기업의 진출에 따른 지역 변화

긍정적 변화	• 일자리가 늘어나고, 투자가 확대되며 관련 산업이 발달함 • 선진 기술의 이전
부정적 변화	• 지역에서 창출된 가치가 외부로 유출 • 공장 노동자들의 열악한 근무 환경 및 낮은 임금 • 산업 공동화 현상 발생

03 서비스업의 세계화와 지역 변화

1 서비스업

의미	경제 활동 주체에게 서비스를 제공하는 산업
사례	도·소매업, 음식 및 숙박업, 금융·유통·광고업, 교통 산업 등
성장	교통·통신의 발달 ➡ 경제 활동의 시간적·공간적 제약 감소 ➡ 서비스업의 세계화

2 세계화와 서비스업의 입지

공간적 분산	대형 상점 등은 세계 여러 곳에 상점을 세워 유사한 상품과 서비스를 제공
공간적 집중	의료, 금융업 등은 접근성이 좋은 대도시에 집중
새롭게 발전한 서비스업	• 의료 산업: 선진국에서 진료받기를 원하는 사람들이 늘어나면서 의료 산업이 하나의 관광 산업으로 발전 • 교육 서비스업: 인터넷이나 스마트폰을 이용한 교육 서비스 기업이 등장, 국제 학교와 대학의 분교 설립

3 관광과 유통의 세계화

관광의 세계화	• 부정적 측면: 자연환경 파괴, 지역의 고유문화 쇠퇴 등 • 긍정적 측면: 연관 산업의 발달, 고용 창출 등의 경제 효과, 지속 가능한 관광에 대한 관심 증가
유통의 세계화	상품 구매의 시간과 공간적 제약 극복, 택배 산업의 발달과 물류 창고업의 발달 ➡ 전자 상거래 성장

01 농업의 기업화와 세계화

01 선진국의 자본과 개발 도상국의 노동력이 합쳐져 대규모로 상
(하) 품 작물을 재배하는 농업 형태는?
난이도

① 낙농업 ② 화훼 산업
③ 혼합 농업 ④ 플랜테이션
⑤ 공장식 사육

02 다음 글의 밑줄 친 ㉠~㉤에 대한 설명으로 옳지 <u>않은</u> 것은?
(중)
난이도

> 대규모로 농산물을 생산하는 ㉠<u>대규모 농업</u> 회사는
> 세계 농산물의 가격과 ㉡<u>가공 식품의 가격</u>에 많은 영향
> 을 끼친다. 뿐만 아니라 ㉢<u>농작물의 생산 구조</u>와 ㉣<u>토
> 지 이용</u>, ㉤<u>소비 특성</u>에서도 영향을 끼친다.

① ㉠ - 본사는 선진국에 위치한 경우가 많다.
② ㉡ - 회사가 주스, 통조림 등의 가공 식품도 직접 만드
는 경우가 많다.
③ ㉢ - 자급적 농업에서 상업적 농업으로 생산 구조가 변
화된다.
④ ㉣ - 단일 작물을 중심으로 대량 재배를 실시한다.
⑤ ㉤ - 농작물의 수출과 수입 과정이 까다로워져 수입산
농산물 구매가 어려워졌다.

03 농업 생산의 세계화로 인한 부작용을 보기 에서 고른 것은?
(중)
난이도

> **보기**
> ㄱ. 소규모 농가에 피해 발생
> ㄴ. 다양한 지역의 농산물 구매 가능
> ㄷ. 농산물 수입 국가들의 식량 자급률 상승
> ㄹ. 농민들이 열악한 노동 조건에서 대규모 농업 기업에
> 고용

① ㄱ, ㄴ ② ㄱ, ㄷ ③ ㄱ, ㄹ
④ ㄴ, ㄹ ⑤ ㄴ, ㄹ

04 다음에서 설명하고 있는 기업을 무엇이라고 하는지 쓰시오.
(하)
난이도

> 전 세계에 곡물 생산지를 두고 곡물을 수출입하는 다
> 국적 기업을 일컫는 말로, 먹거리 생산·유통·식품 가공
> 에 이르는 전체 과정에서 세계적 차원의 시스템을 형성
> 한다.

05 다음 그래프는 필리핀의 쌀 수입과 바나나 수출량을 나타낸 것
(상) 이다. 이를 분석한 내용으로 옳은 것을 보기 에서 고른 것은?
난이도

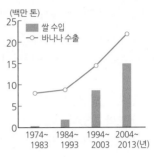

> **보기**
> ㄱ. 바나나 경작 면적이 늘고 있다.
> ㄴ. 자급적 농업을 실시하는 농가가 늘고 있다.
> ㄷ. 필리핀의 식량 자급률이 하락하게 될 것이다.
> ㄹ. 쌀의 국제 거래 가격과 국내 경제와의 관련성이 줄
> 어든다.

① ㄱ, ㄴ ② ㄱ, ㄷ ③ ㄱ, ㄹ
④ ㄴ, ㄷ ⑤ ㄷ, ㄹ

06 다음 글과 같은 상황이 지속될 경우 나타날 수 있는 문제점을
(중) 두 가지 서술하시오.
난이도

> 인도네시아에서는 과자, 초콜릿 등에 사용하는 식물
> 성 기름인 '팜유'를 채취하고 있다. 팜유는 열대 작물인
> 기름야자 나무에서 채취하는데, 인도네시아에서는 이러
> 한 기름야자 농장이 계속 늘어나고 있다.

07 다음 자료를 보고 서울의 소비자가 오렌지 대신 제주산 감귤을
(중) 소비함으로써 얻을 수 있는 장점으로 옳은 것은?
난이도

① 탄소 배출량을 늘릴 수 있다.
② 이동 거리가 짧아 온실가스 배출이 적다.
③ 사과나 배 등의 국산 과일 판매가 감소한다.
④ 비료나 농약을 많이 사용한 작물을 구매하게 된다.
⑤ 수확한 뒤 시간이 많이 흐른 작물을 구매하게 된다.

02 다국적 기업의 공간적 분업과 지역 변화

08 다국적 기업에 대한 설명으로 옳지 <u>않은</u> 것은?

(중) 난이도

① 여러 국가에 걸쳐 생산과 판매를 한다.
② 최근에는 제조업뿐만 아니라 다양한 산업 분야에서 활동한다.
③ 교통·통신의 발달은 기업이 다국적 기업으로 발전하는 것을 가로막고 있다.
④ 세계의 다양한 생산 요소(노동, 자본, 토지 등)를 통합적으로 활용하고자 한다.
⑤ 매출액이 한 국가의 국내 총생산보다 많은 경우도 있을 정도로 국제적 영향력이 점차 확대되고 있다.

09 다국적 기업의 성장 배경으로 옳은 것을 보기 에서 고른 것은?

(하) 난이도

보기

ㄱ. 교통과 통신의 발달
ㄴ. 관세와 무역 장벽 증가
ㄷ. 세계 무역 기구(WTO) 등장
ㄹ. 자유 무역 협정(FTA)의 축소

① ㄱ, ㄴ ② ㄱ, ㄷ ③ ㄴ, ㄷ
④ ㄴ, ㄹ ⑤ ㄷ, ㄹ

서술형

10 다음은 다국적 기업의 공간적 분업 입지에 대하여 정리한 표이다. ㉠에 들어갈 내용을 두 가지 서술하시오.

(중) 난이도

본사와 연구소	기술 수준이 높고 교통과 통신 시설을 잘 갖춘 선진국에 주로 입지
생산 공장	㉠

주관식

11 다음 글의 빈칸에 알맞은 말을 쓰시오.

(하) 난이도

다국적 기업의 발달 초기에는 미국과 영국, 독일 등 선진국의 기업이 많았으나 최근에는 중국, 인도 등 (   )의 기업도 다국적 기업으로 발전하고 있다.

12 다음 자료는 우리나라에 본사를 둔 자동차 회사의 국내 및 해외 생산 현황을 나타낸 것이다. 이를 보고 해석한 내용으로 옳은 것을 보기 에서 고른 것은?

(상) 난이도

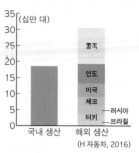

(H 자동차, 2016)

보기

ㄱ. 국내 생산량이 해외 생산량보다 많다.
ㄴ. 국내 생산량이 지속적으로 감소하고 있다.
ㄷ. 미국에는 자동차 관련 무역 장벽이 있을 것이다.
ㄹ. 인도는 노동력이 풍부하여 생산 공장의 입지에 알맞다.

① ㄱ, ㄴ ② ㄱ, ㄷ ③ ㄴ, ㄷ
④ ㄴ, ㄹ ⑤ ㄷ, ㄹ

13 다음 글과 같은 현상이 지속될 경우 멕시코 경제의 변화 모습을 예측한 것으로 옳지 <u>않은</u> 것은?

(중) 난이도

최근 멕시코가 세계 주요 자동차 기업의 생산 기지로 떠오르고 있다. 세계 주요 자동차 업체의 생산 공장뿐만 아니라 여러 관련 업체들도 멕시코로 이전하면서 멕시코의 자동차 산업이 빠르게 성장하고 있다.

① 산업 공동화 현상 발생
② 자동차 관련 산업 성장
③ 자동차 관련 기술 습득
④ 다국적 기업의 투자 증가
⑤ 다국적 기업의 멕시코 내 생산 비중 증가

서술형

14 다음 글을 읽고 다국적 기업의 진출로 인하여 지역에서 겪을 수 있는 어려움을 서술하시오.

(중) 난이도

다국적 의류 회사들의 저렴한 의류 제품에는 개발 도상국 근로자들의 노고가 숨어 있다. 2013년 4월 방글라데시의 대규모 의류 공장이 부실 공사로 붕괴되면서 많은 사람들이 죽거나 다치는 사고가 발생하였다.

15 다음 글의 밑줄 친 ㉠과 같은 현상을 무엇이라고 하는지 쓰시오.

> 2000년대 들어 첨단 산업과 서비스업을 바탕으로 새롭게 발전하고 있는 서울 디지털 산업 단지는 한때 큰 어려움을 겪었다. 1964년 구로 공업 단지가 조성된 이후 의류, 신발, 가발 등의 제품을 수출하면서 우리나라의 경제 성장에 기여하였다. 하지만 그 당시 입주 기업들이 생산비 절감을 위해 ㉠동남아시아와 중국 등지로 생산 공장을 대거 이전하였고, 그 결과 공단 곳곳이 텅 비기 시작하면서 지역 경제가 침체되었다.

_____

03 서비스업의 세계화와 지역 변화

16 다음 글과 같은 산업들이 발달하게 된 원인은?

> 물자나 정보의 이동을 돕는 택배업, 통신 산업, 운수업 등의 유통 서비스가 크게 성장하여 유통의 세계화가 진행되고 있으며, 여가 및 관광 기회의 증가와 각국의 관광 산업 육성으로 관광업의 세계화가 진행되고 있다.

① 교통과 통신의 발달
② 세계 경제의 공간적 분리
③ 제조업 중심의 경제 발달
④ 1차 산업 중심의 산업 구조 확대
⑤ 선진국 위주의 공간적 분업 실시

17 다음 서비스업이 발달한 국가를 지도에서 고르면?

> 인구 8만 명의 작은 마을 탄자이는 과거 사탕수수 재배로 지역 경제가 유지되었는데, 최근 들어 경제가 활력을 띠며 눈부시게 성장하고 있다. 이유는 콜센터 산업 때문이다. 이 나라가 콜센터를 비롯한 업무 처리 아웃소싱(BPO: Business Process Outsourcing) 서비스를 유치해 벌어들인 돈은 2013년에만 160억 달러(약 17조 8,000억 원)로, 이는 국내 총생산(GDP)의 6%에 달한다.

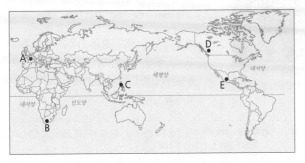

① A ② B ③ C ④ D ⑤ E

18 다음과 같은 사업이 발달했을 때 발생할 수 있는 부작용으로 적절한 것은?

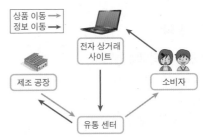

① 상품 가격 상승
② 제품 구매 접근성 하락
③ 창고 및 물류 산업 쇠퇴
④ 소규모 오프라인 매장 감소
⑤ 도·소매업의 비정상적 발달

19 다음 그래프는 세계 관광객 수 증가 추이를 나타낸 것이다. 이를 보고 물음에 답하시오.

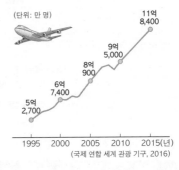

(단위: 만 명)
11억 8,400
9억 5,000
8억 900
6억 7,400
5억 2,700

1995 2000 2005 2010 2015(년)
(국제 연합 세계 관광 기구, 2016)

(1) 그래프와 같은 상황이 지속되었을 때, 관광지 주변에 거주하는 주민들이 겪을 수 있는 어려움을 두 가지 서술하시오.

_____

_____

(2) (1)과 같은 어려움을 극복하기 위해 최근 강조되고 있는 관광 방법을 무엇이라고 하는지 쓰시오.

_____

01 기후 변화와 그 대응

1 기후 변화

1 기후 변화의 의미와 원인

(1) **의미** 일정한 지역에서 장기간에 걸쳐서 나타나는 기후의 평균적인 상태가 변화하는 것

(2) **원인** 자연적 요인과 인위적 요인으로 구분

① **자연적 요인**: 화산 활동에 따른 화산재 분출, 태양 활동의 변화, 태양과 지구의 상대적 위치 변화 등

② **인위적 요인**: ❶화석 연료 사용에 따른 ❷온실가스 배출, 도시화, 무분별한 삼림 개발

2 지구 온난화

(1) **의미** 대기 중에 온실가스의 양이 많아지면서 온실 효과가 과도하게 나타나 지구의 평균 기온이 높아지는 현상

(2) **지구 온난화의 과정** 석탄, 석유 등 화석 연료를 사용하는 과정에서 주로 배출한다.

| 화석 연료의 사용, 삼림 개발, 가축 사육 증가 | → 이산화 탄소 배출 / 메테인 배출 → | 대기 중 온실가스 농도 증가 | → 온실 효과 발생 → | 지구의 평균 기온 상승 |

개념 체크
1. 산업화 이후 지구의 평균 기온은 꾸준히 상승하고 있다. (◯, ✕)
2. 지구 온난화는 대기 중의 _____ 농도가 증가하면서 발생한다.

정답 1. ◯ 2. 온실가스

2 기후 변화의 영향

1 부정적인 영향

◀ 세계 각 지역의 기후 변화 상황

빙하가 녹아 바다로 흘러들면 바닷물의 염분 농도를 낮게 만들어 해류 순환을 방해할 수 있다.

(1) **해수면 상승** 지구의 평균 기온 상승으로 빙하가 녹아 바다로 흘러들어 해수면 상승

▲ 평균 해발 고도가 4m도 되지 않는 ❸투발루는 해수면 상승으로 인해 국토 전체가 물에 잠길 위기에 놓여 있다.

▲ 몰디브는 2100년 국토 전체가 물에 잠길 것이라는 전망에 따라 해수면 상승의 심각성을 알리기 위해 수중 ❹각료 회의를 열었다.

자료 1 지구의 연평균 기온 변화

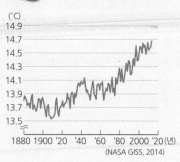

(NASA GISS, 2014)

화석 연료를 본격적으로 사용하기 시작한 1800년대 후반 이후 지구의 평균 기온이 꾸준히 상승하고 있다. 특별한 대책 없이 지금과 같이 온실가스가 배출된다면 2100년 지구의 평균 기온은 현재보다 3.7~4.8℃가 상승할 것으로 예측된다.

더 알기 온실가스의 종류와 비중

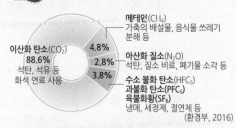

메테인(CH_4) 가축의 배설물, 음식물 쓰레기 분해 등
이산화 탄소(CO_2) 88.6% 석탄, 석유 등 화석 연료 사용
아산화 질소(N_2O) 석탄, 질소 비료, 폐기물 소각 등
수소 불화 탄소(HFC_s) 과불화 탄소(PFC_s) 육불화황(SF_6) 냉매, 세정제, 절연체 등
4.8% / 2.8% / 3.8%
(환경부, 2016)

온실가스 중 화석 연료인 석탄, 석유, 천연가스를 사용하고 배출되는 이산화 탄소의 비중이 가장 높다. 메테인은 주로 가축의 배설물, 음식물 쓰레기 분해 과정에서 배출된다.

자료 2 세계 평균 해수면 높이 변화

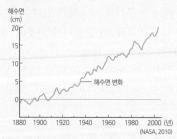

(NASA, 2010)

산업화 이후 세계 평균 기온은 약 0.7℃ 상승했고, 그 결과 빙하와 만년설이 녹으면서 해수면이 상승하여 해안 저지대 지역의 침수 문제가 심각해지고 있다.

용어 쏙쏙

❶ 화석 연료: 지각에 파묻힌 동식물의 유해가 오랜 세월에 걸쳐 화석화하여 만들어진 연료로 석유, 석탄, 천연가스 등이 있음

❷ 온실가스: 지구 온난화의 원인이 되는 대기 중의 가스 형태 물질로 이산화 탄소, 메테인, 아산화 질소, 수소 불화 탄소 등이 대표적임

❸ 투발루: 남태평양의 중앙에 위치한 도서 국가로 해수면 상승으로 인해 머지않아 전 국토가 물에 잠길 위험에 처해 있음

❹ 각료 회의(閣-집, 僚-동료, 會-모일, 議-의논할): 총리, 장관 등이 모여 중요 정책을 논의하는 회의

(2) 기상 이변 증가 지구 곳곳에서 태풍, 홍수, 폭우, 가뭄, 폭설, 폭염과 같은 **❶**기상 이변이 빈번해짐

└ 동아시아 지역에서 태풍의 발생 빈도가 잦아지며 위력이 강해질 것으로 예상된다.

▲ 폭우로 인해 센강의 물이 범람하여 파리 곳곳에 침수 피해가 발생하였다.

▲ 태평양의 수온이 상승하면서 태풍이 자주 발생하고, 그 위력이 강해질 것으로 예상된다.

▲ 기후 변화로 인한 오랜 가뭄과 인구 증가에 따른 물 사용 확대로 차드호의 면적이 줄어들었다.

(3) 생태계 변화 생물들의 서식 환경 변화로 농업 생산량 감소

① 해양 생태계 변화

② 식물의 **❷**개화 시기 변화

③ 농작물의 재배 환경 변화

④ **❸**고산 식물의 분포 범위 축소

⑤ 모기, 파리 등 해충 증가로 전염병 확산

2 긍정적인 영향

 (1) 북극 항로 통행 가능 북극의 얼음이 녹아 **❹**북극 항로의 항해 가능 일수가 늘어나, 2030년에 이르면 일 년 내내 통행이 가능할 것으로 예측됨

(2) 일부 극지방 농경지 확대 그린란드는 추운 겨울이 짧아져 농작물 경작 가능 기간이 늘어남

> **시험에 꼭 나오는 개념 체크**
> 1. 투발루는 해수면 상승으로 국토 전체가 물에 잠길 위기에 처해 있다. (○, ×)
> 2. 지구 온난화로 _ _ _ _ _의 통행이 가능해져 배를 이용해 유럽으로 가는 이동 시간과 비용이 줄어든다.
>
> 정답 1. ○ 2. 북극 항로

③ 기후 변화에 대응하기 위한 노력

더 알기 ★ 1 세계적 차원의 노력

국제 연합 기후 변화 협약 (1992년)	• 브라질 리우 환경 개발 회의에서 채택 • 매년 당사국 총회 개최 • 기후 변화에 대응하기 위한 최초의 **❺**협약
교토 의정서 (1997년)	• 온실가스 감축을 위한 구체적인 이행 방안 제시 • 선진국에 온실가스 **❻**감축 의무 부과
파리 협정 (2015년)	• 2020년 이후 교토 의정서를 대체하여 적용할 새로운 기후 협약 • 197개 기후 변화 당사국 모두 온실가스 감축 의무 부과 • 선진국뿐만 아니라 개발 도상국까지 포함한 합의

└ 기후 변화 협약에 동의한 국가이다. 이 국가들은 국제법적으로 협약에 대한 책임이 있다.

2 지역적 차원의 노력

(1) 비정부 기구(NGO)의 활동 주민들의 환경 의식 고취, 정부 정책의 변화 유도

 (2) 지방 정부와 지역 주민 에너지 절약, 숲 조성, 생태계 관리 등

> **시험에 꼭 나오는 개념 체크**
> 1. 대부분의 개발 도상국은 경제 성장보다 온실가스 감축에 적극적인 태도를 보이고 있다. (○, ×)
> 2. _ _ _ _ _은 197개 기후 변화 당사국 모두에게 온실가스 감축 의무를 부과하는 기후 협약이다.
>
> 정답 1. × 2. 파리 협정

자료 3 북극 항로

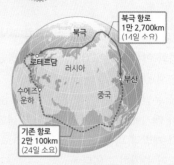

북극 항로
1만 2,700km
(14일 소요)

기존 항로
2만 100km
(24일 소요)

아시아와 유럽을 잇는 북극 항로의 항해가 가능해지면 기존 항로(수에즈 운하 – 동남아시아 통과)에 비해 10일 가까이 항해 기간을 줄일 수 있다. 2030년에 이르면 일 년 내내 통행이 가능해질 것으로 예측된다.

더 알기 온실가스 감축을 둘러싼 선진국과 개발 도상국의 입장 차이

선진국 입장	개발 도상국 입장
• 최근 온실가스 배출량이 급증하고 있는 개발 도상국의 적극적인 참여가 필요함 • 개발 도상국이 온실가스 감축 기술을 개발할 수 있도록 지원 확대	• 일찍 산업화를 시작한 선진국에게 지구 온난화 문제의 책임이 있음 • 개발 도상국은 경제 성장이 시급한데, 온실가스 규제는 경제 성장의 장애가 됨

자료 4 창원시의 공공 자전거 정책

경상남도 창원시가 실시하고 있는 공공 자전거 '누비자'는 대표적인 환경 정책으로, 2015년 말 기준 250여 곳의 자전거 대여소를 설치하고 4,000대 이상의 공공 자전거를 운영하고 있다. 또한 자전거 도로를 확충하여 200개 이상의 노선에 600km 이상의 자전거 도로를 확보하였다. 창원시는 공공 자전거 정책 실시 이후 감축한 이산화 탄소의 양을 약 30,000톤으로 추정하고 있다.

용어 쏙쏙

❶ 기상 이변: 한 해의 특정 시간 및 장소에서 평상시의 기준을 크게 벗어난 기상 현상

❷ 개화(開-열, 花-꽃) 시기: 풀이나 나무의 꽃이 피는 시기

❸ 고산 식물: 해발 고도가 높은 지역에 나타나는 식물로 낮은 기온에 적응함

❹ 북극 항로: 북아메리카와 유럽을 잇는 캐나다 해역의 북서 항로와 아시아와 유럽을 잇는 러시아 해역의 북동 항로가 있음

❺ 협약(協-화합할, 約-맺을): 각종 기후 협약, 조세 협약 등과 같이 국가와 국가 사이에 문서를 교환하여 계약을 맺는 것

❻ 감축(減-덜, 縮-줄일): 양이나 수효를 덜어서 줄임

01 다음 설명이 맞으면 ○표, 틀리면 ×표를 하시오.

(1) 산업화 이후 지난 100년간 지구의 평균 기온은 꾸준히 상승해 왔다. ( )

(2) 지구 온난화는 대기 중 온실가스가 늘면서 태양 에너지가 대기에 흡수되는 과정에서 발생한다. ( )

(3) 삼림 개발과 화석 연료의 사용 증가로 대기 중 메테인 농도가 증가하고 있다. ( )

02 다음 지역에서 나타나는 기상 이변을 바르게 연결하시오.

(1) 그린란드 •　　　• ㉠ 빙하 면적 감소

(2) 동아시아 •　　　• ㉡ 태풍의 위력 강화

(3) 오스트레일리아 •　　　• ㉢ 산호초 지대 파괴

03 다음 글의 ㉠, ㉡에 알맞은 말을 쓰시오.

지구 온난화로 봄꽃의 개화 시기가 (㉠)지고 동식물의 서식지가 변화하기도 한다. (㉡)이/가 상승하면 모기, 파리 등 전염병을 옮기는 해충이 살기 좋은 환경이 만들어져 질병이 확산될 수 있다.

㉠ _____　　　㉡ _____

04 다음 중 알맞은 말에 ○표를 하시오.

(1) 빙하가 녹아 바다로 흘러들면 바닷물의 염분 농도를 낮게 만들어 (해류 순환, 수분 증발)을 방해할 수 있다.

(2) 남태평양의 섬나라 투발루는 (해수면 상승, 생물들의 멸종)으로 국토 전체가 심각한 위기에 처해 있다.

05 다음 설명에 해당하는 지역을 보기 에서 골라 기호를 쓰시오.

보기
ㄱ. 몰디브　　ㄴ. 알래스카　　ㄷ. 오스트레일리아

(1) 얼었던 땅이 녹아 집이 무너졌다. ( )

(2) 해수면 상승을 경고하기 위해 수중 각료 회의를 열었다. ( )

(3) 세계 최대의 산호초 지대가 수온 상승으로 파괴되고 있다. ( )

06 다음 빈칸에 알맞은 말을 쓰시오.

(1) 온실가스 중 ( ) 배출량 감축을 위해 화석 연료를 대체할 수 있는 에너지 개발이 진행 중이다.

(2) 2015년 채택된 ( )에서는 기후 변화 당사국 모두에게 온실가스 감축 의무를 부과하였다.

01 (하 난이도) 다음 글의 밑줄 친 원인에 해당하지 <u>않는</u> 것은?

최근 산업 발달 및 인구 증가에 따른 <u>인위적 원인</u>이 기후 변화를 유발하고 있다. 특히 대기 중 온실가스의 농도 증가로 지구 온난화가 심화되고 있다.

① 자동차 운행을 위한 석유 사용

② 도시 건설을 위한 열대림 개발

③ 도시가스를 이용한 가정용 난방

④ 가축 사육에 따른 메테인 가스 배출

⑤ 화산 분화에 따른 대기 중 화산재 분출

02 중요 (상 난이도) 다음 그래프는 온실가스의 종류와 비중을 나타낸 것이다. A에 대한 설명으로 옳은 것은?

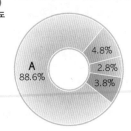

① 에어컨 냉매에 사용된다.

② 가축의 배설물에서 발생한다.

③ 화석 연료 사용으로 배출된다.

④ 태양 복사 에너지를 반사시킨다.

⑤ 사람들의 호흡기 질환을 유발한다.

같은 주제 다른 문제

● A에 해당하는 온실가스는? 답 ④

① 산소　　② 질소　　③ 메테인

④ 이산화 탄소　　⑤ 수소 불화 탄소

03 중요 (중 난이도) 다음 지도와 관련된 자연 현상을 보기 에서 고른 것은?

보기
ㄱ. 태풍의 위력이 약해짐

ㄴ. 봄꽃 개화 시기가 빨라짐

ㄷ. 고산 식물의 분포 범위 확대

ㄹ. 해수면 상승에 따른 해안 침식

① ㄱ, ㄴ　　② ㄱ, ㄷ　　③ ㄴ, ㄷ

④ ㄴ, ㄹ　　⑤ ㄷ, ㄹ

04 최근 지구의 기후 변화를 일으키는 인위적 요인을 보기에서 있는 대로 고른 것은?
(하 난이도)

보기

ㄱ. 인구 증가 ㄴ. 토지 및 삼림 개발
ㄷ. 화석 연료 사용 감소 ㄹ. 대량 생산과 대량 소비

① ㄱ, ㄴ ② ㄱ, ㄷ ③ ㄱ, ㄴ, ㄹ
④ ㄴ, ㄷ, ㄹ ⑤ ㄱ, ㄴ, ㄷ, ㄹ

05 다음 뉴스를 보고 학생들이 나누는 대화 중 적절하지 않은 것은?
(중 난이도)

지금처럼 온실가스가 계속 방출된다면 2100년까지 지구 평균 기온은 최대 4.8℃까지 상승할 것으로 예상되며……

보기

가영: 온실가스는 온실 효과를 일으키는 물질이야.
나은: 산업 혁명 이후 온실가스의 농도가 높아졌어.
하준: 최근 기후 변화는 온실 효과의 영향이 커.
수민: 온실 효과는 인간에게 피해만 주는 자연재해구나.
민혁: 온실가스를 줄이기 위해 에너지 절약을 실천해야겠어.

① 가영 ② 나은 ③ 하준
④ 수민 ⑤ 민혁

06 다음은 한 학생이 작성한 수행 평가 답안지이다. 이 학생이 받게 될 점수는?
(상 난이도)

※ 기후 변화에 대한 다음 설명이 맞으면 ○표, 틀리면 ×표를 하시오. (각 1점)

문항	내용	답
1	대기 중 온실가스가 감소하고 있다.	○
2	지구 온난화는 인간 생활에 부정적인 영향만 미친다.	×
3	지구 곳곳에서 가뭄은 줄고 홍수는 늘어나고 있다.	○
4	열대림을 없애면 기후 변화를 완화시킬 수 있다.	×

① 0점 ② 1점 ③ 2점
④ 3점 ⑤ 4점

07 다음 자료와 관련 있는 환경 문제로 옳은 것은?
(중 난이도)

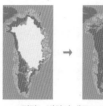

▲ 그린란드 빙하의 대규모 해빙

① 호흡기 질환이 증가한다.
② 기후 변화로 사막이 사라진다.
③ 지진의 발생 빈도와 강도가 증가한다.
④ 여름철 폭염과 열대야로 인한 피해가 증가한다.
⑤ 모기, 파리 등 전염병을 옮기는 매개체가 줄어든다.

같은 주제 다른 문제

● 자료에 나타난 변화의 원인으로 옳은 것은? 답 ④

① 황사 ② 산성비 ③ 사막화
④ 지구 온난화 ⑤ 오존층 파괴

08 다음 (가)에 들어갈 내용으로 적절한 것은?
(중 난이도)

지구 온난화 → 빙하 축소 → (가) → 해안 저지대 침수

① 가뭄 확대 ② 홍수 발생
③ 해수면 상승 ④ 해수 온도 상승
⑤ 열대 저기압 강화

09 다음 지도의 A~E 중 해수면 상승으로 심각한 침수 피해를 입고 있는 지역은?
(중 난이도)

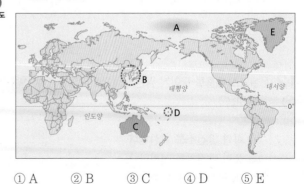

① A ② B ③ C ④ D ⑤ E

같은 주제 다른 문제

● 지도의 A~E 중 수온 상승으로 산호초 지대 생태계가 위협받는 지역은? 답 ③

① A ② B ③ C ④ D ⑤ E

10 기후 변화에 대응하는 지역적 차원의 노력으로 옳지 <u>않은</u> 것은?

① 숲을 조성한다.
② 에너지 절약을 실천한다.
③ 국제적 협력을 강화한다.
④ 환경 문제에 관심을 가진다.
⑤ 생태계 보존을 위해 노력하다

11 다음 (가)~(다)에 해당하는 국제적 협력 사례를 바르게 연결한 것은?

> (가) 2015년에 2020년 이후의 기후 변화 대응을 담은 협정을 채택하였으며, 기후 변화 당사국 모두가 온실가스 감축 목표를 지켜야 한다.
>
> (나) 1997년 온실가스를 줄이기 위한 구체적인 이행 방안이 채택되어, 선진국에만 온실가스 감축 의무를 부과하였다.
>
> (다) 1992년 브라질 리우 환경 개발 회의에서 온실가스를 줄이기 위한 협약이 채택되었다.

	(가)	(나)	(다)
①	파리 협정	교토 의정서	기후 변화 협약
②	파리 협정	기후 변화 협약	교토 의정서
③	교토 의정서	파리 협정	기후 변화 협약
④	기후 변화 협약	파리 협정	교토 의정서
⑤	기후 변화 협약	교토 의정서	파리 협정

 같은 **주제** 다른 문제

● 다음 빈칸에 들어갈 내용으로 옳은 것은? 답 ①

> 2015년 제21차 국제 연합 기후 변화 협약 당사국 총회에서 (   )이/가 채택되었다.

① 파리 협정   ② 교토 의정서   ③ 람사르 협약
④ 기후 변화 협약 ⑤ 몬트리올 의정서

12 온실가스 배출을 줄이기 위한 노력으로 적절한 것을 보기 에서 고른 것은?

> **보기**
> ㄱ. 화력 발전소를 건설한다.
> ㄴ. 풍력 발전기를 설치한다.
> ㄷ. 대규모 농경지를 확보한다.
> ㄹ. 탄소 성적 표지 제도를 실시한다.

① ㄱ, ㄴ   ② ㄱ, ㄹ   ③ ㄴ, ㄷ
④ ㄴ, ㄹ   ⑤ ㄷ, ㄹ

13 다음 (가)~(라)를 선진국과 개발 도상국의 주장으로 바르게 구분한 것은?

> (가) 지금의 기후 변화는 일찍 산업화를 시작하여 온실가스를 많이 배출한 당신들의 책임이 큽니다.
>
> (나) 우리는 이미 온실가스 감축 방안을 제시했어요. 오히려 당신들이 경제 개발을 핑계로 온실가스 감축에 소극적이에요.
>
> (다) 당신들은 온실가스를 줄이는 기술과 자본이 있지만, 우리는 아직 준비가 되어 있지 않아요.
>
> (라) 당신들이 온실가스 감축 기술을 개발할 수 있도록 재정 지원을 약속하겠습니다.

	선진국	개발 도상국
①	(가), (나)	(다), (라)
②	(가), (다)	(나), (라)
③	(나), (다)	(가), (라)
④	(나), (라)	(가), (다)
⑤	(다), (라)	(가), (나)

14 다음 글의 ㉠에 해당하는 내용으로 옳은 것은?

> 2015년 파리에서 개최된 제21차 국제 연합 기후 변화 협약 당사국 총회에서 지구 평균 온도의 상승 폭을 산업화 이전과 비교해 1.5℃까지 제한하는 데 합의를 보고, 197개 당사국 모두가 감축 의무를 담당하는 (㉠)이/가 채택되었다.

① 최초의 기후 협약이다.
② 우리나라는 참여하지 않았다.
③ 선진국들만을 대상으로 한다.
④ 오존층 보호를 목적으로 한다.
⑤ 2020년부터 온실가스 감축을 의무화하였다.

15 다음 기념일의 공통점으로 적절한 것은?

> • 세계 습지의 날 – 2월 2일
> • 세계 물의 날 – 3월 22일
> • 세계 생물 종 다양성 보존의 날 – 5월 22일
> • 사막화 방지의 날 – 6월 17일

① 경제   ② 문화   ③ 인권
④ 평화   ⑤ 환경

01 다음 글의 빈칸에 공통으로 들어갈 말을 쓰시오.

> 대기 중 (   )이/가 늘어나면서 지표에서 방출된 열이 (   )에 막혀 지구 밖으로 나가지 못하고 대기에 흡수된다. 이러한 과정이 반복되면서 지구의 평균 기온이 상승한다. (   )에는 이산화 탄소, 메테인 등이 있다.

_____

02 다음 지구의 연평균 기온 변화 그래프를 보고 물음에 답하시오.

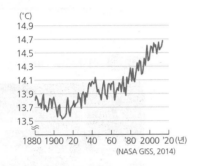

(1) 그래프와 같이 지구의 평균 기온이 상승하는 현상을 무엇이라고 하는지 쓰시오.

_____

(2) 이와 같은 변화가 지속될 경우 예상되는 문제점을 세 가지 서술하시오.

_____
_____

03 다음 자료와 같이 북극 항로의 이용이 가능해진 이유를 쓰고, 기존 항로와 비교했을 때 북극 항로의 장점을 서술하시오.

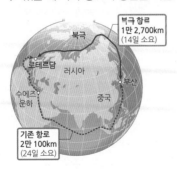

_____
_____

04 다음 자료의 빈칸에 알맞은 말을 쓰시오.

 기후 변화로 인한 오랜 (   )와/과 인구 증가에 따른 물 사용 확대로 차드호의 면적이 줄어들고 있다.

_____

05 다음 국제회의 내용에서 (가)에 들어갈 중국의 답변을 예상하여 서술하시오.

> 의장: 지구의 앞날을 위해 해결 방안을 모색해 봅시다.
> 프랑스: 최근 온실가스 배출량이 급증하고 있는 중국과 인도의 적극적인 참여가 필요합니다.
> 중국: _____ (가) _____
> 투발루: 우리는 해수면 상승으로 국토 대부분이 물에 잠길 위기에 처했습니다. 지금 누구의 책임이냐를 따질 여유가 없습니다.

_____
_____

06 다음 글을 읽고 물음에 답하시오.

> 기후 문제에 대응하기 위해 2015년 채택된 (㉠)은/는 2020년 이후 적용할 새로운 기후 협약으로, 선진국에만 온실가스 감축 의무를 부과했던 (㉡)을/를 대체하는 것이다. (㉠)에서는 기후 변화 당사국 모두 감축 목표를 지켜야 한다. 세계적 차원에서 이루어지는 협력 외에 지역적 차원에서도 기후 변화에 내응하기 위한 노력이 진행되고 있다.

(1) ㉠, ㉡에 해당하는 기후 협약을 쓰시오.

㉠ _____   ㉡ _____

(2) 밑줄 친 지역적 차원의 노력을 두 가지 서술하시오.

_____
_____

02 ● 환경 문제 유발 산업의 국제적 이동
03 ● 생활 속의 환경 이슈

❶ 환경 문제 유발 산업의 이동

1 환경 문제를 유발하는 산업의 ❶이전 ─ 오염 물질 배출, 소음 유발 등의 환경 문제를 일으키는 산업

(1) **석면 산업** 석면이 폐암 등 진병의 인자로 밝혀지면서 선진국에서 사용 금지 ➡ 개발 도상국으로 이동

(2) **❷화훼 산업** 네덜란드 화훼 농장이 토양 오염, 환경 기준 강화 등의 이유로 케냐 나이바샤 호수 주변 지역으로 이전

⭐2 전자 쓰레기

(1) **❸전자 쓰레기 재활용 산업** 버려진 스마트폰, 노트북 등을 분해하여 구리, 은과 같은 자원 추출

(2) **국제적 이동** 선진국에서 발생한 전자 쓰레기가 ❹개발 도상국으로 수출됨

(UNEP, 2015)

◀ 전자 쓰레기 발생 지역과 처리 지역

(3) **문제점** 전자 쓰레기를 가공·처리하는 과정에서 유독 물질 배출 ➡ 대기 및 수질 오염 문제 발생

> **시험에 꼭 나오는 개념 체크**
> 1. 환경 문제 유발 산업의 국제적 이동은 법으로 금지되어 있다. (○, ×)
> 2. 더 이상 사용하지 않고 버려진 전자 제품을 _____라고 한다.
>
> 답 1. × 2. 전자 쓰레기

❷ 환경 문제의 공간적 불평등

1 환경 문제 유발 산업의 유출 지역과 유입 지역

(1) **유출 지역** 선진국(유럽, 미국 등)
① 쾌적한 환경에 대한 높은 요구
② 환경 오염 물질에 대한 배출 허용 기준이 엄격함

(2) **유입 지역** 개발 도상국(아시아, 아프리카 등) ─ 오염 물질 배출 시설에서 발생하는 오염 물질, 소음, 진동에 관해 규정된 법적 허용 기준
① 지역의 환경이나 주민 건강보다 일자리 확보 및 소득 증가가 시급
② ❺환경 규제가 느슨함

2 환경 문제의 공간적 불평등 ─ 선진국의 깨끗한 환경을 위해 개발 도상국이 희생하고 있음을 의미한다.

(1) **❻공간적 불평등의 심화** 환경 문제 유발 산업의 국제적 이동 ➡ 개발 도상국은 대기 오염, 수질 오염, 토양 오염 문제 심각 ➡ 선진국에서는 환경 오염의 부담 없이 소비 ➡ 환경의 공간적 불평등 심화

네덜란드 화훼 농장
(생산비 상승, 토양 오염, 환경 기준 강화)

↓

케냐 나이바샤 호수로 이전
(풍부한 수자원, 항공 노선 발달)

↓

긍정적 영향	부정적 영향
・일자리 창출 ・수출로 외화 수입	・호수 수량 감소 ・수질 및 토양 오염 ・물고기 어획량 감소

자료 2 전자 쓰레기 마을

▲ 중국 광둥성의 구이유 마을

전자 쓰레기에는 납, 수은, 크롬, 카드뮴 등 중금속과 유독성 화학 물질들이 포함되어 있다. 전자 쓰레기가 유입된 마을은 주민 건강이 위협받고 있으며, 토양과 물의 오염도 심각하다.

자료 3 바젤 협약

> ① 각 나라는 유해 폐기물의 발생을 최소화해야 한다.
> ② 가능한 한 유해 폐기물이 발생한 장소 가까운 곳에서 처리해야 한다.
> ③ 유해 폐기물을 적절히 관리할 수 없는 국가에 수출해서는 안 된다.
> ④ 각 국가는 유해 폐기물의 수입을 금지할 수 있는 주권을 가지고 있다.
> ⑤ 유해 폐기물의 국가 간 이동은 협약에 규정된 방법에 따라 이루어져야 한다.

국가 간 유해 폐기물 운송을 금지하기 위해 스위스 바젤에서 1989년 채택되어, 1992년 발효된 국제 협약이다. 우리나라는 1994년 바젤 협약에 가입하였다.

용어 쏙쏙

❶ 이전(移─옮길, 轉─구를): 장소나 주소 등을 다른 곳으로 옮김
❷ 화훼(花─꽃, 卉─풀) 산업: 난초나 꽃과 같이 보고 즐기기 위해 재배되는 식물을 재배하는 산업
❸ 전자 쓰레기: 낡고 수명이 다한 여러 형태의 전기·전자 제품

❹ 개발 도상국: 선진국에 비해 산업의 근대화와 경제 개발이 뒤지고 있는 나라
❺ 환경 규제(規─법, 制─절제할): 환경을 보호하기 위해 국민, 기업의 활동에 제한을 가하는 일체의 행정 조치
❻ 공간적 불평등: 세계 각 지역의 공간적 차이가 커지는 현상

(2) **해결책** 국제 사회와 시민 사회의 지속적인 관심과 협력 요구, 정부는 형평성을 중 시하는 환경 정책 추진

개념체크
1. 환경 문제를 유발하는 산업의 유출 지역은 대부분 선진국이나. (○, ×)
2. 환경 문제 유발 산업의 국제적 이동은 선진국과 개발 도상국 환경의 공간적 ___ ___을 심화시킨다.

답 1. ○ 2. 불평등

---

3 환경 이슈와 해결 방안

1 환경 이슈(환경 쟁점)
환경 문제 중 집단의 이해관계에 따라 서로 다른 주장이 제 기되는 문제

2 규모에 따른 환경 이슈의 종류

전 지구적 규모의 환경 문제	기후 변화, 사막화
이웃한 국가 간 발생하는 환경 문제	산성비, 황사
좁은 지역에서 발생하는 환경 문제	쓰레기 매립장, 생활 하수, 도로 소음

⭐ 3 생활 속 주요 환경 이슈

교과서마다 달라요	동아, 미래엔, 천재	유전자 재조합 식품
유전자 재조합 식품	금성, 비상, 지학사	유전자 재조합 농산물
	박영사	유전자 변형 식물

자료 4 (1) ❶**유전자 재조합 식품(GMO)**
더 알기

의미	유전 공학 기술을 이용하여 개발된 농수산물
장점	• 농업 생산량 증가로 식량 문제 해결 • 해충과 잡초에 강해 농약 사용 감소
문제점	• 인체에 미치는 영향에 대한 안전성 검증 문제 • 유전자 재조합 식품 재배 과정에서 생물 다양성 파괴, 생태계 교란 • 유전자 재조합 기술을 가진 ❷다국적 농업 기업에 많은 비용 지불

자료 5 (2) **미세 먼지**

의미	공기 중에 떠다니는 먼지 중 지름이 10㎛(0.001mm) 이하인 것, 특히 2.5㎛ 이하의 미세 먼지는 '초미세 먼지'로 분류
발생	❸화석 연료의 연소 과정에서 주로 발생 예 자동차 배기가스, 석탄 화력 발전소
문제점	• 호흡기 질환, 심장 질환, 안구 질환 등 건강에 나쁜 영향을 미침 • 가시거리를 떨어뜨려 비행기, 여객선 운항에 지장
대응책	• 대기 오염 ❹경보제 실시 • 운송, 건설, 폐기물 처리 등 미세 먼지 발생을 낮추는 기술 개발 • 주변 국가와 공동 해결 방안 모색

4 환경 이슈의 해결 방안

(1) **환경 이슈를 둘러싼 다양한 입장**
① 정부와 지방 자치 단체, 기업, 시민 단체 등 다양한 집단의 입장이 대립
② 여러 지역의 이해관계가 얽혀 있는 경우 ❺지역 이기주의로 발전

(2) **해결 방안**
① 공정한 의사 결정을 위한 논의의 장 마련
② 개인, 지역 사회, 기업과 정부, 국제 사회가 관심을 갖고 협력하며, 해결책을 실천하 려는 태도 필요

개념체크
1. _____은 유전 공학 기술을 이용해 개발된 농수산물이다.
2. 미세 먼지는 국내의 노력만으로 해결이 가능한 환경 문제이다. (○, ×)

답 1. 유전자 재조합 식품 2. ×

자료 4 유전자 재조합 식품 재배 비율 및 국가

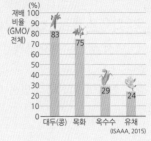

유전자 재조합 식품은 전 세계 28개국에서 재배 되고 있다. 특히 미국, 브라질, 아르헨티나, 인 도, 캐나다가 재배 면적 상위 5개국에 해당하며, 주로 대두(콩), 면화, 옥수수가 재배되고 있다.

더 알기 유전자 재조합 식품 논란

찬성 입장	반대 입장
• 인체에 무해하고 환경에 미치는 영향이 적다. • 이산화 탄소 배출량과 농약 사용량을 줄인다. • 식량난 문제를 해결할 수 있다.	• 인체 유해성이 확실히 검증되지 않았다. • 지역 고유종을 파괴한다. • 식량 문제 해결에 크게 도움이 되지 않고 소수 기업에게 이익이 돌아간다.

자료 5 미세 먼지 발생 지역

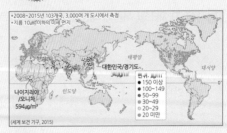

바람을 타고 이동하는 미세 먼지는 발생 지역을 정확하게 분석하는 것이 어려워 어디에서 발생 했는지에 관한 논란이 계속되고 있다.

용어쏙쏙
❶ 유전자 재조합 식품(GMO, Genetically Modified Organism): 어떤 생물의 유전자 중 필요한 유전자만 선택하여 다른 생물체에 삽입하여 새로운 품종을 만드는 것
❷ 다국적 농업 기업: 세계 각지에 자회사·지사·농장 등을 확보하고, 농업의 생산·판 매 활동을 국제적 규모로 수행하는 기업
❸ 화석 연료: 석탄, 석유, 천연가스와 같은 지하 매장 자원을 이용하는 연료
❹ 경보(警-경계할, 報-알릴): 위험이 닥칠 때 경계하라고 미리 알리는 일
❺ 지역 이기주의: 다른 지역의 이익은 돌아보지 않고 자기 지역의 이익이나 행복만을 추구하려는 태도나 입장

01 다음 설명이 맞으면 ○표, 틀리면 ×표를 하시오.

(1) 개발 도상국에서 생산된 전자 쓰레기는 선진국으로 수출되고 있다. ( )

(2) 케냐에 장미 농장이 이전해 오면서 이 지역에 일자리가 늘어났다. ( )

02 다음 중 알맞은 말에 ○표를 하시오.

(1) 전자 쓰레기를 주로 수입하는 (개발 도상국, 선진국)에서는 환경 문제가 발생한다.

(2) 전자 쓰레기 유출 지역은 (소득 증가, 쾌적한 환경)에 대한 요구가 높다.

03 다음 글의 ㉠~㉢에 알맞은 말을 쓰시오.

> 많은 (㉠)에서는 경제 성장을 이유로 공해 산업을 받아들였고, 그로 인해 대기 오염, 수질 오염 등 오염이 심각해졌다. 그 결과 개발 도상국과 선진국 간 환경 문제의 공간적 (㉡)이/가 심화되고 있다. (㉢) 가능한 사회로 발전하려면 공간적 (㉡)을/를 완화시켜야 한다.

㉠ _____ ㉡ _____ ㉢ _____

04 다음 설명에 해당하는 환경 이슈를 [보기]에서 골라 기호를 쓰시오.

> **보기**
> ㄱ. 미세 먼지   ㄴ. 쓰레기 매립장
> ㄷ. 유전자 재조합 식품

(1) 노약자, 청소년 호흡기 질환 발생 ( )

(2) 쓰레기 매립으로 토양과 지하수 오염 ( )

(3) 잡초에 강한 작물 재배로 농약 사용 감소 ( )

05 유전자 재조합 식품에 대한 찬반 근거를 바르게 연결하시오.

(1) 찬성 •
- ㉠ 농가 소득을 올릴 수 있다.
- ㉡ 안전성이 검증되지 않았다.

(2) 반대 •
- ㉢ 식량 문제 해결에 도움을 준다.
- ㉣ 생태계 다양성이 훼손될 수 있다.

06 다음 빈칸에 알맞은 말을 쓰시오.

(1) 환경 이슈를 둘러싸고 여러 지역의 이해관계가 대립하는 경우 ( )(으)로 발전하기도 한다.

(2) ( )에 관한 갈등을 해결하기 위해서는 공정한 의사 결정을 위한 논의의 장이 마련되어야 한다.

01 다음 글의 ㉠에 대한 설명으로 옳지 <u>않은</u> 것은?
(중 난이도)

> 전자 제품은 새로운 제품이 등장할 때마다 자연스럽게 버려지곤 한다. 이렇게 생겨난 쓰레기를 _____ ㉠ _____(이)라고 한다.

① 대부분 선진국에서 배출된다.
② 구리, 은과 같은 자원을 추출한다.
③ 처리 과정에서 유독 물질이 배출된다.
④ 국제적 이동을 통해 환경 문제를 유발한다.
⑤ 산업 기술의 발달로 배출량이 급격히 줄어들었다.

02 다음 지도는 전자 쓰레기의 수출국과 수입국을 나타낸 것이다. 이에 대한 설명으로 옳은 것을 [보기]에서 고른 것은?
(상 난이도)

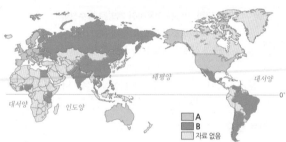

> **보기**
> ㄱ. A 지역은 B 지역보다 환경 규제가 적다.
> ㄴ. B 지역은 A 지역보다 1인당 국내 총생산이 낮다.
> ㄷ. B 지역은 전자 쓰레기를 수입해 경제적 이득을 얻으려 한다.
> ㄹ. 전자 쓰레기의 이동으로 환경 불평등이 완화된다.

① ㄱ, ㄴ   ② ㄱ, ㄷ   ③ ㄴ, ㄷ
④ ㄴ, ㄹ   ⑤ ㄷ, ㄹ

같은 주제 다른 문제 ·····

● A, B에 들어갈 말을 쓰시오. **답** A-수출국, B-수입국

03 다음 글의 빈칸에 들어갈 국제 협약은?
(중 난이도)

> ( )은/는 유해 폐기물에 대한 국제적 이동의 통제와 규제를 목적으로 하는 국제 협약으로 1989년 체결되어 1992년에 발효되었다.

① 바젤 협약   ② 교토 협약   ③ 람사르 협약
④ 몬트리올 협약   ⑤ 기후 변화 협약

04 다음 글의 밑줄 친 지역에 나타난 변화로 옳지 <u>않은</u> 것은?

(중) 난이도

> 네덜란드에서 재배되던 장미는 케냐의 <u>나이바샤 호수</u> <u>주변</u>으로 생산지가 이동하였다. 이곳은 수자원이 풍부하고, 유럽과 항공 노선이 발달하여 수출에 유리하다.

① 일자리 증가
② 호수 수량 증가
③ 토양 오염 발생
④ 물고기 어획량 감소
⑤ 외화 수입 증가

05 다음 글의 ㉠~㉢에 들어갈 말을 바르게 연결한 것은?

(중) 난이도

> 환경 문제를 유발하는 산업들은 경제 활동의 (㉠)에 따라 국제적으로 이동하고 있다. 특히 오염 물질을 많이 배출하는 (㉡) 등의 국제적 이동이 활발하다. 이들 산업은 환경 규제가 적은 (㉢)으로 이동하는 특징이 있다.

	㉠	㉡	㉢
①	지역화	화학·금속 공업	개발 도상국
②	지역화	친환경 농업	개발 도상국
③	세계화	화학·금속 공업	개발 도상국
④	세계화	화학·금속 공업	선진국
⑤	세계화	친환경 농업	선진국

06 다음 석면 산업의 국제적 이동에 대한 설명으로 옳은 것은?

(상) 난이도

1981년 독일 석면 기업 L사가 대한민국 J사로 석면 방직 기계를 수출

1970년대 미국의 석면 시멘트 공장이 일본으로 진출

1990~2000년 대한민국의 석면 방직 공장 J사는 인도네시아, 말레이시아, 중국으로 진출

1970년대 초 일본 석면 기업 T사는 청석면과 백석면 방직 기계를 대한민국 J사로 수출

① 현재 선진국에서 대부분의 석면을 생산하고 있다.
② 우리나라의 석면 산업은 일본, 독일로 이동하였다.
③ 석면 산업은 고도의 기술을 필요로 하는 산업이다.
④ 개발 도상국에 강제로 석면 산업을 이전하고 있다.
⑤ 중국, 말레이시아 등의 국가에서 석면으로 인한 환경 문제 발생이 예상된다.

같은 주제 다른 문제

● 석면 산업이 국제적으로 이동하는 이유로 가장 적절한 것은? 답 ⑤
① 기술 ② 자원 ③ 교통 ④ 노동력 ⑤ 환경 규제

07 다음 글의 ㉠~㉢에 대한 설명으로 옳지 <u>않은</u> 것은?

(중) 난이도

> 1992년 유해 폐기물의 국가 간 이동을 규제하는 (㉠)이/가 발효되었다. 그 결과 각 국가는 유해 폐기물인 (㉡)을/를 다른 나라에 버릴 수 없게 되었다. 하지만 재활용이나 기부라는 이름을 달고 많은 (㉡)이/가 개발 도상국에 버려지고 있다. 국제 환경 시민 단체인 그린피스는 유럽에서 (㉢)(으)로 수출되는 중고 전자 제품의 75%가 재사용이 불가능하다고 보고했다.

① ㉠에 들어갈 협약은 바젤 협약이다.
② ㉡은 전자 쓰레기이다.
③ ㉡은 납, 카드뮴 등 유독성 화학 물질이 포함되어 있다.
④ ㉢ 지역 주민들의 삶의 질이 개선되고 있다.
⑤ ㉢은 소득 증가, 일자리 확보를 위해 ㉡을 수입하고 있다.

08 다음 표의 (가)에 들어갈 환경 이슈로 옳지 <u>않은</u> 것은?

(중) 난이도

전 지구적 규모의 환경 문제	기후 변화, 사막화 등
이웃한 국가 간 발생하는 환경 문제	산성비 등
좁은 지역에서 발생하는 환경 문제	(가)

① 황사
② 축산 폐수
③ 소음 문제
④ 생활 하수
⑤ 쓰레기 매립장

같은 주제 다른 문제

● 전 지구적 규모의 환경 문제로 옳은 것은? 답 ②
① 소음 ② 지구 온난화 ③ 쓰레기 ④ 산성비 ⑤ 축산 폐수

09 환경 이슈에 대한 설명으로 옳은 것을 **보기**에서 고른 것은?

(하) 난이도

보기

> ㄱ. 원인과 해결 방안을 찾기 쉽다.
> ㄴ. 환경 문제 중 여러 이해관계가 얽힌 문제이다.
> ㄷ. 실천 가능성을 고려하여 대안을 제시해야 한다.
> ㄹ. 집단 간 협의보다는 다수결에 의한 결정이 필요하다.

① ㄱ, ㄴ
② ㄱ, ㄷ
③ ㄴ, ㄷ
④ ㄴ, ㄹ
⑤ ㄷ, ㄹ

10 다음 유전자 재조합 식품 재배 지역과 재배 작물에 대한 설명으로 옳은 것을 보기 에서 고른 것은?

(상) 난이도

 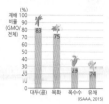

(ISAAA, 2015)

보기

ㄱ. 쌀, 밀이 주로 재배된다.
ㄴ. 대부분 유럽 국가들이 재배하고 있다.
ㄷ. 우리나라는 재배를 하지 않고 수입만 하고 있다.
ㄹ. 미국 농민은 유전자 재조합 식품의 재배로 소득을 올리고 있다.

① ㄱ, ㄴ   ② ㄱ, ㄷ   ③ ㄴ, ㄷ
④ ㄴ, ㄹ   ⑤ ㄷ, ㄹ

11 유전자 재조합 식품에 대한 설명으로 옳은 것은?

(중) 난이도

① 생태계 다양성 확보에 기여한다.
② 인체 유해성 여부가 명확하게 밝혀졌다.
③ 농약 사용을 늘려 환경에 나쁜 영향을 미친다.
④ 추위와 병충해에 강한 작물을 만들어 낼 수 있다.
⑤ 전통적 농업 기술을 이용하여 재배되는 농수산물이다.

12 다음 의견 중 유전자 재조합 식품에 대해 찬성하는 입장을 고른 것은?

(하) 난이도

유전자 재조합 식품은 적은 노동력과 비용을 투입해 많은 양을 수확할 수 있습니다.

유전자 재조합 식품의 안전성이 아직 정확하게 밝혀지지 않았습니다.

무더위나 추위에 강한 품종을 개발하여 세계의 식량난을 해소할 수도 있습니다.

유전자 재조합 식품이 확산되면 생물의 다양성이 피괴될 수 있어요.

생명 공학 연구자   환경 단체   농민   소비자 단체

① 생명 공학 연구자, 환경 단체
② 생명 공학 연구자, 농민
③ 생명 공학 연구자, 소비자 단체
④ 환경 단체, 소비자 단체
⑤ 농민, 소비자 단체

13 미세 먼지에 대한 설명으로 옳지 않은 것은?

(하) 난이도

① 지름이 10 μm보다 작은 먼지이다.
② 비행기나 여객선 운항에 지장을 준다.
③ 미세 먼지 농도는 날씨와 밀접한 관련이 있다.
④ 대부분 흙먼지나 식물 꽃가루에 의해 발생한다.
⑤ 호흡기 질환, 심장 질환, 뇌 질환 등을 유발한다.

같은 주제 다른 문제

● 다음에서 설명하는 환경 이슈는? 답 ④

• 화석 연료 사용으로 발생하는 매연, 자동차 배기가스 등에서 발생
• 비행기나 여객선 운항에 지장을 줌
• 호흡기 질환, 심장 질환 등 건강에 나쁜 영향을 미침

① 소음   ② 쓰레기   ③ 산성비
④ 미세 먼지   ⑤ 유전자 재조합 식품

14 미세 먼지 피해를 줄이기 위한 정부의 대책으로 옳지 않은 것은?

(중) 난이도

① 친환경 자동차 보급 정책을 추진한다.
② 에너지를 적게 소비하는 도시를 만든다.
③ 정확한 미세 먼지 예보 체계를 마련한다.
④ 화력 발전소를 늘려 전기를 싸게 공급한다.
⑤ 주변국과 미세 먼지를 줄이기 위한 협력을 강화한다.

15 다음 글의 밑줄 친 내용에 해당하는 것을 보기 에서 고른 것은?

(중) 난이도

플라스틱, 공업 폐기물, 음식물 쓰레기 등 쓰레기를 땅에 매립하면 토양과 물이 오염되고, 불에 태우면 유독 가스를 배출하여 대기가 오염된다. 쓰레기 문제를 해결하기 위해서는 쓰레기 배출량을 줄이는 것이 가장 중요하다.

보기

ㄱ. 쓰레기 종량제 시행
ㄴ. 쓰레기 매립지 확대
ㄷ. 쓰레기 소각장 건설
ㄹ. 쓰레기 분리 배출 의무화

① ㄱ, ㄴ   ② ㄱ, ㄹ   ③ ㄴ, ㄷ
④ ㄴ, ㄹ   ⑤ ㄷ, ㄹ

같은 주제 다른 문제

● 쓰레기 배출을 줄이기 위한 방법으로 적절하지 않은 것은? 답 ③

① 쓰레기 재활용   ② 쓰레기 종량제 시행   ③ 쓰레기 소각장 건설
④ 쓰레기 친환경적 처리   ⑤ 쓰레기 분리 배출 의무화

01 다음 글의 빈칸에 공통으로 들어갈 말을 쓰시오.

> (   ) 재활용 산업은 대표적인 환경 문제를 유발하는 산업이다. (   )에서 구리, 은 등의 자원을 추출하는 과정에서 유독 물질이 배출되어 심각한 환경 문제가 발생한다.

_____

02 밑줄 친 지역에서 예상되는 환경 문제를 서술하시오.

> 케냐 남서부에 위치한 나이바샤 호수 근처는 물이 풍부하여 대규모 장미 농장이 들어서 있다. 이곳에서 생산된 꽃은 네덜란드의 꽃 시장을 거쳐 세계로 판매된다.

_____

_____

03 다음 지도는 전자 쓰레기의 국가 간 이동을 나타낸 것이다. 이를 보고 물음에 답하시오.

(1) A, B에 들어갈 말을 각각 쓰시오.

A _____   B _____

(2) 전자 쓰레기의 이동이 B 지역에 미친 영향을 장점과 단점으로 나누어 서술하시오.

_____

_____

04 다음 내용에 해당하는 국제 협약을 쓰시오.

> • 유해 폐기물은 발생 장소 가까운 곳에서 처리한다.
> • 유해 폐기물을 관리할 수 없는 국가에 수출해서는 안 된다.

_____

05 다음 글의 빈칸에 들어갈 말을 쓰시오.

> 우리가 접하는 환경 문제 중에는 원인이나 해결 방안에 대한 입장 차이로 논쟁이 벌어지는 경우가 있는데, 이러한 환경 문제를 (   )(이)라고 한다.

_____

06 다음 자료를 보고 물음에 답하시오.

(1) 미세 먼지 발생 원인 중 A에 해당하는 내용을 쓰시오.

_____

(2) 미세 먼지의 발생 원인을 고려하여 이를 줄이기 위한 대책을 두 가지 서술하시오.

_____

_____

07 다음 글을 읽고 물음에 답하시오.

> _____㉠_____ 은/는 유전 공학 기술로 생물의 유전자를 조작하여 개발된 농수산물을 의미한다. 우리가 매일 먹는 빵, 과자, 간장, 두부 등에는 이미 _____㉠_____ 이/가 원료로 들어가기도 한다. _____㉠_____ 의 사용을 찬성하는 사람들은 이 식품들이 식량 문제를 해결할 수 있고, 질병 유발과도 관련이 없다고 한다. 하지만 ㉡반대하는 사람들의 주장도 있다.

(1) ㉠에 들어갈 용어를 쓰시오.

_____

(2) ㉡에 해당하는 내용을 세 가지 서술하시오.

_____

_____

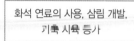

01 기후 변화와 그 대응

1 지구 온난화

(1) **의미** 지구의 평균 기온이 높아지는 현상

(2) **지구 온난화의 과정**

화석 연료의 사용, 삼림 개발, 가축 사육 등가
↓ 온실가스 배출
대기 중 온실가스 농도 증가
↓ 온실 효과 발생
지구의 평균 기온 상승

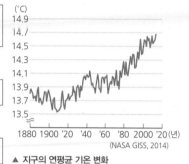

▲ 지구의 연평균 기온 변화

2 기후 변화의 영향

영향	내용	사례
해수면 상승	빙하가 녹아 바다로 흘러들어 해수면 상승	• 투발루 기후 난민 발생 • 몰디브 수몰 위기
기상 이변 증가	태풍, 홍수, 폭우, 가뭄, 폭설, 폭염 증가	• 동아시아의 태풍 피해 • 아프리카의 사막화 가속
생태계 변화	생물들의 서식 환경 변화로 농업 생산량 감소	• 해양 생태계 변화 • 식물의 개화 시기 변화
긍정적인 영향	기온 상승에 따른 긍정적 변화	• 북극 항로 통행 가능 • 그린란드 농경지 확대

▲ 홍수　　　　　　▲ 태풍

3 기후 변화에 대응하기 위한 노력

(1) **세계적 차원의 노력**

국제 연합 기후 변화 협약(1992년)	• 브라질 리우 환경 개발 회의에서 채택 • 기후 변화에 대응하기 위한 최초의 협약
교토 의정서 (1997년)	• 온실가스 감축을 위한 구체적인 이행 방안 제시 • 선진국에 온실가스 감축 의무 부과
파리 협정 (2015년)	• 2020년 이후 교토 의정서를 대체하여 적용할 새로운 기후 협약 • 197개 기후 변화 당사국 모두 온실가스 감축 의무 부과 • 선진국뿐만 아니라 개발 도상국까지 포함한 합의

(2) **지역적 차원의 노력**

비정부 기구의 (NGO) 활동	주민들의 환경 의식을 높이고, 정부 정책의 변화 유도
지방 정부와 지역 주민	에너지 절약, 숲 조성, 생태계 관리 등

02 환경 문제 유발 산업의 국제적 이동

1 환경 문제 유발 산업의 이동 사례

화훼 산업	네덜란드 화훼 농장이 토양 오염, 환경 기준 강화 등의 이유로 케냐 나이바샤 호수 주변 지역으로 이전
전자 쓰레기	• 버려진 전자 기기를 분해하여 구리 유 등이 다량 추출 • 선진국에서 개발 도상국으로 수출 → 전자 쓰레기를 처리하는 과정에서 유독 물질 배출

▲ 전자 쓰레기 발생 지역과 처리 지역

2 환경 문제 유발 산업의 유출·유입 지역 환경 문제의 공간적 불평등 심화

유출 지역	유입 지역
• 선진국(유럽, 미국 등) • 쾌적한 환경에 대한 높은 요구 • 환경 규제가 엄격함	• 개발 도상국(아시아, 아프리카 등) • 일자리 확보 및 소득 증가가 시급 • 환경 규제가 느슨함

03 생활 속의 환경 이슈

1 환경 이슈(환경 쟁점) 환경 문제 중 집단의 이해관계에 따라 서로 다른 주장이 제기되는 문제

2 생활 속의 주요 환경 이슈

유전자 재조합 식품 (GMO)	의미	유전 공학 기술로 개발된 농수산물
	장점	• 농업 생산량 증가로 식량 문제 해결 • 해충과 잡초에 강해 농약 사용 감소
	문제점	• 인체에 미치는 영향에 대한 안전성 검증 문제 • 재배 과정에서 생물 다양성 파괴, 생태계 교란
미세 먼지	의미	공기 중에 떠다니는 먼지 중 지름이 $10\mu m$ 이하인 것
	발생	화석 연료 연소 과정에서 주로 발생
	문제점	각종 질환 유발, 비행기·여객선 운항에 지장
	대응책	대기 오염 경보제, 미세 먼지 발생을 낮추는 기술 개발, 주변 국가와 공동 해결 방안 모색

3 환경 이슈의 해결 방안

지역 이기주의 경계	여러 지역의 이해관계가 얽혀 있어 지역 이기주의로 발전할 수 있음
법과 제도	관련 법과 제도 정비, 공정한 의사 결정을 위한 논의의 장 마련
개인·지역 사회· 기업·정부·국제 사회	관심을 갖고 협력하며, 해결책을 실천하려는 태도 필요

01 기후 변화와 그 대응

01 다음 그래프는 지구의 연평균 기온 변화를 나타낸 것이다. 이와
^중
관련된 현상을 보기 에서 고른 것은?
난이도

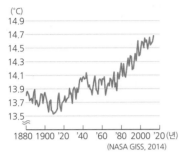

(°C)
14.9
14.7
14.5
14.3
14.1
13.9
13.7
13.5
1880 1900 '20 '40 '60 '80 2000 '20 (년)
(NASA GISS, 2014)

보기
ㄱ. 북극 빙하의 양이 증가한다.
ㄴ. 바닷물의 해수면이 낮아지고 있다.
ㄷ. 대기 중 온실가스의 비중이 늘어났다.
ㄹ. 지구 평균 기온이 전반적으로 높아지고 있다.

① ㄱ, ㄴ   ② ㄱ, ㄷ   ③ ㄴ, ㄷ
④ ㄴ, ㄹ   ⑤ ㄷ, ㄹ

02 다음 그림이 설명하는 현상으로 옳은 것은?
^하
난이도

태양 에너지가 대기를 통해 지구
로 들어옴

들어온 에너지는 잠시 지구에 머무르다 우주
로 나가는데, 온실가스에 의해 지구 밖으로
나가지 못하고 대기에 흡수

이러한 과정이 반복되면서
지구의 평균 기온이 상승

① 사막화   ② 미세 먼지
③ 대기 오염   ④ 지구 온난화
⑤ 오존층 파괴

03 다음 글의 빈칸에 들어갈 온실가스를 쓰시오.
^{주관식}
^중
난이도

대기 중 배출되는 온실가스의 양이 증가하면서 지구
의 기온이 상승하고 있다. 특히 화석 연료의 사용이 늘
어나고 삼림을 개발하면서 (   )의 농도가 크게
증가하였다.

04 최근 지구의 기후 변화를 일으키는 인위적 요인으로 옳지 않은
^중
것은?
난이도

① 삼림 개발   ② 인구 증가
③ 육류 소비 증가   ④ 신·재생 에너지 사용
⑤ 석탄, 석유의 사용 증가

05 다음 자료를 통해 예상할 수 있는 환경 문제로 옳은 것은?
^중
난이도

▲ 1910년 1,500km²이었던 글레이셔 국립 공원의
빙하 면적이 30km²로 감소하였다.

① 호흡기 질환이 발생한다.
② 사막이 초원 지대로 변한다.
③ 생물 종의 다양성이 증가한다.
④ 해수면 높이가 상승하게 된다.
⑤ 지진으로 인한 산사태가 증가한다.

06 다음 (가)에 들어갈 내용으로 적절한 것은?
^상
난이도

온실가스 배출 → 지구 온난화 → (가) → 산호초 지대 파괴

① 가뭄 확대   ② 빙하 감소
③ 해수면 하강   ④ 해수 온도 상승
⑤ 북극 항로 개척

07 기후 변화에 대응하는 개인의 노력에 해당하는 것을 보기 에서
^하
고른 것은?
난이도

보기
ㄱ. 대중교통을 이용한다.
ㄴ. 온실가스 배출권 거래제를 시행한다.
ㄷ. 쓰레기 분리 배출 및 재활용을 실천한다.
ㄹ. 화석 연료를 대체할 수 있는 에너지를 개발한다.

① ㄱ, ㄴ   ② ㄱ, ㄷ   ③ ㄴ, ㄷ
④ ㄴ, ㄹ   ⑤ ㄷ, ㄹ

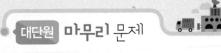

08 다음 글의 밑줄 친 환경 문제와 관련된 국제 협약을 고른 것은?
(중 난이도)

> 남태평양에 위치한 섬나라인 투발루는 국토 중 가장 높은 곳이 해발 고도 3.7m에 불과하다. 해수면 상승으로 인해 국토 포기 선언을 하고 뉴질랜드와 오스트레일리아 정부에 기후 난민을 인정해 달라고 호소하고 있다.

① 파리 협성   ② 런던 협약
③ 바젤 협약   ④ 람사르 협약
⑤ 소피아 의정서

09 다음은 온실가스 감축 방안에 관한 선진국의 주장이다. 이를 반박하는 개발 도상국의 주장을 서술하시오.
(중 난이도) 【서술형】

> 현재 온실가스 배출량이 많은 중국, 인도 등의 개발 도상국들이 온실가스 감축에 소극적이다.

_____
_____

---

02 **환경 문제 유발 산업의 국제적 이동**

10 다음 (가), (나)에 해당하는 산업을 바르게 연결한 것은?
(하 난이도)

> (가) 구리, 은 등을 추출하는 과정에서 유독 물질이 배출된다.
> (나) 흡입하면 폐암 등 치명적 질병의 원인이 되어 대부분 선진국에서는 사용이 금지되었다.

	(가)	(나)
①	의류 염색 산업	석면 산업
②	의류 염색 산업	화훼 산업
③	전자 쓰레기 재활용 산업	화훼 산업
④	전자 쓰레기 재활용 산업	석면 산업
⑤	전자 쓰레기 재활용 산업	화학 공업

11 다음 글의 빈칸에 들어갈 말을 쓰시오.
(중 난이도) 【주관식】

> 많은 개발 도상국들이 경제적인 이유로 공해 유발 산업을 받아들이면서, 선진국과 개발 도상국 간 환경 문제의 공간적 (   )이/가 심화되고 있다.

_____

---

12 다음 글의 밑줄 친 현상이 발생한 이유로 옳지 <u>않은</u> 것은?
(중 난이도) ⭐중요

> 네덜란드에서 재배되던 장미는 케냐의 나이바샤 호수 주변으로 생산지가 이동하였다. 그 결과 이 지역은 장미 수출로 외화 수입이 증가하였지만, 호수 수량이 감소하고 물고기 어획량이 감소하는 등 환경 문제가 발생하고 있다.

① 저렴한 임금   ② 풍부한 수자원
③ 엄격한 환경 기준   ④ 편리한 항공 교통
⑤ 유리한 기후 조건

13 다음 ㉠에 대한 설명으로 옳은 것을 【보기】에서 고른 것은?
(상 난이도)

> 1976년 이탈리아 세베소의 농약 공장 폭발 사고로 오염된 토양이 프랑스에서 처리되었다. 또한 1988년 이탈리아의 유해 폐기물이 나이지리아로 반입되어 투기된 사건이 있었다. 이를 계기로 유해 폐기물에 대한 국제적 관심이 일어나 1988년 유해 폐기물의 국가 간 이동을 규제하는 _____ ㉠ _____ 이/가 체결되었다.

【보기】
ㄱ. ㉠에 들어갈 협약은 바젤 협약이다.
ㄴ. ㉠은 유해 폐기물을 관리할 수 없는 국가에 폐기물을 수출해서는 안 된다고 규정하고 있다.
ㄷ. ㉠의 결과 유해 폐기물이 다른 나라에 버려지는 일이 사라졌다.
ㄹ. 지속 가능한 사회로 발전하기 위해서 ㉠은 폐기되어야 한다.

① ㄱ, ㄴ   ② ㄱ, ㄷ   ③ ㄴ, ㄷ
④ ㄴ, ㄹ   ⑤ ㄷ, ㄹ

14 다음 글의 밑줄 친 지역에서 전자 쓰레기를 수입하면서 얻게 되는 이익을 서술하시오.
(상 난이도) 【서술형】

> 유럽, 미국에서 발생한 전자 쓰레기는 <u>아프리카, 아시아, 남아메리카의 개발 도상국</u>으로 수출되고 있다.

_____
_____

03 생활 속의 환경 이슈

15 다음 상황이 가져올 수 있는 환경 문제로 적절하지 <u>않은</u> 것은?

가깝지만 차를 타는 게 편해.

① 온실가스 배출 ② 에너지 과소비
③ 대기 오염 발생 ④ 화석 연료 사용
⑤ 음식물 쓰레기 발생

서술형

16 다음 글을 읽고 물음에 답하시오.

> _____㉠_____ 은/는 환경 문제 중에서 집단의 이해관계에 따라 서로 다른 주장이 제기되는 문제를 말한다. 다양한 이해관계가 얽힌 _____㉠_____ 은/는 지구적 규모의 기후 변화와 같은 사례도 있지만 ㉡일상생활에서도 다양한 사례를 찾을 수 있다.

(1) ㉠에 들어갈 말을 쓰시오.

_____

(2) ㉡에 해당하는 사례를 세 가지 서술하시오.

_____

_____

17 유전자 재조합 식품(GMO)에 해당하는 것을 보기 에서 고른 것은?

> **보기**
> ㄱ. 녹차 잎을 먹인 돼지   ㄴ. 카페인을 제거한 커피
> ㄷ. 잘 무르지 않는 토마토   ㄹ. 양식장에서 키운 연어

① ㄱ, ㄴ   ② ㄱ, ㄷ   ③ ㄴ, ㄷ
④ ㄴ, ㄹ   ⑤ ㄷ, ㄹ

18 유전자 재조합 식품(GMO)의 장점으로 옳지 <u>않은</u> 것은?

① 적은 비용으로 많은 농산물을 얻을 수 있다.
② 식량 생산량을 늘려 식량 문제를 해결할 수 있다.
③ 농약 사용을 줄여 토양·수질 오염을 줄일 수 있다.
④ 생물 종의 다양성을 통해 건강한 생태계를 조성한다.
⑤ 품종을 개량해 추운 지역에서 농업 생산이 가능해진다.

19 다음 글의 빈칸에 들어갈 환경 문제는?

> (   )은/는 공장이나 건설 현장, 쓰레기 소각 과정에서 배출되기도 하고, 화석 연료 연소, 자동차 배기가스 상태로 배출된 물질이 공기 중의 다른 물질과 화학 반응을 일으켜 생성되기도 한다.

① 미세 먼지   ② 지구 온난화
③ 전자 쓰레기   ④ 지하수 오염
⑤ 플라스틱 쓰레기

20 다음 글이 ㉠에 들어갈 내용으로 적절하지 <u>못한</u> 것은?

> 인체가 미세 먼지에 오랫동안 노출되면 호흡기 질환뿐만 아니라 심장 및 혈관, 피부, 안구 질환 등 각종 질병의 위험이 높아진다. 이에 대한 대책으로 _____㉠_____.

① 화석 연료 사용을 줄인다.
② 대기 오염 경보제를 실시한다.
③ 대규모 화력 발전소를 건설한다.
④ 미세 먼지 발생을 낮추는 기술을 개발한다.
⑤ 주변 국가와의 공동 해결 방안을 모색한다.

01 우리나라의 영역과 독도의 중요성

① 우리나라의 영역

교과서마다 달라요	동아, 미래엔 천재, 금성, 박영사	기선
기선(최저 조위선)	지학사, 비상	최저 조위선

1 영역의 의미와 중요성

(1) **영역의 의미** 국민의 생활 공간이자 국가의 ❶주권이 효력을 미치는 공간적 범위

자료 1 (2) **영역의 구성**

영토	• 한 국가에 속한 육지의 범위 • 영해와 영공을 설정하는 기준
영해	• 기선(❷최저 조위선)에서 12❸해리까지의 바다를 영해로 설정 • 몽골, 오스트리아, 볼리비아 등의 내륙국은 영해가 없음 → 어업을 통한 수산 자원의 획득이 어려우며, 해상 무역에도 제한
영공	• 영토와 영해의 상공, 대기권 내로 한정 • 다른 국가의 비행기가 해당 국가의 허가 없이 비행하지 못함

자료 1 ### 2 배타적 경제 수역(EEZ)

(1) **의미** 바다에 대한 경제적 권리를 주장할 수 있는 범위

(2) **범위** 영해 기선으로부터 200해리에 이르는 바다 중 영해를 제외한 수역

(3) **중요성** 수산 자원, 광물 자원, 에너지 자원 등의 해양 자원을 탐사하고 개발 가능, 인공 섬을 만들거나 바다에 시설물을 설치하고 활용할 수 있음

3 우리나라의 영역과 배타적 경제 수역

(1) **영토**

구성	한반도와 그 주변의 섬들(부속 도서)로 구성
특징	• 남북으로 긴 형태 • 한반도의 총면적은 약 22.3만 km², 남한의 면적은 약 10만 km² • 비슷한 면적을 가진 나라로 영국, 우간다, 캄보디아, 뉴질랜드, 우루과이 등이 있음 • 서해안과 남해안의 갯벌을 메우는 ❹간척 사업을 통해 면적이 확대됨

자료 2 (2) **영해**

설정	기선으로부터 12해리까지를 영해로 설정
특징	• 동해안, 제주도, 울릉도, 독도: 해안선이 단조로워 썰물 때의 해안선이 기선이 됨 → 통상 기선에서 12해리까지를 영해로 설정 • 서·남해안: 섬이 많고 해안선이 복잡하여 가장 외곽에 있는 섬이나 ❺곶을 연결한 직선 기선 적용 → 직선 기선에서 12해리까지를 영해로 설정 • ❻대한 해협: 직선 기선에서 3해리까지를 영해로 설정

(3) **영공** 우리나라 영토와 영해의 수직 상공, 항공 교통이 발달하고 인공위성을 통한 관측과 자료 수집의 필요성이 높아지면서 최근 영공의 중요성이 커지고 있음

자료 3 (4) **배타적 경제 수역과 어업 협정** 우리나라와 중국 및 일본이 배타적 경제 수역으로 200해리를 설정하면 겹치는 부분이 발생하여 국가 간 ❼어업 협정을 통해 겹치는 범위를 한·일 중간 수역과 한·중 잠정 조치 수역으로 설정

> **시험에 꼭 나오는 개념 체크**
> 1. 우리나라의 영토는 ___와 그 부속 도서로 구성된다.
> 2. 배타적 경제 수역은 영해에 포함된다. (○, ×)
>
> 답 | 1. 한반도 2. ×

자료 1 영역과 배타적 경제 수역의 범위

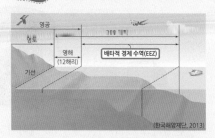

(한국해양재단, 2013)

영공은 영토와 영해의 상공이고, 배타적 경제 수역의 상공은 해당되지 않는다. 배타적 경제 수역은 바다에 대한 경제적 권리를 주장할 수 있는 곳이다.

자료 2 우리나라의 영해

(대한민국 영해 직선 기선도, 2016)

동해안, 제주도, 울릉도, 독도 주변의 바다에서는 통상 기선이 사용되며, 서·남해안에서는 직선 기선이 사용된다.

자료 3 우리나라의 배타적 경제 수역

(국토 교통부)

우리나라는 중국, 일본과 배타적 경제 수역이 겹치기 때문에 국가 간에 어업 협정을 맺어 어족 자원을 공동으로 관리하고 있다.

용어 쏙쏙

❶ 주권(主 – 주인, 權 – 권세): 국가의 의사를 최종적으로 결정하는 최고의 권력
❷ 최저 조위선: 조수 간만의 차로 인해 해수면이 가장 낮을 때의 해안선
❸ 해리: 항해용이나 항공용으로 거리를 나타낼 때 사용하는 단위로 1해리는 1,852m
❹ 간척 사업: 갯벌의 일부를 막고 그 안의 바닷물을 빼내어 육지로 만드는 것
❺ 곶: 바다 쪽으로 튀어나와 있는 육지로, 규모가 더 크면 반도라고 불리기도 함
❻ 대한 해협: 우리나라 동남부와 일본 열도의 규슈 사이에 있는 좁은 바다로, 가장 좁은 곳의 폭은 50km에 불과함
❼ 어업 협정: 국가 사이의 협의에 의해 국가별·어종별로 어획량 등을 결정하는 협정

2 독도의 중요성

자료4 **1 독도의 지리적 특징**

위치	우리나라 영토의 가장 동쪽 끝, 울릉도에서 동남쪽으로 87.4km 떨어진 곳에 위치
자연 환경	• 해저에서 분출한 용암이 굳어져 형성된 화산섬 • 동도와 서도, 89개의 바위섬으로 구성 • 동해의 영향을 많이 받는 해양성 기후 • 독특하고 아름다운 생태계와 자연 경관
역사	512년 신라 장군 이사부가 우산국을 신라의 영토로 편입한 후 우리나라의 영토로 관리

▲ 독도의 위치

기후가 온화하고 일 년 내내 강수가 고른 편이다.

많은 고지도와 고문헌에서 울릉도·독도를 합쳐 우산국이라 표현하고 있다.

2 독도의 가치

교과서마다 달라요	동아	가스 하이드레이트
가스 하이드레이트	미래엔, 비상, 금성, 박영사, 천재	메탄 하이드레이트
	지학사	메테인 하이드레이트

(1) 영역적 가치

① 독도를 기준으로 배타적 경제 수역 설정

② 해상 교통과 항공 교통의 **❶**요충지 역할

(2) 경제적 가치

더알기 ① **❷**풍부한 자원 매장: 가스 하이드레이트, 해양 심층수

② **❷**조경 수역 형성: 다양한 수산 자원 분포

③ 관광지로서의 가치: 최근 섬을 찾는 관광객 증가

(3) 환경·생태적 가치

① 다양한 동식물이 서식하여 천연 보호 구역으로 지정

② 해저 화산의 진화 과정을 살펴볼 수 있는 지형학적 보물 창고

3 역사 속의 독도 수호

(1) 역사 속의 독도 다양한 고지도와 고문헌에서 독도가 우리 땅이라는 근거 발견

(2) 독도를 지킨 사람들 신라 장군 **❸**이사부, 조선의 어부 **❹**안용복, 울릉군수 심흥택, **❺**독도 의용 수비대와 홍순칠 대장 등

자료5 **(3) 고지도와 고문헌 속 독도**

세종실록 지리지 (1454)	"우산(독도)과 무릉(울릉도) 두 섬이 울진현의 정동쪽 바다 가운데에 있다. 신라 때에는 우산국이라 칭하였으며 울릉도라고도 하였다."
강계고 (1756)	"일설에 우산과 울릉은 본래 한 섬이라고 하나, 여러 도지를 상고하면 두 섬이다. 하나는 왜가 말하는 송도(독도)인데, 두 섬은 모두 우산국이다."
팔도총도 (1531)	울릉도와 독도가 나란히 표현됨
내삼국시도 (1802)	일본의 지도이며, 독도를 조선의 땅과 같은 색인 노란색으로 표시함

개념체크 (시험에 꼭 나오는)

1. 독도 주변은 ＿＿＿＿＿으로 수산 자원이 풍부하다.
2. 삼국접양지도(1785)에는 울릉도와 독도의 색이 일본의 색으로 표현되어 있다. (ㅇ, ×)

정답 1. 조경 수역 2. ×

자료4 **독도의 모습**

독도는 경상북도 울릉군 울릉읍 독도리에 속한 섬으로, 동도와 서도 그리고 89개의 바위섬으로 이루어져 있다. 독도 경비대가 있는 동도에는 독도 이사부길, 주민 숙소가 위치한 서도에는 독도 안용복길이라는 도로명 주소가 부여되었다.

더알기 **가스 하이드레이트와 해양 심층수**

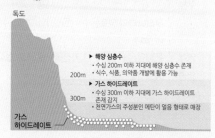

가스 하이트레이트는 천연가스가 바다의 저온, 고압 환경에서 얼음처럼 고체화된 것으로, '불타는 얼음'이라는 별명을 갖고 있으며 미래의 에너지 자원으로 주목받고 있다. 한편, 수심 200m 아래에 존재하는 바닷물을 해양 심층수라고 한다. 해양 심층수는 온도가 2℃ 이하로 낮아서 매우 깨끗하고 영양 염류가 풍부하며, 독도 주변의 동해에 풍부하게 분포하는 것으로 알려져 있다.

자료5 **삼국접양지도(1785)**

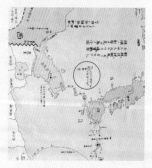

일본인 학자가 만든 지도로, 울릉도와 독도를 조선의 색깔과 맞추었으며 울릉도에는 '조선의 것'이라는 말을 적어놓았다.

용어 쏙쏙

❶ 요충지(要 – 요긴할, 衝 – 찌를, 地 – 땅): 지리적·군사적으로 아주 중요한 땅

❷ 조경 수역(潮 – 조수, 境 – 지경, 水 – 물, 域 – 지경): 한류와 난류가 교차하며 흐르는 해역으로, 수산 자원이 풍부함

❸ 이사부: 신라 내물왕 4대손으로 지증왕 때 독도를 신라에 편입시킨 인물

❹ 안용복: 조선 후기의 어부로 울릉도와 독도에서 불법 조업을 일삼던 일본 어선에 대해 항의하고, 홀로 일본으로 건너가 조선의 독도 지배권을 확인시킨 인물

❺ 독도 의용 수비대: 1953년 4월 20일부터 1956년 12월까지 독도에 침입하는 일본 어선과 순시선 등에 맞서 독도를 지켜낸 자발적인 주민들의 조직

01 다음 설명에 해당하는 것을 보기 에서 골라 기호를 쓰시오.

> 보기
> ㄱ. 영역   ㄴ. 영토   ㄷ. 영공   ㄹ. 영해

(1) 한 국가에 속한 육지의 범위 ( )
(2) 기선(최저 조위선)에서 12해리까지의 바다 ( )
(3) 다른 국가의 비행기가 허가 없이 비행할 수 없는 하늘
( )
(4) 국민의 생활 공간이자 국가의 주권이 효력을 미치는 공간적 범위 ( )

02 다음 표의 ㉠~㉢에 알맞은 말을 쓰시오.

구분	내용
영토	우리나라의 영토는 (㉠)와/과 그 주변의 섬들로 구성되어 있다.
영해	동해안은 (㉡) 기선을 기준으로 설정한다.
영공	영토와 (㉢)의 상공이다.

㉠ _____ ㉡ _____ ㉢ _____

03 서로 관련있는 것끼리 바르게 연결하시오.
(1) 영해 •   • ㉠ 간척 사업
(2) 영토 확장 •   • ㉡ 기선으로부터 12해리

04 다음 중 알맞은 말에 ○표를 하시오.
(1) 서해안과 남해안에서는 가장 (안쪽, 바깥쪽)에 위치한 섬들을 이어 영해의 기선을 설정한다.
(2) 우리나라에서 (배타적 경제 수역, 영해)을/를 설정할 때 중국, 일본과 겹치는 문제가 발생한다.

05 다음 설명이 맞으면 ○표, 틀리면 ×표를 하시오.
(1) 독도는 울릉도보다 일본에 더 가깝다. ( )
(2) 독도는 해저 화산 활동으로 생긴 화산섬이다. ( )
(3) 독도 주변 해역은 조경 수역을 이루어 수산 자원이 풍부하다. ( )

06 다음 빈칸에 알맞은 말을 쓰시오.
(1) 신라 내물왕 4대손으로 지증왕 때 독도를 신라에 편입시킨 인물은 ( )이다.
(2) ( )(1785)은/는 일본인 학자가 만든 지도로, 울릉도와 독도가 조선의 색깔과 같게 표시되어 있다.

01 영토에 대한 설명으로 옳은 것은?
중 난이도
① 영토와 영역은 서로 같은 말이다.
② 국민의 생활 공간 전체를 영토라고 한다.
③ 어떤 국가의 주권이 미치지 못하는 곳이다.
④ 한 국가가 속한 육지의 범위를 영토라고 한다.
⑤ 영토의 면적은 변할 수 없으며 일정하게 유지된다.

02 다음에서 설명하고 있는 것은?
하 난이도
> • 바다에 대한 경제적 권리를 주장할 수 있는 범위
> • 영해 기선으로부터 200해리에 이르는 바다 중 영해를 제외한 수역

① 영토   ② 영해   ③ 영공
④ 공해   ⑤ 배타적 경제 수역

03 다음 그림을 보고 해석한 것으로 옳은 것을 보기 에서 고른 것은?
주요 중 난이도

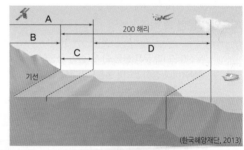

(한국해양재단, 2013)

> 보기
> ㄱ. 한 국가의 주권은 A~D 모두에 영향을 미친다.
> ㄴ. B는 간척 사업을 통해 넓어지기도 한다.
> ㄷ. C는 주로 기선으로부터 12해리까지이다.
> ㄹ. B~D의 상공은 영공이 된다.

① ㄱ, ㄴ   ② ㄱ, ㄷ   ③ ㄴ, ㄷ
④ ㄴ, ㄹ   ⑤ ㄷ, ㄹ

같은 주제 다른 문제

💜 그림의 C를 부르는 명칭은? 답 ③
① 영역   ② 영토   ③ 영해
④ 영공   ⑤ 배타적 경제 수역

04 우리나라의 영토에 대한 설명으로 옳지 <u>않은</u> 것은?

(중) 난이도

① 영토가 점차 넓어져 왔다.

② 총면적은 약 22만 km² 정도 된다.

③ 영토는 남북으로 긴 형태가 나타난다.

④ 영국, 우루과이, 캄보디아 등과 비슷한 면적을 갖고 있다.

⑤ 한반도와 그 주변 섬들 가운데 휴전선 남쪽 부분에 해당된다.

05 우리나라의 영해에 대한 설명으로 옳은 것을 보기 에서 고른

(중) 난이도 것은?

보기

ㄱ. 기선으로부터 200해리까지를 영해로 한다.

ㄴ. 남해안은 해안선이 단조로워 직선 기선을 적용한다.

ㄷ. 서해안에서는 가장 외곽의 섬을 직선으로 연결하여 영해의 기선으로 삼는다.

ㄹ. 동해안에서는 썰물로 바닷물이 가장 많이 빠져나갔을 때의 해안선을 기준으로 영해를 설정한다.

① ㄱ, ㄴ　　② ㄱ, ㄷ　　③ ㄱ, ㄹ

④ ㄴ, ㄹ　　⑤ ㄷ, ㄹ

06 다음 지도의 A 선을 설정하게 된 이유로 옳은 것은?

(상) 난이도

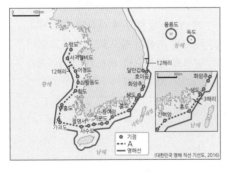

① 조석 간만의 차가 크기 때문이다.

② 자연환경을 보존할 가치가 큰 곳이기 때문이다.

③ 동해안에 비하여 수심이 깊고 앞구가 밀집되었기 때문이다.

④ 제시된 기점이 다른 나라와 영토 분쟁이 있는 곳이기 때문이다.

⑤ 해안선이 복잡하고 섬이 많아 통상 기선을 설정하기 곤란하기 때문이다.

🎈 같은 주제 다른 문제

● 지도의 A 선을 부르는 명칭은? 답 ②

① 해안선　　② 직선 기선　　③ 통상 기선

④ 암석 해안　　⑤ 모래 해안

07 일본과 거리가 가까워 영해를 3해리까지로 줄여 설정한 지역

(하) 난이도 은?

① 독도　　② 울릉도　　③ 가거도

④ 제주도　　⑤ 대한 해협

08 다음 지도의 중간 수역과 잠정 조치 수역을 설정하게 된 이유로

(상) 난이도 옳은 것은?

① 갯벌이 넓게 펼쳐져 있다.

② 각국의 영해가 서로 겹친다.

③ 배타적 경제 수역이 12해리까지 인정된다.

④ 중국, 일본과 배타적 경제 수역이 서로 중복된다.

⑤ 한·중·일 이외의 선박의 항해나 출입이 완전히 금지되는 수역이다.

09 다음은 우리나라의 4극을 나타낸 지도이다. 지도의 A에 들어갈

(하) 난이도 지역의 명칭은?

① 독도

② 호미곶

③ 울릉도

④ 흑산도

⑤ 쓰시마섬

10 다음 지도의 A에 대한 설명으로 옳은 것을 [보기]에서 고른 것은?

(중)
난이도

(한국해양재단, 2013)

[보기]

ㄱ. 경상북도에 위치해 있다.

ㄴ. 화산 활동으로 형성되었다.

ㄷ. 국토의 가장 서쪽에 위치하는 섬이다.

ㄹ. 가장 가까운 곳에 있는 섬은 오키섬이다.

① ㄱ, ㄴ   ② ㄱ, ㄹ   ③ ㄴ, ㄷ
④ ㄴ, ㄹ   ⑤ ㄷ, ㄹ

11 독도의 경제적 가치로 옳은 것을 [보기]에서 고른 것은?

(중)
난이도

[보기]

ㄱ. 넓은 주거 공간이 확보된다.

ㄴ. 주변 바다에 풍부한 수산 자원이 분포하고 있다.

ㄷ. 교통이 편리하고 접근이 쉬워 공항을 건설하기에 알맞다.

ㄹ. 미래의 에너지 자원인 가스 하이드레이트가 매장되어 있다.

① ㄱ, ㄴ   ② ㄱ, ㄹ   ③ ㄴ, ㄷ
④ ㄴ, ㄹ   ⑤ ㄷ, ㄹ

같은 주제 다른 문제

● 다음과 같은 특징을 가지는 자원은? [답] ⑤

천연가스가 바다의 저온, 고압 환경에서 얼음처럼 고체화된 것이다. 미래의 에너지 자원으로 주목받고 있으며, 독도 주변의 해역에 많이 매장되어 있는 것으로 알려져 있다.

① 수소   ② 석유   ③ 우라늄
④ 해양 심층수   ⑤ 가스 하이드레이트

12 독도를 우산국으로 편입한 신라의 인물은?

(하)
난이도

① 세종   ② 이사부   ③ 장보고
④ 문무왕   ⑤ 심흥택

13 다음과 같은 기록을 찾을 수 있는 고문헌으로 옳은 것은?

(중)
난이도

우산(于山, 독도)과 무릉(武陵, 울릉도) 두 섬이 울진현의 정동쪽 바다에 있다. 두 섬은 거리가 멀지 않아 날씨가 맑으면 서로 바라볼 수 있다.

① 간게고   ② 태정관 시령
③ 대한제국 칙령   ④ 세종실록지리지
⑤ 연합군 최고사령관 각서 제677호

14 다음 두 지도의 공통점을 [보기]에서 고른 것은?

(상)
난이도

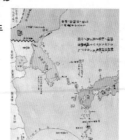

▲ 삼국접양지도(1785)   ▲ 대삼국지도(1802)

[보기]

ㄱ. 일본에서 제작한 지도이다.

ㄴ. 러·일 전쟁 이후에 제작된 지도이다.

ㄷ. 독도를 조선의 땅으로 표시하고 있다.

ㄹ. 일본의 항복으로 독도가 대한민국의 땅이 되었음을 알리는 지도이다.

① ㄱ, ㄴ   ② ㄱ, ㄷ   ③ ㄴ, ㄷ
④ ㄴ, ㄹ   ⑤ ㄷ, ㄹ

15 다음과 같은 활약을 펼쳤던 인물은?

(하)
난이도

조선 후기의 어부로 울릉도와 독도에서 불법 조업을 일삼던 일본 어선에 대해 항의하고, 홀로 일본으로 건너가 조선의 독도 지배권을 확인시켰다.

① 안중근   ② 이사부   ③ 안용복
④ 심흥택   ⑤ 홍순칠

01 다음에서 설명하고 있는 개념을 쓰시오.

> 국민이 생활하는 삶터이자 국가가 존재하기 위한 기본 조건이 되는 공간이다. 영토와 영해, 영공으로 구성되어 있다.

02 다음 지도를 보고 (가)와 (나)의 영해 설정 방법에 차이가 나타나게 된 이유를 서술하시오.

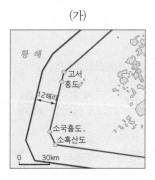

(가)

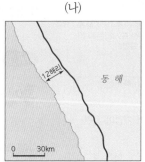

(나)

03 다음 글을 읽고 물음에 답하시오.

> 바다에 접한 국가들은 (㉠)을/를 선포했는데, 영해 기선으로부터 200해리에 이르는 바다 중 넝애글 제외한 수역에 해당된다.

(1) ㉠에 들어갈 말을 쓰시오.

(2) ㉠에서 해당 국가가 행사할 수 있는 경제적 권리의 사례를 두 가지 서술하시오.

04 다음 글의 빈칸에 들어갈 말을 쓰시오.

> 독도는 우리나라에서 가장 ( )에 있는 영토로, 울릉도에서 동남쪽으로 87.4km 떨어진 곳에 위치해 있다.

05 다음은 독도의 가치에 대해 정리한 표이다. 표의 (가)에 들어갈 내용으로 적절한 것을 두 가지 서술하시오.

영역적 가치	• 배타적 경제 수역의 설정 가능 • 해상·항공 교통의 요충지
경제적 가치	(가)
환경·생태적 가치	• 다양한 동식물의 서식처 • 지형학적 가치가 높은 지형이 보존

06 다음 지도를 보고 물음에 답하시오.

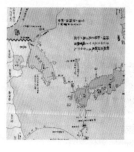

(1) 위 지도의 이름을 쓰시오.

(2) 위 지도에서 독도가 우리나라의 영토임을 나타낼 수 있는 증거를 두 가지 서술하시오.

02 세계화 시대의 지역화 전략
03 우리나라의 위치와 통일의 중요성

1 세계화 시대의 지역화 전략

[교과서마다 달라요]

지역화 전략의 의미

동아	지역의 이미지를 변화시켜 지역의 가치를 높이는 것
금성	지역의 고유한 특성을 강조하여 경쟁력을 갖추려고 하는 방안
비상, 미래엔 지학사, 박영사	다른 지역과 차별화할 수 있는 계획을 마련하는 것

더알기 1 지역과 지역성

(1) **지역** 다른 곳과 구분되는 지표상의 범위

(2) **지역성** 다른 지역과 구별되는 지역의 특성으로, 지역의 자연환경과 주민이 오랜 시간에 걸쳐 상호 작용한 결과임

(3) **세계화 시대의 지역성** 지역만의 중요한 가치와 경쟁력을 제공

2 지역화 전략의 중요성

(1) **지역화 전략** 지역의 독특한 자연환경과 인문 환경을 활용하여 지역의 긍정적인 이미지를 강화하거나, 부정적 이미지를 긍정적 이미지로 변화시켜 지역의 가치를 높이는 것

(2) **지역화 전략의 중요성** 지역화 전략이 성공하게 되면 지역 경제가 활성화되고, 지역 주민들의 자긍심도 높아짐 – 다양한 지역 브랜드 중 가장 성공한 것으로 꼽히는 것은 바로 미국 뉴욕의 'I♥NY'였다. 이 브랜드를 통해 뉴욕은 생기있고 활기찬 도시라는 이미지를 드러내는데 성공했고 매력적인 도시로 탈바꿈하게 되었다.

★ 3 지역화 전략의 종류

자료1 지역 브랜드	지역의 상품이나 서비스에 지역성이 잘 드러나는 이미지, ❶슬로건, ❷캐릭터 등을 결합하여 소비자가 특별한 ❸브랜드로 인식하게 만드는 전략
장소 ❹마케팅	지역에 있는 특정한 장소의 이미지를 매력적으로 보이게 만들어서 기업이나 관광객에게 판매하는 전략 **예** 지역 축제
지리적 표시제	상품의 품질, 명성, 특성 등이 근본적으로 해당 지역에서 비롯된 경우 지역 생산품임을 증명하고 표시하는 제도

자료2 4 지역화 전략의 사례

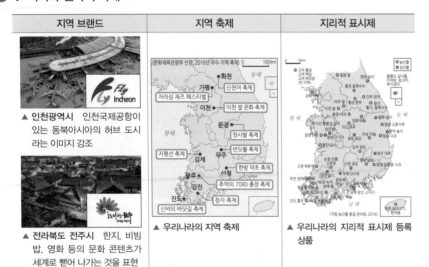

지역 브랜드	지역 축제	지리적 표시제
▲ 인천광역시 인천국제공항이 있는 동북아시아의 허브 도시라는 이미지 강조	▲ 우리나라의 지역 축제	▲ 우리나라의 지리적 표시제 등록 상품
▲ 전라북도 전주시 한지, 비빔밥, 영화 등의 문화 콘텐츠가 세계로 뻗어 나가는 것을 표현		

시험에 꼭 나오는 개념체크

1. 다른 지역과 구별되는 지역의 특성을 ＿＿＿＿이라고 한다.
2. 지역화 전략을 개발하는 과정에서 지역 주민들의 의견이 반영되어야 한다. (○, ×)

답 1. 지역성 2. ○

용어 쏙쏙

❶ 슬로건(Slogan): 어떤 행동을 불러일으키기 위한 간결하고도 힘 있는 말 혹은 문장
❷ 캐릭터(Character): 특정 상표를 나타내고 긍정적 느낌을 갖도록 만든 가공의 인물이나 동물 등 시각적 상징물
❸ 브랜드(Brand): 판매자가 제품이나 서비스를 다른 것과 차별화하기 위해 사용하는 독특한 이름이나 상징물 등을 통합하여 부르는 말
❹ 마케팅(Marketing): 생산자가 상품 또는 서비스를 소비자에게 유통하는 데 관련된 모든 체계적인 활동

더알기 유네스코 세계 유산

▲ 성산 일출봉　　　▲ 용암동굴

우리나라에는 지역마다 독특한 지역성이 있으며, 이를 국제적으로 인정받고 있다. 유네스코(UNESCO)는 제주의 한라산, 성산 일출봉, 거문오름 용암동굴계를 세계 자연 유산으로 등재하였으며, 서울의 종묘와 수원 화성, 경주 문화 유적 지구 등은 세계 문화유산으로 등재하였다.

자료1 지역 브랜드와 슬로건

지역 브랜드는 각 지역의 자연환경과 역사, 문화, 산업, 인물 등을 활용하여 지역이 지닌 고유한 특성과 매력이 잘 드러날 수 있도록 개발한다. 지역의 특징을 쉽고 간결하게 나타내는 짤막한 문구를 지역 슬로건이라고 한다.

자료2 지역 축제와 지역 브랜드

▲ 함평 나비 축제　　　▲ '나르다' 브랜드 캐릭터

인구 감소와 고령화, 지역 경쟁력 저하로 어려움을 겪던 함평군은 나비 축제의 성공과 함께 '나비가 날다'라는 의미를 지닌 지역 브랜드 '나르다'를 개발하여 활용하며 친환경 지역의 이미지를 얻었다.

❷ 우리나라의 위치와 통일의 중요성

자료3 **1** 우리나라의 위치

(1) 위치적 중요성
① 반도국으로 북쪽에는 유라시아 대륙, 남쪽에는 태평양이 위치
② 동아시아 교통의 ❶요지로서 지리적 장점을 가짐

(2) 한계 국토가 분단되어 대륙으로의 직접 진출이 불가능 ➡ 국토 공간의 불균형이 심화되고 있음

⭐ **2** 국토 통일의 필요성

(1) 분단의 문제점 대륙으로의 육로 통행 차단, 민족의 ❷이질화 심화, 국방비 등의 분단 비용이 지속적으로 증가, ❸이산가족과 ❹실향민 발생 등

자료4 **(2) 통일의 필요성**

지리적 측면	국토 공간의 균형을 회복하고 반도국의 이점을 되살릴 수 있음
정치적 측면	• 분단 국가의 부정적 이미지를 해소하고 동아시아의 평화에 이바지 • 통일 국가로서 국제적 위상을 높임
경제적 측면	• 남한의 기술과 북한의 지하자원 및 노동력을 결합 • 분단 비용 축소로 교육, 복지, 문화 등의 분야에 투자 증대
사회적 측면	• 이산가족의 고통 해소 • 북한 지역의 빈곤 및 인권 문제 해결

> 북한은 남한에 비해 금, 은, 철, 석회석, 무연탄 등 다양한 지하자원이 많이 매장되어 있다.

자료5 **3** 통일 이후의 변화

(1) 국토 공간의 변화
① 삶의 터전 확대
② 국토 공간의 균형 있는 개발 가능
③ 생태·환경·문화가 어우러진 국토 공간 조성
④ ❺비무장 지대가 정치·경제·교통·관광의 중심지로 성장

(대한민국 국가 지도집, 2015)

▲ **비무장 지대(DMZ)의 위치와 경관** 군사적 대립을 방지하기 위해 ❻군사 분계선을 기준으로 남북으로 각각 2km 범위에 설정한 완충 지대로, 60여 년 동안 일반인의 출입이 엄격히 통제되어 자연 생태계가 잘 보존되어 있다.

(2) 생활 모습의 변화
① 거주·여가·경제 활동의 공간이 넓어짐
② 국가 경제 규모 및 국민 소득의 증가를 꾀할 수 있음
③ 인적·물적 교류가 활발해질 것으로 예상됨

(3) 통일 이후의 직업 세계 광물 자원 전문가, 문화 통합 전문가, 환경 ❼컨설턴트, 여행 사업가 등 새로운 직업이 등장할 것으로 예상

개념 체크
1. 통일 이후 남한의 지하자원과 북한의 기술을 결합하여 국토의 효율적인 이용이 가능하다. (○, ×)
2. ＿＿＿＿＿는 지난 60여 년간 출입이 통제되어 생태계가 잘 보존되어 있다.

답 1. × 2. 비무장 지대

자료3 우리나라의 위치적 특징

우리나라는 유라시아 대륙과 태평양을 연결하는 반도국으로, 대륙과 해양 양방향으로의 인적·물적·문화적 교류에 유리하다.

자료4 철의 실크로드

통일 이후에는 반도국의 이점이 회복되어 육로와 해로를 통한 대륙과 해양으로의 진출이 용이해지고 국토의 효율적 이용도 가능해진다. 통일 이후 한반도와 유라시아 대륙을 연결하는 철도망인 철의 실크로드가 완성되면 물자의 이동 시간과 비용이 감소하여 중국, 러시아, 유럽과의 교역이 더욱 활발해질 것으로 기대된다.

자료5 미리 보는 통일 지도

(통일연구원, 2014)

통일 이후의 국토 공간은 반도국의 이점을 살리면서 국토 공간의 균형을 회복하는 방향으로 개발되어야 할 것이다.

용어 쏙쏙

❶ 요지(要 – 요긴할, 地 – 땅): 정치, 문화, 교통, 군사 등의 핵심이 되는 곳
❷ 이질화(異 – 다를, 質 – 바탕, 化 – 될): 서로 성질이 달라지게 됨
❸ 이산가족: 전쟁·자연재해 등으로 인해 어쩔 수 없이 떨어져 사는 가족
❹ 실향민(失 – 잃을, 鄕 – 고향, 民 – 백성): 고향을 잃게 된 시민

❺ 비무장 지대(DMZ, demilitarized zone): 국제 조약에 의해 군사 시설이나 민원을 배치하지 않은 지역으로, 충돌을 방지하는 역할
❻ 군사 분계선: 전쟁 중인 양쪽의 협정에 따라 설정한 군사 활동의 한계선
❼ 컨설턴트(Consultant): 경영에 관한 전문적인 의견이나 조언을 말해 주는 사람

01 다음 설명에 해당하는 것을 보기에서 골라 기호를 쓰시오.

보기
> ㄱ. 지역   ㄴ. 지역성   ㄷ. 지역화 전략

(1) 다른 곳과 구분되는 지표상의 범위 ( )
(2) 지역의 이미지를 변화시켜 지역의 가치를 높이는 것 ( )
(3) 다른 곳과 구별되는 특성으로, 지역의 자연환경과 주민이 오랜 시간에 걸쳐 상호 작용한 결과 ( )

02 다음 표의 ㉠~㉢에 알맞은 말을 쓰시오.

구분	내용
㉠	지역의 상품이나 서비스에 지역성이 잘 드러나는 이미지, 슬로건, 캐릭터 등을 결합하여 소비자가 특별한 브랜드로 인식하게 만드는 전략
㉡	지역에 있는 특정한 장소의 이미지를 매력적으로 보이게 만들어서 기업이나 관광객에게 판매하는 전략
㉢	상품의 품질, 명성, 특성 등이 해당 지역에서 비롯된 경우 지역 생산품임을 증명하고 표시하는 제도

㉠ _____ ㉡ _____ ㉢ _____

03 지역화 전략의 내용을 관련있는 것끼리 바르게 연결하시오.

(1) 지역 축제 •   • ㉠ 장소 마케팅
(2) 지역 생산물 •   • ㉡ 지역 브랜드
(3) 슬로건, 캐릭터 •   • ㉢ 지리적 표시제

04 다음 중 알맞은 말에 ○표를 하시오.

(1) 우리나라는 (반도국, 섬나라)(으)로 북쪽에는 유라시아 대륙, 남쪽에는 태평양이 위치한다.
(2) 우리나라는 현재 국토가 분단되어 (해양, 대륙)으로의 직접 진출이 불가능하다.

05 다음 설명이 맞으면 ○표, 틀리면 ×표를 하시오.

(1) 분단 이후 민족의 동질성이 높아지고 있다. ( )
(2) 현재 국방비 등 분단 비용이 계속 증가하고 있다. ( )

06 다음 빈칸에 알맞은 말을 쓰시오.

(1) 통일 이후에는 한반도와 유라시아 대륙을 연결하는 철도망인 ( )이/가 완성될 것이다.
(2) 통일 이후에는 광물 자원 전문가, 문화 통합 전문가, 환경 컨설턴트, 여행 사업가 등 새로운 ( )이/가 등장할 것으로 예상된다.

01 다음 글에서 설명하고 있는 개념은?
하 난이도

> 다른 지역과 구별되는 지역의 특성으로, 지역의 자연환경과 주민이 오랜 시간에 걸쳐 상호 작용한 결과이다.

① 공간   ② 장소   ③ 지표
④ 지역성   ⑤ 장소감

02 지역화 전략이 중요한 이유로 적절한 것은?
중 난이도

① 인구가 줄어들어 소득이 증대되기 때문이다.
② 주민들에게 높은 세금을 부과할 수 있기 때문이다.
③ 지역 경제가 활성화되고, 주민들의 자긍심도 높아지기 때문이다.
④ 발전된 다른 지역과 비슷한 지역 모습을 갖게 되기 때문이다.
⑤ 지역 브랜드를 널리 알려 다른 지역이 모방할 수 있기 때문이다.

03 다음과 같은 지역화 전략의 종류는?
중 난이도

① 지역 축제   ② 지역 캐릭터
③ 장소 마케팅   ④ 지역 슬로건
⑤ 지리적 표시제

 같은 주제 다른 문제

● 지역에 있는 특정한 장소의 이미지를 매력적으로 보이게 만들어서 기업이나 관광객에게 판매하는 전략을 뜻하는 말은? 답 ③

① 지역 축제   ② 지역 캐릭터   ③ 장소 마케팅
④ 지역 슬로건   ⑤ 지리적 표시제

04 디음 지역 브랜드가 만들어진 배경으로 옳은 것은?
(중)
난이도

① 첨단 산업 단지
② 지역의 화산 지형
③ 항구와 공항 등의 시설
④ 지역의 지형과 해발 고도
⑤ 비빔밥, 영화 등의 문화 콘텐츠

05 다음 사례와 같이 농·축·수산물의 지명을 상표권에 인정하는
(중)
난이도
제도는?

> **여주 쌀**
>
> 한강 유역의 비옥한 벼농사 지대에서 생산되는 쌀로, 조선 시대 임금 수라상에 올랐을 정도로 유명하다.
>
> **한산 모시**
>
> 지역적으로 모시풀이 잘 자라는 기후 특성을 지녀 예로부터 품질이 우수한 모시가 많이 생산된다.
>
> **순창 고추장**
>
> 물과 공기가 맑고 다른 지역에 비해 안개가 많이 껴 고추장 발효에 도움이 되는 바실러스균과 메주 곰팡이의 형성이 활발하다.

① 지역화 전략   ② 장소 마케팅
③ 지역 브랜드   ④ 지역 캐릭터
⑤ 지리적 표시제

06 다음과 같은 지역화 전략에 성공한 지역은?
(하)
난이도

> 인구 감소와 고령화, 지역 경쟁력 저하 등으로 어려움을 겪던 이 지역은 나비 축제의 성공과 함께 '나비가 날다'는 의미를 지닌 지역 브랜드 '나르다'를 개발하여 각종 행사에 활용하고 있다.

① 충남 보령   ② 전남 함평   ③ 경북 봉화
④ 울산광역시   ⑤ 인천광역시

07 다음 지역 브랜드를 자연환경을 활용한 것과 인문 환경을 활용
(중)
난이도
한 것으로 바르게 구분한 것은?

	자연환경	인문 환경
①	ㄱ, ㄴ	ㄷ, ㄹ
②	ㄱ, ㄷ	ㄴ, ㄹ
③	ㄴ, ㄷ	ㄱ, ㄹ
④	ㄴ, ㄹ	ㄱ, ㄷ
⑤	ㄷ, ㄹ	ㄱ, ㄴ

🎈 같은 주제 다른 문제 ......

● 지역의 상품이나 서비스에 지역성이 잘 드러나는 이미지, 슬로건, 캐릭터 등을 결합하여 이를 소비자가 특별한 브랜드로 인식하게 만드는 전략을 뜻하는 말은? 답 ③

① 지역 축제   ② 지역 캐릭터   ③ 지역 브랜드
④ 지역 슬로건   ⑤ 지리적 표시제

08 다음 지도를 통해 알 수 있는 우리나라 위치의 중요성은?
(상)
난이도

① 다양한 기후가 나타난다
② 해양 진출에 유리한 반도국이다.
③ 독특한 동식물이 많이 서식한다.
④ 주변 국가 중 경제 규모가 가장 크다.
⑤ 인구가 많고 대도시가 많이 발달하였다.

🎈 같은 주제 다른 문제 ......

● 다음 빈칸에 들어갈 말로 알맞은 것은? 답 ②

> 우리나라는 (   )(으)로 대륙과 해양 모두 진출하기에 유리하다.

① 내륙국   ② 반도국   ③ 분단국   ④ 섬나라   ⑤ 도시 국가

09 다음 교사의 질문에 대한 학생의 대답으로 적절하지 <u>않은</u> 것은?

_하
_{난이도}

> 교사: 한반도가 남한과 북한으로 분단되면서 어떤 문제
> 가 발생하고 있을까요?
>
> 학생: _____

① 막대한 국방비가 사용되고 있어요.
② 국토가 균형적으로 개발되고 있어요.
③ 이산가족들이 힘들게 살아가고 있어요.
④ 민족 문화의 이질화가 심화되고 있어요.
⑤ 전쟁의 위험 때문에 세계 평화를 해치고 있어요.

10 다음은 중국 선양에서 우리나라 인천으로 향하는 비행 경로를
_중
_{난이도}
나타낸 것이다. 비행 경로가 지도와 같이 나타나게 된 이유는?

① 항공 연료를 절약하기 위해
② 가장 짧은 거리로 비행하기 위해
③ 북한 지역을 관통하여 비행할 수 없기 때문
④ 승객들이 안락하게 느낄 수 있는 경로로 비행하기 위해
⑤ 인천국제공항의 위치가 국토의 서쪽에 치우쳐 있기 때문

11 통일 이후 경제적 측면에서의 이점을 보기 에서 고른 것은?

_상
_{난이도}

> **보기**
> ㄱ. 단절되었던 중국, 일본과의 교류 증대
> ㄴ. 남한의 기술과 북한의 지하자원 및 노동력을 결합
> ㄷ. 분단 비용 축소로 교육, 복지, 문화 등의 분야에 투
> 자 증대
> ㄹ. 분단 국가의 부정적 이미지를 해소하고 동아시아의
> 평화에 이바지함

① ㄱ, ㄴ   ② ㄱ, ㄹ   ③ ㄴ, ㄷ
④ ㄴ, ㄹ   ⑤ ㄷ, ㄹ

12 다음 지도의 철도망을 이용하게 되었을 때의 이점으로 옳은 것
_중
_{난이도}
은?

① 선박 교통망 이용 증가
② 몽골, 러시아와의 교류 축소
③ 중국과의 문화적 통합과 언어 통합
④ 유럽까지의 화물과 여객 수송 비용 절감
⑤ 군사 물자 운송을 통한 동아시아 평화 체제 구축

13 다음 지도에 붉은색으로 표시된 지역이 갖는 가치는?
_중
_{난이도}

① 접근성이 뛰어나 도시가 발달하였다.
② 외국인 관광객이 가장 가 보고 싶어하는 관광지이다.
③ 첨단 산업 지구가 위치하여 높은 소득을 올리고 있다.
④ 일반인의 출입이 통제되어 자연 생태계가 잘 보존되어
있다.
⑤ 남북이 공동으로 개발하고 주민들이 거주하면서 독특
한 문화가 형성되었다.

같은 주제 다른 문제

● 지도에 붉은색으로 표시된 지역의 명칭은? **답** 비무장 지대

14 통일 이후의 변화를 예측한 내용으로 옳지 <u>않은</u> 것은?
_중
_{난이도}

① 유럽으로 육로 교통이 연결될 것이다.
② 비무장 지대의 생태 공간을 매력적으로 구성할 수 있다.
③ 인구가 증가하고 국내 총생산이 늘어 경제 활동에 활
기를 찾을 것이다.
④ 광물 자원 전문가, 문화 통합 전문가와 같은 새로운 직
업이 등장할 것이다.
⑤ 중국, 러시아와의 군사적 긴장감이 높아져 국경 지대
를 둘러싸고 분쟁이 발생할 것이다.

01 다음에서 설명하고 있는 개념을 쓰시오.

> 다른 지역과 구별되는 지역의 특성으로, 지역의 자연 환경과 주민이 오랜 시간에 걸쳐 상호 작용한 결과이다. 세계화 시대에 이르러 그 지역만의 가치와 경쟁력을 제공하는 중요한 가치이다.

---

02 다음 글을 읽고 물음에 답하시오.

> (㉠)은/는 지역의 독특한 자연환경과 인문 환경을 활용하여 지역의 긍정적인 이미지를 강화하거나, 부정적 이미지를 긍정적 이미지로 변화시켜 지역의 가치를 높이는 것을 말한다.

(1) ㉠에 들어갈 용어를 쓰시오.

---

(2) 성공적인 ㉠을 통해 지역에서 얻을 수 있는 이점을 두 가지 서술하시오.

---

03 다음 표를 보고 물음에 답하시오.

구분	의미
㉠	시억에 있는 특정한 장소의 이미지를 매력적으로 보이게 만들어서 기업이나 관광객에게 판매하는 전략
지리적 표시제	㉡

(1) ㉠에 들어갈 용어를 쓰시오.

---

(2) ㉡에 들어갈 내용을 서술하시오.

---

04 다음 지도를 통해 알 수 있는 우리나라의 위치상의 장점을 서술하시오.

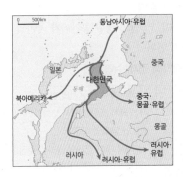

---

05 다음 글의 ㉠, ㉡에 알맞은 말을 쓰시오.

> 한반도가 남북으로 분단된 이후 남한은 육로를 통한 (㉠)(으)로서의 진출이 불가능해졌고, 북한은 삼면이 바다인 이점을 살리지 못해 (㉡)(으)로의 진출이 불리해지게 되었다.

㉠ _____   ㉡ _____

---

06 다음은 '미리 보는 통일 지도'이다. 지도의 내용을 참고하여 통일 이후 국토 공간의 변화 모습을 예측하여 서술하시오.

01 우리나라의 영역과 독도의 중요성

1 우리나라의 영역

(1) **영역의 의미** 국민의 생활 공간이자 국가의 주권이 효력을 미치는 공간적 범위

(2) **영역과 배타적 경제 수역**

영역	영토	한 국가에 속한 육지의 범위
	영해	기선(최저 조위선)에서 12해리까지의 바다를 영해로 설정
	영공	영토와 영해의 상공
배타적 경제 수역(EEZ)		• 바다에 대한 경제적 권리를 주장할 수 있는 범위 • 영해 기선으로부터 200해리에 이르는 바다 중 영해를 제외한 수역

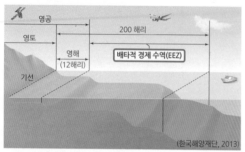

▲ 영역과 배타적 경제 수역의 범위

(3) **우리나라의 영역과 배타적 경제 수역**

영역	영토	한반도와 그 주변의 섬들(부속 도서)로 구성
	영해	• 기선으로부터 12해리까지를 영해로 설정 • 동해안, 제주도, 울릉도, 독도: 통상 기선에서 12해리 • 서·남해안: 직선 기선에서 12해리 • 대한 해협: 직선 기선에서 3해리
배타적 경제 수역(EEZ)		어업 협정을 통해 중국, 일본과 겹치는 수역을 중간 수역 혹은 잠정 조치 수역으로 설정

2 독도의 중요성

(1) **독도의 지리적 특징**

위치	• 우리 영토의 가장 동쪽 끝 • 울릉도에서 동남쪽으로 87.4km 떨어진 곳에 위치
자연환경	• 동해의 해저 화산 활동으로 형성된 화산섬 • 동도와 서도, 89개의 바위섬으로 구성 • 해양성 기후

(2) **독도의 가치**

영역적 가치	• 배타적 경제 수역의 설정 가능 • 해상·항공 교통의 요충지
경제적 가치	• 조경 수역 ➡ 수산 자원 풍부 • 가스 하이드레이트, 해양 심층수 등의 자원 매장 • 관광지로서의 가치
환경·생태적 가치	• 다양한 동식물의 서식처 • 지형학적 가치가 높은 지형이 보존

(3) **고지도와 고문헌 속 독도** 세종실록지리지(1454), 강계고(1756), 동국지도(1463), 팔도총도(1531), 삼국접양지도(1785), 대삼국지도(1802) 등에서 독도를 조선의 영토로 표시

02 세계화 시대의 지역화 전략

1 지역과 지역성

지역	다른 곳과 구분되는 지표상의 범위
지역성	다른 지역과 구별되는 지역의 특성으로, 지역의 자연환경과 주민이 오랜 시간에 걸쳐 상호 작용한 결과

2 지역화 전략

(1) **의미** 지역의 독특한 자연환경과 인문 환경을 이용하여 지역의 가치를 높이는 것

(2) **종류**

지역 브랜드	지역의 상품이나 서비스에 지역성이 잘 드러나는 이미지, 슬로건, 캐릭터 등을 결합하여 소비자가 특별한 브랜드로 인식하게 만드는 전략
장소 마케팅	지역에 있는 특정한 장소의 이미지를 매력적으로 보이게 만들어서 기업이나 관광객에게 판매하는 전략 ⓓ 지역 축제
지리적 표시제	상품의 품질, 명성, 특성 등이 근본적으로 해당 지역에서 비롯된 경우 지역 생산품임을 증명하고 표시하는 제도

03 우리나라의 위치와 통일의 중요성

1 우리나라의 위치 반도국으로 북쪽에는 유라시아 대륙, 남쪽에는 태평양이 위치 ➡ 동아시아 교통의 요지로서 지리적 장점을 가짐

2 통일의 필요성

지리적 측면	국토 공간의 균형을 회복하고 반도국의 이점을 되살릴 수 있음
정치적 측면	• 반도 국가라는 부정적 이미지를 해소하고 동아시아의 평화에 이바지 • 통일 국가로서 국제적 위상을 높임
경제적 측면	• 남한의 기술과 북한의 지하자원 및 노동력을 결합 • 분단 비용 축소로 교육, 복지, 문화 등의 분야에 투자 증대
사회적 측면	• 이산가족의 고통 해소 • 북한 지역의 빈곤 및 인권 문제 해결

3 통일 이후 국토 공간의 변화

◀ 미리 보는 통일 지도

(1) 삶의 터전 확대

(2) 국토 공간의 균형 있는 개발 가능

(3) 생태·환경·문화가 어우러진 국토 공간 조성

(4) 비무장 지대가 정치·경제·교통·관광의 중심지로 성장

01 우리나라의 영역과 독도의 중요성

01 국가의 영역에 해당하는 것만을 보기에서 있는 대로 고른 것은?
(하) 난이도

보기
ㄱ. 영토   ㄴ. 영해   ㄷ. 공해
ㄹ. 영공   ㅁ. 배타적 경제 수역

① ㄱ, ㄴ   ② ㄱ, ㄴ, ㄷ   ③ ㄱ, ㄴ, ㄹ
④ ㄴ, ㄹ, ㅁ   ⑤ ㄷ, ㄹ, ㅁ

02 다음 그림의 A에서 국가가 행사할 수 있는 권리를 보기에서 고른 것은?
(중) 난이도

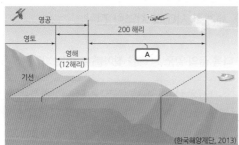

(한국해양재단, 2013)

보기
ㄱ. 타국 선박의 통행 금지 조치
ㄴ. 수산 자원 및 광물 자원의 개발
ㄷ. 인공 섬 설치, 시설물 설치 및 활용
ㄹ. 간척 사업을 통한 농토 개발 및 영토 확장

① ㄱ, ㄴ   ② ㄱ, ㄷ   ③ ㄴ, ㄷ
④ ㄴ, ㄹ   ⑤ ㄷ, ㄹ

[주관식]
03 다음 글의 빈칸에 들어갈 말을 쓰시오.
(중) 난이도

대한민국 헌법 제3조
　대한민국의 영토는 (　　　　)와/과 그 부속 도서로 한다.

_____

04 우리나라와 비슷한 면적을 가진 나라를 보기에서 고른 것은?
(하) 난이도

보기
ㄱ. 영국   ㄴ. 중국
ㄷ. 캄보디아   ㄹ. 싱가포르

① ㄱ, ㄴ   ② ㄱ, ㄷ   ③ ㄴ, ㄷ
④ ㄴ, ㄹ   ⑤ ㄷ, ㄹ

[05~06] 다음 우리나라의 영해 지도를 보고 물음에 답하시오.

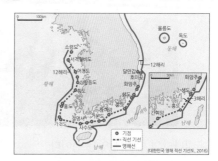

(대한민국 영해 직선 기선도, 2016)

05 위 지도를 해석한 내용으로 옳지 <u>않은</u> 것은?
(중) 난이도

① 서해안에는 직선 기선이 적용되었다.
② 남해안에는 직선 기선이 적용되었다.
③ 동해안에는 통상 기선이 적용되었다.
④ 울릉도와 독도 주변에는 영해가 설정되지 않았다.
⑤ 대한 해협은 일본과의 거리가 가까워 기선에서 12해리 까지를 영해로 두지 못하였다.

[서술형]
06 위 지도를 참고하여 서해안과 남해안에서 기선을 정하는 방법을 서술하시오.
(중) 난이도

_____

_____

07 다음 지도의 '중간 수역'과 '잠정 조치 수역'에 대한 설명으로 옳은 것을 보기에서 고른 것은?
(상) 난이도

(국토 교통부)

보기
ㄱ. 각국의 기선에서 12해리 이내의 수역이다.
ㄴ. 어족 자원을 공동으로 관리하기로 한 수역이다.
ㄷ. 각국의 분쟁으로 인하여 활용이 금지된 수역이다.
ㄹ. 배타적 경제 수역이 주변 국가들과 겹치는 곳이다.

① ㄱ, ㄴ   ② ㄱ, ㄷ   ③ ㄴ, ㄷ
④ ㄴ, ㄹ   ⑤ ㄷ, ㄹ

08 다음 사진 속 지역의 위치에 대한 설명으로 옳은 것은?
(하) 난이도

① 우리나라의 황해에 있는 섬이다.
② 행정 구역상 강원도에 속해 있다.
③ 우리 영토의 남쪽 끝에 위치한다.
④ 가장 가까이 위치한 섬은 일본의 영토이다.
⑤ 울릉도에서 동남쪽으로 87.4km 정도 떨어져 있다.

서술형
09 다음 독도에 서식하는 동식물 사진을 참조하여 독도의 가치를
(중) 난이도 서술하시오.

▲ 괭이갈매기

▲ 해국

▲ 괭이밥

_____

_____

중요
10 독도가 갖는 가치로 옳은 것을 보기 에서 고른 것은?
(중) 난이도

> **보기**
> ㄱ. 국가 안보에 중요한 군사적 요충지이다.
> ㄴ. 긴 강과 넓은 평야가 있어 농사를 짓기에 알맞다.
> ㄷ. 가스 하이드레이트, 해양 심층수 등의 자원 개발이
>   가능하다.
> ㄹ. 수심이 얕고 잔잔한 해수욕장이 있어 관광객들이 많
>   이 찾는다.

① ㄱ, ㄴ   ② ㄱ, ㄷ   ③ ㄴ, ㄷ
④ ㄴ, ㄹ   ⑤ ㄷ, ㄹ

11 다음은 독도가 우리나라의 영토임을 나타내는 여러 가지 자료이
(중) 난이도 다. 일본에서 제작된 자료만을 보기 에서 있는 대로 고른 것은?

> **보기**
> ㄱ. 강계고   ㄴ. 동국지도
> ㄷ. 대삼국지도   ㄹ. 삼국접양지도
> ㅁ. 세종실록지리지

① ㄱ, ㄷ   ② ㄴ, ㄷ   ③ ㄷ, ㄹ
④ ㄱ, ㄷ, ㄹ   ⑤ ㄴ, ㄷ, ㅁ

02 세계화 시대의 지역화 전략

12 다음 글의 밑줄 친 ㉠을 찾아볼 수 있는 지역은?
(중) 난이도

> 1972년부터 유네스코(UNESCO)에서는 인류 전체를
> 위해 보호해야 할 현저한 보편적 가치가 있다고 인정한
> 문화재나 자연물을 '세계 유산'으로 지정하고 있다. 세계
> 유산에는 세계 문화유산, ㉠세계 자연 유산 등이 있다.

① 서울 종묘   ② 보령 갯벌
③ 제주 한라산   ④ 경주 불국사
⑤ 부여 백제 역사 유적 지구

중요 서술형
13 다음은 강원도 평창군과 전라남도 함평군의 지역 브랜드를 나
(중) 난이도 타낸 것이다. 두 지역의 지역 브랜드가 어떠한 특성을 나타내고
있는지 각각 서술하시오.

(가) 평창군 지역 브랜드 "Happy 700"

(나) 함평군 지역 브랜드 "나르다"

_____

_____

14 다음 상징 마크에 해당하는 지역화 전략을 통해 얻을 수 있는 긍정적인 효과는?

(중) 난이도

① 지역의 인구 감소에 효과가 있다.
② 지역에서 생산된 제품에 대한 가격을 올릴 수 있다.
③ 다른 지역에서는 해당 제품을 생산할 수 없게 된다.
④ '보성 녹차', '봉화 송이' 등은 위와 같은 상징 마크를 부착할 수 없다.
⑤ 지역에서 생산된 농·축·수산물이 다른 지역과 차별화된다는 점을 강조할 수 있다.

주관식
15 다음과 같은 행사를 통해 장소의 경제적인 가치를 높이는 지역화 전략을 무엇이라고 하는지 쓰시오.

(중) 난이도

---

03 우리나라의 위치와 통일의 중요성

중요
16 다음 지도를 통해 알 수 있는 우리나라의 위치적 특징은?

(중) 난이도

① 열대 기후에 속한다.
② 해양 진출이 까다로운 위치이다.
③ 반도국의 장점을 살릴 수 있는 위치이다.
④ 북쪽 방면으로의 교류가 거의 이루어지지 않는다.
⑤ 북아메리카와의 교류가 가장 활발하게 이루어진다.

17 다음 남북한의 언어 자료를 보고 알 수 있는 분단의 문제점은?

(하) 난이도

남한 말	북한 말	남한 말	북한 말
볶음밥	기름밥	도넛	가락지빵
달걀	닭알	주스	과일단물
달걀찜	닭알두부	도시락	곽밥
달걀말이	색쌈	족발	발쪽찜
양계장	닭공장	잡곡밥	얼럭밥
수제비	뜨더국	아이스크림	얼음보숭이

(통일교육원 자료, 2016)

① 국토 공간의 불균형
② 민족 문화의 이질화
③ 분단 국가로서의 부정적 이미지
④ 실향민과 이산가족의 고통 심화
⑤ 분단 비용 증가로 인한 투자 감소

서술형
18 다음 지도에 붉은색으로 표시된 지역을 무엇이라고 하는지 쓰고, 이 지역이 갖는 생태적 가치에 대하여 서술하시오.

(상) 난이도

(대한민국 국가 지도집, 2015)

---

19 통일 후의 국토 공간에 대하여 예측한 내용으로 옳지 않은 것은?

(중) 난이도

① 국토의 균형적 개발이 가능해진다.
② 중국, 러시아, 유럽과의 교류가 더욱 활발해진다.
③ 철의 실크로드가 완성되어 물자의 이동 시간과 비용이 감소한다.
④ 반도국의 이점이 사라져 선박과 항공으로만 외국과 교류할 수 있게 된다.
⑤ 옛 고구려와 발해의 문화유산을 체계적으로 관리하고 연구할 수 있게 된다.

01 지구상의 다양한 지리적 문제

1 지리적 문제

1 지리적 문제의 의미

(1) **의미** 사람이 살아가는 공간 속에서 발생하는 문제

(2) **사례** 기아, 생물 다양성 감소, 영토·영해 분쟁 등

2 지리적 문제의 원인과 특징

(1) **발생 원인** 국가 및 지역 간 경제 격차 심화, 서로 다른 종교 및 민족 간 대립, 자연재해, 영토 및 자원을 둘러싼 국가 간 ❶이해관계의 대립, 환경 오염 물질의 이동 등

(2) **특징**

① 해당 지역의 특성이 반영됨

② 특정 지역의 문제가 다른 지역과 연관됨

③ 자연과 인간 또는 지역 간 상호 관계가 영향을 미침

> **시험에 꼭 나오는 개념 체크**
> 1. 기아, 생물 다양성 감소, 영토·영해 분쟁은 대표적인 ____ 문제이다.
> 2. 지구상의 지리적 문제는 특정 지역에서만 발생한다. (○, ×)
>
> 답 1. 지리적 2. ×

교과서마다 달라요 생물 다양성 감소	동아, 천재교육, 박영사	생물 다양성 감소
	비상, 미래엔, 지학사, 금성, 천재교과서	생물 (종) 다양성 감소

2 기아와 생물 다양성 감소 문제

[자료1] 1 기아 문제

(1) **의미** 주민들이 충분한 영양을 섭취하지 못하고 굶주림에 시달리는 현상

(2) **발생 지역** 사하라 이남 아프리카, 남부 아시아, 남아메리카 일부 지역 등

(3) **원인**

① 자연적 요인: 장기간의 가뭄·홍수 등의 자연재해, 농작물 병충해

② 인위적 요인: 저개발국의 급격한 인구 증가, 잦은 전쟁 및 ❷내전, 정치 부패로 인한 식량 자원의 분배 문제, 식량 가격 불안정

> └ 식량 작물이 가축 사료, 바이오 에너지 원료로 사용되면서 가격이 상승하였다.

[더알기] 2 생물 다양성 감소 문제

[자료2] (1) **발생 지역** 남아메리카 ❸아마존강 유역, 아프리카 콩고강 유역 등 열대 우림 지역

> └ 전 세계 생물 종의 절반 이상이 분포하고 있다.

(2) **원인**

① 인구 증가로 인한 급격한 도시화, 산업화, 환경 오염

② 개발에 따른 생물 ❹서식지 파괴

③ 외래종의 침입, 무분별한 ❺남획 ┌ 옥수수, 콩 등의 식량 작물이 연료로 사용된다.

④ 상품 작물 및 ❻바이오 에너지 연료용 작물 재배 증가 → 농작물 다양성 감소

(3) **결과** 인간이 이용 가능한 생물 자원의 수 감소, 생태계 파괴 등

> **시험에 꼭 나오는 개념 체크**
> 1. ___는 주민들이 충분한 영양을 섭취하지 못하고 굶주림에 시달리는 현상이다.
> 2. 환경 오염, 인구 증가, 동식물 서식지 파괴 등으로 생물 다양성이 감소하고 있다. (○, ×)
>
> 답 1. 기아 2. ○

용어 쏙쏙

❶ 이해(利 - 이로울, 害 - 해할): 이익과 손해를 아울러 이르는 말
❷ 내전(內 - 안, 戰 - 싸움): 한 나라 안에서 일어나는 싸움
❸ 아마존강: 남아메리카의 서쪽 안데스산맥에서 발원하여 적도를 따라 동쪽으로 흘러 대서양으로 들어가는 강으로, 세계 최대의 열대 우림이 분포함

❹ 서식지(棲 - 깃들일, 息 - 숨쉴, 地 - 땅): 생물이 보금자리를 만들어 사는 장소
❺ 남획(濫 - 넘칠, 獲 - 얻을): 생물 등을 마구 잡음
❻ 바이오 에너지: 옥수수, 콩, 사탕수수와 같은 농작물에서 추출한 알코올, 식물성 기름 등을 연료로 하여 얻는 에너지

[자료1] 국가별 영양실조 인구 비율

영양이 부족하여 생기는 기아 문제는 특히 사하라 이남의 아프리카와 남부 아시아 지역에서 높게 나타나고, 북서부 유럽과 북아메리카 등에서는 매우 낮게 나타난다. 전 세계에서 기아로 고통받는 사람들은 2015년 기준으로 7억 9천만 명 이상으로, 세계 인구 9명 중 1명은 충분한 식량을 얻지 못해 심각한 영양실조 상태에 놓여 있다.

[더 알기] 생물 다양성 협약

국제 연합(UN)은 1992년 생물 다양성 협약을 채택하여 생물 종을 보호하고 생물 다양성을 유지하기 위해 노력하고 있다. 생물 다양성 협약은 생물 다양성 보존과 생물 자원의 지속 가능한 이용, 이를 이용하여 얻는 이익을 공정하고 공평하게 분배할 것을 목적으로 한다.

[자료2] 생물 다양성이 풍부한 지역

생물 다양성이 풍부한 지역은 적도 주변의 열대 우림이 분포하는 지역이다. 전체 생물 종의 절반 이상이 분포하는 열대 우림의 파괴는 생물 종 감소의 주요 원인이 되고 있다.

3 영역을 둘러싼 갈등

1 영도·영해 분쟁의 발생

(1) 원인 ┌─ 해양 자원의 확보와 이용, 배타적 경제 수역을 확보하기 위한 갈등이 증가하고 있다.

① 모호한 **❶**국경선 설정   ② 역사적 배경 및 **❷**민족과 종교의 차이

③ 군사·정치적 **❸**요충지 확보   ④ 주요 자원의 확보 등 경제적 이해관계

(2) 발생 지역

(World war watch, 2016)

2 영토 분쟁

분쟁 지역	원인	배경
이스라엘 －팔레스타인	역사적 배경, 민족·종교 차이	제2차 세계 대전 이후 팔레스타인 지역에 유대교를 믿는 이스라엘 건국, 팔레스타인 사람들이 영토를 회복하기 위한 저항 계속 → 종교(이스라엘의 유대교 – 팔레스타인의 이슬람교) 갈등, 민족 문제 등이 얽힘
수단 －남수단	인종·종교 차이, 자원 확보	북부와 남부 사이에 지리적·종교적·인종적 차이가 크고, **❹**송유관 건설 및 유전 개발을 둘러싸고 대립 지속
[자료3] 카슈미르	모호한 국경선, 종교 차이	이슬람교도가 많은 카슈미르 지역이 힌두교도가 많은 인도에 포함되면서 파키스탄과 인도 간의 갈등 시작

3 영해 분쟁

분쟁 지역	원인	배경
[자료4] 센카쿠 열도 (댜오위다오)	석유 및 수산 자원의 확보, 해상 교통 및 군사상 요충지 확보	• 관련 국가: 일본, 중국, 타이완 • 청·일 전쟁에서 승리한 일본이 자국 영토에 편입하고 실효적 지배, 중국은 이를 불법 **❺**점령이라고 주장함
[자료5] 난사 군도 (스프래틀리 군도)	석유 및 천연가스 자원 확보, 해상 교통 및 군사적 요충지 확보	• 관련 국가: 중국, 타이완, 베트남, 필리핀, 브루나이, 말레이시아 • 제2차 세계 대전 중 일본이 점령, 일본이 패전한 후 중국이 **❻**영유권을 주장함
쿠릴(지시마) 열도	석유 및 천연가스 자원 확보, 군사적 보충시 확보	• 관련 국가: 일본, 러시아 • 러·일 전쟁 승리로 일본의 영토가 되었으나 제2차 세계 대전에서 일본이 패한 후 러시아로 반환
카스피해를 둘러싼 **❼**연안국 분쟁	석유 및 천연가스 자원 확보	• 관련 국가: 러시아, 아제르바이잔, 카자흐스탄, 이란, 투르크메니스탄 • 카스피해가 바다인지 호수인지에 따라 국가의 이익이 달라져 서로에게 유리한 방향으로 주장하며 논란

시험에 꼭 나오는 개념 체크

1. 영토·영해 분쟁은 자원 확보와 같은 경제적 이해관계가 원인이 되는 경우가 많다. (○, ×)
2. _____는 인도와 파키스탄 간 영토 분쟁이 발생한 지역이다.

답 1. ○ 2. 카슈미르

용어 쏙쏙

❶ 국경선(國 – 나라, 境 – 지경, 線 – 줄): 나라와 나라 사이의 경계선
❷ 민족(民 – 백성, 族 – 겨레): 일정한 지역에서 오랜 세월 동안 공동 생활을 하면서 언어, 문화가 유사하게 형성된 사회 집단
❸ 요충지: 아주 중요한 위치에 해당하는 지점

❹ 송유관(送 – 보낼, 油 – 석유, 管 – 관): 석유를 다른 곳으로 보내기 위해 설치한 관
❺ 점령(占 – 차지할, 領 – 거느릴): 어떤 장소를 차지하여 자리를 잡음
❻ 영유권: 일정 영토에 대해 해당 국가가 지배하거나 통제할 수 있는 권한
❼ 연안국: 강, 바다, 호수 등과 맞닿아 있는 나라

[자료3] 카슈미르 분쟁

(한국 국방 연구원, 2016)

카슈미르 지역은 주민 대부분이 이슬람교를 믿기 때문에 영국으로부터 독립할 때 파키스탄에 귀속될 예정이었으나, 이곳을 통치하던 힌두교 지도자가 인도에 통치권을 넘기며 파키스탄과 인도 간 갈등이 시작되었다. 국제 연합의 중재로 카슈미르의 영토가 분할되었지만 여전히 무력 충돌이 발생하고 있다.

[자료4] 센카쿠 열도(댜오위다오) 분쟁

(세계의 분쟁, 2010)

1895년 청·일 전쟁에서 승리한 일본이 센카쿠 열도(댜오위다오)를 실효적으로 지배해 왔으나, 중국과 타이완이 영유권을 주장하면서 분쟁이 발생하였다. 이 지역에 천연가스와 석유의 매장이 확인되면서 이를 둘러싼 갈등이 커지고 있다.

[자료5] 난사 군도(스프래틀리 군도) 분쟁

인도양과 태평양을 잇는 중요한 길목으로 전략적 가치가 높으며, 수산 자원이 풍부하고 해저에 많은 양의 석유와 천연가스가 매장되어 있다. 현재 중국, 필리핀, 베트남, 말레이시아, 브루나이 등이 영유권을 주장하고 있다.

01 다음 설명이 맞으면 ○표, 틀리면 ×표를 하시오.

(1) 특정 지역에서 발생하는 지리적 문제는 그 지역에만 영향을 미친다. ( )

(2) 지리적 문제는 자연과 인간 또는 지역 간 상호 관계가 영향을 미치고 있다. ( )

02 다음 중 알맞은 말에 ○표를 하시오.

(1) 기아 문제는 대체로 (유럽, 아프리카) 지역에서 심각하게 나타난다.

(2) 저개발국의 급격한 인구 (증가, 감소)는 기아 문제에 영향을 미치는 인위적 요인이다.

(3) 세계 곡물 가격의 (상승, 하락)은 기아 문제를 심화시키는 요인이 된다.

03 다음 빈칸에 알맞은 말을 쓰시오.

(1) 생물 다양성 감소 문제는 아마존강·콩고강 유역, 인도네시아의 ( ) 지역에서 심각하게 나타난다.

(2) 인구 증가로 인한 산업화, 환경 오염 등으로 생물의 ( )이/가 파괴되면서 생물 다양성이 감소하고 있다.

(3) 수출용 상품 작물, 연료용 작물 재배 비중이 증가하면서 농작물의 다양성이 ( )하였다.

04 다음 분쟁 지역과 발생 원인을 바르게 연결하시오.

(1) 카슈미르 분쟁 •

(2) 난사 군도(스프래틀리 군도) 분쟁 •

(3) 수단 – 남수단 분쟁 •

• ㉠ 이슬람교 신자와 힌두교 신자 간의 갈등

• ㉡ 석유 자원, 해상 교통의 요충지 확보를 둘러싼 갈등

• ㉢ 종교적·인종적 차이, 송유관 및 유전 개발을 둘러싼 갈등

05 다음 설명에 해당하는 분쟁 지역을 쓰시오.

(1) 석유 및 수산 자원, 군사적 요충지 확보를 둘러싸고 일본, 중국, 타이완이 갈등을 빚고 있다.

( )

(2) 바다인지 호수인지에 따라 국가의 이익이 달라져 서로에게 유리한 방향을 주장해 논란이 되며, 러시아, 이란, 아제르바이잔, 카자흐스탄, 투르크메니스탄이 갈등을 빚고 있다.

( )

01 다음 문제에 대한 옳은 설명을 [보기]에서 고른 것은?

(중 난이도)

• 기아 문제 • 영토·영해 분쟁 • 생물 다양성 감소 문제

[보기]

ㄱ. 특정 지역에서만 발생하는 문제이다.

ㄴ. 해당 국가만의 힘으로 해밀이 가능하나.

ㄷ. 지역이 가진 특성이 반영되는 경우가 많다.

ㄹ. 자연과 인간 또는 지역 간 상호 관계가 영향을 미친다.

① ㄱ, ㄴ　　② ㄱ, ㄷ　　③ ㄴ, ㄷ
④ ㄴ, ㄹ　　⑤ ㄷ, ㄹ

02 기아 문제에 대한 옳은 설명을 [보기]에서 고른 것은?

(중 난이도) 중요

[보기]

ㄱ. 사하라 이남 아프리카에서 심각하게 나타난다.

ㄴ. 장기간의 가뭄, 홍수 등 자연재해가 영향을 미치기도 한다.

ㄷ. 국제 곡물 가격의 하락은 기아 문제로 고통받는 인구를 증가시킨다.

ㄹ. 인구가 증가하는 속도에 비해 식량 수확량이 빠를 경우 문제가 발생한다.

① ㄱ, ㄴ　　② ㄱ, ㄷ　　③ ㄴ, ㄷ
④ ㄴ, ㄹ　　⑤ ㄷ, ㄹ

같은 주제 다른 문제

● 기아 문제가 심각한 지역을 〈보기〉에서 고른 것은? 답 ②

〈보기〉

ㄱ. 아프리카　　ㄴ. 서부 유럽　　ㄷ. 북아메리카　　ㄹ. 남부 아시아

① ㄱ, ㄴ　　② ㄱ, ㄹ　　③ ㄴ, ㄷ　　④ ㄴ, ㄹ　　⑤ ㄷ, ㄹ

03 다음 학생들의 대화에서 빈칸에 들어갈 대답으로 적절하지 <u>않은</u> 것은?

(하 난이도)

은우: 세계의 많은 사람들이 여전히 기아로 고통받고 있대. 기아 문제의 원인은 무엇일까?

미래: _____ 때문일 것 같아.

① 장기간의 가뭄

② 민족과 종교의 차이

③ 식량 자원 분배의 어려움

④ 잦은 내전 및 분쟁의 발생

⑤ 식량 자원의 국제 가격 불안정

04 다음 지도는 국가별 영양 부족 인구 비율을 나타낸 것이다. 이에 대한 옳은 설명을 보기에서 고른 것은?

(식량 농업 기구(FAO), 2016)

보기

ㄱ. 기아 문제는 지구상의 모든 국가에서 고르게 발생하고 있다.
ㄴ. 사하라 이남 아프리카 지역은 기아 문제 위험성이 매우 크다.
ㄷ. 가뭄의 피해가 자주 나타나는 곳은 영양 부족 인구 비율이 낮은 편이다.
ㄹ. 북아메리카에 비해 남아메리카 지역에서 기아 문제가 발생할 가능성이 높다.

① ㄱ, ㄴ　　② ㄱ, ㄷ　　③ ㄴ, ㄷ
④ ㄴ, ㄹ　　⑤ ㄷ, ㄹ

05 다음 지도의 A 지역에 대해 바르게 추론한 것을 보기에서 고른 것은?

(국제 연합 세계 식량 계획, 2015)

보기

ㄱ. 인구 증가율이 낮을 것이다.
ㄴ. 정치적으로 불안정할 것이다.
ㄷ. 농업 기반 시설이 잘 갖추어졌을 것이다.
ㄹ. 가뭄 등 자연재해 발생 비율이 높을 것이다.

① ㄱ, ㄴ　　② ㄱ, ㄷ　　③ ㄴ, ㄷ
④ ㄴ, ㄹ　　⑤ ㄷ, ㄹ

06 다음 지도에 표시된 지역에서 나타나기 쉬운 지리적 문제에 대한 설명으로 옳지 않은 것은?

(필립스 세계 지도, 2015)

① 인구 증가로 인한 산업화와 도시화가 영향을 미쳤다.
② 경제 발전에 따라 삼림의 면적이 점차 감소되고 있다.
③ 열대 우림의 파괴로 많은 생물 종들이 멸종 위험에 처했다.
④ 생태계 파괴로 인간이 이용 가능한 생물 자원의 수가 줄어든다.
⑤ 열대 우림 지역에 기름야자 농장을 만들면서 생물의 서식지가 늘어나고 있다.

07 다음은 수업 중 생물 다양성 감소에 대해 필기한 것이다. ㉠~㉤ 중 옳지 않은 것은?

> • 생물 다양성이 감소하고 있는 지역: 아마존강, 콩고강, 인도네시아의 열대 우림 지역 ――――――― ㉠
> • 생물 다양성 감소 원인
> 　- 급격한 도시화와 산업화 ――――――― ㉡
> 　- 외래종의 유입 감소 ――――――― ㉢
> 　- 무분별한 남획 ――――――― ㉣
> 　- 환경 오염으로 인한 서식지 파괴 ――――――― ㉤

① ㉠　② ㉡　③ ㉢　④ ㉣　⑤ ㉤

08 국제 사회에서 다음과 같은 협약을 맺게 된 원인으로 볼 수 없는 것은?

> 생물 다양성 보전과 생물 자원의 지속 가능한 이용, 이를 이용하여 얻는 이익을 공정하고 공평하게 분배할 것을 목적으로 국제 연합 환경 개발 회의에서 채택했다.

① 생물 다양성이 감소하고 있기 때문이다.
② 외래종의 침입으로 생태계가 파괴되고 있기 때문이다.
③ 인간의 개발로 동식물의 터전이 사라지고 있기 때문이다.
④ 멸종해가는 생물 종을 보호하는 것이 중요하기 때문이다.
⑤ 상품 작물과 연료용 작물의 수요가 줄어 농작물의 다양성이 줄어들고 있기 때문이다.

09 지구 곳곳에서 영토와 영해를 둘러싼 분쟁이 증가하고 있는 원인을 보기 에서 고른 것은?

중 난이도

보기
- ㄱ. 민족과 종교의 유사성
- ㄴ. 국가 간 모호한 경계 설정
- ㄷ. 세계화로 인한 국가 간 통합 증가
- ㄹ. 자원의 확보와 밑은 경제적 이해관계

① ㄱ, ㄴ ② ㄱ, ㄷ ③ ㄴ, ㄷ
④ ㄴ, ㄹ ⑤ ㄷ, ㄹ

10 다음 ㉠에 해당하는 분쟁 지역을 보기 에서 고른 것은?

하 난이도

영토와 영해를 둘러싼 국제 분쟁 지역
↙ ↘
영토를 둘러싼 갈등 | ㉠영해를 둘러싼 갈등

보기
- ㄱ. 카슈미르 분쟁
- ㄴ. 쿠릴(지시마) 열도 분쟁
- ㄷ. 수단 - 남수단 분쟁
- ㄹ. 센카쿠 열도 분쟁 (댜오위다오)

① ㄱ, ㄴ ② ㄱ, ㄷ ③ ㄴ, ㄷ
④ ㄴ, ㄹ ⑤ ㄷ, ㄹ

> **같은 주제 다른 문제**
> ● 위의 〈보기〉에서 영토를 둘러싼 갈등 지역을 고른 것은? 답 ②
> ① ㄱ, ㄴ ② ㄱ, ㄹ ③ ㄴ, ㄷ ④ ㄴ, ㄹ ⑤ ㄷ, ㄹ

11 다음 내용이 설명하는 분쟁으로 옳은 것은?

중 난이도

청·일 전쟁 이후 일본 영토로 편입되면서 현재까지 일본이 실효적 지배를 하고 있으며 중국, 타이완이 영유권을 주장하고 있다. 주변에 석유 매장이 확인되고, 교통로 및 군사적 요충지 확보 등이 얽혀 갈등이 심해졌다.

① 카슈미르 분쟁
② 서사하라 분쟁
③ 쿠릴(지시마) 열도 분쟁
④ 센카쿠 열도(댜오위다오) 분쟁
⑤ 난사 군도(스프래틀리 군도) 분쟁

[12~14] 다음 지도는 세계의 영토와 영해를 둘러싼 분쟁 지역을 나타낸 것이다. 이를 보고 물음에 답하시오.

(World war watch, 2016)

12 다음 내용과 관련된 분쟁 지역을 위 지도에서 고른 것은?

중 난이도

인도는 영국에서 독립하면서 종교에 따라 인도(힌두교)와 파키스탄(이슬람교)으로 분리되었다. 그러나 이슬람교 신자가 많은 지역이 인도에 포함되면서 갈등이 심해져 무력 충돌이 이어지고 있다.

① A ② B ③ C ④ D ⑤ E

> **같은 주제 다른 문제**
> ● 위 지도에서 수단 - 남수단 분쟁 지역을 고른 것은? 답 ①
> ① A ② B ③ C ④ D ⑤ E

13 위 지도의 B 지역에서 분쟁이 일어나게 된 원인을 보기 에서 고른 것은?

중 난이도

보기
- ㄱ. 유대교와 이슬람교 신자 간의 종교 갈등
- ㄴ. 유전 개발 및 송유관 건설을 둘러싼 갈등
- ㄷ. 한 국가가 다른 국가의 영토를 무력 정복
- ㄹ. 수산 자원 확보를 둘러싼 경제적 이해관계

① ㄱ, ㄴ ② ㄱ, ㄷ ③ ㄴ, ㄷ
④ ㄴ, ㄹ ⑤ ㄷ, ㄹ

14 위 지도의 D 분쟁 지역에 대한 설명으로 옳지 않은 것은?

중 난이도

① 난사 군도 혹은 스프래틀리 군도라고 불린다.
② 민족과 종교의 차이를 둘러싸고 갈등이 발생했다.
③ 중국, 베트남, 필리핀 등이 영유권을 주장하고 있다.
④ 해상 교통의 요충지를 확보하기 위해 나타난 갈등이다.
⑤ 자원의 개발 및 확보와 관련된 경제적 이해관계가 원인이다.

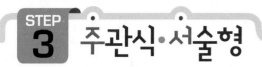
01 다음 글의 ㉠에 들어갈 말을 쓰고, ㉡에 해당되는 지역을 2곳 쓰시오.

> 주민들이 충분한 영양을 섭취하지 못하고 굶주림에 시달리는 현상을 (㉠)(이)라고 한다. 이러한 현상이 심각한 지역으로 _____㉡_____ 이/가 있다.

㉠ _____

㉡ _____

02 다음 지도에 나타난 지리적 문제를 발생시키는 자연적 요인과 인위적 요인을 각각 한 가지씩 서술하시오.

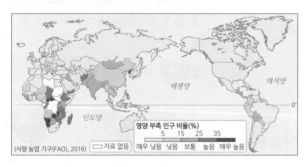

_____

_____

03 다음 지도는 어떤 식생의 분포를 나타낸 것이다. 이를 보고 물음에 답하시오.

(1) 지도에 표시된 A 식생의 명칭을 쓰시오.

_____

(2) A 식생이 갖는 생물학적 가치를 서술하시오.

_____

_____

04 다음 국제 협약의 명칭을 쓰시오.

> 생물 다양성 보존과 생물 자원의 지속 가능한 이용, 이를 이용하여 얻는 이익을 공정하고 공평하게 분배할 것을 목적으로 국제 연합 환경 개발 회의에서 채택했다.

_____

05 다음 지도는 인도와 파키스탄이 영유권을 주장하며, 분쟁을 일으키는 지역을 나타낸 것이다. 이 지역의 명칭을 쓰고, 분쟁이 발생하게 된 주된 원인을 서술하시오.

_____

_____

06 다음 분쟁 지역을 나타낸 지도를 보고 물음에 답하시오.

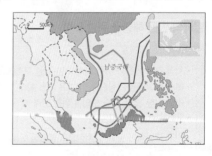

(1) 지도에 표시된 분쟁과 관련된 국가를 3개 이상 쓰시오.

_____

(2) 지도에 표시된 지역에서 분쟁이 발생하게 된 원인을 두 가지 서술하시오.

_____

_____

02 ● 저개발 지역의 발전 노력
03 ● 지역 간 불평등 완화를 위한 노력

① 발전 수준의 지역 차

1 국가마다 다른 발전 수준

구분	세계화의 확산으로 지역별 발전 수준의 격차가 커지고 있음 → 선진국과 저개발국(개발 도상국)으로 구분
발전 수준 차이의 원인	• 자연환경(지형, 기후 등) 및 자원 ❶보유량 차이 • 기술 및 교육 수준의 차이 • 사회적·경제적 제도의 차이 • 불공정한 국제 무역 구조
구분 ❷지표	1인당 ❸국내 총생산(GDP), 인간 개발 지수(HDI), 기대 교육 연한, 기대 수명, 5세 미만 영유아 사망률, 인터넷 이용률, 성 불평등 지수 등

> 국가별 모성 사망비, 청소년 출산율, 여성 의원 비율, 중등교육 이상 교육받은 여성 인구 비율 등을 측정해 산출한다.

2 선진국

(1) **위치** 북서부 유럽, 북아메리카 국가들
(2) **특징** 소득 및 생활 수준, 의료 및 교육 수준, 여성 권한, 삶의 질 등이 높음

3 저개발국

(1) **위치** 중·남부 아프리카, 아시아, 남아메리카 일부 지역
(2) **특징** 소득 및 생활 수준, 의료 및 교육 수준, 여성 권한, 삶의 질 등이 낮음

> **시험에 꼭 나오는 개념 체크**
> 1. 선진국은 소득 및 생활 수준, 삶의 질 등이 높은 국가이다. (○, ×)
> 2. _____ _____는 각국의 교육 수준, 국민 소득, 평균 수명 등을 조사해 발전 정도를 평가하는 지표이다.
>
> 답 1. ○ 2. 인간 개발 지수

② 빈곤 해결을 위한 저개발국의 노력

1 빈곤 문제 해결을 위한 접근 방법의 변화

(1) **과거** 선진국의 식량 및 물자 ❹원조에 의존
(2) **오늘날** 저개발국의 자체적인 발전 노력을 강조

더알기 2 저개발국의 빈곤 해결을 위한 노력

> 식량 생산을 늘리기 위해 관개 시설을 확충하고, 품종을 개발한다.

다양한 노력	• ❺자영농 육성을 통한 식량 증산 • 지역 경제 발전을 위한 사회 기반 시설 구축(도로, 전력, 통신 시설 등) • 여성과 아동을 대상으로 한 교육 기회 확대, 일자리 제공 • 국외 자본 유치, 기술 도입을 위한 노력 • ❻적정 기술 제품의 도입
한계	• 인구 부양력이 낮고, 정치적으로 불안정 • 낮은 기술 수준과 부족한 자본 • 불평등한 세계 경제 체제, 선진국과 다국적 기업의 지나친 간섭

> **시험에 꼭 나오는 개념 체크**
> 1. 오늘날에는 빈곤 문제 해결을 위해 저개발국의 자체적인 노력을 강조하고 있다. (○, ×)
> 2. 아프리카 국가들은 ___에서 벗어나기 위해 식량 증산, 사회 기반 시설 확대 등을 추진하고 있다.
>
> 답 1. ○ 2. 빈곤

 용어 쏙쏙
❶ 보유량(保-지킬, 有-있을, 量-헤아릴): 가지고 있는 분량이나 수량을 의미
❷ 지표: 수준이나 상태를 파악할 수 있는 기준이 되는 것
❸ 국내 총생산: 일정 기간 동안 한 나라 안에서 생산된 생산물의 시장 가치의 합
❹ 원조(援-도울, 助-도울): 어려움에 처한 이들에게 돈, 물품 등을 주어 도와주는 것
❺ 자영농(自-스스로, 營-경영할, 農-농사): 자신 소유의 토지에서 농사를 짓고 직접 경영하는 농민
❻ 적정 기술: 빈곤 지역 주민들의 생활에 적합하게 설계된 재화나 서비스를 제공함으로써 그들의 삶을 개선하고 소득을 증대시킬 수 있는 기술

자료 1 1인당 국내 총생산(GDP)

(단위: 천 달러) 30 이상 / 20~30 / 10~20 / 5~10 / 5 미만
(국제부흥개발은행(IBRD), 2016)

1인당 국내 총생산은 한 나라 국민들의 평균적인 소득 수준을 나타내기 때문에 국가 간 국민들의 경제 생활 수준을 비교해 볼 수 있는 지표이다. 1인당 국내 총생산이 높은 국가들은 북서부 유럽과 북아메리카에 위치하며, 낮은 국가들은 주로 중·남부 아프리카에 위치한다.

자료 2 인간 개발 지수(HDI)

인간 개발 지수(2014년) 매우 높음(0.8~1) / 높음(0.7~0.8) / 보통(0.55~0.7) / 낮음(0.55 미만) / 자료 없음
(국제 연합 개발 계획, 2015)

인간 개발 지수는 국가의 실질 국민 소득, 교육 수준, 평균 수명 등 인간의 삶과 관련된 지표를 조사해 각국의 인간 발전 정도와 선진화 정도를 평가한 지수이다. 일반적으로 유럽과 북아메리카 대륙 국가들의 인간 개발 지수가 높게 나타난다.

더 알기 저개발국의 빈곤 해결을 위한 노력

• 보츠와나: 다이아몬드 수출로 얻은 소득을 교육과 보건, 기반 시설을 위해 투자하고 자동차 산업을 유치하는 등의 노력을 기울이고 있다.
• 르완다: 농촌 여성들을 교육하고 인재 육성을 위해 많은 투자를 했으며, 공직 선거 후보자 중 30%를 여성에게 할당하였다.
• 볼리비아: 자원 국유화를 통한 이익을 저소득층에 나누어주고, 각종 사회 복지 정책을 시행하였으며 사회 기반 시설에 대한 투자를 확대하였다.

③ 지역 간 불평등 완화를 위한 공식적 차원의 노력

1 ❶연대와 협력의 필요성 지역 간 불평등 문제는 어느 한 국가의 노력만으로 해결이 어려움 ➜ 국제 연합(UN)을 비롯한 다양한 국제기구의 노력과 지원이 필요

2 국제기구의 활동

국제 연합(UN)	국제 평화와 안전의 유지, 인권 및 자유 확보를 위해 노력
국제 연합 산하 기구	• 국제 연합 난민 기구(UNHCR): ❷난민 구조 활동, 난민 보호 및 피난처 제공 • 세계 식량 계획(WFP): 기아와 빈곤으로 고통받는 지역에 식량 지원 • 국제 연합 평화 유지군(UNPKF): 분쟁 지역에 파견되어 안전 보호 및 질서 유지 • 국제 연합 아동 기금(UNICEF): 아동 ❸구호와 복지 향상을 위해 노력

 3 공적 개발 원조(ODA)

(1) **의미** 선진국의 정부나 공공 기관들이 저개발국의 발전을 위해 제공하는 원조

(2) **성과와 한계**

성과	저개발국의 사회·경제 발전과 복지 증진
한계	• 단기적인 성과 위주의 지원 • 국가 간 이해관계에 따른 불안정한 지원 • 저개발국 부패 정부의 운영 자금으로 사용 ⎬ 지원금이 사회 빈곤층에게 제대로 전달되지 않는 경우가 발생한다.

시험에 꼭 나오는 개념 체크

1. _____은 국제 평화와 안전, 인권을 위해 노력하는 국제기구이다.
2. 선진국의 정부나 공공 기관들이 저개발국의 발전을 위해 제공하는 원조를 민간 개발 원조라고 한다. (○, ×)

답 1. 국제 연합(UN) 2. ×

④ 지역 간 불평등 완화를 위한 시민 사회 차원의 노력

1 국제 비정부 기구(NGO)의 활동

┌ 권력이나 이윤을 추구하지 않고 자발적으로 조직된다.

의미	시민 단체가 중심이 되어 만들어진 비정부 조직
장점	• 국제 연합의 공식적 활동 보조 • 국가 간 이해관계를 넘어 ❹인도주의적 차원에서 지속적 활동 가능
사례	• 그린피스: 지구의 환경을 보존하고 평화를 증진하기 위한 활동 전개 • 국경 없는 의사회: 인종, 종교 등에 관계없이 분쟁 지역에 의료 지원

⭐ 2 공정 무역

(1) **의미** 저개발국 주민들이 생산한 친환경적 제품을 선진국의 소비자들이 정당한 가격을 주고 구매하도록 하는 무역 방식

자료4 (2) **성과와 한계**

성과	• 중간 상인의 개입을 줄여 유통 비용 ❺절감 • 저개발국 생산자들의 경제적인 ❻자립을 도움 ➜ 빈곤 해소 및 생활 여건 개선 • 생산자들의 인권 보장 • 이익금의 일부를 교육, 의료 서비스, 기반 시설 확대 등을 위해 투자
한계	• 저개발국 생산자에 대한 ❼연민이나 동정으로 구매에 참여 • 기존의 부정적 이미지를 개선하기 위한 일부 기업의 홍보 수단으로 이용 • 공정 무역의 효과에 대해 소비자가 정확하고 비판적인 정보를 제공받기 어려움

시험에 꼭 나오는 개념 체크

1. _____는 인종, 종교에 관계없이 분쟁 지역에 의료 지원 활동을 하고 있다.
2. 공정 무역은 저개발국 생산자의 경제적 자립을 도와준다. (○, ×)

답 1. 국경 없는 의사회 2. ○

자료3 공적 개발 원조를 하는 국가와 받는 국가

국민 총소득 대비 공적 개발 원조액 비중
(%, 2013년)
■ 20 이상
■ 10~20
■ 5~10
■ 1~5
■ 1 미만
(국제 연합 개발 계획, 2013)

유럽과 북아메리카 등에 위치한 선진국에서는 개발 원조 위원회(DAC)를 통해 다양한 방식으로 아프리카, 아시아, 남아메리카 등에 위치한 저개발국에 공적 개발 원조를 지원하고 있다.

더 알기 한국 국제 협력단(KOICA)

우리나라는 한국 국제 협력단을 설립하여 저개발국에 유·무상으로 많은 지원을 하고 있다. 한국 국제 협력단은 우리 정부에서 운영하는 해외 봉사 단체로 저개발국과 상호 협력 및 교류, 경제·사회 발전 지원 등을 통해 국제 협력을 증진하는 것을 목표로 하고 있다.

자료4 공정 무역 커피의 수익 배분 구조

공정 무역 커피는 중간 상인들의 개입과 유통 단계를 줄이고 직거래를 활성화하여 일반 커피를 재배할 때보다 농민들에게 더 많은 수익을 제공할 수 있다.

 용어 쏙쏙

❶ 연대: 여럿이 함께 일을 하거나 공동으로 책임을 짐
❷ 난민(難-어려울, 民-백성): 인종, 종교, 정치적, 사상적 차이로 인한 박해를 피해 다른 지역으로 탈출하는 사람들
❸ 구호(救-구원할, 護-도울): 어려움에 처한 사람을 돕고 보호함
❹ 인도주의: 인종, 종교의 차이를 넘어 인간의 존엄성을 최고의 가치로 여기는 사상
❺ 절감(節-마디, 減-덜): 돈이나 물건을 아끼어 줄임
❻ 자립(自-스스로, 立-설): 남에게 의지하지 않고 스스로 섬
❼ 연민(憐-불쌍히 여길, 憫-근심할): 타인의 처지를 불쌍하고 안타깝게 여김

STEP 1 개념 확인

01 다음 빈칸에 알맞은 말을 쓰시오.

(1) 소득 및 생활 수준이 높고, 교육·의료 시설 등이 잘 갖추어진 국가는 (　　　　)(으)로 분류한다.

(2) 각국의 교육 수준, 국민 소득, 평균 수명 등을 조사해 발전 정도를 평가하는 지표를 (　　　　)(이)라 한다.

02 다음 중 알맞은 말에 ○표를 하시오.

(1) 선진국과 저개발국 간의 부의 격차는 점차 (확대, 축소)되고 있다.

(2) 선진국은 일반적으로 1인당 국내 총생산(GDP)이 (높다, 낮다).

(3) 저개발국은 대체로 (북아메리카, 중·남부 아프리카)에 많이 분포하고 있다.

03 다음 설명이 맞으면 ○표, 틀리면 ×표를 하시오.

(1) 저개발국은 선진국의 원조에 의지해 빈곤을 해결하는 것이 바람직하다. (　　　)

(2) 아프리카의 많은 저개발국에서는 빈곤 해결을 위해 자영농을 육성하고, 여성들에게 교육 기회를 제공하고 있다. (　　　)

(3) 저개발국은 기술과 자본이 부족하고, 정치적으로 불안정해 자체 노력만을 통한 빈곤 해결이 어렵다. (　　　)

04 다음 단체와 활동 내용을 바르게 연결하시오.

(1) 그린피스 ・

(2) 세계 식량 계획 ・

(3) 국제 연합 난민 기구 ・

・㉠ 빈곤 지역에 식량 지원 활동 전개

・㉡ 지구 환경 보존 및 평화 증진 활동 전개

・㉢ 난민 구조, 난민 보호 및 피난처 제공 역할

05 다음 빈칸에 들어갈 알맞은 말을 쓰시오.

(1) (　　　　)은/는 국가 간 이해관계의 영향을 받기도 하며, 장기적인 지원이 어렵다는 한계가 있다.

(2) (　　　　)은/는 시민 단체가 중심이 되어 만들었으며, 국가 간 이해관계를 넘어 인도주의적 차원에서 활동이 가능한 조직이다.

(3) 저개발국 주민들이 생산한 친환경적 제품을 선진국의 소비자가 정당한 가격으로 구매하도록 하는 무역 방식을 (　　　　)(이)라고 한다.

STEP 2 대표 문제

01 다음 글의 밑줄 친 부분에 들어갈 내용으로 보기 어려운 것은?

> 지구상에 분포하는 여러 지역의 발전 수준은 각각 다르다. 세계 각 지역은 ＿＿＿＿＿＿＿＿＿ 때문에 발전 수준에 차이가 난다.

① 천연자원의 보유량 차이
② 인종과 종교 분포의 차이
③ 기술 및 교육 수준의 차이
④ 산업 및 무역 구조의 차이
⑤ 기후, 지형 등 자연환경의 차이

02 세계 여러 지역의 발전 수준에 대한 옳은 설명을 **보기**에서 고른 것은?

> **보기**
> ㄱ. 최근 들어 선진국과 저개발국 간의 경제적 격차는 점차 완화되고 있다.
> ㄴ. 유럽과 북아메리카 대륙의 국가들은 소득 및 생활 수준이 높은 편이다.
> ㄷ. 중·남부 아프리카의 경우 여성의 권한 및 노동 참여율이 낮게 나타난다.
> ㄹ. 지구상의 동쪽에 위치한 국가들과 서쪽에 위치한 국가들의 경제적 격차로 인한 갈등이 심각하다.

① ㄱ, ㄴ　　　　② ㄱ, ㄷ　　　　③ ㄴ, ㄷ
④ ㄴ, ㄹ　　　　⑤ ㄷ, ㄹ

03 다음은 수업 중 교사와 학생의 대화 장면이다. 학생의 대답에 들어갈 내용으로 적절하지 않은 것은?

> 교사: 각 국가들의 발전 수준을 비교하기 위해 필요한 지표로는 어떤 것이 있을까요?
> 학생: ＿＿＿＿＿＿＿＿＿＿＿＿이/가 있습니다.

① 성 불평등 지수
② 인간 개발 지수
③ 주요 민족의 분포
④ 1인당 국내 총생산
⑤ 5세 미만 영유아 사망률

04 다음 지도는 국가별 1인당 국내 총생산(GDP)을 나타낸 것이다. 이에 대한 설명으로 옳은 것은?

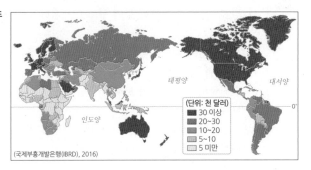

① 세계 각국의 발전 수준에 큰 차이가 나타나지 않는다.
② 아시아에 속하는 국가들은 대체로 발전 수준이 높은 편이다.
③ 중·남부 아프리카에 속하는 대부분의 국가들은 저개발국이다.
④ 북서부 유럽과 북아메리카의 국가들은 발전 수준이 낮은 편이다.
⑤ 북반구에 비해 남반구에 위치한 국가들의 발전 수준이 높은 편이다.

05 다음 지도는 세계 각국의 인간 개발 지수(HDI)를 나타낸 것이다. 이에 대한 옳은 해석을 보기 에서 고른 것은?

보기

ㄱ. 인간 개발 지수가 높은 국가들일수록 발전 수준이 낮다고 볼 수 있다.
ㄴ. 유럽에 속하는 대부분의 국가들은 경제 수준뿐만 아니라 삶의 질도 높다.
ㄷ. 아프리카와 아시아에 속하는 국가들은 교육 수준과 평균 수명 등이 낮은 편이다.
ㄹ. 북아메리카에 속하는 국가들이 남아메리카에 속하는 국가들에 비해 인간 개발 지수가 낮다.

① ㄱ, ㄴ   ② ㄱ, ㄷ   ③ ㄴ, ㄷ
④ ㄴ, ㄹ   ⑤ ㄷ, ㄹ

06 최근 저개발국의 빈곤 해결 노력에 대한 옳은 설명을 보기 에서 고른 것은?

보기

ㄱ. 자영농을 육성해 식량 생산을 늘리고자 한다.
ㄴ. 경제 발전을 위한 기반 시설을 확대하고 있다.
ㄷ. 선진국의 원조에 의존하는 경향이 점차 커지고 있다.
ㄹ. 취약 계층의 교육 기회 확대보다는 기술 투자에 집중하고 있다.

① ㄱ, ㄴ   ② ㄱ, ㄷ   ③ ㄴ, ㄷ
④ ㄴ, ㄹ   ⑤ ㄷ, ㄹ

07 다음 사례를 통해 알 수 있는 내용으로 가장 적절한 것은?

• 보츠와나는 다이아몬드 수출로 얻은 소득을 기반 시설 확대를 위해 투자하고, 자동차 산업을 유치하기 위해 노력하고 있다.
• 볼리비아에서는 자원 국유화를 통한 이익을 저소득층에 나누어주고 각종 사회 복지 정책을 시행하였으며 사회 기반 시설에 대한 투자를 확대했다.

① 빈곤 해결을 위해 국제기구의 원조에 의존하고 있다.
② 인도주의를 바탕으로 한 국제 사회의 원조가 중요하다.
③ 저개발국은 자본과 기술의 부족으로 빈곤 해결에 어려움이 있다.
④ 저개발국은 적극적인 경제 정책을 실시해 선진국과의 격차를 줄이는 데 성공했다.
⑤ 저개발국이 빈곤을 해결하기 위해 스스로 성장할 수 있는 기반을 갖추고자 노력한다.

08 다음 설명에 해당하는 국제 협력 기관의 명칭은?

우리 정부에서 파견하는 국외 봉사 단체로 저개발국과 상호 협력 및 교류 확대, 경제 발전 지원, 국제 협력 증진 등을 목적으로 한다.

① 세계 식량 계획   ② 한국 국제 협력단
③ 개발 원조 위원회   ④ 국제 연합 평화 유지군
⑤ 국제 연합 난민 기구

같은 주제 다른 문제

● 기아와 식량 문제 해결을 위한 국제 연합 산하 기구는? **답** ①

① 세계 식량 계획   ② 세계 보건 기구   ③ 국제 연합 아동 기금
④ 국제 연합 난민 기구   ⑤ 국제 연합 평화 유지군

09 다음 글의 밑줄 친 부분에 대한 설명으로 옳지 <u>않은</u> 것은? (중 난이도)

경제 협력 개발 기구(OECD)의 개발 원조 위원회에서는 공적 개발 원조(ODA)를 담당한다. 이는 저개발국의 경제 발전을 위해 도움을 주는 것으로, 우리나라도 개발 원조 위원회에 가입한 이후 꾸준하게 원조액의 규모를 늘리고 있다.

① 물품과 함께 자금의 형태로도 지원되고 있다.
② 저개발국의 구호 사업과 시설 구축 등에 사용된다.
③ 시민 사회가 중심이 되어 제공하는 원조의 형태이다.
④ 저개발국 주민들의 빈곤을 줄이는 데 도움이 되기도 한다.
⑤ 아프리카와 남부 아시아의 여러 국가들이 원조의 대상이 된다.

10 다음 학생이 제출한 과제물에서 <u>잘못</u> 작성된 부분은? (상 난이도)

• 주제: 공적 개발 원조의 성과와 한계
(중략)
• 공적 개발 원조가 갖는 한계
 – 단기적인 성과 위주의 지원 ················ ㉠
 – 부패 정부의 운영 자금으로 사용 ········· ㉡
 – 국가 간 이해관계에 따른 불안정한 지원 ··· ㉢
 – 지역의 문화적·경제적 특성을 반영한 지원 ··· ㉣
 – 재해나 분쟁 발생으로 인한 장기적 지원의 어려움 ··· ㉤

① ㉠ ② ㉡ ③ ㉢ ④ ㉣ ⑤ ㉤

11 다음 단체들의 공통적인 특징을 **보기** 에서 고른 것은? (중 난이도)

• 그린피스 • 국경 없는 의사회

보기
ㄱ. 정부를 구성 단위로 하는 국제기구이다.
ㄴ. 국제적 이해관계에 크게 얽매이지 않는다.
ㄷ. 인도주의적 차원에서 지속적인 활동이 가능하다.
ㄹ. 국제 연합의 산하 기구로 공식적 활동을 보조하고 있다.

① ㄱ, ㄴ ② ㄱ, ㄷ ③ ㄴ, ㄷ
④ ㄴ, ㄹ ⑤ ㄷ, ㄹ

같은 주제 다른 문제
● 다음 설명에 해당하는 기구의 명칭은? 답 ③

인도주의 의료 봉사 단체로 소외된 지역에서 중립적인 의료 지원 활동을 한다.

① 그린피스 ② 세계 식량 계획 ③ 국경 없는 의사회
④ 국제 연합 난민 기구 ⑤ 국제 연합 평화 유지군

12 공정 무역에 대한 옳은 설명을 **보기** 에서 고른 것은? (중 난이도)

보기
ㄱ. 경제적으로 불평등한 무역 구조를 해결하기 위해 등장했다.
ㄴ. 생산자들에게도 무역의 혜택이 돌아가게 하는 윤리적 소비 운동이다.
ㄷ. 선진국의 소비자들이 보다 저렴한 값으로 제품을 구매하도록 하는 방식이다.
ㄹ. 공정 무역 상품은 다국적 기업의 상품에 비해 시장 확보에서 경쟁력이 있다.

① ㄱ, ㄴ ② ㄱ, ㄹ ③ ㄴ, ㄷ
④ ㄴ, ㄹ ⑤ ㄷ, ㄹ

13 다음은 기자와 현지 주민이 나누는 인터뷰이다. 현지 주민의 대답으로 적절하지 <u>않은</u> 것은? (중 난이도)

기자: 마을에 공정 무역을 도입하면서 나타나게 된 긍정적인 효과에는 무엇이 있나요?
주민: 네, _____.

① 아동과 부녀자에 대한 저임금 노동 착취가 줄어들었어요.
② 유통 비용을 증가시켜 중간 상인들의 경제적 이익을 확보해 줍니다.
③ 보다 안전하고 친환경적인 방식으로 상품을 생산할 수 있게 되었어요.
④ 정당한 금액을 지급받을 수 있어 생산자들의 자립을 도와주고 있어요.
⑤ 수익금의 일부를 학교, 병원 등 시설을 만드는 데 사용하여 지역이 개발되었어요.

14 공정 무역에 대한 설명으로 옳지 <u>않은</u> 것은? (하 난이도)

① 환경 파괴를 일으키는 상품의 생산이 줄어든다.
② 이익금의 일부를 사회 발전을 위해 투자할 수 있다.
③ 생산 지역 주민들의 자립을 돕고 복지를 향상시킬 수 있다.
④ 일부 기업들이 부정적 이미지 개선을 위한 홍보 수단으로 이용하기도 한다.
⑤ 생산 지역 주민들의 생활 여건 개선에 대해 정확한 정보를 소비자에게 제공한다.

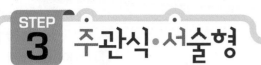

01 다음 글에서 설명하는 지표의 명칭을 쓰시오.

> 국제 연합 개발 계획이 매년 각국의 교육 수준, 국민 소득, 평균 수명 등을 조사해 각국의 인간 발전 정도와 선진화 정도 등을 평가한 지표로, 경제적 성장뿐만 아니라 삶의 환경이나 수준까지 고려하였다.

02 다음 글을 읽고 물음에 답하시오.

> 세계 각 지역은 ㉠발전 수준에 있어서 차이가 나타난다. 발전 수준은 국가별로 다양하게 나타나기 때문에 ㉡여러 가지 지표를 활용하여 발전의 정도를 파악할 수 있다.

(1) ㉠과 같은 현상이 나타나게 된 원인을 두 가지 서술하시오.

(2) ㉡에 해당하는 구체적인 지표의 예를 세 가지 쓰시오.

03 다음 글을 읽고 물음에 답하시오.

> 세계 각 지역은 발전 수준에 따라 (㉠)와/과 (㉡)(으)로 구분할 수 있다. 서부 유럽과 북아메리카에 주로 위치한 (㉠)은/는 _____(가)_____.

(1) ㉠, ㉡에 알맞은 말을 쓰시오.

㉠ _____ ㉡ _____

(2) (가)에 해당하는 특징을 두 가지 서술하시오.

04 다음 글을 읽고 물음에 답하시오.

> 선진국에서 저개발국의 경제 발전과 복지 증진을 목적으로 저개발국이나 국제기구에 도움을 주는 것을 말하며, 경제 협력 기구의 개발 원조 위원회에서 담당하고 있다.

(1) 위 글의 밑줄 친 부분에 해당하는 용어를 쓰시오.

(2) 위 글의 밑줄 친 부분이 가져올 수 있는 한계점 두 가지를 서술하시오.

05 다음 설명에 해당하는 용어를 쓰시오.

> 저개발국에서 생산되는 친환경적인 제품에 대해 중간 유통 과정을 거치지 않고 선진국의 소비자가 정당한 가격을 지급하여 생산자들에게 무역의 혜택이 돌아가도록 하는 무역 방식이다.

06 다음 그림은 커피의 수익 배분 구조를 나타낸 것이다. B 커피를 구매하였을 때 생산 지역에 나타날 수 있는 긍정적인 변화를 두 가지 서술하시오.

생산자 500원
A 커피
판매점 1,500원
가공업자, 수출업자, 도매상, 소매상 3,000원

B 커피
판매점 1,500원
생산자 및 조합 2,500원
가공업자 1,000원

01 지구상의 다양한 지리적 문제

1 기아 문제

의미	주민들이 충분한 영양을 섭취하지 못하고 굶주리는 현상
발생 지역	사하라 이남 아프리카, 남부 아시아, 남아메리카 일부 지역
원인	• 자연적 요인: 장기간의 가뭄, 홍수 등의 자연재해 • 인위적 요인: 급격한 인구 증가, 잦은 전쟁 및 내전, 식량 가격 불안정, 식량 자원의 분배 문제 등

2 생물 다양성 감소 문제

발생 지역	아마존강 유역, 콩고강 유역 등 열대 우림 지역
원인	• 인구 증가로 인한 급격한 도시화, 산업화, 환경 오염 • 개발에 따른 생물 서식지 파괴 • 외래종의 침입, 무분별한 남획 • 상품 작물 및 바이오 에너지 연료용 작물 재배 증가 ➡ 농작물 다양성 감소
결과	인간이 이용 가능한 생물 자원의 수 감소, 생태계 파괴

3 영토 및 영해 분쟁

▲ 세계의 영토 및 영해 분쟁 지역

(1) **발생 원인** 모호한 국경선 설정, 역사적 배경 및 민족과 종교의 차이, 군사·정치적 요충지 확보, 주요 자원의 확보 등 경제적 이해관계

(2) **영토 분쟁**

이스라엘 – 팔레스타인 분쟁	역사적 배경, 민족과 종교의 차이(이스라엘 – 유대교, 팔레스타인 – 이슬람교)로 발생
수단 – 남수단 분쟁	지리적·종교적·인종적 차이, 송유관 건설 및 유전 개발을 둘러싼 갈등 발생
카슈미르 분쟁	모호한 국경선 설정, 종교의 차이(인도 – 힌두교, 파키스탄 – 이슬람교)로 파키스탄과 인도 간 갈등 발생

(3) **영해 분쟁**

센카쿠 열도 (댜오위다오)	• 원인: 석유 및 수산 자원의 확보, 해상 교통·군사상 요충지 확보 • 당사국: 일본, 중국, 타이완
난사 군도 (스프래틀리 군도)	• 원인: 석유 및 천연가스 자원 확보, 해상 교통·군사상 요충지 확보 • 당사국: 중국, 필리핀, 베트남, 타이완, 브루나이, 말레이시아
카스피해를 둘러싼 연안국 분쟁	• 원인: 카스피해가 바다인지 호수인지에 따라 국가의 이익이 달라져 서로에게 유리한 방향으로 주장 • 당사국: 러시아, 아제르바이잔, 카자흐스탄, 이란, 투르크메니스탄

02 저개발 지역의 발전 노력

1 국가마다 다른 발전 수준

구분	• 지역별 발전 수준 격차 확대 ➡ 선진국과 저개발국으로 구분 • 선진국: 북서부 유럽, 북아메리카 국가들 • 저개발국: 중·남부 아프리카, 아시아 남아메리카 일부 지역
차이 원인	자연환경 및 자원 보유량, 기술 및 교육 수준, 사회적·경제적 제도의 차이, 불공정한 국제 무역 구조
구분 지표	1인당 국내 총생산, 인간 개발 지수, 기대 교육 연한, 기대 수명, 5세 미만 영유아 사망률, 인터넷 이용률, 성 불평등 지수 등

2 저개발국의 빈곤 문제 해결을 위한 노력

다양한 노력	• 자영농 육성을 통한 식량 증산 • 지역 경제 발전을 위한 사회 기반 시설 구축 • 여성과 아동에게 교육 기회 확대, 일자리 제공 • 국외 자본 유치와 기술 도입을 위한 노력
한계	• 인구 부양력이 낮고, 정치적으로 불안정 • 낮은 기술 수준과 부족한 자본

03 지역 간 불평등 완화를 위한 노력

1 국제기구의 활동

국제 연합	국제 평화와 안전 유지, 인권 및 자유 확보를 위해 노력
국제 연합 산하 기구	국제 연합 난민 기구(UNHCR), 세계 식량 계획(WFP), 국제 연합 평화 유지군(UNPKF), 국제 연합 아동 기금(UNICEF)

2 공적 개발 원조(ODA)

의미	선진국의 정부나 공공 기관들이 저개발국의 발전을 위해 제공하는 원조
성과	저개발국의 사회·경제 발전과 복지 증진
한계	• 단기적인 성과 위주의 지원 • 국가 간 이해관계에 따른 불안정한 지원 • 저개발국 부패 정부의 운영 자금으로 사용

3 국제 비정부 기구(NGO)의 활동

의미	시민 단체가 중심이 되어 만들어진 비정부 조직
장점	국가 간 이해관계를 넘어 인도주의적 차원에서 활동 가능
사례	그린피스, 국경 없는 의사회 등

4 공정 무역

의미	저개발국 주민들이 생산한 친환경적 제품을 선진국 소비자들이 정당한 가격을 주고 구매하도록 하는 무역 방식
성과	• 중간 상인의 개입을 줄여 유통 비용 절감 • 저개발국 생산자들의 경제적인 자립을 도움 • 생산자들의 인권 보장 • 이익금의 일부를 교육, 의료, 기반 시설 확대 등에 투자
한계	• 저개발국 생산자에 대한 연민이나 동정으로 구매 참여 • 일부 기업들이 이미지 개선을 위한 홍보 수단으로 활용 • 소비자가 정확하고 비판적인 정보를 제공받기 어려움

01 지구상의 다양한 지리적 문제

01 다음 지도는 세계 각국의 영양 부족 인구 비율을 나타낸 것이다. 이와 관련된 지리적 문제의 원인을 **보기** 에서 고른 것은?
(중) 난이도

(식량 농업 기구(FAO), 2016)

보기

ㄱ. 낮은 인구 증가율
ㄴ. 국제 곡물 가격의 하락
ㄷ. 내전 및 분쟁의 잦은 발생
ㄹ. 장기간의 가뭄 및 자연재해

① ㄱ, ㄴ   ② ㄱ, ㄷ   ③ ㄴ, ㄷ
④ ㄴ, ㄹ   ⑤ ㄷ, ㄹ

02 다음 글의 지리적 문제에 대한 설명으로 옳지 **않은** 것은?
(중) 난이도

> 세계 인구의 약 8억 명 가량이 굶주리고 있으며, 4명 중 1명 이상의 어린이가 영양 결핍에 따른 성장 부진을 겪고 있다고 한다.

① 사하라 이남 아프리카에서 매우 심각하게 나타난다.
② 최근에 나타나는 기상 이변이 문제를 심화시킬 수 있다.
③ 정치적 요인 등으로 식량 분배에 문제가 있을 경우에 심화된다.
④ 유럽과 북아메리카에서는 상대적으로 발생 비율이 낮을 것이다.
⑤ 남부 아시아와 남아메리카 지역에서는 발생 가능성이 낮은 편이다.

03 다음 지도는 어떤 식생의 분포 지역을 나타낸 것이다. A 식생에 대한 옳은 설명을 **보기** 에서 고른 것은?
(중) 난이도

(유엔 환경 계획, 2015)

보기

ㄱ. 생물 다양성이 가장 풍부한 지역이다.
ㄴ. 산업화 및 도시화의 영향으로 식생이 파괴되고 있다.
ㄷ. 생물의 서식지가 늘어나면서 생물 다양성이 확대되고 있다.
ㄹ. 상품 작물이나 연료용 작물의 재배가 증가하면서 농작물의 다양성이 증가하고 있다.

① ㄱ, ㄴ   ② ㄱ, ㄷ   ③ ㄴ, ㄷ
④ ㄴ, ㄹ   ⑤ ㄷ, ㄹ

04 다음 자료와 같은 현상이 나타나게 된 원인으로 옳은 것을 **보기** 에서 고른 것은?
(중) 난이도

보기

ㄱ. 외래종의 유입이 점차 감소하고 있다.
ㄴ. 최근 들어 야생 동물의 남획이 감소하고 있다.
ㄷ. 환경 오염으로 생물들의 서식지가 감소하고 있다.
ㄹ. 인구 증가로 인해 급격한 도시화가 나타나고 있다.

① ㄱ, ㄴ   ② ㄱ, ㄷ   ③ ㄴ, ㄷ
④ ㄴ, ㄹ   ⑤ ㄷ, ㄹ

[05~07] 다음 지도는 세계의 영토 및 영해를 둘러싼 분쟁 지역을 나타낸 것이다. 이를 보고 물음에 답하시오.

(World war watch, 2016)

05 다음 내용과 관련된 분쟁 지역을 위 지도에서 고른 것은?

> 석유, 천연가스 등이 풍부하고 교통의 요지에 해당되어 전략적 가치가 높아 중국, 필리핀 등 주변 국가 사이에 분쟁이 끊임없이 발생하고 있다.

① A   ② B   ③ C
④ D   ⑤ E

06 지도의 C 지역에서 분쟁이 일어나게 된 원인으로 적절한 것은?

① 주된 언어의 사용을 둘러싼 갈등
② 배타적 경제 수역의 확보를 둘러싼 갈등
③ 유전 개발 및 송유관 건설을 둘러싼 갈등
④ 광물 자원의 개발을 둘러싼 경제적 이해관계
⑤ 이슬람교 신자와 힌두교 신자 간의 종교적 갈등

07 지도의 E 지역의 명칭을 쓰고, 이 지역에서 분쟁이 발생하게 된 주된 원인을 두 가지 서술하시오.

_____

_____

[02] 저개발 지역의 발전 노력

08 다음 지도는 국가별 5세 미만 영유아 사망률을 나타낸 것이다. 이에 대한 설명으로 옳은 것은?

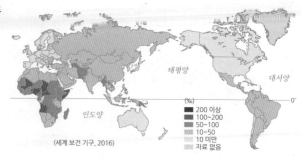

(세계 보건 기구, 2016)

① 유럽과 남아메리카 대륙은 대체로 저개발국에 속한다.
② 5세 미만 영유아 사망률이 높을수록 발전 수준이 높다.
③ 아프리카 대륙이 북아메리카에 비해 의료 수준이 낮은 편이다.
④ 해당 지표는 세계 각국의 경제 발전 규모를 파악하기에 적합한 자료이다.
⑤ 동반구에 비해 서반구에 위치한 국가들의 5세 미만 영유아 사망률이 높다.

09 다음 그래프는 각국의 인터넷 이용자 비율을 나타낸 것이다. A 국가들에서 높게 나타날 것으로 예상되는 지표는?

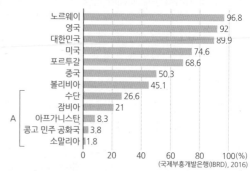

(국제부흥개발은행(IBRD), 2016)

① 기대 교육 연한
② 인간 개발 지수
③ 성 불평등 지수
④ 여성 의원 비율
⑤ 1인당 국내 총생산(GDP)

10 저개발국의 빈곤 해결 노력에 대한 설명으로 옳지 <u>않은</u> 것은?

① 자영농 육성을 통해 식량 생산을 늘리고 있다.
② 취약 계층을 대상으로 교육 기회를 확대하고 있다.
③ 경제 발전을 위해 사회 기반 시설을 확충하고 있다.
④ 국외 자본을 도입하고 기술을 유치하기 위해 노력하고 있다.
⑤ 적정 기술 제품의 개발보다 국제 사회의 원조를 통해 문제를 해결하려고 한다.

서술형

11 저개발 국가들이 스스로 성장할 수 있는 기반을 갖추면서 빈곤을 해결하기 위해 노력하는 구체적 사례와 이러한 노력이 갖는 한계를 각각 한 가지씩 서술하시오.

_____

_____

12 다음 사례를 통해 추론할 수 있는 내용으로 가장 적절한 것은?

> • 앙골라에서는 경제 개발을 위한 정부 지출을 확대하고 병원, 학교 등의 시설을 확충했으며, 제조업의 발전에도 힘쓰고 있다.
> • 르완다에서는 농촌 여성들을 교육하고 인재 육성을 위해 많은 투자를 했으며, 공직 선거 후보자 중 30%를 여성에게 할당하였다.

① 저개발국은 성장 잠재력이 풍부하다.
② 국제 사회의 원조를 바탕으로 빈곤을 해결해야 한다.
③ 저개발국에서 자체적인 노력을 통해서 빈곤을 해결하려고 한다.
④ 국제기구의 개입을 통해 경제적 불평등 문제를 완화시키고 있다.
⑤ 사회적·경제적 제도의 차이에 의해 지역 간 발전 수준이 다르게 나타난다.

03 지역 간 불평등 완화를 위한 노력

주관식

13 다음 (가), (나)에 해당하는 국제 연합의 산하 기구를 쓰시오.

> (가) 접근이 어려운 지역에 식량을 공급하면서 기아와 빈곤 문제를 해결하기 위해 노력하고 있다.
> (나) 난민의 권리 보호와 복지 향상을 위해 난민에 대한 긴급 구조 활동, 안전한 피난처 제공 등의 역할을 한다.

(가) _____ (나) _____

14 공적 개발 원조에 대한 옳은 설명을 보기 에서 고른 것은?

> **보기**
> ㄱ. 비정부 기구 등 시민 사회가 중심이 되어 제공하는 원조이다.
> ㄴ. 저개발국의 사회 기반 시설 구축과 구호 사업 등에 사용된다.
> ㄷ. 국가 간 이해관계의 영향을 받지 않아 인도주의적 차원에서 제공된다.
> ㄹ. 지역 특성을 반영하지 못하고 단기적인 성과 위주의 지원이 나타나기도 한다.

① ㄱ, ㄴ   ② ㄱ, ㄷ   ③ ㄴ, ㄷ
④ ㄴ, ㄹ   ⑤ ㄷ, ㄹ

15 다음 무역 방식이 생산 지역에 미치는 변화로 옳은 것만을 보기 에서 있는 대로 고른 것은?

> 선진국과 저개발국 사이의 불공정한 무역을 개선하여 저개발국 생산자에게 정당한 가격을 지급하는 무역 방식이다.

> **보기**
> ㄱ. 생산자들의 빈곤을 해소하고, 경제적 자립을 도와준다.
> ㄴ. 교육, 보건 등 지역 사회 발전을 위한 투자가 증가한다.
> ㄷ. 안전하고 친환경적인 방식으로 상품을 생산하게 되었다.
> ㄹ. 생산 비용 절감을 위해 여성과 아동의 작업 환경이 열악해졌다.

① ㄱ, ㄴ   ② ㄴ, ㄷ   ③ ㄷ, ㄹ
④ ㄱ, ㄴ, ㄷ   ⑤ ㄴ, ㄷ, ㄹ

올바른 사회 개념은 옳소
핵심 문제서 올쏘

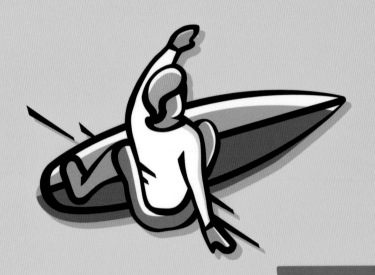

올쏘

All about Society

중학 사회 ❷

실력 확인 문제책

문제로 복습하는 실력 확인
고난도 문제로 실력 올리기

동아출판

실력 확인 ● 문제책

중학 사회 ②

1 인권의 의미와 인권 보장의 중요성

1 인권의 의미와 특징

(1) **❶**☐☐**의 의미** 인간이 마땅히 누려야 할 기본적인 권리

(2) **인권의 특징**

❷☐☐☐ **권리**	인간이 태어나면서부터 가지는 하늘이 준 권리
❸☐☐☐ **권리**	국가에서 법이나 제도로 보장하기 이전에 이미 인간에게 자연적으로 주어짐
보편적 권리	인종, 성별, 신분 등을 초월하여 모든 사람이 동등하게 누릴 수 있음
불가침의 권리	국가 권력이나 다른 사람이 함부로 침해할 수 없음

2 인권 보장의 중요성과 헌법

(1) **인권 보장의 중요성** 인권을 제대로 보장받지 못하면 인간다운 삶을 살 수 없음

(2) **인권 보장을 위한 헌법의 역할** 인권 침해의 여부를 판단하는 기준이 되며, 인권 침해를 예방하고 침해된 인권을 구제함

2 헌법에 보장된 기본권

1 ❹☐☐☐**의 의미와 종류**

(1) **의미** 헌법으로 규정된 국민의 기본적인 인권

(2) **종류**

❺☐☐☐	국가 권력의 간섭을 받지 않고 자유롭게 생활할 권리
평등권	성별, 종교 등에 의해 부당하게 차별받지 않을 권리
참정권	국가 기관의 형성 및 정치적 의사 결정 과정에 참여할 권리
❻☐☐☐	국가에 대하여 특정한 행위를 요구할 권리
사회권	국가에 대하여 인간다운 생활의 보장을 요구할 권리

2 기본권의 제한과 한계

제한의 사유	**❼**☐☐☐☐☐, 질서 유지, 공공복리를 위해 필요한 경우에 한해 제한함
제한의 방법	**❽**☐☐로써 제한함
제한의 한계	자유와 권리의 **❾**☐☐적인 내용을 침해할 수 없음

3 인권 침해의 의미와 사례

1 ❿☐☐☐☐**의 의미** 개인, 단체, 국가 기관이 다른 사람의 인권을 침범하여 해를 입히는 행위

2 인권 침해 발생 원인

개인적 측면	고정 관념이나 편견 등
사회적 측면	잘못된 관습이나 불합리한 법과 제도 등

3 인권 침해의 사례 아동이나 노인 방치, 집단 따돌림, 각종 차별 행위, 범죄 행위 등

정답 ❶인권 ❷천부적 ❸자연적 ❹기본권 ❺자유권 ❻청구권 ❼국가 안전 보장 ❽법률 ❾본질 ❿인권 침해

---

01 인권에 대한 설명으로 옳은 것은?

중 난이도

① 국가나 인종별로 다르게 부여된다.

② 일정한 연령이 되면 서서히 형성된다.

③ 국가가 형성된 이후에 발생된 권리이다.

④ 국가만은 언제든 제한할 권한을 가진다.

⑤ 모든 인간에게 주어지는 기본적인 권리이다.

02 다음 자료와 관련된 인권의 특징으로 가장 적절한 것은?

하 난이도

> 인권은 인간이 태어나면서부터 하늘로부터 부여받은 것으로, 타인에게 빼앗길 수도 양도할 수도 없다.

① 후천적 권리

② 보편적 권리

③ 천부적 권리

④ 항구적 권리

⑤ 제한적 권리

03 다음은 인권의 특징을 정리한 것이다. (가), (나)를 바르게 연결한 것은?

중요

중 난이도

> (가) 국가에서 법이나 제도로 보장하기 이전에 이미 인간에게 자연적으로 주어짐
>
> (나) 인종, 성별, 신분 등을 초월하여 모든 사람이 동등하게 누릴 수 있음

	(가)	(나)
①	천부적 권리	자연적 권리
②	항구적 권리	천부적 권리
③	불가침의 권리	항구적 권리
④	불가침의 권리	보편적 권리
⑤	자연적 권리	보편적 권리

04 인권 보장을 위한 헌법의 역할에 대한 옳은 설명만을 보기에서 있는 대로 고른 것은?
(상) 난이도

보기
ㄱ. 인권 침해의 여부를 판단하는 기준을 제공한다.
ㄴ. 국가 최고의 법으로 인권을 제한하는 수단이 된다.
ㄷ. 인권의 내용을 명시하여 인권 침해를 사전에 예방할 수 있다.
ㄹ. 침해당한 인권을 미리 마련된 다양한 제도를 통해 구제받을 수 있다.

① ㄱ, ㄴ   ② ㄱ, ㄹ   ③ ㄴ, ㄷ
④ ㄱ, ㄷ, ㄹ   ⑤ ㄴ, ㄷ, ㄹ

05 빈칸 ㉠에 들어갈 용어로 가장 적절한 것은?
(하) 난이도

인권을 보장하는 것은 인간의 존엄성을 지키는 기반이 된다. 인권 중에서 헌법에 규정하여 보장하는 권리를 (㉠)이라고 한다.

① 기본권   ② 자유권   ③ 사회권
④ 평등권   ⑤ 행복 추구권

06 각 기본권에 대한 설명으로 옳지 않은 것은?
(중) 난이도

① 청구권 – 국가에 대해 일정한 행위를 요구할 수 있다.
② 참정권 – 근로권, 교육권, 사회 보장을 받을 권리 등이 있다.
③ 자유권 – 국가의 간섭을 받지 않고 자기 의사에 따라 행동할 수 있다.
④ 사회권 – 국가에 대해 최소한의 인간다운 생활의 보장을 요구할 수 있다.
⑤ 평등권 – 인종, 성별, 종교 등에 의하여 부당하게 차별받지 않을 권리가 있다.

07 기본권 (가)에 대한 설명으로 옳은 것은?
(상) 난이도

(예: ○, 아니요: ×)

질문	(가)
능동적인 성격을 가진 권리에 해당하는가?	×
국가의 역할을 제한함으로써 보장되는 소극적 권리인가?	○
국가의 적극적인 개입이 필요한 권리인가?	×

① 다른 기본권 실현의 전제 조건이 되는 평등권이다.
② 모든 기본권이 궁극적으로 지향하는 근본 가치이다.
③ 국가에 대해 일정한 행위를 요구할 수 있는 청구권이다.
④ 다른 기본권을 보장하기 위한 수단적인 권리로 활용되는 청구권이다.
⑤ 신체의 자유 등과 같이 국가의 간섭을 받지 않고 자기 의사에 따라 행동할 수 있는 권리인 자유권이다.

08 청구권에 대한 설명으로 옳은 것은?
(중) 난이도

① 역사가 가장 오래된 기본권이다.
② 국가 배상 청구권과 재판 청구권 등이 있다.
③ 국가에 대하여 특정한 행위를 요구할 수 있는 소극적인 권리이다.
④ 국가의 의사 결정 과정에 참여할 수 있는 권리로, 국민 주권의 원리를 실현할 수 있다.
⑤ 가장 포괄적인 권리로, 국가 권력으로부터 간섭을 받지 않고 자유롭게 생활할 수 있는 권리이다.

09 다음은 우리나라 헌법 조항의 일부이다. 이와 관련된 기본권에 대한 옳은 설명을 보기에서 고른 것은?
(중) 난이도

제35조 모든 국민은 건강하고 쾌적한 환경에서 생활할 권리를 가지며……

보기
ㄱ. 다른 기본권의 보장을 위한 수단적 권리이다.
ㄴ. 다른 기본권을 보장하기 위한 전제 조건이다.
ㄷ. 국가에 대해 최소한의 인간다운 생활의 보장을 요구할 수 있다.
ㄹ. 국가의 노력을 요구하는 적극적 권리로, 현대 사회에서 그 중요성이 더욱 커지고 있다.

① ㄱ, ㄴ   ② ㄱ, ㄷ   ③ ㄴ, ㄷ
④ ㄴ, ㄹ   ⑤ ㄷ, ㄹ

10 기본권의 제한에 대한 옳은 설명을 보기에서 고른 것은?

(상) 난이도

보기
ㄱ. 기본권은 필요한 경우에 한해서만 제한된다.
ㄴ. 기본권의 제한에 있어서 본질적인 내용은 침해할 수 없다.
ㄷ. 국가는 국민의 기본권을 제한할 경우 헌법에 의해서만 제한한다.
ㄹ. 기본권 제한을 통해 실현되는 공익이 침해되는 사익보다 작아야 한다.

① ㄱ, ㄴ ② ㄱ, ㄷ ③ ㄴ, ㄷ
④ ㄴ, ㄹ ⑤ ㄷ, ㄹ

11 다음 사례에서 국민의 기본권을 제한한 목적으로 가장 적절한

(하) 난이도 것은?

군사 시설 보호 구역에서는 개인이 통행하거나 사진을 촬영할 수 있는 자유 등이 일부 제한된다.

① 공공복리를 위해서
② 질서 유지를 위해서
③ 국가 안전 보장을 위해서
④ 사고 보상에 대비하기 위해서
⑤ 효율적인 정책 집행을 위해서

12 다음 자료에 대한 설명으로 옳지 않은 것은?

(중) 난이도

• 학생들의 중간고사 성적표를 학교 정문 게시판에 공개하였다.
• 내가 알지 못하는 사이트로부터 광고성 전자 우편을 전송받았다.

① 제시된 자료는 인권 침해에 해당된다.
② 법원에 재판을 청구함으로써 구제받을 수 있다.
③ 한번 침해된 인권은 어떠한 방법으로도 구제받을 수 없다.
④ 개인이나 단체에 의한 인권 침해는 고소나 고발에 의해 해결한다.
⑤ 개인이나 단체, 국가 기관이 다른 사람의 인권을 침범하여 해를 입히는 행위이다.

주관식·서술형

13 다음 글을 읽고 물음에 답하시오.

모든 인간이 인간이라는 이유만으로 마땅히 누려야 할 기본적인 권리를 (㉠)(이)라고 한다. 우리나라에서는 (㉠)을/를 국민의 기본권으로 규정하고, (가)국가는 이를 보장할 의무가 있음을 국가의 최고 법인 (㉡)에 명시하였다.

(1) 빈칸 ㉠, ㉡에 들어갈 말을 쓰시오.

㉠ _____ ㉡ _____

(2) 밑줄 친 (가)의 이유를 서술하시오.

_____

_____

14 다음 헌법 조항을 보고 물음에 답하시오.

제37조 ② 국민의 모든 자유와 권리는 ____(가)____ 을/를 위하여 필요한 경우에 한하여 (㉠)(으)로써 제한할 수 있으며, 제한하는 경우에도 자유와 권리의 본질적인 내용을 침해할 수 없다.

(1) 밑줄 친 (가)에 들어갈 기본권 제한의 사유 세 가지를 쓰시오.

_____

(2) 빈칸 ㉠에 들어갈 용어를 쓰시오.

_____

(3) 위와 같이 헌법에 국민의 기본권 제한 요건과 그 한계를 명시한 이유를 서술하시오.

_____

_____

① 인권과 헌법

02 인권 침해와 구제 (2) ~ 03 근로자의 권리와 노동권 침해 구제

① 인권을 구제하는 기관

❶ ⬜⬜	재판을 통해 국민의 침해된 권리를 구제함
❷ ⬜⬜⬜⬜	공권력의 행사 또는 불행사에 의해 기본권을 침해당한 국민이 권리 구제를 요청하면 이를 심판함
❸ ⬜⬜⬜⬜⬜	• 인권 침해의 소지가 있는 법이나 제도를 찾아 개선을 권고함 • 인권 침해나 차별 행위를 조사하여 구제함
국민 권익 위원회	• 국민의 고충 민원을 처리함 • 불합리한 행정 제도를 개선함
대한 법률 구조 공단	경제적으로 어렵거나 법의 보호를 충분히 받지 못하는 국민의 권익을 보호함
언론 중재 위원회	잘못된 언론 보도로 피해를 보았을 때 이를 구제함
한국 소비자원	소비자의 권리가 침해되었을 때 도움을 받을 수 있음

② 헌법으로 보장된 근로자의 권리

1 ❹ ⬜⬜의 권리 일할 능력을 가진 사람이 국가에 대해 일할 기회와 인간다운 생활의 보장을 요구할 수 있는 권리 ➡ ❺ ⬜⬜ ⬜⬜ 제도와 근로 기준법으로 보장함

2 ❻ ⬜⬜ ⬜⬜ 근로의 권리 외에 헌법으로 보장된 근로자의 권리

❼ ⬜⬜⬜	근로자는 경제적 향상을 위해 노동조합을 결성할 수 있음
단체 교섭권	노동조합을 통해 사용자와 근로 조건을 집단적으로 교섭할 수 있음
❽ ⬜⬜⬜⬜	단체 교섭이 원만하게 이루어지지 않을 경우 일정한 절차에 따라 쟁의 행위를 할 수 있음

③ 노동권의 침해와 구제 방법

1 노동권의 침해

❾ ⬜⬜⬜⬜	사용자가 근로자에게 사전에 해고 계획을 통보하지 않고 합리적인 이유 없이 해고함
❿ ⬜⬜⬜⬜⬜	사용자가 근로자에게 노동조합의 조직, 가입, 활동을 이유로 불이익을 줌
기타	임금 체불, 최저 임금을 보장받지 못하는 경우, 위법한 근로 조건, 직장 내 성희롱, 폭언이나 폭력 행위, 근로 계약서를 작성하지 않은 경우 등

2 침해된 노동권의 구제 방법

근로권의 침해	• 임금 체불: ⓫ ⬜⬜⬜⬜에 진정, 법원에 소송 • 부당 해고: ⓬ ⬜⬜ ⬜⬜⬜에 구제 요청, 법원에 소송
노동 3권의 침해	노동 위원회에 구제 요청, 법원에 재판 청구

정답 ❶ 법원 ❷ 헌법 재판소 ❸ 국가 인권 위원회 ❹ 근로 ❺ 최저 임금 ❻ 노동 3권 ❼ 단결권 ❽ 단체 행동권 ❾ 부당 해고 ❿ 부당 노동 행위 ⓫ 고용 노동부 ⓬ 노동 위원회

실력 확인 문제

01 인권 보장을 위한 국가 기관 중 법원에 대한 설명으로 옳은 것은?

(중 난이도)

① 인권 침해의 소지가 있는 관련 기관에 시정을 권고한다.
② 불합리한 행정 제도를 개선하고 국민의 민원을 처리한다.
③ 재판을 통해 개인이나 단체에 의해 침해당한 인권을 구제한다.
④ 헌법 소원 심판을 통해 공권력에 의해 침해된 권리를 구제한다.
⑤ 법률이 헌법에 위반되었는지의 여부를 심판하여 침해된 인권을 구제한다.

02 빈칸 ㉠에 들어갈 국가 기관으로 옳은 것은?

(중 난이도)

> (㉠)은/는 인권과 관련된 전반적인 업무를 수행하는 국가 기관으로, 입법, 행정, 사법의 어디에도 소속되지 않은 독립된 기구이다. (㉠)은/는 인권을 침해할 우려가 있는 법이나 제도의 문제점을 찾아 개선을 권고하고, 인권 침해나 차별적 행위를 조사하여 구제하는 역할을 담당한다.

① 법원 　　　　② 고용 노동부
③ 헌법 재판소 　④ 국민 권익 위원회
⑤ 국가 인권 위원회

03 국민 권익 위원회에 대한 적절한 설명을 보기 에서 고른 것은?

(중 난이도)

> **보기**
> ㄱ. 인권 침해와 차별 행위에 대해 조사를 한 후 권리를 구제한다.
> ㄴ. 행정 기관의 잘못된 법 집행으로 피해를 입은 국민의 민원을 해결한다.
> ㄷ. 행정 심판이 제기되면 관련 상황을 조사하여 행정 기관의 잘못된 처분을 취소하거나 무효 처리한다.
> ㄹ. 재판의 전제가 된 법률이 헌법에 위반된다고 판단될 경우 헌법 재판소에 위헌 법률 심사를 신청한다.

① ㄱ, ㄴ 　　② ㄱ, ㄷ 　　③ ㄴ, ㄷ
④ ㄴ, ㄹ 　　⑤ ㄷ, ㄹ

04 빈칸 ㉠에 들어갈 용어로 옳은 것은?

> 근로의 능력과 의사를 가진 자가 근로할 수 있는 기회의 보장을 요구할 수 있는 권리를 (㉠)이라고 한다.

① 단결권   ② 근로권   ③ 노동 3권
④ 단체 교섭권   ⑤ 단체 행동권

05 다음은 인터넷 사이트에서 검색한 결과이다. 빈칸 ㉠에 들어갈 검색어로 옳은 것은?

> **Q & A**
>
> Q. (㉠)은/는 무엇인가요?
> A. 국가가 근로자의 생활 안정을 위해 임금의 최저 수준을 정하고 사용자에게 그 수준 이상의 임금을 지급하도록 법으로 강제하는 제도를 말해요.

① 헌법   ② 노동법
③ 근로 기준법   ④ 최저 임금 제도
⑤ 사회 보장 제도

06 노동 3권에 대한 옳은 설명만을 보기 에서 있는 대로 고른 것은?

> **보기**
> ㄱ. 근로자는 노동조합을 통해 사용자와 교섭할 권리를 가진다.
> ㄴ. 근로자는 자주적으로 노동조합을 설립할 수 있는 단결권을 가진다.
> ㄷ. 근로자가 사용자에 비해 약한 위치에 있기 때문에 보장되는 권리이다.
> ㄹ. 사용자와 협의가 원만하게 이루어질 경우 근로자는 단체 행동권을 행사할 수 있다.

① ㄱ, ㄴ   ② ㄱ, ㄹ   ③ ㄷ, ㄹ
④ ㄱ, ㄴ, ㄷ   ⑤ ㄴ, ㄷ, ㄹ

07 다음 자료에 나타난 근로자의 권리에 대한 설명으로 가장 적절한 것은?

근로 조건 개선하라!
- ○○ 자동차 노동조합

① 근로자가 근로 조건을 개선하기 위해 가장 우선적으로 행사할 수 있다.
② 근로자가 사용자와 대등한 위치에서 근로 조건에 대해 협의할 수 있다.
③ 근로자가 근로 조건의 유지와 개선을 위해 노동조합을 결성할 수 있다.
④ 근로자가 사용자와 원만한 협의가 이루어지지 않을 경우 쟁의 행위를 할 수 있다.
⑤ 근로자가 사용자와의 원만한 단체 교섭을 이루지 못할 경우 일정한 절차를 거치지 않고 단체 행동에 돌입할 수 있다.

08 노동권 침해 사례로 적절하지 않은 것은?

① 중소기업 사장인 A 씨는 근로자들에게 임금을 지불하지 않고 있다.
② 주식회사 회장인 B 씨는 회사 내에서 임원진에게 폭력과 폭언을 일삼았다.
③ 피자 가게 사장인 C 씨는 시간제 직원을 고용하면서 근로 계약서를 작성하지 않았다.
④ 음식점 사장인 D 씨는 직원들에게 최저 임금보다 적은 액수를 임금으로 지불하였다.
⑤ 건축 회사의 사장인 E 씨는 근로자들의 지속적인 파업과 태업 등에 직장 폐쇄 조치를 감행하였다.

09 노동권의 구제 방법으로 적절하지 않은 것은?

① 고용 노동부에 신고한다.
② 노동 위원회에 구제를 신청한다.
③ 법원에 소송을 제기하여 피해를 구제받는다.
④ 사용자는 근로자의 권리를 침해하지 않도록 노력한다.
⑤ 노동권 침해는 사전에 예방하기 곤란하므로 사후 구제에만 전념한다.

10 부당 해고에 해당하는 사례를 보기에서 고른 것은?(단, 사용자
(상)
난이도 는 갑으로, 근로자는 을로 부르기로 함)

보기
ㄱ. 갑은 을에게 사전에 해고 계획을 통보하지 않았다.
ㄴ. 갑은 을에게 해고의 사유와 시기를 서면으로 통지하
였다.
ㄷ. 갑은 합리적이고 공정한 기준으로 해고 대상자를 선
정하였다.
ㄹ. 을이 갑에게 출산 후 1년간 법으로 인정된 육아 휴직
을 신청하자 바로 해고 조치가 이루어졌다.

① ㄱ, ㄴ   ② ㄱ, ㄹ   ③ ㄴ, ㄷ
④ ㄴ, ㄹ   ⑤ ㄷ, ㄹ

11 부당 해고를 당한 근로자의 권리 구제 방법으로 옳은 것을
(상)
난이도 보기에서 고른 것은?

보기
ㄱ. 지방 노동 위원회에 찾아가 구제를 신청한다.
ㄴ. 해당 법원을 찾아가 부당 해고에 대한 무효 확인 소
송을 제기한다.
ㄷ. 헌법 재판소를 찾아가 부당 해고의 위법성 여부에
대한 심판을 청구한다.
ㄹ. 노동 위원회에 구제 신청 이후에만 민사 소송을 제
기할 수 있는 자격이 부여된다.

① ㄱ, ㄴ   ② ㄱ, ㄷ   ③ ㄴ, ㄷ
④ ㄴ, ㄹ   ⑤ ㄷ, ㄹ

12 임금을 지불받지 못한 근로자가 자신의 권리를 구제받을 수 있
(중)
난이도 는 방법만을 보기에서 있는 대로 고른 것은?

보기
ㄱ. 고용 노동부에 진정서를 제출한다.
ㄴ. 근로자는 우선 사업자에게 밀린 임금을 청구한다.
ㄷ. 법원에 사용자의 밀린 임금에 대한 민사 소송을 청
구한다.
ㄹ. 사용자에 대한 형사 처분과 임금 지불 요구 모두를
선택할 수는 없다.

① ㄱ, ㄴ   ② ㄱ, ㄹ   ③ ㄷ, ㄹ
④ ㄱ, ㄴ, ㄷ   ⑤ ㄴ, ㄷ, ㄹ

주관식·서술형

13 다음과 같이 헌법에 근로자의 노동 3권 보장 내용을 명시한 이
유를 서술하시오.

> 제33조 ① 근로자는 근로 조건의 향상을 위하여 자
> 주적인 단결권·단체 교섭권 및 단체 행동권
> 을 가진다.

_____

_____

14 (가)~(다)의 사례가 공통으로 해당하는 사회 문제 유형을 쓰
시오.

(가) 결혼을 이유로 회사에서 퇴사를 강요받았어요. (나) 아르바이트를 했는데 최저 임금도 받지 못 했어요. (다) 근무일을 한 달 채우지 않았다고 임금을 받지 못했어요.

_____

15 다음 자료를 보고 물음에 답하시오.

• 주식회사 대박에 다니는 기술자 A 씨는 노동조합에 가
입했다는 이유로 회사로부터 해고당하였다.
• 한 기업의 부장인 B 씨는 노동조합에 가입하지 않을 것
을 고용 조건으로 명시한 계약서를 작성하였다.

(1) 위 사례들에서 공통으로 찾을 수 있는 노동권 침해의
유형이 무엇인지 쓰시오.

_____

(2) (1)의 문제를 극복하고 근로자의 권리를 구제받을 수
있는 방법을 두 가지 서술하시오.

_____

_____

01 국회 ~ **02** 행정부와 대통령 (1)

1 국회

1 국회의 위상과 구성

(1) 위상

국민의 대표 기관	국민이 직접 선출한 의원들로 구성
❶ [　　] 기관	국가 정책의 바탕이 되는 법률을 제·개정
국가 권력의 견제 기관	다른 국가 기관을 선세·감시하여 국가 권력 남용 방지 및 국민의 자유와 권리 보장

(2) 구성 임기 4년, 중임 가능

❷ [　　] 의원	각 지역의 후보자 중 선거를 통해 선출
❸ [　　] 의원	각 정당의 득표율에 비례하여 선출

(3) 조직

❹ [　　]	국회의 최종 결정이 이루어지는 회의	
위원회	본회의에서 심의할 안건을 미리 조사·심의	
	❺ [　　]	전문 분야별로 의안을 나누어 심의
	특별 위원회	특별한 안건 처리 위해 임시로 설치
교섭 단체	국회 의원들의 다양한 의사를 사전에 조정하는 단체	

2 국회의 권한

입법에 관한 권한	• 법률의 제정 및 개정 • 헌법 개정안 제안 및 의결 • ❻ [　　] 체결 동의
국가 재정에 관한 권한	• 예산안 심의 및 확정 • 결산 심사 • 조세의 종목 및 세율 결정
일반 국정에 관한 권한	• ❼ [　　　] 및 국정 조사 • 주요 공무원의 임명 동의 • ❽ [　　] 소추 의결

2 행정부

1 행정부의 의미

행정	국회가 제정한 법률을 ❾ [　　]하고 공익 실현을 목적으로 각종 정책을 만들어 실행하는 활동
행정부	행정을 담당하는 국가 기관

2 행정부의 조직

대통령	행정부의 최고 책임자, 행정부를 지휘·감독할 권한
국무총리	대통령을 보좌하여 행정 각부를 총괄, 대통령이 임명
❿ [　　　]	정부 중요 정책을 논의하는 행정부의 최고 심의 기관이며 대통령, 국무총리, 국무 위원으로 구성
행정 각부	구체적인 행정 사무를 담당
⓫ [　　]	국가 세입·세출의 결산을 검사, 공무원의 직무 감찰 등

정답 ❶ 입법 ❷ 지역구 ❸ 비례 대표 ❹ 본회의 ❺ 상임 위원회 ❻ 조약 ❼ 국정 감사
❽ 탄핵 ❾ 집행 ❿ 국무 회의 ⓫ 감사원

실력 확인 문제

01 다음은 한 학생의 견학 보고서이다. 이 학생이 견학한 기관으로
(하) 난이도 옳은 것은?

> • 방문일: 2019년 3월 5일
> • 작성자: 이보람
> 　오늘은 국가 운영의 근거가 되는 법률이 만들어지는 현장에 다녀왔다. 법률안을 심사하고 표결하는 모습을 실제로 보니 정말 신기했다. ……

① 국회　　　　② 법원　　　　③ 청와대
④ 감사원　　　⑤ 헌법 재판소

02 밑줄 친 ㉠, ㉡에 대한 옳은 설명을 보기 에서 고른 것은?
(중) 난이도

> 우리나라 국회는 ㉠지역구 의원과 ㉡비례 대표 의원
> 으로 구성된다.

보기
ㄱ. ㉠, ㉡ 모두 임기는 4년이다.
ㄴ. ㉠만 국민의 선거로 선출된다.
ㄷ. ㉠은 각 지역에서 선거를 통해 선출된다.
ㄹ. ㉡은 후보자의 득표율에 비례하여 선출된다.

① ㄱ, ㄴ　　　② ㄱ, ㄷ　　　③ ㄴ, ㄷ
④ ㄴ, ㄹ　　　⑤ ㄷ, ㄹ

03 국회의 위상으로 옳은 설명을 보기 에서 고른 것은?
(중) 난이도

보기
ㄱ. 사법 기관
ㄴ. 법률 집행 기관
ㄷ. 국민의 대표 기관
ㄹ. 국가 권력 견제 기관

① ㄱ, ㄴ　　　② ㄱ, ㄷ　　　③ ㄴ, ㄷ
④ ㄴ, ㄹ　　　⑤ ㄷ, ㄹ

04 다음은 한 국회 의원의 일정표이다. 국회 의원의 역할로 옳지 않은 것은?

 (상) 난이도

일정
① 월: 법률안 표결
② 화: 내년도 예산안 심사
③ 수: 국정 감사 자료 요청
④ 목: 법무부 장관 임명 제청
⑤ 금: 대법원장 임명 동의안 표결

05 국회의 입법에 관한 권한과 관련있는 활동으로 옳은 것은?

(중) 난이도

① 본회의에서 대법관 임명 동의안을 표결하였다.
② 행정부가 제출한 지난해의 결산을 승인하였다.
③ 내년도 예산안을 본회의에서 최종 의결하였다.
④ 최근 불거진 로비 문제에 대한 국정 조사를 실시하였다.
⑤ 학교 주변 유해 식품 판매 금지를 위한 법안을 발의하였다.

06 다음에서 설명하는 국회의 권한으로 옳은 것은?

(하) 난이도

> 고위 공무원이 직무를 수행하는 과정에서 헌법이나 법률을 위반한 경우 국회에서 그들의 파면을 요구할 수 있다. 국회가 이를 의결하면 헌법 재판소에서 해당 공무원의 파면 여부를 결정한다.

① 국정 감사권
② 국정 조사권
③ 탄핵 소추권
④ 헌법 기관 임명 동의권
⑤ 조약 체결 및 비준 동의권

07 국회의 국가 재정에 관한 권한으로 옳은 것은?

(중) 난이도

① 법률을 제정하거나 개정한다.
② 내년도 예산안을 계획하여 실시한다.
③ 세금의 종류와 세율을 법률로 정한다.
④ 특정 사안에 대해 국정 조사를 실시한다.
⑤ 결산 심사를 통해 국회 예산을 점검한다.

08 다음 자료에 나타난 역할을 담당하는 국가 기관으로 옳은 것은?

(하) 난이도

▲ 학교 교육   ▲ 주민 센터의 민원 업무

① 국회   ② 법원   ③ 행정부
④ 헌법 재판소   ⑤ 국가 인권 위원회

09 다음 자료에 대한 설명으로 옳지 않은 것은?

(중) 난이도

국회에서 개정된 식품 위생법에 따라 식품의 영양 성분 표시를 의무화하겠습니다.

식품의 영양 성분 표시가 제대로 되어 있지 않군요.

① 사법부에서 담당하는 기능이다.
② 국가의 적극적인 권력 작용이다.
③ 법률에 따라 정책을 시행하고 있다.
④ 공익을 실현하기 위한 국가 작용이다.
⑤ 현대 국가에서는 자료와 같은 역할이 커지고 있다.

10 빈칸 ㉠에 들어갈 국가 기관으로 옳은 것은?

(중) 난이도

> (㉠), '철도 보호 지구 감독 소홀' 지적
>
> 철로 파손 등을 막기 위하여 철도로부터 30미터 이내에 설정된 철도 보호 지구의 관리 감독이 제대로 되지 않는 것으로 드러났다. (㉠)의 확인 결과 한국 철도 시설 공단이 철도 보호 지구 내 건물 증축 시 시공 업체나 지방 자치 단체로부터 사전에 신고를 받고 안전 감독을 해야 할 의무가 있지만, 제대로 하지 않은 것으로 드러났다. (㉠)은/는 한국 철도 시설 공단 이 사장 등에게 철도 보호 지구 건설 신고 의무 지침을 만들어 지방 자치 단체 등에 전달하도록 통보하였다.

① 감사원   ② 대법원   ③ 국무 회의
④ 상임 위원회   ⑤ 헌법 재판소

11 행정부에 대한 옳은 설명을 보기 에서 고른 것은?

(중) 난이도

보기

ㄱ. 법률을 적용하여 분쟁을 해결한다.
ㄴ. 효율적인 운영을 위해 위원회를 두고 있다.
ㄷ. 공익 실현을 위해 각종 정책을 세우고 추진한다.
ㄹ. 대통령, 국무총리, 국무 회의, 행정 각부, 감사원 등으로 구성된다.

① ㄱ, ㄴ   ② ㄱ, ㄷ   ③ ㄴ, ㄷ
④ ㄴ, ㄹ   ⑤ ㄷ, ㄹ

12 행정부의 조직에 대한 설명으로 옳지 않은 것은?

(상) 난이도

① 감사원 - 행정 전반을 감독한다.
② 국무 회의 - 행정부의 최고 심의 기관이다.
③ 행정 각부 - 구체적인 행정 사무를 담당한다.
④ 국회 의장 - 대통령을 보좌하여 행정 각부를 총괄한다.
⑤ 국무총리 - 대통령 자리가 공석일 경우 대통령 권한을 대행한다.

13 밑줄 친 ㉠에 대한 설명으로 옳은 것은?

(중) 난이도

㉠국무 회의에서는 경상북도 경주에서 발생한 지진에 대한 대책 마련을 위한 논의가 이어졌다. 특히 지진으로 인한 주요 시설의 재해 방지 대책을 점검하고, 더 큰 규모의 지진에 대비하기 위한 방안이 집중적으로 다루어졌다.

① 공무원의 직무를 감찰한다.
② 행정부의 최고 심의 기관이다.
③ 본회의에 앞서 법률안을 논의한다.
④ 국무총리가 최종 결정 권한을 갖는다.
⑤ 특정한 사안에 대해 조사하여 국정을 감시한다.

14 행정부의 업무로 옳은 것을 보기 에서 고른 것은?

(상) 난이도

보기

ㄱ. 예산안을 심의·확정한다.
ㄴ. 조세의 종목과 세율을 결정한다.
ㄷ. 일자리 창출을 위한 정책을 세운다.
ㄹ. 국가의 세입·세출의 결산을 검사한다.

① ㄱ, ㄴ   ② ㄱ, ㄷ   ③ ㄴ, ㄷ
④ ㄴ, ㄹ   ⑤ ㄷ, ㄹ

주관식·서술형

15 빈칸 ㉠에 들어갈 국회의 조직을 쓰시오.

「청소년 복지 지원법」 개정 법률안이 국회 (㉠)에 상정되어 통과되었다. 개정안의 주요 내용은 소년법상 1호 처분을 받은 보호 청소년들을 위탁·보호하는 대안 가정인 청소년 회복 센터에 관한 국비 지원이다.

_____

16 빈칸 ㉠에 들어갈 용어를 쓰고, 이러한 역할을 통해 알 수 있는 국회의 기능을 서술하시오.

국회는 매년 정기 국회 기간에 국정 전반에 대해 (㉠)을/를 실시한다. 소관 상임 위원회별로 매년 정기 국회 다음날부터 20일간 시행하고, 본회의 의결에 의해 그 시기를 연장할 수 있다.

_____
_____

17 밑줄 친 (가)에 들어갈 국가 재정에 관한 국회의 권한을 두 가지 쓰시오.

국회는 국가 재정에 관한 권한도 가지고 있다. 국가 운영에 쓰이는 국민의 소중한 세금이 낭비되지 않도록 (가)   .

_____
_____

18 빈칸 ㉠에 들어갈 용어를 쓰시오.

국민의 복리 증진을 위해 국회가 제정한 법률을 집행하고, 각종 정책을 만들어 실행하는 것을 (㉠)(이)라고 한다.

_____

02 행정부와 대통령 (2) ~ 03 법원과 헌법 재판소

① 대통령

1 대통령의 지위 임기 5년, 중임 금지

(1) **국가 원수** 국가의 최고 지도자로서 대외적으로 국가를 대표

(2) **행정부 수반** 행정부를 지휘·감독하는 최고 책임자, 행정 작용에 대한 최종적인 권한과 책임을 짐

2 대통령의 권한

국가 ❶ ☐☐로서의 권한	조약 체결·비준권, 전쟁 선포권, 긴급 명령권, 계엄 선포권, 헌법 개정안 제안권, 국민 투표 부의권, 헌법 기관 구성권(국회 동의를 얻어 대법원장, 대법관, 헌법 재판소장, 감사원장 등 임명) 등
❷ ☐☐☐ 수반으로서의 권한	행정부 지휘·감독권, 행정부 구성권(국무총리, 국무 위원, 행정 각부의 장 등을 임명하거나 해임), 국가 정책 결정권, 국군 지휘·통솔권, 대통령령 제정권, 법률안 거부권 등

② 법원과 헌법 재판소

1 사법과 법원

(1) **사법과 사법부의 독립**

사법	법을 적용하고 판단하는 작용 → ❸ ☐☐이 담당
❹ ☐☐☐의 ☐☐	재판이 독립적으로 이루어지는 것. 법원의 독립 + 법관의 독립 → 공정한 재판을 통한 국민의 자유와 권리 보장

(2) **법원의 조직**

❺ ☐☐☐	최고 법원임, 주로 고등 법원을 거친 3심 사건의 최종적인 재판 담당
고등 법원	주로 지방 법원 1심 사건에 대한 2심 사건 재판
❻ ☐☐ ☐☐	주로 민사 또는 형사 재판의 1심 사건 재판
특수 법원	특허 법원, 가정 법원, 행정 법원 등

(3) **법원의 기능**

❼ ☐☐을 통한 법적 분쟁 해결	법원의 가장 기본적이고 중요한 기능
위헌 법률 심판 제청	법률이 헌법에 위반되는지 여부가 재판의 전제가 된 경우 ❽ ☐☐☐☐☐에 제청
명령·규칙·처분 심사	명령·규칙·처분이 헌법과 법률에 위반되는지 여부가 재판의 전제가 된 경우 대법원이 최종적으로 심사

2 헌법 재판소

(1) **위상** 헌법 수호 기관, 기본권 보장 기관

(2) **역할**

위헌 법률 심판	법률의 위헌 여부가 재판의 전제인 경우
❾ ☐☐ ☐☐ 심판	국가 권력에 의해 기본권을 침해당한 경우
❿ ☐☐ 심판	고위 공무원에 대해 탄핵 소추가 의결된 경우
권한 쟁의 심판	국가 기관, 지방 자치 단체 간 다툼이 생긴 경우
정당 해산 심판	정당의 목적이나 활동이 헌법 질서에 위배된 경우

정답 ❶ 원수 ❷ 행정부 ❸ 법원 ❹ 사법부, 독립 ❺ 대법원 ❻ 지방 법원 ❼ 재판
❽ 헌법 재판소 ❾ 헌법 소원 ❿ 탄핵

실력 확인 문제

01 밑줄 친 ㉠~㉤ 중 옳지 않은 것은?

(상)
난이도

〈대통령〉

1. 지위
• ㉠임기 5년
• ㉡장기 집권에 따른 국민의 권리 침해를 막기 위해 임기를 제한
• ㉢국민의 직접 선거를 통해 선출
2. 권한
• ㉣국가 원수로서 대외적으로 국가를 대표
• ㉤행정부 수반으로서 헌법 기관을 구성

① ㉠ ② ㉡ ③ ㉢
④ ㉣ ⑤ ㉤

02 헌법에 다음과 같은 조항을 두는 이유로 가장 적절한 것은?

(중)
난이도

제70조 대통령의 임기는 5년으로 하며, 중임할 수 없다.

① 국정 운영의 비용 절감을 위해서
② 대통령의 효율적인 국정 운영을 위해서
③ 행정 국가화 현상의 심화를 막기 위해서
④ 입법·행정·사법의 권력 분립을 실현하기 위해서
⑤ 독재를 막고 국민의 자유와 권리를 보장하기 위해서

03 빈칸 ㉠에 들어갈 권한으로 옳지 않은 것은?

(중)
난이도

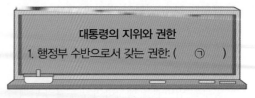

대통령의 지위와 권한
1. 행정부 수반으로서 갖는 권한: (㉠)

① 행정부 구성
② 법률안 거부
③ 대통령령 제정
④ 국무 회의 진행
⑤ 헌법 개정안 제안

04 밑줄 친 ㉠에 따른 권한으로 옳지 <u>않은</u> 것은?

중 난이도

> 대통령은 대한민국을 대표하는 ㉠<u>국가 원수</u>이면서 행정부의 수반이다.

① 전쟁 선포권
② 계엄 선포권
③ 헌법 기관 구성권
④ 조약 체결·비준권
⑥ 국군 지휘·통솔권

05 밑줄 친 (가)에 들어갈 내용으로 옳지 <u>않은</u> 것은?

상 난이도

> 오늘 ○○○ 대통령이 (가) 하였습니다.

① 국무 회의를 주재
② 헌법 개정안을 제안
③ G20 정상 회담에 참석하여 발언
④ 국회 동의를 얻어 국회 의장을 임명
⑤ 국회를 통과한 법률안에 거부권을 행사

06 다음 내용에 나타난 대통령의 권한으로 가장 적절한 것은?

하 난이도

> ○○○ 대통령은 오늘 새 국토 교통부 장관을 임명한 후 서민 주거 안정을 당부하였다.

① 조약을 체결할 수 있다.
② 행정부를 구성할 수 있다.
③ 헌법 기관을 구성할 수 있다.
④ 국무 회의를 주재할 수 있다.
⑤ 대외적으로 국가를 대표한다.

07 대통령의 권한에 대한 설명으로 옳은 것은?

상 난이도

① 필요한 경우 법률의 범위 안에서 대통령령을 제정할 수 있다.
② 정책 실행을 위하여 세금의 종류와 세율을 법으로 정할 수 있다.
③ 공무원 임면권을 행사하여 공무원의 탄핵 소추를 의결할 수 있다.
④ 국가 원수로서 헌법 개정안을 제안하고 의결할 수 있는 권한을 갖는다.
⑤ 정당의 목적이나 활동이 헌법 질서에 어긋나는 경우 해산 여부를 결정할 수 있다.

08 다음 헌법 조항의 빈칸 ㉠에 들어갈 기관으로 옳은 것은?

하 난이도

> 제101조 ① 사법권은 법관으로 구성된 (㉠)에 속한다.

① 법원
 국회
⑥ 정부
④ 감사원
⑤ 헌법 재판소

09 사법의 기능으로 옳은 것을 보기 에서 고른 것은?

중 난이도

> **보기**
> ㄱ. 법률을 제정한다.
> ㄴ. 분쟁을 해결한다.
> ㄷ. 사회 질서를 유지한다.
> ㄹ. 정책을 적극적으로 실현한다.

① ㄱ, ㄴ
② ㄱ, ㄷ
③ ㄴ, ㄷ
④ ㄴ, ㄹ
⑤ ㄷ, ㄹ

10 사법 작용의 사례로 옳은 것은?

중 난이도

① 대법관과 대법원장 임명 동의안이 통과되었다.
② 국정 농단 사건에 대한 국정 조사를 실시하였다.
③ 저출산 문제를 해결하기 위한 대책을 발표하였다.
④ 가족 간 재산에 관한 분쟁을 재판을 통해 해결하였다.
⑤ 청년 일자리 문제를 해결하기 위한 정책을 수립하였다.

11 다음 헌법 조항 중 사법권의 독립과 관련된 내용으로 적절하지 <u>않은</u> 것은?

상 난이도

① 사법권은 법관으로 구성된 법원에 속한다.
② 법관은 헌법과 법률에 의하여 그 양심에 따라 독립하여 심판한다.
③ 대법원장과 대법관이 아닌 법관의 임기는 10년으로 하며, 법률이 정하는 바에 의하여 연임할 수 있다.
④ 법관은 탄핵 또는 금고 이상의 형의 선고에 의하지 아니하고는 파면되지 아니하며, 징계 처분에 의하지 아니하고는 정직·감봉 기타 불리한 처분을 받지 아니한다.
⑤ 재판의 심리와 판결은 공개한다. 다만 심리는 국가의 안전 보장 또는 안녕질서를 방해하거나 선량한 풍속을 해할 염려가 있을 때에는 법원의 결정으로 공개하지 아니할 수 있다.

12 사법권의 독립을 위해 필요한 제도적 장치로 옳지 <u>않은</u> 것은?

① 법원의 조직이나 운영에 있어 외부의 간섭과 영향을 배제한다.

② 법관의 신분을 보장하여 판결에 따라 부당한 처분을 받지 않게 한다.

③ 법관이 헌법과 법률에 의해 그 양심에 따라 독립하여 심판할 수 있도록 한다.

④ 법관의 임기를 헌법으로 보장하여 임명권자로부터 독립적으로 판결할 수 있게 한다.

⑤ 위헌 법률 심판 제청권을 통해 국회를 견제하고, 명령·규칙·처분 심사권을 통해 행정부를 견제할 수 있게 한다.

13 빈칸 ㉠에 들어갈 법원과 동급인 법원으로 옳은 것은?

(㉠): 주로 지방 법원 합의부 등을 거친 1심 사건에 대한 2심 사건을 재판함

① 대법원   ② 지방 법원   ③ 특허 법원

④ 행정 법원   ⑤ 가정 법원

14 법원의 기능에 대한 옳은 설명을 보기 에서 고른 것은?

보기

ㄱ. 공권력으로 인해 국민의 기본권이 침해된 경우 헌법 재판소에 구제를 신청한다.

ㄴ. 법률이 헌법에 위반되는지 여부가 재판의 전제가 된 경우 헌법 재판소에 심판을 제청할 수 있다.

ㄷ. 명령·규칙·처분이 헌법과 법률에 위반되는지 여부가 재판의 전제가 된 경우 대법원이 최종 심사한다.

ㄹ. 국가 기관과 지방 자치 단체 상호 간 권한과 의무의 범위에 관한 다툼이 있을 경우 이를 심판한다.

① ㄱ, ㄴ   ② ㄱ, ㄷ   ③ ㄴ, ㄷ

④ ㄴ, ㄹ   ⑤ ㄷ, ㄹ

15 (가), (나)가 해당하는 법원의 종류를 바르게 연결한 것은?

(가) 주로 고등 법원을 거친 3심 사건의 최종적인 재판을 담당

(나) 가사 사건, 소년 보호 사건 등을 담당하는 특수 법원

	(가)	(나)
①	대법원	고등 법원
②	대법원	가정 법원
③	고등 법원	가정 법원
④	헌법 재판소	고등 법원
⑤	헌법 재판소	가정 법원

16 다음 자료에 나타난 헌법 재판의 종류로 옳은 것은?

○○시가 정당한 공권력을 행사하지 않아 제 기본권이 침해되었어요.

○○시의 공권력 불행사는 위헌입니다.

① 탄핵 심판   ② 헌법 소원 심판

③ 위헌 법률 심판   ④ 권한 쟁의 심판

⑤ 정당 해산 심판

17 헌법 재판소에 대한 옳은 설명을 보기 에서 고른 것은?

보기

ㄱ. 헌법 재판을 통해 헌법 질서를 보호한다.

ㄴ. 헌법 정신에 위반되는 범죄를 판단하여 처벌한다.

ㄷ. 국가 권력에 의해 침해된 국민의 기본권을 구제한다.

ㄹ. 헌법 재판의 결과에 따라 헌법 개정안을 제안할 수 있다.

① ㄱ, ㄴ   ② ㄱ, ㄷ   ③ ㄴ, ㄷ

④ ㄴ, ㄹ   ⑤ ㄷ, ㄹ

18 헌법 재판소의 재판관을 다음과 같이 구성하는 이유로 가장 적절한 것은?
 중 난이도

> 헌법 재판소는 법관의 자격을 가진 9명의 재판관으로 구성되며 대통령과 대법원장이 각각 3인씩 지명하고, 국회에서 3인을 선출하여 대통령이 임명한다.

① 헌법 재판관이 전문성을 높이기 위해서
② 헌법 재판을 효율적으로 진행하기 위해서
③ 헌법 재판관을 다양하게 선발하기 위해서
④ 헌법 재판소의 정치적 중립을 보장하기 위해서
⑤ 헌법 재판관의 임기와 신분을 보장하기 위해서

19 다음에 나타난 헌법 재판의 종류로 옳은 것은?
중 난이도

> 헌법 재판소는 벌금 납입을 거부하여 구치소에 수용되었다가 형기 만료로 석방된 A 씨가 "지나치게 협소한 구치소 방에 수용한 행위가 인간의 존엄과 가치를 침해한다."라며 제기한 사건에서 위헌을 확인하였다. 재판부는 "성인 남성인 A 씨가 사용한 실제 면적은 사람이 팔다리를 마음껏 뻗기 어렵고, 모로 누워 자야 할 정도로 매우 협소하다. 인간으로서 최소한의 품위를 유지할 수 없을 정도로 과밀한 공간에서 이루어진 수용 행위는 청구인의 인간으로서의 존엄과 가치를 침해한다."라고 밝혔다.

① 탄핵 심판   ② 권한 쟁의 심판
③ 위헌 법률 심판   ④ 헌법 소원 심판
⑤ 정당 해산 심판

20 위헌 법률 심판에 대한 옳은 설명을 보기 에서 고른 것은?
상 난이도

> **보기**
> ㄱ. 법원이 심판을 제청한다.
> ㄴ. 헌법 재판소가 심판을 담당한다.
> ㄷ. 공권력으로 인한 기본권 침해를 판단한다.
> ㄹ. 헌법에 위배되는 법률을 발견하면 무조건 심판한다.

① ㄱ, ㄴ   ② ㄱ, ㄷ   ③ ㄴ, ㄷ
④ ㄴ, ㄹ   ⑤ ㄷ, ㄹ

주관식·서술형

21 다음 자료를 보고 물음에 답하시오.

> (가) ○○○ 대통령은 15일 오전 청와대에서 열린 국무 회의를 주재하였다.
> (나) ○○○ 대통령은 25일 △△△ 신임 대법원장을 임명하였다.

(1) (가), (나)는 대통령의 어떠한 지위에 따른 권한인지 각각 쓰시오.

(가) _____   (나) _____

(2) (가), (나)의 지위에 따라 부여되는 대통령의 권한을 각각 한 가지씩 쓰시오.

_____

_____

22 빈칸 ㉠에 들어갈 용어를 쓰시오.

> 대통령은 국가 원수로서 전쟁이나 국가 비상사태에서 필요한 경우 (㉠)을/를 선포하여 군대를 동원할 수 있다.

_____

23 다음 설명에 해당하는 국가 기관을 쓰시오.

> • 헌법을 수호하고 기본권을 보장하는 기관
> • 헌법의 위반과 관련한 사건을 심판하는 기관

_____

24 다음 사례에 나타난 헌법 재판의 종류를 쓰시오.

> ○○시를 지나는 고속 철도 역의 이름을 정부가 결정한 것에 대하여 ○○시는 역의 이름을 정하는 것은 해당 지역의 권한이라며 반발했다. ○○시는 역의 이름을 정하는 것이 정부 기관의 권한인지 지방 자치 단체의 권한인지에 대한 다툼을 해결하기 위해 헌법 재판소에 심판을 청구하였다.

_____

01 경제 활동과 경제 체제 ~ 02 기업의 역할과 기업가 정신

① 경제 활동

1 경제 활동의 의미와 주체

(1) 경제 활동 재화나 서비스를 생산, 분배, 소비하는 활동

생산	재화나 서비스를 만들거나 그 가치를 높이는 활동
❶	생산에 참여한 대가로 임금이나 이자, 지대 등을 받는 것
소비	재화나 서비스를 구입하여 사용하는 활동

(2) 경제 주체

❷	기업에 노동, 자본, 토지 등을 제공하여 얻은 소득으로 소비
기업	가계로부터 제공받은 생산 요소로 상품을 생산
정부	❸ 으로 국방, 치안 등을 담당, 시장의 경제 질서를 유지

2 합리적 선택과 기회비용

자원의 ❹	인간의 욕구에 비해 이를 충족해 줄 자원이 상대적으로 부족함
합리적 선택	최소의 비용으로 최대의 ❺ 을 얻는 것
❻	어떤 것을 선택함으로써 포기하게 되는 대안의 가치 중 가장 큰 것

② 경제 체제

1 시장 경제 체제와 계획 경제 체제

구분	❼ 경제 체제	❽ 경제 체제
자원의 배분	시장에서 형성된 가격	정부의 계획과 명령
의사 결정 주체	가계, 기업 등과 같은 경제 주체	정부가 모든 의사를 결정
경제 활동 동기	• 개인의 사유 재산 인정 • 자신의 이익을 위해 일함	• 정부가 생산 수단을 소유·관리 • 사회의 공동 목표를 추구

2 혼합 경제 체제
오늘날 대부분의 국가들은 시장 경제 체제와 계획 경제 체제를 각국이 처한 상황에 맞게 혼합하여 운영

③ 기업의 역할과 기업가 정신

1 기업의 역할과 사회적 책임

역할	❾ 을 얻기 위해 소비자에게 필요한 상품을 생산하며, 생산에 참여한 사람들에게 임금, 이자, 지대 등을 지급
❿ 책임	기업이 이윤을 추구하는 활동 이외에 소비자와 노동자, 지역 사회 등이 요구하는 사회적 의무를 충족하는 방향으로 활동해야 한다는 윤리적 책임 의식

2 기업가 정신

의미	⓫ 과 창의성을 바탕으로 생산 활동을 통해 기업을 성장시키려는 도전 정신
요소	신상품 개발, 새로운 시장 개척, 새로운 생산 방식 도입, 외부 환경 변화에 유연하고 신속한 대처, 사회적 책임 의식 등

정답 ❶ 분배 ❷ 가계 ❸ 세금 ❹ 희소성 ❺ 편익 ❻ 기회비용 ❼ 시장 ❽ 계획 ❾ 이윤 ❿ 사회적 ⓫ 혁신

실력 확인 문제

01 재화와 서비스를 구분하는 기준으로 가장 적절한 것은?
(하 난이도)

① 기회비용 존재 유무
② 구체적인 형태의 유무
③ 인간의 욕구 충족 여부
④ 경제적 역할의 수행 유무
⑤ 가치를 높이는 활동인지 여부

02 다음 그림에 공통적으로 나타난 내용으로 옳은 것은?
(중 난이도)

 난 노동을 제공해요.
 난 토지를 제공하지요.
 난 자본을 제공해요.

① 생산 요소의 제공
② 재화와 서비스 구입
③ 시장의 경제 질서 유지
④ 소비에 대한 대가 지불
⑤ 욕구를 충족하는 인간의 활동

03 (가), (나)에 들어갈 내용을 바르게 연결한 것은?
(중 난이도)

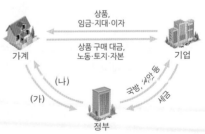

	(가)	(나)
①	세금	노동
②	재화	자본
③	서비스	토지
④	세금	국방
⑤	재화	치안

04 다음 사례에 대한 공통적인 설명으로 가장 적절한 것은?
(중 난이도)

- 가수의 공연
- 버스 기사의 운전
- 학교 선생님의 강의

① 생활에 도움을 주는 가치 있는 활동이다.
② 시장이 경제 질서를 유지하게 하는 활동이다.
③ 욕구 충족을 위해 상품을 구매하는 활동이다.
④ 구체적인 형태가 있는 물건을 만드는 활동이다.
⑤ 생산 비용을 제공하고 그에 대한 대가를 받는 활동이다.

05 다음 글에서 파악할 수 있는 옳은 내용을 보기 에서 고른 것은?
(상 난이도)

과거에 우리나라는 깨끗한 물과 공기가 자랑인 나라 중 하나였다. 하지만 환경 오염이 심해지면서 이제는 깨끗한 물을 사서 마셔야 하는 시대가 되었다. 또한 황사, 미세 먼지 등이 심해지면서 깨끗한 공기도 돈을 주고 사야 하는 시대가 점차 가까워 오고 있다.

보기

ㄱ. 깨끗한 물의 희소성은 점차 낮아지고 있다.
ㄴ. 깨끗한 공기의 희소성은 점차 높아지고 있다.
ㄷ. 자원의 희소성은 장소에 따라 다르게 나타난다.
ㄹ. 과거에 우리나라에서 깨끗한 물과 공기는 희소하지 않았다.

① ㄱ, ㄴ   ② ㄱ, ㄷ   ③ ㄴ, ㄷ
④ ㄴ, ㄹ   ⑤ ㄷ, ㄹ

06 다음 중 합리적 선택이 중요한 이유로 가장 적절한 것은?
(중 난이도)

① 선택에 따라 발생하는 기회비용이 없을 수 있기 때문이다.
② 선택으로 인해 발생하는 비용보다 편익이 항상 크기 때문이다.
③ 자원의 양에 비하여 인간의 욕구는 상대적으로 부족하기 때문이다.
④ 각 경제 주체들이 경제적 역할을 성실하게 수행하고 있기 때문이다.
⑤ 욕구를 채우는 데 필요한 물질, 돈, 시간 등의 자원이 부족하기 때문이다.

07 다음 상황에서 지호의 선택으로 인한 기회비용에 포함되는 항목으로 옳은 것은?
(중 난이도)

지호가 학교에서 집에 돌아와 보니 엄마가 저녁을 사 먹으라고 용돈을 두고 외출하셨다. 저녁으로 치킨과 피자 중 고민하던 지호는 치킨을 먹기로 하였다. 그러다 집사기 식사에 가자는 친구의 연락을 받아 저녁을 컵라면으로 해결하고 컴퓨터 게임을 즐기기로 하였다.

① 치킨의 만족감
② 피자의 만족감
③ 컵라면의 만족감
④ 치킨을 사 먹을 비용
⑤ 컴퓨터 게임의 만족감

08 다음에서 설명하고 있는 용어로 옳은 것은?
(하 난이도)

어떤 것을 선택함으로써 얻을 수 있는 이익이나 만족을 의미한다.

① 선택   ② 비용   ③ 편익
④ 희소성   ⑤ 기회비용

09 다음 중 시장 경제 체제에 대한 설명으로 가장 적절한 것은?
(중 난이도)

① 부와 소득의 불평등 완화를 목표로 한다.
② 정부가 경제 문제의 모든 의사를 결정한다.
③ 근로 의욕이 낮아 경제적 효율성이 떨어진다.
④ 가계와 기업의 자유로운 경제 활동을 보장한다.
⑤ 자신의 이익보다 사회의 공동 목표를 더욱 중시한다.

10 계획 경제 체제의 특징으로 옳은 것을 보기 에서 고른 것은?
(상 난이도)

보기

ㄱ. 정부가 생산 수단을 소유하고 관리한다.
ㄴ. 사회의 공동 목표가 존재하지 않는 체제이다.
ㄷ. 오늘날 순수한 계획 경제 체제를 유지하는 국가는 찾아보기 어렵다.
ㄹ. 정부가 생산량만 결정할 뿐 소비량은 자유롭게 시장에서 결정되도록 한다.

① ㄱ, ㄴ   ② ㄱ, ㄷ   ③ ㄴ, ㄷ
④ ㄴ, ㄹ   ⑤ ㄷ, ㄹ

11 빈칸 ㉠, ㉡에 들어갈 말을 바르게 연결한 것은?

(중)
난이도

> 미국, 프랑스 등의 국가에서는 환경 오염이나 빈부 격차와 같은 사회 문제를 해결하고, 경제 안정과 복지 제도 마련 등을 위해 (㉠)이/가 시장에 개입한다. 반면에 중국, 쿠바 등과 같은 국가에서는 경제를 성장시키기 위해 (㉡) 경제 체제의 요소를 도입한다.

	㉠	㉡
①	정부	시장
②	정부	계획
③	정부	혼합
④	기업	시장
⑤	기업	계획

12 다음 사례에 대한 설명으로 가장 적절한 것은?

(중)
난이도

> 대표적인 문구 제조업체인 M사는 2013년에 '독도 시리즈' 제품을 출시하였다. 이 상품은 지우개, 연필, 공책의 표지에 독도 사진을 넣은 것으로, 그 판매 수익금의 50%가 독도 사랑 운동 본부에 기부되고 있다.

① 기업의 사회적 책임이 실현되었다.
② 기업의 이윤 극대화만 추구되었다.
③ 일자리 창출에 기여하지 못하였다.
④ 정부의 계획에 따라 상품을 생산하였다.
⑤ 다른 기업과의 경쟁에서 불공정한 방법을 사용하였다.

13 빈칸 ㉠에 들어갈 말로 가장 적절한 것은?

(하)
난이도

> • 오래된 것을 거부하고 새로운 것을 끊임없이 만들어 내는 창조적 파괴가 (㉠)의 핵심이다.
> • 변화를 탐구하고 변화에 대응하며, 변화를 기회로 이용하는 것이 (㉠)이다.

① 기업의 역할
② 기업의 책임
③ 기업가 정신
④ 기업의 경제성
⑤ 기업의 사회성

주관식·서술형

14 다음 설명에 공통으로 해당하는 말을 쓰시오.

> • 재화나 서비스를 구입하여 사용하는 활동
> • 가계가 기업에 생산 요소를 제공하고 얻은 소득으로 하는 활동

15 다음 사례를 공통으로 설명할 수 있는 용어를 쓰고, 그 의미를 서술하시오.

> • 다이아몬드의 양은 정해져 있는데 이를 원하는 사람은 더 많다.
> • 치킨을 주문하면 닭다리의 개수는 2개인데 이를 먹고 싶어 하는 사람은 더 많다.

16 다음 글에 나타난 경제 체제를 쓰고, 그 경제 체제에서 자원의 배분이 어떻게 이루어지는지 서술하시오.

> 각 경제 주체가 자기 책임하에 자유롭게 이익을 추구하는 시장 경제 활동을 통해 기본적인 경제 문제가 해결되도록 하는 경제 체제이다.

17 다음 사례가 공통적으로 나타내는 것을 쓰고, 그 의미를 서술하시오.

> • □□ 기업은 다문화 가정과 소외 계층을 지원한다.
> • ○○ 기업은 장애인, 노인 등의 공동생활 시설을 리모델링해 주고 있다.

03 지속 가능한 경제생활

1 자산 관리

1 생애 주기에 따른 경제생활

생애 주기	• 크게 유소년기, 청년기, 중·장년기, ❶☐☐☐로 구분 • 각 단계에 따라 진학, 취업, 결혼, 출산, 육아, 은퇴 등을 경험하게 됨
수입과 지출	• ❷☐☐을 일을 수 있는 시기가 정해져 있어, 소비 행위는 평생 동안 지속됨

2 자산 관리의 의미와 필요성

의미	자신의 소득이나 재산을 활용하여 어떤 ❸☐☐을 얼마나 구입하고 언제 처분할지를 선택하는 것
필요성	• 일생 동안 소득과 소비가 일정하지 않음 • 뜻밖의 사고, 질병, 자연재해에 따른 지출에 대비해야 함 • 평균 수명의 연장으로 노년기 생활에 대비해야 할 필요성이 더욱 커짐

3 다양한 금융 자산

예·적금	은행 등의 금융 기관에 돈을 맡기고 정해진 이자를 받는 것
❹☐☐	기업이 자금 마련을 위해 투자자에게 돈을 받고 발행하는 것으로, 발행한 증권을 사서 배당금을 받거나 사고파는 과정에서 이익을 얻음
❺☐☐	정부, 기업 등이 자금을 빌리면서 원금과 이자를 언제까지 갚겠다는 것을 표시하여 발행하는 증서
펀드	금융 기관이 투자자에게서 모은 자금을 주식, 채권 등에 투자한 후 그 수익을 투자자에게 나누어 주는 금융 자산
❻☐☐	미래에 발생할 수 있는 사고나 질병 등의 위험에 대비하고자 미리 돈을 내고 사고를 당하면 일정 금액을 받는 상품
연금	소득의 일부를 저축하여 노후에 매달 일정액을 받는 금융 자산으로, 노후 보장의 효과가 큼

4 자산 관리 시 고려 사항

❼☐☐	자산의 가치가 얼마나 안전한가를 의미
수익성	얼마나 많은 이익이 발생하는가를 의미
❽☐☐	얼마나 쉽게 현금으로 바꿀 수 있는가를 의미

2 신용 관리

신용의 의미	• 미래에 갚을 것을 약속하고 상품이나 돈을 얻을 수 있는 능력 • ❾☐☐ 없이도 편리하게 거래가 가능하고 현재의 소득보다 더 많은 소비를 할 수 있음 • 충동구매, ❿☐☐의 우려 있음
신용 관리 방법	• 자신의 지불 능력을 고려한 소비 • 상품 대금 지불 및 돈을 갚기로 한 약속을 반드시 지키도록 노력해야 함

질답 ❶노년기 ❷소득 ❸자산 ❹주식 ❺채권 ❻보험 ❼안전성 ❽유동성 ❾현금 ❿과소비

실력 확인 문제

01 생애 주기에 대한 설명으로 가장 적절한 것은?
(하 난이도)
① 소득은 평생 동안 지속된다.
② 소비 생활은 기간이 한정되어 있다.
③ 소득은 청년기부터 점차 감소한다.
④ 소비는 중·장년기부터 점차 증가한다.
⑤ 소득과 소비는 모두 중·장년기에 가장 크다.

02 다음에서 공통으로 설명하고 있는 생애 주기 단계는?
(중 난이도)

> • 연금으로 생활을 한다.
> • 은퇴 이후의 삶을 산다.
> • 건강 관리 및 안정적 자산 운영이 필요하다.

① 아동기 　② 청년기 　③ 중년기
④ 장년기 　⑤ 노년기

03 다음 그림의 (가)에 들어갈 내용으로 가장 적절한 것은?
(중 난이도)

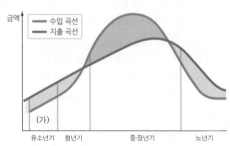

▲ 생애 주기에 따른 수입과 지출

① 용돈 관리 　　② 양육비 마련
③ 경제적 독립 　④ 결혼 준비 자금 마련
⑤ 주택 구입 자금 마련

04 중·장년기에 대한 옳은 설명을 보기에서 고른 것은?
(중 난이도)

> **보기**
> ㄱ. 소득이 시작되는 시기다.
> ㄴ. 목돈을 지출할 일이 많다.
> ㄷ. 경제적으로 부모에 의존한다.
> ㄹ. 은퇴 후를 위한 준비를 해야 하는 시기에 해당한다.

① ㄱ, ㄴ 　　② ㄱ, ㄷ 　　③ ㄴ, ㄷ
④ ㄴ, ㄹ 　　⑤ ㄷ, ㄹ

05 다음 사료를 통해 추론할 수 있는 내용으로 가장 적절한 것은?

(상) 난이도

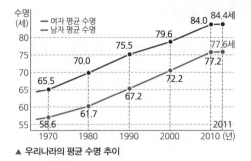

▲ 우리나라의 평균 수명 추이

① 아동기 생활이 더욱 중요해지고 있다.
② 일생의 소득과 소비가 더욱 일정해지고 있다.
③ 노년기 생활에 대비할 필요성이 더욱 커지고 있다.
④ 경제적으로 지속 가능한 생활이 더욱 쉬워지고 있다.
⑤ 뜻밖의 사고나 자연재해 등의 가능성이 더욱 낮아지고 있다.

06 다음에서 설명하는 금융 자산의 특징으로 옳은 것을 보기에서 고른 것은?

(상) 난이도

기업이 사업 자금을 마련하기 위하여 투자자에게서 돈을 받고 그 증표로 발행한 것이다.

보기
ㄱ. 배당금을 받을 수 있다.
ㄴ. 만기 전에 다른 사람에게 팔 수 있다.
ㄷ. 사고파는 과정에서 큰 이익을 얻을 수 있다.
ㄹ. 계약 기간 동안 일정 금액을 납입하고 이자를 얻는다.

① ㄱ, ㄴ　　② ㄱ, ㄷ　　③ ㄴ, ㄷ
④ ㄴ, ㄹ　　⑤ ㄷ, ㄹ

07 다음에서 설명하는 금융 자산의 특징으로 가장 적절한 것은?

(중) 난이도

미래에 발생할 수 있는 사고나 질병 등의 위험에 대비하고자 미리 돈을 내고 사고를 당하면 일정 금액을 받는 상품이다.

① 국가가 일정액의 지급을 보장해 준다.
② 금융 기관이 투자자에게 자금을 모은다.
③ 만기 전에 다른 사람에게 팔아 이익을 얻을 수 있다.
④ 값의 변동이 커서 사고파는 과정에서 큰 이익을 얻을 수 있다.
⑤ 수익을 가져다준다기보다는 큰 손해를 막아 준다는 데 의의가 있다.

08 다음은 금융 자산의 수익과 위험 정도를 나타낸 것이다. (가), (나)에 해당하는 금융 자산을 바르게 연결한 것은?

(중) 난이도

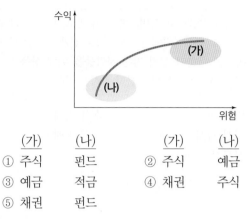

	(가)	(나)		(가)	(나)
①	주식	펀드	②	주식	예금
③	예금	적금	④	채권	주식
⑤	채권	펀드			

09 밑줄 친 '이것'으로 가장 적절한 것은?

(하) 난이도

• 이것은 합리적으로 자산을 관리하기 위해 고려해야 하는 사항 중 하나이다.
• 이것이 낮은 자산만 가지고 있는 경우 급하게 현금이 필요할 때 큰 어려움을 겪을 수 있다.

① 수익성　　② 안전성　　③ 유동성
④ 위험성　　⑤ 지속성

10 다음 사례에 대한 분석으로 가장 적절한 것은?

(중) 난이도

퇴직을 앞둔 A 씨는 현재 연금에 가입하고 있지만, 자금의 대부분을 주식과 펀드에 투자하고 있다.

① 유동성이 높은 자산에만 투자하고 있다.
② 지나치게 노후에 대비한 자산에만 투자하고 있다.
③ 보다 안전성이 높은 자산에 투자를 늘릴 필요가 있다.
④ 보다 수익성이 높은 자산에 투자를 늘릴 필요가 있다.
⑤ 지나치게 분산 투자되어 있어 한 자산에 집중 투자할 필요가 있다.

11 다음 중 연금에 대한 설명으로 가장 적절한 것은?

(중) 난이도

① 수익성이 높은 자산이다.
② 유동성이 높은 자산이다.
③ 간접적으로 투자하는 자산이다.
④ 다른 자산에 비해 계약 기간이 길다.
⑤ 모든 연금은 국가가 일정액의 지급을 보장한다.

12 다음에서 설명하는 내용이 공통적으로 해당하는 거래로 가장 적절한 것은?

> • 고객이 상품이나 서비스를 먼저 받고, 나중에 그 값을 고객의 예금 계좌에서 자동적으로 갚게 하는 카드 거래
> • 목돈을 구하기 쉽지 않은 사람들을 위해 상품 대금을 여러 번으로 나누어 지불하게 하는 거래

① 안전 거래
② 신용 거래
③ 자산 거래
④ 현금 거래
⑤ 부동산 거래

13 다음에서 설명하는 개념의 특징으로 옳은 것을 보기 에서 고른 것은?

> 미래의 어느 시점에 갚을 것을 약속하고 상품이나 돈을 얻을 수 있는 능력을 말한다.

보기
> ㄱ. 현대 사회에서 중요도가 떨어지고 있다.
> ㄴ. 현재의 소득보다 더 많은 소비를 할 수 있게 한다.
> ㄷ. 과소비를 하거나 물건을 충동적으로 구매할 우려가 적다.
> ㄹ. 잘 관리하면 좀 더 유리한 위치에서 경제 활동을 할 수 있다.

① ㄱ, ㄴ
② ㄱ, ㄷ
③ ㄴ, ㄷ
④ ㄴ, ㄹ
⑤ ㄷ, ㄹ

14 다음과 같은 생활 태도를 지닌 사람을 가리키는 말로 가장 적절한 것은?

> • 연체 없이 신용 카드를 사용한다.
> • 주기적으로 자신의 신용 정보를 파악한다.
> • 대출이나 현금 서비스를 받는 것을 자제한다.
> • 주거래 은행을 이용하고 자동 이체를 이용한다.

① 신용이 좋지 않은 사람
② 신용 관리를 잘하는 사람
③ 다양한 자산을 보유하고 있는 사람
④ 현재의 소득보다 더 많은 소비를 할 수 있는 사람
⑤ 다양한 금융 자산에 적절하게 분산 투자하는 사람

주관식·서술형

15 다음에서 설명하고 있는 생애 주기 단계를 쓰시오.

> • 경제적으로 부모에 의존하는 시기이다.
> • 학업을 통하여 미래를 준비하는 시기이다.

16 빈칸 ㉠에 들어갈 말을 쓰시오.

> (㉠) 관리란 자신의 소득이나 재산을 활용하여 어떤 (㉠)을/를 얼마나 구입하고 언제 처분할지를 선택하는 것이다. 경제적으로 지속 가능한 생활을 하기 위해서 평생의 소득과 소비를 고려하여 (㉠)을/를 관리해야 한다.

17 다음과 같은 특징을 갖는 자산의 종류를 쓰고, 그 의미를 서술하시오.

> • 일정한 이자를 받아 수익을 얻을 수 있다.
> • 만기 전에 다른 사람에게 판매할 수 있다.
> • 환매에 따른 불이익이 클 수 있어 유동성이 낮다.

18 다음 자료를 보고 물음에 답하시오.

> (가) 배당금을 받을 수 있는 금융 자산
> (나) 금융 기관에 일정 금액의 돈을 예치하여 이자를 받는 금융 자산

(1) (가), (나)가 설명하는 금융 자산의 종류를 쓰시오.

(가) _____   (나) _____

(2) (가)와 (나)를 안전성과 수익성의 측면에서 비교하여 서술하시오.

④ 시장 경제와 가격

01 시장의 의미와 종류 ~ 02 시장 가격의 결정

1 시장

1 시장의 의미 수요자와 공급자 사이의 ❶□□가 이루어지는 곳

2 시장의 종류

거래 모습이 보이는지에 따라	눈에 보이는 시장, 눈에 보이지 않는 시장
거래되는 상품에 따라	❷□□□ 시장, 생산 요소 시장

3 시장의 기능

❸□□ 결정	수요와 공급을 연결하여 시장 가격을 결정
거래 비용 감소	거래에 들어가는 노력과 시간 감소
생산성 증대	특화와 ❹□□ 촉진
정보 제공	시장을 통해 상품의 종류, 상품별 차이, 가격 등의 정보를 얻을 수 있음

2 시장 가격의 결정

1 수요 법칙과 공급 법칙

(1) 수요와 수요 법칙

❺□□	어떤 상품을 사고자 하는 욕구
❻□□□	각 가격 수준에서 수요자가 사고자 하는 수량
수요 법칙	• 가격 상승 ➡ 수요량 ❼□□ • 가격 하락 ➡ 수요량 ❽□□ • 상품의 가격과 수요량 사이에 나타나는 음(-)의 관계
수요 곡선	수요 법칙을 그래프로 나타낸 우하향의 곡선

(2) 공급과 공급 법칙

❾□□	어떤 상품을 팔고자 하는 욕구
❿□□□	각 가격 수준에서 공급자가 팔고자 하는 수량
공급 법칙	• 가격 상승 ➡ 공급량 ⓫□□ • 가격 하락 ➡ 공급량 ⓬□□ • 상품의 가격과 공급량 사이에 나타나는 양(+)의 관계
공급 곡선	공급 법칙을 그래프로 나타낸 우상향의 곡선

2 시장의 균형

⓭□□□	수요량 > 공급량 ➡ 수요자 간 경쟁 ➡ 가격 상승
초과 공급	수요량 < 공급량 ➡ 공급자 간 경쟁 ➡ 가격 하락
균형 가격 형성	수요량 = 공급량 ➡ 균형 가격 결정, 균형 거래량 결정

▲ 시장의 균형

정답 ❶ 거래 ❷ 생산물 ❸ 가격 ❹ 분업 ❺ 수요 ❻ 수요량 ❼ 감소 ❽ 증가 ❾ 공급
❿ 공급량 ⓫ 증가 ⓬ 감소 ⓭ 초과 수요

실력 확인 문제

01 시장에 대한 설명으로 옳지 않은 것은?

(중 난이도)

① 수요와 공급이 만나는 곳이다.
② 눈에 보이는 상품만을 거래한다.
③ 상품에 대한 다양한 정보를 얻을 수 있다.
④ 거래 장소가 눈에 보이지 않는 시장이 존재한다.
⑤ 사고자 하는 사람과 팔고자 하는 사람의 상호 작용이 이루어진다.

02 다음 조건을 모두 충족하는 시장으로 옳은 것은?

(상 난이도)

> • 구체적인 거래 장소가 보이지 않는다.
> • 상품을 생산하는 데 필요한 생산 요소가 거래되는 시장이다.

① 영화관 매표소
② 애플리케이션 마켓
③ 의류 인터넷 쇼핑몰
④ 대형 마트 인터넷 쇼핑몰
⑤ 아르바이트 구인 구직 사이트

03 생산 요소 시장에 해당하는 것을 보기에서 고른 것은?

(하 난이도)

> **보기**
> ㄱ. 백화점　　　　　ㄴ. 노동 시장
> ㄷ. 주식 시장　　　　ㄹ. 전통 시장

① ㄱ, ㄴ
② ㄱ, ㄷ
③ ㄴ, ㄷ
④ ㄴ, ㄹ
② ㄷ, ㄹ

04 시장의 형성 과정을 순서대로 바르게 나열한 것은?

(중 난이도)

> (가) 생활에 필요한 물건을 자급자족하며 생활하였다.
> (나) 화폐가 사용되면서 원활하게 교환을 할 수 있게 되었다.
> (다) 교환을 위해 일정한 장소에 모여 거래하기 시작하였다.
> (라) 자신이 쓰고 남은 것을 다른 사람과 바꾸어 사용하기 시작하였다.

① (가) - (나) - (다) - (라)
② (가) - (라) - (다) - (나)
③ (다) - (가) - (라) - (나)
④ (다) - (나) - (가) - (라)
⑤ (라) - (다) - (가) - (나)

05 다음 그래프에 해당하는 사례를 보기 에서 고른 것은?

(상) 난이도

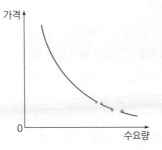

보기

ㄱ. 구제역이 발생해 돼지고기를 찾는 사람들이 줄어들었다.

ㄴ. 치킨 업체에서 치킨 가격을 올리자 판매량이 감소하였다.

ㄷ. 졸업식과 입학식 시즌이 되자 꽃다발을 찾는 사람들이 크게 늘었다.

ㄹ. 마트의 마감 시간에 즉석 식품의 가격을 40% 인하하자 판매량이 급격히 늘어났다.

① ㄱ, ㄴ 　② ㄱ, ㄷ 　③ ㄴ, ㄷ
④ ㄴ, ㄹ 　⑤ ㄷ, ㄹ

06 다음 내용에 대한 설명으로 적절하지 않은 것은?

(중) 난이도

상품의 가격과 공급량 간에 나타나는 양(+)의 관계를 (㉠)(이)라고 한다.

① ㉠은 공급 법칙이다.
② 가격이 오르면 공급량도 증가한다.
③ 가격이 내리면 공급량이 감소한다.
④ 공급량이 감소하면 가격이 하락한다.
⑤ 이를 그래프로 표현하면 우상향하는 모양이다.

07 어떤 상품의 가격이 상승할 때 일어나는 변화로 옳은 설명을 보기 에서 고른 것은?

(하) 난이도

보기

ㄱ. 수요자는 수요량을 증가시키려 한다.
ㄴ. 수요자는 수요량을 감소시키려 한다.
ㄷ. 공급자는 공급량을 증가시키려 한다.
ㄹ. 공급자는 공급량을 감소시키려 한다.

① ㄱ, ㄴ 　② ㄱ, ㄷ 　③ ㄴ, ㄷ
④ ㄴ, ㄹ 　⑤ ㄷ, ㄹ

08 공급과 공급 법칙에 대한 설명으로 옳은 것은?

(중) 난이도

① 가격이 상승하면 공급량은 감소한다.
② 가격이 하락하면 공급량은 변화하지 않는다.
③ 공급 법칙을 그래프로 나타내면 우하향하는 모양이다.
④ 가격과 공급량 사이의 양(+)의 관계를 공급 법칙이라고 하나
⑤ 공급이란 일정한 가격에서 팔고자 하는 구체적인 양을 말한다.

09 다음 그래프에서 가격이 1,000원에서 1,500원으로 오르는 경우에 대한 설명으로 가장 적절한 것은?

(중) 난이도

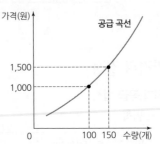

① 수요량은 변함없다.
② 공급량은 변함없다.
③ 수요량이 50개 증가한다.
④ 공급량이 50개 증가한다.
⑤ 공급량이 50개 감소한다.

10 아이스크림 시장의 상황을 다음과 같이 나타내었을 때 점 A에서 B로 이동하는 이유로 가장 적절한 것은?

(중) 난이도

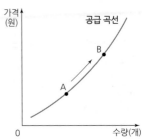

① 아이스크림 가격 상승
② 아이스크림 가격 하락
③ 아이스크림 공급 증가
④ 아이스크림 수요량 증가
⑤ 아이스크림 공급량 감소

11 다음 그래프에 대한 분석으로 옳은 것은?

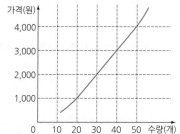

① 가격이 1,000원 미만이면 공급이 이루어지지 않는다.
② 가격이 2,000원일 때 수요자들이 사고자 하는 수량은 30개이다.
③ 가격이 1,000원에서 2,000원으로 오르면 공급량이 10개 늘어난다.
④ 가격이 3,000원이면 수요량은 40개이다.
⑤ 가격이 4,000원 이상이면 수요자들이 사고자 하지 않는다.

12 빈칸 ㉠~㉢에 들어갈 말을 바르게 연결한 것은?

어떤 상품의 가격이 적정 수준보다 비싸면 (㉠)이/가 발생한다. 이 경우 공급자들 사이에 경쟁이 발생하면서 가격은 점차 (㉡)한다. 이러한 과정이 반복되다가 수요량과 공급량이 일치하는 지점에서 시장의 (㉢)이/가 형성된다.

	㉠	㉡	㉢
①	초과 공급	하락	균형 가격
②	초과 공급	상승	균형 가격
③	초과 공급	하락	초과 수요
④	초과 수요	상승	초과 공급
⑤	초과 수요	하락	균형 가격

13 초과 수요에 대한 옳은 설명을 보기 에서 고른 것은?

보기
ㄱ. 수요량이 공급량보다 많은 상황이다.
ㄴ. 상품의 재고가 쌓이는 상황을 말한다.
ㄷ. 수요자들 사이의 경쟁을 불러일으킨다.
ㄹ. 상품 가격이 균형 가격보다 높을 경우 발생한다.

① ㄱ, ㄴ   ② ㄱ, ㄷ   ③ ㄴ, ㄷ
④ ㄴ, ㄹ   ⑤ ㄷ, ㄹ

14 다음은 핫도그에 대한 수요·공급을 정리한 표이다. 핫도그의 가격이 1,500원일 경우 예상되는 상황으로 옳은 것은?

가격(원)	800	1,000	1,500
수요량(개)	20	15	8
공급량(개)	10	15	20

① 수요량보다 공급량이 많아진다.
② 자원이 가장 효율적으로 사용된다.
③ 12개의 핫도그가 부족한 상황이 발생한다.
④ 핫도그에 대한 수요량과 공급량이 일치한다.
⑤ 핫도그를 구입하려는 사람들 사이의 경쟁이 발생한다.

[15~17] 다음 그래프를 보고 물음에 답하시오.

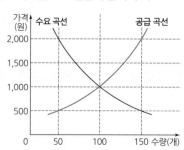

15 위 그래프에서 균형 가격은?

① 500원   ② 1,000원   ③ 1,500원
④ 2,000원   ⑤ 2,500원

16 위 그래프에서 상품의 총 판매액은?

① 25,000원   ② 50,000원   ③ 100,000원
④ 200,000원   ⑤ 300,000원

17 위 그래프에서 가격이 2,000원일 경우 예상되는 현상으로 옳은 것은?

① 50개의 초과 수요 발생
② 100개의 초과 공급 발생
③ 100개의 초과 수요 발생
④ 150개의 초과 공급 발생
⑤ 150개의 초과 수요 발생

[18~19] 다음은 어느 마을의 크림빵에 대한 수요·공급표이다. 읽고 물음에 답하시오.

가격(원)	500	600	700	800	900
수요량(개)	100	80	60	40	20
공급량(개)	20	40	60	80	100

18 크림빵의 균형 가격과 균형 거래량은?

 난이도 하

	균형 가격	균형 거래량
①	600원	40개
②	600원	120개
③	700원	60개
④	700원	120개
⑤	800원	40개

19 크림빵 시장에 대한 설명으로 옳지 <u>않은</u> 것은?

난이도 상

① 가격이 900원일 때 최대의 총 판매액이 발생한다.
② 가격이 800원이면 40개의 초과 공급이 발생한다.
③ 가격이 500원이면 80개의 초과 수요가 발생한다.
④ 가격이 1,000원이면 가격 하락의 압박을 받을 것이다.
⑤ 가격이 600원이면 수요자들 사이의 경쟁이 발생할 것이다.

20 다음 수요·공급 곡선에 대한 설명으로 옳지 <u>않은</u> 것은?

난이도 중

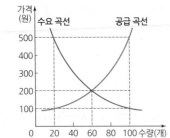

① 균형 가격은 200원이다.
② 균형 거래량은 60개이다.
③ 균형 상태에서 총 판매액은 12,000원이다.
④ 가격이 400원이면 초과 공급이 발생한다.
⑤ 가격이 500원이면 수요량이 공급량보다 많다.

주관식·서술형

21 다음은 어느 학생이 작성한 보고서이다. 읽고 물음에 답하시오.

• (㉠)의 의미: 재화와 서비스를 사고자 하는 사람과 팔고자 하는 사람 사이의 상호 작용을 통해 가격이 형성되고 교환이 이루어지는 곳
• 우리 주변의 다양한 (㉠)
(가) 재래시장
(나) 영화관 매표소
(다) 주식 거래 프로그램

(1) 빈칸 ㉠에 들어갈 용어를 쓰시오.

_____

(2) (가)~(다)를 공통점이 있는 것끼리 두 종류로 구분해 보고, 그렇게 구분한 기준을 서술하시오.

_____

_____

22 다음 자료를 보고 물음에 답하시오.

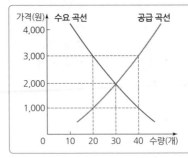

왼쪽의 그래프는 어떤 상품의 수요 곡선과 공급 공선을 나타낸 것이다. 이 상품의 (㉠)은/는 2,000원, (㉡)은/는 30개이다.

(1) 빈칸 ㉠, ㉡에 들어갈 용어를 쓰시오.

㉠ _____ ㉡ _____

(2) 가격이 1,000원일 때 나타나는 시장의 상황을 서술하시오.

_____

_____

03 시장 가격의 변동

1 수요의 변화

1 수요 변화 요인

수요 증가 요인	① [ ] 증가, 선호도 증가, 대체재 가격 ② [ ], 보완재 가격 ③ [ ], 가격 상승 예상, 인구 증가
수요 감소 요인	소득 감소, 선호도 감소, 대체재 가격 하락, 보완재 가격 상승, 가격 하락 예상, 인구 ④ [ ]

2 수요 변화에 따른 가격 변동

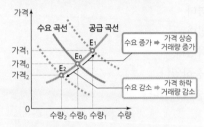

(1) **수요 증가** 수요 증가 요인 발생 → 수요 곡선 ⑤ [ ] 이동 → 균형 가격 ⑥ [ ], 균형 거래량 증가

(2) **수요 감소** 수요 감소 요인 발생 → 수요 곡선 좌측 이동 → 균형 가격 하락, 균형 거래량 감소

2 공급의 변화

1 공급 변화 요인

공급 증가 요인	⑦ [ ] 향상, ⑧ [ ] 가격 하락, 가격 하락 예상, 공급자 수 증가
공급 감소 요인	생산 요소 가격 상승, 가격 상승 예상, 공급자 수 감소

2 공급 변화에 따른 가격 변동

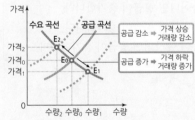

(1) **공급 증가** 공급 증가 요인 발생 → 공급 곡선 ⑨ [ ] 이동 → 균형 가격 ⑩ [ ], 균형 거래량 증가

(2) **공급 감소** 공급 감소 요인 발생 → 공급 곡선 좌측 이동 → 균형 가격 상승, 균형 거래량 감소

3 시장 가격의 기능

경제 활동의 신호등 역할	필요한 정보를 제공해 경제 주체들의 의사 결정 방향을 제시함
자원의 효율적 배분	가격에 따라 적당한 양의 상품이 생산되어 적절히 분배됨

---

01 소고기의 수요를 증가시키는 요인으로 적절한 것을 보기 에서 고른 것은?

(중 난이도)

> **보기**
> ㄱ. 소 사육 비용 증가
> ㄴ. 돼지고기 가격 하락
> ㄷ. 소고기 가격 상승 예상
> ㄹ. 소고기에 대한 선호도 상승

① ㄱ, ㄴ   ② ㄱ, ㄷ   ③ ㄴ, ㄷ
④ ㄴ, ㄹ   ⑤ ㄷ, ㄹ

02 수요의 변화에 대한 설명으로 옳지 않은 것은?
(중 난이도)

① 소득이 증가하면 수요가 증가한다.
② 인구가 증가하면 수요가 증가한다.
③ 대체재의 가격이 상승하면 수요가 증가한다.
④ 소비자의 취향 변화는 수요에 영향을 미친다.
⑤ 가격이 내릴 것으로 예상되면 수요가 증가한다.

03 A 스낵에 대한 옳은 설명을 보기 에서 고른 것은?
(중 난이도)

> 새로 출시된 A 스낵이 새로운 맛으로 유명세를 타고 있다. SNS를 중심으로 이 과자를 구입하여 인증 사진을 남기는 것이 유행하면서 슈퍼마켓에서 A 스낵을 구하기가 어려울 정도이다.

> **보기**
> ㄱ. 가격은 하락할 것이다.
> ㄴ. 거래량은 감소할 것이다.
> ㄷ. 수요 곡선이 우측으로 이동한다.
> ㄹ. 수요자의 선호도의 영향을 받은 것이다.

① ㄱ, ㄴ   ② ㄱ, ㄷ   ③ ㄴ, ㄷ
④ ㄴ, ㄹ   ⑤ ㄷ, ㄹ

04 다음 중 보완재 관계로 적절하지 않은 것은?
(하 난이도)

① 커피와 설탕
② 샤프와 샤프심
③ 콜라와 사이다
④ 돼지고기와 상추
⑤ 배드민턴 라켓과 셔틀콕

05 다음 사례에 대한 옳은 설명을 보기 에서 고른 것은?

⟨중⟩ 난이도

> 국제 유가 상승으로 최근 휘발유의 가격이 크게 상승하였다. 이에 따라 대중교통을 이용하여 출퇴근을 하는 사람들이 늘어났다.

보기

ㄱ. 자가용 운전과 대중교통 이용은 서로 보완 관계에 있다.
ㄴ. 자가용 운전과 대중교통 이용은 서로 대체 관계에 있다.
ㄷ. 휘발유의 가격 상승은 생산 요소의 가격 변화에 영향을 받은 것이다.
ㄹ. 대중교통에 대한 수요 증가로 대중교통 이용을 나타낸 수요 곡선은 좌측으로 이동한다.

① ㄱ, ㄴ   ② ㄱ, ㄷ   ③ ㄴ, ㄷ
④ ㄴ, ㄹ   ⑤ ㄷ, ㄹ

06 빈칸 ㉠～㉢에 들어갈 내용을 바르게 연결한 것은?

⟨중⟩ 난이도

> 식생활이 서구화되면서 김치에 대한 수요가 감소하였다. 이에 따라 배추를 찾는 사람도 줄어들면서 배추에 대한 수요 곡선은 (㉠)으로 이동하였다. 그 결과 배추의 가격은 (㉡)하고 거래량은 (㉢)한다.

	㉠	㉡	㉢
①	왼쪽	상승	증가
②	왼쪽	상승	감소
③	왼쪽	하락	감소
④	오른쪽	상승	증가
⑤	오른쪽	하락	감소

07 감자 가격 상승에 영향을 미치는 요인을 보기 에서 고른 것은?

⟨상⟩ 난이도

보기

ㄱ. 기후 조건으로 인해 감자 농사가 대풍년이다.
ㄴ. 감자 농사를 짓는 생산자의 수가 크게 늘어났다.
ㄷ. 감자와 대체 관계에 있는 고구마 가격이 크게 상승하였다.
ㄹ. 다양한 감자 요리 방법이 유행하면서 감자를 사는 사람들이 많아졌다.

① ㄱ, ㄴ   ② ㄱ, ㄷ   ③ ㄴ, ㄷ
④ ㄴ, ㄹ   ⑤ ㄷ, ㄹ

08 다음 그래프에 대한 설명으로 옳은 것은?

⟨하⟩ 난이도

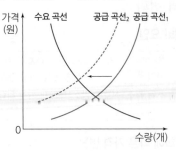

① 수요가 감소하였다.
② 공급이 증가하였다.
③ 공급량이 감소하였다.
④ 균형 가격이 상승하였다.
⑤ 균형 거래량이 증가하였다.

09 선생님의 질문에 대한 옳은 답변을 보기 에서 고른 것은?

⟨중⟩ 난이도

공급이 증가하는 경우를 말해 볼까요?

보기

ㄱ. 원료의 가격이 오르면 공급이 증가합니다.
ㄴ. 생산자 수가 늘어나면 공급이 증가합니다.
ㄷ. 생산 기술이 발전하면 공급이 증가합니다.
ㄹ. 제품 가격 상승이 예상되면 공급이 증가합니다.

① ㄱ, ㄴ   ② ㄱ, ㄷ   ③ ㄴ, ㄷ
④ ㄴ, ㄹ   ⑤ ㄷ, ㄹ

10 다음은 어느 학생이 사회 시험에 작성한 답안지이다. 학생이 받게 될 점수는?

⟨중⟩ 난이도

> 수요에 변화를 가져오는 요인을 네 가지만 쓰시오.(답안 하나당 1점, 총 4점이며 오답에 대한 감점은 없다.)
>
> 답: 소득 변화, 관련 상품의 가격 변동, 미래에 대한 예측, 생산 기술 변화

① 0점   ② 1점   ③ 2점   ④ 3점   ⑤ 4점

11 다음과 같은 상황에서 두유 시장에 일어날 변화에 대한 설명으로 옳지 않은 것은?

(상) 난이도

> • 건강에 대한 관심이 높아지면서 두유를 찾는 소비자가 많아졌다.
> • 생산 기술의 변화로 두유를 생산하기 위한 비용이 크게 절감되었다.

① 두유의 거래량은 증가한다.
② 두유에 대한 공급 곡선은 좌측으로 이동한다.
③ 두유에 대한 수요 곡선은 우측으로 이동한다.
④ 두유 가격은 상승할 수도 있고 하락할 수도 있다.
⑤ 두유의 수요 곡선과 공급 곡선이 동시에 변화한다.

12 2G폰 시장의 변화를 그래프로 나타낸 내용으로 가장 적절한 것은?

(중) 난이도

> 스마트폰의 대중화로 인해 2G폰 생산을 중단하는 업체가 늘어나고 있다.

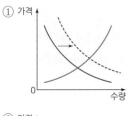 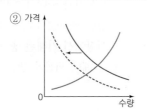
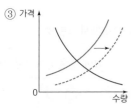 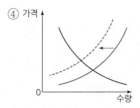
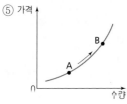

13 빈칸 ㉠에 들어갈 용어로 가장 적절한 것은?

(하) 난이도

> (㉠)은/는 생산자와 소비자에게 생산과 소비를 늘려야 할지 줄여야 할지를 알려 주는 신호등 역할을 하며, 한정된 자원을 가장 효율적인 방법으로 배분한다.

① 시장 가격   ② 시장 공급   ③ 경제 활동
④ 시장 수요   ⑤ 균형 거래량

주관식·서술형

14 밑줄 친 (가)와 같은 변화를 그래프에 표시하고, 빈칸 ㉠~㉢에 들어갈 말을 쓰시오.

> 돼지고기의 가격이 오르면 일반적으로 돼지고기의 수요량이 줄어든다. 이때 사람들이 돼지고기와 비슷한 만족을 얻을 수 있는 닭고기를 대신 구입하면 (가)닭고기의 수요는 변화한다.

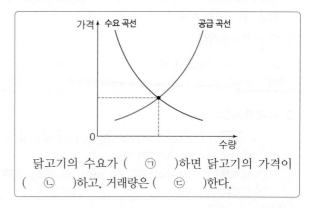

> 닭고기의 수요가 (㉠)하면 닭고기의 가격이 (㉡)하고, 거래량은 (㉢)한다.

_____

15 다음 자료를 보고 고구마의 수요 곡선, 시장 가격, 거래량의 변화를 서술하시오.

> 고구마가 다이어트 식품이나 건강식품으로 주목받으면서 고구마에 대한 수요가 크게 늘어났다. 고구마를 식사 대용으로 섭취하는 사람들도 많아졌고, 고구마 케이크나 고구마 피자처럼 소비하는 방법도 다양해졌다.

_____

_____

16 빈칸 ㉠, ㉡에 들어갈 말을 쓰시오.

> 상품 가격 변화에 대한 예측이 변화하면 수요나 공급이 변화한다. 상품 가격이 오를 것으로 예상되면 현재의 수요는 (㉠)하고, 공급은 (㉡)한다.

㉠ _____   ㉡ _____

01 국민 경제와 국내 총생산 ~ 02 물가 상승과 실업 (1)

1 국민 경제와 국내 총생산

1 국내 총생산의 의미와 의의

(1) 의미

일정 기간	보통 1년을 기준으로 함
한 나라 안에서	생산자의 국적에 관계없이 한 나라의 국경 안에서 생산된 것만을 포함
새로이 생산된	그 해에 새롭게 생산된 것만을 계산함
❶ ☐☐ 생산물의	최종적으로 생산된 재화나 서비스의 가치만을 측정함
❷ ☐☐ 가치의 합	시장에서 거래되는 생산물의 가치만을 대상으로 함

(2) 의의 한 나라의 경제 규모를 나타내는 지표

(3) 1인당 국내 총생산

의미	국내 총생산을 그 나라의 ❸ ☐☐☐ 로 나눈 수치
의의	한 나라 국민들의 평균적인 소득 수준을 나타냄

2 국내 총생산의 한계

❹ ☐☐ 가치만 포함	시장에서 거래되지 않는 봉사 활동이나 가사 노동 등은 포함되지 않음
삶의 질 저하 요소 미반영	교통사고나 환경 오염 등으로 인한 피해는 반영하지 않음
소득 ❺ ☐☐ 상황 파악 불가능	국민 개개인의 생활 수준을 알려 주지 못함

3 경제 성장

의미	• 한 나라의 생산 능력이 커져서 ❻ ☐☐☐ 이 늘어나는 것 • 경제 성장은 국내 총생산의 증가를 의미함
영향	일자리 증가, 국민의 평균 소득 증가, 의료 서비스 수준 향상, 교육 기회 확대, 다양한 문화 시설 보급, 풍요로운 삶 등
문제	자원 고갈, ❼ ☐☐☐☐ , 빈부 격차 확대 등

2 물가 상승

1 물가와 물가 지수

물가	여러 상품의 가격을 종합하여 평균적으로 나타낸 것
물가 지수	기준이 되는 해의 물가 수준을 100으로 하여 비교할 연도의 물가 수준을 나타낸 지수

2 물가 상승의 영향과 해결 방향

❽ ☐☐☐☐	물가가 지속적으로 오르는 현상
영향	• 화폐 가치 하락, ❾ ☐☐ 자산 가치 상승 • 채권자 불리, 채무자 유리 • ❿ ☐☐ 감소, 수입 증가
해결 방안	• 정부: 과도한 재정 지출을 줄이고 세금을 많이 거둠, 생활필수품 가격 상승 규제, 공공요금 인상 억제 • 중앙은행: ⓫ ☐☐☐ 을 높여 통화량을 줄임

정답 ❶ 최종 ❷ 시장 ❸ 총인구 ❹ 시장 ❺ 분배 ❻ 생산량 ❼ 환경 오염 ❽ 인플레이션 ❾ 실물 ❿ 수출 ⓫ 이자율

실력 확인 문제

01 중국이 우리나라보다 경제 규모가 크다고 말할 수 있는 근거로 가장 적절한 것은?
(하 난이도)

① 총인구가 많기 때문이다.
② 물가 상승률이 높기 때문이다.
③ 국내 총생산이 크기 때문이다.
④ 국가의 총면적이 넓기 때문이다.
⑤ 1인당 국내 총생산이 크기 때문이다.

02 다음의 사례가 국내 총생산에 포함되지 않는 이유로 가장 적절한 것은?
(중 난이도)

> 작년에 새롭게 산 핸드폰을 올해 중고 거래를 통해 판매하고 얻은 비용

① 생산자의 국적이 다르기 때문이다.
② 생산지가 국내가 아니기 때문이다.
③ 생산 과정에서 사용된 중간재이기 때문이다.
④ 시장에서 거래된 생산물이 아니기 때문이다.
⑤ 그 해에 새롭게 생산된 것이 아니기 때문이다.

03 다음 사례가 해당하는 지표를 **보기** 에서 고른 것은?
(상 난이도)

> 우리나라 야구 선수가 미국 리그에 진출하여 받은 연봉

보기
ㄱ. 미국의 국내 총생산
ㄴ. 미국의 국민 총생산
ㄷ. 우리나라의 국민 총생산
ㄹ. 우리나라의 국내 총생산

① ㄱ, ㄴ   ② ㄱ, ㄷ   ③ ㄴ, ㄷ
④ ㄴ, ㄹ   ⑤ ㄷ, ㄹ

04 1인당 국내 총생산에 대한 설명으로 가장 적절한 것은?
(하 난이도)

① 국민 총생산을 총인구로 나눈 수치이다.
② 그 나라의 분배 상태를 파악할 수 있다.
③ 국민들의 평균적인 소득 수준을 나타낸다.
④ 한 국가의 경제 규모를 나타내는 대표적인 지표이다.
⑤ 우리나라는 전 세계에서 가장 높은 수치를 나타낸다.

05 다음에서 우리나라의 국내 총생산에 포함되는 것의 개수는?

난이도 중

1. 가족들과 함께 먹기 위해 옥상에서 키운 상추
2. 중국인이 우리나라 식당에서 일하고 받은 월급
3. 친구들과 함께 동네 양로원에 가서 한 봉사 활동
4. 가구 업체에서 책상을 만들기 위해 산 나무 비용

① 0개　　② 1개　　③ 2개　　④ 3개　　⑤ 4개

06 다음 상황에 대한 옳은 설명을 보기 에서 고른 것은?

난이도 상

> 같은 가사 노동도 그 의미가 다를 수 있다. 가정주부가 가족을 위해 집에서 하는 가사 노동은 국내 총생산에 포함되지 않는다. 그러나 수입을 얻기 위해 다른 집에 가사 도우미로 고용되어 임금을 받고 하는 가사 노동은 국내 총생산에 포함된다.

보기
ㄱ. 봉사 활동이 국내 총생산에 포함되어 계산되는 이유와 같은 맥락이다.
ㄴ. 국내 총생산이 국민의 삶의 질을 정확하게 반영하고 있음을 보여 준다.
ㄷ. 국내 총생산은 시장에서 거래되는 생산물의 가치만을 대상으로 하기 때문이다.
ㄹ. 이러한 한계를 극복하기 위해 더 나은 삶 지수, 참진보 지수 등 다양한 지표들이 제시되고 있다.

① ㄱ, ㄴ　　② ㄱ, ㄷ　　③ ㄴ, ㄷ
④ ㄴ, ㄹ　　⑤ ㄷ, ㄹ

07 다음을 통해 알 수 있는 국내 총생산의 한계로 가장 적절한 것은?

난이도 중

> 교통사고가 발생하면 재산의 손해 또는 인명의 피해가 발생하게 되므로 교통사고가 발생하는 것은 좋은 일이 아니다. 그러나 교통사고가 발생하면 자동차를 수리하거나 다친 사람을 치료하는 데 비용이 들게 되고 이는 국내 총생산의 증가를 가져오게 된다.

① 국민들의 평균적인 소득 수준만을 보여 준다.
② 국민 개개인의 생활 수준을 알려 주지 못한다.
③ 국민들의 삶의 질을 정확하게 반영하지 못한다.
④ 그 나라 국민들의 소득 분배 상태를 파악하기 어렵다.
⑤ 한 나라의 경제 활동 규모를 나타내는 데 유용하지 못하다.

08 다음 중 경제 성장에 대한 설명으로 적절하지 않은 것은?

난이도 중

① 국내 총생산의 증가를 의미한다.
② 생산량이 늘어나는 것을 의미한다.
③ 빈부 격차와 계층 간 갈등이 완화된다.
④ 환경 오염과 같은 사회 문제가 나타날 수 있다.
⑤ 경제 성장으로 인해 한층 풍요로운 삶을 누릴 수 있다.

09 물가에 대한 설명으로 가장 적절한 것은?

난이도 하

① 상품 하나하나의 가격을 의미한다.
② 상황에 관계없이 물가는 언제나 오른다.
③ 물가의 변동이 우리 삶에 미치는 영향은 크지 않다.
④ 여러 상품의 전반적인 가격 수준을 파악할 수 있다.
⑤ 경기가 침체되는 시기에는 물가가 상승하지 않는다.

10 다음을 통해 알 수 있는 갑국의 2018년 물가 지수는?

난이도 상

> 갑국의 물가 지수는 2016년을 기준으로 하고 있다. 2017년은 전년도에 비해 물가가 10% 상승하였고, 2018년도 전년도에 비해 물가가 10% 상승하였다.

① 100　　② 110　　③ 120
④ 121　　⑤ 125

11 인플레이션에 대한 옳은 설명을 보기 에서 고른 것은?

난이도 중

보기
ㄱ. 화폐의 가치가 하락한다.
ㄴ. 예금에 대한 선호도가 높아진다.
ㄷ. 돈을 빌린 사람이 더 유리해진다.
ㄹ. 기업의 투자 활동이 더욱 활발해진다.

① ㄱ, ㄴ　　② ㄱ, ㄷ　　③ ㄴ, ㄷ
④ ㄴ, ㄹ　　⑤ ㄷ, ㄹ

12 다음에서 공통적으로 발생할 것으로 예상되는 상황으로 가장 적절한 것은?

- 재화와 서비스에 대한 경제 전체의 수요가 경제 전체의 공급보다 많다.
- 임금의 상승과 원자재 가격의 상승으로 기업의 생산 비용이 증가하고 있다

① 국민 경제가 성장하는 밑거름이 될 것이다.
② 부동산 소유에 대한 선호도가 낮아질 것이다.
③ 저축을 하려는 사람들이 더욱 늘어날 것이다.
④ 중앙은행이 문제 해결을 위해 이자율을 높일 것이다.
⑤ 정부가 문제 해결을 위해 재정 지출을 확대할 것이다.

13 다음에서 설명하는 경제 주체가 물가 안정을 위해 해야 할 노력으로 가장 적절한 것은?

- 이윤을 얻기 위해 필요한 상품을 생산하여 시장에 공급한다.
- 노동자를 고용하고, 생산에 참여한 사람들에게 임금이나 지대, 이자 등을 지급한다.
- 생산 활동을 통해 벌어들인 이윤 중 일부를 세금으로 납부하여 국가 재정에 이바지한다.

① 과소비와 사재기를 자제한다.
② 건전하고 합리적인 소비 생활을 한다.
③ 기술 개발을 통해 생산비를 절감한다.
④ 과도한 임금 인상의 요구를 자제한다.
⑤ 공공요금의 인상을 억제하려고 노력한다.

14 물가가 지속적으로 상승하면 이득을 보는 사람을 보기에서 고른 것은?

보기
ㄱ. 은퇴 이후 연금으로 생활하고 있는 A 씨
ㄴ. 퇴직금으로 빌딩을 사는 등 부동산에 투자한 B 씨
ㄷ. 친구에게 돈을 빌려서 장기간 갚지 못하고 있는 C 씨
ㄹ. 국내에서 옷을 생산하여서 외국에 수출하고 있는 D 씨

① ㄱ, ㄴ ② ㄱ, ㄷ ③ ㄴ, ㄷ
④ ㄴ, ㄹ ⑤ ㄷ, ㄹ

주관식·서술형

15 빈칸 ㉠에 들어갈 말을 쓰시오.

중국은 우리나라보다 경제 규모가 크지만 중국의 인구가 우리나라보다 훨씬 많기 때문에 (㉠)은/는 우리나라가 더 크다. 따라서 국민들의 평균적인 소득 수준은 우리나라가 중국보다 높다고 할 수 있다.

16 다음을 읽고 물음에 답하시오.

한 나라의 생산 능력이 커져서 생산량이 늘어나는 것을 (㉠)(이)라고 한다. 즉 (㉠)은/는 국내 총생산의 증가를 의미한다. 하지만 그 이면에는 ___(가)___ 와/과 같은 사회 문제가 나타나기도 한다.

(1) 빈칸 ㉠에 들어갈 말을 쓰시오.

(2) 밑줄 친 (가)에 들어갈 내용을 두 가지 서술하시오.

17 다음과 같은 상황이 발생하게 되는 이유를 두 가지 서술하시오.

- 물가가 상승하면 화폐의 가치가 하락하여 임금 생활자나 현금, 예금 소유자는 손해를 본다.
- 물가가 상승하면 실물 자산의 가치가 상승하여 토지, 건물 등 부동산을 소유한 사람은 유리해진다.

02 물가 상승과 실업 (2) ~ 03 국제 거래와 환율

① 실업

1 실업의 의미와 영향

의미	일할 능력과 의사가 있는데도 일자리를 갖지 못한 상태
영향	• 개인적: 소득 감소, 직업을 통한 ❶□□ 실현의 기회 및 자신감의 상실 등 • 사회적: 인적 자원 낭비, 국민 경제 침체, 빈곤층의 확산, 가족 해체, 생계형 범죄 증가 등

2 실업의 유형

경기적 실업	경제 침체로 인해 발생하는 실업
❷□□ 실업	산업 구조의 변화나 기술 발달로 관련 일자리가 사라짐
계절적 실업	계절의 영향을 받는 특정 업종에서 계절의 변화로 발생
❸□□ 실업	새로운 일자리를 찾기 위해 직장을 일시적으로 그만둠

3 실업의 해결 방안

정부	• ❹□□ 지출을 확대하여 일자리 창출(경기적 실업) • 다양한 직업 훈련 프로그램 운영(구조적 실업) • 취업 정보 제공(마찰적 실업, 계절적 실업) • ❺□□□□ 제도를 통해 실업자들의 경제적 어려움 지원
기업	시장 개척이나 연구 개발을 통해 고용 창출
근로자	자기 계발을 통해 업무 능력 향상

② 국제 거래와 환율

1 국제 거래

발생	각국의 생산 조건이 다름 → ❻□□□에 있는 상품을 특화하여 교역하면 서로 경제적 이득을 얻을 수 있음
특징	국내 거래에 비해 상품이나 생산 요소의 이동이 자유롭지 못하며, 환율 문제가 발생함
확대	• 국제 거래의 대상과 규모가 점차 확대됨 • 재화뿐만 아니라 서비스, 생산 요소의 이동도 활발해짐

2 환율

(1) 환율의 의미와 결정

의미	두 나라 화폐의 교환 비율, 외국 ❼□□의 가격
환율의 결정	• 외화의 수요와 공급에 의해 결정 • 외화의 수요: 외국 상품의 ❽□□, 내국인의 해외여행, 내국인의 해외 투자, 외채 상환 등 외화가 해외로 나가는 경우 • 외화의 공급: 국내 상품의 수출, 외국인의 국내 여행, 외국인의 국내 투자, 외채 도입 등 외화가 국내로 들어오는 경우

(2) 환율 변동의 영향

환율 상승	• 원화의 가치 하락 • 내국인의 해외여행 감소, ❿□□ 관광객 증가	• ❾□□ 증가, 수입 감소
환율 하락	• 원화의 가치 상승 • 내국인의 해외여행 증가, 외국인 관광객 감소	• 수출 감소, 수입 증가

정답 ❶ 자아 ❷ 구조적 ❸ 마찰적 ❹ 재정 ❺ 고용 보험 ❻ 비교 우위 ❼ 화폐
❽ 수입 ❾ 수출 ❿ 외국인

01 마찰적 실업이 발생하는 이유로 가장 적절한 것은?

(하 난이도)
① 경제가 침체되었다.
② 빈곤층이 확산되고 있다.
③ 새로운 일자리를 찾으려 한다.
④ 기술 발달로 관련 일자리가 사라지고 있다.
⑤ 계절 변화로 특정 업종이 영향을 크게 받는다.

02 다음 사례가 공통적으로 해당하는 실업의 유형으로 옳은 것은?

(하 난이도)
> • 과거에 타자기에 글자를 찍어 주던 타자수란 직업은 컴퓨터가 보급되면서 사라졌다.
> • 종이 문서가 점점 줄어들면서 문서 정리원이라는 직업을 더는 찾아볼 수 없게 되었다.

① 구조적 실업　② 경기적 실업　③ 자발적 실업
④ 계절적 실업　⑤ 마찰적 실업

03 다음 사례가 해당하는 실업의 유형으로 옳은 것은?

(하 난이도)
> 붕어빵을 파시는 아버지는 추운 날씨에 오랜 시간 밖에 서 계셔야 하는 어려움이 있다. 그보다 더 큰 걱정은 날씨가 따뜻해지면 붕어빵을 사 먹는 사람들이 급격하게 줄어들어 할 일이 없어지는 것이다.

① 마찰적 실업　② 계절적 실업　③ 구조적 실업
④ 경기적 실업　⑤ 자발적 실업

04 노동 가능 인구에 대한 옳은 설명을 보기에서 고른 것은?

(상 난이도)
> **보기**
> ㄱ. 실업률을 계산할 때 분모로 사용된다.
> ㄴ. 생산 활동이 가능한 15세 이상의 사람이다.
> ㄷ. 일할 의사와 능력이 있는 사람만이 포함된다.
> ㄹ. 경제 활동 인구와 비경제 활동 인구로 나눈다.

① ㄱ, ㄴ　　② ㄱ, ㄷ　　③ ㄴ, ㄷ
④ ㄴ, ㄹ　　⑤ ㄷ, ㄹ

05 빈칸 ㉠~㉢에 들어갈 말을 바르게 연결한 것은?

(중) 난이도

> A 씨는 60세가 되어 직장에서 은퇴하고 집에서 쉬고 있다. 그러나 A 씨는 여전히 일할 수 있는 능력이 있고 일자리를 구하고 있다. 그러므로 A 씨는 (㉠)와 (㉡)에 속한다. 반면 B 씨는 50세인데 크게 다치면서 직장을 그만두었다. 여전히 B 씨는 병원에서 치료를 받느라 나쁜 식장을 다니기도 어려운 상황이다. 그러므로 B 씨는 (㉢)에 속한다.

	㉠	㉡	㉢
①	노동 가능 인구	취업자	경제 활동 인구
②	경제 활동 인구	취업자	노동 가능 인구
③	노동 가능 인구	실업자	경제 활동 인구
④	경제 활동 인구	실업자	비경제 활동 인구
⑤	노동 가능 인구	실업자	비경제 활동 인구

06 ㉠, ㉡에 대한 옳은 설명을 보기 에서 고른 것은?

(상) 난이도

> (㉠)은/는 실업 문제를 해결하기 위해 다양한 정책을 시행하고 있다. 재정 지출을 확대하여 일자리를 창출하고 다양한 직업 훈련 프로그램을 운영한다. 또한 고용 안전 센터나 취업 박람회를 통해 취업 정보를 제공한다. 그러나 (㉠)의 노력만으로는 실업 문제를 해결하는 데 한계가 있다. (㉡)은/는 시장 개척이나 연구 개발을 통해 고용을 창출하고자 노력해야 한다.

> 보기
> ㄱ. ㉠은 물가 안정을 위해 과소비를 자제한다.
> ㄴ. ㉠은 시장의 경제 질서를 유지하는 역할을 한다.
> ㄷ. ㉡은 물가 안정을 위해 생산성을 향상하고자 노력해야 한다.
> ㄹ. ㉡은 자기 계발을 통하여 업무 능력을 향상시키려고 노력해야 한다.

① ㄱ, ㄴ ② ㄱ, ㄷ ③ ㄴ, ㄷ
④ ㄴ, ㄹ ⑤ ㄷ, ㄹ

07 다음과 같은 제도를 시행하는 목적으로 가장 적절한 것은?

(하) 난이도

> 회사는 실업에 대비하여 사업주와 근로자가 매달 임금의 일정액을 고용 보험료로 납부한다. 근로자가 실직하게 되면, 고용 보험에서 실업 급여를 지불하고 직업 훈련을 받을 수 있다. 한편 사업주에게도 고용 유지 조치나 교육 훈련 비용을 지원해 준다.

① 물가 안정
② 재정 지출 확대
③ 취업 정보 제공
④ 기업의 시장 개척
⑤ 실업자들의 경제적 어려움 지원

08 다음 뉴스에 대한 설명으로 가장 적절한 것은?

(중) 난이도

> 다음달 5일 취업 박람회가 열린다. 40개 기업이 구인 업체로 참여하며, 당일 현장 면접을 진행하여 100명을 채용할 예정이다. 행사 전 사전 동의를 받은 구직자의 정보가 기업에 제공되며 참여 기업에서 구직자를 선택 시 면접 대상자가 된다.

① 마찰적 실업의 대책이 된다.
② 정부가 일자리를 창출하고 있다.
③ 비경제 활동 인구를 줄이기 위한 대책이다.
④ 경기 침체로 인한 실업을 해결하기 위한 제도이다.
⑤ 근로자의 자기 계발을 통해 실업 문제를 해결하고자 한다.

09 국제 거래에 대한 옳은 설명만을 보기 에서 있는 대로 고른 것은?

(중) 난이도

> 보기
> ㄱ. 자기 나라에서 구할 수 없는 제품을 구할 수 있다.
> ㄴ. 국내 거래와 비교하여 복잡할 뿐만 아니라 제약 요인도 많다.
> ㄷ. 비교 우위에 있는 상품을 특화하여 생산하고 교역하면 이득을 본다.
> ㄹ. 과거에는 생산 요소의 이동이 중심이었으나 최근에는 재화와 서비스의 이동이 그 중심을 이루고 있다.

① ㄱ, ㄴ ② ㄱ, ㄹ ③ ㄷ, ㄹ
④ ㄱ, ㄴ, ㄷ ⑤ ㄴ, ㄷ, ㄹ

10 비교 우위에 대한 설명으로 가장 적절한 것은?

(중) 난이도

① 국가마다 처한 생산 조건이 다르기 때문에 발생한다.
② 다른 나라와 비교하여 생산비가 많이 드는 상품을 비교 우위가 있다고 한다.
③ 현대 사회에서 대부분 국가가 생산할 수 없는 제품이 없기 때문에 발생한다.
④ 어떤 제품이든 특화를 하여 다른 나라와 교역을 하면 항상 이득을 얻을 수 있다.
⑤ 자국에서 생산할 수 있는 제품은 굳이 교역할 필요 없이 자급자족하는 것이 이득이다.

11 (가)~(다)가 설명하는 개념을 바르게 연결한 것은?

(중) 난이도

(가) 외국에서 수입하는 상품에 대해 부과하는 세금
(나) 다른 나라와 화폐를 교환할 때 사용되는 교환 비율
(다) 가장 효율적으로 생산할 수 있는 산업을 전문적으로 육성하는 것

	(가)	(나)	(다)		(가)	(나)	(다)
①	관세	환율	특화	②	환율	관세	분업
③	교역	환율	특화	④	관세	무역	분업
⑤	환율	관세	특화				

12 국제 거래가 국내 거래에 비해 제약이 많은 이유로 적절하지 **않은** 것은?

(하) 난이도

① 관세가 존재한다.
② 나라마다 관련된 법이 다르다.
③ 나라마다 문화의 차이가 존재한다.
④ 나라마다 사용하는 화폐가 다르다.
⑤ 국제기구가 자유 무역을 제지하고 있다.

13 다음이 공통적으로 의미하는 것은?

(하) 난이도

• 세계 무역 기구(WTO)
• 자유 무역 협정(FTA)

① 관세의 확대
② 환율의 고정화
③ 보호 무역의 강화
④ 자유 무역의 활성화
⑤ 국제 거래의 대상 제한

14 달러의 환율이 상승한 것에 대한 옳은 설명을 [보기]에서 고른 것은?

(중) 난이도

[보기]

ㄱ. 1달러를 사기 위한 원화의 비용이 상승하였다.
ㄴ. 달러에 대한 수요가 증가하거나 혹은 공급이 증가하였다.
ㄷ. 미국에 물건을 수출하는 우리나라 기업은 이득을 볼 것이다.
ㄹ. 미국에서 물건을 수입하는 우리나라의 수입업자는 이득을 볼 것이다.

① ㄱ, ㄴ   ② ㄱ, ㄷ   ③ ㄴ, ㄷ
④ ㄴ, ㄹ   ⑤ ㄷ, ㄹ

15 다음과 같은 상황이 발생하는 경우로 가장 적절한 것은?

(중) 난이도

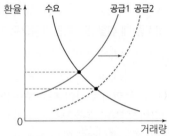

① 외국 상품의 수입이 증가하였다.
② 다른 나라로 여행가는 사람이 많아졌다.
③ 우리나라 상품이 외국에서 인기가 높아졌다.
④ 외국에서 빌려 왔던 돈을 이번에 갚기로 하였다.
⑤ 외국 투자자들이 생각하는 우리나라의 신뢰도가 떨어졌다.

16 다음 중 환율이 변화가 나타나는 양상이 다른 하나는?

(상) 난이도

① 다른 나라에 투자하는 사람들이 늘어나고 있다.
② 우리나라에 투자하려는 외국인들의 투자가 위축되고 있다.
③ 인터넷을 통해 외국 물건을 직접 구입하는 경우가 늘어나고 있다.
④ 외교 갈등으로 인해 우리나라에 여행을 오는 외국인 관광객이 감소하였다.
⑤ 여름 휴가철임에도 다른 나라로 여행을 가는 사람들이 줄어들고 있다.

17 환율 하락 시 이익을 얻는 사람을 보기에서 고른 것은?

_중
_{난이도}

보기
ㄱ. 외국 유학생인 자식을 둔 부모
ㄴ. 외국에서 근무하는 남편을 둔 아내
ㄷ. 외국 과자를 파는 가게를 운영하는 사장
ㄹ. 우리나라 주요 수출 상품의 부품을 만드는 공장의 사장

① ㄱ, ㄴ ② ㄱ, ㄷ ③ ㄴ, ㄷ
④ ㄴ, ㄹ ⑤ ㄷ, ㄹ

18 환율이 하락할 때 취할 합리적인 행동으로 가장 적절한 것은?

_중
_{난이도}

① 수입 중인 원자재의 비중을 늘리기로 하였다.
② 외국 은행에서 빌린 돈을 나중에 갚기로 하였다.
③ 수출량을 늘리기 위하여 부품 주문을 추가하였다.
④ 우리나라의 주요 수출 분야에 투자를 더욱 늘렸다.
⑤ 바로 가려던 해외여행을 나중에 가기로 결정하였다.

19 다음과 같은 상황에서 나타날 것으로 예상되는 변화로 가장 적절한 것은?

_중
_{난이도}

• 환율의 수요가 증가하였다.
• 환율의 공급이 증가하였다.
• 환율의 수요 증가 폭이 공급 증가 폭보다 크다.

① 물가 안정
② 수출 감소
③ 수입 증가
④ 외채 부담 증가
⑤ 원화의 가치 상승

주관식·서술형

20 빈칸 ㉠에 들어갈 말을 쓰고, 그 의미를 서술하시오.

실업률은 경제 활동 인구 가운데 실업자가 차지하는 비율로 나타낸다. 한편 노동 가능 인구 중에서 학생이나 전업주부, 노약자 등은 (㉠)(으)로 분류된다.

_____

_____

21 빈칸 ㉠에 들어갈 말을 쓰고, 그 의미를 서술하시오.

실업의 여러 유형 중 (㉠)은/는 다른 실업과 달리 스스로 실업에 처하는 것이다. 그러므로 (㉠)의 대책으로는 원하는 일자리에 대한 적절한 정보를 제공하는 것을 들 수 있다.

_____

_____

22 다음 자료를 보고 물음에 답하시오.

(가) 우리나라로 여행하러 오는 외국인 관광객이 증가하고 있다.
(나) 우리나라에 대한 외국인의 투자가 증가하고 있다.

(1) (가), (나)의 경우 예상되는 환율의 변화를 쓰시오.

_____

(2) (1)과 같은 환율의 변화가 발생하는 다른 경우를 외화의 수요 측면에서 두 가지 서술하시오.

_____

01 국제 사회의 특성과 행위 주체 ~ 02 국제 관계와 외교 정책 (1)

1 국제 사회의 의미와 특성

1 국제 사회의 의미 세계 여러 나라가 서로 밀접한 관계를 맺으며 영향을 주고받는 사회

2 국제 사회의 특성

자국의 이익 추구	자국의 이익을 최우선으로 추구하므로 국가 간의 경쟁과 ❶☐☐이 발생할 수 있음
중앙 정부의 부재	국가 간에 분쟁이 발생해도 이를 조정할 강제력을 가진 중앙 정부가 존재하지 않음
❷☐☐☐☐ 작용	강대국에 의해 국제 사회가 주도되거나 분쟁이 조정됨
국제 평화주의 옹호	국제 평화주의에 입각하여 ❸☐☐☐을 준수하고 국제 질서를 유지함
국제 ❹☐☐ 확대	국가 간의 상호 의존 심화, 어느 한 나라만의 노력으로 해결할 수 없는 문제가 증가함

2 국제 사회의 행위 주체

1 국제 사회 행위 주체의 종류

❺☐☐	가장 기본적인 행위 주체
❻☐☐☐	• 국제 사회의 문제를 해결하고자 조직된 정부나 개인의 모임 • 정부 간 국제기구와 국제 비정부 기구로 나뉨
❼☐☐☐☐	세계 여러 나라에서 생산과 판매를 하며 국제적 규모로 경제 활동을 하는 기업
기타	영향력 있는 개인, 개별 국가 내 지방 정부나 소수 민족

2 국제 사회 행위 주체와 국제 관계 변화

과거	• 개별 국가의 영향력이 컸음 • 각국은 자국의 안전 보장과 이익 확보를 위해 영향력 행사
오늘날	• 국가 외에도 다양한 행위 주체들의 영향력 증대 • 개별 행위 주체의 목표 달성과 함께 지구 공동의 이익을 위해 활동

3 국제 사회의 갈등과 협력

1 국제 사회의 경쟁과 갈등 자국의 ❽☐☐을 최우선으로 하는 태도, 민족·영토·종교 등의 차이, ❾☐☐ 확장 및 영유권 주장, 자원의 개발과 이용 등을 이유로 나타남

2 국제 사회의 협력

필요성	국제 사회의 갈등은 해당 지역의 노력만으로 해결되기 어려움
협력의 모습	• 정상 회의, 국가 간 조약, 국제법, 국제기구 등을 통한 갈등 해결 • 전 지구적 차원의 문제 해결을 위한 국제 협력 확대

정답 ❶ 갈등 ❷ 힘의 논리 ❸ 국제법 ❹ 협력 ❺ 국가 ❻ 국제기구 ❼ 다국적 기업
❽ 이익 ❾ 영토

실력 확인 문제

01 다음 중 국제 사회를 설명한 내용이 옳지 않은 사람은?
(중 난이도)

> 우진: 국제 사회는 주권 국가를 기본 요소로 하고 있어.
> 보람: 그 국가들은 자국의 이익을 우선으로 추구하지.
> 주헌: 강대국이 주로 국제 사회를 주도하고 국가 간 갈등을 조정하기도 해.
> 혜지: 하지만 중앙 정부가 강제력을 행사하면 어떤 국가든 무조건 따라야 해.
> 수민: 국제 사회에서 갈등만 있는 건 아니야. 협력하는 모습도 보여.

① 우진 ② 보람 ③ 주헌
④ 혜지 ⑤ 수민

02 다음 사례를 통해 알 수 있는 국제 사회의 특성으로 가장 적절한 것은?
(상 난이도)

> 2016년 영국은 유럽 연합(EU) 탈퇴를 결정하였다. 이는 유럽 연합의 재정 악화로 인한 분담금 증가, 유럽 연합의 지나친 금융 규제가 영국 경제에 나쁜 영향을 미치고 있다는 이유로 이루어진 것이었다.

① 각국은 평등한 주권을 가진다.
② 국제기구가 국가 간 갈등을 조정한다.
③ 국제법을 통해 국제 질서가 유지된다.
④ 국가 간의 국제 협력이 증대되고 있다.
⑤ 각국은 자국의 이익을 최우선으로 생각하여 행동한다.

03 국제 사회의 행위 주체인 국가에 대한 설명으로 옳지 않은 것은?
(종 난이도)

① 주권을 행사하는 독립적인 주체이다.
② 국제 사회의 가장 기본적인 행위 주체이다.
③ 자국의 안전과 이익을 위해 공식적인 활동을 한다.
④ 대부분 국제 평화주의에 입각하여 국제 질서를 따른다.
⑤ 국제 사회의 문제를 해결하고자 국제 비정부 기구에 가입하기도 한다.

[04~06] 다음은 국제 사회의 행위 주체에 대해 정리한 내용의 일부이다. 읽고 물음에 답하시오.

(㉠)	각 국가의 정부를 회원으로 하는 국제기구
(㉡)	개인이나 민간단체를 회원으로 하는 국제기구

04 빈칸 ㉠, ㉡에 들어갈 국제 사회의 행위 주체를 바르게 연결한 것은?

	㉠	㉡
①	다국적 기업	국제 비정부 기구
②	다국적 기업	정부 간 국제기구
③	정부 간 국제기구	국제 비정부 기구
④	정부 간 국제기구	다국적 기업
⑤	국제 비정부 기구	다국적 기업

05 ㉠에 해당하는 국제기구로 옳은 것은?
중 난이도
① 그린피스
② 국제 연합
③ 국경 없는 의사회
④ 국제 사면 위원회
⑤ 국제 적십자 위원회

06 ㉡에 대한 설명으로 가장 적절한 것은?
중 난이도
① 독립된 주권을 행사한다.
② 최근 들어 그 영향력이 줄어들고 있다.
③ 경제적 이익의 극대화를 목적으로 한다.
④ 국제적 규모로 상품을 생산하고 판매한다.
⑤ 인권, 보건, 환경, 문화 등 다양한 영역에서 국경을 넘어 활동한다.

07 밑줄 친 ㉠~㉤ 중 옳지 않은 것은?
상 난이도

㉠국가는 자국의 이익을 위한 공식적인 활동을 한다. ㉡세계화가 진행됨에 따라 과거와 달리 국가뿐만 아니라 국제 사회 행위 주체는 다양해지고 있으며, 그 영향력 또한 증대되고 있다. 또한 ㉢국제기구의 종류와 역할이 다양해지고 전문화되고 있으며, ㉣다국적 기업은 경제뿐만 아니라 정치와 문화에도 큰 영향을 미치고 있다. 그러나 ㉤개인이나 개별 국가 내의 소수 민족은 국제 사회에서 행위 주체로 인정받지 못하고 있다.

① ㉠   ② ㉡   ③ ㉢
④ ㉣   ⑤ ㉤

08 오늘날 국제 사회에 대한 설명으로 옳지 않은 것은?
중 난이도
① 국경의 의미가 전보다 약화되었다.
② 각 국가는 실리를 추구하는 입장을 보인다.
③ 이념 대립으로 인한 군사력 경쟁이 나타난다.
④ 전 지구적 차원의 문제 해결을 위한 협력의 모습이 나타난다.
⑤ 대체로 다양한 원인이 복합적으로 작용하여 국가 간 갈등이 나타난다.

09 다음 사례에 나타난 국제 사회의 갈등 원인으로 옳은 것은?
하 난이도

세계 스마트폰 시장에서 경쟁하고 있는 다국적 기업 A 회사와 S 회사 간에 특허와 디자인을 둘러싼 갈등이 나타나고 있다. 이로 인해 두 회사는 세계 각국의 법원에서 소송을 진행하였다.

① 민족   ② 종교   ③ 독립
④ 시장 확보   ⑤ 환경 오염

10 최근 국제 사회에서 나타나고 있는 경쟁과 갈등의 모습으로 적절한 것만을 보기 에서 있는 대로 고른 것은?

중 난이도

보기

ㄱ. 자원 확보를 둘러싸고 경쟁과 갈등이 발생한다.
ㄴ. 사회주의 이념을 확대하려는 과정에서 충돌이 발생한다.
ㄷ. 소수 민족이 독립을 요구하는 과정에서 분쟁이 일어난다.
ㄹ. 민족이나 종교 차이로 인한 갈등이 영토 분쟁으로 확대되기도 한다.

① ㄱ, ㄴ　　② ㄱ, ㄹ　　③ ㄴ, ㄷ
④ ㄱ, ㄷ, ㄹ　　⑤ ㄴ, ㄷ, ㄹ

11 다음 자료를 통해 알 수 있는 국제 사회의 모습으로 가장 적절한 것은?

중 난이도

레바논 내전이 일어나자 국제 연합(UN)은 레바논 평화 유지군을 창설하였다. 이에 우리나라는 국제 연합 평화 유지군 부대인 동명 부대를 레바논에 파병하였고, 동명 부대는 작전 지역 내 불법 무장 세력에 대한 감시·정찰 활동과 현지 주민 보호 및 의료 지원, 교육 지원 등의 활동을 수행하고 있다.

① 국가의 영향력이 줄어들고 있다.
② 각국은 자국의 이익을 최우선으로 생각한다.
③ 국제 평화를 지키기 위한 국제적 협력이 이루어지고 있다.
④ 국제 평화를 지키려면 국가 간 조약 체결이 우선시되어야 한다.
⑤ 국제 사회는 강제력을 지닌 중앙 정부가 존재하지 않아 분쟁 해결이 어렵다.

12 국제 사회에 나타나는 협력의 모습으로 옳은 것을 보기 에서 고른 것은?

중 난이도

보기

ㄱ. 강대국이 주도하여 문제를 해결한다.
ㄴ. 분쟁 지역에 평화 유지군을 파병한다.
ㄷ. 조약과 국제법을 적용하여 분쟁을 해결한다.
ㄹ. 국가 간의 갈등이 격화될 경우 전쟁으로 해결한다.

① ㄱ, ㄴ　　② ㄱ, ㄷ　　③ ㄴ, ㄷ
④ ㄴ, ㄹ　　⑤ ㄷ, ㄹ

주관식·서술형

13 빈칸 ㉠에 들어갈 용어를 쓰시오.

국제 사회는 (㉠)을/를 가진 국가들로 구성되며 각 국가는 동등한 (㉠)을/를 가진다.

14 다음 국제 사회 행위 주체들의 공통점을 두 가지 서술하시오.

• 그린피스
• 국경 없는 의사회
• 국제 사면 위원회
• 국제 적십자 위원회

15 다음과 같은 국가 간 갈등은 어떠한 갈등 유형인지 서술하시오.

센카쿠 열도(댜오위다오)는 인근 해역의 석유 매장 가능성, 해상 교통로이자 전략적 요충지로서의 중요성으로 인해 일본과 중국, 대만이 영유권을 주장하고 있는 지역이다. 해당 해역에서 중국 어선과 일본의 해상 보안청 소속 순시선이 충돌하는 사건이 발생하여 양국 간의 갈등이 심화되면서 군사적 대치 상황이 지속되고 있다.

16 다음 내용을 통해 알 수 있는 국제 사회의 모습을 서술하시오.

국제 연합(UN)은 193개국의 대표가 참석한 정상 회의에서 국제적으로 나타나는 난민 문제에 대해 공동으로 대응할 것을 합의하는 '뉴욕 선언'을 채택하였다. 이 선언은 모든 난민에 대한 평등한 인권 보호, 교육권 보장, 난민 수용 국가에 대한 지원 등에 대한 내용을 담고 있다.

02 국제 관계와 외교 정책 (2) ~ 03 우리나라의 국제 갈등

1 국제 사회의 공존을 위한 노력

1 공존을 위한 노력 국제 평화 지향, ❶□□□ 준수 및 국제기구 참여, 민간단체를 통한 협력, 세계 시민 의식 함양

2 ❷□□

의미	국제 사회에서 자국의 이익을 평화적으로 달성하기 위해 수행하는 대외적 활동
중요성	• 국제 문제 해결로 국제 사회 공존에 기여 • 자국의 정치적·경제적 ❸□□ 실현 • 자국의 대외적 위상 향상

2 우리나라가 직면한 국가 간 갈등 문제

1 우리나라와 일본의 갈등 문제

독도 영유권 문제	명백한 우리 영토인 ❹□□에 대해 일본이 영유권을 주장하면서 갈등이 발생함
동해 표기 문제	일본이 세계 지도에 동해를 ❺□□로 표기할 것을 주장하여 갈등이 발생함
일본군 위안부 문제	일본군 위안부의 강제 동원에 대해 일본의 사죄를 바라는 우리나라와 강제 동원 여부를 감추려는 일본과의 입장 차이로 갈등이 발생함
역사 교과서 왜곡 문제	독도 영유권 주장 내용과 더불어 왜곡된 역사를 일본이 자국 역사 교과서에 일방적으로 반영하면서 갈등이 발생함

2 우리나라와 중국의 갈등 문제

❻□□□□ 문제	우리나라의 역사를 ❼□□의 역사로 통합하려는 역사 왜곡으로 양국 간 갈등이 발생함
❽□□□□ 문제	중국 어선이 우리나라의 배타적 경제 수역을 침범하여 불법으로 어업 활동을 하면서 양국 간 갈등이 발생함

3 국가 간 갈등 문제의 해결 방안

1 정부

역할	객관적인 근거에 입각하여 상호 협력과 이해를 통해 원만하게 해결
노력 방안	• 적극적인 ❾□□ 활동 전개 • 관련 연구 기관 설립 및 운영 • 주변 국가와 학술 교류 및 공동 연구 활성화 • 대내외적으로 홍보하고 교육할 수 있는 제도와 여건 마련

2 시민 사회

역할	시민 사회의 적극적인 참여와 노력이 이루어져야 함
노력 방안	• 언론 기관의 홍보 활동 • 시민 단체에서 주관하는 각종 행사를 통해 시민 참여 독려 • 국민의 관심과 적극적인 참여

❶ 국제법 ❷ 외교 ❸ 이익 ❹ 독도 ❺ 일본해 ❻ 동북 공정 ❼ 중국 ❽ 불법 조업 ❾ 외교

01 국제 사회의 공존을 위한 노력으로 적절하지 **않은** 것은?

(중) 난이도

① 외교 활동을 통해 평화적으로 국가 간 갈등을 해결한다.
② 국제법을 준수하고 이를 적용해서 분쟁을 합리적으로 해결한다.
③ 전 지구적 차원의 문제를 해결하기 위해 국제 협력을 확대한다.
④ 힘의 논리를 적용하여 강대국이 무력을 통해 갈등을 조정하도록 한다.
⑤ 다양한 국제기구의 적극적인 활동을 통해 국제 사회의 갈등을 조정한다.

02 다음에서 설명하는 개념으로 가장 적절한 것은?

(하) 난이도

> 한 국가가 국제 사회에서 자국의 이익을 평화적인 방법을 통해 달성하기 위해 수행하는 대외적인 활동을 말한다.

① 협력　　② 외교　　③ 교류
④ 위협　　⑤ 홍보

03 다음 사례들을 통해 공통으로 추론할 수 있는 내용으로 가장 적절한 것은?

(상) 난이도

> • 이란 핵 위기 갈등이 주요 6개국과 이란의 외교 협상으로 2015년에 극적으로 해결되었다. 협상에서 이란은 핵 개발 활동을 중단하기로 하였고, 국제 사회는 그 대가로 이란에 대한 경제적 제재를 해제하기로 합의하였다.
> • 1971년 중국은 미국의 탁구 대표 팀을 중국으로 초청하여 친선 경기를 벌였다. 이 경기를 계기로 양국의 분위기가 크게 호전되었고, 닉슨 대통령이 중국을 방문하여 정상 회담을 가짐으로써 미국과 중국 간 국교 정상화가 이루어졌다.

① 외교를 통해 국제 사회의 공존을 실현할 수 있다.
② 외교 정책에서 다른 나라와의 관계는 중요하지 않다.
③ 민간 중심의 외교가 국가적 차원의 외교보다 더 효과적이다.
④ 외교에서는 상대 국가를 위협하는 방법이 가장 효과적이다.
⑤ 외교는 해당 국가에만 이익이 될 뿐 다른 국가에는 영향을 미치지 않는다.

04 외교가 중요한 이유로 적절한 것만을 보기에서 있는 대로 고른 것은?

> **보기**
> ㄱ. 강대국의 영향력을 강화시킨다.
> ㄴ. 자국의 대외적 위상을 향상시킨다.
> ㄷ. 국제 사회의 평화 유지에 기여한다.
> ㄹ. 자국의 정치적·경제적 이익을 실현한다.

① ㄱ, ㄴ　　② ㄱ, ㄹ　　③ ㄴ, ㄷ
④ ㄱ, ㄷ, ㄹ　　⑤ ㄴ, ㄷ, ㄹ

05 밑줄 친 ㉠에 해당하지 않는 것은?

> 국제 사회에서는 국가 간 우호 관계를 맺기도 하고 갈등을 겪기도 한다. ㉠우리나라도 일부 국가와 갈등을 겪고 있다.

① 독도 문제
② 동북 공정 문제
③ 동해 표기 문제
④ 불법 조업 문제
⑤ 센카쿠 열도 문제

06 빈칸 ㉠, ㉡에 들어갈 사례를 바르게 연결한 것은?

우리나라와 일본과의 갈등	㉠
우리나라와 중국과의 갈등	㉡

	㉠	㉡
①	독도 문제	동해 표기 문제
②	독도 문제	동북 공정 문제
③	동북 공정 문제	독도 문제
④	동북 공정 문제	동해 표기 문제
⑤	불법 조업 문제	독도 문제

[07~08] 다음 대화를 보고 물음에 답하시오.

07 빈칸 ㉠에 들어갈 내용으로 가장 적절한 것은?

① 독도를 공동으로 소유하고 관리해야 한다.
② 독도 영유권에 대한 양국의 견해 차이에 불과하다.
③ 국제 사법 재판소에 넘겨 독도 문제를 해결해야 한다.
④ 독도를 영토 분쟁 지역으로 국제 사회에 인식시켜야 한다.
⑤ 독도는 명백한 우리의 영토이므로 독도 문제는 외교적 교섭이나 사법적 해결의 대상이 아니다.

08 밑줄 친 ㉡에 해당하는 활동으로 적절하지 않은 것은?

① 정부는 관련 연구 기관을 설립하여 운영한다.
② 적극적인 외교 활동을 통해 국제 사회의 지지를 얻도록 한다.
③ 독도와 관련되어 왜곡되어 있는 국제 사회의 각종 자료를 바로잡는다.
④ 민간 외교 단체를 통한 활동은 자제하고 공식적 외교 활동을 하도록 한다.
⑤ 다양한 역사적 근거 자료와 객관적 근거 자료를 확보하여 논리적인 접근을 한다.

09 다음에서 설명하는 우리나라의 국가 간 갈등 문제로 옳은 것은?

> • 우리나라와 중국 간의 갈등 문제이다.
> • 중국은 고조선, 고구려, 발해의 역사가 중국의 역사에 포함된다고 주장하고 있다.

① 간도 문제
② 동북 공정 문제
③ 불법 조업 문제
④ 동해 표기 문제
⑤ 댜오위다오 문제

10 동북 공정에 대한 설명으로 가장 적절한 것은?

(중)
난이도

① 우리나라 정부에서 추진하고 있는 역사 연구 사업이다.
② 중국이 우리 영토에 대한 영유권을 주장하고 있는 것이다.
③ 중국은 국제 사법 재판소에서 이 문제를 해결하고자 한다.
④ 주변 국가와의 관계를 개선하기 위한 중국의 외교 정책이다.
⑤ 중국 내 소수 민족의 독립을 막고 통일 이후 발생할 수 있는 영토 분쟁을 막으려는 의도를 보여 준다.

11 다음 사례에 나타난 국가 간 갈등 문제 해결 방안에 대한 적절한 설명을 보기 에서 고른 것은?

(상)
난이도

> 동아 중학교 학생들은 광화문 광장에서 동북 공정에 반대하는 플래시 몹을 선보이며 시민과 외국인 관광객들에게 중국의 역사 왜곡을 알렸다.

보기

ㄱ. 정부의 공식적인 외교 활동이다.
ㄴ. 정부의 노력뿐만 아니라 시민의 관심과 참여가 중요하다는 것을 보여 준다.
ㄷ. 원만한 문제 해결을 위해 시민 사회의 참여는 제재받아야 함을 보여 준다.
ㄹ. 다양한 방법을 통해 많은 사람들에게 알리는 것이 중요하다는 것을 보여 준다.

① ㄱ, ㄴ ② ㄱ, ㄷ ③ ㄴ, ㄷ
④ ㄴ, ㄹ ⑤ ㄷ, ㄹ

12 국가 간 갈등 문제를 해결하기 위한 방안으로 적절하지 않은 것은?

(중)
난이도

① 대중 매체를 통한 홍보 활동 등으로 관심을 불러일으킨다.
② 강대국이 제시한 조정 의견에 따라 갈등 문제를 해결한다.
③ 국가 간 학술 교류 및 공동 연구를 통해 인식의 차이를 좁힌다.
④ 공식적 외교뿐만 아니라 민간 차원의 국제 교류도 활성화한다.
⑤ 갈등 문제를 대내외적으로 홍보하고 교육할 수 있는 제도와 여건을 마련한다.

주관식·서술형

13 다음과 같은 국제 사회의 상황을 고려하여 각국에 요구되는 노력을 아래에 제시된 단어를 활용하여 서술하시오.

> • 자국의 이익 추구로 인한 국제 사회의 경쟁과 갈등이 증가하고 있다.
> • 전 세계 국가들이 공동으로 해결해야 할 문제가 증가하고 있다.

> 자국의 이익 추구, 공존, 외교

14 일본이 다음과 같이 주장하는 이유를 서술하시오.

> 일본은 독도를 '다케시마'라고 부르며 독도의 영유권을 지속적으로 주장하고 있다. 심지어 일본의 교과서에는 독도에 대한 일본 정부의 일방적인 견해를 담아 "한국이 독도를 불법으로 점거하고 있다."라고 기술하기도 하였다.

15 다음은 우리나라가 겪고 있는 국가 간 갈등 문제이다. 이러한 갈등 상황을 해결할 수 있는 대응 방안을 정부 차원과 시민 차원에서 각각 한 가지씩 서술하시오.

> • 독도 문제   • 동북 공정 문제
> • 불법 조업 문제   • 역사 교과서 왜곡 문제

7 인구 변화와 인구 문제

01 인구 분포

1 세계의 인구 분포

1 세계 인구 분포의 특징

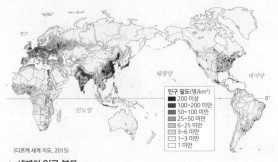

(디르케 세계 지도, 2015)

인구 밀도(명/km²)
- 200 이상
- 100~200 미만
- 50~100 미만
- 25~50 미만
- 6~25 미만
- 3~6 미만
- 1~3 미만
- 1 미만

▲ 세계의 인구 분포

위도별	• 인구 밀집: 북위 20°~40°의 온화한 기후 지역 • 인구 희박: 적도 부근, 극지방
대륙별	• 인구 밀집: ❶ [　　　] 대륙(가장 많이 분포), 유럽 대륙 • 인구 희박: 오세아니아 대륙에 가장 적은 인구 분포

2 인구 분포에 영향을 미치는 요인

❷ [　　] 적 요인	• 기후, 지형 등 • 인구 밀집: 기후가 온화한 지역, 평야가 발달한 지역, 물을 얻기 쉬운 지역 ⏎ 동남아시아의 ❸ [　　　] 지역 • 인구 희박: 열대·건조·한대 기후 지역, 험준한 산지 ⏎ 브라질 아마존강 유역, 사하라 사막, 캐나다 북부 등
인문·사회적 요인	• 경제, 산업, 교통, 종교, 문화 등 • 인구 밀집: 경제가 발달하고 ❹ [　　　]가 풍부한 지역, 교육 여건과 문화 시설이 잘 갖추어진 지역 ⏎ ❺ [　　] 유럽, 미국 북동부 등 • 인구 희박: 교통이 불편한 지역, 일자리가 부족한 지역, 전쟁·분쟁이 자주 발생하는 지역

2 우리나라의 인구 분포

1 산업화 이전 자연적 요인의 영향이 큼

인구 밀집	❻ [　　　] 지역 – 기후가 온화하고 평야가 발달
인구 희박	북동부 지역 – 기온이 낮고 산지가 많이 분포

2 산업화 이후 인문·사회적 요인의 영향이 큼

인구 밀집	• ❼ [　　　]: 정치·경제·문화의 중심지, 일자리 풍부 • 대도시: 교통, 서비스업 발달 • ❽ [　　　] 공업 지역: 중화학 공업 발달로 일자리 풍부
인구 희박	태백산맥, 소백산맥 일대의 ❾ [　　] 지역, 농어촌 지역 → 산업 시설 부족, 교육·문화 시설 등의 접근성 낮음

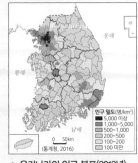

인구 밀도(명/km²)
- 5,000 이상
- 1,000~5,000
- 500~1,000
- 200~500
- 100~200
- 100 미만

(통계청, 2016)

▲ 우리나라의 인구 분포(2013년)

정답 ❶ 아시아 ❷ 자연 ❸ 벼농사 ❹ 일자리 ❺ 서부 ❻ 남서부 ❼ 수도권 ❽ 남동 임해
❾ 산지

---

01 인구가 가장 많이 분포하는 대륙(A)과 가장 적게 분포하는 대륙 (하 난이도) (B)을 바르게 연결한 것은?

	A	B
①	유럽	아프리카
②	유럽	남아메리카
③	아시아	북아메리카
④	아시아	오세아니아
⑤	북아메리카	아프리카

02 세계의 인구 분포에 대한 옳은 설명을 보기에서 고른 것은?
(중 난이도)

보기
ㄱ. 세계 인구의 90% 이상이 북반구에 거주한다.
ㄴ. 해안 지역보다 내륙 지역에 많은 인구가 분포한다.
ㄷ. 적도 및 고위도 지역에 가장 많은 인구가 분포한다.
ㄹ. 온대 및 냉대 기후 지역의 남부에 인구가 밀집되어 있다.

① ㄱ, ㄴ　　② ㄱ, ㄷ　　③ ㄱ, ㄹ
④ ㄴ, ㄷ　　⑤ ㄷ, ㄹ

03 다음 글의 밑줄 친 요인의 사례로 옳지 않은 것은?
(하 난이도)

과거에는 인구 분포에 자연적 요인이 큰 영향을 미쳤으나 과학 기술의 발달로 자연환경의 제약을 극복할 수 있게 되면서 인문·사회적 요인이 더 중요해지고 있다.

① 산업　　② 정치　　③ 종교
④ 기후　　⑤ 문화

04 인구 희박 지역이 아닌 것은?
(중 난이도)

① 건조 기후 지역
② 큰 강의 하류 지역
③ 높은 산지가 많은 지역
④ 극지방의 한대 기후 지역
⑤ 열대 우림 기후의 밀림 지역

[05~06] 다음 지도는 세계의 인구 분포를 나타낸 것이다. 이를 보고 물음에 답하시오.

05 위 지도에 표시된 지역의 인구 분포에 영향을 미친 요인으로 옳은 것을 보기 에서 고른 것은?

(중 난이도)

보기
ㄱ. A - 일찍부터 산업이 발달해 일자리가 풍부하다.
ㄴ. B - 연 강수량이 적어 물을 구하기가 어렵다.
ㄷ. D - 고온 다습하고 밀림이 우거져 있어 거주에 불리하다.
ㄹ. E - 연평균 기온이 낮아 농업 활동에 불리하다.

① ㄱ, ㄴ   ② ㄱ, ㄷ   ③ ㄴ, ㄷ
④ ㄴ, ㄹ   ⑤ ㄷ, ㄹ

06 위의 C 지역에 인구가 밀집하게 된 원인으로 가장 적절한 것은?

(중 난이도)

① 교육 및 문화 시설이 잘 갖추어졌기 때문이다.
② 경제 수준이 높고, 일자리가 풍부하기 때문이다.
③ 계절풍의 영향을 받아 벼농사에 유리하기 때문이다.
④ 석유 자원이 풍부하고, 산업이 발달하였기 때문이다.
⑤ 전쟁 및 분쟁이 발생하지 않고 정치적으로 안정된 지역이기 때문이다.

07 인구가 밀집한 지역을 보기 에서 고른 것은?

(하 난이도)

보기
ㄱ. 동부 아시아 지역
ㄴ. 미국 북동부 지역
ㄷ. 히말라야산맥 일대
ㄹ. 오스트레일리아 내륙 지역

① ㄱ, ㄴ   ② ㄱ, ㄷ   ③ ㄴ, ㄷ
④ ㄴ, ㄹ   ⑤ ㄷ, ㄹ

08 다음 지도는 중국의 인구 분포(2012년)를 나타낸 것이다. 동부 지역의 특징으로 옳은 것을 보기 에서 고른 것은?

(상 난이도)

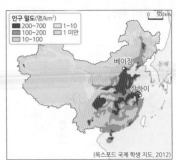

보기
ㄱ. 평야가 발달해 농업 활동에 유리하다.
ㄴ. 해발 고도가 높고 유목과 목축업이 발달했다.
ㄷ. 교통이 불편하고 전쟁이나 분쟁이 자주 발생한다.
ㄹ. 공업이 발달하여 소득이 높고 일자리가 풍부하다.

① ㄱ, ㄴ   ② ㄱ, ㄹ   ③ ㄴ, ㄷ
④ ㄴ, ㄹ   ⑤ ㄷ, ㄹ

09 다음 지도는 1940년대 우리나라의 인구 분포를 나타낸 것이다. 이에 대한 해석으로 옳은 것은?

(중 난이도)

① 강원도 산간 지역의 인구 밀도가 높게 나타난다.
② 산업, 교통 등 인문·사회적 요인의 영향을 강하게 받았다.
③ 공업이 발달한 남동 임해 지역의 인구 밀도가 높게 나타난다.
④ 북동부에 비해 벼농사에 유리한 남서부 지역의 인구 밀도가 높다.
⑤ 이촌 향도 현상의 심화로 수도권 지역을 중심으로 인구가 밀집되었다.

10 다음 지도는 산업화 이후 우리나라의 인구 분포를 나타낸 것이다. 남동 임해 지역의 인구 밀도가 높은 이유로 가장 적절한 것은?

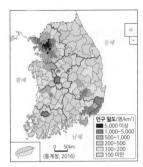

① 우리나라 정치·경제·문화의 중심지이기 때문이다.
② 중화학 공업이 발달하여 일자리가 풍부하기 때문이다.
③ 문화적 자원이 풍부하여 관광 산업이 발달했기 때문이다.
④ 기후가 온화하고 평야가 발달하여 농업에 유리하기 때문이다.
⑤ 다양한 수산 자원이 분포하여 일찍부터 어업이 발달했기 때문이다.

11 다음 그래프는 우리나라의 시·도별 인구 밀도를 나타낸 것이다. 이에 대한 설명으로 옳지 <u>않은</u> 것은?

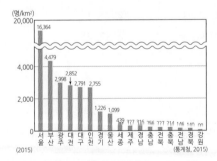

① 수도권의 인구 밀도가 높게 나타난다.
② 지방 대도시의 인구 밀도는 상대적으로 낮게 나타난다.
③ 농어촌이 많이 분포하는 지역은 인구 밀도가 낮게 나타난다.
④ 교통이 편리하고 산업이 발달한 지역은 인구 밀도가 높게 나타난다.
⑤ 산업 발달이 미약하고 경제 활동을 할 기회가 적은 지역은 인구 밀도가 낮게 나타난다.

주관식·서술형

12 다음 설명에 해당하는 용어를 쓰시오.

> 지역의 인구 밀집 정도를 뜻하며, 단위 면적에 대한 인구수로 측정하는데 보통 1km² 안의 인구수로 나타낸다.

_____

13 다음 지도는 세계의 인구 분포를 나타낸 것이다. B 지역의 인구 분포에 영향을 미친 요인을 서술하시오.

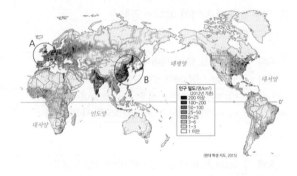

_____

_____

14 다음 글을 읽고 물음에 답하시오.

> (가) 1960년대 이후 산업화와 도시화가 진행되면서 수도권과 지방의 대도시를 중심으로 인구가 밀집하였다.
> (나) 산업화 이후에 우리나라 전체 인구의 절반가량이 ㉠수도권에 모여 살고 있으며, ㉡산간 지역과 농어촌 지역은 인구 밀도가 낮은 편이다.

(1) (가)와 같은 현상이 나타나게 된 원인을 서술하시오.

_____

_____

(2) (나)에서 ㉠, ㉡ 현상이 나타나게 된 원인을 각각 서술하시오.

_____

_____

02 인구 이동 ~ 03 인구 문제

① 인구 이동

1 인구 이동의 요인

❶ ☐☐ 요인	높은 임금, 풍부한 일자리, 쾌적한 주거 환경, 다양한 교육 및 문화 시설, 정치·종교의 자유 보장 등
❷ ☐☐ 요인	낮은 임금, 실업, 교육 및 문화 시설 부족, 열악한 주거 환경, 전쟁 및 분쟁, 잦은 자연재해 등

2 오늘날 세계의 인구 이동

❸ ☐☐☐ 이동	• 오늘날 가장 많이 발생하는 인구 이동 유형 • 개발 도상국에서 선진국으로 일자리를 찾아 이동 예 서남아시아·북부 아프리카 ➡ 서부 유럽 라틴 아메리카(멕시코 등) ➡ 미국
❹ ☐☐☐ 이동	민족 탄압, 전쟁 및 분쟁 등을 피해 다른 지역으로 이동 예 아프리카 및 서남아시아의 난민

3 인구 이동이 지역에 미치는 영향

(1) 인구 유입 지역

지역	서부 유럽, 앵글로아메리카 등에 위치한 선진국
특징	노동력이 풍부해져 경제 활성화, 문화적 다양성 증가
문제점	• 이주민과 현지인 간의 ❺ ☐☐ 적 차이로 인한 갈등 • 일자리를 둘러싸고 내국인과 외국인 사이의 갈등

(2) 인구 유출 지역

지역	아프리카, 아시아, 라틴 아메리카의 개발 도상국
특징	• 낮은 임금 수준, 일자리 부족, 잦은 내전 및 분쟁 발생 • 이주자들이 송금하는 외화가 본국의 경제 활성화에 도움을 줌
문제점	청장년층 및 고급 기술 인력 유출로 ❻ ☐☐☐ 부족 현상 발생

② 인구 문제

1 개발 도상국과 선진국의 인구 문제

개발 도상국	• 식량 및 자원 부족, 일자리 부족 문제 ➡ 빈곤 및 기아 • 도시 인구 급증 ➡ 주택 부족, 교통 혼잡, 환경 오염 등 • 남아 선호 사상 ➡ 일부 국가의 성비 불균형 문제 발생
선진국	• ❼ ☐☐☐ : 노동력 부족 문제, 경제 활동 침체 • ❽ ☐☐☐ : 질병·소외 등 노인 문제, 노인 복지 비용 증가

2 개발 도상국과 선진국의 인구 문제 해결 방안

개발 도상국		• ❾ ☐☐☐☐ 정책: 교육 및 의료 보급, 가족계획 사업 • 인구 부양력 증대: 식량 증산 및 경제 개발 정책 • 농촌 생활 환경 개선: 도시로의 지나친 인구 유입 방지
선진국	저출산	• ❿ ☐☐☐☐ 정책: 출산 및 육아 수당 지급 등 • 일과 육아의 병행 가능한 제도 개선, 결혼 및 가족에 대한 인식 변화, 공동 육아를 위한 양성평등 문화 확산
	고령화	• 노인의 경제적 기반 마련: 일자리 창출, 정년 연장 등 • 노인 복지 및 연금 제도 개선, 실버산업 육성

참고 정답 ❶ 흡인 ❷ 배출 ❸ 경제적 ❹ 정치적 ❺ 문화 ❻ 노동력 ❼ 저출산 ❽ 고령화 ❾ 산아 제한 ❿ 출산 장려

실력 확인 문제

01 인구 이동의 배출 요인을 보기 에서 고른 것은?

(하) 난이도

보기
ㄱ. 전쟁 및 분쟁　　　　ㄴ. 열악한 주거 환경
ㄷ. 풍부한 일자리　　　　ㄹ. 다양한 교육 및 문화 시설

① ㄱ, ㄴ　　　② ㄱ, ㄷ　　　③ ㄴ, ㄷ
④ ㄴ, ㄹ　　　⑤ ㄷ, ㄹ

02 다음 (가)~(라)의 인구 이동에 대해 바르게 설명한 것을 보기에서 고른 것은?

(상) 난이도

(가) 내전 때문에 이웃나라 터키에 있는 난민촌으로 이동하였다.
(나) 북서부 유럽인들은 여름이면 휴가를 즐기기 위해 지중해 연안으로 이동한다.
(다) 1970년대 리비아의 대수로 공사 건설 현장에서 일하는 한국 청년들이 많았다.
(라) 쾌적한 주거 환경을 찾아 캐나다로 이민을 가는 아시아계 사람들이 늘어나고 있다.

보기
ㄱ. (가) – 국제 이동이며, 정치적 이동에 해당한다.
ㄴ. (나) – 국제 이동이며, 일시적 이동에 해당한다.
ㄷ. (다) – 경제적 이동이며, 강제적 이동에 해당한다.
ㄹ. (라) – 경제적 이동이며, 영구적 이동에 해당한다.

① ㄱ, ㄴ　　　② ㄱ, ㄷ　　　③ ㄴ, ㄷ
④ ㄴ, ㄹ　　　⑤ ㄷ, ㄹ

03 다음 내용과 가장 관계 깊은 인구 이동의 유형은?

(중) 난이도

　투발루는 남태평양에 있는 9개의 섬으로 이루어진 나라이다. 그중 사빌리빌리섬은 이미 사라졌고, 나머지 섬들도 더 이상 사람이 살기 어려운 곳이 되었다. 현재 투발루는 해수면이 상승하면서 국토의 면적이 계속 좁아져 이웃나라 뉴질랜드로 이주하는 사람들이 늘고 있다.

① 강제적 이동　　　② 정치적 이동
③ 종교적 이동　　　④ 환경적 이동
⑤ 경제적 이동

04 다음 지도에 나타난 인구 이동의 원인으로 가장 적절한 것은?

중 난이도

(국제 연합 난민 기구, 2014)

① 종교의 자유를 찾기 위해
② 쾌적한 휴양지를 찾기 위해
③ 내전이나 분쟁을 피하기 위해
④ 자연재해로 인한 피해를 줄이기 위해
⑤ 임금 수준이 높고 더 나은 일자리를 찾기 위해

[05~06] 다음 지도는 세계의 인구 이동을 나타낸 것이다. 이를 보고 물음에 답하시오.

→A→B→C

(디르케 세계 지도, 2015/신편 지리 자료, 2016)

05 다음 (가), (나) 인구 이동을 A~C에서 골라 바르게 연결한 것은?

중 난이도

(가) 중국인들이 경제적 어려움을 해결하고자 일자리를 찾아 동남아시아로 이주하였다.
(나) 유럽인들은 신대륙 발견 이후 노동력을 확보하기 위해 아프리카 흑인들을 아메리카 대륙으로 이주시켰다.

	(가)	(나)		(가)	(나)
①	A	B	②	A	C
③	B	C	④	C	A
⑤	C	B			

06 지도에 표시된 C 인구 이동의 유형으로 옳은 것은?

중 난이도

① 일시적 이동　　② 종교적 이동
③ 정치적 이동　　④ 경제적 이동
⑤ 강제적 이동

07 다음 지도는 우리나라의 인구 이동을 나타낸 것이다. 이에 대한 설명으로 옳은 것은?

중 난이도

① 1990년대 이후의 인구 이동이다.
② 산업화로 인한 이촌 향도 현상을 나타내고 있다.
③ 수도권의 신도시 건설 이후 인구 이동을 나타내고 있다.
④ 대도시 인구의 일부가 도시 주변 지역으로 이동하고 있다.
⑤ 일제 강점기 때 일자리를 찾아 많은 사람들이 북부 지방으로 이동하고 있다.

08 다음 글을 읽고 해석한 내용으로 옳지 않은 것은?

상 난이도

영화 '국제 시장'에는 1960~1970년대 독일로 이주한 광부와 간호사에 대한 이야기가 등장한다. 남자 주인공은 가족의 생계를 책임지기 위해 독일의 광부 모집 공고에 지원하게 된다. 독일로 이주한 광부와 간호사들은 월급의 대부분을 우리나라에 있는 가족에게 송금하였다.

① 경제적 요인에 의한 인구 이동이다.
② 당시 독일은 노동력이 부족해 외국인 근로자들을 받아들였다.
③ 당시 우리나라는 경제 수준이 낮고 일자리가 부족한 상태였다.
④ 근로자들이 벌어들인 외화는 우리나라의 경제 성장에 이바지하였다.
⑤ 당시 독일에서는 일자리를 두고 현지인과 우리나라 근로자 사이에 갈등이 심했다.

09 다음 지도는 인구 유입 지역과 유출 지역을 나타낸 것이다. B 지역에서 나타날 수 있는 현상으로 옳은 것은?

(중) 난이도

① 청장년층의 인구 비율이 매우 높게 나타난다.
② 이주민에 의해 문화적 다양성이 높아질 수 있다.
③ 젊고 우수한 인력이 유출되어 사회적 활력이 떨어질 수 있다.
④ 일자리를 두고 현지인과 이주민 사이에 갈등이 나타날 수 있다.
⑤ 현지인과 외국인 사이에 문화적 차이로 인한 갈등이 나타나기도 한다.

10 오늘날 대표적인 인구 유출 지역을 보기 에서 고른 것은?

(하) 난이도

보기

ㄱ. 남부 아시아   ㄴ. 북서부 유럽
ㄷ. 북부 아프리카   ㄹ. 앵글로아메리카

① ㄱ, ㄴ   ② ㄱ, ㄷ   ③ ㄴ, ㄷ
④ ㄴ, ㄹ   ⑤ ㄷ, ㄹ

11 다음 그래프를 보고 세 국가에서 공통적으로 나타날 수 있는 현상으로 옳은 것은?

(중) 난이도

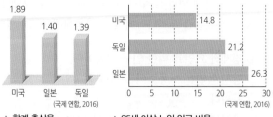

▲ 합계 출산율   ▲ 65세 이상 노인 인구 비율

① 성비 불균형 문제가 심각할 것이다.
② 노인 인구 부양비가 점차 증가할 것이다.
③ 일자리 및 식량 부족 문제가 나타날 것이다.
④ 도시의 교통 혼잡, 주택 부족 등이 심화될 것이다.
⑤ 노동 가능 인구가 증가해 경제가 활성화될 것이다.

12 다음과 같은 인구 구조를 가진 국가에서 나타날 수 있는 인구 문제로 옳은 것을 보기 에서 고른 것은?

(중) 난이도

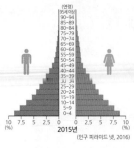

보기

ㄱ. 노인 복지 비용 증가 문제
ㄴ. 인구 급증으로 인한 식량 부족 문제
ㄷ. 이촌 향도 심화로 인한 주택 부족 문제
ㄹ. 노동력 부족으로 인한 경제 성장 둔화 문제

① ㄱ, ㄴ   ② ㄱ, ㄷ   ③ ㄴ, ㄷ
④ ㄴ, ㄹ   ⑤ ㄷ, ㄹ

13 다음 글을 읽고 프랑스에서 나타날 수 있는 문제로 옳은 것을 보기 에서 고른 것은?

(상) 난이도

제2차 세계 대전 이후 프랑스에서는 경제 재건을 위해 많은 노동력이 필요하였다. 이에 따라 과거 식민지였던 북부 아프리카 지역에서 많은 저임금 노동자들을 받아들였다. 이들은 초기에는 경제에 긍정적인 영향을 미쳤으나, 최근 외국인 노동자들의 비율이 높아지면서 프랑스에서는 많은 변화가 나타났다.

보기

ㄱ. 청장년층 인구 비율이 줄면서 사회적 활력이 떨어지고 있다.
ㄴ. 남성들이 많이 유출되어 성비 불균형 현상이 나타나고 있다.
ㄷ. 크리스트교도와 이슬람교도 사이에 종교적 마찰이 늘고 있다.
ㄹ. 일자리를 두고 내국인과 이주민 사이에 갈등이 심해지고 있다.

① ㄱ, ㄴ   ② ㄱ, ㄷ   ③ ㄴ, ㄷ
④ ㄴ, ㄹ   ⑤ ㄷ, ㄹ

14 다음과 같은 인구 구조를 가진 국가에서 나타날 수 있는 인구 문제의 해결 방안으로 적절한 것을 보기에서 고른 것은?

(중) 난이도

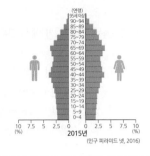

[연령]
95세이상
90~94
85~89
80~84
75~79
70~74
65~69
60~64
55~59
50~54
45~49
40~44
35~39
30~34
25~29
20~24
15~19
10~14
5~9
0~4

10 7.5 5 2.5 0 2.5 5 7.5 10
(%)   2015년   (%)
(인구 피라미드 넷, 2016)

보기
ㄱ. 가족계획 실시를 통해 출산율을 억제한다.
ㄴ. 노인 일자리를 창출하고 실버산업을 육성한다.
ㄷ. 정부 주도의 경제 개발 정책을 적극적으로 추진한다.
ㄹ. 보육 시설을 늘리고 일과 육아를 병행할 수 있는 제도를 마련한다.

① ㄱ, ㄴ   ② ㄱ, ㄷ   ③ ㄴ, ㄷ
④ ㄴ, ㄹ   ⑤ ㄷ, ㄹ

15 우리나라 저출산 문제의 해결 방안으로 적절하지 않은 것은?

(하) 난이도

① 직장 내 보육 시설을 확충한다.
② 자녀 양육비의 지원을 확대한다.
③ 전통적 남아 선호 사상을 타파한다.
④ 결혼에 대한 긍정적 가치관을 조성한다.
⑤ 공동 육아를 위한 양성평등 문화를 확산한다.

16 다음 (가)~(라)는 우리나라의 인구 정책을 반영한 포스터이다. 이에 대한 설명으로 옳지 않은 것은?

(상) 난이도

(가)   (나)   (다)   (라)

① (가), (나)는 출산 억제 정책과 관련있다.
② (다)는 성비 불균형 문제의 해결 방안과 관련있다.
③ (라)와 같은 시기에는 국가 경쟁력이 약화될 수 있다.
④ (라)는 출산율이 급격하게 낮아지면서 등장하게 되었다.
⑤ (나) – (가) – (라) – (다)의 순으로 포스터가 만들어졌다.

주관식·서술형

17 다음 지도는 모로코에서 유럽 지역으로의 인구 이동을 나타낸 것이다. 모로코와 유럽 지역에서 나타날 수 있는 문제점을 각각 서술하시오.

_____

_____

18 다음 글의 빈칸에 들어갈 알맞은 말을 쓰시오.

한 국가에서 65세 이상 노인 인구가 전체 인구의 7%를 넘으면 (㉠) 사회, 14%를 넘으면 (㉡) 사회, 20%를 넘으면 (㉢) 사회라고 한다.

㉠ _____ ㉡ _____ ㉢ _____

19 다음 그래프는 일본의 인구 구성 비율을 나타낸 것이다. 일본에서 나타날 수 있는 인구 문제를 쓰고, 이에 대한 해결 방안을 서술하시오.

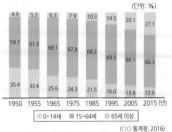

(단위: %)

	1950	1955	1965	1975	1985	1995	2005	2015 (년)
65세 이상	4.9	5.3	6.3	7.9	10.3	14.5	20.1	27.1
15~64세	59.7	61.3	68.1	67.8	68.2	69.5	66.1	60.3
0~14세	35.4	33.4	25.6	24.3	21.5	16.0	13.8	12.6

(○○ 통계청, 2016)

_____

_____

8 사람이 만든 삶터, 도시

01 세계 여러 도시의 다양성 ~ 02 도시 내부 공간의 다양성

1 세계 여러 도시의 다양성

1 세계적으로 유명해진 도시의 요인

긍정적 요인	쾌적한 환경, 복지 제도 발달, 풍부한 문화유산 등
부정적 요인	인구 과밀, 극심한 빈부 격차, 높은 범죄율 등

2 다양한 특징을 가진 세계적인 도시들

특징	대표 도시	내용
세계 경제의 중심지	미국의 뉴욕, 영국의 런던, 일본의 도쿄	다국적 기업의 본사, 국제기구, 국제 금융 기관 입지
생태 환경 도시	독일의 프라이부르크, 브라질의 쿠리치바	친환경 에너지 사용, 대중교통 발달 등
역사 문화	그리스의 아테네, 중국의 베이징	오랜 세월에 걸쳐 형성된 역사 유적이 많은 도시
자연환경	에콰도르의 키토	연중 온화한 열대 ❶◻◻ 기후
독특한 경관	이탈리아의 베네치아, 말리의 팀북투	석호에 건설된 '물의 도시', 흙으로 지어진 건물 경관

2 도시 내부 공간의 다양성

1 도시 내부 ❷◻◻◻◻의 분화

원인	• 주로 ❸◻◻와 ❹◻◻◻의 차이에 의해 이루어짐 • 접근성이 좋고 지가가 높은 도심 → 상업 및 업무 기능 • 저렴하고 넓은 토지가 있는 주변 지역 → 주거 기능, 공업 기능
특징	• 유사한 기능별로 도시 공간이 나누어지는 것 • 도시가 처음 형성될 때는 상업 및 업무 기능, 주거 기능, 공업 기능이 뒤섞여 분포하지만, 도시가 성장함에 따라 비슷한 기능끼리 모이면서 공간적으로 구분됨

2 도시 내부 구조

❺◻◻	• 정부 기관, 기업의 본사, 주요 금융 기관, 백화점 등이 밀집한 중심 업무 지구(CBD) 형성 • 업무용 고층 건물 밀집, 인구 ❻◻◻◻ 현상
❼◻◻◻	• 도심과 주변 지역을 연결하는 교통이 편리한 곳에 형성 • 도심의 기능 분담
중간 지역	• 도심과 주변 지역 사이에 위치 • 상업·업무 기능, 공업 기능, 주거 기능 혼재
주변 지역	• 주거 기능, 공업 기능 분포 • 도시와 농촌의 모습이 혼재 • ❽◻◻◻◻◻◻으로 지정되기도 함

◀ 도시 내부 구조 모식도

❶ 고산 ❷ 기능 지역 ❸ 지가 ❹ 접근성 ❺ 도심 ❻ 공동화 ❼ 부도심
❽ 개발 제한 구역

실력 확인 문제

01 도시의 특징으로 옳은 것을 보기에서 고른 것은?

(하) 난이도

보기

ㄱ. 촌락에 비해 토지 이용이 집약적이다.
ㄴ. 1차 산업에 종사하는 인구 비중이 높다.
ㄷ. 주변 지역에 상품과 서비스를 제공한다.
ㄹ. 산, 하천, 평야와 같은 자연 경관이 지배적이다.

① ㄱ, ㄴ   ② ㄱ, ㄷ   ③ ㄴ, ㄷ
④ ㄴ, ㄹ   ⑤ ㄷ, ㄹ

02 다음 글의 ㉠~㉢에 들어갈 말을 바르게 연결한 것은?

(중) 난이도

(㉠)은/는 인구가 밀집한 곳으로 주변 지역에 재화와 서비스를 제공한다. 고층 빌딩과 같이 (㉡) 토지 이용이 특징이며, 많은 사람들이 (㉢)에 종사한다.

	㉠	㉡	㉢
①	도시	집약적	서비스업
②	도시	조방적	서비스업
③	도시	집약적	농업
④	촌락	조방적	서비스업
⑤	촌락	집약적	농업

03 다음 (가), (나) 경관이 나타나는 지역에 대한 설명으로 옳지 않은 것은?

(중) 난이도

(가)  (나)

① (가)는 촌락, (나)는 도시의 모습이다.
② (가)는 (나)보다 인문 경관이 발달하였다.
③ (나)는 (가)보다 인구 밀도가 높다.
④ (나)는 (가)보다 토지 이용이 집약적이다.
⑤ (가)와 (나)는 기능적으로 상호 의존 관계이다.

04 다음 글의 밑줄 친 ㉠에 해당하는 것을 보기 에서 고른 것은?

_{하
난이도}

> 세계의 도시 중에는 높은 범죄율, 극심한 빈부 격차, 교통 체증 등으로 유명한 도시도 있지만 쾌적한 환경과 같이 ㉠긍정적 요인으로 유명한 도시가 많다.

보기
ㄱ. 친환경 정책   ㄴ. 불량 주택 지역
ㄷ. 풍부한 문화유산   ㄹ. 높은 인구 밀도

① ㄱ, ㄴ   ② ㄱ, ㄷ   ③ ㄴ, ㄷ
④ ㄴ, ㄹ   ⑤ ㄷ, ㄹ

05 다음 자료의 빈칸에 들어갈 도시로 옳은 것은?

_{중
난이도}

> 오스트레일리아에 위치한 (   )은/는 아름다운 항구와 오페라 하우스로 유명한 도시이다.

① 런던   ② 두바이
③ 시드니   ④ 싱가포르
⑤ 프라이부르크

06 다음 도시들의 공통점으로 가장 적절한 것은?

_{중
난이도}

> • 미국의 뉴욕   • 영국의 런던
> • 일본의 도쿄

① 독특한 기후를 가진 도시
② 자연과 조화를 이룬 생태 환경 도시
③ 낮은 범죄율과 쾌적한 환경으로 유명한 도시
④ 자본과 정보가 집중되는 국제 금융·업무 도시
⑤ 오랜 세월에 걸쳐 형성되어 역사 유적이 많은 도시

07 다음 표의 (가)에 들어갈 내용으로 가장 적절한 것은?

_{중
난이도}

대표 도시	공통 특징
독일의 프라이부르크, 브라질의 쿠리치바	(가)
그리스의 아테네, 중국의 베이징	역사 문화
이탈리아의 베네치아, 말리의 팀북투	독특한 경관

① 치안   ② 안전   ③ 환경
④ 교육   ⑤ 소득

08 다음 설명에 해당하는 도시를 지도의 A~E 중에서 고른 것은?

_{중
난이도}

> 동남아시아를 대표하는 금융, 물류의 중심지로 인도양과 태평양을 잇는 해상 교통의 길목에 위치하였다.

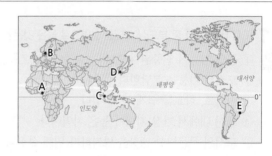

① A   ② B   ③ C
④ D   ⑤ E

09 다음 글의 ㉠~㉢에 들어갈 말을 바르게 연결한 것은?

_{중
난이도}

> 도시 내에서 교통의 요충지로 접근성과 지가가 가장 높은 지역은 (㉠)이다. (㉠)에는 행정 기관, 기업의 본사, 백화점, 금융 기관 등 (㉡) 기능이 집중되어 있다. (㉠)은 주거 기능이 약화되면서 낮과 밤의 인구 밀도 차이가 큰 (㉢) 현상이 나타난다.

	㉠	㉡	㉢
①	도심	공업	인구 공동화
②	도심	상업·업무	인구 공동화
③	부도심	상업·업무	이촌 향도
④	부도심	공업	이촌 향도
⑤	중간 지역	상업·업무	인구 공동화

10 다음 그래프는 주간 및 야간 인구 밀도의 변화를 나타낸 것이다. (가)에서 (나)로 이동하면서 나타나는 변화로 옳은 것은?

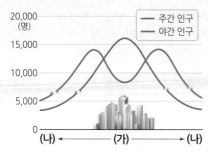

① 지가가 낮아진다.
② 접근성이 좋아진다.
③ 녹지 면적이 줄어든다.
④ 거주 인구가 감소한다.
⑤ 토지 이용의 집약도가 높아진다.

11 도시 내부 지역 중 부도심에 대한 설명으로 옳은 것은?

① 공업 기능이 집중된다.
② 도심의 기능을 분담한다.
③ 아파트, 학교를 쉽게 볼 수 있다.
④ 도시 내에서 가장 지대가 높은 지역이다.
⑤ 도시의 무분별한 팽창을 방지하기 위해 설정되었다.

12 다음 글의 밑줄 친 (가)에 대한 설명으로 옳지 <u>않은</u> 것은?

도시는 성장하면서 도시 공간이 유사한 기능별로 나누어진다. 이를 도시 ___(가)___ 라고 한다.

① 도시 발달 초기에 가장 뚜렷하게 나타난다.
② 도시가 성장하면서 공간적으로 점차 구분된다.
③ (가)에 들어갈 말은 '내부 기능 지역의 분화'이다.
④ 집심 현상을 통해 업무 기능은 도심으로 집중한다.
⑤ 이심 현상을 통해 주거 기능은 주변 지역으로 이동한다.

13 도시 내부 기능 지역의 분화에 대한 설명으로 옳은 것은?

① 접근성이 좋은 지역은 지대가 낮게 나타난다.
② 주거 기능은 접근성이 좋은 도심에 입지한다.
③ 도시가 성장할수록 내부 지역 분화가 뚜렷해진다.
④ 업무 기능은 지대가 낮은 주변 지역으로 이동한다.
⑤ 도시 개발 정책은 지역 분화에 영향을 미치지 않는다.

주관식·서술형

14 다음 글의 빈칸에 들어갈 도시의 이름을 쓰시오.

미국의 (   )은/는 세계 경제의 중심 도시이며, 다국적 기업의 본사, 국제기구, 국제 금융 기관이 입지하고 있다.

_____

15 다음 글의 빈칸에 들어갈 말을 쓰시오.

도심은 높은 지대로 인해 주거 기능이 쇠퇴하였다. 그 결과 (   ) 현상이 나타나 낮에는 업무·상업적 목적의 유동 인구가 많지만 늦은 밤이 되면 한산해진다.

_____

16 다음 설명에 해당하는 도시 공간을 쓰시오.

일반적으로 도시 주변 지역 바깥의 최외곽에 설정된 공간으로, 도시의 무질서한 팽창을 막기 위해 개발을 금지하고 있다.

_____

17 다음 그래프를 보고 물음에 답하시오.

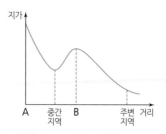

(1) A, B에 해당하는 도시 내부 지역을 쓰시오.

A _____   B _____

(2) A에서 주변 지역으로 갈수록 지가가 전반적으로 낮아지는 이유와 B에서 지가가 높아지는 이유를 각각 서술하시오.

_____

_____

03 선진국과 개발 도상국의 도시 ~ 04 살기 좋은 도시

❶ 선진국과 개발 도상국의 도시

1 도시화

의미	도시에 거주하는 인구가 증가하거나 도시적 ❶□□□□이 보편화되는 과정
도시화 곡선	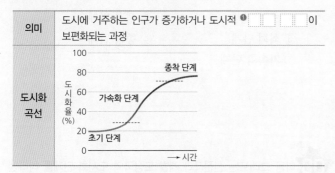

2 선진국과 개발 도상국의 도시화 과정과 도시 문제

구분	선진국	개발 도상국
도시화 과정	• ❷□□□□ 이후 200여 년 동안 서서히 진행 • 이촌 향도: 촌락에서 도시로 인구 이동	• 제2차 세계 대전 이후 빠른 속도로 진행 • 이촌 향도+높은 ❸□□□ → 폭발적인 인구 증가
도시화 배경	제조업 성장에 따라 새로운 ❹□□□를 찾아 도시로 인구 이동	제조업이 성장하지 못한 상태에서 촌락 생활의 어려움으로 도시로 인구 이동
특징	오늘날 도시화 정체 또는 역도시화 현상이 나타남	수위 도시에 많은 인구 집중, 도시 난개발
도시 문제	• 도심 지역 노후화 • 출퇴근 시간 ❺□□ 체증 발생 • 제조업 쇠퇴로 도시 경제 침체	• 무허가 ❻□□□□ 문제 등 열악한 생활 환경 • 도시 내 빈부 격차 문제, 환경 문제, 실업 문제 등 심각

❷ 살기 좋은 도시

1 삶의 질의 평가 기준

주관적 측면	• 도시에서 느끼는 행복감 • 생활의 편리성
❼□□□ 측면	• 소득, 일자리 • 경제적 발전

2 살기 좋은 도시의 조건

물리적 환경	• 주택, 도로, 대중교통 체계가 편리하게 갖추어짐 • 쾌적한 자연환경
사회·경제적 조건	• 풍부한 일자리 제공 • ❽□□ 규모의 인구 거주 • 활발한 경제 활동 • 교육, 의료, 보건, 문화, 주거 환경, 행정 서비스 제공
사회·문화적 ❾□□□ 인정	• 경제적 수준, 성별, 연령, 인종, 종교에 따른 차별 없음 • 사회·문화적 다양성을 인정하는 포용성
사례	• 외국: 오스트리아의 빈, 캐나다의 밴쿠버 등 • 우리나라: 전라남도 순천 등

❶ 생활 양식 ❷ 산업 혁명 ❸ 출산율 ❹ 일자리 ❺ 교통 ❻ 불량 주택 ❼ 객관적
❽ 적정 ❾ 다양성

01 다음 글의 ㉠~㉢에 들어갈 말을 바르게 연결한 것은?

(하) 난이도

> 도시적 생활 양식이 보편화되는 과정을 (㉠)라고 한다. 전체 인구에서 도시 인구가 차지하는 비율을 (㉡)이라고 한다. 도시화가 진행되면 도시의 수가 (㉢), 도시의 면적이 넓어진다.

	㉠	㉡	㉢
①	도시화	도시화율	줄고
②	도시화	도시화율	늘고
③	도시화	출생률	늘고
④	산업화	출생률	늘고
⑤	산업화	도시화율	줄고

02 다음 도시화 곡선의 A 단계에 대한 설명으로 옳은 것은?

(중) 난이도

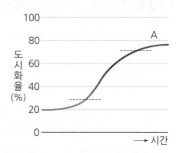

① 농업 중심의 사회
② 대부분의 개발 도상국이 도달함
③ 본격적인 이촌 향도 현상이 발생함
④ 제조업 성장으로 도시의 일자리 증가
⑤ 도시의 인구가 농촌으로 돌아가기도 함

03 다음 그래프는 두 지역의 도시화 과정을 나타낸 것이다. (가)와 비교한 (나)의 도시화 특징으로 옳은 것은?

(상) 난이도

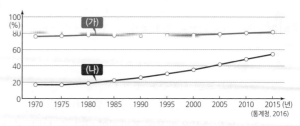

(통계청, 2016)

① 도시화의 역사가 짧다.
② 도시화의 속도가 느리다.
③ 도시화 곡선의 기울기가 완만하다.
④ 1990년대에 도시화의 초기 단계에 진입하였다.
⑤ 1970년대부터 도시화 곡선의 가속화 단계에 해당한다.

04 도시화율을 구하는 방법으로 옳은 것은?

중
난이도

① 도시화율(%) = $\dfrac{도시\ 인구}{전체\ 인구} \times 100$

② 도시화율(%) = $\dfrac{촌락\ 인구}{도시\ 인구} \times 100$

③ 도시화율(%) = $\dfrac{도시\ 인구}{촌락\ 인구} \times 100$

④ 도시화율(%) = $\dfrac{도시\ 인구 - 촌락\ 인구}{전체\ 인구} \times 100$

⑤ 도시화율(%) = $\dfrac{도시에서\ 태어난\ 인구}{전체\ 인구} \times 100$

05 다음 글의 밑줄 친 (가)에 대한 설명으로 옳지 않은 것은?
중
난이도

> ___(가)___ 은/는 농촌 인구가 도시로 이동하는 현상
> 이다. 우리나라는 1970~1980년대의 고도 성장기에 두
> 드러지게 나타났다.

① 도시화의 가속화 단계에서 잘 나타난다.
② 제조업이 발달하는 시기에 잘 나타난다.
③ 일자리를 찾아 도시로 이동이 발생하였다.
④ 촌락 생활의 어려움으로 발생하기도 한다.
⑤ 도심에서 주야간 인구 밀도 차이가 나타난다.

06 선진국의 도시화에 대한 설명으로 옳은 것을 보기 에서 고른 것은?

하
난이도

> 보기
> ㄱ. 대부분의 선진국은 종착 단계에 이르렀다.
> ㄴ. 제2차 세계 대전 이후 도시화가 진행되었다.
> ㄷ. 높은 출산율 때문에 폭발적인 인구 증가가 발생한다.
> ㄹ. 도시 인구가 교외 지역 또는 농촌으로 이동하기도
> 한다.

① ㄱ, ㄴ ② ㄱ, ㄹ ③ ㄴ, ㄷ
④ ㄴ, ㄹ ⑤ ㄷ, ㄹ

07 다음 설명에 해당하는 도시화 단계는?
하
난이도

> 농업 중심의 사회로 대부분의 인구가 촌락에 거주한다.

① 초기 단계 ② 성장 단계
③ 쇠퇴 단계 ④ 종착 단계
⑤ 가속화 단계

08 다음 그래프는 선진국과 개발 도상국의 도시화 단계를 나타낸 것이다. B 지역의 도시 문제로 옳은 것을 보기 에서 고른 것은?
중
난이도

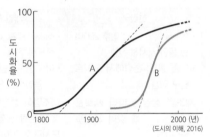
(도시의 이해, 2016)

> 보기
> ㄱ. 열악한 위생
> ㄴ. 편의 시설 부족
> ㄷ. 각종 시설 노후화
> ㄹ. 교외화로 도시 기능 약화

① ㄱ, ㄴ ② ㄱ, ㄷ ③ ㄴ, ㄷ
④ ㄴ, ㄹ ⑤ ㄷ, ㄹ

09 다음 그래프는 미국 디트로이트의 인구 변화를 나타낸 것이다. 이 지역의 인구가 감소한 이유로 가장 적절한 것은?
상
난이도

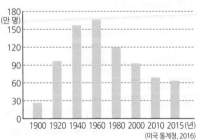
(미국 통계청, 2016)

① 제조업 쇠퇴로 실업률 증가
② 저출산에 따른 유아 인구 감소
③ 대규모 자연재해로 인명 피해 발생
④ 테러 위협으로 인한 관광 수입 감소
⑤ 인구 고령화에 따른 복지 지출 증가

10 다음 사진에 나타난 지역의 도시 문제로 가장 적절한 것은?

(상) 난이도

① 종교 갈등   ② 대기 오염   ③ 교통 문제

④ 빈부 격차   ⑤ 제조업 쇠퇴

11 다음 글의 ㉠~㉢에 들어갈 말을 바르게 연결한 것은?

(중) 난이도

> 노후화된 도시를 재개발하는 (　㉠　) 사업이 세계 여러 대도시에서 진행 중이다. (　㉠　)이/가 진행되면 주변 환경이 개선되는 효과는 있지만 임대료가 올라 (　㉡　)들은 다른 지역으로 밀려나 이동이 발생하기도 한다. 그 결과 (　㉢　)가 파괴되는 문제가 나타날 수 있다.

	㉠	㉡	㉢
①	도심 재활성화	기존 거주자	자연 생태계
②	도심 재활성화	기존 거주자	지역 공동체
③	도심 재활성화	건물주	지역 공동체
④	신도시	건물주	자연 생태계
⑤	신도시	기존 거주자	지역 공동체

12 다음 글의 밑줄 친 ㉠~㉤ 중 세계 도시인 런던에 대한 설명으로 옳지 않은 것은?

(중) 난이도

> 영국의 런던은 산업 혁명을 계기로 발전하여 ㉠현재 세계 경제의 중심지로 성장하였다. 오랜 도시화의 역사 동안 ㉡도시의 무분별한 팽창, 좁은 도로로 인한 교통 체증 등 다양한 도시 문제가 발생하였다. 이러한 도시 문제를 해결하기 위해 ㉢세계 최초로 그린벨트를 지정하였으며, ㉣가장 먼저 지하철을 건설하기도 하였다. 그러나 런던의 ㉤도심은 상업·업무 기능의 집중으로 도심에 거주하는 인구가 증가하여 인구 공동화 현상이 심화되고 있다.

① ㉠   ② ㉡   ③ ㉢

④ ㉣   ⑤ ㉤

13 다음 (가), (나)와 관련있는 도시 문제를 바르게 연결한 것은?

(중) 난이도

> (가) 도시의 인구 부양력을 넘어서는 인구가 집중되어 있는 현상
> (나) 많은 인구가 배출하는 쓰레기로 악취와 수질 오염을 유발

	(가)	(나)
①	역도시화	인구 문제
②	역도시화	쓰레기 문제
③	과도시화	쓰레기 문제
④	과도시화	식량 문제
⑤	과도시화	도시 빈곤 문제

14 다음 표의 (가)에 들어갈 도시 문제로 옳지 않은 것은?

(중) 난이도

구분	선진국	개발 도상국
도시 문제	• 교통 체증 발생 • 제조업 쇠퇴로 도시 경제 침체 • 높은 범죄율, 노숙자 문제	(가)

① 도심 지역 노후화

② 도시 기반 시설 부족

③ 특정 도시에 인구 집중

④ 무허가 불량 주택 문제

⑤ 위생 및 공공 서비스 부족

15 살기 좋은 도시에 대한 설명으로 옳은 것을 보기 에서 고른 것은?

(하) 난이도

> **보기**
> ㄱ. 인구가 많을수록 살기 좋은 도시이다.
> ㄴ. 경제 발전만으로 살기 좋은 도시를 판단할 수 있다.
> ㄷ. 치안, 각종 편의 시설도 살기 좋은 도시의 조건이다.
> ㄹ. 세계적으로 살기 좋은 도시는 삶의 질이 높은 도시이다.

① ㄱ, ㄴ   ② ㄱ, ㄷ   ③ ㄴ, ㄷ

④ ㄴ, ㄹ   ⑤ ㄷ, ㄹ

16 다음 글의 밑줄 친 (가)에 들어갈 내용으로 가장 적절한 것은?
(중)
난이도

자동차 생산 공장이 위치한 독일의 슈투트가르트는 대기 오염 물질이 빠져나가지 못하는 지형 때문에 대기 오염이 심각했는데, ___(가)___ 대기 오염이 감소했다.

① 위성 도시를 건설하여
② 자동차 보급률을 높여
③ 버스 전용 차선을 도입하여
④ 수질 개선 캠페인을 시행하여
⑤ 바람이 잘 통하도록 건물을 지어서

17 다음 글과 같은 정책을 통해 해결하고자 한 도시 문제는?
(하)
난이도

브라질의 쿠리치바는 이중 굴절 버스와 버스 전용 차선, 광역·간선·지선 버스 체계를 구축하여 버스 중심의 교통 시스템을 운영하고 있다.

① 환경 문제　　② 주택 문제　　③ 교통 문제
④ 교육 문제　　⑤ 치안 문제

18 살기 좋은 도시를 만들기 위한 노력으로 옳은 것을 보기 에서 고른 것은?
(하)
난이도

보기
ㄱ. 녹지 공간을 상업·업무 공간으로 개발한다.
ㄴ. 지역 사회와 시민들이 공동체 의식을 갖는다.
ㄷ. 역사적 건물을 없애고 새로운 건물을 짓는다.
ㄹ. 의료 복지 서비스와 풍부한 일자리를 제공한다.

① ㄱ, ㄴ　　② ㄱ, ㄹ　　③ ㄴ, ㄷ
④ ㄴ, ㄹ　　⑤ ㄷ, ㄹ

19 다음 글에서 설명하는 도시로 옳은 것은?
(중)
난이도

대한민국의 '생태 수도'를 목표로 생태 보호를 위한 정책을 만들고 시행하고 있다. 그 결과 갈대숲과 갯벌, 철새가 어우러진 생태 관광지로 주목받고 있으며, 많은 관광객들이 찾아 지역 경제가 활기를 띠고 있다.

① 순천　　② 울산　　③ 평창
④ 인천　　⑤ 세종

 주관식, 서술형

20 다음 표를 보고 물음에 답하시오.

구분	선진국	개발 도상국
도시화 속도	서서히 진행	급격히 진행
배경	제조업 성장으로 도시 내 새로운 일자리 확보	촌락 생활의 어려움 때문에 도시로 이동
도시 인구	(가) 단계로 도시 인구가 감소하기도 함	(나) 폭발적인 인구 증가

(1) (가)에 들어갈 도시화 단계를 쓰시오.

(2) (나)의 원인을 서술하시오.

21 다음 글의 빈칸에 들어갈 말을 쓰시오.

짧은 시간 급격하게 도시화가 이루어진 개발 도상국의 많은 도시에서 (　　　)이/가 발생하고 있다. 기반 시설이 부족한 상태에서 인구가 집중되어 불량 주택, 도로 정비 불량, 쓰레기 문제 등이 나타나고 있다.

22 다음 글의 밑줄 친 (가)에 들어갈 도시 문제를 쓰시오.

에스파냐의 빌바오는 1970년대까지 에스파냐 최대의 공업 도시였다. 하지만 이 지역의 주력 산업인 제철소와 조선소가 문을 닫으면서 ___(가)___ 이/가 높아지게 되었다. 이후 미술관, 컨벤션 센터 등 문화 관광 산업에 집중하여 살기 좋은 도시로 거듭날 수 있었다.

23 다음 글의 밑줄 친 '다양한 교통 정책'의 사례를 쓰시오.

브라질의 쿠리치바는 급속한 도시화로 심각한 교통 혼잡은 물론 문화 유적지가 훼손될 위기에 처하였다. 이를 해결하기 위해 다양한 교통 정책을 실시하였다.

01 농업의 기업화와 세계화

1 농업의 기업화와 세계화

1 농업의 ❶[____] 다국적 농업 기업들이 농축산물의 생산 및 유통에 이르는 전반을 장악하고 영향을 미치는 현상

▲ 세계의 기업적 농업 분포

2 농업의 ❷[____]

의미	전 세계를 대상으로 농축산물의 생산과 유통이 이루어지는 현상
배경	• 다양한 농산물의 수요 증가 • 냉장 및 냉동 기술의 발달 → 농축산물을 멀리 떨어진 지역까지 운송 가능
결과	• 일상생활에서 소비하는 먹거리의 원산지가 ❸[__]해짐 • 전통 농업이 감소하고, 농민들이 열악한 노동 조건에서 대규모 농업 기업에 고용되어 일하게 되기도 함
사례	• 필리핀의 바나나: 많은 노동력이 필요하여 개발 도상국에서 재배 • 미국의 밀: 넓은 토지에서 기계화된 방식으로 재배

2 농업의 기업화와 세계화로 인한 지역 변화

1 생산 지역의 변화

다국적 농업 기업	• 녹색 혁명을 주도하여 생산량 증대 • ❹[____] 체계를 갖추고 세계 시장에서 경쟁력 확보
변화 모습	• 상업적 농업 지역에서는 ❺[____] 감소(미국, 브라질 등) • 일부 농작물만을 대량으로 재배하는 ❻[____] 체계 확립
문제점	• 과도한 비료 사용에 따른 토양 오염과 지하수 고갈 등의 환경 문제가 발생하고, 삼림 파괴로 인한 생태계 파괴 문제 발생 • ❼[____] 농장이 위치한 국가들의 식량 작물 생산량이 점차 감소 → 식량 자급률 하락

2 소비 지역의 변화

식생활의 변화	• 세계 여러 지역에서 생산한 농산물을 저렴하게 구매 가능 • 육류, 과일, 기호 작물의 소비 증가 • 농축산물의 수출입이 활발해지면서 푸드 마일 증가
문제점	• 식량 자급률 하락, 수입 농산물 안전성 문제 발생 • 국제 농산물 가격 상승에 따른 식량 부족 문제 • ❽[____] 발생: 곡물 가격 상승으로 인한 물가 상승
지역의 대응	• 지역 내의 우수 농산물에 대한 생산과 홍보 • ❾[____] 운동을 통한 국산 농산물 소비 촉진

정답 ❶ 기업화 ❷ 세계화 ❸ 다양 ❹ 대량 생산 ❺ 자영농 ❻ 단일 경작 ❼ 플랜테이션 ❽ 애그플레이션 ❾ 로컬 푸드

---

01 농업의 기업화와 세계화에 대한 설명으로 옳지 <u>않은</u> 것은?
(중 난이도)

① 자급적 농업이 주로 이루어지고 있다.
② 다국적 농업 기업이 생산 과정에 참여하고 있다.
③ 기업적 농업에 의한 농산물 무역이 확대되고 있다.
④ 전 세계를 대상으로 농작물의 생산이 이루어지고 있다.
⑤ 냉장 및 냉동 기술의 발달로 농축산물을 멀리 떨어진 지역까지 운송할 수 있게 되었다.

02 다음 자료는 다국적 농업 기업의 성장 과정을 나타낸 것이다. 이에 대한 설명으로 옳은 것을 보기 에서 고른 것은?
(중 난이도)

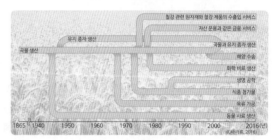

보기

ㄱ. 기업의 규모가 점차 확대되어 왔다.
ㄴ. 식품 가공, 수송 등의 사업도 실시하고 있다.
ㄷ. 1950년대 이후 금융, 철강 등의 사업에서 철수하였다.
ㄹ. 이 기업이 취급하는 농작물은 밀, 옥수수 등의 곡물에 한정되어 있다.

① ㄱ, ㄴ   ② ㄱ, ㄹ   ③ ㄴ, ㄷ
④ ㄴ, ㄹ   ⑤ ㄷ, ㄹ

03 다음 글에서 설명하고 있는 농업 방식은?
(중 난이도)

> 열대 기후 지역에서 선진국의 자본 및 기술과 개발 도상국의 값싼 노동력이 결합하여 하나의 상품 작물을 대규모로 재배하는 상업적 농업 방식이다.

① 녹색 혁명   ② 플랜테이션
③ 자급적 농업   ④ 농업의 기업화
⑤ 농업의 세계화

04 다음 지도는 다국적 농업 기업이 취득한 아프리카의 토지를 나타낸 것이다. 이 지역에서 실시되는 농업의 특징으로 옳은 것은?
(상 난이도)

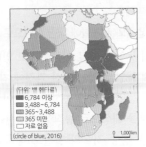

(단위: 백 헥타르)
■ 6,784 이상
■ 3,488~6,784
■ 365~3,488
□ 365 미만
□ 자료 없음
(circle of blue, 2016)
0   1,000km

① 자급적 농업이 이루어진다.
② 소규모 농가 중심의 농업이 이루어진다.
③ 카사바, 얌 등의 식량 작물을 주로 재배한다.
④ 저렴한 토지와 노동력을 활용한 상업적 농업을 추구한다.
⑤ 물 자원과 비료 비용이 비싸 농업 활동이 활발하게 이루어지지 못하는 지역이다.

05 다음 글의 ㉠에 공통으로 들어갈 내용으로 옳은 것은?
(하 난이도)

기업들은 많은 자본과 기술을 농업에 투입하여 농업 생산의 (㉠)을/를 주도하였다. (㉠)된 농업은 미국과 캐나다, 오스트레일리아 등 토지가 넓은 지역에서 주로 이루어지며, 생산된 농산물은 세계로 판매되고 있다.

① 영세화   ② 자급화   ③ 전통화
④ 기업화   ⑤ 소규모화

06 다음은 우리가 소비하는 과일의 주요 원산지를 나타낸 것이다. 이와 같은 현상이 나타나게 된 배경을 보기에서 고른 것은?
(중 난이도)

과일
▶ 미국 오렌지
▶ 필리핀 바나나, 망고
▶ 칠레 포도
▶ 뉴질랜드 키위
▶ 대한민국 딸기

보기
ㄱ. 농업 규모의 축소
ㄴ. 다양한 농산물에 대한 수요 증가
ㄷ. 냉장·냉동 등의 농산물 운반 기술 발달
ㄹ. 다국적 농업 기업의 활동에 대한 국제적 제한

① ㄱ, ㄴ   ② ㄱ, ㄷ   ③ ㄴ, ㄷ
④ ㄴ, ㄹ   ⑤ ㄷ, ㄹ

07 다음 글과 같은 현상이 지속될 경우 베트남의 농업 활동에서 예상되는 변화로 옳지 않은 것은?
(상 난이도)

베트남은 열대 기후 지역에 위치한 대표적인 쌀 수출국이었다. 그러나 기호 작물의 수요가 증가하면서 베트남에서는 쌀보다 커피 생산에 집중하기 시작하였다. 베트남은 1990년대부터 커피 생산을 지속적으로 확대하여 2016년 현재 세계 2위의 커피 생산국이 되었다.

① 베트남의 쌀 수출이 감소할 것이다.
② 베트남의 식량 자급률이 하락할 것이다.
③ 다국적 커피 기업들의 베트남 진출이 늘 것이다.
④ 베트남 내부의 쌀 거래 가격이 안정화될 것이다.
⑤ 단일 경작 체계를 갖춘 대규모 농장이 증가할 것이다.

08 다음 작물의 공통적인 특성으로 옳은 것을 보기에서 고른 것은?
(중 난이도)

• 커피   • 카카오

보기
ㄱ. 기호 작물에 해당한다.
ㄴ. 플랜테이션을 통해 재배한다.
ㄷ. 선진국에서 수출하고 개발 도상국에서 수입한다.
ㄹ. 오스트레일리아, 캐나다, 프랑스 등에서 생산된다.

① ㄱ, ㄴ   ② ㄱ, ㄷ   ③ ㄴ, ㄷ
④ ㄴ, ㄹ   ⑤ ㄷ, ㄹ

09 다음 글의 ㉠에 들어갈 내용으로 옳은 것은?
(하 난이도)

최근에는 기후 변화, 곡물 및 육류에 대한 수요 증가, 바이오 연료의 사용 증가 등으로 국제 곡물 가격이 상승하고 있다. 이러한 곡물 가격의 상승은 개별 국가의 물가 상승으로 이어지는 (㉠)을/를 발생시키기도 한다.

① 경기 침체   ② 인플레이션
③ 플랜테이션   ④ 자급적 농업
⑤ 애그플레이션

10 다음 지료를 통해 알 수 있는 농업 생산의 세계화에 따른 생산 지역의 변화 모습으로 가장 적절한 것은?

(상) 난이도

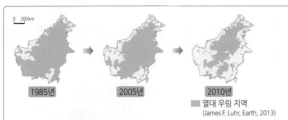

▲ 인도네시아 보르네오섬의 열대 우림 면적 감소
(James F. Luhr, Earth, 2013)

인도네시아에서는 팜유 생산을 위해 우리나라 면적 정도의 기름야자 농장을 만들었다. 이 과정에서 열대 우림 면적은 점차 감소하였다.

① 팜유 수출액 감소
② 팜유 국제 거래 가격 하락
③ 열대 우림 축소로 인한 생태계 파괴
④ 소규모 농가에 의한 곡물 생산량 증대
⑤ 열대 우림 축소로 인한 1인당 국내 총생산 감소

11 다음 그래프는 우리나라의 식량 자급률을 나타낸 것이다. 이와 같은 현상이 나타나게 된 원인으로 옳지 <u>않은</u> 것은?

(중) 난이도

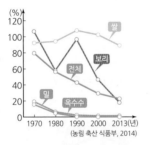

(농림 축산 식품부, 2014)

① 육류 등의 수요 증가
② 전통적 식생활 문화의 변화
③ 농산물의 장거리 이동 기술 발달
④ 다국적 농업 기업의 곡물 대량 생산
⑤ 농촌 인구 증가로 인한 경지 면적의 확대

12 다음 글에서 설명하고 있는 개념으로 옳은 것은?

(하) 난이도

농축산물의 무게에 이동 거리를 곱한 값이다. 이 값이 클수록 농축산물이 생산지에서 소비지까지 먼 거리를 이동해 왔다는 것을 뜻한다.

① 녹색 혁명
② 푸드 마일
③ 상업적 농업
④ 기업적 농업
⑤ 로컬 푸드 운동

주관식·서술형

13 다음 글의 빈칸에 공통으로 들어갈 말을 쓰시오.

( )(이)란 세계 여러 나라가 정치, 경제, 사회, 문화, 과학 등 다양한 분야에서 서로 많은 영향을 주고받으면서 교류가 많아지는 현상이다. 농업의 ( ) 이/가 이루어져 다양한 형태의 농업이 발달하고 있다.

14 다음 지도는 영국 런던에서 소비되는 각종 먹거리의 원산지와 이동 거리를 나타낸 것이다. 이와 같은 농산물의 소비가 가능하게 된 배경을 두 가지 서술하시오.

(Goodwork, 2016)

15 다음 글을 읽고 물음에 답하시오.

농업은 크게 (㉠) 농업과 (㉡) 농업으로 구분된다. 필요한 농산물을 자체적으로 생산하여 공급하는 농업 유형인 (㉠) 농업과 달리, 오늘날 대부분의 지역에서는 (㉡) 농업이 이루어지고 있다.

(1) ㉠과 ㉡에 들어갈 말을 쓰시오.

㉠ _____   ㉡ _____

(2) ㉠과 ㉡의 차이점을 생산 규모와 소비 지역을 비교하여 서술하시오.

1 다국적 기업의 공간적 분업과 지역 변화

1 다국적 기업

(1) **의미** 세계 각지에 ❶▢▢▢를 두고 여러 나라에서 생산과 판매 활동을 하는 기업

(2) **성장 배경** 교통과 통신의 발달, ❷▢▢▢▢▢▢(WTO)의 등장, 자유 무역 협정(FTA) 확대 → 경제 활동의 세계화 촉진

(3) **성장 과정** 기업의 규모가 커지면서 본사, 연구·개발 시설, 생산 공장, 영업 지점 등이 세계 각지로 분산

2 다국적 기업의 공간적 분업

본사와 연구소	기술 수준이 높고, 교통과 통신 시설을 잘 갖춘 ❸▢▢▢에 주로 입지
생산 공장	• 땅값이 저렴하고 값싼 노동력이 풍부한 개발 도상국에 주로 입지 • 관세, 수출 제한 등의 ❹▢▢▢▢을 극복하기 위해 선진국에 공장을 세우기도 함

3 다국적 기업의 진출에 따른 지역 변화

긍정적 변화	• 새로운 산업 단지가 조성되어 일자리가 늘어나고 투자가 확대됨 → 관련 산업 발달 • 선진국의 다국적 기업이 개발 도상국으로 진출 → 해당 개발 도상국은 선진 기술을 습득할 수 있음
부정적 변화	• 생산 공장이 철수할 경우 실업 및 경기 침체 우려 → ❺▢▢▢▢▢ 현상 발생 • 공장 노동자들의 열악한 근무 환경 및 낮은 임금 • 지역에서 창출된 가치가 외부로 유출

2 서비스업의 세계화와 지역 변화

1 서비스업 경제 활동 주체에게 서비스를 제공하는 산업, 다른 산업을 지원하고 보조하는 성격으로 ❻▢▢ 창출 효과가 큼

2 서비스업의 입지

공간적 분산	대형 상점 등은 세계 여러 곳에 상점을 세워 유사한 상품과 서비스를 제공
공간적 집중	의료, 금융업 등의 전문화된 서비스업은 접근성이 좋은 대도시에 집중

3 관광과 유통의 세계화

관광의 세계화	• 긍정적: 지역 주민의 고용 창출 등의 경제 효과 • 부정적: 자연환경 파괴, 지역의 고유문화 쇠퇴 등 • ❼▢▢▢▢▢▢에 대한 관심 증가
유통의 세계화	• ❽▢▢▢▢▢: 유통 산업 발전의 주요 역할을 담당, 상품 구매의 편리성 때문에 전 세계적으로 성장 • 영향: 상품 구매의 시간과 공간적 제약 극복, 택배 산업의 발달과 물류 창고업의 발달

정답 ❶ 자회사 ❷ 세계 무역 기구 ❸ 선진국 ❹ 무역 장벽 ❺ 산업 공동화 ❻ 고용 ❼ 지속 가능한 관광 ❽ 전자 상거래

실력 확인 문제

01 일상생활에서 다음과 같은 제품을 사용할 수 있게 된 배경으로 옳지 <u>않은</u> 것은?
(중 난이도)

① 교통과 통신의 발달
② 다국적 기업의 성장
③ 무역 활동의 제약 증가
④ 세계 무역 기구(WTO)의 등장
⑤ 생산 요소의 활발한 국제 이동

02 다음 (가)~(라)는 다국적 기업의 성장 과정을 나타낸 것이다. 순서대로 바르게 나열한 것은?
(중 난이도)

(가)

외국에도 영업 지점을 만들어 제품 판매 시장을 확대했어요.

(나)
본사, 생산 공장, 영업 지점 등이 여러 국가에 있는 기업이 되었습니다.

(다)

대도시에 공장을 만들고 기업 활동을 시작했어요.

(라)

지방에 영업 지점을 만들고 생산 시설을 확충했어요.

① (가) → (나) → (다) → (라)
② (가) → (다) → (라) → (나)
③ (다) → (나) → (가) → (라)
④ (다) → (라) → (가) → (나)
⑤ (라) → (다) → (가) → (나)

03 다국적 기업의 생산 공장 입지에 대한 옳은 설명을 [보기]에서 고른 것은?

(중) 난이도

[보기]
ㄱ. 전문 기술 인력이 풍부한 선진국에 위치한다.
ㄴ. 정보 획득과 자본 수집에 유리한 국가에 위치한다.
ㄷ. 관세나 수출입 제한 등의 무역 장벽을 극복하기 위한 지역에 위치한다.
ㄹ. 생산 비용을 줄이기 위해 땅값과 임금이 저렴한 개발 도상국에 위치한다.

① ㄱ, ㄴ   ② ㄱ, ㄷ   ③ ㄴ, ㄷ
④ ㄴ, ㄹ   ⑤ ㄷ, ㄹ

04 다음과 같은 지역에 입지하는 다국적 기업의 기능을 [보기]에서 고른 것은?

(중) 난이도

다양한 정보를 수집하고 자본을 확보하는 데 유리하고, 우수한 교육 시설과 전문 기술 인력이 풍부한 곳이다.

[보기]
ㄱ. 본사   ㄴ. 연구소
ㄷ. 생산 공장   ㄹ. 판매 지점

① ㄱ, ㄴ   ② ㄱ, ㄷ   ③ ㄴ, ㄷ
④ ㄴ, ㄹ   ⑤ ㄷ, ㄹ

05 다음 그래프는 세계 10대 다국적 기업의 매출액과 여러 국가의 국내 총생산(GDP)을 나타낸 것이다. 제시된 기업들의 특징에 대한 옳은 설명을 [보기]에서 고른 것은?

(중) 난이도

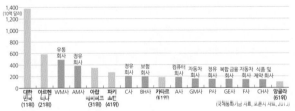
(국제통화기금 자료, 포춘지 자료, 2013)

[보기]
ㄱ. 제조업 중심의 기업 활동을 유지한다.
ㄴ. 대체로 1~2 종류의 재화와 서비스만을 공급한다.
ㄷ. 세계 여러 지역의 생산 요소를 활용하는 공간적 분업을 실시한다.
ㄹ. 매출액이 한 국가의 국내 총생산(GDP)을 넘어서는 다국적 기업도 있다.

① ㄱ, ㄴ   ② ㄱ, ㄷ   ③ ㄴ, ㄷ
④ ㄴ, ㄹ   ⑤ ㄷ, ㄹ

06 다음 글을 읽고 멕시코에서 이루어지는 다국적 기업의 활동을 바르게 설명한 것은?

(중) 난이도

멕시코는 근로자의 임금이 낮고, 세계 최대 자동차 시장인 미국과 지리적으로 가까울 뿐만 아니라 북아메리카 자유 무역 협정(NAFTA)에 따라 자국에서 생산한 제품을 관세 없이 미국에 수출할 수 있다. 또한 대서양과 태평양에 모두 접해 있어 전 세계에 완성차를 수출할 수 있는 항구도 갖추고 있다.

① 멕시코의 수출량이 감소한다.
② 멕시코 내부의 일자리가 축소된다.
③ 멕시코 경제가 농업과 수산업 위주로 운영된다.
④ 멕시코 내의 다국적 기업 생산 공장이 증가한다.
⑤ 멕시코와 미국 사이의 무역 분쟁이 자주 발생한다.

07 다국적 기업의 생산 공장이 위치한 지역에서 나타날 수 있는 문제점을 [보기]에서 고른 것은?

(상) 난이도

[보기]
ㄱ. 환경 오염과 생태계 파괴
ㄴ. 일자리 부족과 실업 문제
ㄷ. 선진국 기업의 본사 이전
ㄹ. 낮은 임금과 열악한 노동 환경

① ㄱ, ㄴ   ② ㄱ, ㄹ   ③ ㄴ, ㄷ
④ ㄴ, ㄹ   ⑤ ㄷ, ㄹ

08 다음 글에서 설명하고 있는 개념으로 옳은 것은?

(하) 난이도

각 나라에서 생산과 고용 면에서 서비스업이 차지하는 비중이 점차 높아져서 국가 경제를 이끄는 주요 산업이 되는 것을 말한다.

① 산업화 사회   ② 탈농업화 사회
③ 탈공업화 사회   ④ 탈산업화 사회
⑤ 역도시화 사회

09 다음 지도의 (가) 국가들에 비해 (나) 국가들에서 높게 나타날 것으로 예상되는 지표를 보기 에서 고른 것은?
(상) 난이도

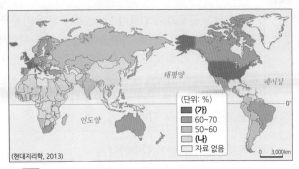

(단위: %)
■ (가)
▨ 60~70
▨ 50~60
□ (나)
□ 자료 없음

(현대지리학, 2013)

0   3,000km

보기
ㄱ. 영유아 사망률
ㄴ. 국내 총생산(GDP)
ㄷ. 국내 총생산에서 서비스업이 차지하는 비중
ㄹ. 국내 총생산에서 농업과 수산업이 차지하는 비중

① ㄱ, ㄴ   ② ㄱ, ㄹ   ③ ㄴ, ㄷ
④ ㄴ, ㄹ   ⑤ ㄷ, ㄹ

10 다음 대화를 읽고 콜센터 산업의 입지에 있어 필리핀이 인도에 비해 유리한 점으로 옳지 <u>않은</u> 것은?
(중) 난이도

> 기자: 왜 인도에 있던 기업의 콜센터를 필리핀으로 옮기셨나요?
> 사장: 필리핀의 임금 수준이 인도보다 낮다는 것이 중요한 이유입니다. 그리고 미국 고객들이 인도 사람들의 영국식 영어 발음을 알아듣기 힘들다는 불만이 많았어요. 반면에 필리핀의 콜센터 직원들은 미국식 영어를 구사할 뿐만 아니라 미국 문화에 대한 이해도 깊어서 의사소통이 원활합니다. 그래서 고객들의 만족도가 높지요.
> 부사장: 필리핀은 전력 기반도 안정적이기 때문에 콜센터 운영이 편리하고, 또 대중교통이 발달하였기 때문에 직원용 순환 버스나 숙소를 따로 운영할 필요도 없어요. 그리고 필리핀 정부가 콜센터 면허 등록 절차를 간소화해 주었고, 각종 세금 우대 혜택을 제공해 주었어요.

① 영어 사용의 자연스러움
② 인도에 비해 노동 비용이 저렴함
③ 필리핀 정부가 기업 활동에 혜택을 제공
④ 필리핀의 국민 소득이 인도에 비해 높음
⑤ 전력과 교통 시설 등의 기반 시설이 잘 갖추어짐

11 세계화 시대로 인한 서비스업의 변화에 대한 설명으로 옳지 <u>않은</u> 것은?
(중) 난이도

① 재화와 서비스를 인터넷 등의 통신망을 통해 전 세계에 걸쳐 거래한다.
② 의료, 금융업 등의 전문화된 서비스업은 접근성이 좋은 대도시에 집중된다.
③ 소득 증가와 교통·통신의 발달로 관광 산업이 축소되고 유통업이 활성화된다.
④ 대형 상점 등은 세계 여러 곳에 상점을 세워 유사한 상품과 서비스를 제공한다.
⑤ 인터넷이나 스마트폰을 이용한 교육 서비스 기업이 등장하고, 여러 지역에 국제 학교 등이 설립된다.

12 전자 상거래에 대한 옳은 설명을 보기 에서 고른 것은?
(중) 난이도

보기
ㄱ. 매우 제한된 지역에서 거래가 가능하다.
ㄴ. 전자 상거래의 발달로 택배 산업과 물류 산업이 발달하게 되었다.
ㄷ. 전쟁과 테러의 영향으로 세계의 전자 상거래 시장은 점점 축소되고 있다.
ㄹ. 소비자는 상점을 방문하지 않고 집에서 편리하게 상품을 주문하고 받을 수 있다.

① ㄱ, ㄴ   ② ㄱ, ㄷ   ③ ㄴ, ㄷ
④ ㄴ, ㄹ   ⑤ ㄷ, ㄹ

13 다음에서 설명하고 있는 산업 분야로 옳은 것은?
(하) 난이도

> 선진국에서는 건강 관리 및 교육 분야의 서비스가 점차 중요해지고 있다. 특히 세계화의 영향으로 의료 기술과 서비스 수준이 높은 선진국에서 진료받기를 원하는 사람들이 늘어나고 있다.

① 노인 요양 산업   ② 원격 의료 산업
③ 의료 관광 산업   ④ 원격 교육 사업
⑤ 24시간 콜센터 산업

14 다음 그래프는 지역별 관광객 수의 변화를 나타낸 것이다. 이를 보고 분석한 내용으로 옳은 것은?
상 난이도

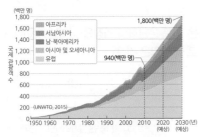

① 관광 산업의 중요성이 낮아지고 있다.
② 전체 관광객의 숫자는 감소하고 있다.
③ 아시아 및 오세아니아를 찾는 관광객 수가 가장 많다.
④ 유럽과 남·북아메리카에서는 관광 산업이 점차 쇠퇴할 것이다.
⑤ 시간이 흐르면서 더욱 다양한 지역을 찾는 관광객이 많아질 것이다.

15 지속 가능한 관광(공정 여행)을 할 때 실천할 내용으로 옳지 않은 것은?
하 난이도

① 현지의 대중교통을 이용한다.
② 현지인의 생활 방식을 존중한다.
③ 지역 주민이 운영하는 숙소를 이용한다.
④ 현지 주민이 만든 수공예품을 구매한다.
⑤ 우리에게 익숙한 패스트푸드 가맹점을 이용한다.

16 다음 (가)에 비해 (나)가 갖는 특징으로 옳은 것을 보기 에서 고른 것은?
중 난이도

보기
ㄱ. 유통 단계가 복잡하다.
ㄴ. 정보 통신망의 활용도가 낮다.
ㄷ. 거래 활동의 시·공간적 제약이 작다.
ㄹ. 물품 구매 시 제품의 이동 거리가 멀다.

① ㄱ, ㄴ   ② ㄱ, ㄷ   ③ ㄴ, ㄷ
④ ㄴ, ㄹ   ⑤ ㄷ, ㄹ

주관식·서술형

17 다음과 같은 특징을 갖는 기업이 무엇인지 쓰시오.

> 세계 각지에 자회사를 두고 여러 나라에서 생산과 판매 활동을 하는 기업이다. 교통과 통신의 발달, 세계 무역 기구(WTO)의 등장, 자유 무역 협정(FTA)의 확대 등으로 더욱 활발한 활동을 펼치고 있다.

_____

18 다음 글을 읽고 물음에 답하시오.

> 미국의 디트로이트는 1950년대에 자동차를 생산하는 다국적 기업의 공장들이 들어서면서 인구가 180만 명에 달할 정도로 번창하였다. 하지만 20세기 후반부터 ㉠실업률이 증가하고 지역 경제가 침체하여 미국에서 가장 가난한 지역 중 하나로 남게 되었다.

(1) 디트로이트가 겪고 있는 현상을 설명하는 개념이 무엇인지 쓰시오.

_____

(2) ㉠의 원인이 무엇인지 서술하시오.

_____
_____

19 다음 그림은 관광 산업의 중요성을 나타낸 것이다. 이를 보고 관광 산업의 세계화에 따른 긍정적 효과와 부정적 효과를 각각 서술하시오.

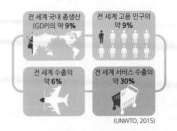

_____
_____

01 기후 변화와 그 대응

1 기후 변화가 인간 생활에 미친 영향

1 기후 변화

(1) **의미** 일정한 지역에서 장기간에 걸쳐서 나타나는 기후의 평균적인 상태가 변하는 것

(2) **지구 ❶☐☐☐의 과정**

```
❷☐☐ 연료의 사용, 삼림 개발,
가축 사육 증가
        ↓ 온실가스 배출
대기 중
❸☐ 가스 농도 증가
        ↓ 온실 효과 발생
지구의 평균 기온 상승
```

2 기후 변화의 영향

(1) **부정적 영향**

영향	내용	사례
기상 이변 증가	태풍, 홍수, 폭우, 가뭄, 폭설, 폭염 확대	• 동아시아의 태풍 피해 • 아프리카의 사막화 가속
생태계 변화	생물들의 서식 환경 변화	• 산호초 파괴 • 식물의 개화 시기 변화
❹☐☐☐ 상승	빙하가 녹아 바다로 흘러들어 해수면 상승	• ❺☐☐☐☐: 기후 난민 발생 • 몰디브: 수몰 위기

(2) **긍정적 영향** 기온 상승에 따른 긍정적 변화 예 ❻☐☐ 항로 개척, 그린란드의 농경지 확대 등

2 기후 변화에 대응하기 위한 노력

1 세계적 차원의 노력

UN 기후 변화 협약(1992년)	• 브라질 리우 환경 개발 회의에서 채택 • 기후 변화에 대응하기 위한 최초의 협약
❼☐☐ 의정서 (1997년)	• 온실가스 감축을 위한 구체적인 이행 방안 제시 • 선진국에 온실가스 감축 의무 부과
❽☐☐ 협정 (2015년)	• 2020년 이후 교토 의정서를 대체하여 적용할 새로운 기후 협약 • 197개 기후 변화 당사국 모두 ❾☐☐☐☐ 감축 의무 부과

2 지역적 차원의 노력

❿☐☐☐ 기구(NGO) 활동	주민들의 환경 의식을 높이고, 정부 정책의 변화 유도
지방 정부와 지역 주민	에너지 절약, 숲 조성, 생태계 관리 등

정답 ❶ 온난화 ❷ 화석 ❸ 온실 ❹ 해수면 ❺ 투발루 ❻ 북극 ❼ 교토 ❽ 파리 ❾ 온실가스 ❿ 비정부

실력 확인 문제

01 다음은 지구 온난화의 과정을 나타낸 것이다. (가)에 들어갈 내용으로 옳지 않은 것은?
(하) 난이도

```
        (가)
         ↓
대기 중 온실가스 농도 증가
         ↓
지구의 평균 기온 상승
```

① 비료 사용   ② 삼림 조성
③ 에어컨 냉매   ④ 화석 연료 사용
⑤ 가축 사육 증가

02 기후 변화에 영향을 미치는 인위적 요인에 해당하지 <u>않는</u> 것은?
(중) 난이도

① 가축 사육 증가
② 화력 발전소 건설
③ 자동차 보급 증가
④ 열대 밀림 지역의 개발
⑤ 화산 폭발에 따른 화산재 분출

03 다음 그래프는 온실가스의 종류와 비중을 나타낸 것이다. A에 대한 설명으로 옳은 것을 보기에서 고른 것은?
(상) 난이도

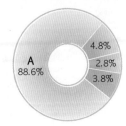

A 88.6%   4.8%   2.8%   3.8%

보기

ㄱ. 대기 오염 물질이다.
ㄴ. 석탄, 석유가 연소되는 과정에서 배출된다.
ㄷ. 가축의 배설물이 분해되는 과정에서 배출된다.
ㄹ. 오존층을 파괴하여 지금은 사용하지 않고 있다.

① ㄱ, ㄴ   ② ㄱ, ㄹ   ③ ㄴ, ㄷ
④ ㄴ, ㄹ   ⑤ ㄷ, ㄹ

04 다음 그래프는 세계의 평균 해수면 높이 변화를 나타낸 것이다. 이
（중）난이도 와 같은 변화가 발생하는 직접적인 원인으로 가장 적절한 것은?

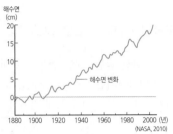

① 세계 인구의 증가
② 화학 비료의 사용
③ 가축 사육의 증가
④ 해양 쓰레기의 증가
⑤ 지구의 평균 기온 상승

05 지구 온난화로 인한 A~E 지역의 변화 중 옳지 않은 것은?
（중）난이도

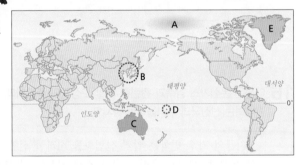

① A - 북극 항로의 항해 가능 일수가 늘어나고 있다.
② B - 봄꽃의 개화 시기가 점점 늘어지고 있다.
③ C - 수온 상승으로 산호초 지대가 파괴되고 있다.
④ D - 해수면 상승으로 저지대의 침수 피해가 심각하다.
⑤ E - 빙하의 면적이 줄어들고 있다.

06 다음 (가)에 들어갈 내용으로 옳은 것을 보기 에서 고른 것은?
（중）난이도

| 지구 온난화 | → | 빙하 축소 | → | (가) |

보기
ㄱ. 북극 항로 이용
ㄴ. 산호초 지대 파괴
ㄷ. 해안 저지대 침수
ㄹ. 태풍의 강도와 빈도 증가

① ㄱ, ㄴ   ② ㄱ, ㄷ   ③ ㄴ, ㄷ
④ ㄴ, ㄹ   ⑤ ㄷ, ㄹ

07 다음 글의 밑줄 친 ㉠~㉤ 중 옳지 않은 것은?
（상）난이도

산업화 이후 화석 연료의 사용으로 ㉠대기 중 이산화 탄소의 농도가 증가하고, ㉡지구의 기온이 꾸준히 상승하고 있다. 이로 인해 ㉢지진, 화산, 태풍과 같은 자연재해의 빈도 및 강도가 증가하고 있다. 또한 해수면 상승으로 ㉣해안 저지대 지역의 피해가 커지고 있다.
기후 변화에 대응하기 위해 국가적으로 저탄소 녹색 성장 정책을 강조하고 있고, ㉤파리 협정과 같은 국제적 협력 사례도 늘어나고 있다.

① ㉠   ② ㉡   ③ ㉢   ④ ㉣   ⑤ ㉤

08 다음 사회 수업 장면 중 교사의 질문에 잘못 대답한 학생은?
（중）난이도

교사: 최근 온난화로 인한 지구 환경의 변화를 이야기해 봅시다.
정준: 고산 지대의 빙하가 사라지고 있어요.
시영: 세계의 평균 해수면이 상승하고 있어요.
민재: 태풍, 홍수의 발생 빈도가 잦아지고 있습니다.
연우: 비가 오지 않아 사막이 넓어지는 지역도 있어요.
예하: 기온 상승으로 생물 종의 다양성이 커지고 있습니다.

① 정준   ② 시영   ③ 민재
④ 연우   ⑤ 예하

09 기후 변화에 대응하는 국제적 차원의 노력으로 가장 적절한
（하）난이도 것은?
① 마을 숲을 조성한다.
② 자전거 이용을 장려한다.
③ 일회용품 사용을 줄인다.
④ 기후 협약의 이행을 강제한다.
⑤ 환경 보호 글짓기 대회를 개최한다.

10 다음 설명에 해당하는 기후 협약은?
（중）난이도

교토 의정서를 대체하는 기후 협약으로 2015년에 채택되었다. 197개 기후 변화 당사국이 자발적으로 온실가스 감축 목표를 제출하였다.

① 바젤 협약   ② 파리 협정   ③ 리우 협약
④ 람사르 협약   ⑤ 몬트리올 의정서

11 2015년에 채택된 파리 협정에 대한 설명으로 옳은 것은?

중 난이도

① 최초의 기후 협약이다.

② 온실가스 감축 의무가 없다.

③ 선진국에만 온실가스 감축 의무를 부과하였다.

④ 협약 체결과 동시에 온실가스를 감축하여야 한다.

⑤ 기후 변화 당사국 모두가 온실가스 감축 목표를 지켜야 한다.

12 다음 그래프는 국가·지역별 온실가스 배출량 감축 목표를 나타낸 것이다. 이에 대한 해석으로 옳은 것을 보기 에서 고른 것은?

상 난이도

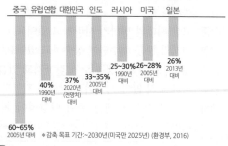

중국 유럽연합 대한민국 인도 러시아 미국 일본

40% 1990년 대비

37% 2020년 (전망치) 대비

33~35% 2005년 대비

25~30% 1990년 대비

26~28% 2005년 대비

26% 2013년 대비

60~65% 2005년 대비 *감축 목표 기간:~2030년(미국만 2025년) (환경부, 2016)

보기

ㄱ. 미국은 1990년 대비 감축 목표를 제시하였다.

ㄴ. 일본의 이산화 탄소 배출량이 가장 많을 것이다.

ㄷ. 나라마다 다른 온실가스 감축 목표를 제시하였다.

ㄹ. 중국은 2005년보다 절반 이상 온실가스를 줄인다는 목표를 제시하였다.

① ㄱ, ㄴ ② ㄱ, ㄷ ③ ㄴ, ㄷ

④ ㄴ, ㄹ ⑤ ㄷ, ㄹ

13 기후 변화에 대응하기 위한 개인 차원의 노력으로 적절하지 않은 것은?

하 난이도

① 육류 소비를 줄인다.

② 대중교통을 이용한다.

③ 저효율 전구를 사용한다.

④ 쓰레기 재활용을 실천한다.

⑤ 실내 온도를 적정 온도로 유지한다.

주관식·서술형

14 다음 글의 빈칸에 들어갈 말을 쓰시오.

> 기후는 화산 활동, 태양 활동의 변화 등 자연적 요인에 의해 변화하면서 온실가스 배출, 도시화, 도시 및 삼림 개발 등 (　　　) 요인에 의해서도 변화한다.

15 다음 글의 빈칸에 들어갈 지역을 쓰시오.

> 지구 온난화로 빙하가 녹아 해수면이 상승하고 있다. 평균 해발 고도가 4m가 되지 않는 남태평양의 섬나라 (　　　)은/는 해수면 상승으로 국토 전체가 물에 잠길 위기에 처해 있다.

16 다음은 온실가스 감축과 관련한 개발 도상국의 주장이다. 이를 반박하는 선진국의 주장을 서술하시오.

> 지금의 기후 변화는 일찍 산업화를 시작한 선진국들의 책임이 큽니다. 우리는 지금 경제 성장이 시급합니다. 온실가스 배출을 규제하는 것은 발전을 가로막는 처사입니다.

17 다음과 같은 행사를 통해 기대할 수 있는 효과를 서술하시오.

02 환경 문제 유발 산업의 국제적 이동 ~ 03 생활 속의 환경 이슈

① 환경 문제 유발 산업의 국제적 이동

1 환경 문제 유발 산업의 이전

(1) 석면 산업과 화훼 산업

❶ ▢▢ 산업	석면이 폐암 등 질병의 원인이 된다는 것이 밝혀지면서 선진국에서 사용 금지 → 개발 도상국으로 이동
❷ ▢▢ 산업	네덜란드 화훼 농장이 토양 오염, 환경 기준 강화 등의 이유로 케냐 나이바샤 호수 주변 지역으로 이전

(2) 전자 쓰레기

❸ ▢▢ 쓰레기 재활용 산업	전자 기기 등을 분해하여 구리, 은과 같은 자원 추출 → 개발 도상국의 경제적 이득
국제적 이동	선진국의 전자 쓰레기 → ❹ ▢▢▢▢▢ 으로 수출
문제점	전자 쓰레기를 가공·처리하는 과정에서 유독 물질 배출

2 환경 문제 유발 산업의 이동 지역

(1) 환경 문제 유발 산업의 유출 지역과 유입 지역

유출 지역 → 선진국	유입 지역 → 개발 도상국
• 쾌적한 환경에 대한 요구가 높음 • 환경 규제가 엄격함 • 유럽, 미국 등	• 일자리 확보 및 소득 증가가 시급함 • ❺ ▢▢▢▢ 가 느슨함 • 아시아, 아프리카 등

(2) 환경 문제의 공간적 ❻ ▢▢▢

선진국	공해 유발 산업 이전 → 쾌적한 환경 유지
개발 도상국	경제적 이유로 공해 산업 수입 → 환경 오염 심각

② 생활 속의 환경 이슈

1 환경 이슈(환경 쟁점)
환경 문제 중 집단의 이해관계에 따라 서로 다른 주장이 제기되는 문제

전 ❼ ▢▢ 적 규모의 환경 문제	기후 변화, 사막화 등
이웃한 국가 간 환경 문제	산성비, 황사 등
좁은 지역의 환경 문제	쓰레기 매립장, 생활 하수, 도로 소음 등

2 생활 속의 주요 환경 이슈

(1) 유전자 재조합 식품(GMO) 유전 공학 기술로 개발된 농수산물

장점	• 농업 생산량 증가로 식량 문제 해결 • 해충과 잡초에 강해 농약 사용 감소
문제점	• 인체에 미치는 영향에 대한 안전성 검증 문제 • 재배 과정에서 생물 다양성 파괴, 생태계 교란

(2) 미세 먼지

의미	공기 중에 떠다니는 먼지 중 지름이 $10\mu m$(0.001mm) 이하인 것
발생	❽ ▢▢ 연료의 연소 과정에서 주로 발생
문제점	각종 질환 유발, 비행기·여객선 운항에 지장
대응책	대기 오염 경보제, 미세 먼지 발생을 낮추는 기술 개발 등

정답 ❶ 석면 ❷ 화훼 ❸ 전자 ❹ 개발 도상국 ❺ 환경 규제 ❻ 불평등 ❼ 지구 ❽ 화석

실력 확인 문제

01 오늘날 환경 문제에 대한 설명으로 옳은 것은?
(하 난이도)
① 인구의 증가로 환경 오염이 줄어들고 있다.
② 산업 혁명 이후 환경이 점점 개선되고 있다.
③ 소비 증가는 환경 문제를 심화하는 요인이다.
④ 개발 도상국은 환경 오염으로 인한 문제가 없다.
⑤ 산업 폐기물로 인한 오염은 선진국만의 환경 문제이다.

02 다음 지도는 전자 쓰레기 발생량 상위 국가를 나타낸 것이다. 이에 대한 설명으로 옳은 것은?
(중 난이도)

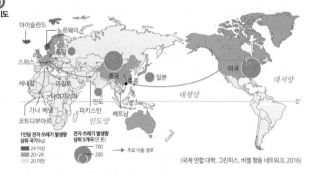

(국제 연합 대학, 그린피스, 바젤 행동 네트워크, 2016)

① 대부분 개발 도상국에서 발생하고 있다.
② 유럽 국가들은 전자 쓰레기 처리 기술이 없다.
③ 발생국과 유입국이 일치하는 경우가 대부분이다.
④ 주로 선진국에서 개발 도상국으로 이동하고 있다.
⑤ 아프리카 국가들은 첨단 전자 산업이 발달하였다.

03 다음 글의 밑줄 친 '문제'에 해당하는 사례로 옳은 것은?
(중 난이도)

> 가나의 수도 아크라에는 전 세계에서 버려진 전자 쓰레기가 모여든다. 이 지역 주민들은 전자 쓰레기에서 재사용할 수 있는 자원을 얻는다. 하지만 이 과정에서 많은 문제가 발생한다.

① 강수량 증가로 홍수 발생
② 기온 상승으로 해수면 상승
③ 지역 주민들의 일자리 감소
④ 인체에 해로운 유독 물질 발생
⑤ 대량 소비로 자원 고갈 문제 발생

04 다음 지도는 전자 쓰레기의 수출국과 수입국을 나타낸 것이다. B 국가들과 비교한 A 국가들의 특징으로 옳지 <u>않은</u> 것은?

① 1인당 국내 총생산(GDP)이 높다.
② 오랜 산업화의 역사를 가지고 있다.
③ 환경보다 경제 발전에 역점을 두고 있다.
④ 국민들의 쾌적한 환경에 대한 요구가 높다.
⑤ 환경 오염 물질에 대한 배출 허용 기준이 엄격하다.

05 다음 글의 빈칸에 들어갈 공해 유발 산업으로 옳은 것은?

> 1급 발암 물질인 (   )은 관련 규제가 강화되면서 선진국에서 개발 도상국으로 이전하게 되었다. 1970~1980년대 일본과 독일로부터 한국으로 이전한 (   )은 다시 우리나라에서 인도네시아, 말레이시아 등으로 이전하였다.

① 화훼 산업　　② 전자 산업　　③ 석면 산업
④ 석유 산업　　⑤ 자동차 산업

 06 다음 글의 ㉠~㉢에 들어갈 말을 바르게 연결한 것은?

> 1992년 유해 폐기물의 국가 간 이동을 규제하는 (㉠) 협약이 발효되었다. 그 결과 각 국가는 유해 폐기물인 (㉡)를 다른 나라에 버릴 수 없게 되었다. 하지만 재활용이나 기부라는 이름을 달고 많은 (㉡)가 개발 도상국으로 이전되고 있다. 국제 환경 시민 단체인 그린피스는 유럽에서 (㉢)로 수출되는 중고 가전제품의 약 75%는 재사용이 불가능하다고 보고하였다.

	㉠	㉡	㉢
①	바젤	전자 쓰레기	아프리카
②	바젤	핵 연료	아프리카
③	람사르	전자 쓰레기	아프리카
④	람사르	전자 쓰레기	북아메리카
⑤	람사르	핵 연료	북아메리카

07 다음 밑줄 친 '유리한 조건'에 해당하지 <u>않는</u> 것은?

> 과거 화훼 시장의 중심지는 네덜란드였다. 하지만 최근 유럽에 공급되는 장미꽃의 약 70%는 아프리카의 케냐에서 재배된다. 케냐는 화훼 산업이 발달하기에 <u>유리한 조건</u>을 활용하여 대표적인 화훼 생산국이 되었다.

① 낮은 임금　　　　② 온화한 기후
③ 풍부한 수량　　　④ 엄격한 환경 기준
⑤ 항공 교통의 발달

08 다음은 네덜란드의 화훼 농장이 케냐로 이동하는 과정을 나타낸 그림이다. (가)에 들어갈 환경 문제로 가장 적절한 것은?

① 사막화　　　　　② 미세 먼지
③ 수질 오염　　　　④ 지구 온난화
⑤ 해수면 상승

 09 다음 글의 밑줄 친 (가)에 대한 설명으로 옳지 <u>않은</u> 것은?

> 최근 경제의 세계화가 진행되면서 개발 도상국은 환경 오염을 일으키는 제품들을 생산하고, 선진국은 이 제품들을 소비하는 것을 쉽게 볼 수 있다. 그 결과 　　(가)　　이/가 심화되고 있다.

① 개발 도상국이 경제 성장을 강조할수록 심해진다.
② (가)에 들어갈 말은 '환경 문제의 공간적 불평등'이다.
③ (가)의 완화를 위해서는 국제 사회의 협력이 필요하다.
④ 선진국과 개발 도상국은 환경 문제에서 영향을 주고받는다.
⑤ 공해 유발 산업의 국제적 이동이 늘어나면 (가)는 해결된다.

10 다음 표에서 쟁점이 되고 있는 환경 이슈로 옳은 것은?

(하) 난이도

찬성	발전소 유치를 통해 지역 경제 활성화
반대	방사능 유출 문제

① 에너지 과소비
② 풍력 발전소 건설
③ 쓰레기 매립장 건설
④ 원자력 발전소 건설
⑤ 생활 하수로 인한 하천 오염

11 유전자 재조합 식품(GMO)의 특징으로 옳은 것을 보기에서 고른 것은?

(중) 난이도

보기
ㄱ. 식량 부족 문제를 해결할 수 있다.
ㄴ. 생태계의 다양성을 파괴할 수 있다.
ㄷ. 일반 농산물에 비해 영양소가 부족하다.
ㄹ. 오랜 기간에 걸쳐 먹어도 인체에 미치는 영향이 적다.

① ㄱ, ㄴ
② ㄱ, ㄴ
③ ㄴ, ㄷ
④ ㄴ, ㄹ
⑤ ㄷ, ㄹ

12 다음 자료를 보고 유전자 재조합 식품에 대한 설명으로 옳은 것을 보기에서 고른 것은?

(상) 난이도

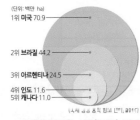

(단위: 백만 ha)
1위 미국 70.9
2위 브라질 44.2
3위 아르헨티나 24.5
4위 인도 11.6
5위 캐나다 11.0
(자료: 응용 통계 자료, 2017)

▲ 유전자 재조합 식품(GMO) 재배 면적 상위 5개국

(%) 재배 비율(GMO/전체)
대두(콩) 83
목화 75
옥수수 29
유채 24
(ISAAA, 2015)

▲ 유전자 재조합 식품 재배 비율

보기
ㄱ. 아시아에서는 재배되지 않는다.
ㄴ. 미국과 브라질이 재배에 적극적이다.
ㄷ. 유럽 국가들이 재배 면적 상위 5개국에 포함되어 있다.
ㄹ. 콩과 목화는 절반 이상이 유전자 재조합 식품(GMO)이다.

① ㄱ, ㄴ
② ㄱ, ㄷ
③ ㄴ, ㄷ
④ ㄴ, ㄹ
⑤ ㄷ, ㄹ

13 유전자 재조합 식품(GMO)의 사례로 옳은 것을 보기에서 있는 대로 고른 것은?

(상) 난이도

보기
ㄱ. 병충해에 강한 감자
ㄴ. 카페인이 제거된 커피
ㄷ. 화학 비료로 재배한 옥수수
ㄹ. 오래 두어도 무르지 않는 토마토

① ㄱ, ㄴ
② ㄱ, ㄹ
③ ㄱ, ㄴ, ㄹ
④ ㄱ, ㄷ, ㄹ
⑤ ㄴ, ㄷ, ㄹ

14 유전자 재조합 식품(GMO)에 대한 설명으로 옳은 것은?

(중) 난이도

① 100% 안전한 먹거리로 검증되었다.
② 세계적으로 재배 면적이 감소하고 있다.
③ 재배 과정에서 농약 사용량이 늘어날 것이다.
④ 유전자 재조합 콩, 목화, 옥수수가 재배되고 있다.
⑤ 생산 비용이 늘어나 농민들의 소득이 줄어들 것이다.

15 미세 먼지의 원인으로 옳지 않은 것은?

(중) 난이도

① 노후 경유차 운행
② 원자력 발전소 가동
③ 화력 발전소의 배출 가스
④ 건설 현장에서 배출된 먼지
⑤ 산업·공장 연료로 석탄 사용

16 미세 먼지에 대한 대책으로 옳은 것을 보기에서 고른 것은?

(중) 난이도

보기
ㄱ. 노후 경유차도 수리해서 사용한다.
ㄴ. 외출 시 미세 먼지용 방진 마스크를 착용한다.
ㄷ. 대기 오염 측정소를 확충해 오염 경보를 실시한다.
ㄹ. 다른 국가와의 협력보다 독자적인 대기 질 개선 방안을 모색한다.

① ㄱ, ㄴ
② ㄱ, ㄷ
③ ㄴ, ㄷ
④ ㄴ, ㄹ
⑤ ㄷ, ㄹ

17 다음 (가)~(다)와 관련있는 환경 이슈를 바르게 연결한 것은?

(하) 난이도

(가) 종이컵, 플라스틱 제품 등 일회용품 사용을 자제한다.
(나) 유전자 변형 생물로 인해 생태계 교란이 발생할 수 있다.
(다) 공동 생활 공간인 아파트에서 층간 소음으로 분쟁이 이어지고 있다.

	(가)	(나)	(다)
①	지구 온난화	유전자 재조합 식품(GMO)	미세 먼지
②	지구 온난화	로컬 푸드 운동	소음 공해
③	쓰레기 문제	유전자 재조합 식품(GMO)	미세 먼지
④	쓰레기 문제	로컬 푸드 운동	소음 공해
⑤	쓰레기 문제	유전자 재조합 식품(GMO)	소음 공해

18 환경 문제 해결을 위한 개인적 차원의 노력을 보기 에서 고른 것은?

(하) 난이도

보기
ㄱ. 가까운 거리는 도보로 이동한다.
ㄴ. 쓰레기 분리수거를 철저하게 한다.
ㄷ. 종이컵, 나무젓가락과 같은 일회용품을 사용한다.
ㄹ. 친환경 제품이 나오면 쓰던 물건을 버리고 구매한다.

① ㄱ, ㄴ   ② ㄱ, ㄹ   ③ ㄴ, ㄷ
④ ㄴ, ㄹ   ⑤ ㄷ, ㄹ

19 환경 이슈와 이에 대한 해결 방안이 잘못 연결된 것은?

(하) 난이도

	환경 이슈	해결 방안
①	미세 먼지	대기 오염 경보 체계 구축
②	쓰레기 매립지	일회용품 사용 규제
③	소음 공해	방음벽 설치
④	유전자 재조합 식품 (GMO)	저렴한 가격에 시장 공급
⑤	원자력 발전소 건설	지역 주민들의 의견 수렴

주관식·서술형

20 다음 글을 읽고 물음에 답하시오.

____(가)____ 에는 납, 수은, 크롬, 카드뮴 등의 중금속과 유독성 화학 물질이 포함되어 있다. 중국, 인도, 나이지리아, 멕시코 등의 나라에서는 ____(가)____ 을/를 수입하여 가공·처리하여 자원을 추출하고 있다. 그러나 그 과정에서 (나)환경 문제가 발생하고 있다.

(1) (가)에 해당하는 오염 물질을 쓰시오.

_____

(2) (나)에 해당하는 환경 문제를 두 가지 서술하시오.

_____

_____

21 다음 글의 빈칸에 들어갈 말을 쓰시오.

( )은/는 일상생활에서 접할 수 있는 환경 문제 중에서 집단의 이해관계에 따라 다른 원인이나 해결 방안을 생각하여 대립하는 환경 문제를 말한다.

_____

22 다음 표를 보고 물음에 답하시오.

구분	((가)) 푸드	글로벌 푸드
의미	생산 지역과 소비 지역이 일치하는 음식	전 지구적으로 상품화된 음식
장점	(나)	• 저렴한 가격 • 계절과 관계없이 생산

(1) (가)에 들어갈 말을 쓰시오.

_____

(2) (나)에 해당하는 장점을 두 가지 서술하시오.

_____

_____

01 우리나라의 영역과 독도의 중요성

1 우리나라의 영역

1 영역과 배타적 경제 수역

(1) **영역의 의미** 국민의 생활공간이자 국가의 ❶ ☐☐ 이 효력을 미치는 공간적 범위

(2) **영역과 배타적 경제 수역**

영역	영토	• 한 국가에 속한 육지의 범위 • 영해와 영공을 설정하는 기준
	영해	• 기선(최저 조위선)에서 ❷ ☐☐ 해리까지의 바다 • 몽골, 오스트리아, 볼리비아 등의 ❸ ☐☐☐ 은 영해가 없음
	영공	• 영토와 영해의 상공 • 영공에서는 다른 국가의 비행기가 해당 국가의 허가 없이 비행하지 못함
배타적 경제 수역 (EEZ)		• 바다에 대한 경제적 권리를 주장할 수 있는 범위 • 영해 기선으로부터 ❹ ☐☐☐ 해리에 이르는 바다 중 영해를 제외한 수역

2 우리나라의 영역과 배타적 경제 수역

(1) **영토, 영해, 영공**

영토	• ❺ ☐☐☐ 와 그 주변의 섬들(부속 도서)로 구성 • 서해안과 남해안의 갯벌을 메우는 간척 사업을 통해 면적이 확대됨	
영해	동해안, 제주도, 울릉도, 독도	❻ ☐☐☐ 적용, 통상 기선으로부터 12해리까지를 영해로 함
	서·남해안	가장 외곽에 있는 섬이나 곶을 연결한 ❼ ☐☐ ☐ 적용
영공	항공 교통이 발달하면서 영공의 중요성이 커지고 있음	

(2) ❽ ☐☐☐ ☐☐☐ 중국·일본과의 어업 협정을 통해 겹치는 수역을 중간 수역 혹은 잠정 조치 수역으로 설정하였음

2 독도의 중요성

1 독도의 지리적 특징

| 위치 | 우리 토의 가장 동쪽 끝, 울릉도에서 동남쪽으로 87.4km 떨어진 곳에 위치 |
| 자연환경 | • 동해의 해저 화산 활동으로 형성된 화산섬
• 동도와 서도, 89개의 바위섬으로 구성 |

2 독도의 가치

영역적 가치	해상·항공 교통의 요충지, 배타적 경제 수역의 설정
경제적 가치	조경 수역, 가스 하이드레이트, 해양 심층수 등
환경·생태적 가치	다양한 동식물의 서식처, 화산 지형이 보존

3 독도 수호 노력
다양한 고문헌(세종실록지리지, 강계고 등) 고지도(삼국접양지도, 대삼국지도) 등에서 독도가 우리 땅이라는 근거 발견

정답 ❶ 주권 ❷ 12 ❸ 내륙국 ❹ 200 ❺ 한반도 ❻ 통상 기선 ❼ 직선 기선 ❽ 배타적 경제 수역

실력 확인 문제

01 다음 영역 모식도를 보고 분석한 내용으로 옳지 <u>않은</u> 것은?

(중) 난이도

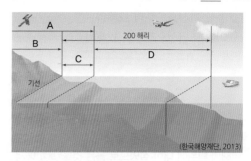

(한국해양재단, 2013)

① A는 B와 C의 상공이다.
② 내륙 국가는 C를 갖지 않는다.
③ A는 영공, B는 영토, C는 영해이다.
④ C에서는 타국 선박이 자유롭게 항해할 수 있다.
⑤ D에서는 연안국이 경제적 권리를 주장할 수 있다.

02 우리나라의 영토에 대하여 바르게 설명한 것은?

(중) 난이도

① 한반도와 그 부속 도서로 구성된다.
② 휴전선 북쪽은 우리나라의 영토가 아니다.
③ 총 면적은 약 220만 km² 정도로 영국과 비슷하다.
④ 남북으로 긴 형태를 지녀 다양한 시간대를 갖는다.
⑤ 여러 개의 섬으로만 구성되어 있어 국토의 효율적 활용이 어렵다.

[03~04] 다음 글을 읽고 물음에 답하시오.

> 영해는 기선으로부터 (㉠)해리까지이며, 우리나라는 ㉡해안에 따라 영해 설정의 기준이 다르다.

03 ㉠에 들어갈 숫자로 알맞은 것은?

(하) 난이도

① 10 ② 12 ③ 14
④ 120 ⑤ 200

04 ㉡에 대한 설명으로 옳은 것은?

(중) 난이도

① 동해안은 직선 기선을 적용한다.
② 서해안은 통상 기선을 적용한다.
③ 남해안은 직선 기선을 적용한다.
④ 직선 기선은 해안의 최저 조위선을 기준으로 한다.
⑤ 통상 기선은 최외곽의 섬이나 곶을 일직선으로 이은 것이다.

05 대한 해협에서의 우리나라 영해 범위는?

(상) 난이도

① 직선 기선으로부터 3해리
② 통상 기선으로부터 3해리
③ 직선 기선으로부터 12해리
④ 통상 기선으로부터 12해리
⑤ 최저 조위선으로부터 12해리

06 영해의 범위에 대한 설명으로 옳은 것을 보기 에서 고른 것은?

(중) 난이도

보기
ㄱ. 국가의 주권이 미치는 해역이다.
ㄴ. 다른 나라의 선박이 자유롭게 항해할 수 있다.
ㄷ. 과학 기술의 발달, 수산 자원 및 대륙붕의 해저 자원 개발 등으로 중요성이 확대되었다.
ㄹ. 우리나라의 영해는 기선으로부터 12해리까지로 영해 설정 기준이 삼면 모두 동일하다.

① ㄱ, ㄴ　　② ㄱ, ㄷ　　③ ㄴ, ㄷ
④ ㄴ, ㄹ　　⑤ ㄷ, ㄹ

07 다음 지도는 우리나라의 배타적 경제 수역을 나타낸 것이다. A와 B 해역에서 어업 활동을 할 수 있는 국가를 바르게 짝지은 것은?

(중) 난이도

	A	B
①	일본	중국
②	중국	대한민국, 일본
③	대한민국, 중국	대한민국, 일본
④	대한민국, 일본	대한민국, 중국
⑤	중국, 일본	대한민국

08 다음 설명에 해당하는 영역의 기호를 아래 모식도에서 고르면?

(하) 난이도

• 영해 기선으로부터 200해리에 이르는 바다 중 영해를 제외한 수역
• 수산 자원, 광물 자원, 에너지 자원 등의 해양 자원을 탐사하고 개발

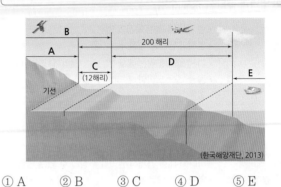

① A　　② B　　③ C　　④ D　　⑤ E

09 독도에 관한 설명으로 옳은 것을 보기 에서 고른 것은?

(중) 난이도

보기
ㄱ. 행정 구역상 강원도에 속한다.
ㄴ. 화산 활동으로 형성된 화산섬이다.
ㄷ. 영토의 가장 동쪽에 위치하는 섬이다.
ㄹ. 가장 가까운 곳에 있는 섬은 일본 오키섬이다.

① ㄱ, ㄴ　　② ㄱ, ㄹ　　③ ㄴ, ㄷ
④ ㄴ, ㄹ　　⑤ ㄷ, ㄹ

10 다음 지도의 A 섬이 갖는 환경·생태적 가치로 옳은 것은?

(중) 난이도

① 대규모의 숲이 조성되어 있다.
② 넓은 강과 평야가 펼쳐져 있다.
③ 신라 시대의 문화유산이 많이 발견된다.
④ 열대 기후가 나타나 독특한 식물이 서식한다.
⑤ 다양한 동식물의 서식처이며 화산 지형이 잘 보존되어 있다.

11 다음은 독도의 경제적 가치를 정리한 표이다. ㉠과 ㉡에 들어갈 말을 바르게 연결한 것은?

〈독도의 경제적 가치〉
• (㉠)이/가 형성되어 풍부한 수산 자원 획득
• 미래의 에너지 자원으로 불리는 (㉡)이/가 매장
• 해양 심층수 개발, 관광지로서의 가치 등

	㉠	㉡
①	중간 해역	석유
②	중간 해역	가스 하이드레이트
③	잠정 수역	석탄
④	조경 수역	가스 하이드레이트
⑤	조경 수역	석유

12 독도의 역사에 대한 설명으로 옳은 것을 보기에서 고른 것은?

보기
ㄱ. 신라의 이사부는 울릉도와 독도를 독립시켰다.
ㄴ. 러·일 전쟁 이후 우리나라의 영토로 편입되었다.
ㄷ. 안용복은 일본에 건너가 독도가 우리나라 땅임을 확인하였다.
ㄹ. 세종실록지리지에는 울릉도에서 독도를 관찰할 수 있음이 기록되어 있다.

① ㄱ, ㄴ   ② ㄱ, ㄹ   ③ ㄴ, ㄷ
④ ㄴ, ㄹ   ⑤ ㄷ, ㄹ

13 다음 삼국접양지도를 통해 알 수 있는 사실로 옳은 것은?

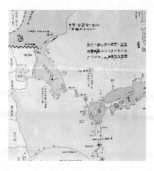

① 조선의 영해 범위
② 한반도의 정확한 지형
③ 지도를 제작한 조선인의 이름
④ 일본과 조선 사이의 교역품 목록
⑤ 울릉도와 독도가 조선의 영토임을 표시

주관식·서술형

14 다음에서 설명하고 있는 영해 설정 방법이 적용되는 우리나라의 해안이 어디인지 쓰시오.

해안선이 단순하여 최저 조위선을 기선으로 적용하고, 기선으로부터 12해리를 영해로 한다.

_____

15 다음 글에서 설명하는 것이 무엇인지 쓰시오.

바다에 대한 경제적 권리를 주장할 수 있는 범위로 영해 기선으로부터 200해리에 이르는 바다 중 영해를 제외한 수역이다. 이곳에서는 인공 섬을 만들거나 바다에 시설물을 설치하고 활용할 수 있다.

_____

16 다음 A 지역에서 영해를 설정하는 방법과 B 지역에서 영해가 3해리로 좁아지는 구역이 있는 이유를 각각 서술하시오.

_____

_____

17 다음 글의 밑줄 친 ㉠의 이유와 독도의 경제적 가치를 각각 서술하시오.

독도 주변은 ㉠사시사철 수산 자원이 풍부하다. 대구, 꽁치, 볼락, 돌돔, 전복, 오징어, 전어, 가자미, 소라, 새우 등 다양한 생물이 독도 주변의 바다에 분포한다.

_____

02 세계화 시대의 지역화 전략 ~ 03 우리나라의 위치와 통일의 중요성

1 세계화 시대의 지역화 전략

1 지역과 지역성

(1) **지역** 다른 곳과 구분되는 지표상의 범위

(2) **지역성** 다른 지역과 구별되는 지역의 특성으로, 지역의 자연환경과 주민이 오랜 시간에 걸쳐 상호 작용한 결과

2 지역화 전략의 중요성

(1) **지역화 전략** 지역의 독특한 자연환경과 인문 환경을 이용하여 지역의 가치를 높이는 것

(2) **지역화 전략의 중요성** 지역화 전략이 성공하면 지역 경제 활성화, 지역 주민들의 자긍심이 높아짐

(3) **지역화 전략의 종류**

지역 브랜드	지역의 상품이나 서비스에 지역성이 잘 드러나는 이미지, ❶□□□, 캐릭터 등을 결합하여 소비자가 특별한 브랜드로 인식하게 만드는 전략
❷□□□□	지역에 있는 특정한 장소의 이미지를 매력적으로 보이게 만들어서 기업이나 관광객에게 판매하는 전략 📌 지역 축제
❸□□□ 표시제	상품의 품질, 명성, 특성 등이 근본적으로 해당 지역에서 비롯된 경우 지역 생산품임을 증명하고 표시하는 제도

▲ 다양한 지역의 지역 브랜드(지역 슬로건)

2 우리나라의 위치와 통일의 중요성

1 우리나라의 위치 ❹□□□으로 북쪽에는 유라시아 대륙, 남쪽에는 태평양이 위치

2 국토 통일의 필요성

지리적 측면	국토 공간의 균형 회복, 반도국의 이점을 되살릴 수 있음
정치적 측면	• ❺□□□□의 부정적 이미지를 해소하고 동아시아의 평화에 이바지 • 통일 국가로서 국제적 위상을 높임
경제적 측면	• 남한의 기술과 북한의 지하자원 및 노동력을 결합 • 분단 비용 축소로 교육, 복지, 문화 등의 분야에 투자 증대
사회적 측면	• ❻□□□□의 고통 해소 • 북한 지역의 빈곤 및 인권 문제 해결

3 통일 이후의 국토 공간 삶의 터전 확대, 국토 공간의 ❼□□ 있는 개발 가능, 생태·환경·문화가 어우러진 국토 공간 조성, ❽□□□ □□가 정치·경제·교통·관광의 중심지로 성장

정답 ❶ 슬로건 ❷ 장소 마케팅 ❸ 지리적 ❹ 반도국 ❺ 분단 국가 ❻ 이산가족 ❼ 균형 ❽ 비무장 지대

실력 확인 문제

01 지역성에 대한 설명으로 옳은 것을 **보기**에서 고른 것은?
(중 난이도)

> **보기**
> ㄱ. 기존의 지역성과 전혀 관련없는 새로운 지역성이 생긴다.
> ㄴ. 다양한 유형의 지역이 독립적으로 존재하면서 서로 대립·갈등한다.
> ㄷ. 세계화로 인해 지역이 가지는 장점이 지역의 수준을 넘어 세계적인 가치를 가진다.
> ㄹ. 지역은 다른 지역과 차별화된 지역화 전략으로 경쟁력을 높이기 위해 노력하고 있다.

① ㄱ, ㄴ ② ㄱ, ㄹ ③ ㄴ, ㄷ
④ ㄴ, ㄹ ⑤ ㄷ, ㄹ

02 다음 두 사진을 보고 파주시의 지역화 전략에 대하여 분석한 내용으로 옳은 것은?
(중 난이도)

▲ 군사 도시 – 파주 　　▲ 파주 북소리(booksori) 축제

① 파주시의 기후적 특징을 활용하였다.
② 군사 도시로서의 지역 이미지를 강화하고자 한다.
③ 지역의 자연환경에 기반을 둔 지역 이미지를 만들었다.
④ 부정적 이미지를 쇄신하기 위해 지역의 책 산업을 활용하였다.
⑤ 지역화 전략을 성공시키기 위한 방법은 지방 자치 단체의 활동이 유일하다.

03 다음 글에서 설명하고 있는 지역화 전략은?
(하 난이도)

> 지역에 있는 특정한 장소의 이미지를 매력적으로 보이게 만들어서 기업이나 관광객에게 판매하는 전략이다. 지역마다 다양한 축제를 개최하고, 랜드마크를 이용하여 지역을 홍보하는 활동 등이 포함된다.

① 지역 브랜드 ② 지역 슬로건
③ 지역 캐릭터 ④ 장소 마케팅
⑤ 지리적 표시제

04 다음과 같은 지역 브랜드가 만들어지게 된 배경을 추론한 것으로 옳은 것은?
（하 난이도）

① 발달한 산업을 바탕으로 한 브랜드
② 항구와 공항 등의 시설을 내세운 브랜드
③ 지역 전통문화를 콘텐츠로 내세운 브랜드
④ 지역의 빼어난 자연환경을 내세운 브랜드
⑤ 지역의 음식, 영화 등 문화 콘텐츠를 홍보하는 브랜드

05 다음 지도에 표시된 것과 관계 깊은 지역화 전략은?
（중 난이도）

① 지역 브랜드
② 지역 슬로건
③ 지역 캐릭터
④ 장소 마케팅
⑤ 지리적 표시제

06 다음과 같은 지역화 전략으로 성공을 거둔 지역을 지도에서 찾으면?
（중 난이도）

인구 감소와 고령화, 지역 경쟁력 저하 등으로 어려움을 겪던 이 지역은 나비 축제의 성공과 함께 '나비가 날다'는 의미를 지닌 지역 브랜드 '나르다'를 개발하여 각종 행사에 활용하고 있다.

① A
② B
③ C
④ D
⑤ E

07 다음 지도를 보고 분석한 우리나라의 위치적 특징으로 옳지 않은 것은?
（상 난이도）

① 유라시아 대륙에 위치한다.
② 중국, 러시아 등 대륙 진출에 유리하다.
③ 대륙과 해양의 인적·물적·문화적 교류에 유리하다.
④ 높은 산지 지형과 고립된 위치로 침략 방어에 유리하다.
⑤ 삼면으로 이루어진 바다를 통해 태평양 등 해양 진출에도 유리하다.

08 남북 분단이 지속되면서 나타나는 문제로 옳지 않은 것은?
（중 난이도）

① 이산가족의 고통이 심화된다.
② 민족의 동질성이 강화되고 있다.
③ 남과 북의 경제적 격차가 심화되고 있다.
④ 국토 공간의 불균형 문제가 나타나고 있다.
⑤ 남과 북의 군사적 대립과 갈등이 나타나고 있다.

09 통일의 필요성을 경제적 측면에서 설명한 것으로 옳은 것을 보기 에서 고른 것은?
（상 난이도）

보기

ㄱ. 통일 국가로서 동아시아 평화에 이바지한다.
ㄴ. 남한의 기술과 북한의 자원, 노동력을 결합할 수 있다.
ㄷ. 분단 비용이 줄어들어 교육, 복지, 문화 등의 분야에 투자를 늘릴 수 있다.
ㄹ. 이산가족의 고통을 해소하고 북한 지역의 빈곤과 인권 문제를 해결할 수 있다.

① ㄱ, ㄴ　　　② ㄱ, ㄹ　　　③ ㄴ, ㄷ
④ ㄴ, ㄹ　　　⑤ ㄷ, ㄹ

10 다음 지도에 붉은색으로 표시된 지역의 명칭으로 옳은 것은?
(하 난이도)

① 중간 지대
② 국경 지대
③ 개방 지역
④ 접경 지역
⑤ 비무장 지대

11 통일 이후의 국토 공간 변화에 대한 옳은 설명을 보기 에서 고
(중 난이도) 른 것은?

보기
ㄱ. 남북한의 분리가 유지되어 문화 경관의 차이 심화
ㄴ. 도시 면적의 축소와 국토 공간의 불균등한 활용으로 지역 간 갈등 증가
ㄷ. 비무장 지대는 자연환경과 문화가 어우러진 매력적인 공간으로 변모
ㄹ. 반도국의 이점이 회복되어 육로와 해로를 통한 대륙과 해양으로의 진출이 용이

① ㄱ, ㄴ
② ㄱ, ㄹ
③ ㄴ, ㄷ
④ ㄴ, ㄹ
⑤ ㄷ, ㄹ

12 다음은 통일 이후의 유망 직업을 나타낸 것이다. 각 직업에 대
(중 난이도) 한 설명으로 옳지 않은 것은?

ㄱ. 여행 사업가
ㄴ. 환경 컨설턴트
ㄷ. 광물 자원 전문가
ㄹ. 남북 문화 통합 전문가

① ㄱ은 북한 지역 및 유라시아 대륙의 육로 여행을 설계하고 판매할 것이다.
② ㄴ은 북한 지역의 개발을 막고 자연 그대로를 보존하는 데 기여할 수 있는 직업이다.
③ 북한의 자연환경이 많이 훼손되어 있는 것으로 알려져 있어 ㄴ의 중요성이 강조될 것이다.
④ ㄷ은 북한의 풍부한 자원 개발에 필요한 직업이다.
⑤ ㄹ은 오랜 시간 동안 달라진 남북이 서로를 이해하는 데 기여할 수 있는 직업이다.

주관식·서술형

13 다음과 같은 지역화 전략을 무엇이라고 하는지 쓰시오.

지역의 상품이나 서비스에 지역성이 잘 드러나는 이미지, 슬로건, 캐릭터 등을 결합하여 이를 소비자가 특별한 브랜드로 인식하게 만드는 전략

14 다음 글에서 설명하는 지역이 어디인지 쓰시오.

군사적 대립을 방지하기 위해 군사 분계선을 기준으로 남북으로 각각 2km 범위에 설정한 완충 지대로 60여 년 동안 일반인의 출입이 엄격히 통제되어 자연 생태계가 잘 보존되어 있다.

15 다음 글을 읽고 물음에 답하시오.

(㉠)은/는 상품의 품질, 명성, 특성 등이 근본적으로 해당 지역에서 비롯된 경우 지역 생산품임을 증명하고 표시하는 제도이다. 보성 녹차, 횡성 한우, 봉화 송이 등이 그 사례이다.

(1) ㉠에 들어갈 말을 쓰시오.

(2) ㉠과 같은 지역화 전략을 통해 지역이 얻을 수 있는 이점을 서술하시오.

16 통일 이후 지도와 같이 철도망이 연결될 때 가질 수 있는 장점을 두 가지 서술하시오.

01 지구상의 다양한 지리적 문제

1 기아와 생물 다양성 감소 문제

1 지리적 문제

(1) **특징** 특정 지역 문제가 다른 지역과 연관, 자연과 인간 또는 지역 간 상호 관계가 영향을 미침, 해당 지역의 특성 반영

(2) **종류** 기아 문제, 생물 다양성 감소 문제, 영토·영해 분쟁 등

2 ❶ ☐☐ 문제

의미	주민들이 충분한 영양을 섭취하지 못하고 굶주리는 현상
발생 지역	사하라 이남 ❷ ☐☐☐☐, 남부 아시아 지역, 남아메리카 일부 지역
원인	• 자연적 요인: 장기간의 ❸ ☐☐, 홍수 등의 자연재해 • 인위적 요인: 급격한 인구 ❹ ☐☐, 잦은 전쟁 및 내전, 식량 가격 불안정, 식량 자원의 분배 문제 등

3 ❺ ☐☐☐☐☐ 감소 문제

발생 지역	❻ ☐☐☐☐ 지역: 남아메리카 아마존강 유역, 아프리카 콩고강 유역, 인도네시아 등
원인	• 인구 증가로 인한 ❼ ☐☐☐, 도시화, 환경 오염 등 • 개발에 따른 생물 서식지 파괴 • 상품 작물 및 연료용 작물에 대한 수요 증가 → 농작물 다양성 감소

2 영토 및 영해 분쟁

1 발생 원인
모호한 국경선 설정, 민족과 ❽ ☐☐의 차이, 군사·정치적 요충지 확보, 주요 자원의 확보 등

2 영토 및 영해 분쟁

(World war watch, 2016)

영토 분쟁	• 이스라엘 – 팔레스타인 분쟁: 역사적 배경, 민족과 종교의 차이(이스라엘 – 유대교, 팔레스타인 – ❾ ☐☐☐)로 발생 • ☐☐☐ 분쟁: 모호한 국경선 설정, 종교의 차이(인도 – 힌두교, 파키스탄 – 이슬람교)로 발생 • 수단 – 남수단 분쟁: 지리적·종교적·인종적 차이, 송유관 건설 및 유전 개발을 둘러싼 갈등 발생
영해 분쟁	• ⓫ ☐☐☐ ☐☐(댜오위댜오): 석유 및 수산 자원의 확보, 해상 교통·군사상 요충지 확보가 원인(당사국 – 일본, 중국, 타이완 등) • ☐☐ ☐☐(스프래틀리 군도): 석유 및 천연가스 확보, 해상 교통·군사상 요충지 확보가 원인(당사국 – 중국, 필리핀, 베트남 등)

정답 ❶ 기아 ❷ 아프리카 ❸ 가뭄 ❹ 증가 ❺ 생물 다양성 ❻ 열대 우림 ❼ 산업화 ❽ 종교 ❾ 이슬람교 ❿ 카슈미르 ⓫ 센카쿠 열도 ⓬ 난사 군도

---

01 지리적 문제에 대한 옳은 설명을 **보기**에서 고른 것은?
중 난이도

보기
ㄱ. 지역의 특성이 반영되는 경우가 많다.
ㄴ. 지역 간 상호 관계가 미치는 영향력이 작다.
ㄷ. 기아 문제, 생물 다양성 감소 문제 등이 해당된다.
ㄹ. 문제의 발생 책임을 특정 국가에만 전가해야 한다.

① ㄱ, ㄴ ② ㄱ, ㄷ ③ ㄴ, ㄷ
④ ㄴ, ㄹ ⑤ ㄷ, ㄹ

02 기아 문제에 대한 설명으로 옳지 <u>않은</u> 것은?
중 난이도

① 사하라 이남 아프리카에서 심각하게 나타난다.
② 가뭄과 병충해 등의 자연적 요인이 영향을 미친다.
③ 식량 수확량에 비해 인구 증가 속도가 빠를 때 발생하기 쉽다.
④ 국제 곡물 가격의 하락이 기아 문제로 인한 피해를 증가시킨다.
⑤ 전쟁 및 내전이 오랫동안 지속되는 경우도 기아 문제를 심화시킨다.

03 다음 글을 읽고 해석한 내용으로 옳지 <u>않은</u> 것은?
상 난이도

세계 식량 계획(WFP)은 작년부터 나타난 기상 이변이 곡물 수확량에 영향을 미쳐 아프리카, 아시아, 남아메리카 여러 나라에서 식량 부족 사태가 나타날 수 있다고 전망하였다. 또한 예멘과 시리아에서 발생하는 분쟁으로 인해 식량 안보를 위협받는 사람들이 많다고 발표하였다.

① 기후 변화로 인해 식량 생산이 감소하게 되었다.
② 제시된 지역에서는 기아 문제가 발생할 가능성이 높다.
③ 기아 문제는 특정 지역에서만 반복적으로 발생하는 경우가 많다.
④ 분쟁이 지속되는 지역에서는 식량 분배에 어려움을 겪을 수 있다.
⑤ 기아는 자연적 요인과 인위적 요인이 복합적으로 작용해 발생하기도 한다.

04 다음 지도는 세계 각국의 영양 부족 인구 비율을 나타낸 것이다. 이에 대한 설명으로 옳은 것은?

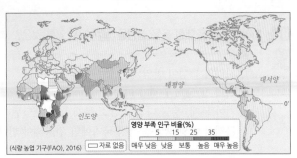

① 기아 문제가 지구상의 모든 곳에서 동일하게 발생하고 있다.
② 유럽과 북아메리카는 영양 부족 인구 비율이 매우 높게 나타난다.
③ 저개발 국가들이 선진국에 비해 기아 문제의 위험성이 높은 편이다.
④ 아프리카에서는 중·남부에 비해 북부 지역의 영양 부족 인구 비율이 높다.
⑤ 적도 부근보다는 고위도 지역에 위치한 국가들의 기아 발생 위험성이 높다.

05 다음은 사회 수업 장면의 일부이다. 교사의 질문에 대한 학생의 대답으로 적절하지 않은 것은?

교사: 그림은 어떤 지리적 문제의 발생으로 고통받고 있는 사람들의 모습을 나타낸 것입니다. 이러한 지역들은 어떤 특성을 갖고 있을까요?

잠비아에서는 묽은 죽 한 끼로 하루를 버티는 어린이가 많아.

아이티에서는 허기를 면하고자 진흙으로 쿠키를 만들어 먹기도 해.

학생: _____

① 인구 증가율이 낮습니다.
② 정치 부패 정도가 높습니다.
③ 농업 기반 시설이 부족합니다.
④ 자연재해 발생 비율이 높습니다.
⑤ 내전 및 분쟁 발생률이 높습니다.

06 다음 지도는 세계 삼림 면적의 변화를 나타낸 것이다. 이를 보고 해석한 내용으로 옳은 것을 보기 에서 고른 것은?

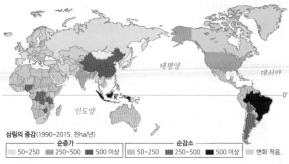

보기
ㄱ. 적도 부근 열대림의 파괴가 심각하게 나타날 것이다.
ㄴ. 삼림의 파괴로 멸종 위기에 처한 생물들이 늘어나게 될 것이다.
ㄷ. 삼림의 변화에는 인위적 요인보다 자연적 요인이 더 큰 영향을 미쳤다.
ㄹ. 열대림의 개발로 인간이 이용 가능한 생물 자원의 수가 증가할 것이다.

① ㄱ, ㄴ   ② ㄱ, ㄷ   ③ ㄴ, ㄷ
④ ㄴ, ㄹ   ⑤ ㄷ, ㄹ

07 다음 그림과 같이 동물들이 멸종 위기에 놓이게 된 원인으로 보기 어려운 것은?

▲ 대왕 판다   ▲ 검은 코뿔소

① 야생 동물들의 남획이 늘어나고 있기 때문이다.
② 산업화로 인해 환경 오염이 심해지고 있기 때문이다.
③ 외래종의 침입으로 인해 생태계가 파괴되고 있기 때문이다.
④ 개발로 인해 동물들의 서식지가 점점 사라지고 있기 때문이다.
⑤ 생물 다양성 협약으로 인간의 자원 이용이 늘어났기 때문이다.

08 다음 글의 빈칸에 들어갈 분쟁의 사례로 적절한 것을 보기 에서 고른 것은?
(하) 난이도

> 세계 여러 지역에서는 영토와 영해를 둘러싼 갈등이 발생하고 있다. 영토를 둘러싼 갈등으로는 _____ 등을 들 수 있다.

보기
ㄱ. 카슈미르 분쟁
ㄴ. 카스피해 연안국 간 분쟁
ㄷ. 이스라엘 – 팔레스타인 분쟁
ㄹ. 난사 군도(스프래틀리 군도) 분쟁

① ㄱ, ㄴ ② ㄱ, ㄷ ③ ㄴ, ㄷ
④ ㄴ, ㄹ ⑤ ㄷ, ㄹ

[09~10] 다음 지도는 영토 및 영해를 둘러싼 분쟁 지역을 나타낸 것이다. 이를 보고 물음에 답하시오.

(World war watch, 2016)

09 지구상에서 위와 같은 분쟁이 발생하는 원인으로 옳지 않은 것은?
(중) 난이도
① 민족과 종교의 차이
② 모호한 국경선의 설정
③ 국가 간 통합 움직임 증가
④ 자원을 둘러싼 경제적 이해관계
⑤ 교통 및 군사상 중요 지역의 확보

10 A~E 분쟁 지역에 대한 설명으로 옳은 것은?
(상) 난이도
① A – 종교 갈등과 역사적 배경, 민족 분쟁 등이 복잡하게 얽혀 있는 지역이다.
② B – 힌두교도와 이슬람교도 간 종교 갈등이 분쟁의 원인이 되었다.
③ C – 석유와 천연가스를 둘러싼 경제적 이해관계로 인해 갈등이 심화되었다.
④ D – 송유관 건설과 유전 개발을 둘러싸고 남부와 북부 간 갈등이 발생했다.
⑤ E – 언어와 종교의 차이로 인한 문화적 갈등이 심해지면서 분쟁이 발생하고 있다.

주관식·서술형

11 기아 문제로 고통받고 있는 대표적인 지역을 쓰고, 기아에 영향을 미치는 인위적인 요인을 두 가지 서술하시오.

_____

_____

12 다음 지도에 표시된 지역에서 최근 나타나고 있는 지리적 문제를 쓰고, 이러한 문제가 나타나게 된 원인을 두 가지 서술하시오.

□ 열대 우림이 파괴된 지역
□ 열대 우림이 남아 있는 지역

(필립스 세계 지도, 2015)

_____

_____

13 다음 글의 밑줄 친 부분과 같은 현상이 나타나는 주된 원인을 두 가지 서술하시오.

> 최근에는 영역 분쟁 중 섬과 섬 주변의 바다를 둘러싼 영해 갈등이 더욱 증가하고 있다.

_____

_____

02 저개발 지역의 발전 노력 ~ 03 지역 간 불평등 완화를 위한 노력

❶ 저개발 지역의 발전 노력

1 국가마다 다른 발전 수준

구분	선진국과 ❶ ⬚⬚⬚ → 지역별 발전 수준 격차 확대
차이 원인	자연환경 및 자원 보유량, 기술 및 교육 수준, 사회·경제적 제도의 차이, 불공정한 국제 무역 구조 등
구부 지표	1인당 ❷ ⬚⬚⬚⬚⬚(GDP), 인간 개발 지수, 기대 교육 연한, 기대 수명, 영유아 사망률, 인터넷 이용률, 성 불평등 지수 등

2 저개발국의 빈곤 문제 해결을 위한 노력

노력	• 자영농 육성을 통한 ❸ ⬚⬚ 증산 • 지역 경제 발전을 위한 사회 기반 시설 확대 • 여성과 아동을 대상으로 한 ❹ ⬚⬚ 기회 확대, 일자리 제공 • 국외 자본 유치와 기술 도입을 위한 노력
한계	• 인구 부양력이 낮고, ❺ ⬚⬚적으로 불안정 • 낮은 기술 수준과 부족한 자본

❷ 지역 간 불평등 완화를 위한 노력

1 공식적 차원의 노력

(1) 국제기구의 활동

❻ ⬚⬚⬚⬚⬚(UN)	국제 평화와 안전 유지, 인권 및 자유 확보 등
국제 연합(UN) 산하 기구	국제 연합 난민 기구(UNHCR), 세계 식량 계획(WFP), 국제 연합 아동 기금(UNICEF)

(2) ❼ ⬚⬚⬚⬚⬚⬚(ODA)

의미	선진국의 정부 등이 저개발국의 발전을 위해 제공하는 원조
성과	• 저개발국의 빈곤 감소, 주민들의 삶의 질 향상 • 사회 기반 시설 구축을 통한 지역 개발
한계	• 단기적인 성과 위주의 지원 • 국가 간 이해관계에 따른 불안정한 지원

2 시민 사회 차원의 노력

(1) 국제 ❽ ⬚⬚⬚ 기구(NGO)의 활동

장점	국가 간 이해관계를 넘어 인도주의적 차원에서 활동 가능
사례	그린피스, 국경 없는 의사회 등

(2) ❾ ⬚⬚⬚⬚

의미	저개발국 주민들이 생산한 제품을 선진국 소비자들이 정당한 가격을 주고 구매하도록 하는 무역 방식
성과	• 중간 상인의 개입을 줄여 유통 비용 절감 • 저개발국 생산자들의 경제적인 ❿ ⬚⬚을 도움 • 이익금의 일부를 교육, 의료, 기반 시설 확대 등에 투자
한계	• 저개발국 생산자에 대한 연민이나 동정으로 구매 참여 • 일부 기업들이 이미지 개선을 위한 홍보 수단으로 활용 • 효과에 대해 소비자에게 정확하고 비판적인 정보 제공이 어려움

정답 ❶ 저개발국 ❷ 국내 총생산 ❸ 식량 ❹ 교육 ❺ 정치 ❻ 국제 연합 ❼ 공적 개발 원조 ❽ 비정부 ❾ 공정 무역 ❿ 자립

실력 확인 문제

01 국가마다 발전 수준에 차이가 나타나는 원인으로 옳지 <u>않은</u> 것은?

(하 난이도)

① 자연환경의 차이
② 민족 분포의 차이
③ 천연자원의 보유량 차이
④ 산업 및 무역 구조의 차이
⑤ 기술과 자본 등의 보유 유무 차이

02 다음 글의 밑줄 친 부분에 해당하는 지표로 적절하지 <u>않은</u> 것은?

(중 난이도)

> 세계 각국의 발전 수준은 국가마다 다양하게 나타나기 때문에 <u>여러 지표를 활용</u>하여 국가별 발전 정도를 측정하고 있다.

① 인간 개발 지수
② 기대 교육 연한
③ 영유아 사망률
④ 주요 종교별 신자 비율
⑤ 인터넷 이용 인구 비율

03 다음 지도는 세계 각국의 인간 개발 지수를 나타낸 것이다. 이에 대한 옳은 설명을 보기 에서 고른 것은?

(중 난이도)

인간 개발 지수(2014년)
■ 매우 높음(0.8~1)
■ 높음(0.7~0.8)
□ 보통(0.55~0.7)
▨ 낮음(0.55 미만)
▨ 자료 없음

(국제 연합 개발 계획, 2015)

보기

ㄱ. 인간 개발 지수가 높을수록 발전 수준이 높다.
ㄴ. 유럽에 위치한 국가들의 발전 수준이 낮은 편이다.
ㄷ. 아프리카에 속하는 국가들의 기대 수명과 교육 수준이 높게 나타난다.
ㄹ. 인간 개발 지수는 경제적 성장뿐만 아니라 삶의 질이나 환경까지 고려하였다.

① ㄱ, ㄴ　　② ㄱ, ㄹ　　③ ㄴ, ㄷ
④ ㄴ, ㄹ　　⑤ ㄷ, ㄹ

04 다음 지도는 세계 각국의 1인당 국내 총생산(GDP)을 나타낸 것이다. 이에 대한 설명으로 옳지 <u>않은</u> 것은?

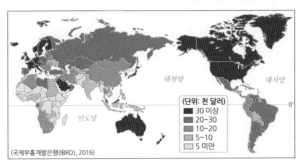

(국제부흥개발은행(IBRD), 2016)

① 1인당 국내 총생산(GDP)이 높을수록 발전 수준이 높다.
② 아프리카 국가들은 대체로 발전 수준이 매우 낮게 나타난다.
③ 소득 및 경제 수준을 통해 국가별 발전 수준을 비교할 수 있다.
④ 남반구에 비해 북반구에 속한 국가들의 발전 수준이 높은 편이다.
⑤ 동남 및 남부 아시아에 속하는 국가들의 발전 수준이 높게 나타난다.

05 다음 그래프는 세계 여러 국가의 기대 교육 연한을 나타낸 것이다. 이에 대한 옳은 설명을 보기 에서 고른 것은?

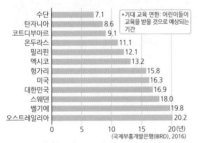

(국제부흥개발은행(IBRD), 2016)

보기
ㄱ. 기대 교육 연한이 길수록 저개발국에 해당한다.
ㄴ. 아프리카에 위치한 국가들의 발전 수준이 낮게 나타난다.
ㄷ. 라틴 아메리카 국가들의 경우 비교적 교육 수준이 높은 편이다.
ㄹ. 교육 기회의 제공 부분을 통해 국가별 발전 수준을 비교할 수 있다.

① ㄱ, ㄴ   ② ㄱ, ㄷ   ③ ㄴ, ㄷ
④ ㄴ, ㄹ   ⑤ ㄷ, ㄹ

06 다음 대화의 빈칸에 들어갈 내용으로 적절하지 <u>않은</u> 것은?

아나운서: 최근 저개발 국가들이 빈곤을 해결하기 위해 어떤 노력을 하고 있습니까?
국제 전문가: 많은 국가들이 ＿＿＿＿＿＿＿＿＿＿.

① 자영농 육성을 통해 식량 생산을 늘리고 있어요.
② 사회 기반 시설에 대한 투자를 확대하고 있어요.
③ 국외의 자본과 기술 투자를 유치하기 위해 노력하고 있어요.
④ 여성들에게 교육 기회를 확대하고 일자리를 제공하고 있어요.
⑤ 국제기구의 계획에 따라 선진국의 식량 원조를 통해 빈곤을 해결하고 있어요.

07 다음 글을 통해 알 수 있는 저개발 국가의 발전 노력으로 옳은 것은?

> 에티오피아 소도에서는 주민들에게 다양한 작물의 묘목을 키우는 방법을 교육하고, 낮은 금리로 돈을 빌려 소규모 사업을 할 수 있는 제도를 마련하였다. 또한 홍수의 피해를 입은 지역에 나무를 심고 도랑을 파기도 하였다.

① 적정 기술을 활용해 빈곤 문제를 해결하고자 한다.
② 선진국의 주도로 빈곤을 해결하기 위해 노력하였다.
③ 경제 활성화를 통해 지역 주민들의 자립을 돕고자 한다.
④ 자체적인 노력보다는 국제 사회의 원조가 뒷받침되어야 한다.
⑤ 자원이 풍부하고 성장 잠재력이 높아 투자 유치를 위해 노력하고 있다.

08 디음 글의 밑줄 친 부분에 해당하는 내용으로 옳지 <u>않은</u> 것은?

> 많은 저개발 국가들이 자체적인 노력을 통해 빈곤 문제를 해결하려고 하지만 <u>여러 한계점</u>으로 인해 스스로 빈곤 문제를 해결하지 못하는 경우가 많다.

① 낮은 기술 수준
② 정치적인 불안정
③ 불평등한 세계 경제 체제
④ 취약한 경제 구조와 자본
⑤ 인도주의를 바탕으로 한 국제 사회의 원조

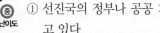
 09 공적 개발 원조에 대한 설명으로 옳지 않은 것은?

(중) 난이도

① 선진국의 정부나 공공 기관들이 저개발국에게 제공하고 있다.

② 경제 협력 개발 기구의 개발 원조 위원회에서 주도하고 있다.

③ 자금보다는 식량이나 물품 형태로 제공받는 경우가 늘고 있다.

④ 저개발국의 지역 발전과 주민 복지 증진을 위해 활용되고 있다.

⑤ 지역의 상황을 고려하지 못한 지원은 자발적 성장의 토대를 약화시키기도 한다.

10 다음 글에 나타난 원조에 대한 설명으로 가장 적절한 것은?

(중) 난이도

> 2000년 이후 중국은 산업 경제에 필요한 자원을 확보하고 아프리카의 시장 점유율을 높이고자 철도, 학교, 발전소 등의 건설 자금을 제공해 주었다. 또한 아프리카의 다양한 원자재를 싼값에 구매하고 중국의 상품들을 수출하기도 하였다.

① 자국의 이익을 증대시키기 위해 원조를 활용하고 있다.

② 원조가 지속적이지 않고 일회성으로 끝나 효과가 미비하다.

③ 아프리카의 지역 상황을 고려한 원조로, 지역 개발에 이바지하고 있다.

④ 정치적 이해관계로 지원금이 빈곤층에게 제대로 전달되지 못하고 있다.

⑤ 재해나 분쟁의 영향을 받기 때문에 경제적 자립의 토대를 붕괴시키고 있다.

11 공정 무역에 대한 설명으로 옳은 것은?

(중) 난이도

① 상인의 개입이 늘어나 중간 유통 비용이 늘어난다.

② 제품이 대량 생산되어 지역 환경이 파괴될 수 있다.

③ 아동과 부녀자에 대한 저임금 노동 착취가 늘어난다.

④ 생산 지역 주민들의 자립을 돕고 복지 수준을 향상시킨다.

⑤ 선진국의 소비자들이 저렴한 값으로 제품을 구매하게 된다.

주관식 · 서술형

12 국가마다 발전 수준에 차이가 발생하는 원인을 두 가지 서술하시오.

_____

_____

13 저개발국의 빈곤 해결 노력을 과거와 오늘날의 접근 방법 차이로 비교하여 서술하시오.

_____

_____

14 다음 글에서 설명하는 국제 협력 기관의 명칭을 쓰시오.

> 우리 정부에서 파견하는 국외 봉사 단체로 저개발국과 상호 협력 및 교류 확대, 경제 발전 지원, 국제 협력 증진 등을 목적으로 한다.

_____

15 다음 글에서 설명하는 국제 협력 기구의 명칭을 쓰시오.

> 국제 민간 인도주의 의료 구호 단체로 재난과 전염병, 분쟁 발생 지역에 독립적이고 중립적인 의료 지원 활동을 하고 있다.

_____

16 다음 공정 무역의 효과에 대한 사람들의 대화 장면 중 (가), (나)에 들어갈 내용을 각각 서술하시오.

저희 마을은 공정 무역으로 (가) . 앞으로 공정 무역이 확대되기를 바랍니다.

▲ 생산 지역 주민

하지만 공정 무역은 한계점도 있습니다. 기업에서는 (나) .

▲ 시민 단체

_____

_____

올쏘
All about Society

중학 사회 ❷

올바른 사회 개념은 옳소
핵심 문제서 올쏘

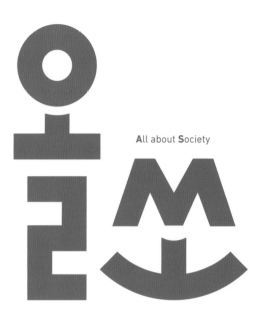

올쏘
All about Society

중학 사회 ❷

정답과 해설

자세하고 친절한 해설

동아출판

정답과 해설

중학 사회 ②

개념 학습 정리책

1 인권과 헌법

01 인권 보장과 헌법 ~ **02** 인권 침해와 구제 (1)

STEP 1 개념 확인

010쪽

01 (1) ㄷ (2) ㄴ (3) ㄱ　**02** (1)-ⓒ (2)-ⓐ (3)-ⓑ　**03** (1) 인권, 헌법 (2) 인간의 존엄과 가치 및 행복 추구권　**04** (1) × (2) × (3) ○　**05** (1) 인권 (2) 자유권 (3) 국가 안전 보장, 법률

STEP 2 대표 문제

010~012쪽

01 ①　**02** ②　**03** ④　**04** ⑤　**05** ②　**06** ①　**07** ⑤
08 ③　**09** ②　**10** (가) 청구권 (나) 사회권　**11** ②　**12** ⑤
13 ②　**14** ⑤

01 인권은 인간이 태어나면서부터 본래 가지고 있는 권리로, 타인에게 빼앗기거나 양도할 수 없는 특성을 가진다.

02 인권은 인간이 태어나면서부터 자연적으로 부여된다. 인권은 인종, 성별, 신분 등을 초월하여 모든 사람이 동등하게 누릴 수 있는 보편적 권리로, 국가를 포함하여 어떤 권력도 함부로 침해할 수 없다.

03 (가)는 인권의 천부적인 특징을, (나)는 보편적인 특징을 보여 준다.

04 제시문은 헌법에 대한 설명이다. 헌법은 국가 안에서 적용되는 법 중 가장 높은 단계의 법으로, 국민의 기본권을 규정하고 있다.

05 왜 틀렸지? | ㄴ. 헌법은 추상적인 인권의 개념을 구체적인 내용으로 규정한 것이다. ㄹ. 모든 법률은 헌법을 근본으로 하여 구체적인 인권의 내용을 규정한다.

06 제시된 자료는 자유권에 관한 것이다. 자유권은 모든 국민이 국가 권력으로부터 간섭을 받지 않고 자유롭게 생활할 권리이다.

07 인간의 존엄과 가치 및 행복 추구권은 모든 기본권에 공통적으로 적용되는 이념이며 헌법이 지향하는 최고의 가치이자 궁극적 목적이다.

왜 틀렸지? | ㄱ. 다른 기본권의 보장을 위한 수단적 성격을 가지는 것은 청구권이다. ㄴ. 국가 권력에 의한 침해를 배제하는 소극적 권리는 자유권이다.

08 제시된 헌법 조항은 사회권에 관한 것이다. 사회권은 국민이 국가에 대하여 인간다운 생활의 보장을 요구할 수 있는 권리이다.

09 제시된 자료는 참정권에 관한 것이다. 참정권에는 선거권, 공무 담임권, 국민 투표권 등이 있다.

11 (가), (나) 모두 국가가 성립된 이후에 규정된 기본권이며, 국가에 대하여 일정한 요구를 할 수 있는 적극적 권리이다.

12 제시된 헌법 조항은 기본권 제한의 요건과 관련된 것이다. 국민의 기본권을 제한할 수 있는 요건과 한계를 엄격하게 정한 것은 국가 권력의 남용을 방지하여 국민의 기본권을 최대한 보장하기 위함이다.

13 헌법에 기본권 제한의 한계를 규정하여 국가 권력의 남용을 방지함으로써 국민의 자유와 권리를 최대한 보장할 수 있다.

14 인권 침해는 개인이나 단체, 국가 기관이 다른 사람의 인권을 침범하여 해를 입히는 행위를 말한다. 항목 1~4는 인권 침해에 해당하는 사례이다.

STEP 3 주관식·서술형

013쪽

01 예시답안 인권, 인권은 타인에게 양도할 수 없는 자연적인 권리이며, 누구나 동등하게 누릴 수 있고 함부로 침해당하지 않을 권리이다.

	채점 기준
상	인권을 쓰고, 그 특징을 두 가지 모두 정확하게 서술하였다.
중	인권을 쓰고, 그 특징 중 한 가지만 정확하게 서술하였다.
하	인권만 썼다.

02 청구권

03 (1) 예시답안 자유권, 자유권은 국민이 국가 권력으로부터 간섭을 받지 않고 자유롭게 생활할 권리로, 기본권 중에서 핵심적이고 역사가 가장 오래되었다.

	채점 기준
상	자유권을 쓰고, 자유권의 의미와 특징을 모두 정확하게 서술하였다.
중	자유권을 쓰고, 자유권의 의미와 특징 중 한 가지만 정확하게 서술하였다.
하	자유권만 썼다.

(2) 예시답안 신체의 자유, 거주 이전의 자유, 직업 선택의 자유, 언론·출판의 자유 등

04 (1) 예시답안 공공복리를 위하여 법률로써 제한할 수 있다.

	채점 기준
상	공공복리와 법률을 모두 포함하여 서술하였다.
하	공공복리와 법률 중 한 가지만 포함하여 서술하였다.

(2) 예시답안 국가 권력의 남용을 방지하여 국민의 자유와 권리를 최대한 보장하기 위함이다.

	채점 기준
상	국가 권력의 남용 방지, 국민의 자유와 권리 보장이라는 내용을 서술하였다.
하	핵심 내용을 다 넣지 않아 서술이 미흡하였다.

05 예시답안 인권 침해는 개인의 고정 관념이나 편견, 사회적 차원의 잘못된 관습이나 불합리한 법, 제도 등으로 인해 발생한다.

	채점 기준
상	인권 침해가 발생하는 개인적 차원과 사회적 차원의 원인을 모두 정확하게 서술하였다.
중	인권 침해가 발생하는 개인적 차원과 사회적 차원의 원인 중 한 가지 측면만 정확하게 서술하였다.
하	인권 침해가 발생하는 원인을 서술하였으나 그 내용이 미흡하였다.

01 (1) × (2) ○ (3) ○ **02** (1) 재판 (2) 헌법 재판소 (3) 고용 노동부 **03** (1) ㄱ (2) ㄷ (3) ㄴ **04** (1) 노동 3권 (2) 국가 인권 위원회

01 ③ **02** ① **03** ② **04** ② **05** ③ **06** ① **07** ④
08 ③ **09** ⑤ **10** ③ **11** ② **12** ① **13** ②

01 법원은 재판을 통해 분쟁을 해결하고 침해당한 권리를 구제한다. 헌법 재판소는 헌법 소원 심판과 위헌 법률 심판을 통해 침해된 권리를 구제한다.

02 제시된 자료는 법원에 대한 설명이다. 법원은 재판을 통해 침해된 권리를 구제한다. 또한 법원은 인권을 침해한 행위에 대해 처벌함으로써 인권을 보장한다.

03 제시된 내용은 헌법 재판소의 역할이다. 헌법 재판소는 헌법 질서를 수호하고 국민의 기본권을 보장하는 헌법 기관으로, 헌법 소원 심판과 위헌 법률 심판을 담당한다.

04 국가 인권 위원회는 인권을 침해할 우려가 있는 법이나 제도의 문제점을 찾아 개선을 권고하고, 인권 침해나 차별 행위를 조사하여 구제한다.

05 근로자는 임금을 목적으로 사용자에게 노동을 제공하는 사람을 의미한다.
왜 틀렸지? ㄱ. 자원봉사, ㄹ. 각종 기부 활동은 근로 활동에 해당하지 않는다.

06 우리나라 헌법은 근로 조건의 기준을 법률에 명시하였다. 이에 따라 만들어진 근로 기준법은 근로자가 인간답게 일할 수 있는 최저 기준을 제시함으로써 근로자의 기본적인 생활을 보장하고 있다.

07 근로자의 권리와 이익 향상을 위해 근로의 권리를 헌법에, 임금이나 근로 시간 등의 근로 조건의 수준은 법률로 규정하고 있다. 근로자는 근로 조건의 향상과 인간다운 생활을 보장받기 위해 자유롭게 노동조합을 결성하여 사용자와 교섭할 수 있도록 노동 3권인 단결권, 단체 교섭권, 단체 행동권을 헌법으로 보장받고 있다.

08 근로의 권리는 근로의 능력과 의사를 가진 사람이 국가에 일을 할 수 있는 기회를 보장해 줄 것을 요구할 수 있는 권리이다. 국가는 최저 임금제와 근로 기준법을 통해 근로자의 안정적인 생활을 보장하고 있다.

09 우리 헌법은 근로자가 근로 조건의 향상과 인간다운 생활을 확보하기 위해 자유롭게 노동조합을 결성하여 사용자와 교섭할 수 있도록 노동 3권을 보장하고 있다.

10 왜 틀렸지? ㄱ. 제시된 자료는 단체 행동권에 관한 것이다. 단체 행동권은 단체 교섭이 원만하게 이루어지지 않을 경우 쟁의 행위를 할 수 있는 근로자의 권리이다. ㄹ. 노동 3권을 통해 사용자와 근로자가 상호 대등한 위치에서 교섭을 할 수 있게 되었으나 동등한 사회적·경제적인 지위까지 획득되는 것은 아니다.

노동 3권

구분	의미
단결권	근로자가 근로 조건의 유지 및 개선, 경제적 향상을 위해 노동조합을 결성할 수 있는 권리
단체 교섭권	근로자가 노동조합을 통해 사용자와 근로 조건에 관하여 집단적으로 교섭할 수 있는 권리
단체 행동권	단체 교섭이 원만하게 이루어지지 않을 경우 일정한 절차를 거쳐 쟁의 행위를 할 수 있는 권리

11 사용자와 협의하여 근로 조건을 개선하는 경우는 노동권의 정당한 행사 사례이다.

12 부당하게 해고를 당한 근로자는 노동 위원회에 구제를 신청하거나 법원의 민사 소송을 통해 구제받을 수 있다.

13 제시된 상황은 임금을 지불받지 못한 경우에 해당한다. 이 상황을 해결하려면 근로자는 고용 노동부에 진정서를 제출해야 한다.

01 법원

02 (1) 위헌 법률 심판
(2) 헌법 재판소

03 예시답안 국가 인권 위원회, 국가 인권 위원회는 인권 침해를 조사하여 법령이나 제도의 개선을 권고함으로써 침해된 인권을 구제해 준다.

채점 기준	
상	국가 인권 위원회를 쓰고, 그 역할을 정확하게 서술하였다.
중	국가 인권 위원회를 쓰고, 그 역할을 서술하였으나 내용이 미흡하였다.
하	국가 인권 위원회만 썼다.

04 (1) 노동 3권
(2) 예시답안 ㉠ 단결권은 근로자가 사용자 측과 근로 조건을 협의하기 위해 노동조합을 결성할 수 있는 권리이다. ㉡ 단체 교섭권은 근로자가 노동조합을 통해 사용자와 근로 조건에 관하여 협의할 수 있는 권리이다. ㉢ 단체 행동권은 근로자가 사용자 측과 원만한 교섭이 이루어지지 않을 경우 적법한 절차에 따라 쟁의 행위를 할 수 있는 권리이다.

채점 기준	
상	㉠~㉢의 의미를 모두 정확하게 서술하였다.
중	㉠~㉢의 의미 중 두 가지만 정확하게 서술하였다.
하	㉠~㉢의 의미 중 한 가지만 정확하게 서술하였다.

05 (1) 헌법

(2) 노동권 침해

06 (1) 부당 노동 행위

(2) **예시답안** 근로자는 노동 위원회에 침해된 권리의 구제를 요청하거나 법원에 재판을 청구할 수 있다.

채점 기준	
상	노동 위원회, 법원을 모두 언급하여 정확하게 서술하였다.
중	노동 위원회, 법원 중 한 기관만 언급하여 권리 구제 방안을 서술하였다.
하	부당 노동 행위를 해결할 수 있는 방법을 제대로 서술하지 못하였다.

대단원 마무리 문제

01 해설 참조 **02** ⑤ **03** ④ **04** ⑤ **05** ⑤ **06** ④ **07** ⑤ **08** 인권 침해 **09** ② **10** ㉠ 헌법 재판소 ㉡ 헌법 소원 심판 **11** ③ **12** ② **13** ② **14** ② **15** ④ **16** ② **17** 해설 참조 **18** ①

---

01 **예시답안** 기본권, 헌법으로 국민의 기본권을 보장하는 것은 국가의 부당한 간섭이나 침해로부터 국민의 자유와 권리를 지키기 위함이다.

채점 기준	
상	기본권을 쓰고, 헌법에 기본권을 규정한 이유를 정확하게 서술하였다.
하	기본권은 썼지만 헌법에 기본권을 규정한 이유를 서술한 내용이 미흡하였다.

02 인권은 국가가 법으로 보장하기 이전에 주어진 자연적인 권리이며, 국가를 포함하여 어떤 권력도 인권을 함부로 침해할 수 없다.

인권의 특징

천부적 권리	하늘이 부여하여 인간이 태어나면서부터 가지고 있음
자연적 권리	국가에서 법이나 제도로 보장하기 이전부터 인간에게 자연적으로 부여됨
보편적 권리	인종, 성별, 신분 등을 초월하여 모든 사람이 동등하게 누릴 수 있음
불가침의 권리	국가를 포함하여 어떤 권력도 함부로 침해할 수 없음

03 헌법은 우리나라의 최상위 법으로, 국가의 통치 조직과 작용, 국민의 기본권을 규정한다.

왜 틀렸지? ㄴ. 헌법에 위배되는 법률은 그 효력을 상실한다.

04 우리나라는 국민의 기본적인 인권을 헌법에 규정하고 있다. 헌법은 인권 침해의 여부를 판단하는 기준이 되고, 헌법을 통해 인권 침해를 사전에 예방할 수 있으며, 침해된 인권을 구제함으로써 인권의 실질적 보장을 가능하게 한다.

05 제시된 헌법 조항에는 국민의 기본권을 보장하는 내용이 나타나 있다. 이 조항은 인간은 존중받아야 하며 물질적 풍요와 정신적 만족을 동시에 추구할 수 있는 포괄적 권리가 있음을 밝히고 있다. 이는 헌법에 보장된 모든 기본권의 토대가 된다.

06 자유권은 국민이 국가 권력으로부터 간섭을 받지 않고 자유롭게 생활할 권리로, 신체의 자유, 직업 선택의 자유 등이 있다.

왜 틀렸지? ① 참정권, ② 평등권, ③ 사회권, ⑤ 청구권의 내용이다.

기본권

구분	의미
자유권	국가 권력으로부터 간섭을 받지 않고 자유롭게 생활할 권리
평등권	모든 국민이 성별, 종교, 사회적 신분, 인종, 장애 등에 의해 부당한 차별을 받지 않고 동등하게 대우받을 권리
참정권	국민이 국가 기관의 형성과 국가의 정치적 의사 형성 과정에 참여할 수 있는 권리
청구권	국가에 대하여 특정한 행위를 요구하거나 침해당한 기본권의 구제를 청구할 수 있는 권리
사회권	국가에 대하여 인간다운 생활의 보장을 요구할 수 있는 권리

07 평등권은 성별, 종교 등에 의해 부당하게 차별받지 않을 권리로, 생활의 모든 영역에서 합리적인 이유 없이 차별받지 않을 것을 그 내용으로 한다. 평등권은 다른 기본권을 실현하기 위한 전제 조건이 된다.

09 **왜 틀렸지?** ㄴ, ㄹ. 행정부에 의한 침해는 행정 심판과 행정 소송으로 구제한다. 그 외의 국가 기관에 의해 침해당한 인권도 구제받을 수 있다.

11 제시된 내용은 재판에 관한 것이다. 법원은 재판을 통해 침해된 권리를 구제받을 수 있도록 하거나 인권을 침해한 행위에 대해 처벌함으로써 인권을 보장한다.

12 인권을 침해받지 않기 위해 사전에 자신에게 주어진 인권을 제대로 파악하고 있어야 한다. 인권을 침해당하였다면 그 상황에 따라 다양한 방법을 통해 자신의 권리를 구제받을 수 있다. 인권은 한번 침해되었다고 소멸되지 않는다. 따라서 이를 복구하기 위한 자신의 적극적인 노력이 무엇보다 중요하다.

13 **왜 틀렸지?** ㄴ. 하나의 인권 침해 상황에 대해 다양한 구제 방법을 동시에 활용할 수 있다. ㄹ. 합리적인 근거가 없이 차별 대우를 받은 경우에는 국가 인권 위원회에 진정서를 제출하여 권리를 구제받을 수 있다.

14 제시된 자료는 노동 3권에 관한 것이다. (가)는 단결권, (나)는 단체 교섭권에 해당한다. 단결권은 근로자가 사용자 측과 근로 조건을 협의하기 위해 노동조합을 결성할 수 있는 권리이고, 단체 교섭권은 근로자가 노동조합을 통해 사용자와 근로 조건에 관해 협의할 수 있는 권리이다.

15 **왜 틀렸지?** ㄹ. 근로자는 사용자와 원만한 교섭이 이루어지지 않을 경우 단체 행동권을 통해 일정한 절차를 거쳐 쟁의 행위를 할 수 있다.

16 제시된 자료는 노동권 침해의 유형 중 부당 해고의 사례들이다.

17 **예시답안** 사용자에 비해 약자의 위치에 있는 근로자의 권리와 이익을 보장하고자 한다.

채점 기준	
상	근로자가 사용자에 비해 상대적으로 약자라는 부분을 언급하였고, 그 목적을 정확하게 서술하였다.
하	근로자가 사용자에 비해 상대적으로 약자라는 부분에 대한 언급을 하지 않고 목적만 서술하였다.

18 임금 체불의 경우 근로자는 우선 사업자에게 임금을 청구하고, 임금이 지급되지 않는다면 고용 노동부에 진정하거나 법원의 민사 소송을 제기하여 구제받을 수 있다.

2 헌법과 국가 기관

01 국회 ~ 02 행정부와 대통령 (1)

STEP 1 개념 확인

026쪽

01 (1) 국회 (2) 지역구, 비례 대표 (3) 본회의 (4) 탄핵 소추
02 (1) 4년 (2) 국정 감사 (3) 상임 위원회 **03** (1) ㄱ, ㄹ (2) ㄷ, ㅂ
(3) ㄴ, ㅁ **04** (1)-㉠ (2)-㉢ (3)-㉡ **05** (1) × (2) ○ (3) ×

STEP 2 대표 문제

026~028쪽

01 ① **02** ④ **03** ③ **04** ⑤ **05** ② **06** ① **07** ①
08 ① **09** ⑤ **10** ① **11** ② **12** ④ **13** ⑤ **14** ④
15 ④ **16** ② **17** ④

01 국회는 국민이 직접 선출한 국회 의원으로 구성된 국민의 대표 기관으로, 법률을 만들거나 고치고, 국민의 기본권을 보장하기 위해 다른 국가 기관을 감시하고 견제한다.

02 대의제(간접 민주 정치)가 실시되는 이유는 과거에 비해 영토가 넓고 인구가 많아서 모든 국민이 국가 운영에 직접 참여하기 어렵기 때문이다. 또한 사회가 복잡해지고 모든 국민이 정책 결정에 필요한 전문 지식을 갖추기 어렵기 때문이다.

03 국회 의원의 임기는 4년이며 중임이 가능하다. 우리나라 대통령의 경우는 중임이 불가능하다.

04 국회는 효율적인 의사 진행을 위해 상임 위원회를 둔다. 본회의에서 모든 안건을 처리하기는 사실상 힘들기 때문에 상임 위원회에서 법률안을 전문 분야로 나누어 먼저 심의한다.

05 ㉠은 본회의, ㉡은 상임 위원회, ㉢은 국회 의장이다.

왜 틀렸지? | ㄹ. 상임 위원회의 심사를 거친 법률안은 본회의에 상정되어, 본회의에서 통과될 경우 정부로 이송된다.

06 국회 의원 전원으로 구성된 본회의에서는 법률안과 예산안 등 국회의 중요한 의사 결정이 이루어진다. 이때 국회의 회의 내용은 공개하는 것이 원칙이다.

07 상임 위원회를 거친 법률안은 본회의에 상정된다. 본회의에서 의결된 법률안은 대통령에게 이송된다.

08 국회는 국정을 감시하고 행정부를 견제하는 일을 한다. 국정 감사는 국회가 매년 정기 국회 기간에 국정 전반에 대해 실시하는 것으로, 국가 정책의 잘못된 부분을 조사하는 것이다.

09 대통령은 법률안 거부권을 행사하여 재의를 요구할 수 있고, 되돌아온 법률안을 국회가 다시 심사하여 재적 의원 과반수 출석에 출석 의원 2/3 이상이 찬성하면 그 법률안은 법률로 확정된다.

왜 틀렸지? | ① 우리나라에서 법률안은 국회 의원 10인 이상이 발의하거나 정부가 제출할 수 있다. ② 법률은 공포한 날로부터 20일 후 효력이 발생한다. ③ 국회에서 의결된 법률안은 대통령이 공포한다. ④ 최종 의결은 국회 본회의에서 이루어진다.

10 ① 국회는 국민의 소중한 세금이 낭비되지 않도록 행정부가 세운 예산안을 심의하고 확정하는 권한을 갖는다.

왜 틀렸지? | ② 고위 공무원의 파면 결정은 헌법 재판소의 권한이다. ③ 조약의 체결은 대통령의 권한이다. ④ 국회는 매년 정기 국회 기간에 국정 감사를 실시한다. ⑤ 헌법 기관을 구성할 수 있는 권한은 대통령이 갖는다.

11 국회는 국민을 대표하는 기관으로서 국가 권력의 남용을 막고 국민의 기본권을 보장하기 위해 국정 운영을 감시하고 견제한다. 이에 따라 국정 감사 및 조사, 탄핵 소추 의결, 주요 공무원에 대한 임명 동의권 등의 권한을 갖는다.

왜 틀렸지? | ㄴ, ㄹ. 국회의 입법에 관한 권한에 해당한다.

12 현대 복지 국가에서는 사회 복지, 교육 등과 관련한 국민의 요구가 늘면서 행정부의 역할이 커지고 있으며, 전문성도 높아지고 있다. 행정 작용은 국민 생활에 매우 큰 영향을 미치기 때문에 국민의 대표인 국회가 제정한 법률의 범위 안에서 이루어져야 한다.

13 법률을 제정하는 것은 입법 활동으로, 국회의 권한이다. 법률이 제정된 후 이를 집행하기 위해 아동 수당을 지급하는 것과 관련된 역할을 하는 것이 행정 작용이다.

14 선거로 선출된 행정부의 최고 책임자는 대통령이다. 국무총리는 국회의 동의를 얻어 대통령이 임명한다.

15 (가) 국무 회의는 대통령, 국무총리, 국무 위원으로 구성되며, 정부의 중요 정책을 논의하는 행정부의 최고 심의 기관이다. (나) 감사원은 대통령 직속 기관으로 국가의 세입·세출의 결산을 검사하고 공무원의 직무를 감찰하는 등 행정 전반을 감독한다.

16 국무 회의는 대통령, 국무총리, 행정 각부의 장을 비롯한 국무 위원으로 구성되는 행정부 최고의 심의 기관으로, 정부의 중요한 정책을 논의한다.

17 ㉠은 대통령, ㉡은 국무총리이다. 국무총리는 국회의 동의를 얻어 대통령이 임명한다. 행정 각부의 장은 국무총리의 제청으로 대통령이 임명한다. 구체적인 행정 사무는 교육부, 법무부, 외교부 등과 같은 행정 각부에서 담당한다.

STEP 3 주관식·서술형

029쪽

01 (1) 입법

(2) **예시답안** 헌법 개정안을 제안하고 의결한다. 국가 간 조약에 대해서 최종적으로 확인하고 동의할 권한을 갖는다.

채점 기준	
상	입법에 관한 권한 두 가지를 바르게 서술하였다.
중	입법에 관한 권한을 한 가지만 바르게 서술하였다.
하	입법에 관한 권한을 바르게 서술하지 못하였다.

02 (1) ㉠ 교섭 단체, ㉡ 상임 위원회

(2) **예시답안** 국회의 효율적인 운영을 위해서이다.

	채점 기준
상	국회의 효율적 운영을 위한 것이라는 내용을 바르게 서술하였다.
중	교섭 단체와 상임 위원회의 운영 목적을 미흡하게 서술하였다.
하	교섭 단체와 상임 위원회의 운영 목적을 바르게 서술하지 못하였다.

03 (가) 지역구 의원, (나) 비례 대표 의원

04 **예시답안** 국정 통제 기관으로서 국정 운영을 감시하고 견제하기 위한 것이나.

	채점 기준
상	국정 감시·견제 기능을 명확하게 서술하였다.
중	국정 감시·견제에 대해 서술했으나 내용이 다소 미흡하였다.
하	국정 감시·견제의 내용을 제대로 서술하지 못하였다.

05 감사원

06 **예시답안** 국무 회의, 행정부의 최고 심의 기관으로서 정부의 중요한 정책을 논의한다.

	채점 기준
상	국무 회의를 쓰고, 역할을 바르게 서술하였다.
중	역할만 바르게 서술하였다.
하	국무 회의만 썼다.

02 행정부와 대통령 (2) ~
03 법원과 헌법 재판소

STEP 1 개념 확인

032쪽

01 (1) 대통령 (2) 선거, 5 (3) 행정부 수반 (4) 국무 회의

02 (1) ㄴ, ㅁ, ㅂ (2) ㄱ, ㄷ, ㄹ　**03** (1) ○ (2) × (3) × (4) ×

04 (1)-㉠ (2)-㉢ (3)-㉡

05 (1) 법원 (2) 입법부 (3) 위헌 법률 심판

STEP 2 대표 문제

032~034쪽

01 ③　**02** ④　**03** ②　**04** ③　**05** ⑤　**06** ④　**07** ①

08 ⑤　**09** ④　**10** ⑤　**11** ①　**12** ⑤　**13** ⑤　**14** ⑤

15 ②　**16** ③

01 대통령은 국가 원수로서 대외적으로 국가를 대표한다. 동시에 대통령은 행정부의 수반으로서 국무 회의를 주재한다. 대통령은 국민의 직접 선거로 선출되고 임기는 5년이며 중임할 수 없다.

02 대통령은 국가 원수로서 헌법 개정안을 제안할 수 있고, 국회의 동의를 얻어 대법원장을 임명한다. 또한 국가를 대표하여 외교에 관한 권한을 갖는다.

왜 틀렸지? ㉠, ㉢ 국무 회의를 주재하는 것과 법무부 장관과 같이 행정 각부의 장을 임명하는 것은 행정부 수반으로서의 권한이다.

03 대통령은 행정부의 수반으로서 권력 분립의 원리에 따라 국회가 의결한 법률안을 거부할 수 있다.

왜 틀렸지? ①, ③, ④, ⑤ 국가 원수로서의 권한이다.

04 대통령은 행정부의 수반으로서 국회가 의결한 법률안을 거부하여 재의를 요구할 수 있는 권한이 있다

왜 틀렸지? ①, ②, ④, ⑤ 국회의 권한에 대한 설명이다.

05 국가를 대표하여 외교 관계를 맺거나, 긴급 명령을 선포하는 것은 국가 원수로서 주어지는 권한이다.

왜 틀렸지? ㄱ. 국무총리, 행정 각부의 장을 임명하여 행정부를 구성하는 것, ㄴ. 국무 회의를 주재하는 것은 행정부의 수반이기 때문에 주어지는 권한이다.

06 주어진 자료에는 국가 원수로서의 권한이 나타나 있다. 대통령은 국가 원수로서 국가에 위태로운 상황이 생긴 경우 군대가 해당 지역의 질서를 유지하는 계엄을 선포할 수 있는 권한이 있다.

07 사법은 분쟁을 해결하는 과정에서 법을 해석·적용하는 국가 작용을 말하며 법원이 담당한다. 법적 분쟁이 발생했을 때 법원의 사법 작용을 통해 법에 따라 판결함으로써 사회 질서를 유지하고 국민의 권리를 보호한다.

08 주어진 헌법 조항은 법원의 독립과 법관의 독립을 통해 사법권의 독립을 보장하는 조항들이다. 이는 공정한 재판을 위한 제노석 장치이며, 공정한 재판이 필요한 궁극적인 이유는 국민의 자유와 권리를 보호하기 위해서이다.

09 대법원은 최종심을 담당하는 최고 법원이다. 가정 법원은 지방 법원과 동급으로 가사 사건, 소년 보호 사건 등을 담당하는 특수 법원 중 하나이다. 법원은 심급 제도에 맞게 위계적으로 조직되어 있다.

10 지방 법원은 민사 및 형사 사건의 1심을 담당하는 법원이다.

왜 틀렸지? ①, ② ㉠은 대법원, ㉡은 고등 법원이다. ③ 고등 법원은 주로 1심에 불복한 사건의 2심을 담당하는 법원이다. ④ 특허 법원, 가정 법원, 행정 법원 등을 특수 법원이라고 한다.

법원의 조직

대법원	우리나라의 최고 법원, 고등 법원을 거친 3심 사건의 최종적인 재판 담당, 명령·규칙·처분 심사권을 가짐
고등 법원	주로 지방 법원 1심 사건에 대한 2심 사건을 재판
지방 법원	주로 민사 또는 형사 재판의 1심 사건을 재판
특수 법원	특허 법원, 가정 법원, 행정 법원 등

11 법원은 재판을 통해 법적 분쟁을 해결하는 기능 외에도 위헌 법률 심판을 제청하여 입법부를 견제하는 기능을 한다. 법률이 헌법을 위반하는지가 재판의 전제가 된 경우 법원은 헌법 재판소에 위헌 법률 심판을 제청할 수 있다.

12 탄핵 심판은 대통령, 장관, 법관처럼 법률이 정한 고위 공무원을 대상으로 한다.

13 국가 기관이나 지방 자치 단체 상호 간에 헌법적 권한과 의무에 관한 다툼이 생긴 경우 권한 쟁의 심판을 통해, 국가 권력에 의해 기본권을 침해당한 경우 헌법 소원 심판을 통해 해결할 수 있다.

14 정당의 목적이나 활동이 민주적 기본 질서에 위배된 경우 정부가 헌법 재판소에 정당 해산 심판을 청구할 수 있다. 탄핵 심판은 국회가, 위헌 법률 심판은 법원이, 헌법 소원 심판은 기본권을 침해받은 국민이, 권한 쟁의 심판은 해당 기관이 청구할 수 있다.

15 재판 과정에서 법률이 헌법에 위반되는지 여부가 재판의 전제가 될 경우 법원이 제청하는 것은 위헌 법률 심판이다.

16 대법원의 3심은 최종심으로 불복할 수 없다. 헌법 재판소는 헌법의 해석과 관련된 헌법 재판을 담당하며 일반적인 소송은 다루지 않는다.

STEP 3 주관식·서술형
035쪽

01 대통령

02 **예시답안** 대통령은 국가 원수로서 대외적으로 국가를 대표하며, 행정부의 수반으로서 행정 작용에 대해 최종 책임을 진다.

채점 기준	
상	국가 원수, 행정부의 수반이라는 두 가지 지위를 모두 정확하게 서술하였다.
중	정확한 표현은 아니지만 의미가 통하도록 두 가지 지위를 서술하였다.
하	국가 원수나 행정부의 수반에 대한 설명 중 한 가지만 맞게 서술하였다.

03 ㉠ 대법원, ㉡ 고등 법원

04 **예시답안** 공정한 재판을 통해 국민의 자유와 권리를 보장하기 위함입니다.

채점 기준	
상	공정한 재판과 국민의 권리 보장의 내용을 모두 포함하여 서술하였다.
중	공정한 재판과 관련한 내용을 유사하게 서술하였다.
하	핵심에서 벗어난 내용을 서술하였다.

05 **예시답안** 헌법 재판소, 헌법의 침해를 방지하는 헌법 수호 기관이자 국가 권력에 의해 침해된 국민의 기본권을 보장하는 기본권 보장 기관이다.

채점 기준	
상	헌법 재판소를 쓰고, 헌법 재판소의 두 가지 위상을 정확하게 서술하였다.
중	헌법 재판소를 쓰고, 헌법 재판소의 한 가지 위상만 정확하게 서술하였다.
하	헌법 재판소만 썼다.

06 위헌 법률 심판

07 **예시답안** 헌법 소원 심판, 국가의 공권력의 행사 또는 불행사로 인해 국민이 헌법에서 보장하는 기본권을 침해받았을 때 헌법 재판소를 통해 구제받을 수 있는 제도이다.

채점 기준	
상	헌법 소원 심판을 쓰고, 의미를 바르게 서술하였다.
중	헌법 소원 심판은 썼으나, 의미에 대한 서술이 다소 미흡하였다.
하	헌법 소원 심판만 썼다.

01 ②   02 (가) 상임 위원회 (나) 본회의   03 ⑤   04 ①
05 해설 참조   06 ③   07 ②   08 ③   09 ④   10 ④
11 ⑤   12 국무총리   13 ②   14 ③   15 해설 참조   16 ④
17 ⑤   18 사법권의 독립   19 ⑤   20 ①   21 ②   22 ③

01 국회는 행정부, 사법부 등 다른 국가 권력을 비판하고 감시함으로써 국가 권력의 남용을 방지하고 국민의 기본권을 보장하는 국가 권력의 견제 기관이다.

왜 틀렸지? ③ 대통령, ④ 법원에 대한 설명이다. ⑤ 국회 의원의 임기는 4년이다.

03 국회에서 의결된 법률안은 대통령이 15일 이내에 공포해야 하는데, 이의가 있을 경우 대통령은 거부권을 행사할 수 있다.

왜 틀렸지? ㄱ, ㄴ. 법률안은 국회 의원 10인 이상이나 정부에 의해 제안되며, 재적 의원 과반수 출석과 출석 의원 과반수 찬성으로 의결된다.

04 국회의 모든 최종 결정이 이루어지는 곳은 본회의이다.

05 **예시답안** 법률을 제정하거나 개정한다. 헌법 개정안을 제안하고 의결한다. 국가 간 조약에 대해 최종적으로 확인하고 동의한다.

채점 기준	
상	국회의 위상과 관련된 권한을 두 가지 모두 정확하게 서술하였다.
중	국회의 위상과 관련된 권한을 한 가지만 바르게 서술하였다.
하	국회의 위상과 관련된 권한을 바르게 서술하지 못하였다.

06 국회는 국가 권력의 견제 기관으로서 행정부나 사법부를 견제할 수 있는 다양한 권한을 행사하여 권력 남용을 방지하고 국민의 기본권을 보장한다. ③ 법률안 거부권은 행정부가 국회를 견제할 수 있는 권한이다.

07 국회는 국민을 대표하는 기관으로서 국정 운영을 감시하고 행정부를 견제한다. 이를 위해 매년 국정 감사를 실시하고, 대통령이 국무총리와 대법원장 등을 임명할 때 동의권을 행사하기도 한다. 이밖에도 대통령을 비롯한 고위 공직자가 헌법이나 법률을 위반하면 탄핵 소추를 의결할 수 있다.

왜 틀렸지? ㄴ. 예산안 심의·확정은 국가 재정에 관한 권한, ㄹ. 법률 개정은 입법에 관한 권한을 행사한 것이다.

08 분쟁을 해결하는 과정에서 법률을 해석하고 적용하는 것은 사법부, 즉 법원의 역할에 해당한다.

국회의 권한

입법에 관한 권한	법률의 제정 및 개정, 헌법 개정안 제안 및 의결, 조약 체결 비준·동의
국가 재정에 관한 권한	예산안 심의·확정, 결산 심사, 조세의 종목 및 세율 결정
일반 국정에 관한 권한	국정 감사 및 국정 조사, 주요 공무원 임명 동의, 탄핵 소추

09 국정 감사는 매년 정기 국회 기간에 국정 전반에 대해 조사하는 것으로, 국회의 일반 국정에 관한 권한 중 하나이다. 이를 통해 국회는 행정부를 감시하고 견제할 수 있다.

10 행정은 국민의 복리 증진을 위해 국회가 제정한 법률을 집행하고, 각종 정책을 만들어 실행하는 것이다. 행정 작용은 행정부에서 담당하고, 국민 생활에 매우 큰 영향을 미친다.

11 ⑤ 법률 제정은 입법부의 권한이다. 국무 회의는 대통령, 국무총리, 국무 위원으로 구성되는 행정부의 최고 심의 기관으로, 정부의 중요 정책을 논의하고 결정한다.

13 국무총리, 국무 위원, 행정 각부의 장을 임명하여 행정부를 구성하는 권한, 법률안을 거부할 수 있는 권한을 행정부 수반으로서 갖는 권한이다.

> **왜 틀렸지?** ㄴ. 헌법 기관을 구성하는 권한, ㄹ. 긴급 명령을 선포하는 권한은 국가 원수로서 갖는 권한이다.

대통령의 권한

국가 원수로서의 권한	조약 체결·비준권, 전쟁 선포권, 긴급 명령권, 계엄 선포권, 헌법 개정안 제안권, 국민 투표 발의권, 헌법 기관 구성권
행정부 수반으로서의 권한	행정부 지휘·감독권, 행정부 구성권, 국가 정책 결정권, 국군 지휘·통솔권, 대통령령 제정권, 법률안 거부권

14 대통령은 국가 원수로서 국회의 동의를 얻어 대법원장, 대법관, 헌법 재판소장 등을 임명하여 헌법 기관을 구성할 수 있다.

> **왜 틀렸지?** ① 헌법 기관을 구성하는 절차이다. ⑤ 국가 원수로서 갖는 권한을 행사한 것이다.

15 **예시답안** 대통령은 국가 원수로서 대외적으로 국가를 대표하여 외교 활동을 한다.

채점 기준	
상	국가 원수라는 대통령의 지위와 대외적으로 국가를 대표한다는 내용을 바르게 서술하였다.
중	국가 원수라는 지위만 서술하였다.
하	정확한 용어를 사용하지 못하고 미흡하게 서술하였다.

16 우리나라에서는 법원과는 별도로 헌법 재판소를 두어 헌법과 관련된 사건을 담당하게 한다. 법원과 헌법 재판소는 모두 법의 해석과 적용을 통하여 사회 질서를 유지하고, 국민의 권리가 침해되었을 때 구제할 수 있는 근거를 제공하여 국민의 기본권을 보장한다.

> **왜 틀렸지?** ①, ⑤ 헌법 재판소에만, ②, ③ 법원에만 해당하는 설명이다.

17 법원은 재판을 통해 법적 분쟁을 해결하는 것 이외에도 위헌 법률 심판을 제청하거나 명령·규칙·처분 심사를 할 수 있다.

> **왜 틀렸지?** ㄱ. 헌법 소원 심판은 헌법 재판소, ㄴ. 예산안 심의·확정은 국회의 권한이다.

19 ⑤ 행정 법원은 국가 기관의 잘못된 행정 작용에 대한 소송을 담당한다. 권한 쟁의 심판은 헌법 재판소의 역할이다.

20 우리나라의 최고 법원은 대법원이다. 대법원은 사법부의 최고 기관으로 최종적인 재판을 담당한다.

21 탄핵 심판은 국회가 대통령, 장관, 법관 등 법률이 정한 공무원의 탄핵 소추를 의결하였을 때 헌법 재판소가 파면 여부를 결정하는 것이다.

22 헌법 재판관은 모두 9명이며, 대통령과 대법원장이 각각 3인씩 지명하고, 국회에서 3인을 선출하여 대통령이 임명한다. 임기는 6년이다.

3 경제생활과 선택

01 경제 활동과 경제 체제 ~
02 기업의 역할과 기업가 정신

STEP 1 개념 확인 043쪽

01 (1) ㄱ, ㄴ (2) ㄷ, ㄹ **02** (1)-ⓒ (2)-ⓛ (3)-⊙ **03** (1) 가계 (2) 정부 **04** (1) ✕ (2) ○ (3) ✕ **05** (1) 시장 (2) 계획 경제 (3) 혼합 경제 **06** (1) ✕ (2) ○

STEP 2 대표 문제 042~044쪽

01 ④	02 ④	03 ①	04 ②	05 ①	06 ③	07 ③
08 ④	09 ③	10 ④	11 ③	12 ④	13 ⑤	14 ③
15 ③	16 ②	17 ②				

01 빈칸에 들어갈 말은 '재화'이다. 재화는 인간에게 필요한 구체적인 형태가 있는 물건을 말한다.

> **왜 틀렸지?** ① 분배, ② 소비, ③ 서비스, ⑤ 생산에 해당한다.

02 자본에 대한 대가로 이자를 받고, 노동에 대한 대가로 임금을 받는 것은 분배에 해당한다.

> **왜 틀렸지?** ㄱ. 생산, ㄷ. 소비에 해당한다.

03 가계는 기업에 노동, 토지, 자본 등을 제공하여 얻은 소득으로 소비 활동을 한다. 이때 가계는 기업으로부터 노동에 대한 대가로 임금, 자본에 대한 대가로 이자, 토지에 대한 대가로 지대를 받게 된다.

04 정부는 경제 활동의 주체로서 세금을 바탕으로 국방, 치안 등을 담당하고, 시장 경제 질서를 유지하는 역할을 한다. 한편 계획 경제 체제에서는 정부의 계획이나 명령에 의해 기본적인 경제 문제를 해결한다.

05 제시문은 희소성의 상대성에 대한 사례이다. 희소성은 자원의 양과 인간의 욕구에 따라 변화하며 시대와 장소에 따라 다르게 나타난다.

06 편익이 가장 큰 것은 순대이다. 그러므로 철수의 합리적 선택은 순대를 먹는 것이다.

07 합리적 선택에 따라 순대를 먹었을 때 포기한 것 중 가장 가치가 큰 튀김을 먹었을 때의 만족감이 기회비용에 해당한다.

08 합리적 선택이란 최소의 비용으로 최대의 편익을 얻을 수 있도록 선택하는 것이다.

09 시장 경제 체제에서는 가계, 기업 등과 같은 경제 주체들의 자유로운 경제 활동을 보장한다.

> **왜 틀렸지?** ①, ②, ④ 계획 경제 체제, ⑤ 혼합 경제 체제에 대한 설명이다.

10 물가 안정을 위해 정부가 시장에 개입한 사례이다. 이는 혼합 경제 체제에서 나타나는 모습이다.

11 혼합 경제 체제에 대한 설명이다. 혼합 경제 체제에서는 사회 문제 해결을 위해 정부가 시장에 개입한다.

왜 틀렸지? ①, ② 시장 경제 체제, ④, ⑤ 계획 경제 체제에 대한 설명이다.

12 혼합 경제 체제는 시장 경제 체제와 계획 경제 체제의 특성을 혼합하여 운영하기 때문에 모든 의사를 정부가 결정하지는 않는다.

13 기업은 가계로부터 생산 요소를 제공받아 상품을 생산한다.

왜 틀렸지? ㄱ. 정부, ㄴ. 가계에 대한 설명이다.

14 이윤이란 제품을 팔아서 생긴 수입에서 그 제품을 만드는 데 들어간 모든 비용을 뺀 것을 말한다. 기업은 이윤을 얻기 위해 생산 활동을 하는 과정에서 일자리를 만들어 노동자를 고용하고, 생산에 참여한 사람들에게 임금이나 지대, 이자 등을 지급하여 가계 소득을 창출한다.

15 기업의 사회적 책임이란 기업이 소비자와 노동자, 지역 사회 등이 요구하는 사회적 의무를 충족하는 방향으로 활동해야 한다는 윤리적 책임 의식을 말한다.

16 기업가 정신은 미래의 불확실성과 높은 위험 속에서도 주도적으로 기회를 잡으며, 혁신과 창의성을 바탕으로 한 생산 활동을 통해 기업을 성장시키려는 도전 정신이다.

17 **왜 틀렸지?** ㄴ. 기업가 정신의 핵심 요소인 혁신에 부합하는 사례는 아니다. ㄷ. 기업은 외부 환경 변화에 유연하고 신속하게 대처해야 지속적으로 성장해 나갈 수 있다.

STEP 3 주관식·서술형 045쪽

01 (1) ㉠ 재화, ㉡ 서비스

(2) **예시답안** 인간의 필요와 욕구를 충족시킨다는 점이 공통적이고, 재화는 구체적인 형태가 있는 물건이고 서비스는 인간의 가치 있는 활동이라는 점에서 차이가 있다.

채점 기준	
상	㉠과 ㉡의 공통점과 차이점을 정확하게 서술하였다.
중	㉠과 ㉡의 차이점만 바르게 서술하였다.
하	㉠과 ㉡의 공통점만 바르게 서술하였다.

02 **예시답안** 분배, 분배는 생산에 참여한 대가로 임금이나 이자, 지대 등을 받는 것이다.

채점 기준	
상	분배를 쓰고, 그 의미를 바르게 서술하였다.
중	분배의 의미만 바르게 서술하였다.
하	분배만 썼다.

03 **예시답안** 자원의 희소성은 시대와 장소에 따라 다르게 나타날 수 있다. 왜냐하면 자원의 희소성은 인간의 욕구보다 자원의 양이 적을 때 발생하기 때문이다.

채점 기준	
상	자원의 희소성이 갖는 상대적 성격과 그 이유를 바르게 서술하였다.
중	자원의 희소성이 갖는 상대적 성격만 바르게 서술하였다.
하	자원의 희소성이 갖는 상대적 성격과 그 이유를 바르게 서술하지 못하였다.

04 놀이동산에서 얻을 수 있는 즐거움

---

05 혼합 경제 체제

06 기업의 사회적 책임

07 (1) 기업가 정신

(2) **예시답안** 생산비를 절감할 수 있는 새로운 생산 방식을 도입한다. 외부 환경의 변화에 유연하고 신속하게 대처한다. 공정한 경쟁과 근로 복지 향상을 위해 힘쓴다.

채점 기준	
상	기업가 정신의 다른 사례를 세 가지 모두 바르게 서술하였다.
중	기업가 정신의 다른 사례를 두 가지만 바르게 서술하였다.
하	기업가 정신의 다른 사례를 한 가지만 바르게 서술하였다.

---

03 지속 가능한 경제생활

STEP 1 개념 확인 048쪽

01 (1)-㉢ (2)-㉠ (3)-㉡ **02** (1) 청년기 (2) 노년기 (3) 중·장년기 **03** (1) × (2) ○ (3) × **04** (1) 수익성 (2) 안전성 (3) 유동성 **05** (1) ○ (2) × (3) ○

STEP 2 대표 문제 048~050쪽

01 ① **02** ③ **03** ⑤ **04** ④ **05** ② **06** ③ **07** ④ **08** ④ **09** ③ **10** ③ **11** ② **12** ④ **13** ⑤ **14** ① **15** ④ **16** ② **17** ⑤

01 유소년기는 소득이 없어 부모의 소득에 의존하며 미래를 준비하는 시기이다.

02 수입은 청년기부터 대체로 증가하다가 은퇴 이후 감소한다. 지출은 결혼, 주택 마련 등과 같은 일들이 발생할 때 급격하게 증가한다.

03 빈칸 ㉠에 들어갈 말은 노년기이다. 노년기는 은퇴 이후 소득이 없거나 크게 줄어드는 시기이다. 평균 수명의 연장으로 노년기가 길어져 그에 대한 대비가 필요하다.

04 중·장년기는 은퇴 이후를 준비하는 시기로, 자녀 양육, 주택 마련 등 목돈이 들어갈 일이 많이 발생한다.

왜 틀렸지? ① 청년기, ② 유소년기, ③ 노년기에 대한 설명이다.

05 자산은 개인이 소유하고 있는 경제적 가치가 있는 유형·무형의 재산이다. 자산 관리란 자신의 소득이나 재산을 활용하여 어떤 자산을 얼마나 구입하고 언제 처분할지를 선택하는 것이다.

06 전문가를 통해 간접적으로 투자하는 금융 자산은 펀드이다.

07 주식은 가격 변동이 커서 높은 수익을 기대할 수 있지만 그만큼 안전성이 낮다.

08 채권에 대한 설명이다. 채권은 만기 전에 다른 사람에게 팔아 이익을 얻을 수 있다.

> **왜 틀렸지?** ㄱ. 주식, ㄷ. 보험에 대한 설명이다.

09 유동성은 쉽고 빠르게 현금으로 바꿀 수 있는 정도이다. 유동성이 가장 높은 것은 보통 예금이다.

10 A 씨는 예금과 적금, 보험, 연금 등 안전성이 높은 자산에만 투자하고 있다. 따라서 수익성이 높은 자산에 투자할 필요가 있다.

11 보험과 연금은 현재의 큰 수익보다는 미래를 내비하는 금융 자산이다.

12 주식과 채권은 사고파는 과정에서 이익을 얻을 수 있는 금융 자산이다.

13 예금과 적금은 안전성은 높지만 수익성이 낮고, 주식은 수익성은 높지만 안전성이 낮다. 입출금이 자유로우면 유동성이 높다.

14 문항 2. 채권은 환매에 대한 불이익이 있어 유동성이 상대적으로 낮다. 문항 3. 국민연금은 국가가 일정액의 지급을 보장한다.

15 신용 거래는 언젠가 갚아야 할 빚이 생기는 것이므로 미래의 경제생활에 부담이 될 수 있다.

16 신용 관리를 잘하기 위해서는 상품 대금이나 돈을 갚기로 한 약속을 반드시 지켜 연체를 하지 않는 것이 좋다. 또한 주거래 은행과 꾸준히 거래하는 것도 도움이 된다.

> **왜 틀렸지?** ㄴ, ㄷ. 신용 관리에 오히려 부정적 영향을 미칠 수 있다.

17 신용이 좋은 사람은 대출 이자가 상대적으로 낮게 책정되는 등 좀 더 유리한 입장에서 경제 활동을 할 수 있다.

> **왜 틀렸지?** ①, ②, ③, ④ 신용이 좋지 않을 때 겪을 수 있는 상황이다.

STEP 3 주관식·서술형
051쪽

01 (1) 청년기

(2) **예시답안** 처음으로 소득이 생기는 단계로, 소득이 많지 않고 소비 규모도 그리 크지 않다.

채점 기준	
상	청년기 경제생활의 특징을 소득과 소비 측면에서 바르게 서술하였다.
중	청년기 경제생활의 특징을 소득 측면에서만 바르게 서술하였다.
하	청년기 경제생활의 특징을 소비 측면에서만 바르게 서술하였다.

02 **예시답안** 노년기, 은퇴 이후 소득이 없거나 급격히 감소하여 연금 등의 수입으로 생활을 지속한다.

채점 기준	
상	노년기를 쓰고, 노년기 경제생활의 특징을 바르게 서술하였다.
중	노년기 경제생활의 특징만 바르게 서술하였다.
하	노년기만 썼다.

03 **예시답안** 자산 관리, 자신의 소득이나 재산을 활용하여 어떤 자산을 얼마나 구입하고 언제 처분할지를 선택하는 것이다.

채점 기준	
상	자산 관리를 쓰고, 그 의미를 바르게 서술하였다.
중	자산 관리의 의미만 바르게 서술하였다.
하	자산 관리만 썼다.

04 **예시답안** 보험, 수익을 얻기보다는 큰 손해를 막는 데 의의가 있다.

채점 기준	
상	보험을 쓰고, 그 특징을 바르게 서술하였다.
중	보험을 쓰고, 그 특징을 서술하였으나 내용이 다소 미흡하였다.
하	보험만 썼다.

05 **예시답안** 펀드, 투자자가 직접 상품을 골라야 하는 다른 금융 상품과 달리 전문가를 통해 간접적으로 투자할 수 있다.

채점 기준	
상	펀드를 쓰고, 그 특징을 바르게 서술하였다.
중	펀드의 특징만 바르게 서술하였다.
하	펀드만 썼다.

06 유동성

07 **예시답안** 신용, 미래의 어느 시점에 갚을 것을 약속하고 상품이나 돈을 얻을 수 있는 능력을 말한다.

채점 기준	
상	신용을 쓰고, 그 의미를 바르게 서술하였다.
중	신용의 의미만 바르게 서술하였다.
하	신용만 썼다.

대단원 마무리 문제
053~055쪽

01 ③　　**02** ②　　**03** ①　　**04** ①　　**05** ②　　**06** ③　　**07** 정부가 모든 의사를 결정　　**08** ④　　**09** ⑤　　**10** ①　　**11** ②　　**12** ②　　**13** ③　　**14** ②　　**15** ①　　**16** ③　　**17** ②　　**18** ②　　**19** 해설 참조　　**20** 해설 참조

01 생산은 재화나 서비스를 만들거나 그 가치를 높이는 활동이다.

> **왜 틀렸지?** ① 서비스, ② 재화에 대한 설명이다.

02 정부는 세금을 바탕으로 국방이나 치안 등을 담당하고, 시장의 경제 질서를 유지하는 역할을 한다.

> **왜 틀렸지?** ㄴ. 기업, ㄹ. 가계에 대한 설명이다.

03 가계는 노동, 토지, 자본 등과 같은 생산 요소를 기업에 제공한 대가로 임금, 지대, 이자 등을 받게 된다.

04 희소성은 자원의 절대적인 양에 의해서만 결정되는 것이 아니라 인간의 욕구 정도에 따라 달라진다. 어떤 자원이 적게 존재하더라도 쓸모가 없거나 그것을 원하는 사람이 없다면 그 자원은 희소하다고 하지 않는다.

05 기회비용이란 어떤 것을 선택함으로써 포기하게 되는 대안의 가치 중에서 가장 큰 것이다.

06 우리나라의 경제 체제는 시장 경제 체제를 중심으로 필요한 경우 정부가 개입하는 혼합 경제 체제이다.

08 기업은 상품을 생산하고 가계의 소득을 창출하는 역할을 한다. ④ 정부의 역할이다.

09 기업은 가계로부터 노동, 토지, 자본 등을 제공받고 그 대가로 임금이나 지대, 이자 등을 지급하여 가계의 소득을 창출한다.

10 오늘날 기업의 활동은 소비자, 근로자와 밀접하게 관계를 맺을 뿐만 아니라 국가 경제 전반에 영향을 미치고 있다. 따라서 기업은 단순한 이윤 추구를 넘어 사회에 대한 책임도 함께 저아 힌다.

11 기업의 사회적 책임에는 사회 규범 준수, 공정한 경쟁, 상품의 생산, 사회 지원 사업에 참여 등이 있다.

12 기업이 더 많은 이윤을 얻고 경쟁에서 살아남기 위해서는 기업가 정신이 필요하다. 기업가 정신이란 미래의 불확실성과 높은 위험 속에서도 주도적으로 기회를 잡으며, 혁신과 창의성을 바탕으로 한 생산 활동을 통해 기업을 성장시키려는 도전 정신을 말한다.

13 제시된 글은 새로운 변화에 대처하지 못하여 실패한 기업의 사례이다. 기업은 외부의 변화에 유연하고 신속하게 대처해야 지속적으로 성장해 나갈 수 있다.

14 왜 틀렸지? | ㄴ. 유소년기, 청년기 일부, 노년기에는 지출이 수입보다 많다. ㄹ. 유소년기, 노년기에는 생산 활동을 하기 어렵다.

15 노년기는 은퇴 이후 소득이 없거나 줄어들어 지출이 수입보다 많은 시기이다.
왜 틀렸지? | ②, ③ 중·장년기, ⑤ 청년기에 대한 설명이다.

생애 주기별 경제생활

유소년기	• 생산 활동보다 소비 활동을 주로 함 • 바람직한 경제생활 태도를 형성하는 것이 중요함
청년기	인생에서 첫 직장을 가지고 본격적으로 생산 활동에 참여하여 소득을 형성함
중·장년기	소득이 증가하는 시기로, 자녀를 낳고 양육하며 집을 마련하는 등 소비도 집중적으로 증가함
노년기	• 직장에서 은퇴하고 모은 돈을 가지고 여생을 보내는 시기로, 계획적인 경제생활이 필요함 • 고령화 시대에 접어들면서 중요성이 커지고 있음

16 주식은 배당금을 받을 수 있다. 그러나 가격의 변화가 커서 사고파는 과정에서 큰 이익을 보거나 손해를 볼 수 있다.

17 보험은 미래에 발생할 수 있는 위험에 대비하기 위한 금융 자산이다. 펀드는 금융 기관이 투자금을 모아 투자하여 그 수익을 나누어 주는 금융 자산이다.

18 신용도가 떨어지면 앞으로 신용을 이용하지 못하거나 이용하더라도 다른 사람들보다 더 높은 이자를 지불해야 한다. 또한 신용 카드 발급 제한, 대출 거절, 취업 제한 등과 같은 불이익을 받을 수 있다.

19 예시답안 합리적인 자산 관리를 위해서는 자신의 소득이나 투자 목적 등을 고려하여 자금을 다양한 금융 자산에 적절하게 분산해야 한다.

	채점 기준
상	합리적인 자산 관리를 위한 조언을 바르게 서술하였다.
하	합리적인 자산 관리를 위한 조언을 서술하였으나, 내용이 다소 미흡하였다.

20 (1) 예시답안 주식. 주식은 기업이 사업 자금을 마련하기 위해 발행하는 증서이다.

	채점 기준
상	주식을 쓰고, 그 의미를 바르게 서술하였다.
하	주식만 썼다.

(2) 예금, 적금

4 시장 경제와 가격

01 시장의 의미와 종류 ~ 02 시장 가격의 결정

STEP 1 개념 확인
058쪽

01 (1) 시장 (2) 수요 (3) 감소, 증가 (4) 우상향 (5) 균형 가격 (6) 초과 공급 **02** (1) ㄴ, ㄷ (2) ㄱ, ㄹ **03** (1)-㉠ (2)-㉡ **04** (1) 수요량 (2) 눈에 보이지 않는 시장 (3) 하락 **05** (1) × (2) ○ (3) × (4) ×

STEP 2 대표 문제
058~060쪽

01 ⑤ **02** ② **03** ⑤ **04** ③ **05** ④ **06** ① **07** ⑤ **08** ⑤ **09** ⑤ **10** ⑤ **11** ③ **12** ③ **13** ⑤ **14** ④ **15** ④ **16** ③ **17** ④

01 정보 통신 기술의 발달로 소비자와 판매자가 직접 만나지 않고 온라인상에서 거래하는 시장이 등장하게 되었다.
왜 틀렸지? | ①, ②, ③, ④ 구체적인 거래 장소가 있는 보이는 시장에 해당한다.

02 시장은 거래 비용을 감소시킨다. 오늘날에는 과학 기술이 발달하면서 온라인 쇼핑몰, 애플리케이션 시장 등 다양한 형태의 시장이 발달하고 있다.
왜 틀렸지? | ㄴ. 시장의 발달은 특화와 분업을 촉진해 생산성을 증가시켰다. ㄹ. 시장은 구체적인 장소뿐만 아니라 상품에 대한 정보를 교환·거래하고자 협상하는 과정을 포함한다.

03 노동 시장은 생산 요소 시장이자 눈에 보이지 않는 시장이다. ①, ②, ③, ④ 생산물 시장이자 눈에 보이는 시장이다.

04 수요 곡선은 상품의 가격과 수요량이 반대 방향으로 움직이는 음(−)의 관계를 나타낸 그래프로, 우하향하는 모양이다.

05 상품의 가격이 상승하면 수요량이 감소하고, 가격이 하락하면 수요량이 증가하는 것을 수요 법칙이라고 한다.

06 공급 법칙은 가격과 공급량 사이의 양(+)의 관계를 말한다. 가격이 상승하면 공급량은 증가하고, 가격이 하락하면 공급량은 감소한다.

07 볼펜의 가격이 변동함에 따라 볼펜에 대한 현진이의 수요량이 변화하고 있다.

08 가격이 상승하면 수요량은 감소하고 공급량은 증가한다. 가격이 하락하면 수요량은 증가하고 공급량은 감소한다. 이처럼 가격 변화에 따라 수요량과 공급량은 서로 반대로 움직인다.

09 팔고자 하는 사람은 상품의 가격이 오르면 더 많이 공급하고자 하고, 가격이 내리면 더 적게 공급하고자 한다. 주어진 상황은 공급 법칙에 부합한다.

10 가격과 수요량은 반대 방향으로 움직이는 음(−)의 관계가 나타나고, 이를 그래프로 나타내면 우하향하는 모양의 그래프가 된다.

11 시장의 균형 가격은 수요량과 공급량이 일치하는 지점의 가격이다. 아이스크림이 700원일 때 수요량도 500개, 공급량도 500개로 일치한다.

12 시장의 균형은 공급량과 수요량이 일치하는 지점에서 이루어진다. 균형 가격은 1,000원이며 이때 수요량도 100개, 공급량도 100개로 균형 거래량은 100개이다.

13 수요량과 공급량이 일치하는 지점에서 시장이 균형을 이루었다고 하며, 이때 수요자와 공급자는 원하는 양의 상품을 거래할 수 있게 되어 시장은 가장 효율적인 상태가 된다.

14 치킨이 18,000원이면 수요량이 150마리, 공급량이 450마리로 300마리의 초과 공급이 발생한다.

> **왜 틀렸지?** ① 치킨이 12,000원일 때 수요량은 450마리, 공급량은 150마리이다. ② 치킨이 15,000원일 때 수요량과 공급량이 모두 300마리로 균형 상태이다. ③ 치킨이 12,000원일 때 수요량이 공급량보다 많다. ⑤ 치킨이 18,000원이면 초과 공급이 발생하여 공급자 간 경쟁이 일어난다.

15 초과 공급은 균형 가격 수준보다 가격이 높아 수요량보다 공급량이 많은 상태이다. 이때 공급자들의 경쟁으로 상품 가격은 하락하고, 이에 따라 수요량이 늘고 공급량이 줄어 초과 공급이 감소한다.

16 D는 균형 가격보다 낮은 상태로, 수요량이 공급량보다 많은 초과 수요 상태이다. A는 수요 곡선, B는 공급 곡선, C는 초과 공급 상태이다.

17 수요량이 공급량보다 많은 초과 수요 상태에서는 수요자들이 상품을 사기 위해 서로 경쟁할 것이고 일부 수요자들은 돈을 더 주고서라도 구입하려고 한다. 그 결과 상품의 가격은 상승한다.

STEP 3 주관식·서술형   061쪽

01 (가) 꽃 시장, 문구점, 편의점, 대형 마트, 백화점, 농산물 시장 등
(나) 노동 시장, 부동산 시장, 주식 시장 등

02 ㉠ 수요, ㉡ 수요량

03 ㉠ 감소, ㉡ 증가, ㉢ 공급 법칙

04 **예시답안** 주어진 그래프는 우하향하는 모양의 수요 곡선으로, 가격이 오르면 수요량은 감소하고 가격이 내려가면 수요량이 증가하는 수요 법칙을 나타낸다.

채점 기준	
상	수요 곡선을 쓰고, 가격과 수요량 사이의 관계를 포함하여 수요 법칙을 바르게 서술하였다.
중	수요 곡선은 쓰지 않고, 가격과 수요량 사이의 관계를 포함하여 수요 법칙을 바르게 서술하였다.
하	수요 곡선만 썼다.

05 (1) 수요 곡선 → 공급 곡선, 수요량 → 공급량
(2) **예시답안** 상품의 가격이 P_1에서 P_2로 상승했기

채점 기준	
상	가격이 P_1에서 P_2로 상승했다는 내용을 바르게 서술하였다.
중	상품 가격이 상승했다는 내용만 서술하였다.
하	가격이 변동했다고만 서술하였다.

06 (1) 균형 가격 – 300원, 균형 거래량 – 300개
(2) **예시답안** 사탕 가격이 500원이면 수요량은 100개, 공급량은 500개로, 400개의 초과 공급이 발생한다. 이때 공급자들은 사탕을 팔기 위해 경쟁할 것이고, 이로 인해 사탕의 가격이 내려가면서 초과 공급이 감소한다.

채점 기준	
상	수요량, 공급량, 초과 공급, 가격 변동을 모두 바르게 서술하였다
중	수요량, 공급량, 초과 공급, 가격 변동 중 세 가지만 바르게 서술하였다.
하	수요량, 공급량, 초과 공급, 가격 변동 중 한두 가지만 바르게 서술하였다.

03 시장 가격의 변동

STEP 1 개념 확인   064쪽

01 (1) 보완재 (2) 대체재 (3) 하락, 증가 (4) 상승 (5) 시장 가격
02 (1) ㄱ, ㄷ (2) ㄴ, ㄹ   **03** (1)-㉡ (2)-㉠   **04** (1) 대체재
(2) 상승 (3) 공급   **05** (1) × (2) ○ (3) × (4) ○

STEP 2 대표 문제   064~066쪽

| **01** ③ | **02** ① | **03** ① | **04** ② | **05** ③ | **06** ① | **07** ⑤ |
| **08** ⑤ | **09** ② | **10** ③ | **11** ② | **12** ④ | **13** ④ | **14** ⑤ |

01 일반적으로 인구가 증가하면 수요가 증가한다. 대체재나 보완재와 같이 관련된 상품의 가격 변동도 수요를 변화시킨다.

> **왜 틀렸지?** ㄱ, ㄹ. 공급을 변화시키는 요인이다.

02 커피와 설탕은 함께 소비할 때 만족도가 커지므로 서로 보완 관계에 있는 보완재의 사례에 해당한다.

03 A 상품의 가격이 상승하여 A 상품 대신 B 상품을 찾는 사람들이 많아졌다면, 둘은 대신하여 사용할 수 있는 대체 관계에 있는 재화이다.

04 수요 곡선이 우측으로 이동한 것은 수요가 증가하였음을 보여 준다.

05 돼지고기에 대한 선호도가 높아지면서 돼지고기 수요가 증가하면 균형 가격이 상승하고 균형 거래량이 증가한다.

06 돼지고기에 대한 소비자들의 선호도가 높아져 이전보다 수요가 증가할 것이고, 이것은 수요 곡선이 우측으로 이동하는 그래프로 표현할 수 있다.

07 수요 곡선이 우측으로 이동한 것은 아이스크림의 수요가 증가했다는 것이다. 무더위로 아이스크림에 대한 사람들의 선호도가 높아진 것이 수요를 증가시킨 요인이 될 수 있다.

12 ▶ 정답과 해설

① 가격 하락은 수요량의 증가와 관련있다. ② 가격 하락이 예상되면 현재 그 상품의 수요는 감소한다. ③ 생산비의 상승은 공급을 감소시킨다. ④ 대체재의 가격 하락은 해낭 새화의 수요를 감소시킨다.

08 소고기에 대한 선호도가 높아지면 소고기 수요가 증가한다.

① 수요 감소, ② 수요와 공급 감소, ③ 공급 증가, ④ 수요 감소의 변화가 나타난다.

09 상품의 공급이 줄어들면 가격은 상승하고 거래량은 감소하게 된다.

10 빵의 생산비가 증가하면 빵 공급이 감소한다. 블루베리에 대한 사람들의 선호도가 높아지면 이전보다 수요가 증가한다.

11 소득의 변화는 수요자들의 수요에 영향을 미친다. 소득이 증가하면 수요가 증가하고 소득이 감소하면 수요가 감소한다.

수요와 공급의 변화 요인

수요 변화 요인	소득의 변화, 소비자의 기호 변화, 관련 상품(대체재, 보완재)의 가격 변동, 미래에 대한 예측, 인구수의 변화
공급 변화 요인	생산 요소의 가격 변화, 생산 기술의 변화, 미래에 대한 예측, 공급자 수의 변화

12 주어진 그래프는 수요와 공급이 모두 감소한 것을 나타낸다. 월드컵 경기를 보며 치킨을 먹기 위해 치킨을 찾는 사람들이 많아지면 닭고기 수요는 증가한다.

13 생산비가 오르면 공급이 감소한다. 공급이 감소하면 공급 곡선이 왼쪽으로 이동한다.

14 생산 요소의 가격이 상승하자 공급자가 공급량을 줄이고, 상품의 가격이 하락하자 해당 상품의 수요량이 늘어나는 것처럼 경제 주체들은 가격의 신호를 통해 경제 활동의 방향을 결정한다.

STEP 3 주관식·서술형 067쪽

01 (1) 피자와 콜라 – 보완재, 콜라와 사이다 – 대체재
(2) ㉠ 감소, ㉡ 감소

02 (1) **예시답안** 스마트폰에 대한 현재의 수요가 감소하여 스마트폰 가격이 하락하고, 거래량이 감소한다.

	채점 기준
상	수요 감소, 가격 하락, 거래량 감소를 모두 바르게 서술하였다.
중	수요 감소를 쓰고, 가격과 거래량 변동 중 한 가지만 바르게 서술하였다.
하	수요 감소만 서술하였다.

(2) 수요 곡선이 좌측으로 이동

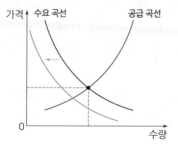

---

03 (1) ㉠ 증가, ㉡ 하락
(2) 기술 혁신, 생산 요소 가격 하락, 제품 가격 하락 예상, 공급자 수증기 등

04 (1) **예시답안** 공기 청정기에 대한 공급이 증가하여 공기 청정기 가격이 하락하고, 거래량이 증가한다.

	채점 기준
상	공급 증가, 가격 하락, 거래량 증가를 모두 바르게 서술하였다.
중	공급 증가를 쓰고, 가격과 거래량 변화 중 한 가지만 바르게 서술하였다.
하	공급 증가만 서술하였다.

(2) 공급 곡선이 우측으로 이동

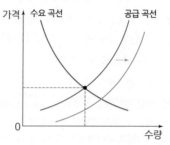

대단원 마무리 문제 069~071쪽

01 ⑤　**02** ①　**03** ⑤　**04** ㉠ 증가 ㉡ 감소 ㉢ 공급 곡선　**05** ④
06 ③　**07** ③　**08** ②　**09** 해설 참조　**10** ②　**11** ㉠ 공급 ㉡ 하락　**12** ⑤　**13** ⑤　**14** ①　**15** ④　**16** ⑤　**17** ⑤
18 ⑤　**19** ⑤　**20** 해설 참조

---

01 노동 시장은 생산에 필요한 노동이 거래되는 생산 요소 시장이며, 전자 상가와 같이 특정 분야의 상품 위주로 거래되는 시장도 있다.

ㄴ. 전자 상거래가 이루어지는 시장은 일정한 지역적 공간을 필요로 하지 않는다.

02 경제가 발전하면서 생산량이 증가하자 사람들은 자신이 생산한 물건과 필요한 물건을 교환하게 되었고, 효과적인 생산을 위해 각 분야를 여러 사람이 맡는 분업이 이루어지게 되었다.

03 눈에 보이는 시장은 사고파는 모습이 구체적으로 보이는 시장이다. ⑤ 외환 시장은 눈에 보이지 않는 시장이다.

05 공급 법칙에 따르면 기격이 상승하면 공급량이 증가하고, 가격이 하락하면 공급량이 감소하므로 가격과 공급량은 양(+)의 관계이다. 공급 곡선은 우상향하는 모양이다.

06 수요 곡선과 공급 곡선이 만나는 지점은 수요량과 공급량이 일치하는 지점이다. 즉 가격이 300원일 때 균형을 이룬다.

07 균형 상태에서 수요나 공급을 변화시키는 요인이 발생하면 새로운 균형이 형성된다.

08 공급이 증가하거나 수요가 감소하면 상품 가격이 하락한다. (가) 공급 증가, (나) 공급 감소, (다) 수요 증가, (라) 수요 감소의 경우이다.

09 <u>예시답안</u> 생산 요소의 가격이 상승하면서 우유의 공급이 감소한 결과, 우유 가격이 상승하고 거래량이 감소할 것이다.

채점 기준	
상	생산 요소 가격 상승, 공급 감소, 가격 상승, 거래량 감소를 모두 서술하였다.
중	우유 시장에서 발생한 변화에 대해 두 가지만 바르게 서술하였다.
하	우유 시장에서 발생한 변화에 대해 한 가지만 바르게 서술하였다.

10 생산 기술이 발전하여 생산성이 높아지면 같은 비용으로 더 많은 상품을 생산할 수 있게 되어 공급이 증가한다.

<u>왜 틀렸지?</u> ①, ③ 수요 감소, ④ 수요 증가와 공급 감소, ⑤ 공급 감소 요인에 해당한다.

12 졸업식 시즌에는 꽃다발에 대한 선호가 높아지면서 꽃다발을 찾는 수요가 크게 늘어난다. 이로 인해 수요 곡선이 우측으로 이동하여 꽃다발의 가격은 상승하고 거래량은 증가하게 된다.

13 (라)는 가격이 상승하여 수요량이 감소하는 변화를 나타낸다.

<u>왜 틀렸지?</u> ① (다)에 알맞은 변화 요인이다. ② (나)는 가격이 하락하여 수요량이 증가하는 변화를 나타낸다. ③ (가)에 알맞은 변화 요인이다. ④ 그 래프는 수요가 증가하는 상황을 나타내고, 공급자 수의 증가는 공급 증가를 불러온다.

14 라면의 가격 상승이 예상되면서 현재 라면에 대한 수요가 증가하였다. 수요가 증가하면 가격이 상승하고 거래량이 증가한다.

15 수요가 증가하거나 공급이 감소하면 브로콜리의 가격이 상승한다.

<u>왜 틀렸지?</u> ㄱ. 브로콜리 가격이 하락하면 수요량이 증가한다. ㄷ. 대체재의 가격이 하락하면 그 상품의 수요량이 증가하면서 브로콜리의 수요는 감소한다.

16 A의 가격이 상승하면 A의 수요량은 감소한다. A의 가격 상승으로 B의 수요가 감소하였다면 B는 A와 보완재 관계이다. B의 수요 감소는 B의 가격 하락으로 이어진다. A의 가격 상승으로 C의 수요가 증가하였다면 C는 A와 대체재 관계이다. C의 수요가 증가하면 C의 가격이 상승한다.

17 모든 가격 수준에서 수요량이 늘어난 것으로 보아 이 상품에 대한 수요가 증가하였다. 대체재 관계에 있는 상품의 가격이 상승하면 이 상품에 대한 수요가 증가한다.

18 소득의 변화, 소비자의 기호 변화, 대체재나 보완재의 가격 변동, 인구수의 변화 등이 수요 변화 요인이다. ⑤ 생산 요소의 가격은 공급을 변화시키는 요인이다.

19 무료로 이용하던 곳이 유료화되면서 도로 이용에 대한 수요량이 감소한 사례이다. 이는 시장 가격에 적용되는 경제 원리를 통해 사회 문제를 해결한 것이다.

20 <u>예시답안</u> 생산자와 소비자의 의사 결정 방향을 제시하는 경제 활동의 신호등 역할을 한다. 자원이 효율적으로 배분되도록 한다.

채점 기준	
상	경제 활동의 신호등, 자원의 효율적 배분 두 가지 기능을 모두 바르게 서술하였다.
중	시장 가격의 기능 두 가지를 서술하였으나, 그 내용이 다소 미흡하였다.
하	시장 가격의 기능을 한 가지만 바르게 서술하였다.

5 국민 경제와 국제 거래

01 국민 경제와 국내 총생산 ~
02 물가 상승과 실업 (1)

STEP 1 개념 확인
074쪽

01 (1) ○ (2) × (3) × (4) ○ (5) ○ (6) ×　**02** (1) 시장 (2) 인구 (3) 국내 총생산　**03** (1) 환경 오염 (2) 1인당 국내 총생산 **04** (1) 물가 지수 (2) 인플레이션 (3) 세금　**05** (1) 실물 (2) 투기

STEP 2 대표 문제
074~076쪽

01 ③　**02** ②　**03** ②　**04** ②　**05** ①　**06** ①　**07** ① **08** ⑤　**09** ①　**10** ①　**11** ②　**12** ②　**13** ④　**14** ② **15** ④　**16** ①　**17** ②

01 국내 총생산은 최종적으로 생산된 재화나 서비스의 가치만을 측정한다.

02 <u>왜 틀렸지?</u> ㄴ. 제빵업자에게 밀가루는 중간재이므로 국내 총생산에 포함되지 않는다. ㄹ. 작년에 산 컴퓨터이기 때문에 올해 국내 총생산에는 포함되지 않는다.

03 국내 총생산은 시장에서 거래되는 생산물의 가치만을 대상으로 하기 때문에 시장에서 거래되지 않는 것은 제외된다.

04 일본의 국내 총생산이 우리나라의 국내 총생산보다 약 3배인데 국내 총생산을 인구수로 나눈 1인당 국내 총생산은 약 1.2배이다. 따라서 인구는 일본이 더 많다고 볼 수 있다.

05 <u>왜 틀렸지?</u> ㄷ. 국내 총생산이 크더라도 인구가 많으면 1인당 국내 총생산이 크지 않을 수 있다. ㄹ. 떡볶이를 만드는 데 사용된 떡의 가격은 중간재이므로 국내 총생산에 포함되지 않는다.

06 가정주부의 가사 노동은 시장에서 거래되지 않으므로 국내 총생산에 포함되지 않는다.

07 국내 총생산이 국민들의 삶의 질을 정확하게 반영하지 못한다는 한계가 있어 이를 보완하기 위한 새로운 지표들이 대안으로 제시되고 있다.

08 국내 총생산은 삶의 질을 정확하게 반영하지 못한다는 한계가 있음에도 국가 간의 경제 규모를 비교하는 데에는 많이 활용되고 있다.

09 국내 총생산은 시장 가치의 합으로 계산되어 생산량이 늘지 않아도 경제가 성장한 것으로 보일 수 있어 물가 변동을 제외한 실질 국내 총생산을 사용한다.

10 경제가 성장하면 일자리와 평균 소득이 증가하고, 의료·교육 등의 서비스가 확대된다. 또한 문화 시설이 보급되어 한층 풍요로운 삶을 누릴 수 있다.

11 경제 성장의 이면에는 자원 고갈, 환경 오염, 빈부 격차 확대 등과 같은 사회 문제가 나타나기도 한다.

12 2018년의 실질 GDP는 40,000, 2017년의 실질 GDP는 20,000이다. 따라서 2018년의 경제 성장률은 $(40,000 - 20,000)/20,000 \times 100 = 100\%$이다.

13 ㄴ. 1970년대에는 물가가 약 4.5배 오른 반면, 1990년대에는 약 1.6배 올랐다. ㄹ. 2015년의 물가 지수는 109.81로 2010년에 비해 약 10% 정도 물가가 올랐다.

14 물가가 오르면 ㄱ. 화폐의 가치가 하락하여 채무자가 이득을 보고, ㄷ. 실물 자산의 가치는 상승하여 부동산 소유자가 이득을 본다.

15 물가가 상승하면 화폐의 가치가 하락하여 임금 생활자는 불리해진다. 반면에 실물 자산가는 상대적으로 유리해지고 이로 인해 빈부 격차가 확대될 수 있다.

16 물가 안정을 위해 가계는 합리적인 소비 생활을, 기업은 생산비 절감 및 생산성 향상을, 정부는 과도한 재정 지출을 줄이려는 노력을 함께 해야 한다.

17 물가 안정을 위해 중앙은행은 이자율을 높이고 통화량을 줄여야 한다. 정부는 과도한 재정 지출을 줄이고 생활필수품의 가격 상승을 규제해야 한다.

STEP 3 주관식·서술형
077쪽

01 국내 총생산

02 **예시답안** 시장에서 거래되는 가치만을 포함하기 때문에 삶의 질을 정확하게 반영하지 못한다.

채점 기준	
상	시장 거래와 삶의 질을 모두 언급하여 바르게 서술하였다.
중	시장에서 거래되는 가치만을 포함한다는 내용만 바르게 서술하였다.
하	삶의 질을 정확하게 반영하지 못한다는 내용만 바르게 서술하였다.

03 (1) **예시답안** (가), 교통사고 처리 과정은 시장을 통해 이루어지기 때문에 국내 총생산에 포함된다.

채점 기준	
상	(가)라고 쓰고, 그 이유를 바르게 서술하였다.
중	이유만 바르게 서술하였다.
하	(가)라고만 썼다.

(2) **예시답안** (나), 국내 총생산은 최종적으로 생산된 재화나 서비스의 가치만을 측정하므로 생산 과정에서 사용된 중간재의 가치는 포함하지 않는다.

채점 기준	
상	(나)라고 쓰고, 그 이유를 바르게 서술하였다.
중	이유만 바르게 서술하였다.
하	(나)라고만 썼다.

04 자원 고갈, 환경 오염, 빈부 격차 확대 등

05 **예시답안** 물가 지수, 기준이 되는 해의 물가 수준을 100으로 하여 비교할 연도의 물가 수준을 나타낸 지수이다.

채점 기준	
상	물가 지수라고 쓰고, 그 의미를 바르게 서술하였다.
중	물가 지수의 의미만 바르게 서술하였다.
하	물가 지수만 썼다.

06 (1) 이자율을 높이고 통화량을 줄인다.

채점 기준	
상	물가 상승 시 중앙은행의 대책을 바르게 서술하였다.
하	물가 상승 시 중앙은행의 대책을 바르게 서술하지 못하였다.

(2) **예시답안** 과도한 재정 지출을 줄인다. 세금을 많이 거두어들인다. 생활필수품의 가격 상승을 규제한다. 공공요금의 인상을 억제한다.

채점 기준	
상	정부의 대책을 두 가지 바르게 서술하였다.
하	정부의 대책을 한 가지만 바르게 서술하였다.

07 **예시답안** (다), 물가가 상승하면 우리나라 상품의 가격이 오르고 상대적으로 외국 상품의 가격이 하락하는 효과를 가져와 수입이 늘어나므로 수입업자들이 이득을 보게 된다.

채점 기준	
상	(다)라고 쓰고, 그 이유를 바르게 서술하였다.
하	(다)만 썼다.

02 물가 상승과 실업 (2) ~ 03 국제 거래와 환율

STEP 1 개념 확인
080쪽

01 (1) ㄹ (2) ㄴ (3) ㄷ (4) ㄱ **02** (1) 있음, 없는 (2) 비경제 활동 인구 (3) 경제 활동 인구 **03** (1)-ⓒ (2)-ⓛ (3)-ⓐ **04** (1) × (2) ○ (3) × **05** (1) 수요, 공급 (2) 하락

STEP 2 대표 문제
080~082쪽

01 ④ **02** ② **03** ⑤ **04** ⑤ **05** ① **06** ② **07** ②
08 ① **09** ② **10** ④ **11** ③ **12** ⑤ **13** ① **14** ⑤
15 ② **16** ① **17** ② **18** ④

01 실업률은 경제 활동 인구 가운데 실업자가 차지하는 비율로 나타낸다. 따라서 ㉠은 경제 활동 인구, ㉡은 실업자이다. 실업은 15세 이상의 일할 의사가 있는 경제 활동 인구 중 일자리가 없는 상태이다.

02 경기적 실업의 원인은 경제 침체이다. 이를 해결하기 위해 정부는 재정 지출을 확대하여 일자리를 창출하려고 노력한다.

왜 틀렸지? ㄴ, ㄹ. 구조적 실업에 대한 설명이다.

03 실업으로 일자리를 잃게 되면 직업을 통한 자아실현의 기회도 가질 수 없게 된다.

04 일할 의사가 없는 학생이나 전업주부, 일할 능력이 없는 노약자 등은 비경제 활동 인구에 포함된다. 비경제 활동 인구는 노동 가능 인구에 포함된다.

05 경제 상황이 좋지 않아 실업이 발생할 경우 정부는 재정 지출을 확대하여 일자리를 창출한다.

06 실업률(%)은 (실업자 수/경제 활동 인구수)×100이다. 따라서 갑국의 실업률은 (1/8)×100 = 12.5%이다.

07 문항 1. 계절적 실업은 비자발적이다. 문항 2. 경제 활동 인구 가운데 일자리가 없는 상태가 실업자이다. 문항 3. 실업 문제 해결을 위해 정부뿐만 아니라 기업과 근로자 또한 노력해야 한다.

08 비교 우위는 각 나라의 생산 조건이 달라 각 국가가 다른 나라와 비교하여 상대적으로 더 잘 생산할 수 있는 제품이 있는 것을 의미한다.

09 왜 틀렸지? ㄴ. 국제 거래는 국내 거래와 비교하여 상품이나 생산 요소의 이동이 자유롭지 못하다. ㄷ. 오늘날 국제 거래의 규모는 더욱 확대되고 있다.

10 관세는 외국에서 수입하는 상품에 대해 부과하는 세금이다. 세계 무역 기구(WTO)는 자유 무역 활성화를 위한 국제기구이다. 자유 무역 협정(FTA)은 국가 간 물자나 서비스의 이동을 자유화하는 협정이다.

11 각 국가의 생산 조건이 다르기 때문에 국제 거래를 통해 지기 나라에서 구하기 어려운 상품을 얻고 있다.

12 외화의 수요는 내국인의 해외 유학, 해외 투자, 외국 상품의 수입, 내국인의 해외여행 등과 같이 외화가 해외로 나가는 경우에 발생한다.

13 왜 틀렸지? ㄷ. 환율이 올랐다는 것은 외국 화폐 1단위를 얻기 위해 더 많은 원화가 필요하다는 것으로, 원화 가치의 하락을 의미한다. ㄹ. 환율은 외국 화폐 한 단위와 교환되는 자국 화폐의 가격으로 표시한다.

14 내국인의 해외 유학, 내국인의 해외 투자로 외화의 수요가 발생한다. 수요가 증가하면 외화의 가격인 환율이 상승한다.
왜 틀렸지? ㄱ, ㄴ. 외화의 공급이 증가하여 환율이 하락하는 경우에 해당한다.

15 외채를 도입하면 외화의 공급이 증가하여 환율이 하락한다.
왜 틀렸지? ①, ③ 외화의 수요 증가, ④, ⑤ 외화의 공급 감소로 환율이 상승한다.

16 외화의 공급 증가로 환율이 하락할 것으로 예상되므로 외화의 지출을 미루는 것이 좋다. ③ 원자재 수입 비중이 높은 회사는 이익을 볼 것이 예상된다. ④ 수출은 감소할 것이므로 상품의 생산을 줄이는 게 합리적이다.

17 ㄱ. 환율이 상승하면 국내 상품의 가격이 상대적으로 저렴해지기 때문에 수출에 유리하다. ㄹ. 환율이 상승하면 원화 가치가 하락하여 원화를 사는 사람이 이득을 본다.

18 환율이 하락하면 외화의 가치가 하락하여 내국인의 해외여행이 증가하게 된다.

01 경제 활동 인구

02 예시답안 구조적 실업, 산업 구조의 변화나 기술 발달로 관련 부문의 일자리가 사라져 발생하는 실업이다.

채점 기준	
상	구조적 실업을 쓰고, 그 의미를 바르게 서술하였다.
중	구조적 실업의 의미만 바르게 서술하였다.
하	구조적 실업만 썼다

03 (1) 마찰적 실업
(2) 예시답안 원하는 일자리를 찾을 수 있도록 고용 안정 센터나 취업 박람회 등을 통해 취업 정보를 제공한다.

채점 기준	
상	취업 정보를 제공한다는 내용을 바르게 서술하였다.
하	취업 정보를 제공한다는 내용을 바르게 서술하지 못하였다.

04 예시답안 국가마다 거래와 관련된 법과 제도가 달라 자유롭지 못하다. 관세를 내야 하므로 비용적인 제약이 있다. 나라마다 사용하는 화폐가 다르기 때문에 환율을 고려해야 한다.

채점 기준	
상	국제 거래가 국내 거래와 다른 점을 두 가지 모두 바르게 서술하였다.
하	국제 거래가 국내 거래와 다른 점을 한 가지만 바르게 서술하였다.

05 예시답안 다른 국가와의 국제 거래를 통하여 자국에서 구할 수 없거나 생산비가 많이 드는 상품 및 생산 요소를 확보함으로써 이득을 얻을 수 있다.

채점 기준	
상	해결책으로 국제 거래를 언급하여 서술하였다.
하	해결책으로 국제 거래를 언급하지 않고 제대로 서술하지 못하였다.

06 (1) 상승
(2) 예시답안 외국 상품의 수입이 증가하였다. 내국인의 해외여행이 증가하였다. 내국인의 해외 투자가 증가하였다. 외채를 상환하였다.

채점 기준	
상	환율 상승 원인을 외화 수요의 측면에서 세 가지 모두 바르게 서술하였다.
중	환율 상승 원인을 외화 수요의 측면에서 두 가지만 바르게 서술하였다.
하	환율 상승 원인을 외화 수요의 측면에서 한 가지만 바르게 서술하였다.

(3) 예시답안 국내 상품의 수출이 감소하였다. 외국인의 국내 관광이 감소하였다. 외국인의 국내 투자가 감소하였다. 외채 도입이 감소하였다.

채점 기준	
상	환율 상승 원인을 외화 공급의 측면에서 세 가지 모두 바르게 서술하였다.
중	환율 상승 원인을 외화 공급의 측면에서 두 가지만 바르게 서술하였다.
하	환율 상승 원인을 외화 공급의 측면에서 한 가지만 바르게 서술하였다.

07 예시답안 환율이 하락하면 원화의 가치가 상승하여 외국에 수출되

는 국내 상품의 가격이 상대적으로 비싸지기 때문에 수출이 감소하게 된다. 한편 외화의 가치가 하락하여 외국 상품의 국내 가격은 상대적으로 저렴해지므로 수입은 증가한다.

채점 기준	
상	수출 감소의 이유와 수입 증가의 이유를 모두 바르게 서술하였다.
하	수출 감소와 수입 증가 중 한 가지 이유만 바르게 서술하였다.

대단원 마무리 문제

085~087쪽

01 ④	**02** ②	**03** ④	**04** ⑤	**05** ⑤	**06** 해설 참조	**07** ③
08 ④	**09** ①	**10** ②	**11** ⑤	**12** ①	**13** 해설 참조	**14** ②
15 ③	**16** ②	**17** ④	**18** ①	**19** ③	**20** ⑤	**21** 해설 참조

01 국내 총생산은 최종적으로 생산된 재화나 서비스의 가치만을 측정한다. 따라서 생산 과정에서 사용된 중간재의 가치는 포함하지 않는다.

02 왜 틀렸지? ㄴ. 시장에서 거래되지 않아 계산에서 제외된다. ㄹ. 외국 리그에서 생산된 것이므로 외국 GDP에 포함된다.

03 국내 총생산은 시장에서 거래되는 가치만을 포함하기 때문에 국민들의 삶의 질을 정확하게 반영하지 못한다.

04 1인당 국내 총생산은 국내 총생산을 그 나라의 총인구로 나눈 수치로, 국민들의 평균적인 소득 수준을 보여 준다.

05 2018년 A국의 실질 국내 총생산은 (10,000원×15) + (20,000원×15) + (30,000원×15) = 900,000원으로, 2017년과 비교하여 증가하였다.

06 예시답안 국내 총생산의 크기만으로는 그 나라 국민들의 소득 분배 상태를 파악하기 어렵다.

채점 기준	
상	글에 나타난 국내 총생산의 한계를 바르게 서술하였다.
중	글에 나타난 국내 총생산의 한계를 서술하였으나, 내용이 다소 미흡하였다.
하	글에 나타난 국내 총생산의 한계를 바르게 서술하지 못하였다.

07 물가가 지속적으로 상승하는 현상을 인플레이션이라고 한다. 물가가 상승하면 화폐의 가치는 하락하고 실물 자산의 가치가 상승한다.

08 물가 지수는 기준이 되는 해의 물가 수준을 100으로 하여 비교할 연도의 물가 수준을 나타낸 지수이다.

09 물가 안정을 위해 정부는 재정 지출을 줄이고 세금을 많이 거두어들이며, 중앙은행은 이자율을 높인다.

10 물가가 상승하면 임금이나 연금으로 생활하거나 현금, 예금과 같은 자산을 소유한 사람은 불리해진다. 한편 토지, 건물 등을 보유한 사람은 유리해진다.

11 왜 틀렸지? ㄱ. 실업은 일할 능력과 의사가 있는데도 일자리를 갖지 못한 상태이다. ㄴ. 실업은 개인적 차원뿐만 아니라 사회적 차원에서도 큰 손실을 가져온다.

12 전체 인구 100만 명 중, 15세 이상의 노동 가능 인구는 80만 명이다. 이 중 경제 활동인구가 50만 명이고 실업률이 20%이므로 실업자는 10만 명이다.

13 예시답안 경기적 실업, 경제 상황이 좋지 않아 실업이 발생할 경우 정부는 재정 지출을 확대하여 일자리를 창출한다.

채점 기준	
상	경기적 실업을 쓰고, 정부의 대책을 바르게 서술하였다.
중	정부의 대책만 바르게 서술하였다.
하	경기적 실업만 썼다.

14 왜 틀렸지? ㄴ. 정부의 노력만으로는 실업 문제를 해결하는 데 한계가 있다. ㄷ. 실업으로 인해 직업을 통한 자아실현의 기회를 가질 수 없다.

15 국제 거래는 국내 거래에 비해 복잡할 뿐만 아니라 제약 요인도 많아 상품이나 생산 요소의 이동이 자유롭지 못하다.

16 갑국은 을국에 비하여 가방 생산 시 기회비용이 적어 가방 생산에 비교 우위가 있다. 반면 을국은 옷 생산에 비교 우위가 있다.

17 세계 무역 기구(WTO)가 출범하고 자유 무역 협정(FTA) 체결 국가들이 증가하면서 국제 거래의 대상과 규모가 점차 확대되고 있다.

18 외화의 수요는 외국 상품의 수입, 내국인의 해외여행, 내국인의 해외 투자 등과 같이 외화가 해외로 나가는 경우에 발생한다.

왜 틀렸지? 외화의 ②, ⑤ 공급 증가, ③ 수요 감소, ④ 공급 감소 원인에 해당한다.

19 환율이 상승하면 외화의 가치는 상승하고 원화의 가치는 하락한다. 이로 인해 수출은 증가하고 외국인 관광객이 증가한다. 외채에 대한 부담도 증가한다.

환율 변동의 영향

환율 상승 시	• 원화의 가치 하락 • 수출 증가, 수입 감소 • 내국인의 해외여행 감소, 외국인 관광객 증가 • 외채 부담 증가
환율 하락 시	• 원화의 가치 상승 • 수출 감소, 수입 증가 • 내국인의 해외여행 증가, 외국인 관광객 감소 • 외채 부담 감소

20 환율이 상승하면 외화의 가치가 상승하여 외화로 빌린 자금을 갚아야 하는 국내 기업가는 부담이 커진다.

왜 틀렸지? ① 원화의 가치가 하락하였다. ②, ③ 환율이 하락할 상황이다. ④ 수입업자는 불리해진다.

21 예시답안 환율이 하락하면 원화의 가치가 상승하여 외국 여행을 가는 대학생은 이득을 보고, 외국에 물건을 수출하는 기업가는 손해를 본다. 한편 외국에 사는 딸에게 용돈을 보내 주어야 하는 어머니는 이득을 본다.

채점 기준	
상	환율 하락으로 인한 변화를 제시된 세 주체들의 입장에서 모두 바르게 서술하였다.
중	환율 하락으로 인한 변화를 제시된 두 주체들의 입장에서만 바르게 서술하였다.
하	환율 하락으로 인한 변화를 제시된 한 주체의 입장에서만 바르게 서술하였다.

6 국제 사회와 국제 정치

01 국제 사회의 특성과 행위 주체 ~

02 국제 관계와 외교 정책 (1)

STEP 1 개념 확인

090쪽

01 (1) ◯ (2) × (3) × (4) × (5) ◯   **02** (1) 힘의 논리 (2) 국가 (3) 다국적 기업 (4) 협력   **03** ㉠ 정부 간 국제기구 ㉡ 국제 비정부 기구   **04** (1) 자국의 이익 (2) 국제법 (3) 실리

STEP 2 대표 문제

090~092쪽

01 ② **02** ① **03** ② **04** ① **05** ① **06** ⑤ **07** ⑤
08 ③ **09** ⑤ **10** ⑤ **11** ⑤ **12** ② **13** ④ **14** ⑤
15 ③

01 왜 틀렸지? ㄴ. 국제 사회에는 강제성을 가진 중앙 정부가 존재하지 않는다. ㄷ. 국제 사회에서는 국가 간 갈등과 협력이 모두 나타나며, 협력은 점차 확대되는 추세이다.

02 5개의 상임 이사국이 주요 결정에 있어 거부권을 행사하는 것으로 보아 강력한 힘을 지닌 강대국이 국제 사회를 주도하고 있음을 알 수 있다.

03 국경을 넘어 활동하는 개인이나 민간단체로 구성된 국제기구는 국제 비정부 기구이다. 국제 연합은 국가를 회원으로 하는 정부 간 국제기구에 해당한다.

04 국제 사회에서 가장 기본적인 행위 주체는 국가이며, 각국은 서로 밀접한 관계를 맺으며 영향을 주고받는다.

05 그린피스는 국경을 넘어 활동하는 환경 보호 단체로, 국제 비정부 기구에 해당한다.

06 다국적 기업은 세계 여러 나라에서 상품을 생산·판매하며, 그 활동 과정에서 국가 간 교류를 더욱 활발하게 만든다.

07 교황이나 국제 연합(UN) 사무총장은 개인이지만 국제 사회에 강한 영향력을 미치는 국제 사회의 행위 주체이다.

08 왜 틀렸지? ㄱ. 과거의 국제 사회에서는 이념이 중시되었지만, 오늘날에는 실리를 중시하는 모습이 나타난다. ㄹ. 오늘날 각국은 자국의 이익을 최우선으로 여긴다.

09 이스라엘 – 팔레스타인 분쟁은 영토, 종교, 민족과 같은 여러 요인이 복합적으로 작용하여 나타난 갈등이다. 이러한 국제 사회의 갈등은 당사자들뿐만 아니라 주변 국가나 전 세계에 영향을 미친다.

10 왜 틀렸지? ㄱ. 국제 사회의 모든 갈등이 국제법을 적용하여 해결할 수 있는 것은 아니다. ㄴ. 국제 사회의 갈등은 해당 지역뿐만 아니라 전 세계적으로 협력하여 해결해야 한다.

11 국제 사회의 갈등 요인으로는 자국의 이익을 최우선으로 하는 태도, 민족·영토·종교 등의 차이, 영토 확장 및 영유권 주장, 자원의 개발과 이용 등을 들 수 있다.

12 ② 국제 사회의 갈등은 무력보다는 대화와 협상을 통해 해결하는 것이 바람직하다.

13 제시문에는 전 지구적 차원의 문제를 해결하고자 국제 사회가 함께 달성해야 할 17가지 목표가 나타나 있다. 이는 국제 사회의 협력 사례로 볼 수 있다.

14 국제 사회에 나타나는 전 지구적 차원의 문제는 해당 국가의 노력만으로 해결하기 어렵기 때문에 국제 협력을 통해 해결해야 한다.

15 국제 사회의 갈등이나 환경 오염, 빈곤, 인권 침해와 같은 문제는 해당 지역의 노력만으로 해결하기 어렵기 때문에 국제 사회의 협력을 통해 해결해야 한다.

STEP 3 주관식·서술형

093쪽

01 (1) 국제 사회

(2) 예시답안 자국의 이익을 최우선으로 추구한다. 중앙 정부가 존재하지 않는다. 힘의 논리가 작용한다. 국제 평화주의에 입각한다. 국제적인 협력이 이루어진다.

채점 기준	
상	국제 사회의 특성을 두 가지 바르게 서술하였다.
중	국제 사회의 특성을 한 가지만 바르게 서술하였다.
하	국제 사회의 특성을 제대로 서술하지 못하였다.

02 (1) ㉠ 정부 간 국제기구, ㉡ 국제 비정부 기구

(2) 예시답안 정부 간 국제기구와 국제 비정부 기구는 국제 사회에서 발생하는 여러 가지 문제를 해결하기 위해 조직되었다. 그러나 정부 간 국제기구는 주권을 가진 국가를 회원으로 하고, 국제 비정부 기구는 개인이나 민간단체를 회원으로 한다는 점에서 차이가 있다.

채점 기준	
상	정부 간 국제기구와 국제 비정부 기구의 공통점과 차이점을 모두 바르게 서술하였다.
중	정부 간 국제기구와 국제 비정부 기구의 공통점과 차이점 중 한 가지만 바르게 서술하였다.
하	정부 간 국제기구와 국제 비정부 기구의 공통점과 차이점을 바르게 서술하지 못하였다.

03 다국적 기업

04 국가

05 예시답안 자국의 이익을 최우선시하기 때문입니다. 민족·영토·종교 등의 차이 때문입니다. 영토 확장 및 영유권 주장, 자원의 개발과 이용 등의 과정에서 이해관계가 대립하기 때문입니다.

채점 기준	
상	국제 사회의 경쟁과 갈등의 원인을 두 가지 바르게 서술하였다.
중	국제 사회의 경쟁과 갈등의 원인을 두 가지 서술하였으나 그 내용이 미흡하였다.
하	국제 사회의 경쟁과 갈등의 원인을 한 가지만 서술하였다.

06 (예시답안) 전 지구적 차원의 문제를 해결하기 위해 국제 협력이 이루어진다.

채점 기준	
상	전 지구적 차원의 문제, 국제 협력이라는 두 가지 요소를 모두 넣어 서술하였다.
하	협력한다는 내용으로 서술하였으나 그 내용이 미흡하였다.

02 국제 관계와 외교 정책 (2) ~
03 우리나라의 국제 갈등

096쪽

STEP 1 개념 확인

01 (1) 국제법 (2) 세계 시민 의식 (3) 동해 (4) 동북 공정

02 ㉠ ㄴ, ㄹ ㉡ ㄱ, ㄷ　**03** (1) × (2) ○ (3) × (4) ○

04 (1) 국제기구 (2) 문화 (3) 영토

STEP 2 대표 문제

096~098쪽

01 ⑤　**02** ③　**03** ④　**04** ④　**05** ④　**06** ⑤　**07** ⑤
08 ①　**09** ①　**10** ④　**11** ④　**12** ④　**13** ⑤　**14** ⑤
15 ④

01 **왜 틀렸지?** ㄴ. 국제 사회의 공존을 위해서는 자국의 이익을 추구하면서 동시에 국제 평화를 지향하여 둘을 조화시켜야 한다.

02 외교는 정부와 정부 사이에서 이루어지는 국가 원수나 외교관의 활동뿐만 아니라 일반 시민이나 각종 민간단체에 의해서도 이루어지고 있다.

03 외교 정책을 통해 이란은 원유를 수출함으로써 경제적 이익을 얻게 되었고, 국제 사회는 핵무기 개발 제재를 통해 세계 평화 유지에 기여할 수 있게 되었다.

04 공산주의 확산을 막기 위한 베트남 전쟁은 무력적인 방법으로, 외교 정책을 통한 국제 사회의 공존 노력이라고 볼 수 없다.

05 **왜 틀렸지?** ㄱ. 상대 국가에 내해 위협히기보나는 평화적인 태도를 취하는 것이 효과적이다. ㄷ. 공식 외교와 민간 외교 중 어떤 것이 더 효과적이라고 단정할 수 없다.

06 세계 시민 의식을 함양함으로써 국제 사회 공존에 기여할 수 있다.

07 외교 정책 결정 시에는 자국의 내부 상황, 다른 나라와의 관계, 국제 정세의 변화 등 다양한 요인을 신중하게 검토해야 한다.

08 독도는 우리나라의 영토이나 일본이 일방적으로 영유권을 주장하고 있다. 일본은 독도를 영토 분쟁 지역으로 확대한 후 국제 사회에서의 유리한 입장을 이용하여 국제 사법 재판소를 통해 독도 영유권 문제를 해결하려고 한다.

09 **왜 틀렸지?** ㄷ, ㄹ. 우리나라와 중국 간의 갈등 문제이다.

10 독도 문제를 국제 사법 재판소의 재판을 통해 해결하고자 하는 것은 일본의 입장이다. 이는 국제 사회에서 독도를 분쟁 지역으로 만들어 힘의 논리를 이용하여 일본에 유리한 입장을 확보하려는 의도이다.

11 **왜 틀렸지?** ㄱ, ㄷ. 위안부 문제, 동해 표기 문제는 우리나라와 일본의 국가 간 갈등 문제이다.

12 중국은 동북 공정을 통해 고조선과 고구려, 발해의 역사를 고대 중국의 지방 정권 중 하나로 전락시켜 중국의 역사로 편입하려 하고 있다.

13 중국 내에서 소수 민족의 독립이 요구되고 있다는 점, 러시아의 경우 해체 시 민족 국가의 독립으로 영토가 축소되었다는 점을 종합해 볼 때 중국은 소수 민족의 독립으로 인한 영토 축소를 방지하고자 동북 공정을 추진한다고 볼 수 있다.

14 갈등을 겪고 있는 상대 국가와의 원활한 협상과 교류를 통해 갈등을 해결하는 것이 바람직한 방법이다.

15 국가 간 갈등을 해결하려면 우리나라의 주장이 정당성을 갖추고 있음을 효과적으로 알려야 한다. 반크(VANK)는 이러한 활동을 하는 대표적인 단체이다.

STEP 3 주관식 · 서술형

099쪽

01 (1) 외교

(2) (예시답안) 국제 문제 해결로 국제 사회 공존에 기여할 수 있다. 자국의 정치적·경제적 이익을 실현할 수 있다. 자국의 대외적 위상을 향상시킬 수 있다.

채점 기준	
상	외교의 중요성을 두 가지 정확하게 서술하였다.
중	외교의 중요성을 한 가지만 서술하였다.
하	외교의 중요성을 제대로 서술하지 못하였다.

02 (예시답안) 자국의 이익을 추구하면서 동시에 국제 평화를 지향하여 둘을 조화시켜야 한다. 국제기구를 통해 국제 협력을 증진해야 한다. 세계 시민 의식을 함양해야 한다.

채점 기준	
상	자국의 이익 추구로 인한 갈등, 전 지구적 차원의 문제라는 상황을 분석하여 그에 대한 노력 방법을 정확하게 서술하였다.
중	국제 사회의 공존을 위한 노력을 서술하였으나 그 내용이 미흡하였다.
하	국제 사회의 공존을 위한 노력에 해당하지 않는 방법을 서술하였다.

03 (1) 국제 사법 재판소

(2) (예시답안) 국제 사회에 독도를 영토 분쟁 지역으로 인식시켜 힘의 논리를 이용하여 자신들이 유리한 입장을 확보하기 위한 것이다.

채점 기준	
상	일본이 독도 문제를 국제 사법 재판소에서 해결하려는 이유를 바르게 서술하였다.
하	일본이 독도 문제를 국제 사법 재판소에서 해결하려는 이유를 미흡하게 서술하였다.

04 동해

05 (1) 동북 공정

(2) **예시답안** 소수 민족의 독립을 방지하고, 한반도 통일 이후 발생할 수 있는 우리나라와의 영토 분쟁을 방지하기 위해서이다.

채점 기준	
상	동북 공정 사업의 목적을 바르게 서술하였다.
하	동북 공정 사업의 목적을 미흡하게 서술하였다.

06 **예시답안** 대내외적으로 우리나라가 겪고 있는 국가 간 갈등 문제에 대해 우리의 정당성을 효과적으로 알리고 이를 통해 국제 사회의 지지와 공감을 얻을 수 있다.

채점 기준	
상	우리나라의 정당성을 효과적으로 알릴 수 있다는 내용을 정확하게 서술하였다.
하	우리나라의 입장을 알리는 활동임을 언급하였으나 갈등 문제 해결 측면과 연관 짓지 못하였다.

101~103쪽

대단원 마무리 문제

01 ② **02** ⑤ **03** ② **04** 국가 **05** ⑤ **06** ② **07** 해설 참조 **08** ④ **09** ⑤ **10** ① **11** ② **12** ④ **13** 외교 **14** ② **15** 독도 **16** ⑤ **17** ④ **18** ③ **19** ⑤

01 주권을 가진 국가를 기본적인 구성 요소로 하며, 각 국가가 서로 밀접한 관계를 가지고 영향을 주고받는 사회는 국제 사회이다.

02 국제 사회에는 국가 간의 갈등이 발생해도 이를 조정할 강제력을 가진 중앙 정부가 존재하지 않는다.

03 핵 확산 금지 조약에서 이미 핵을 보유한 국가들은 자국의 이익을 생각하여 조약에 가입하지 않았다. 이를 통해 외교 관계는 각국의 이익 추구에 따라 변화함을 알 수 있다.

05 과거의 국제 사회에서는 개별 국가의 영향력이 컸지만 오늘날에는 다양한 행위 주체들이 활동하고 있다. 그중에는 국제 연합(UN) 사무총장, 교황 등과 같이 국제적인 영향력을 행사하는 개인도 있다.

왜 틀렸지? ㄱ. 국제기구 중 국제 비정부 기구의 경우 개인이나 민간단체를 회원으로 한다. ㄴ. 다국적 기업은 국내뿐만 아니라 세계적으로 상품을 생산하고 판매하는 기업이다.

06 국제 연합, 유럽 연합, 국제 통화 기금, 경제 협력 개발 기구는 국제기구 중 정부 간 국제기구에 해당한다. 정부 간 국제기구는 각국의 정부를 회원으로 한다.

왜 틀렸지? ① 독립적인 주권을 가지는 것은 국가이다. ③ 국제 사회에서 국제기구의 영향력은 점차 커지고 있다.

07 **예시답안** 다국적 기업, 세계 여러 나라에서 생산과 판매를 하며 국제적 규모로 경제 활동을 하는 기업입니다.

채점 기준	
상	다국적 기업을 쓰고, 그 의미를 바르게 서술하였다.
중	다국적 기업은 썼지만 그 의미에 대한 서술이 미흡하였다.
하	다국적 기업만 썼다.

08 개인이나 민간단체를 회원으로 하며 다양한 분야에서 국제 문제를 해결하고자 활동하는 행위 주체는 국제기구 중 국제 비정부 기구이다. ㄴ. 그린피스, ㄹ. 국제 사면 위원회는 국제기구 중 국제 비정부 기구에 해당한다.

왜 틀렸지? ㄱ. 교황은 영향력 있는 개인에, ㄷ. 세계 무역 기구는 정부 간 국제기구에 해당한다.

국제 사회의 행위 주체

국가	국제 사회의 가장 기본적인 행위 주체, 독립적인 주권을 행사하며 자국의 안전과 이익을 우선시하며 공식적인 활동을 함
국제기구	국제 사회에서 발생하는 여러 가지 문제 해결을 위해 조직된 정부나 개인의 모임(정부 간 국제기구, 국제 비정부 기구)
다국적 기업	세계 여러 나라에서 생산과 판매를 하며 국제적 규모로 경제 활동을 하는 기업
기타	영향력 있는 개인, 개별 국가 내 지방 정부나 소수 민족 등

09 **왜 틀렸지?** ㄱ. 냉전 체제는 붕괴되었고 이념보다 실리가 중시되고 있다. ㄴ. 국가 간 접촉이 증가하면서 과거보다 국경의 의미가 약화되고 있다.

10 냉전 체제 붕괴와 함께 이념보다는 실리를 중시하게 되었고, 오늘날에는 다양한 이유로 갈등이 발생하고 있다. 다양한 요인이 복합적으로 작용하여 갈등이 발생하기 때문에 원만한 해결이 어렵다. 또한 해당 지역뿐만 아니라 주변 국가나 전 세계에도 영향을 미친다.

11 이슬람교도가 대부분인 카슈미르 지역이 힌두 국가인 인도에 포함됨에 따라 발생한 종교에 따른 갈등이라고 볼 수 있다.

12 **왜 틀렸지?** ㄱ. 국가 간의 갈등은 대화와 협상을 통해 해결하려고 노력해야 한다. ㄷ. 각국이 동등한 위치에서 영향력을 행사해야 한다.

14 **왜 틀렸지?** ㄴ. 오늘날 외교는 정치, 군사 분야뿐만 아니라 경제, 문화, 스포츠 등 다양한 분야에서 수행되고 있는 활동이다. ㄷ. 외교는 자국의 이익을 평화적으로 실현하기 위해 이루어지는 활동이다.

16 일본은 국제 사회에 독도를 영토 분쟁 지역으로 인식시킨 후 국제 사회에서의 유리한 입장을 이용하여 국제 사법 재판소에서 해결하려고 하고 있다.

17 신라가 독도를 정복하고 지배하였다는 것, 일본에서 제작된 지도에 독도가 조선의 영토로 표시되어 있었다는 내용이 담긴 자료들로 보아 독도가 우리나라의 영토라는 근거 자료 조사가 수행 평가의 주제일 것이다.

18 **왜 틀렸지?** ㄱ. 동북 공정은 중국이 역사를 왜곡하려는 의도이므로 주변 국가와의 관계가 개선되기보다는 갈등을 발생시킨다. ㄹ. 국제 사법 재판소를 통해 문제를 해결하려는 것은 일본이 독도 문제를 대하는 입장이다.

19 독도는 명백한 우리의 영토이며 영토 분쟁 지역으로 인식되어서는 안 된다. 국제 사법 재판소를 통해 독도 문제를 해결하려는 것은 일본의 억지 주장이다.

7 인구 변화와 인구 문제

01 인구 분포

106쪽

STEP 1 개념 확인

01 (1) ○ (2) × (3) × **02** (1)-㉠, ㉣ (2)-㉡, ㉢ **03** (1) 밀집
(2) 서부 유럽 (3) 인문·사회적 **04** (1) 인구 밀도 (2) 이촌 향도
05 (1) × (2) ○ (3) ○ **06** (1)-㉠, ㉣ (2)-㉡, ㉢

STEP 2 대표 문제

106~108쪽

01 ⑤ **02** ② **03** ② **04** ③ **05** ④ **06** ③ **07** ⑤
08 ③ **09** ① **10** ② **11** ① **12** ② **13** ⑤

01 ① 세계 인구는 지구상에 불균등하게 분포한다. ② 적도 부근에 거주하는 인구는 적다. ③ 세계 인구의 90% 이상은 북반구에 분포하고 있다. ④ 내륙 지역보다는 해안 지역에 거주하는 인구가 많다.

02 인구 대국인 중국과 인도가 위치한 아시아 대륙에 세계 인구의 절반 이상이 모여 살고 있다.

03 북위 20°~40°의 온화한 기후가 나타나는 지역에 인구가 많이 분포한다.

왜 틀렸지? ㄴ. 극지방은 인구가 적게 분포한다. ㄹ. 북아메리카에 비해 유럽 대륙에 더 많은 인구가 분포한다.

04 기후, 지형은 자연적 요인에 해당하는 대표적인 예이다.

05 ㄱ. 캐나다 북부는 한대 기후 지역으로 기온이 너무 낮아 농업 활동이 어렵다. ㄷ. 오스트레일리아 내륙은 건조 기후 지역으로 물이 부족하고 농업에 부적합하여 인구가 적다.

06 서부 유럽과 미국 북동부 지역은 산업이 발달하여 일자리가 풍부하고 교통이 편리하며 교육과 문화 시설이 잘 갖추어져 인구가 많이 분포한다.

07 지도에서 A는 서부 유럽, B는 사하라 사막, C는 동아시아 지역, D는 캐나다 북부, E는 아마존강 유역이다. E는 연중 고온 다습하고 밀림이 우거져 있어 인구가 희박하다.

08 지도에서 A는 서부 유럽, B는 사하라 사막, C는 동남 및 남부 아시아, D는 미국 북동부, E는 아마존강 유역이다. (가)는 동남 및 남부 아시아의 벼농사 지대, (나)는 건조 기후가 나타나는 사하라 사막 지역에 대한 설명이다.

09 산업화 이전에는 평야가 넓고 기후가 온화하여 벼농사에 유리한 남서부 지역을 중심으로 인구가 많이 분포했으며, 북동부 지역은 농업에 불리해 인구가 적게 분포했다.

10 산업화 이후 일자리가 풍부한 도시 지역으로 인구가 모여들면서 지방 대도시에 인구가 밀집했으며, 정부의 중화학 공업 육성 정책에 의해 공업 단지가 조성된 남동 임해 공업 지역의 인구 밀도가 높아졌다.

11 1940년은 산업화 이전으로 우리나라는 벼농사 중심의 농업 사회였고 남서부 평야 지역을 중심으로 인구가 많이 거주하였다. 이 시기에는 인구 분포에 있어 자연적 요인의 영향을 많이 받았다.

12 A는 서울특별시, B는 강원도 인제, C는 전라남도 해남, D는 울산광역시이다. 서울은 우리나라의 수도로 정치·경제·문화의 중심지이며, 울산은 공업화의 영향을 받아 성장하게 된 도시이다.

왜 틀렸지? 강원도 인제는 대부분이 산지로 인간의 거주에 불리하며, 전라남도 해남은 이촌 향도 현상에 의해 인구 밀도가 낮은 지역이 되었다.

13 우리나라 전체 인구의 절반가량이 정치·경제·문화의 중심지이자 다른 지역에 비해 일자리와 교육 기회가 풍부한 수도권에서 살고 있다.

STEP 3 주관식·서술형

109쪽

01 예시답안 온대 기후가 나타나는 중위도 지역에 인구가 많이 분포하며, 열대 기후가 나타나는 적도 부근, 한대 기후가 나타나는 극지방에는 인구가 적게 분포한다.

채점 기준	
상	인구 밀집 지역과 인구 희박 지역을 기후와 관련하여 바르게 서술하였다.
중	인구 밀집 지역과 인구 희박 지역 중 하나만 기후와 관련하여 서술하였다.
하	위도에 따른 기후와 인구 분포의 특징을 연결하여 서술하지 못하였다.

02 예시답안 A - 일찍부터 산업이 발달하여 일자리가 풍부하고 교통이 편리하여 인구가 밀집하였다. B - 평야가 발달해 있고, 계절풍의 영향을 받아 벼농사 재배에 유리해 인구가 밀집하였다.

채점 기준	
상	인구가 밀집하게 된 원인을 A, B 모두 바르게 서술하였다.
하	인구가 밀집하게 된 원인을 A, B 중 한 가지만 바르게 서술하였다.

03 예시답안 (가) - 건조 기후가 나타나 연 강수량이 적어 물을 구하기 어렵고 농업에 불리하다. (나) - 연중 기온이 매우 낮아 농업에 불리하다. (다) - 연중 고온 다습하고 밀림이 우거져 있어 거주에 불리하다.

채점 기준	
상	(가)~(다) 지역에 인구가 희박한 원인을 모두 바르게 서술하였다.
중	(가)~(다) 지역에 인구가 희박한 원인 중 두 지역만 바르게 서술하였다.
하	(가)~(다) 지역에 인구가 희박한 원인 중 한 지역만 바르게 서술하였다.

04 ㉠ 수도권, ㉡ 이촌 향도

05 예시답안 기후, 지형이 중요한 영향을 미쳤으며, 농업 중심의 국가였기 때문에 기후가 온화하고 평야가 넓은 남서부 지역에 인구가 밀집하였다.

채점 기준	
상	기후, 지형을 쓰고, 인구 밀집 지역의 특징을 바르게 서술하였다.
하	기후, 지형만 썼다.

06 **예시답안** A - 강원도 산간 지역으로 산지가 많이 분포해 거주 및 농업 활동에 불리하고 산업 발달이 미약하기 때문이다. B - 중화학 공업이 발달하여 일자리가 풍부하고 소득 수준이 높기 때문이다.

채점 기준	
상	A, B의 인구 분포에 영향을 미친 원인을 각각 바르게 서술하였다.
하	A, B의 인구 분포에 영향을 미친 원인 중 한 가지만 바르게 서술하였다.

07 **예시답안** 산업화 정책에 의해 자동차, 석유 화학 등 중화학 공업이 발달하면서 일자리가 풍부해졌기 때문이다.

채점 기준	
상	중화학 공업의 발달, 일자리가 풍부하다는 내용을 모두 포함해 서술하였다.
하	단순히 일자리가 풍부해졌기 때문이라고만 서술하였다.

02 인구 이동 ~ 03 인구 문제

112쪽

STEP 1 개념 확인

01 (1)-㉠, ㉡ (2)-㉢, ㉣ **02** (1) 강제적 (2) 경제적 (3) 정치적
03 (1) ○ (2) × (3) ○ **04** (1) 고령화 (2) 저출산 (3) 산아 제한
05 (1)-㉠, ㉣ (2)-㉡, ㉢

STEP 2 대표 문제

112~114쪽

01 ④ **02** ② **03** ① **04** ③ **05** ④ **06** ① **07** ②
08 ④ **09** ② **10** ② **11** ② **12** ⑤ **13** ④ **14** ②
15 ⑤

01 흡인 요인은 다른 지역의 사람들을 끌어들이는 요인이다. 빈곤, 잦은 자연재해는 배출 요인에 해당한다.

02 노예 무역으로 아프리카 흑인들은 아메리카로 강제 이주되었다. 중국인들은 경제적 어려움을 해결하기 위해 일자리를 찾아 동남아시아로 이동했다.

인구 이동

경제적 이동	• 임금이 높고 더 나은 일자리가 많은 지역으로 이주 • 개발 도상국에서 선진국으로의 이주가 활발
정치적 이동	전쟁, 정치적 박해를 피해서 이주
환경적 이동	환경 문제 및 자연재해를 피해서 이주

03 오늘날 인구의 국제적 이동은 대부분 경제적 요인에 의한 경우가 많다.

04 정치적 요인에 의한 국제적 이동은 아프리카와 서남아시아에서 주로 일어나고 있다. 이 지역에서는 정치적 불안정으로 내전이나 분쟁이 자주 발생한다.

05 개발 도상국에서 선진국으로의 경제적 이동에 해당한다. 서남아시아 및 북부 아프리카에서 서부 유럽으로, 멕시코 등의 라틴 아메리카에서 미국으로 이주하는 경우가 늘고 있다.

06 취업이나 결혼을 위해 중국과 동남아시아 등지에서 우리나라로 이주하는 외국인이 증가하고 있다. 이들은 인력이 부족한 중소기업의 생산 시설이나 건설 현장 등에서 일하는 경우가 많다.

07 선진국이 많이 위치한 ㄱ, ㄹ에서는 인구 유입이 주로 이루어지고, 개발 도상국이 많이 위치한 ㄴ, ㄷ에서는 인구 유출이 많다.

08 인구 유출이 많이 일어나는 지역에서는 젊은층의 인구가 빠져나가 노동력 부족 현상이 나타나며, 청장년층이 많이 이동하기 때문에 경제 성장이 둔화될 수 있다.

왜 틀렸지? ㄱ, ㄷ은 인구 유입이 많이 일어나는 지역에서 나타날 수 있는 현상이다.

09 인구 유입이 많은 지역은 청장년층의 유입이 늘어나 노동력이 풍부해지고 문화적 다양성이 증가하기도 한다. 그러나 이주민과 현지인 간의 문화적 차이로 갈등이 발생할 수 있다.

왜 틀렸지? ㄴ, ㄹ은 인구 유출이 많은 지역에서 나타나는 현상이다.

인구 유입 지역과 유출 지역의 특징

구분	인구 유입 지역	인구 유출 지역
지역	북아메리카, 서부 유럽, 오스트레일리아	아시아, 아프리카, 남아메리카의 개발 도상국
특징	• 청장년층 인구 비중이 높음 • 다양한 문화 경관 형성	• 소득 수준이 낮고 일자리가 부족 • 내전 및 전쟁으로 인한 정치적 불안정
문제점	• 문화적 차이로 인한 갈등 • 이주자에 대한 사회·경제적 불평등 • 일자리를 두고 내국인과 외국인 간 갈등	• 청장년층 인구의 유출로 인한 사회적 활력 저하 • 젊고 유능한 인재의 유출

10 개발 도상국은 경제 발전 속도에 비해 인구 증가 속도가 빠르고, 인구 부양력이 낮아 식량 및 자원 부족 문제가 나타난다. 또한 이촌 향도로 인한 도시 인구 급증으로 각종 도시 문제가 발생한다.

왜 틀렸지? ㄴ, ㄹ은 선진국에서 나타나는 인구 문제이다.

11 유소년층의 인구 비율이 낮고 노인 인구 비율이 높은 선진국의 인구 구조를 나타낸 인구 피라미드이다. 선진국에서는 저출산·고령화의 영향으로 젊은 노동력이 줄어드는 문제가 발생하고 있다.

12 제시된 그래프는 선진국의 고령화 현상을 보여주고 있다. 고령화 현상으로 노동력이 부족해지고, 노인 복지 비용이 증가하게 되며 노인 소외 및 세대 간 갈등 문제가 발생한다.

왜 틀렸지? ②, ③은 개발 도상국의 인구 문제에 해당한다.

13 개발 도상국의 인구 피라미드이다. 개발 도상국은 산아 제한 정책을 통해 인구 성장을 억제하기 위해 노력하고 있으며, 인구 증가에 따른 자원과 식량 부족 문제를 해결하기 위해 식량 증산 및 경제 개발 정책을 실시하고 있다.

왜 틀렸지? ㄱ, ㄷ은 선진국의 인구 문제를 해결하기 위한 대책이다.

14 출산율이 낮아지는 원인은 자녀 양육비 부담, 결혼 연령 상승 및 미혼 인구 증가, 결혼 및 자녀에 대한 가치관 변화 등이 복합적으로 작용하기 때문이다.

15 ①, ②는 고령화 문제에 대한 해결 방안, ③, ④는 저출산 현상에 대한 해결 방안이다.

왜 틀렸지? ⑤는 개발 도상국의 인구 문제를 해결하기 위한 방안이다.

STEP 3 주관식·서술형 115쪽

01 예시답안 ㉠ 흡인, ㉡ 배출, ㉠의 예로 높은 임금, 풍부한 일자리, 쾌적한 주거 환경, 좋은 교육 및 문화 시설 등이 있다. ㉡의 예로 낮은 임금, 빈곤, 열악한 주거 환경, 전쟁 및 분쟁 발생 등이 있다.

채점 기준	
상	㉠, ㉡에 들어갈 용어를 쓰고 ㉠, ㉡에 해당하는 예를 모두 바르게 서술하였다.
중	㉠, ㉡에 들어갈 용어를 쓰고 ㉠, ㉡에 해당하는 예 중 한 가지씩만 바르게 서술하였다.
하	㉠, ㉡에 들어갈 용어만 썼다.

02 예시답안 인구 이동의 유형은 정치적 이동이고, 정치적으로 불안정하여 내전이나 분쟁 등이 자주 발생하여 이를 피하기 위해 이동한다.

채점 기준	
상	인구 이동의 유형을 쓰고, 정치적 이동의 원인을 바르게 서술하였다.
하	인구 이동의 유형만 썼다.

03 예시답안 인구가 이동하게 된 원인은 미국의 임금 수준이 높고 더 나은 일자리가 풍부하기 때문이다. 새로 들어온 사람들에 의해 일자리 경쟁이 심해지고 이주민과 기존 주민 간 문화적 차이로 인한 갈등이 발생할 수 있다.

채점 기준	
상	원인과 문제점을 모두 바르게 서술하였다.
하	원인과 문제점 중 한 가지만 바르게 서술하였다.

04 예시답안 청장년층 및 고급 기술 인력이 빠져나가 경제 성장이 둔화되는 문제가 나타난다. 주로 청장년층이 유출되어 노동력 부족 문제가 나타날 수 있다. 해외 이주자들이 본국으로 송금하는 외화가 늘어 본국의 경제가 활성화되기도 한다.

채점 기준	
상	인구 유출 지역에서 나타날 수 있는 변화를 두 가지 모두 바르게 서술하였다.
중	인구 유출 지역에서 나타날 수 있는 변화를 한 가지만 바르게 서술하였다.
하	인구 유출 지역이라고만 썼다.

05 예시답안 인구 감소로 인한 노동력 부족 문제와 경제 활동이 침체되는 문제 등이 나타난다.

채점 기준	
상	저출산 현상으로 인한 문제점을 두 가지 모두 바르게 서술하였다.
하	저출산 현상으로 인한 문제점을 한 가지만 바르게 서술하였다.

06 예시답안 저출산 문제를 해결하기 위해 출산 및 육아 수당을 지급하거나 보육 시설을 늘려 육아 문제의 해결을 돕는다. 고령화 문제를 해결하기 위해 연금 제도 등을 통한 노인 복지 제도의 개선이 필요하다.

채점 기준	
상	저출산과 고령화 문제를 해결하기 위한 방안을 모두 바르게 서술하였다.
하	저출산 혹은 고령화 문제를 해결하기 위한 방안 중 한 가지만 바르게 서술하였다.

대단원 마무리 문제 117~119쪽

01 ⑤ **02** ③ **03** 해설 참조 **04** ② **05** ⑤ **06** ② **07** ③
08 ④ **09** ④ **10** ④ **11** ④ **12** ② **13** ② **14** ③
15 해설 참조

01 북위 20°~40°의 온화한 기후가 나타나는 중위도 지역에 많은 인구가 거주하며, 적도 부근이나 고위도에 해당하는 극지방 주변 지역은 인구가 적다.

위도별·대륙별 인구 분포

위도별 분포	• 북위 20°~40°의 온화한 기후가 나타나는 지역에 많이 거주 • 적도 부근, 극지방, 내륙의 사막 지역 등은 인구가 희박함
대륙별 분포	• 아시아 대륙: 세계 인구의 절반 이상이 분포함 • 오세아니아 대륙: 가장 적은 인구가 분포함

02 지도에서 A는 서부 유럽, B는 사하라 사막, C는 동아시아, D는 캐나다 북부 지역이다.

왜 틀렸지? ㄱ은 캐나다 북부(D)에 대한 설명. ㄹ은 서부 유럽(A)에 대한 설명이다.

03 예시답안 (나) 지역이 (가) 지역에 비해 인구 밀도가 높다. (가) – 지형이 가파르고 험준해 인간의 거주에 불리하기 때문이다. (나) – 일찍부터 산업이 발달하여 일자리가 풍부하고 교통이 편리하기 때문이다.

채점 기준	
상	(가), (나)의 인구 밀도를 비교하고, 인구 분포에 영향을 미친 원인도 바르게 서술하였다.
하	(가), (나)의 인구 밀도만 비교하여 썼다.

04 산업화 이후 이촌 향도 현상으로 수도권, 남동 임해 공업 지역, 대도시의 인구가 급격히 증가했으며, 농어촌 지역은 인구가 정체되거나 감소하고 있다.

05 산업화 이전에는 기후가 온화하고 평야가 넓은 남서부 지역에 인구가 밀집했다. 산업화 이후에는 이촌 향도 현상으로 수도권의 인구 밀도가 높아져 현재 전체 인구의 절반가량이 수도권에 거주하고 있다.

06 흡인 요인은 사람들을 지역으로 끌어당기는 요인이며, 배출 요인은 현재 사는 지역에서 다른 지역으로 밀어내는 요인이다.

07 A는 일자리를 찾아 중국인들이 동남아시아로 이동한 경제적 이동, B는 노예 무역에 의해 아프리카 흑인들이 아메리카 대륙으로 이동한 강제적 이동을 나타낸 것이다.

08 C는 경제적 원인에 의해 인구가 이동하는 모습이다. 최근 경제적 원인으로 소득이 낮고 고용 기회가 적은 개발 도상국에서 일자리가 많은 선진국으로 이동하는 경우가 많다.

09 A는 인구 유입이 많은 지역, B는 인구 유출이 많은 지역을 나타낸 것이다.

왜 틀렸지? ㄱ, ㄷ은 인구 유출이 많은 지역에서 나타날 수 있는 현상이다.

10 인구 유입 지역에서는 새로운 사람들과 문화가 들어오면서 언어와 종교의 차이 등으로 인한 갈등이 발생하기도 한다.

11 산업화가 일찍 진행된 선진국은 산업 혁명 이후 인구가 성장하였으나 현재는 증가 속도가 완만한 편이다. 그러나 개발 도상국은 산업화의 진행과 함께 사망률은 낮아졌으나 여전히 출생률은 높아 인구가 급격히 증가하고 있다.

선진국과 개발 도상국의 인구 문제

구분	개발 도상국	선진국
현상	높은 출산율과 감소하는 사망률	낮은 출산율과 사망률
문제점	• 식량 및 자원 부족 • 일자리 부족으로 인한 빈곤 및 실업 • 도시의 인구 급증으로 인한 도시 문제	• 저출산: 노동 가능 인구 감소, 경제 성장에 어려움 발생 • 고령화: 노인 소외 현상, 세대 간 갈등, 노인 복지 비용 증가

12 그래프에서 출산율이 낮아져 유소년층의 인구가 감소하고 평균 수명이 길어져 노년층의 인구가 증가하고 있는 것으로 보아 선진국의 인구 구조를 나타낸 것임을 알 수 있다.

왜 틀렸지? ㄴ, ㄹ은 개발 도상국에서 나타나는 인구 문제에 해당한다.

13 제시된 국가들은 합계 출산율이 높은 개발 도상국이다. 개발 도상국은 가족계획을 통해 인구 증가를 억제하고 인구 부양력을 높이고자 노력하고 있다. 실버산업 육성은 고령화 현상이 나타나는 선진국의 인구 문제 해결 방안이다.

14 A 시기는 출산 장려 정책을 실시하면서 출산율이 증가하고 있다. 출산 장려 정책으로는 출산 지원금과 양육비 보조, 보육 시설 확대, 양성평등 문화 조성 등이 있다.

15 **예시답안** • 문제점: 노인 복지 비용이 증가하며 경제 성장이 둔화될 수 있다. 생산 가능 인구가 줄어 노동력이 부족해질 수 있다. 빈곤·소외와 같은 노인 문제가 나타날 수 있다.
• 해결책: 노인 일자리를 늘리고 취업 기회를 확대시켜 노인들의 경제적 기반을 마련한다. 연금 제도 및 노인 복지 제도를 개선한다.

채점 기준	
상	고령화로 인한 문제점과 해결책을 두 가지씩 모두 바르게 서술하였다.
중	고령화로 인한 문제점과 해결책에 대해 모두 서술했으나 한 가지씩만 바르게 서술하였다.
하	고령화로 인한 문제점과 해결책 중 한 가지에 대해서만 바르게 서술하였다.

8 사람이 만든 삶터, 도시

01 세계 여러 도시의 다양성 ~
02 도시 내부 공간의 다양성

STEP 1 개념 확인
122쪽

01 ㄱ, ㄹ, ㅁ **02** (1)-ⓒ (2)-ⓐ (3)-ⓑ **03** (1) 부정적
(2) 세계 도시 **04** ⓐ 도심 ⓑ 중심 업무 지구(CBD) ⓒ 인구 공동화
05 (1) ◯ (2) × (3) ◯ **06** (1) 지가 (2) 개발 제한 구역

STEP 2 대표 문제
122~124쪽

01 ② **02** ① **03** ③ **04** ② **05** ② **06** ① **07** ③
08 ③ **09** ① **10** ⑤ **11** ② **12** ② **13** ① **14** ①
15 ④ **16** ②

01 도시는 인간의 대표적 거주 공간으로 세계 인구의 절반가량이 도시에 거주하고 있다.

왜 틀렸지? ① 토지 이용이 집약적으로 이루어진다. ④ 도시는 성장하는 과정에서 인구 밀도가 높아진다. ③, ⑤ 도시는 2·3차 산업이 발달해 주변 지역에 상품과 서비스를 제공한다.

02 세계 경제의 중심지인 뉴욕의 스카이라인과 대표적 랜드마크인 자유의 여신상이다.

왜 틀렸지? ㄷ은 이탈리아의 베네치아, ㄹ은 튀르키예의 이스탄불에 대한 설명이다.

03 제시문은 싱가포르에 대한 설명이다.

04 교통 발달은 도시의 긍정적 요인이다.

05 A는 베네치아, B는 라고스, C는 시안, D는 도쿄, E는 옐로나이프이다.

왜 틀렸지? 라고스는 테러와 극심한 빈부 격차, 부정부패 문제로 유명한 아프리카의 도시이다.

06 높은 빈부 격차는 도시의 부정적 요인으로 범죄율 증가, 계층 간 갈등을 일으켜 도시의 매력을 떨어뜨린다.

07 에콰도르의 키토는 열대 고산 기후 지역에 위치하여 일 년 내내 온화한 날씨가 나타난다. 또한 노인들을 위한 의료, 복지 혜택이 잘 갖추어져 있어 미국의 은퇴자들이 살고 싶은 도시로 꼽으면서 유명해졌다.

08 베이징, 아테네, 이스탄불은 오랜 역사를 가진 도시로 많은 문화 유적지를 볼 수 있다.

09 도시 중심부에 위치한 도심에 대한 설명이다. 도심(A)은 중심 업무 지구를 형성한다. 부도심(B) 역시 상업·업무 기능이 집중되고 인구 공동화 현상이 나타나지만 접근성과 지가가 가장 높은 곳은 도심이다.

도시 내부 구조	
도심	• 도시 중심부에 위치한 지역 • 정부 기관, 기업의 본사, 주요 금융 기관, 백화점 등이 밀집한 중심 업무 지구 형성 • 지가와 접근성이 높음
부도심	• 도심과 주변 지역 사이의 교통이 편리한 곳에 형성 • 도심의 상업·업무 기능을 분담함
중간 지역	• 도심과 주변 지역 사이에 위치 • 상업·업무 기능, 공업 기능, 주거 기능이 혼재
주변 지역	• 주거 및 공업 기능 분포 • 도시와 농촌의 모습이 혼재

10 도심의 인구가 밤에 주거 지역으로 이동하는 인구 공동화 현상에 대한 설명이다.

11 A는 도심으로 주간 및 야간 인구 밀도의 차이가 큰 인구 공동화 현상이 나타난다. 도심은 상업 및 업무 기능의 집심 현상이 두드러진다.

12 (가)는 부도심, (나)는 개발 제한 구역, (다)는 중간 지역의 특징이다.

13 도심에는 상업·업무 기능이 집중되며, 공업 기능은 넓은 토지를 확보할 수 있는 주변 지역으로 이동한다.

왜 틀렸지? | ① 주거 기능은 상대적으로 지가가 낮은 주변 지역으로 이동한다.

14 도심은 접근성이 높고 그 결과 지가도 높다. 높은 지가를 지급하고도 이익을 낼 수 있는 상업·업무 기능이 집중되고, 그렇지 않은 기능들은 외곽 지역으로 이동한다. 도심의 건물이 고층인 것은 높은 지가 때문에 토지를 집약적으로 이용한 결과이다.

15 지가가 높은 곳은 토지의 집약적인 이용이 이루어진다. 지도에 표시된 A 지역은 시카고의 도심으로 상업·업무 목적의 고층 빌딩을 쉽게 볼 수 있다.

왜 틀렸지? | ①, ②, ③, ⑤ 넓은 토지와 저렴한 지가를 필요로 하는 기능들은 주로 주변 지역에 입지한다.

16 도심에서 주변 지역으로 갈수록 접근성이 떨어지고 지가는 낮아진다. 주변 지역은 도심에 비해 건물의 높이가 낮고, 녹지 면적이 늘어나는 경관을 볼 수 있다.

STEP 3 주관식·서술형
125쪽

01 도시

02 **예시답안** 도시의 역사가 오래되었으며, 역사 문화 유적이 풍부하여 많은 관광객이 찾는 유명 한 도시이다.

채점 기준	
상	오랜 역사와 풍부한 문화 유적과 관련한 공통점을 바르게 서술하였다.
중	역사와 문화 중 한 가지만 바르게 서술하였다.
하	각 도시의 특징만 서술하였다.

03 (1) 세계 도시

(2) **예시답안** 금융 기관, 다국적 기업의 본사, 국제기구의 활동이 활발히 이루어진다.

채점 기준	
상	세계 도시의 기능을 두 가지 모두 바르게 서술하였다.
중	세계 도시의 기능을 한 가지만 바르게 서술하였다.
하	세계 도시가 아닌 일반적인 도시의 기능을 서술하였다.

04 부도심

05 **예시답안** 도시 내부의 지가와 접근성 차이에 의해 기능 지역의 분화가 발생한다. 높은 접근성이 필요하고 비싼 지가를 지불할 수 있는 기능은 도심에 집중되고, 그렇지 않은 주거 기능과 공업 기능은 도시 주변으로 이동한다.

채점 기준	
상	지가와 접근성에 따라 기능 지역이 분화됨을 바르게 서술하였다.
중	지가와 접근성을 언급하였지만 과정에 대한 서술이 부족하였다.
하	지가와 접근성이 아닌 사회적, 역사적 이유로 지역 분화를 설명하였다.

06 (1) 인구 공동화 현상

(2) **예시답안** 주거 지역과 업무 지역 간 인구 이동이 늘어나 출퇴근 시간에 교통 혼잡 문제가 발생한다.(도심 지역의 인구 감소로 학교, 편의 시설 등이 감소하면서 주거 환경이 나빠진다.)

채점 기준	
상	인구 공동화 현상과 도시 문제를 연결하여 문제점을 서술하였다.
중	일반적인 도시 문제를 서술하였다.
하	인구 공동화 현상의 특징을 서술하였다.

03 선진국과 개발 도상국의 도시 ~
04 살기 좋은 도시

STEP 1 개념 확인
128쪽

01 (1) ㄱ (2) ㄴ (3) ㄷ **02** (1)-㉠ (2)-㉢ (3)-㉡

03 ㉠ 급격히 ㉡ 일자리 ㉢ 출산율

04 (1) 선진국 (2) 무허가 주택 **05** (1) × (2) ○ **06** 삶의 질

STEP 2 대표 문제
128~130쪽

01 ①	**02** ④	**03** ①	**04** ④	**05** ⑤	**06** ④	**07** ③
08 ③	**09** ②	**10** ④	**11** ③	**12** ①	**13** ③	**14** ③

01 도시화는 도시의 인구가 증가하고, 도시적 생활 양식이 보편화되는 과정이다. 도시의 인구는 이촌 향도 과정을 거쳐 크게 증가한다.

왜 틀렸지? | ㄷ. 일반적으로 선진국이 개발 도상국보다 도시화율이 높게 나타난다. ㄹ. 현재 세계 인구의 절반가량이 도시에 살고 있다.

02 도시화율은 전체 인구에서 도시에 거주하는 인구의 비율을 나타낸다.

03 도시화 초기 단계는 1차 산업(농업) 비중이 높다.

> **왜 틀렸지?** ②는 가속화 단계와 종착 단계, ③은 종착 단계, ④는 종착 단계, ⑤는 가속화 단계에 해당하는 내용이다.

04 우리나라의 도시화는 1960년대 이후 본격적으로 진행되어 1990년대 이후 종착 단계에 도달하였다.

> **왜 틀렸지?** ㄴ. 이촌 향도 현상은 1960년대부터 나타났다.

05 농촌에서 도시로 인구가 이동하는 현상을 이촌 향도라고 한다.

> **왜 틀렸지?** ③ 역도시화는 도시의 인구가 농촌으로 이동하는 현상을 말한다. ④ 가도시화는 도시의 수용 규모를 넘어 인구가 증가한 경우를 말한다.

06 도시화 과정에서 도시의 인구는 증가하고 도시적 생활 양식이 보편화된다.

> **왜 틀렸지?** ㄱ. 도시화율이 높아진다. ㄷ. 도시는 많은 일자리를 제공한다.

07 그래프의 기울기가 급한 B가 A보다 도시화가 단기간에 진행되었음을 알 수 있다.

08 A는 선진국, B는 개발 도상국이다. 선진국의 도시화 과정은 대부분 종착 단계에 이르러 도시화가 정체된 경우가 많다.

> **왜 틀렸지?** ④ 개발 도상국은 이촌 향도 외에 높은 출산율로 도시의 인구가 급증한다.

선진국과 개발 도상국의 도시 문제

구분	선진국	개발 도상국
원인	· 도시화가 오랜 시간 동안 서서히 진행 · 기존 산업의 이전 및 쇠퇴로 침체되는 공업 도시 발생	· 도시화가 짧은 시간 동안 빠르게 진행 · 도시로의 인구 이동 + 높은 출산율
문제	· 도심 부근에 낙후된 지역 분포 · 도심의 오래된 도로는 교통 체증의 원인이 됨 · 일자리가 줄어들고 공공 서비스 기능이 제공되지 않기도 함	· 주택, 도로 등 각종 기반 시설의 부족 문제 · 도시 내 빈부 격차, 불량 주택 문제

09 빈칸에 들어갈 용어는 개발 도상국이다. 개발 도상국은 도시의 기반이 잡히지 않은 상태에서 급격한 도시화가 진행되어 많은 도시 문제가 나타났다.

10 쿠리치바는 초기 비용이 많이 드는 지하철보다 버스 교통 체계를 정비하여 교통 문제를 해결하였다.

> **왜 틀렸지?** ①, ③, ⑤는 대중교통 확대 정책에 맞지 않는다.

11 과거에는 경제적 조건이 우수한 곳을 살기 좋은 도시로 평가하였지만, 오늘날에는 생활 수준이 향상됨에 따라 삶의 질이나 행복감 등 주관적 경험을 중요시하게 되었다.

12 살기 좋은 도시는 적정 규모의 인구가 거주한다. 많은 인구는 주택난, 교통난의 원인이 된다.

13 역사가 오래된 도시는 도시 내부의 노후화로 많은 문제를 겪고 있다. 뉴욕의 하이라인 파크는 성공한 대표적인 도심 주변의 노후화된 경관 개선 사업으로 꼽힌다.

도시 문제의 해결

도시 정책	신도시 건설(도시에 집중된 기능과 인구 분산), 도심 재활성화 사업(낡은 도심의 경관 개선)
교통 정책	혼잡 통행료 부과, 대중교통과 자전거 이용 장려
환경 정책	쓰레기 분리수거와 재활용, 신·재생 에너지 이용

14 경제 협력 개발 기구에서는 11개 분야에 점수를 부여하여 살기 좋은 도시를 평가하였다. 우리나라의 부노귀는 서비스 접근성, 교육, 안전 등에서 높은 점수를 받았지만 주거, 삶의 만족도, 소득 등에서 개선이 필요하다. 특히 환경 분야 점수가 가장 열악한 것으로 조사되었다.

131쪽

STEP 3 주관식·서술형

01 도시화

02 (1) 종착 단계

(2) **예시답안** 도시화 진행 속도가 느려지고, 대도시권이 확대된다. 역도시화 현상이 나타나기도 한다.

채점 기준	
상	종착 단계의 특징을 세 가지 모두 바르게 서술하였다.
중	종착 단계의 특징을 두 가지만 바르게 서술하였다.
하	종착 단계의 특징을 한 가지만 바르게 서술하였다.

03 (1) (가) 영국, (나) 중국

(2) **예시답안** 도시화가 짧은 시간 동안 이루어졌다. 지금도 농촌에서 도시로의 인구 이동이 진행 중이다. 급격한 인구 증가로 주택 문제 등이 나타나고 있다.

채점 기준	
상	(나)의 도시화 특징을 세 가지 모두 바르게 서술하였다.
중	(나)의 도시화 특징을 두 가지만 바르게 서술하였다.
하	(나)의 도시화 특징을 한 가지만 바르게 서술하였다.

04 교통 문제

05 **예시답안** 시민들이 대중교통을 이용하여 석유 사용을 줄일 수 있고, 이로 인해 대기 오염이 완화될 수 있다.

채점 기준	
상	대중교통 이용 확대와 대기 오염 완화를 포함하여 바르게 서술하였다.
중	대중교통 이용 확대만 포함하여 서술하였다.
하	대기 오염 완화에 대해서만 서술하였다.

06 (1) 환경 문제

(2) **예시답안** 태화강으로 유입되는 폐수를 차단하였다. 하수 처리장을 건설하였다. 강바닥의 오염된 흙을 제거하였다. 시민의 자발적인 감시와 청소가 이루어졌다.

채점 기준	
상	하천 수질을 개선하기 위한 정책을 두 가지 모두 바르게 서술하였다.
중	하천 수질을 개선하기 위한 정책을 한 가지만 바르게 서술하였다.
하	일반적인 도시 문제 해결을 위한 정책을 서술하였다.

대단원 마무리 문제

01 ⑤　02 해설 참조　03 ①　04 ⑤　05 ②　06 도심
07 ③　08 ①　09 ⑤　10 해설 참조　11 ⑤　12 ②　13 ③
14 ③　15 해설 참조　16 ④　17 ④　18 ③　19 ②　20 해설
참조

---

01 도시는 주변 지역에 재화와 서비스를 제공하는 중심지이다.

02 **예시답안** (나)는 도시로 촌락인 (가)보다 인구 밀도가 높고, 2, 3차
산업이 발달하였다. 토지는 집약적으로 이용되며, 많은 도로와 건물
이 나타난다.

채점 기준	
상	도시의 특징을 세 가지 측면에서 모두 바르게 서술하였다.
중	세 가지 측면 중 두 가지만 바르게 서술하였다.
하	세 가지 측면 중 한 가지만 바르게 서술하였다.

03 에콰도르의 키토는 열대 고산 기후 지역에 위치하여 연중 봄 날씨가
나타나는 도시이다. 물가 수준이 낮아 은퇴자들이 생활하기에 부담
이 없으며, 노인을 위한 의료 및 복지 혜택이 잘 갖추어져 있다.

04 시드니는 오스트레일리아에 위치한 도시로 오페라 하우스와 아름다
운 항구가 유명하다. 북극권에 위치하여 오로라를 볼 수 있는 도시
에는 캐나다의 옐로나이프, 스웨덴의 키루나 등이 있다.

05 테러와 극심한 빈부 격차, 부정부패 등의 문제로 유명해진 도시도
있다.

07 그림의 A는 도심, B는 부도심, C는 중간 지역, D는 주변 지역, E는
개발 제한 구역이다. 글은 중간 지역에 대한 설명으로 상업·업무 기
능, 공업 기능, 주거 기능이 혼재되어 나타난다.

08 부도심은 대도시에서 나타나는 기능 지역으로 도심의 기능을 분담
한다.

09 도시의 분화는 경제적 요인 외에 민족, 인종, 소득 계층, 개발 정책
등이 영향을 준다.

왜 틀렸지? ㄱ. 도시가 성장할수록 유사한 기능별로 도시 공간이 구분된
다. ㄴ. 공업 기능은 지가가 저렴하고 넓은 토지를 필요로 한다.

도시 내부 기능 지역의 분화

도심	• 지가와 접근성이 주변 지역보다 높음 • 섬세 활동을 통해 높은 수익을 창출할 수 있는 상업 및 업무 기능이 입지
주변 지역	• 지가와 접근성이 도시 중심부보다 낮음 • 쾌적한 환경이나 저렴하고 넓은 토지를 필요로 하기 때문에 주거 기능이나 공업 기능이 입지

10 **예시답안** 우리는 높은 지가를 감당할 수 있으므로 도심으로 들어가
야지.

채점 기준	
상	집심 현상의 원인으로 지가를 바르게 서술하였다.
중	지가가 아닌 접근성, 매력, 편리한 교통을 원인으로 서술하였다.
하	이심 현상의 원인을 서술하였다.

11 가속화 단계는 산업화와 함께 도시 인구가 빠르게 증가하는 시기이
다.

도시화 단계

초기 단계	• 도시화율 약 25% 미만 • 농업 중심 사회, 도시화율이 낮고, 도시화의 진행 속도가 느림
가속화 단계	• 도시화율 약 25~70% • 산업화가 빠르게 진행, 이촌 향도로 급속한 도시 인구 증가
종착 단계	• 도시화율 약 70% 이상 • 도시의 성장 속도가 느려짐, 역도시화 현상이 나타나기도 함

12 선진국 도시의 인구 증가는 대부분 농촌에서 이동해 온 인구 때문이
다. 개발 도상국의 경우 인구 이동과 함께 높은 출산율이 도시 인구
증가의 원인으로 분석된다.

13 A는 선진국의 도시화 곡선, B는 개발 도상국의 도시화 곡선이다. 도
시화의 역사가 긴 선진국은 대부분 도시화 단계 중 종착 단계에 도
달하였다.

14 개발 도상국은 기반 시설이 갖추어지지 않은 상태에서 많은 사람이
도시로 이동하면서 주택, 상하수도 시설 등이 부족하여 무허가 주택
과 빈민촌이 형성되었다.

15 **예시답안** 리우데자네이루의 빈부 격차가 극심하다. 특히 빈민 거주
지역인 파벨라는 열악한 주거 환경과 높은 범죄율이 문제가 되고 있
다. 빈부 격차와 불평등은 도시 삶의 질을 떨어뜨린다.

채점 기준	
상	빈부 격차로 인한 삶의 질 저하를 바르게 서술하였다.
하	빈부 격차만 서술하였다.

16 ㄱ. 오세아니아는 도시화가 정체 상태이다. ㄷ. 아프리카의 도시화
율은 50%에 못 미친다.

17 브라질의 쿠리치바는 버스 중심의 대중교통 정책으로 유명하다. 제
시된 다른 도시들 모두 세계적으로 살기 좋은 도시에 꼽힌 곳들이
다.

18 과거에는 경제적인 조건을 강조했지만, 오늘날 삶의 질에 관심이 높
아지면서 복지, 문화, 환경, 교육, 치안 등이 잘 갖춰진 도시들이 살
기 좋은 도시로 부각되고 있다.

19 오스트리아의 빈, 캐나다의 밴쿠버는 세계적으로 삶의 질이 높은 도
시로 평가받고 있다.

20 **예시답안** ㉠ 자전거 이용, 자동차 배기가스 규제, 신·재생 에너지
사용 등

㉡ 공공 주택 보급, 노후 주택 개선 사업, 도시 재생 사업 등

채점 기준	
상	㉠, ㉡에 들어갈 대책을 각각 바르게 서술하였다.
하	㉠, ㉡에 들어갈 대책 중 한 가지만 바르게 서술하였다.

9 글로벌 경제 활동과 지역 변화

01 농업의 기업화와 세계화

138쪽

STEP 1 개념 확인

01 (1) ㄷ (2) ㄴ (3) ㄱ **02** ㉠ 자급적 ㉡ 옥수수 ㉢ 커피
03 (1) 뉴질랜드 (2) 단일 **04** (1) ○ (2) × (3) ○
05 (1) 푸드 마일 (2) 애그플레이션

STEP 2 대표 문제

138~140쪽

01 ③ **02** ② **03** ② **04** ③ **05** ⑤ **06** ③ **07** ①
08 ③ **09** ⑤ **10** ① **11** ④ **12** ④ **13** ⑤

01 농업은 인간 거주에 유리한 지역에서 발달한다.

02 플랜테이션은 열대 기후 지역에서 선진국의 자본과 기술이 개발 도상국의 저렴한 노동력과 결합하여 상품 작물을 재배하는 농업을 말한다.

03 ㄴ. 다국적 농업 기업은 선진국과 개발 도상국 모두에서 활동한다. ㄷ. 곡물 생산, 비료 등 농업 분야를 바탕으로 다른 산업에도 진출하였다.

04 지도는 농업의 세계화를 나타내고 있다. 농업의 세계화가 나타나게 된 원인은 다양한 농산물의 수요가 증가했기 때문이다. 또한 냉장 및 냉동 기술의 발달로 농축산물의 운송이 멀리 떨어진 지역까지 가능해졌기 때문이다.

농업의 기업화와 세계화의 의미

농업의 기업화	다국적 농업 기업들이 농축산물의 생산 및 유통에 이르는 전반을 장악하고 영향을 미치는 현상
농업의 세계화	전 세계를 대상으로 농축산물의 생산과 유통이 이루어지는 현상

05 기업적 농업이 확대되면서 전통 농업을 하던 지역 농민들은 농토를 팔고 열악한 환경에서 대규모 농업 기업에 고용되기도 한다.

농업의 기업화와 세계화의 영향

구분	농산물 생산 지역에 미친 영향	농산물 소비 지역에 미친 영향
긍정적 영향	녹색 혁명, 대량 생산 체계 등을 통한 생산량 증대	식생활의 다양화 ➡ 과거에는 쌀, 밀과 같은 곡물을 주로 소비하였으나, 점차 채소, 과일, 육류 등의 소비가 증가하였음
부정적 영향	자영농 감소, 농업의 다양성 감소, 토양 오염, 지하수 고갈, 플랜테이션으로 인해 식량 작물의 생산 감소	곡물 가격 상승, 애그플레이션 발생

06 플랜테이션 농장은 주로 개발 도상국이 많은 아시아, 아프리카, 남아메리카 지역에 분포한다.

07 필리핀에서 다국적 기업이 바나나 재배를 확대하면서 바나나 수출량이 증가하였고, 인구 성장에 따라 쌀 소비량이 늘어나면서 쌀을 많이 수입하고 있다.

08 팜유 채취를 위해 열대 우림이 파괴되고 있는 지역은 인도네시아이다. 지도에서 A는 영국, B는 이집트, C는 인도네시아의 보르네오섬, D는 뉴질랜드, E는 브라질의 상파울루이다.

09 우리나라 쌀 소비량이 감소하고 있는 것은 농업이 세계화로 인해 다양한 식품이 소비되면서 국민들의 식생활이 변했기 때문이다.

10 전통적 농업과 달리 품종 개량, 화학 비료, 살충제와 제초제 등 과학 기술을 농업에 적용함으로써 식량 생산량의 획기적 증가가 이루어졌다.

11 기업적 농업에 의한 상품 작물(기호 작물) 재배의 확대는 식량 작물 생산 감소로 이어져 식량 부족 문제를 일으킬 수 있다.

12 그래프에서 우리나라의 식량 자급률이 감소하고 있음을 알 수 있다. 이는 플랜테이션 때문이 아니라 수입 농산물이 늘고 경제가 발전하면서 국민들의 식생활이 변화했기 때문이다.

13 푸드 마일 값이 크면 더 먼 곳에서, 더 많은 양이 이동했다는 의미이므로 식품 안전성에 대한 보장이 어렵고 이산화 탄소를 많이 배출했다는 의미이다.

STEP 3 주관식·서술형

141쪽

01 플랜테이션

02 예시답안 다양한 농산물의 수요가 증가했기 때문이다. 또한 냉장 및 냉동 기술의 발달로 농축산물을 멀리 떨어진 지역까지 운송이 가능해졌기 때문이다.

채점 기준	
상	두 가지 원인을 바르게 서술하였다.
중	두 가지 원인 중 한 가지만 바르게 서술하였다.
하	농업의 세계화라고만 서술하였다.

03 (1) 곡물 메이저

(2) 예시답안 농업의 생산·유통·식품 가공에 이르는 전체 과정에서 세계적 차원의 시스템을 형성하기 때문이다.

채점 기준	
상	전체 과정을 통합하여 세계적인 시스템을 형성한다는 점을 모두 바르게 서술하였다.
중	농업 전반에 대하여 통합적인 관리를 실시한다는 점만 서술하였다.
하	세계적 차원에서 기업 활동이 일어난다는 점만 서술하였다.

04 예시답안 팜유 채취를 위한 기름야자 농장을 만들기 위해 숲을 베어 내고 있다.

채점 기준	
상	열대 우림이 축소되는 원인을 바르게 서술하였다.
하	열대 우림 축소의 결과를 서술하였다.

05 (1) 애그플레이션

(2) 예시답안 바나나 재배를 위해 기존의 농토를 바나나 농장으로 바꾸어 쌀 생산량이 감소했기 때문이다.

채점 기준	
상	농토 감소의 원인을 바르게 서술하였다.
하	농토가 감소했나는 짐민 시술이였다.

06 예시답안 안전하고 신선한 식품을 구매할 수 있게 된다. 식품 운송 과정에서 발생하는 이산화 탄소 배출량을 줄일 수 있다.

채점 기준	
상	장점 두 가지를 모두 바르게 서술하였다.
하	장점 한 가지만 바르게 서술하였다.

---

02 다국적 기업의 공간적 분업과 지역 변화 ~
03 서비스업의 세계화와 지역 변화

STEP 1 개념 확인
144쪽

01 (1) ㄷ (2) ㄱ (3) ㄴ **02** ㉠ 선진국 ㉡ 개발 도상국 ㉢ 무역 장벽 **03** (1)-㉡ (2)-㉠ **04** (1) 서비스업 (2) 선진국 **05** (1) × (2) × **06** (1) 지속 가능한 관광 (2) 전자 상거래

STEP 2 대표 문제
144~146쪽

01 ⑤ **02** ③ **03** ① **04** ② **05** ⑤ **06** ④ **07** ⑤ **08** ① **09** ④ **10** ④ **11** ⑤ **12** ② **13** ① **14** ④ **15** ⑤

01 다국적 기업은 교통과 통신의 발달, 세계 무역 기구(WTO)의 등장, 자유 무역 협정(FTA) 확대 등과 같은 배경을 통해 성장하게 되었다.

02 다국적 기업은 처음에는 한 국가 안에서 시작하여 점차 해외로 확장하며 제품 판매 시장을 늘린다.

03 다국적 기업은 한 국가의 국내 총생산(GDP)보다도 많은 매출을 올리기도 하는 등 세계 경제에서 차지하는 위상이 매우 높다.
　왜 틀렸지? ㄹ. 다국적 기업의 산업 분야는 점차 넓어지고 있다.

04 선진국의 대도시 핵심 지역에는 전체 기업을 관리하고 중요한 의사 결정을 하는 본사와 신제품 및 생산 기술을 개발하는 연구소가 수보 입지한다. 반면 영업소나 생산 공장은 본국의 주변 지역이나 저렴한 노동력이 풍부한 국가에 입지하는 경우가 많다.

05 미국은 자동차 산업에 대하여 관세 및 수출입 물량을 통제하는 등의 무역 장벽이 있다. A 공장은 이러한 무역 장벽을 극복하기 위해 세워진 것이다.

06 ㄱ. 다국적 기업의 숫자는 계속 증가하는 추세이다. ㄷ. 다국적 기업의 세계적 영향력과 진출 국가는 점점 늘고 있다.

07 다국적 기업의 진출로 새로운 산업 단지가 조성되어 일자리가 늘어

나고 투자가 확대되면서 관련 산업이 발달한다. 또한 해당 개발 도상국이 선진 기술을 습득할 수 있는 기회가 된다.

다국적 기업의 진출에 따른 시역 변화	
긍정적 변화	• 새로운 산업 단지가 조성되어 일자리가 늘어남 • 투자가 확대되며 관련 산업이 발달 • 선진 기술의 이전
부정적 변화	• 지역에서 창출된 가치가 외부로 유출 • 공장 노동자들의 열악한 근무 환경 및 낮은 임금 • 공장이 철수할 경우 실업 및 경기 침체 → 산업 공동화 현상

08 다국적 기업의 공장이 철수할 경우 산업 공동화 현상으로 인한 실업 및 경기 침체가 우려된다.

09 서비스업은 소비자에 따라 원하는 서비스 형태가 다르므로 표준화 하기 어렵고, 이를 찾는 사람이 증가할수록 노동력이 많이 필요하므로 고용 창출 효과가 크다.

10 경제 규모가 큰 유럽과 북아메리카에서 서비스업 비중이 높은 것으로 보아, 경제 규모와 서비스업의 비중은 대체로 비례한다고 볼 수 있다.

11 영어에 능통하고 노동비가 저렴한 필리핀의 마닐라 등이 새로운 콜센터의 중심지로 부상하고 있다.

12 교육 서비스업은 교통과 통신 등의 인프라가 발달하면서 원격 강의 등이 가능해져 성장할 수 있게 되었다.

13 ㄷ. 관광 산업은 고용 창출 효과가 크다. ㄹ. 소득 수준 향상과 여가 시간의 증가로 여러 지역을 여행하는 사람들이 늘고 있는 추세이다.

14 관광 산업의 세계화로 인해 지역의 환경이 파괴되거나 고유문화가 사라지는 등의 부작용도 관찰되고 있다.

15 온라인을 통해 상품이나 서비스를 구매하는 것을 전자 상거래라고 한다.

STEP 3 주관식·서술형
147쪽

01 (1) 다국적 기업
(2) 예시답안 교통과 통신의 발달, 세계 무역 기구(WTO)의 등장, 자유 무역 협정(FTA) 확대 등이 있다.

채점 기준	
싱	디긔적 기업이 성장 배경 두 가지를 모두 바르게 서술하였다.
중	다국적 기업의 성장 배경 한 가지만 바르게 서술하였다.
하	다국적 기업의 정의를 서술하였다.

02 예시답안 본사와 연구소는 주로 선진국에 입지한다. 선진국은 기술 수준이 높고 교통과 통신 시설이 잘 갖추어져 있어 기업 활동에 유리하다.

채점 기준	
상	입지 지역과 입지 원인에 대하여 모두 바르게 서술하였다.
중	입지 원인만 바르게 서술하였다.
하	선진국에 입지한다고만 서술하였다.

03 (예시답안) 산업 공동화 현상이 발생하여 지역의 일자리가 줄고 경제가 침체될 우려가 있다.

채점 기준	
상	산업 공동화, 일자리 축소 등의 요소를 바르게 서술하였다.
하	산업 공동화라는 용어만 썼다.

04 (예시답안) 영어에 능통한 지역이다. 노동비가 상대적으로 저렴하다.

채점 기준	
상	영어와 노동비를 모두 바르게 서술하였다.
하	영어와 노동비 중 한 가지만 서술하였다.

05 (예시답안) 현지인이 운영하는 숙소와 음식점, 대중교통 이용하기, 현지의 동식물로 만든 기념품은 사지 않기, 여행지의 생활 방식과 종교를 존중하고 문화를 체험하기 등의 원칙을 지킬 필요가 있다.

채점 기준	
상	지속 가능한 관광의 원칙 중 두 가지를 모두 바르게 서술하였다.
중	지속 가능한 관광의 원칙 중 한 가지만 바르게 서술하였다.
하	지속 가능한 관광의 의미를 설명하였다.

06 (1) 전자 상거래

(2) (예시답안) 전자 상거래를 이용하면 소비자는 상품 구매의 시간과 공간적 제약을 극복하고 편리하게 물건을 구매할 수 있다. 또한 택배 산업과 물류 창고업이 함께 발달한다.

채점 기준	
상	소비자가 얻는 장점과 함께 발달하는 산업을 모두 바르게 서술하였다.
중	소비자가 얻는 장점만 서술하였다.
하	함께 발달하는 산업만 서술하였다.

대단원 마무리 문제

149~151쪽

01 ④ 　 02 ⑤ 　 03 ③ 　 04 곡물 메이저 　 05 ② 　 06 해설 참조
07 ② 　 08 ③ 　 09 ② 　 10 해설 참조 　 11 개발 도상국 　 12 ⑤
13 ① 　 14 해설 참조 　 15 산업 공동화 현상 　 16 ① 　 17 ③
18 ④ 　 19 해설 참조

01 플랜테이션은 대규모 단일 작물 체제로 상품 작물을 재배하는 방법이다.

02 농업 생산의 기업화와 세계화로 다양한 지역에서 생산된 농산물을 쉽게 구매할 수 있게 되었다.

03 ㄴ. 농업의 세계화에 따른 이점이다. ㄷ. 농산물을 수입하면 식량 자급률이 하락한다.

05 바나나 재배가 늘어나면서 쌀 수입량이 늘고 있음을 알 수 있다. 따라서 필리핀의 식량 자급률은 하락할 것이라고 예상할 수 있다.

06 (예시답안) 기름야자 농장이 넓어지면서 숲이 사라져 생태계가 파괴된다. 또한 숲에 정착해 살던 원주민들도 농장에 고용되어 낮은 임금과 열악한 환경에 놓이게 된다.

채점 기준	
상	문제점 두 가지를 모두 바르게 서술하였다.
하	문제점 한 가지만 바르게 서술하였다.

07 농축산물이 이동하는 거리가 멀수록 이동하는 과정에서 온실가스 배출량이 많아져 환경에 부정적인 영향을 미친다.

08 교통과 통신의 발달로 세계 여러 지역 간의 공간적 분업이 나타나고 다국적 기업이 발전하게 되었다

09 다국적 기업은 교통과 통신의 발달로 세계 여러 지역 간의 교류가 늘어나면서 성장하게 되었다. 또한 세계 무역 기구(WTO)의 등장과 자유 무역 협정(FTA)의 확대로 자본과 기술, 상품과 서비스의 국제 이동이 활발해졌다.

10 (예시답안) 땅값이 저렴하고 값싼 노동력이 풍부한 개발 도상국에 주로 입지한다. 또는 관세, 수출 제한 등의 무역 장벽을 피하기 위해 선진국에 공장을 세우기도 한다.

채점 기준	
상	두 가지 입지 요인을 모두 바르게 서술하였다.
하	두 가지 입지 요인 중 한 가지만 바르게 서술하였다.

12 미국은 대표적인 선진국이지만 생산 공장이 위치한 것으로 보아 무역 장벽을 극복하기 위한 것으로 예상할 수 있다.

왜 틀렸지? ㄴ. 제시된 자료로는 생산량의 변화를 알 수 없다.

13 멕시코에 자동차 관련 일자리와 산업이 늘어나고 경제가 활성화되어 국민 소득이 상승할 것으로 예측할 수 있다. 산업 공동화는 다국적 기업의 생산 공장이 철수하는 지역에서 주로 나타난다.

14 (예시답안) 다국적 기업의 생산 공장이 진출하면서 근로자들이 열악한 환경에서 낮은 임금을 받고 일하고 있다.

채점 기준	
상	의류 생산 공장에서의 열악한 노동 환경에 대하여 바르게 서술하였다.
하	다국적 기업에서 노동과 관련된 문제가 있음을 서술하였다.

16 서비스업도 다른 산업과 마찬가지로 교통과 통신의 발달로 인해 전세계적으로 성장하였다.

17 영어를 공용어로 사용하고 인건비가 저렴한 필리핀은 세계 주요 다국적 기업의 콜센터 업무 지역으로 주목받고 있다. A는 프랑스, B는 남아프리카 공화국, C는 필리핀, D는 캐나다, E는 멕시코이다.

18 제시된 그림은 전자 상거래를 나타내며, 전자 상거래가 활성화되면서 지역 주민들을 대상으로 영업하던 소규모 오프라인 매장들은 감소하게 되었다.

19 (1) (예시답안) 지역의 전통문화가 사라질 우려가 있다. 지역에 환경 문제가 나타날 수 있다.

채점 기준	
상	어려움 두 가지를 모두 바르게 서술하였다.
중	어려움 중 한 가지만 바르게 서술하였다.
하	관광이 세계화되었다고만 서술하였다.

(2) 지속 가능한 관광

10 환경 문제와 지속 가능한 환경

01 기후 변화와 그 대응

STEP 1 개념 확인
154쪽

01 (1) ◯ (2) ◯ (3) ✕　**02** (1)-㉠ (2)-㉡ (3)-㉢　**03** ㉠ 빨라
㉡ 기온　**04** (1) 해류 순환 (2) 해수면 상승　**05** (1) ㄴ (2) ㄱ
(3) ㄷ　**06** (1) 이산화 탄소 (2) 파리 협정

STEP 2 대표 문제
154~156쪽

01 ⑤　**02** ③　**03** ④　**04** ③　**05** ④　**06** ③　**07** ④
08 ③　**09** ④　**10** ③　**11** ①　**12** ④　**13** ④　**14** ⑤
15 ⑤

01 기후 변화의 인위적 원인과 자연적 원인을 구분한다. 화산 분화는 자연적 원인에 해당한다.

02 A는 온실가스 중 가장 비중이 높은 이산화 탄소이다. 이산화 탄소는 수도 화석 연료의 사용 과정에서 배출된다.
　왜 틀렸지? ① 수소 불화 탄소, 과불화 탄소 등에 대한 설명이다. ② 메테인 가스가 배출된다. ⑤ 이산화 탄소는 무색, 무취한 기체로 매연 물질과 다르다.

03 지도에 표시된 자연 현상은 지구 온난화로 인해 세계 각지에서 나타나는 현상이다.
　왜 틀렸지? ㄱ. 지구 온난화로 태풍의 위력이 강해질 것으로 예상된다. ㄷ. 고산 식물은 기온이 올라가면 서식지가 축소된다.

04 ㄱ, ㄴ, ㄹ은 지구의 기후 변화를 일으키는 인위적인 요인에 해당한다.

05 온실 효과로 인해 현재 지구상에 생명이 살 수 있는 기후가 유지된다.

06 지구 온난화는 북극 항로의 이용이 가능해지는 등 일부 긍정적인 영향도 있다. 지구 온난화로 가뭄과 홍수가 모두 증가하고 있다.

기후 변화의 영향	
긍정적 영향	극지방에서 농사가 가능해지고 새로운 항로가 열리기도 함
부정적 영향	• 빙하가 녹아 해수면 상승 → 저지대에서 침수 피해 발생 • 홍수와 태풍의 위력이 강해짐 • 생물의 서식 환경 급변 → 농업 생산량 감소 • 물과 식량 자원 부족 문제 발생

07 지구 온난화로 그린란드의 대륙 빙하가 녹고 있는 모습이다.

08 빙하가 녹은 물이 바다로 유입되어 해수면 상승과 해안 저지대 침수로 이어진다.

09 D는 투발루로, 해수면 상승으로 국토 전체가 물에 잠길 위기에 처해 있다.

10 국제적 협력은 세계적 차원의 노력이다. 지역적 차원에서는 일상적이며 실천할 수 있는 대응 방법을 제시한다.

11 온실가스를 줄이기 위한 국제적인 협력이 진행 중이다.

12 ㄴ. 풍력 발전기는 신·재생 에너지로 온실가스 감축에 도움을 준다.
ㄹ. 탄소 성적 표지 제도는 제품의 생산, 운송 등 전 과정에서 발생하는 이산화 탄소를 표기하는 제도이다.

13 (가), (다)는 개발 도상국, (나), (라)는 선진국의 주장이다. 기후 변화 대책을 두고 개발 도상국과 선진국의 입장 차이가 있음을 알 수 있다.

14 ㉠은 파리 협정이다. 2020년부터 선진국뿐만 아니라 기후 변화 당사국 모두에게 온실가스 감축 의무를 부과하였다.
　왜 틀렸지? ② 우리나라는 2030년 배출 예상 수치보다 37% 감축하는 방안을 국제 연합에 제출하였다. ④ 오존층 보호를 위해 염화플루오린화탄소(CFCs)를 규제한 것은 몬트리올 협정이다.

15 지구 환경 문제 개선을 위해 다양한 환경 기념일을 지정하였다.

STEP 3 주관식·서술형
157쪽

01 온실가스

02 (1) 지구 온난화
(2) **예시답안** 빙하가 녹아 해수면 상승으로 저지대 침수가 발생한다. 기온 상승으로 생태계 변화가 예상된다. 기상 이변으로 자연재해가 증가한다.

채점 기준	
상	세 가지 문제점을 모두 바르게 서술하였다.
중	두 가지만 바르게 서술하였다.
하	한 가지만 바르게 서술하였다.

03 **예시답안** 지구 온난화로 북극해의 얼음이 녹으면서 북극 항로의 이용이 가능해졌다. 기존 유럽으로 가는 항로에 비해 이동 거리와 소요 시간이 짧아 물류 비용과 시간을 줄일 수 있게 되었다.

채점 기준	
상	이유와 장점을 모두 바르게 서술하였다.
하	이유와 장점 중 한 가지만 바르게 서술하였다.

04 가뭄

05 **예시답안** 선진국은 지금까지 지구 온난화를 일으킨 주범입니다. 경제 성장을 시작한 우리에게 온실가스 규제를 하는 것은 지나친 처사입니다. 선진국이 책임지고 온실가스 감축에 나서는 것이 맞습니다.

채점 기준	
상	선진국의 주장을 비판하며 개발 도상국의 입장을 바르게 서술하였다.
중	개발 도상국의 입장만 바르게 서술하였다.
하	선진국의 주장을 비판만 하였다.

06 (1) ㉠ 파리 협정, ㉡ 교토 의정서

(2) **예시답안** 에너지 절약, 비정부 기구(NGO) 활동 참여, 숲 조성, 생태계 관리 등이 있다.

채점 기준	
상	지역적 차원의 노력 두 가지를 모두 바르게 서술하였다.
중	지역적 차원의 노력을 한 가지만 바르게 서술하였다.
하	지역적 차원이 아닌 세계적 차원의 노력을 서술하였다.

02 환경 문제 유발 산업의 국제적 이동 ~
03 생활 속의 환경 이슈

STEP 1 개념 확인
160쪽

01 (1) × (2) ○ **02** (1) 개발 도상국 (2) 쾌적한 환경

03 ㉠ 개발 도상국 ㉡ 불평등 ㉢ 지속 **04** (1) ㄱ (2) ㄴ (3) ㄷ

05 (1)-㉠, ㉢ (2)-㉡, ㉣ **06** (1) 지역 이기주의 (2) 환경 이슈

STEP 2 대표 문제
160~162쪽

01 ⑤ **02** ③ **03** ① **04** ② **05** ③ **06** ⑤ **07** ④

08 ① **09** ③ **10** ⑤ **11** ④ **12** ② **13** ④ **14** ④

15 ②

01 ㉠은 전자 쓰레기이다. 산업 기술이 발달하면서 전자 쓰레기의 배출량은 증가하고 있다.

02 전자 쓰레기의 국가 간 이동에서 A는 전자 쓰레기 수출국인 선진국, B는 수입국인 개발 도상국이다. 주로 선진국에서 개발 도상국으로 전자 쓰레기가 이동한다.

왜 틀렸지? ㄱ. 선진국은 환경 규제가 심해 쓰레기 처리에 비용이 많이 발생한다. ㄹ. 선진국에서 소비된 쓰레기가 개발 도상국으로 이전하면서 환경 불평등이 심화되고 있다.

03 유해 폐기물의 국제적 이동을 막기 위해 스위스 바젤에서 바젤 협약이 체결되었다.

04 케냐의 나이바샤 호수 주변에서 장미 재배로 외화 수입 증가, 일자리 증가 등의 경제적 이득이 발생했지만 토양 오염, 수질 오염, 호수 수량 감소 등 환경 문제도 발생하고 있다.

05 세계화로 환경 문제를 유발하는 산업의 국제적 이동이 활발해졌다. 화학·금속 공업뿐만 아니라 축산업, 화훼 산업 등의 산업도 유입 국가에 환경 문제를 일으킨다.

06 석면 산업은 선진국에서 개발 도상국으로 이전한 대표적인 환경 오염 산업이다. 석면은 심각한 환경 문제로 선진국에서는 생산과 사용이 제한되고 있다.

왜 틀렸지? ④ 개발 도상국은 경제적인 이유로 석면 산업의 이전을 허용하고 있다.

환경 문제 유발 산업의 유출 지역과 유입 지역	
유출 지역	• 주로 선진국에서 유출 • 쾌적한 환경에 대한 요구가 높고, 배출 허용 기준 등 관련 제도가 엄격함
유입 지역	• 주로 개발 도상국으로 유입 • 환경보다는 주민들의 일자리 및 소득 증가가 더 시급하다고 여김 • 일자리가 늘어나는 대신 환경 오염 문제가 발생함

07 ㉠은 바젤 협약, ㉡은 전자 쓰레기, ㉢은 아프리카이다. 아프리카 주민들은 전자 쓰레기에서 배출되는 독성 물질로 인해 다양한 질병에 시달리고 있다.

08 황사는 국가 간 협력을 통해 해결책을 모색해야 하는 환경 문제이다.

09 ㄱ. 환경 이슈는 그 원인과 해결 방안을 찾기가 어려운 것이 특징이다. ㄹ. 복잡한 이해관계가 얽힌 문제는 집단 간 협의와 토의를 통해 대안을 모색하는 과정이 필요하다.

10 ㄱ. 대두, 목화, 옥수수 등이 주로 재배된다. ㄴ. 많은 유럽 국가들은 유전자 재조합 식품을 재배하지 않고 있다.

11 유전자 재조합 식품은 유전자 조작 기술을 이용해 추위와 병충해에 강한 작물을 만들어 낼 수 있다.

왜 틀렸지? ③ 병충해에 강한 작물을 만들어 농약 사용을 줄일 수 있다.

12 유전자 재조합 식품을 두고 여러 입장이 충돌하고 있다. 각각의 입장을 보고 찬반 여부를 확인한다.

13 미세 먼지는 자연적 요인으로 발생하기도 하지만 최근에는 화석 연료 사용 등 인위적 요인으로 발생하는 경우가 더 많다.

왜 틀렸지? ② 미세 먼지 농도가 높으면 가시거리를 떨어뜨려 비행기, 여객선 운항에 어려움이 생긴다. ③ 바람이 불거나 비가 오는 날은 미세 먼지 농도가 낮아질 수 있다.

14 미세 먼지는 자동차 배기가스, 화력 발전소, 공장의 매연 등에서 주로 발생한다. 미세 먼지는 바람을 타고 이동해 여러 지역에 영향을 미치므로 문제를 해결하기 위해서는 국제적인 협력이 필요하다.

15 쓰레기 배출을 줄이기 위해 종량제, 분리 배출 의무화 등이 시행되고 있다.

왜 틀렸지? ㄴ, ㄷ. 매립지 확대와 소각장 건설은 쓰레기를 처리하기 위한 시설로, 이를 두고 지역 간 갈등이 발생하고 있다.

STEP 3 주관식·서술형
163쪽

01 전자 쓰레기

02 **예시답안** 호수의 수량 감소, 수질 오염 문제, 물고기 어획량 감소 등의 문제가 나타난다.

채점 기준	
상	장미 생산으로 인한 환경 문제를 바르게 서술하였다.
하	일반적인 환경 문제를 서술하였다.

03 (1) A 수출국, B 수입국

(2) **예시답안** 전자 쓰레기에서 금속 자원을 채취할 수 있어 일자리가 늘어나고, 경제적 이익을 얻을 수 있다. 하지만 쓰레기에서 배출되는 유해 물질로 환경 오염과 생태계 파괴가 발생한다.

채점 기준	
상	전자 쓰레기 수입국의 장점과 단점을 각각 바르게 서술하였다.
하	전자 쓰레기 수입국의 장점과 단점 중 하나만 바르게 서술하였다.

04 바젤 협약

05 환경 이슈(환경 쟁점)

06 (1) 화석 연료

(2) **예시답안** 화력 발전소와 자동차 배기가스 배출을 규제한다. 중국과 협조 체제를 구축한다. 미세 먼지에 대비할 수 있는 예보 체계를 갖춘다.

채점 기준	
상	미세 먼지를 줄이기 위한 대책을 두 가지 모두 바르게 서술하였다.
하	미세 먼지를 줄이기 위한 대책을 한 가지만 바르게 서술하였다.

07 (1) 유전자 재조합 식품(GMO)

(2) **예시답안** 인체에 미치는 안전성이 검증되지 않았다. 생태계의 다양성을 파괴한다. 소수 다국적 농업 기업이 농업 시장을 독점한다.

채점 기준	
상	반대하는 주장을 세 가지 모두 바르게 서술하였다.
중	반대하는 주장을 두 가지만 바르게 서술하였다.
하	반대하는 주장을 한 가지만 바르게 서술하였다.

165~167쪽

대단원 마무리 문제

01 ⑤   **02** ④   **03** 이산화 탄소   **04** ④   **05** ④   **06** ④

07 ②   **08** ①   **09** 해설 참조   **10** ④   **11** 불평등   **12** ③

13 ①   **14** 해설 참조   **15** ⑤   **16** 해설 참조   **17** ③   **18** ④

19 ①   **20** ③

01 지구 온난화 현상을 보여주는 그래프이다.

왜 틀렸지? | ㄷ. 온실가스의 배출로 온실 효과가 강화되었다.

02 온실가스의 비중이 늘어나면서 대기 밖으로 방출되는 태양 에너지가 대기에 흡수되는 과정을 설명하고 있다. 그 결과 지구 전체의 온도가 올라가는 지구 온난화 현상이 발생하였다.

04 신·재생 에너지는 화석 에너지에 비해 지구 환경에 미치는 부정적 영향이 적다.

05 제시된 자료를 통해 지구 온난화로 고산 지대의 빙하가 녹고 있음을 알 수 있다. 그 결과 지구의 평균 해수면이 상승해 해안 저지대 지역에 침수 피해가 발생하고 있다.

06 오스트레일리아의 산호초 지대는 해수 온도 상승으로 파괴되고 있다.

07 개인의 노력, 지역의 노력, 국가의 노력을 구분한다.

왜 틀렸지? | ㄴ, ㄹ은 국가 단위의 노력이다.

08 국제적 차원에서 세계 각국은 기후 변화를 해결하기 위한 국제 협약에 합의하였다. 파리 협정은 가장 최근에 체결된 기후 협약이다.

09 **예시답안** 현재의 기후 변화는 일찍 산업화를 시작한 선진국들의 책임이 더 크다. 개발 도상국은 경제 성장이 시급한데, 온실가스 감축은 큰 부담이 된다.

채점 기준	
상	선진국의 주장을 반박하는 개발 도상국의 입장을 바르게 서술하였다.
하	선진국의 책임이 더 크다는 내용만 서술하였다.

10 (가)는 전자 쓰레기 재활용 산업, (나)는 석면 산업이다. 모두 대표적인 환경 문제 유발 산업으로 선진국에서 개발 도상국으로 이전되어 문제가 되고 있다.

12 케냐는 화훼 산업을 유치하기 위해 환경 기준을 완화하였다. 그 결과 장미 생산 과정에서 화학 물질과 농약 사용에 따른 토양과 수질 오염이 심각하다.

13 ㄷ. 재활용, 기부라는 이름으로 유해 폐기물이 여전히 다른 나라에 버려지고 있다. ㄹ. 지속 가능한 사회로 발전하기 위해 바젤 협약과 같은 국가 간 협력이 강화되어야 한다.

14 **예시답안** 전자 쓰레기를 분해하여 구리, 은과 같은 자원을 수출해 소득을 얻는다. 실업률이 높은 이들 지역에서 쓰레기 처리 일자리를 제공한다.

채점 기준	
상	자원 추출, 일자리 확보를 포함하여 바르게 서술하였다.
하	자원 추출, 일자리 확보 중 하나만 포함하여 서술하였다.

15 일상생활에서 환경 문제를 가져올 수 있는 상황이다. 자동차 사용이 늘어나면 에너지 과소비, 대기 오염 등의 문제가 예상된다.

16 (1) 환경 이슈(환경 쟁점)

(2) **예시답안** 음식물 쓰레기 배출, 물 낭비, 도로 소음, 생활 하수 등이 있다.

채점 기준	
상	일상생활의 환경 이슈를 세 가지 모두 바르게 서술하였다.
중	일상생활의 환경 이슈를 두 가지만 바르게 서술하였다.
하	일상생활의 환경 이슈를 한 가지만 바르게 서술하였다.

17 유전자 재조합 식품은 유전 공학 기술을 이용해 품종을 개량한 것이다.

18 유전자 재조합 식품의 문제점으로 유전자 변형으로 인해 생태계 교란을 일으킨다는 우려가 있다.

19 제시된 글은 미세 먼지의 발생 과정에 대한 설명이다.

20 전기 에너지를 생산하는 과정에서 많은 미세 먼지가 발생한다. 특히 화력 발전소의 경우 미세 먼지 발생의 주요 원인으로 지목되고 있다.

11 세계 속의 우리나라

STEP 1 개념 확인
170쪽

01 (1) ㄴ (2) ㄹ (3) ㄷ (4) ㄱ **02** ㉠ 한반도 ㉡ 통상 ㉢ 영해
03 (1) ㉡ (2)-㉠ **04** (1) 바깥쪽 (2) 배타적 경제 수역
05 (1) × (2) ○ (3) ○ **06** (1) 이사부 (2) 삼국접양지도

STEP 2 대표 문제
170~172쪽

01 ④ **02** ⑤ **03** ③ **04** ⑤ **05** ⑤ **06** ⑤ **07** ⑤
08 ④ **09** ① **10** ① **11** ④ **12** ② **13** ④ **14** ②
15 ③

01 영토는 영역의 한 종류로서 한 국가에 속한 육지의 범위를 뜻한다.
　왜 틀렸지? ① 영역에는 영토, 영해, 영공이 모두 포함된다. ② 영역에 대한 설명이다. ③ 영역은 한 국가의 주권이 미치는 곳이다. ⑤ 간척 사업 등을 통해 영토가 확장되기도 한다.

02 배타적 경제 수역은 바다에 대한 경제적 권리를 주장할 수 있는 영역으로, 영해 기선으로부터 200해리에 이르는 바다 중 영해를 제외한 수역이다.

03 그림의 A는 영공, B는 영토, C는 영해, D는 배타적 경제 수역이다.
　왜 틀렸지? ㄱ. 주권이 미치는 범위는 영토, 영해, 영공까지만 포함된다. ㄹ. 영토와 영해의 상공이 영공이 된다.

영역

영토	한 국가에 속한 육지의 범위, 영해와 영공을 설정하는 기준이 됨
영해	국가의 주권이 미치는 바다, 일반적으로 영해 기선에서 12해리까지 지임
영공	영토와 영해의 상공, 대기권 내로 한정, 다른 국가의 비행기가 해당 국가의 허락 없이 영공 내를 비행하지 못함

04 우리나라의 영토는 한반도 전체와 그 부속 도서로 헌법에 규정되어 있다.

05 ㄱ. 영해는 기선(최저 조위선)으로부터 12해리까지로 정한다. ㄴ. 남해안은 해안선이 복잡하고 섬이 많아 직선 기선을 적용한다.

06 우리나라의 서해안과 남해안은 섬이 많고 해안선이 복잡하여 가장 바깥쪽에 있는 섬들을 직선으로 이은 직선 기선을 기준으로 영해를 설정하게 되었다.

07 대한 해협은 일본 쓰시마섬과의 거리가 가까워 12해리만큼을 영해로 설정할 수 없어 한·일 양국 모두 3해리로 영해의 범위를 정하였다.

08 우리나라 인근의 바다에서는 배타적 경제 수역을 선포할 수 있는 200해리의 범위를 한·중·일이 서로 주장할 경우 수역이 서로 겹치게 된

다. 이에 어업 협정을 맺어 해당 수역을 공동으로 관리하고 있다.

09 우리나라 영토의 최동단은 독도(경상북도 울릉군 울릉읍 독도리)이다.

10 A는 독도이다.
　왜 틀렸지? ㄷ. 독도는 우리 국토의 가장 동쪽에 위치한다. ㄹ. 가장 가까운 곳에 위치한 섬은 울릉도이다.

11 독도 주변 바다는 조경 수역이 형성되어 풍부한 수산 자원이 분포하며, 미래의 에너지 자원인 가스 하이드레이트도 발견된다.

12 신라의 장군 이사부는 우산국을 정벌하여 울릉도와 독도를 신라의 영토로 편입시켰다.

13 울릉도와 독도를 각각 무릉과 우산으로 표현한 문헌은 세종실록지리지이다.

14 삼국접양지도와 대삼국지도는 모두 일본에서 만들어졌으며, 독도를 조선의 색깔과 같은 색으로 표시하였다.
　왜 틀렸지? ㄴ. 러·일 전쟁은 1905년에 발생하였다. ㄹ. 일본의 항복으로 대한민국이 광복을 맞이한 해는 1945년이다.

15 일본으로 건너가 조선의 독도 지배권을 확인시킨 어부는 안용복이다.

STEP 3 주관식·서술형
173쪽

01 영역

02 **예시답안** (가)는 해안선이 복잡하고 섬이 많아 가장 바깥에 위치한 섬들을 직선으로 연결한 직선 기선을 활용하였고, (나)는 해안선이 단조로워 통상 기선을 활용하였다.

채점 기준	
상	두 가지 영해 설정 방법을 바르게 서술하였다.
중	두 가지 중 한 가지의 영해 설정 방법만 바르게 서술하였다.
하	통상 기선, 직선 기선이라는 용어만 사용하였다.

03 (1) 배타적 경제 수역
　(2) **예시답안** 수산 자원과 광물 자원의 개발에 대한 권리를 행사할 수 있으며, 인공 섬을 만들거나 시설물을 설치하고 활용할 수 있다.

채점 기준	
상	경제적 권리의 사례를 두 가지 모두 서술하였다.
하	경제적 권리 사례를 한 가지만 바르게 서술하였다.

04 동쪽

05 **예시답안** 독도 주변의 바다는 조경 수역으로서 수산 자원이 풍부하고, 미래의 에너지 자원인 가스 하이드레이트도 발견되고 있다. 또한 해양 심층수의 이용도 활발하다.

채점 기준	
상	조경 수역, 가스 하이드레이트, 해양 심층수 등의 내용 중 두 가지를 바르게 서술하였다.
중	조경 수역, 가스 하이드레이트, 해양 심층수 등의 내용 중 한 가지만을 서술하였다.
하	경제적 가치 이외의 다른 측면을 설명하였다.

06 (1) 삼국접양지도

(2) **예시답안** 울릉도와 독도가 한반도(조선)와 같은 색으로 표현되어 있다. 울릉도에는 '조선의 것'이라는 표기가 되어 있다.

채점 기준	
상	색깔과 표기의 두 가지 증거를 모두 바르게 서술하였다.
중	색깔 및 표기 중 한 가지만 바르게 서술하였다.
하	색깔 및 표기 증거 이외의 다른 내용을 서술하였다.

02 세계화 시대의 지역화 전략 ~
03 우리나라의 위치와 통일의 중요성

STEP 1 개념 확인
176쪽

01 (1) ㄱ (2) ㄷ (3) ㄴ   **02** ㉠ 지역 브랜드 ㉡ 장소 마케팅
㉢ 지리적 표시제 **03** (1)-㉠ (2)-㉢ (3)-㉡   **04** (1) 반도국
(2) 대륙   **05** (1) × (2) ○   **06** (1) 철의 실크로드 (2) 직업

STEP 2 대표 문제
176~178쪽

01 ④   **02** ③   **03** ④   **04** ⑤   **05** ⑤   **06** ②   **07** ⑤
08 ②   **09** ②   **10** ③   **11** ③   **12** ④   **13** ④   **14** ⑤

01 지역성은 다른 지역과 해당 지역을 구분짓는 중요한 특성이다.

02 지역화 전략이 성공하면 긍정적 이미지가 확산되면서 지역 주민들의 소득 증대, 자긍심 고취 등의 효과를 거둘 수 있다.

03 지역의 특징을 쉽고 간결하게 나타내는 짧막한 문구를 지역 슬로건이라고 한다.

04 전주시의 브랜드인 '한바탕 전주'는 비빔밥, 영화 등으로 대표되는 전주의 다양한 문화 콘텐츠를 한데 엮어 한바탕 풀어낸다는 의미로 내세운 지역 브랜드이다.

05 지역 이름을 상품의 앞에 붙여 표시하여 지역 생산품임을 증명하고 표시하는 제도를 지리적 표시제라고 한다.

06 나비 축제를 통해 지역의 이미지를 바꾸고 나아가 브랜드를 성공적으로 만들어낸 지역은 전라남도 함평군이다.

07 ㄱ. 인천국제공항과 같은 운송, 물류 시설을 갖춘 인천광역시의 이미지를 내세운 것이다. ㄴ. 무령왕릉을 본따 만든 공주시의 지역 브랜드이다. ㄷ. 동해안을 따라 펼쳐진 소나무 숲을 내세운 지역 브랜드이다. ㄹ. 합천의 다양한 강과 호수의 풍경을 내세우기 위한 지역 브랜드이다.

08 지도는 남북을 뒤집어 반도국으로서 우리나라가 갖고 있는 장점을 나타낸 것이다.

09 분단이 지속되면서 국제 교류의 어려움, 민족 문화의 이질화, 분단 비용 증가 등 다양한 문제점이 나타나고 있다.

왜 틀렸지? ② 반도국의 이점을 살리지 못한 채 국토 공간의 불균형이 심화되고 있다.

10 북한 지역의 상공을 통과할 경우 항공기의 안전을 보장할 수 없어서 중국이나 러시아행 비행기는 우회하여 운행한다.

11 ㄱ. 중국, 일본과는 관계가 단절되지 않았다. ㄹ. 분단 국가라는 점은 우리나라가 국제 사회에서 부정적으로 인식되게 하는 부분으로 정치적 측면에 해당한다.

통일의 필요성

국토 공간적 측면	반도국의 이점과 국토 공간의 균형 회복
정치적 측면	분단 국가의 부정적 이미지 해소
경제적 측면	분단 비용 감소, 생산적 투자 증가
사회·문화적 측면	이산가족의 고통 해소

12 제시된 지도는 철의 실크로드이다. 이를 활용하면 중국, 러시아를 거쳐 서부 유럽에 이르기까지 화물과 여객 운송에 많은 편익이 있을 것으로 예상된다.

13 표시된 지역은 비무장 지대이다. 비무장 지대는 일반인의 출입이 60년 이상 통제되어 자연 생태계가 잘 보존되어 있다.

14 동아시아 지역의 평화 분위기를 조성하는 데에 통일이 중요한 역할을 할 것이다.

STEP 3 주관식·서술형
179쪽

01 지역성

02 (1) 지역화 전략

(2) **예시답안** 지역화 전략이 성공하게 되면 지역 경제가 활성화되고, 지역 주민들의 자긍심도 높아진다.

채점 기준	
상	지역화 전략의 성공이 가져오는 이점 두 가지를 바르게 서술하였다.
하	이점을 한 가지만 서술하였다.

03 (1) 장소 마케팅

(2) **예시답안** 상품의 품질, 명성, 특성 등이 근본적으로 해당 지역에서 비롯된 경우 지역 생산품임을 증명하고 표시하는 제도이다.

채점 기준	
상	지리적 표시제의 의미를 설명할 때 품질, 명성, 특성 등의 요소가 중요함을 포함하여 서술하였다.
하	지리적 표시제가 지역 이름을 상품에 포함시킨다는 내용으로 서술하였다.

04 **예시답안** 우리나라는 대륙과 해양의 진출에 모두 유리한 반도국으로서의 장점이 있다.

채점 기준	
상	대륙과 해양 진출, 반도국을 포함하여 장점을 서술하였다.
하	대륙과 해양 진출, 반도국 중 한 가지를 포함하여 서술하였다.

05 ㉠ 대륙, ㉡ 해양

06 예시답안 통일 이후에는 활동을 할 수 있는 국토 공간이 넓어지고, 반도국의 이점을 살려 국제적인 교류가 활발해질 것으로 예상된다.

채점 기준	
상	생활 공간의 확대, 국제적 교류 증대 내용을 모두 포함하여 서술하였다.
중	생활 공간의 확대, 국제적 교류 증대 등의 내용 중 한 가지를 포함하여 서술하였다.
하	국토가 넓어진다고만 서술하였다.

대단원 마무리 문제
181~183쪽

01 ③　**02** ③　**03** 한반도　**04** ②　**05** ④　**06** 해설 참조
07 ④　**08** ⑤　**09** 해설 참조　**10** ②　**11** ③　**12** ③
13 해설 참조　**14** ⑤　**15** 장소 마케팅　**16** ③　**17** ②
18 해설 참조　**19** ④

---

01 영역에는 영토, 영해, 영공이 포함된다.

02 A는 배타적 경제 수역으로 연안국이 어업과 자원 등을 보유·관철할 수 있는 해역이며, 외국 선박·항공기 운항의 자유는 인정된다.

03 우리나라의 영토는 한반도 전체와 그 주변의 섬들로 규정되어 있다.

04 우리나라와 비슷한 면적을 가진 나라로 영국, 캄보디아, 우루과이 등이 있다.

> **왜 틀렸지?** ㄹ. 싱가포르는 면적이 작은 도시 국가이다.

05 울릉도와 독도도 우리나라의 영토이므로, 기선으로부터 12해리까지의 영해가 설정되어 있다.

06 예시답안 서해안과 남해안에서는 가장 바깥쪽에 위치한 섬들을 직선으로 연결한 직선 기선을 사용한다.

채점 기준	
상	직선 기선을 정하는 방법을 정확하게 서술하였다.
하	직선 기선이라고만 서술하였다.

우리나라의 영해 설정 기준

동해, 제주도, 울릉도, 독도	통상 기선에서 12해리
황해, 남해	직선 기선에서 12해리
대한 해협	직선 기선에서 3해리

07 중간 수역, 잠정 조치 수역은 한·중·일이 각각 배타적 경제 수역을 선포하게 되면 한·일, 한·중 간에 서로 겹치게 되는 수역이다. 이곳은 어업 협정을 맺어 공동으로 자원을 관리하고 있다.

08 사진은 독도의 모습이다. 독도에서 가장 가까운 섬은 울릉도로, 독도는 울릉도에서 동남쪽으로 87.4km 떨어져 있다.

09 예시답안 다양한 동식물의 서식처로 생태적 가치가 높다.

채점 기준	
상	다양한 동식물의 서식처로 생태적 가치가 높다고 서술하였다.
중	생태적 가치가 높다고 서술하였다.
하	독도의 다른 가치를 서술하였다.

10 독도는 화산섬이고 바위섬이어서 농사를 짓기는 어려우며, 대부분 해안이 급경사를 이루어 거주 환경이 불리한 편이다.

독도의 가치

지정학적 가치	태평양을 향한 해상과 항공 교통의 요지
환경·생태적 가치	• 다양한 화산 지형이 나타남 • 독특한 동식물의 서식지 • 섬 전체가 천연기념물로 지정되어 있음
경제적 가치	• 조경 수역이 형성되어 수산 자원 풍부 • 가스 하이드레이트와 해양 심층수가 매장되어 있는 것으로 추정

11 ㄱ, ㄴ, ㅁ은 조선에서 제작된 자료이고, ㄷ, ㄹ은 태정관 지령 등과 함께 일본에서 제작된 지도(문서)이다.

12 제주도의 화산 지형은 그 가치를 인정받아 유네스코 세계 자연 유산으로 등재되었다.

13 예시답안 (가)는 평창군이 위치한 해발 700m에서 사람이 가장 쾌척함을 느낀다는 점을 내세운 지역 브랜드이다. (나)는 함평 나비 축제에서 비롯된 긍정적인 지역 이미지를 지역 브랜드와 결합한 것이다.

채점 기준	
상	두 지역의 지역 브랜드 특성을 바르게 서술하였다.
하	한 지역의 지역 브랜드 특성을 바르게 서술하였다.

14 지리적 표시제를 통해 지역의 상품이 다른 지역과는 차별화되었다는 점을 부각시킬 수 있다.

> **왜 틀렸지?** ④ 보성 녹차, 봉화 송이 등은 대표적인 지리적 표시제 상품이다.

16 ① 우리나라는 냉·온대 기후에 속하며, 이 지도를 보고 우리나라의 기후를 짐작하기 어렵다. ② 반도국의 위치는 해양으로의 진출에 유리하다.

17 남북한은 국토가 분단된 상태에서 오랜 시간이 지나면서 언어와 생활 습관 등 많은 측면에서 문화의 이질화가 심각해지고 있다.

18 예시답안 표시된 지역은 비무장 지대이다. 지난 60여 년 동안 일반인의 출입이 엄격히 통제되어 자연 생태계가 잘 보존되어 있으며 멸종 위기 생물들도 분포하고 있다.

채점 기준	
상	비무장 지대에서 일반인의 출입이 통제되었다는 점과 생태계 보존이 잘 되었다는 점을 포함하여 서술하였다.
중	비무장 지대는 자연 생태계가 잘 보존되어 있다는 점을 서술하였다.
하	비무장 지대라는 명칭만 썼다.

19 통일 후에는 육로로 여러 국가와 교류할 수 있게 되어 다른 나라와의 교류가 더욱 활발해질 것이다.

12 더불어 사는 세계

01 지구상의 다양한 지리적 문제

186쪽

STEP 1 개념 확인

01 (1) × (2) ○ **02** (1) 아프리카 (2) 증가 (3) 상승
03 (1) 열대 우림 (2)서식지 (3) 감소 **04** (1)-㉠ (2)-㉡ (3)-㉢
05 (1) 센카쿠 열도(댜오위다오) (2) 카스피해

STEP 2 대표 문제

186~188쪽

01 ⑤ **02** ① **03** ② **04** ④ **05** ④ **06** ⑤ **07** ③
08 ⑤ **09** ④ **10** ④ **11** ④ **12** ③ **13** ② **14** ②

01 기아 문제, 영토·영해 분쟁, 생물 다양성 감소 문제는 지리적 문제의 구체적 사례들이다. 특정 지역의 문제처럼 보이지만 다른 지역의 문제와 연관되어 있는 경우가 많으며, 모두가 관심을 갖고 해결하기 위해 노력하는 자세가 필요하다.

02 기아 문제는 사하라 이남 아프리카와 남부 아시아 등지에서 심각하게 나타난다.

> **왜 틀렸지?** ㄷ. 국제 곡물 가격이 상승할 경우 저개발국의 식량 수입이 어려워진다. ㄹ. 식량 수확량에 비해 인구 증가 속도가 빠를 경우 기아 문제가 발생할 확률이 크다.

03 기아는 가뭄, 홍수, 병충해 등 자연적 요인과 잦은 전쟁이나 내전, 식량 분배의 어려움 등 인위적 요인이 복합적으로 작용하여 발생한다.

> **왜 틀렸지?** ② 민족과 종교의 차이 자체가 기아 문제를 발생시킨다고 보기는 어렵다.

04 제시된 지도와 관련된 지리적 문제는 기아 문제이다. 사하라 이남 아프리카, 남부 아시아, 남아메리카 일부 지역의 주민들은 영양 부족이 심각해 기아 문제로 고통받고 있다.

05 사하라 이남 아프리카는 기아 문제가 심각하게 나타난다. 가뭄 등의 자연재해, 급격한 인구 증가, 정치적 불안정 등이 기아 문제에 영향을 미치고 있다.

06 전 세계 생물 종의 절반 이상이 분포하는 열대 우림의 파괴는 생물 종 감소의 주요 원인이 되고 있다. 기름야자 농장의 건설로 많은 동물들의 서식지가 파괴되고 있다.

07 개발에 따른 서식지 파괴, 외래종의 유입 증가, 무분별한 남획 등은 생물 다양성을 감소시키는 원인이 된다.

08 상품 작물의 재배 비중이 증가하거나, 바이오 에너지에 대한 관심 증가로 연료용 작물의 수요가 늘어나는 현상은 농경지에서의 생물 다양성을 감소시키고 있다.

09 영토와 영해를 둘러싼 분쟁은 모호한 국경선 설정, 역사적 배경 및 민족과 종교의 차이, 군사 및 정치적 요충지 확보, 주요 자원의 확보 등이 복잡하게 얽혀서 발생한다.

10 ㄱ, ㄷ은 영토를 둘러싼 갈등 지역, ㄴ, ㄹ은 영해를 둘러싼 갈등 지역이다.

11 제시된 내용은 센카쿠 열도(댜오위다오)를 둘러싼 분쟁에 대한 설명이다. 센카쿠 열도(댜오위다오)의 지리적 위치가 갖는 장점과 자원 개발을 둘러싸고 영유권 분쟁이 발생하고 있다.

12 A는 수단 – 남수단 분쟁 지역, B는 이스라엘 – 팔레스타인 분쟁 지역, C는 카슈미르 분쟁 지역, D는 난사 군도(스프래틀리 군도) 분쟁 지역, E는 센카쿠 열도(댜오위다오) 분쟁 지역이다. 제시된 내용은 카슈미르 분쟁에 대한 것이다.

13 B는 이스라엘 – 팔레스타인 분쟁 지역이다. 제2차 세계 대전 이후 팔레스타인 지역에 유대인들이 이스라엘을 건국하면서 팔레스타인 사람들은 영토를 회복하기 위한 저항을 계속해 왔다. 종교 갈등, 민족 문제 등이 얽혀 분쟁이 발생한다.

14 난사 군도(스프래틀리 군도)는 인도양과 태평양을 연결하는 길목으로 전략적 가치가 높고 수산 자원이 풍부하며, 해저에 석유와 천연가스가 많이 매장되어 있다.

STEP 3 주관식·서술형

189쪽

01 ㉠ 기아
㉡ 사하라 이남 아프리카, 남부 아시아, 남아메리카 일부 지역 등

02 **예시 답안** 자연적 요인으로 가뭄, 홍수 등의 자연재해와 병충해의 영향을 들 수 있고, 인위적 요인으로 급격한 인구 증가와 잦은 전쟁이나 내전, 식량 및 자원의 분배 문제, 식량 가격 불안정 등이 있다.

채점 기준	
상	자연적 요인과 인위적 요인을 모두 바르게 서술하였다.
하	자연적 요인과 인위적 요인 중 한 가지만 바르게 서술하였다.

03 (1) 열대 우림
(2) **예시 답안** 전 세계 생물 종의 절반 이상이 분포할 정도로 생물 종 다양성이 매우 풍부하다.

채점 기준	
상	빌내 우림이 갖는 생물학적 가치를 바르게 서술하였다.
하	생물 종 다양성만 언급하였다.

04 생물 다양성 협약

05 **예시 답안** 카슈미르 지역이며, 힌두교 신자(인도)와 이슬람교 신자(파키스탄) 간의 종교적 차이가 주된 원인이다.

채점 기준	
상	카슈미르 지역을 쓰고, 갈등이 일어나는 원인인 종교적 차이를 바르게 서술하였다.
중	갈등이 일어나는 원인인 종교적 차이만 서술하였다.
하	카슈미르 지역만 썼다.

06 (1) 중국, 필리핀, 베트남, 말레이시아, 브루나이, 타이완

(2) **예시답안** 석유와 천연가스 및 수산 자원의 확보를 위해서이다. 해상 교통 및 군사상 요충지를 확보하기 위해서이다.

채점 기준	
상	분쟁이 발생하게 된 원인 두 가지를 모두 바르게 서술하였다.
하	분쟁이 발생하게 된 원인을 한 가지만 바르게 서술하였다.

02 저개발 지역의 발전 노력 ~
03 지역 간 불평등 완화를 위한 노력

STEP 1 개념 확인
192쪽

01 (1) 선진국 (2) 인간 개발 지수   **02** (1) 확대 (2) 높다

(3) 중·남부 아프리카   **03** (1) × (2) ○ (3) ○

04 (1)-ⓛ (2)-㉠ (3)-㉢

05 (1) 공적 개발 원조 (2) 국제 비정부 기구 (3) 공정 무역

STEP 2 대표 문제
192~194쪽

01 ② **02** ③ **03** ③ **04** ③ **05** ③ **06** ① **07** ⑤

08 ② **09** ③ **10** ④ **11** ③ **12** ① **13** ② **14** ⑤

01 국가마다 자연환경, 기술 및 교육 수준, 자원의 보유량, 사회적·경제적 제도, 무역 구조 등이 다르기 때문에 발전 수준에도 차이가 나타난다.

02 선진국과 저개발국 간의 경제적 격차는 점차 확대되고 있다. 선진국은 서부 유럽과 북아메리카 지역에, 저개발국은 아프리카, 동남 및 남부 아시아 등에 많이 위치하고 있다. 또한 선진국들은 주로 북반구, 저개발국들은 주로 적도 주변이나 남반구에 위치한다.

03 소득 수준(1인당 국내 총생산), 교육 기회, 보건 및 의료 수준(5세 미만 영유아 사망률), 남녀 간 성 평등 관련 지표(성 불평등 지수) 등이 국가들의 발전 수준을 파악할 수 있는 지표에 해당한다.

왜 틀렸지? ③ 민족의 분포만으로는 국가의 발전 수준을 파악하기가 어렵다.

04 경제 수준을 비교할 수 있는 지표인 1인당 국내 총생산이 높은 북서부 유럽과 북아메리카의 주요 국가들은 선진국이며, 1인당 국내 총생산이 낮은 중·남부 아프리카와 남아메리카에 속하는 대부분의 국가들은 저개발국이다.

05 인간 개발 지수(HDI)는 평균 수명, 교육 수준 등을 기준으로 국가별 국민의 삶의 질을 평가한 지표이다. 인간 개발 지수는 경제적 성장

과 함께 삶의 환경이나 수준까지 고려한 것으로, 북서부 유럽과 북아메리카에서 대체로 높게 나타난다.

06 최근 저개발국들은 빈곤을 해결하기 위해 선진국의 원조에 의존하기보다는 자체적인 노력을 강조하고 있다. 자영농을 육성하고 도로, 전력, 통신 시설 등 사회 기반 시설을 확대하며, 여성과 아동에게 교육 기회를 확대하고 일자리를 제공하여 자립을 돕고 있다.

07 저개발국들은 빈곤에서 벗어나고자 자영농 육성, 사회 기반 시설 구축, 교육 기회 확대 등을 통해 스스로 많은 노력을 기울이고 있다.

08 제시된 내용은 한국 국제 협력단(KOICA)에 대한 설명이다.

09 선진국의 정부나 공공 기관들이 저개발국의 발전을 위해 제공하는 원조를 공적 개발 원조라고 한다. 이를 통해 긴급 구호 사업을 추진하고 사회 기반 시설을 구축하는 등 저개발국의 발전을 돕고 있다.

10 적절하지 못한 원조는 지역의 자립 토대를 무너뜨릴 수 있으므로 지역의 상황과 문화적·경제적 특성을 파악하여 이루어져야 한다.

11 제시된 단체들은 국제 비정부 기구로 시민 단체가 중심이 되어 만들어졌으며, 국제 연합의 공식적 활동을 보조하고 국가 간 이해관계를 넘어 지속적인 활동을 할 수 있다.

12 공정 무역은 개발 도상국의 생산자들이 만든 상품을 정당한 가격으로 구매하여 생산자에게도 무역의 혜택이 돌아가도록 하는 것에 목적을 두고 있다. 기존의 불평등한 무역 구조를 해결하기 위해 공정 무역 운동은 계속해서 확대되고 있다.

13 공정 무역 상품은 중간 상인의 개입을 줄이고 판매 기업에 직접 수출되기 때문에 유통 비용을 낮추는 효과가 있다. 또한 수익금의 일부를 기술 개발이나 마을의 기반 시설을 확대하는 데 쓰고 있어 주민들에게 도움을 준다.

14 공정 무역에 참여하는 소비자의 입장에서 생산 지역 주민들의 생활 여건이 얼마나 좋아졌는지에 대한 정확한 정보와 저개발국 빈곤의 원인을 비판적으로 생각할 수 있는 기회 등을 제공받기 어렵다는 한계가 있다.

STEP 3 주관식·서술형
195쪽

01 인간 개발 지수(HDI)

02 (1) **예시답안** 국가마다 지형, 기후 등 자연환경에 차이가 나타나고, 기술 및 교육 수준, 사회·경제적 제도와 무역 구조 등이 다르게 나타나기 때문이다.

채점 기준	
상	국가별로 발전 수준에 차이가 나타나는 원인을 두 가지 모두 바르게 서술하였다.
하	국가별로 발전 수준에 차이가 나타나는 원인을 한 가지만 바르게 서술하였다.

(2) 1인당 국내 총생산(GDP), 인간 개발 지수(HDI), 5세 미만 영유아 사망률, 각국의 인터넷 이용 인구 비율, 성 불평등 지수 등

03 (1) ㉠ 선진국, ㉡ 저개발국(개발 도상국)

(2) **예시답안** 소득 및 생활 수준, 교육 및 의료 수준이 높다. 여성의 권한이 비교적 높은 편이다. 주민들의 삶의 질이 높다.

채점 기준	
상	선진국의 특징을 두 가지 모두 바르게 서술하였다.
하	선진국의 특징을 한 가지만 바르게 서술하였다.

04 (1) 공적 개발 원조(ODA)

(2) **예시답안** 지역의 상황이나 특성을 고려하지 않은 단기적인 성과 위주의 지원이 이루어지고 있다. 국가 간 이해관계에 따라 지원이 불안정하게 이루어질 수 있다. 부패 정부의 운영 자금으로 사용될 수 있다.

채점 기준	
상	공적 개발 원조가 갖는 한계점을 두 가지 모두 바르게 서술하였다.
하	공적 개발 원조가 갖는 한계점을 한 가지만 바르게 서술하였다.

05 공정 무역

06 **예시답안** 생산 지역 농민들에게 정당한 이익을 보장해 경제적 자립을 돕고 생활 여건이 좋아졌다. 이익금의 일부를 교육, 의료 등 지역 발전을 위해 투자하여 복지를 향상시킬 수 있다.

채점 기준	
상	생산 지역에 나타나는 긍정적인 변화를 두 가지 모두 바르게 서술하였다.
하	생산 지역에 나타나는 긍정적인 변화를 한 가지만 바르게 서술하였다.

대단원 마무리 문제

197~199쪽

01 ⑤ **02** ⑤ **03** ① **04** ⑤ **05** ④ **06** ⑤ **07** 해설 참조
08 ③ **09** ③ **10** ⑤ **11** 해설 참조 **12** ③
13 (가) 세계 식량 계획(WFP) (나) 국제 연합 난민 기구(UNHCR)
14 ④ **15** ④

01 기아는 가뭄, 홍수, 병충해 등 자연적 요인과 전쟁 및 내전, 식량 자원의 분배 문제 등 인위적 요인이 복합적으로 작용하여 발생한다. 급격한 인구 증가와 국제 곡물 가격의 상승도 기아의 문제를 심화시킨다.

02 제시된 글과 관련된 문제는 기아 문제이다. 사하라 이남 아프리카, 남부 아시아, 남아메리카 일부 지역의 주민들은 영양 부족이 심각해 기아 문제로 고통받고 있다.

03 제시된 지도의 A 지역은 열대 우림의 분포를 나타낸 것이다. 열대 우림은 생물 다양성이 매우 풍부한 지역이었으나 최근 들어 산업화, 도시화, 농경지 조성 등으로 열대 우림이 파괴되면서 이 지역에서 생물 다양성 감소 문제가 심각하다.

04 경제 개발 및 인구 증가로 인한 동식물의 서식지 파괴, 외래종의 유입 증가, 남획 증가 등으로 생물 다양성이 계속해서 감소하고 있다.

05 A는 수단 – 남수단 분쟁 지역, B는 이스라엘 – 팔레스타인 분쟁 지역, C는 카슈미르 분쟁 지역, D는 난사 군도(스프래틀리 군도) 분쟁 지역, E는 센카쿠 열도(댜오위다오) 분쟁 지역이다. 제시된 내용은 난사 군도(스프래틀리 군도) 분쟁에 대한 것이다.

06 C 지역은 카슈미르 지역으로, 제2차 세계 대전 이후 영국에서 독립할 때 이슬람교 신자가 많은 카슈미르 지역이 힌두교 신자가 많은 인도에 포함되면서 갈등이 발생하였다.

07 **예시답안** E 지역은 센카쿠 열도(댜오위다오)이다. 분쟁이 발생하게 된 원인은 석유와 천연가스 및 수산 자원 확보와 해상 교통 및 군사상 요충지 확보를 위해서이다.

채점 기준	
상	센카쿠 열도를 쓰고, 분쟁이 발생하게 된 원인 두 가지를 모두 바르게 서술하였다.
중	센카쿠 열도를 쓰고, 분쟁이 발생하게 된 원인을 한 가지만 바르게 서술하였다.
하	센카쿠 열도만 썼다.

08 5세 미만 영유아 사망률은 아프리카, 남부 아시아 등에서 상대적으로 높게 나타나며, 각국의 의료 및 보건 수준을 파악하기에 적합한 자료이다.

09 인간 개발 지수, 기대 교육 연한, 여성 의원 비율, 1인당 국내 총생산 등은 선진국에서 높게 나타나고, 성 불평등 지수는 저개발국에서 높게 나타난다.

10 최근에 저개발 국가들은 빈곤을 해결하기 위해 선진국의 원조에 의존하기보다는 자체적인 노력을 강조하고 있다. 적정 기술은 주로 저개발국에 적용되며, 특정 지역의 상황에 맞는 기술로 문제 해결에 적절하게 사용될 수 있는 기술이다.

11 **예시답안** 많은 저개발 국가들은 자영농 육성을 통해 식량 생산량을 늘리기 위해 노력한다. 지역 발전을 위해 사회 기반 시설에 대한 투자를 늘리고 있다. 여성과 아동들에게 교육 기회를 확대하고 일자리를 제공하고 있다. 그러나 저개발국은 기술 수준이 낮고 자본이 부족하며 정치적으로 불안정하여 자체 노력을 통한 빈곤 해결에 한계가 있다.

채점 기준	
상	구체적 사례와 한계를 모두 바르게 서술하였다.
하	사례와 한계 중 한 가지만 바르게 서술하였다.

12 최근에 많은 저개발 국가들은 사회 기반 시설 투자, 교육 기회 확대 등 자체적인 노력을 통해 빈곤을 해결하고자 한다.

14 선진국의 정부나 공공 기관들이 저개발국의 발전을 위해 제공하는 원조를 공적 개발 원조(ODA)라고 한다. 하지만 지역의 상황이나 특성을 고려하지 않은 단기적인 성과 위주의 지원이 이루어지거나 국가 간 이해관계에 따라 지원이 불안정하게 이루어질 수 있다는 한계가 있다.

15 공정 무역은 저개발국의 생산자가 안전하고 친환경적인 방식으로 상품을 생산할 수 있도록 해주는 무역 방식이다.

1 인권과 헌법

01 인권 보장과 헌법 ~ 02 인권 침해와 구제 (1)

실력 확인 문제
02~04쪽

01 ⑤ **02** ③ **03** ⑤ **04** ④ **05** ① **06** ② **07** ⑤
08 ② **09** ⑤ **10** ① **11** ③ **12** ③ **13** 해설 참조
14 해설 참조

01 인권은 인간이 마땅히 누려야 할 기본적인 권리이며, 인간이 본래 가지고 태어나는 천부적인 권리이다. 또한 국가 형성 이전에 이미 인간에게 부여된 자연적인 권리이며, 성별, 국가, 인종 등에 관계없이 모든 사람이 동등하게 누리는 보편적인 권리이다.

02 인권은 인간이 태어나면서부터 하늘이 부여해 준 천부적인 권리이다.

03 (가)는 자연적 권리, (나)는 보편적 권리로서의 특징을 보여 준다.

04 국민의 기본적인 인권인 기본권을 최고의 법인 헌법에 규정하고 있다. 헌법은 인권 침해의 여부를 판단하는 기준이 되며, 인권 침해를 예방하고 침해된 인권을 구제하는 역할을 한다.

> **왜 틀렸지?** ㄴ. 헌법은 국가 최고의 법으로, 인권을 보장하는 역할을 한다.

05 제시된 글은 기본권에 대한 설명이다. 기본권은 헌법으로 규정된 국민의 기본적인 인권으로, 헌법에 명시되어 있다.

06 교육권, 근로권, 사회 보장을 받을 권리 등은 사회권에 해당한다. 참정권은 국가의 의사 결정에 참여할 수 있는 권리이다.

07 자유권은 국가 권력으로부터 간섭을 받지 않고 자유롭게 생활할 권리이다. 기본권 중에서 핵심적인 내용을 구성하며, 예로는 신체의 자유, 직업 선택의 자유 등이 있다.

08 청구권은 국민이 국가에 대하여 특정한 행위를 요구하거나 침해당한 기본권의 구제를 청구할 수 있는 적극적인 권리로, 다른 기본권을 보장하기 위한 수단적 성격을 가진다.

09 제시된 자료는 사회권에 관한 것이다. 사회권은 국가에 대해 최소한의 인간다운 생활의 보장을 요구할 수 있는 권리이다. 사회권은 국가의 노력을 요구하는 적극적 권리로, 현대 사회에서 그 중요성이 더욱 커지고 있다.

> **왜 틀렸지?** ㄱ. 다른 기본권의 보장을 위한 수단적 성격을 가지는 것은 청구권이다.

10 기본권은 국가 안전 보장, 질서 유지, 공공복리를 위하여 필요한 경우에 한해서만 법률로써 제한할 수 있다. 이 경우에도 기본권의 본질적인 내용은 침해할 수 없다.

11 군사 시설 보호 구역에서는 군사 작전을 원활히 수행하기 위해 개인의 자유가 일부 제한된다. 이는 국가 안전을 보장하기 위함이다.

12 제시된 자료는 인권 침해에 관한 것이다. 인권 침해는 개인이나 단체, 국가 기관이 다른 사람의 인권을 침범하여 해를 입히는 행위이다. 침해된 인권은 누가, 어떻게 침해하였는지에 따라 구제받을 수 있는 방법도 다르다.

13 (1) ㉠ 인권, ㉡ 헌법

(2) **예시답안** 국가 권력이 개인의 기본적 인권을 침해할 수 없도록 법적 장치를 마련하기 위함이다. 국가 권력으로부터 국민의 자유와 권리를 최대한 보장하기 위함이다.

채점 기준	
상	인권과 헌법을 쓰고, 핵심 용어를 사용하여 (가)의 이유를 정확하게 서술하였다.
중	인권과 헌법은 썼지만 핵심 용어를 사용하지 않고 (가)의 이유를 서술하여 그 내용이 미흡하였다.
하	인권과 헌법만 썼다.

14 (1) 국가 안전 보장·질서 유지 또는 공공복리

(2) 법률

(3) **예시답안** 국가 권력이 국민의 기본권을 침해하는 것을 방지함으로써 국민의 자유와 권리를 최대한 보장하기 위해서이다.

채점 기준	
상	(1), (2)에 알맞은 내용을 모두 쓰고, 핵심 개념을 사용하여 (3)을 정확하게 서술하였다.
중	(1), (2)에 알맞은 내용을 모두 썼지만 핵심 개념을 사용하지 않고 (3)을 서술하여 그 내용이 미흡하였다.
하	(1), (2)에 알맞은 내용만 썼다.

02 인권 침해와 구제 (2) ~ 03 근로자의 권리와 노동권 침해 구제

실력 확인 문제
05~07쪽

01 ③ **02** ⑤ **03** ③ **04** ② **05** ④ **06** ④ **07** ④
08 ⑤ **09** ⑤ **10** ② **11** ① **12** ④ **13** 해설 참조
14 노동권 침해 **15** 해설 참조

01 ③ 인권 보장을 위한 국가 기관 중 법원은 법을 적용하여 각종 분쟁을 해결하고, 침해된 국민의 인권을 구제하는 역할을 담당한다.

> **왜 틀렸지?** ① 국가 인권 위원회의 역할이다. ② 국민 권익 위원회의 역할이다. ④, ⑤ 헌법 소원 심판과 위헌 법률 심판은 헌법 재판소가 담당한다.

02 국가 인권 위원회는 입법, 행정, 사법의 어디에도 소속되지 않는 독립된 기구로, 인권의 보호와 향상을 위한 업무를 수행한다.

03 **왜 틀렸지?** ㄱ. 인권 침해와 차별 행위에 대해 조사를 한 후 권리를 구제하는 역할은 국가 인권 위원회가 담당한다. ㄹ. 재판의 전제가 된 법률이 헌법에 위반된다고 판단될 경우 헌법 재판소에 위헌 법률 심사의 신청은 법원이 담당한다.

04 근로권은 일할 능력을 가진 사람이 국가에 대해 일할 기회와 인간다운 생활의 보장을 요구할 수 있는 권리로, 헌법에 모든 국민의 근로의 권리와 국가가 보장할 책임이 있음을 명시하고 있다.

왜 틀렸지? ①, ③, ④, ⑤ 근로자의 권익 향상을 위해 근로자가 사용자와 대등한 지위를 가지고 근로 조건을 결정할 수 있도록 헌법으로 보장된 근로자의 권리를 노동 3권이라고 한다. 노동 3권에는 단결권, 단체 교섭권, 단체 행동권이 있다.

05 최저 임금 제도는 사용자에 비해 근로자가 경제적·사회적으로 약자인 점을 고려하여 근로자의 고용 증진과 적정 임금을 보장해 주는 것이다.

06 **왜 틀렸지?** ㄹ. 근로자가 사용자와 협의를 진행하였으나 원만하게 이루어지지 않을 경우 일정한 절차를 거쳐 단체 행동을 할 수 있다.

07 근로자가 단체 교섭권을 행사하여 사용자와 협의를 진행하였으나 원만하게 협의가 이루어지지 않았을 때에는 일정한 절차를 거쳐 쟁의 행위를 할 수 있는데, 이를 단체 행동권이라 한다.

08 근로 계약서 미작성, 직장 내의 폭력과 폭언 행위, 임금 체불, 최저 임금 미준수 등은 노동권의 침해에 해당된다. 파업이나 태업, 직장 폐쇄 조치는 쟁의 행위로, 노동권의 침해와는 관련이 없다.

09 노동권 침해는 사전에 예방하는 것이 중요하므로 사전 교육의 필요성을 강조해야 한다.

10 **왜 틀렸지?** ㄴ, ㄷ. 사용자가 근로자에게 합리적이고 공정한 기준으로 해고 대상자를 선정하여 해고의 사유와 그 시기를 서면으로 통지할 경우는 부당 해고에 해당하지 않는다.

11 부당 해고를 당한 경우 노동 위원회를 찾아가 구제를 신청하거나 해고 무효 확인 소송을 제기할 수 있다. 노동 위원회를 거치지 않고 바로 법원에 해고 무효 확인 소송을 하는 것도 가능하다.

12 근로자는 임금 체불 시 우선 사업자에게 밀린 임금에 대한 지불을 청구해야 한다. 사용자에게 체불 임금을 청구하였음에도 사용자가 임금을 지급하지 않는다면 고용 노동부에 진정서를 제출해야 한다. 또한 법원에 사용자의 임금 체불에 대한 형사 처분과 체불된 임금에 대한 민사 소송을 제기할 수 있다.

13 **예시 답안** 경제적·사회적으로 약자의 위치에 있는 근로자가 사용자와 대등한 위치에서 근로 조건을 협의하고 결정할 수 있도록 하기 위함이다.

채점 기준	
상	'약자인 근로자', '근로 조건의 협의'를 모두 언급하여 정확하게 서술하였다.
중	핵심 개념을 덜 언급하여 서술한 내용이 조금 미흡하였다.
하	핵심 개념의 언급이 전혀 없어 서술한 내용이 미흡하였다.

15 (1) 부당 노동 행위

(2) **예시 답안** 노동 위원회에 구제를 신청할 수 있다. 법원에 소송을 제기할 수 있다.

채점 기준	
상	부당 노동 행위를 쓰고, 구제 방법 두 가지를 정확하게 서술하였다.
중	부당 노동 행위를 쓰고, 구제 방법 중 한 가지만을 정확하게 서술하였다.
하	부당 노동 행위만 썼다.

2 헌법과 국가 기관

01 국회 ~ 02 행정부와 대통령 (1)

실력 확인 문제

08~10쪽

01 ①	02 ②	03 ⑤	04 ④	05 ⑤	06 ③	07 ③
08 ③	09 ①	10 ①	11 ⑤	12 ④	13 ②	14 ⑤

15 본회의　**16** 해설 참조　**17** 해설 참조　**18** 행정

01 법률안을 심사하고 표결하여 법률을 만드는 국가 기관은 국회이다.

02 지역구 의원은 각 지역에서 후보자에 대한 선거를 통해 선출되고, 비례 대표 의원은 전국에서 각 정당이 얻은 득표율에 비례하여 의원을 선출하는 방식이다. 선출 방식이 다를 뿐 두 국회 의원 모두 국민의 선거로 선출되는 국민의 대표이며, 임기는 4년이다.

03 국회는 국민의 대표 기관이자 입법 기관이며, 국가 권력의 견제 기관이다.

왜 틀렸지? ㄱ. 사법 기관은 법원, ㄴ. 법률을 집행하는 기관은 행정부이다.

04 행정 각부의 장(장관)은 국무총리가 제청하여 대통령이 임명한다.

05 법률을 제·개정하는 권한은 국회의 입법에 관한 권한에 해당한다.

왜 틀렸지? ① 임명 동의권 행사, ④ 국정 조사는 일반 국정에 관한 권한이다. ② 결산 심사, ③ 예산안 심의 및 확정은 국가 재정에 관한 권한이다.

06 주어진 자료는 국회가 행정부의 국정 운영을 견제할 수 있는 권한 중 하나인 탄핵 소추권에 대한 설명이다.

07 세금은 국민에게 경제적 부담을 주기 때문에 국회가 그 종류와 세율을 법률로 정한다. 이는 국가 재정에 관한 권한에 해당한다.

왜 틀렸지? ① 입법에 관한 권한이다. ② 예산안은 행정부가 세우고 국회가 심의하여 확정한다. ④ 일반 국정에 관한 권한이다. ⑤ 결산 심사란 정부가 예산을 제대로 사용했는지 국회가 심사하는 것이다.

08 주어진 자료는 국민의 복리 증진을 위한 행정 작용을 보여 준다. 행정 작용은 행정부에서 담당한다.

09 행정은 공익을 실현하기 위한 국가의 적극적인 권력 활동이며 행정부에서 담당한다. 현대 국가에서는 행정부가 하는 일이 광범위해지고 전문화되고 있다.

10 행정 기관과 공무원이 직무를 제대로 처리하는지 확인하는 역할을 하는 국가 기관은 감사원이다.

11 각종 정책을 만들어 실행하는 것을 행정이라고 한다.

왜 틀렸지? ㄱ. 법률을 적용하여 분쟁을 해결하는 것은 사법부이다. ㄴ. 위원회는 국회의 조직에 해당한다.

12 국회 의장은 행정부의 조직이 아니라 국회의 대표이다. 대통령을 보좌하여 행정 각부를 총괄하는 역할은 국무총리가 수행한다.

13 국무 회의는 정부의 권한에 속하는 중요한 정책을 심의하는 행정부 최고의 심의 기관이다.

왜 틀렸지? ① 감사원. ③ 국회의 상임 위원회. ⑤ 국회의 국정 조사에 대한 설명이다. ④ 대통령이 최종 결정권자이다.

14 ㄷ. 행정부는 국민의 복리 증진을 위해 각종 정책을 만들어 실행한다. ㄹ. 국가의 세입·세출의 결산을 검사하는 것은 행정부에 속하는 감사원이 한다.

왜 틀렸지? ㄱ. 예산안을 심의·확정하는 것. ㄴ. 조세의 종목과 세율을 결정하는 것은 국회의 권한이다.

16 예시답안 국정 감사. 국회는 국민을 대표하는 기관으로서 국정 감사 능력을 통해 국정 운영을 감시하고 견제하는 기능을 한다.

채점 기준	
상	국정 감사라고 쓰고, 국회의 국가 권력 견제에 대해 바르게 서술하였다.
중	국정 감사라고 쓰고, 국회의 기능을 미흡하게 서술하였다.
하	국정 감사라고만 썼다.

17 예시답안 행정부가 세운 일 년 동안의 예산안을 심의·확정한다. 결산 심사를 통해 정부가 예산을 제대로 사용했는지 심사한다. 세금의 종류와 세율을 법률로 정한다.

채점 기준	
상	국가 재정에 관한 권한 두 가지를 모두 정확하게 서술하였다.
중	한 가지는 정확하게 서술하고, 한 가지는 미흡하게 서술하였다.
하	두 가지 모두 미흡하게 서술하였다.

02 행정부와 대통령 (2) ～
03 법원과 헌법 재판소

실력 확인 문제

11~14쪽

01 ⑤   **02** ⑤   **03** ⑤   **04** ⑤   **05** ④   **06** ②   **07** ①
08 ①   **09** ③   **10** ④   **11** ⑤   **12** ⑤   **13** ③   **14** ③
15 ②   **16** ②   **17** ②   **18** ④   **19** ④   **20** ①
21 해설 참조   **22** 계엄   **23** 헌법 재판소   **24** 권한 쟁의 심판

01 헌법 기관을 구성하는 권한은 대통령이 국가 원수이기 때문에 갖는 권한이다. 행정부의 수반으로서는 행정부를 구성할 권한을 갖는다.

02 대통령의 임기를 제한하는 이유는 장기 집권에 따른 독재로 국민의 자유와 권리가 침해되는 것을 막기 위해서이다.

03 헌법 개정안을 제안하는 것은 대통령이 국가 원수로서 갖는 권한이다.

04 국군 지휘·통솔권은 행정부의 수반으로서 갖는 권한이다.

05 국회 의장은 국회에서 선출한다.

06 대통령이 행정 각부의 장을 임명하는 것은 행정부를 구성하는 권한과 관련있는 활동이다.

07 대통령은 행정부 수반으로서 대통령령을 제정할 수 있다.

왜 틀렸지? ② 국회의 권한이다. ④ 헌법 개정안을 제안만 할 수 있을 뿐 의결은 국회의 권한이다. ⑤ 정당 해산 심판은 정부가 청구하고, 헌법 재판소에서 심판한다.

08 사법 작용은 법원이 담당한다.

09 법원은 재판을 통해 분쟁을 해결하고 사회 질서를 유지한다.

왜 틀렸지? ㄱ. 국회의 입법. ㄹ. 정부의 행정에 대한 설명이다.

10 법원이 법률을 해석하고 적용하여 분쟁을 해결하는 것이 사법 작용이다.

11 재판의 심리와 판결을 공개하는 것은 공정한 재판을 통해 국민의 자유와 권리를 보장하기 위한 것이지만, 사법권의 독립과는 관련이 없다.

12 법원이 위헌 법률 심판 제청권, 명령·규칙·처분 심사권을 행사할 수 있는 것은 권력 분립의 원리에 따라 국가 권력의 남용을 방지하여 국민의 자유와 권리를 보장하기 위한 것이다.

13 ㉠은 고등 법원이다. 특허 소송의 1심을 담당하는 특허 법원이 고등 법원과 동급이다.

14 법원은 재판, 위헌 법률 심판 제청, 명령·규칙·처분 심사의 권한을 가진다.

왜 틀렸지? ㄱ. 헌법 소원 심판은 국민이 헌법 재판소에 청구한다. ㄹ. 권한 쟁의 심판은 헌법 재판소가 담당한다.

15 (가)는 최고 법원인 대법원, (나)는 지방 법원과 동급이면서 특수 법원에 해당하는 가정 법원에 대한 설명이다.

16 그림처럼 공권력의 행사 또는 불행사로 인해 헌법이 보장하는 기본권을 침해받은 국민이 헌법 재판소에 구제를 신청하여 심판받는 제도를 헌법 소원 심판이라고 한다.

17 **왜 틀렸지?** ㄴ. 범죄 여부를 판단하고 처벌하는 형사 재판은 일반 법원에서 담당한다. ㄹ. 헌법 개정안 제안은 국회나 행정부가 할 수 있다.

18 헌법 재판소가 어떠한 권력에도 영향을 받지 않고 정치적 중립을 유지할 수 있도록 법관의 자격을 가진 자들 가운데 자료와 같은 방법으로 헌법 재판관을 구성한다.

19 공권력으로 인해 기본권을 침해당한 국민이 구제를 신청하여 헌법 재판소가 심판하는 것은 헌법 소원 심판이다.

20 **왜 틀렸지?** ㄷ. 헌법 소원 심판에 대한 설명이다. ㄹ. 재판 과정에서 법률이 헌법에 위반되는지 여부가 재판의 전제가 되는 경우에만 심판한다.

21 (1) (가) 행정부의 수반, (나) 국가 원수
(2) **예시답안** (가) 행정부를 구성한다. 국군을 지휘·통솔한다. 대통령령을 제정한다. 법률안을 거부할 수 있다. 등
(나) 국가를 대표하여 조약을 체결한다. 전쟁을 선포할 수 있다. 헌법 개정안을 제안할 수 있다. 긴급 명령이나 계엄을 선포할 수 있다. 등

채점 기준	
상	(가), (나)를 쓰고, 행정부 수반으로서 갖는 권한과 국가 원수로서 갖는 권한을 각각 정확하게 서술하였다.
중	(가), (나)를 썼지만 그에 따른 권한을 미흡하게 서술하였다.
하	(가), (나)만 썼다.

3 경제생활과 선택

01 경제 활동과 경제 체제 ~
02 기업의 역할과 기업가 정신

15~17쪽

실력 확인 문제

01 ② 02 ① 03 ④ 04 ① 05 ④ 06 ⑤ 07 ①
08 ③ 09 ④ 10 ② 11 ① 12 ① 13 ③ 14 소비
15 해설 참조 16 해설 참조 17 해설 참조

01 재화는 인간에게 필요한 구체적인 형태가 있는 물건을 말하고, 서비스는 생활에 도움을 주는 인간의 가치 있는 활동을 가리킨다.

02 생산 요소란 노동, 자본, 토지 등과 같이 생산에 필요한 요소이다. 사람들은 다양한 방법으로 생산 요소를 제공하고 생산에 참여한다.

03 정부는 가계와 기업으로부터 세금을 걷으며, 이를 바탕으로 국방, 치안 등을 담당하고 시장의 경제 질서를 유지하는 역할을 한다.

04 가수의 공연 , 버스 기사의 운전, 교사의 강의 등은 서비스이다. 이러한 서비스를 만드는 활동은 생산에 해당한다.

05 깨끗한 물과 공기는 과거에는 희소하지 않았으나 시대가 변하면서 희소성이 높아지고 있다.

06 인간의 욕구에 비하여 이를 충족해 줄 자원이 상대적으로 부족하기 때문에 한정된 자원을 효율적으로 사용하기 위해 합리적 선택이 중요하다.

07 치킨과 피자 중 치킨을 먹기로 한 것은 치킨의 만족도가 더 크기 때문이다. 기회비용은 포기한 대안의 가치 중 가장 큰 것을 포함한다.

08 편익이란 어떤 것을 선택함으로써 얻을 수 있는 이익이나 만족을 말한다.

09 시장 경제 체제는 가계, 기업의 자유로운 경제 활동을 보장한다.
> **왜 틀렸지?** ①, ②, ③, ⑤ 계획 경제 체제에 대한 설명이다.

10 **왜 틀렸지?** 계획 경제 체제에서는 ㄴ. 사회의 공동 목표를 위해 구성원의 경제 활동을 통제하고, ㄹ. 정부의 계획과 명령에 의해 사회 전체의 생산량과 소비량이 결정된다.

11 시장 경제 체제를 기본으로 하는 국가에서는 환경 오염, 빈부 격차와 같은 문제 해결을 위해 정부가 시장에 개입한다. 반면에 계획 경제 체제를 기본으로 하는 국가에서는 근로 의욕 저하, 생산성 하락 등과 같은 문제 해결을 위해 시장 경제 체제의 요소를 도입하고 있다.

12 M사가 '독도 시리즈' 제품 판매를 통해 기업의 사회적 책임을 다하고 있는 사례이다.

13 기업가 정신이란 혁신과 창의성을 바탕으로 한 생산 활동을 통해 기업을 성장시키려는 도전 정신을 말한다.

15 **예시답안** 자원의 희소성, 인간의 욕구에 비하여 이를 충족해 줄 자원이 상대적으로 부족한 것을 말한다.

채점 기준	
상	자원의 희소성이라고 쓰고, 그 의미를 바르게 서술하였다.
중	자원의 희소성의 의미만 바르게 서술하였다.
하	자원의 희소성이라고만 썼다.

16 **예시답안** 시장 경제 체제, 시장 경제 체제에서는 시장에서 형성된 가격에 의해 자원이 배분된다.

채점 기준	
상	시장 경제 체제라고 쓰고, 자원 배분 방식을 바르게 서술하였다.
중	시장 경제 체제의 자원 배분 방식만 바르게 서술하였다.
하	시장 경제 체제라고만 썼다.

17 **예시답안** 기업의 사회적 책임, 기업이 이윤을 추구하는 활동 이외에 사회적 의무를 충족하는 방향으로 활동해야 한다는 것을 의미한다.

채점 기준	
상	기업의 사회적 책임이라고 쓰고, 그 의미를 바르게 서술하였다.
중	기업의 사회적 책임의 의미만 바르게 서술하였다.
하	기업의 사회적 책임이라고만 썼다.

03 지속 가능한 경제생활

18~20쪽

실력 확인 문제

01 ⑤ 02 ⑤ 03 ① 04 ④ 05 ③ 06 ② 07 ⑤
08 ② 09 ③ 10 ③ 11 ④ 12 ② 13 ④ 14 ②
15 유소년기 16 자산 17 해설 참조 18 해설 참조

01 중·장년기에는 소득도 크지만 지출할 일이 많아 소비도 가장 크다.

02 노년기는 은퇴 이후 연금으로 생활하는 시기로, 안정적인 자산 운영이 필요하다.

03 학업을 하는 유소년기에는 부모의 소득에 의존하여 용돈을 관리한다.

04 중·장년기는 자녀 대학, 자녀 결혼 등 목돈을 지출할 일이 많은 시기이다. 또한 은퇴 후를 위한 자금을 준비해야 하는 시기이다.

05 인간의 평균 수명이 연장되면서 노년기의 생활에 대비할 필요성이 더욱 커지고 있다.

06 주식을 구입하면 배당금을 받거나 사고파는 과정에서 이익을 얻을 수 있다.
> **왜 틀렸지?** ㄴ. 채권, ㄹ. 적금에 대한 설명이다.

07 제시문은 보험에 대한 설명이다. 보험은 큰 손해를 막아 주는 데 의의가 있다.
> **왜 틀렸지?** ① 국민연금, ② 펀드, ③ 채권, ④ 주식에 대한 설명이다.

08 (가)는 수익성과 위험성이 모두 높은 영역으로, 주식이나 펀드가 해당한다. (나)는 수익성과 위험성이 상대적으로 낮은 영역으로, 예금이나 적금이 해당한다.

09 유동성이란 필요할 때 얼마나 쉽게 현금으로 바꿀 수 있는가를 의미한다.

10 A 씨는 대부분의 자금을 주식과 펀드에 투자하고 있다. 주식과 펀드는 수익성은 높지만 안전성이 낮은 자산이다.

11 연금은 노후에 대비하여 저축하는 금융 자산으로, 예금과 적금에 비해 계약 기간이 긴 것이 특징이다.

12 신용 카드 사용과 할부 거래에 대한 설명이다. 신용 카드 사용과 할부 거래는 신용 거래의 대표적인 사례이다.

13 신용에 대한 설명이다. 신용은 현재의 소득보다 더 많은 소비를 할 수 있어 과소비나 충동구매의 우려가 있다.

14 신용 관리를 잘하려면 자신의 지불 능력을 고려하여 소비하고 상품 대금 지급이나 돈을 갚기로 한 약속을 반드시 지키도록 노력한다.

17 (예시답안) 채권, 기업이나 정부에 돈을 빌려주는 대가로 일정한 이익을 얻을 수 있는 금융 상품을 말한다.

채점 기준	
상	채권이라고 쓰고, 그 의미를 바르게 서술하였다.
중	채권의 의미만 바르게 서술하였다.
하	채권이라고만 썼다.

18 (1) (가) 주식, (나) 예금

(2) (예시답안) 주식은 예금에 비해 수익성은 높지만 안전성은 낮다. 예금은 주식에 비해 수익성은 낮지만 안전성은 높다.

채점 기준	
상	(가), (나)를 쓰고 두 측면에서의 비교 내용을 정확하게 서술하였다.
중	(가), (나)를 쓰고 한 측면에서의 비교 내용만 서술하였다.
하	(가), (나)만 정확하게 썼다.

4 시장 경제와 가격

01 시장의 의미와 종류 ~ 02 시장 가격의 결정

실력 확인 문제

21~24쪽

01 ② **02** ⑤ **03** ③ **04** ② **05** ④ **06** ④ **07** ③
08 ④ **09** ④ **10** ① **11** ③ **12** ① **13** ② **14** ①
15 ② **16** ③ **17** ② **18** ③ **19** ① **20** ⑤
21 해설 참조　**22** 해설 참조

01 시장에서는 눈에 보이는 재화 외에도 서비스가 거래되기도 하며, 생산 요소가 거래될 수도 있다.

02 아르바이트 구인 구직 시장은 노동을 거래하는 생산 요소 시장이다. 동시에 인터넷 사이트로 거래가 이루어지면 거래하는 장소가 직접 보이지 않는다.

03 생산에 사용되는 노동, 토지, 자본 등이 거래되는 시장을 생산 요소 시장이라고 한다.

04 자급자족 경제에서 생산량이 증가하면서 교환 경제가 발달하고 시장이 형성되었다. 시장에서 물물 교환을 하는 형태였다가 화폐가 발달하며 시장이 더욱 활성화되었다.

05 수요 법칙에 부합하는 사례는 ㄴ, ㄹ이다.

06 빈칸 ㉠은 공급 법칙이다. 공급 법칙은 가격의 변화에 따라 공급량이 같은 방향으로 움직이는 것을 말한다.

07 수요·공급 법칙에 따라 가격이 상승하면 수요량은 감소하고 공급량은 증가한다.

08 가격이 상승하면 공급량이 증가하고, 가격이 하락하면 공급량이 감소하는 현상을 공급 법칙이라고 한다.

09 주어진 그래프는 공급 법칙을 나타낸다. 가격이 1,500원으로 오르면 공급량이 100개에서 150개로 증가한다.

10 아이스크림의 공급 곡선에서 점의 이동은 공급량이 변화한 것을 나타낸다. 가격이 상승하면서 공급량이 증가하였다.

11 주어진 그래프는 공급 곡선이다. 가격이 1,000원일 때는 공급량이 20개, 2,000원 일 때는 30개로 10개가 늘어난다.

12 어떤 상품의 가격이 비싸면 공급량이 수요량보다 많은 초과 공급이 발생한다. 그러면 일부 공급자들은 가격을 낮춰서라도 상품을 팔려고 할 것이고 이로 인해 상품의 가격은 하락하게 된다. 결국 수요량과 공급량이 일치하는 지점에서 균형 가격이 형성된다.

13 초과 수요가 발생하면 수요량이 공급량보다 많아 수요자들이 경쟁하게 되고 가격이 점차 상승하여 균형에 도달하게 된다.

〔왜 틀렸지?〕 ㄴ. 초과 공급에 대한 설명이다. ㄹ. 상품 가격이 균형 가격보다 낮을 경우 발생한다.

14 핫도그의 균형 가격은 1,000원이다. 만약 가격이 1,500원이면 수요량은 8개, 공급량은 20개로 공급량이 12개 더 많은 초과 공급이 발생하게 된다.

15 수요 곡선과 공급 곡선이 만나는 지점에서의 가격이 균형 가격이다.

16 균형 가격은 1,000원이고 균형 거래량은 100개이다. 따라서 총 판매액은 100,000원이다.

17 가격이 2,000원일 경우 수요량이 50개, 공급량이 150개로 100개의 초과 공급이 발생한다.

18 수요량과 공급량이 일치하는 지점에서 균형이 결정된다. 크림빵은 700원에 60개가 거래된다.

19 가격이 700원일 때 시장에서 60개의 크림빵이 거래되어 42,000원 (700원×60개)의 가장 큰 총 판매액이 발생한다.

20 가격이 500원이면 수요량은 20개이고 공급량은 100개로, 공급량이 더 많은 초과 공급이 발생한다.

21 (1) 시장

(2) (예시답안) (가), (나)는 거래를 하는 장소가 구체적으로 눈에 보이는 시장이고, (다)는 눈에 보이지 않더라도 거래가 이루어지는 추상적인 시장이다. (가), (나)는 생산물 시장이고, (다)는 생산 요소가 거래되는 시장이다.

채점 기준	
상	㉠을 쓰고, (가)~(다)의 구분 기준을 정확하게 서술하였다.
중	㉠을 쓰고, (2)를 미흡하게 서술하였다.
하	㉠만 썼다.

22 (1) ㉠ 균형 가격, ㉡ 균형 거래량

(2) **예시답안** 가격이 1,000원이면 수요량은 40개, 공급량은 20개이다. 따라서 20개의 초과 수요가 발생하여 수요자 간의 경쟁이 발생하게 되고 가격은 상승한다.

채점 기준	
상	㉠, ㉡을 쓰고 수요량, 공급량, 초과 수요, 수요자 간 경쟁, 가격 변화를 모두 포함하여 (2)를 서술하였다.
중	㉠, ㉡을 쓰고 (2)를 미흡하게 서술하였다.
하	㉠, ㉡만 썼다.

03 시장 가격의 변동

실력 확인 문제
25~27쪽

01 ⑤	**02** ⑤	**03** ⑤	**04** ③	**05** ③	**06** ③	**07** ⑤
08 ④	**09** ③	**10** ④	**11** ②	**12** ④	**13** ①	

14 해설 참조 **15** 해설 참조 **16** ㉠ 증가 ㉡ 감소

01 ㄷ. 상품의 가격이 상승할 것이라 예상되면 그 상품의 현재 수요가 증가한다. ㄹ. 상품에 대한 선호도가 상승하면 그 수요가 증가한다.

왜 틀렸지? ㄱ. 공급 감소 요인이다. ㄴ. 대체재인 돼지고기의 수요량이 증가하며 소고기의 수요는 감소한다.

02 상품의 가격이 내릴 것으로 예상되면 수요자는 나중으로 소비를 미루면서 현재의 수요는 감소한다.

03 A 스낵에 대한 선호도가 높아져 수요가 증가하였다. 그 결과 수요 곡선은 우측으로 이동하고 가격은 상승하며 거래량은 증가할 것이다.

04 함께 소비하는 상호 보완 관계에 있는 재화를 보완재라고 한다. 일반적으로 콜라와 사이다는 대체재 관계에 있는 재화이다.

05 자가용 운전 대신 대중교통 이용으로 바꿀 수 있는 것으로 보아 이들은 대체재 관계에 있다. 또한 국제 유가 상승, 즉 생산 요소의 가격 상승으로 휘발유 가격이 오른 것이다.

06 수요가 감소하면 수요 곡선은 왼쪽으로 이동하고 가격은 하락, 거래량은 감소한다.

07 ㄷ. 대체재의 가격이 상승하면 감자의 수요가 증가하여 가격이 상승한다. ㄹ. 감자에 대한 선호도가 높아지면 감자 수요가 증가한다.

왜 틀렸지? ㄱ, ㄴ. 감자 공급이 증가하면 가격이 하락한다.

08 공급 곡선이 좌측으로 이동한 것은 공급이 감소했음을 나타낸다. 이에 따라 가격이 상승하고 거래량이 감소한다.

09 ㄴ, ㄷ. 생산자 수 증가, 생산 기술 발전은 공급을 증가시킨다.

왜 틀렸지? ㄱ, ㄹ. 원료 가격 상승과 제품 가격 상승 예상은 공급을 감소시킨다.

10 생산 기술 변화는 공급에 영향을 미치는 요인이다.

11 두유의 수요와 공급이 모두 증가하였으므로 수요 곡선과 공급 곡선 모두 우측으로 이동한다. 수요와 공급이 모두 증가하면 거래량은 증가하고, 가격의 변동은 수요나 공급의 변화 정도에 따라 달라진다.

12 2G폰의 공급이 감소하였으므로 공급 곡선이 좌측으로 이동한다.

13 시장 가격은 생산자와 소비자에게 의사 결정의 정보를 주고, 자원의 효율적 배분이 이루어지게 한다.

14 수요 곡선이 오른쪽으로 이동한다. / ㉠ 증가, ㉡ 상승, ㉢ 증가

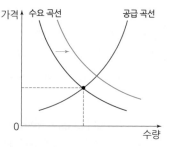

15 **예시답안** 고구마의 수요 곡선은 수요가 증가하여 오른쪽으로 이동한다. 이에 따라 고구마의 가격은 상승하고, 거래량은 증가한다.

채점 기준	
상	수요 곡선, 가격, 거래량 변화를 모두 바르게 서술하였다.
중	가격과 거래량 변화만 바르게 서술하였다.
하	수요 곡선의 변화만 바르게 서술하였다.

5 국민 경제와 국제 거래

01 국민 경제와 국내 총생산 ~
02 물가 상승과 실업 (1)

실력 확인 문제
28~30쪽

01 ③	**02** ⑤	**03** ②	**04** ③	**05** ②	**06** ⑤	**07** ③
08 ③	**09** ④	**10** ④	**11** ②	**12** ④	**13** ③	**14** ③

15 1인당 국내 총생산 **16** 해설 참조 **17** 해설 참조

01 국내 총생산이 크다는 것은 그 나라의 경제 규모가 크다는 것을 의미한다.

02 국내 총생산은 그 해에 새롭게 생산된 것만을 계산하므로 이전에 생산되어 이미 사용되고 있는 것은 포함하지 않는다.

03 우리나라 사람이 벌어들인 소득이므로 우리나라 국민 총생산에 포함되지만 미국에서 생산된 것이므로 미국 국내 총생산에 포함된다.

04 1인당 국내 총생산은 국내 총생산을 그 나라의 총인구로 나눈 수치로, 국민들의 평균적인 소득 수준을 나타내는 지표이다.

05 2. 우리나라에서 이루어진 생산 활동이므로 국내 총생산에 포함된다. 1, 3. 시장에서 거래되지 않은 것은 제외된다. 4. 중간재는 제외된다.

06 국내 총생산은 시장에서 거래되는 가치만을 포함하기 때문에 전업주부의 가사 노동이나 봉사 활동 등을 반영하지 못한다.

07 교통사고의 발생은 삶의 질을 떨어뜨리지만, 오히려 그것을 처리하는 과정에서 국내 총생산이 증가하게 된다.

08 경제 성장의 혜택이 적절하게 분배되지 않으면 오히려 빈부 격차와 계층 간 갈등이 나타난다.

09 물가는 여러 상품의 가격을 종합하여 평균적으로 나타낸 것으로, 물가를 통해 여러 상품의 전반적인 가격 수준을 파악할 수 있다.

10 2016년의 물가 수준을 100이라고 하면, 2017년 물가 지수는 110, 2018년은 121이다.

11 물가가 지속적으로 오르는 현상을 인플레이션이라고 한다. 물가가 오르면 화폐의 가치가 떨어지므로 채권자보다 채무자가 유리해진다.

12 물가가 상승하는 상황이다. 물가가 상승하면 중앙은행은 이자율을 높여 저축을 많이 하도록 유도할 것이다.

13 제시문은 기업에 대한 설명이다. 기업은 물가 안정을 위해 기술 개발, 경영 혁신을 통한 생산비 절감 및 생산성 향상에 노력해야 한다.

14 ㄴ, ㄷ. 물가가 상승하면 실물 자산 소유자, 채무자 등은 이득을 본다.

> **왜 틀렸지?** | ㄱ, ㄹ. 연금 생활자, 수출업자 등은 불리해진다.

16 (1) 경제 성장

(2) **예시답안** 자원 고갈, 환경 오염 발생, 빈부 격차 확대 등

채점 기준	
상	⊙을 쓰고, (가)에 들어갈 내용 두 가지를 정확하게 서술하였다.
중	⊙을 쓰고, (가)에 들어갈 내용을 한 가지만 정확하게 서술하였다.
하	⊙만 썼다.

17 **예시답안** 경제 전체의 수요가 전체의 공급보다 많은 경우, 통화량이 늘어나는 경우, 원자재 가격 등이 올라 기업의 생산 비용이 증가하는 경우 등

채점 기준	
상	물가가 상승하는 이유 중 두 가지를 바르게 서술하였다.
하	물가가 상승하는 이유 중 한 가지만 바르게 서술하였다.

---

02 물가 상승과 실업 (2) ~ 03 국제 거래와 환율

실력 확인문제

31~34쪽

01 ③	02 ①	03 ②	04 ④	05 ④	06 ③	07 ⑤
08 ①	09 ④	10 ①	11 ①	12 ⑤	13 ④	14 ②
15 ③	16 ⑤	17 ②	18 ①	19 ④	20 해설 참조	

21 해설 참조 **22** 해설 참조

01 마찰적 실업이란 새로운 일자리를 찾기 위해 직장을 일시적으로 그만두는 것을 의미한다.

02 구조적 실업이란 산업 구조의 변화나 기술 발달로 관련 일자리가 사라지는 것을 의미한다.

03 계절적 실업은 계절의 영향을 많이 받는 특정 업종에서 계절 변화에 따라 발생한다.

04 15세 이상의 생산 활동이 가능한 사람을 노동 가능 인구라고 한다.

> **왜 틀렸지?** | ㄱ, ㄷ. 경제 활동 인구에 대한 설명이다.

05 A, B 씨는 15세 이상이므로 둘 다 노동 가능 인구이다. A 씨는 일할 의사와 능력이 있어 경제 활동 인구이면서 일자리가 없으므로 실업자이다. B 씨는 일할 능력이 없는 노약자로 비경제 활동 인구에 포함된다.

06 ⊙은 정부, ⓒ은 기업이다. 정부는 시장의 경제 질서를 유지하는 역할을 한다. 기업은 물가 안정을 위해 생산성을 향상하도록 노력해야 한다.

07 고용 보험 제도에 대한 설명이다. 정부는 고용 보험 제도를 통해 실업자들의 경제적 어려움을 지원하고 있다.

08 취업 박람회를 통해 기업과 구직자를 연결해 주어 마찰적 실업을 줄일 수 있다.

09 **왜 틀렸지?** | ㄹ. 과거에는 국제 거래가 재화 위주로 이루어졌다면 최근에는 서비스뿐만 아니라 생산 요소의 국제적인 이동도 활발해지고 있다.

10 국가마다 처한 생산 조건이 달라 다른 국가와 비교하여 상대적으로 생산비가 적게 드는 상품이 있는데, 이를 비교 우위라고 한다.

11 특화는 비교 우위에 있는 상품을 전문적으로 생산하는 것이다. 국제 거래에는 관세와 환율 등 국내 거래에 비해 제약 요인이 많다.

12 세계 무역 기구(WTO)와 같은 국제기구의 출범으로 자유 무역은 더욱 활성화되고 있는 추세이다.

13 세계 무역 기구는 자유 무역의 활성화를 위한 국제기구이다. 자유 무역 협정은 특정 국가 간 무역 장벽을 완화 또는 철폐하는 것이다.

14 환율은 외화의 가격이므로 환율 상승은 1달러의 가격이 상승한 것이다. 환율이 상승하면 수출이 증가한다.

15 우리나라 상품의 인기가 높아져 수출이 증가하면 외화의 공급이 증가한다.

> **왜 틀렸지?** | ①, ②, ④ 외화의 수요가 증가, ⑤ 외화의 공급이 감소하는 경우이다.

16 ①, ③ 외화 수요의 증가, ②, ④ 외화 공급의 감소로 환율이 상승하는 경우이다. ⑤ 외화 수요의 감소로 환율이 하락하는 경우이다.

17 ㄱ. 환율이 하락하면 외화를 보내야 하는 유학생의 부모는 이익을 얻는다. ㄷ. 환율이 하락하면 수입 상품의 가격이 낮아져 수입업자는 이익을 얻는다.

18 환율이 하락하면 외국 상품의 가격이 낮아져 수입이 유리해진다. 반면 우리나라 상품의 가격은 상대적으로 비싸져 수출은 불리해진다.

19 수요 증가 폭이 공급 증가 폭보다 크므로 환율은 상승하였다. 환율이 상승하면 외채에 대한 부담이 증가한다.

20 (예시답안) 비경제 활동 인구, 일할 의사나 능력이 없는 사람을 말한다.

채점 기준	
상	비경제 활동 인구라고 쓰고, 그 의미를 바르게 서술하였다.
중	비경제 활동 인구의 의미만 바르게 서술하였다.
하	비경제 활동 인구라고만 썼다.

21 (예시답안) 마찰적 실업, 새로운 일자리를 찾기 위해 현재의 직장을 일시적으로 그만두어 발생하는 실업이다.

채점 기준	
상	마찰적 실업이라고 쓰고, 그 의미를 바르게 서술하였다.
중	마찰적 실업의 의미만 바르게 서술하였다.
하	마찰적 실업이라고만 썼다.

22 (1) 환율의 하락

(2) (예시답안) 외국 상품의 수입이 감소한다. 내국인의 해외여행이 감소한다. 내국인의 해외 투자가 감소한다. 등

채점 기준	
상	환율 변화를 쓰고, 수요 측면에서의 요인 두 가지를 바르게 서술하였다.
중	(1)을 쓰고, (2)는 한 가지만 바르게 서술하였다.
하	(1)만 썼다.

6 국제 사회와 국제 정치

01 국제 사회의 특성과 행위 주체 ~
02 국제 관계와 외교 정책 (1)

실력 확인 문제
35~37쪽

01 ④　**02** ⑤　**03** ⑤　**04** ③　**05** ②　**06** ⑤　**07** ⑤
08 ③　**09** ④　**10** ④　**11** ③　**12** ③　**13** 주권
14 해설 참조　**15** 해설 참조　**16** 해설 참조

01 국제 사회에는 국가 간 갈등이 발생해도 이를 조정할 강제력을 가진 중앙 정부가 존재하지 않는다.

02 영국은 유럽 연합에 납부할 분담금 증가, 지나친 금융 규제를 이유로 유럽 연합에서 탈퇴하였다. 이는 자국의 이익을 추구하기 위함이다.

03 국제 비정부 기구는 개인이나 민간단체를 회원으로 한다. 국가를 회원으로 하는 것은 정부 간 국제기구이다.

04 각국의 정부를 회원으로 하는 국제기구는 정부 간 국제기구, 개인이나 민간단체를 회원으로 하는 국제기구는 국제 비정부 기구이다.

05 국제 평화와 안전 보장을 위해 설립된 국제 연합은 국가를 회원으로 하는 정부 간 국제기구이다.

　왜 틀렸지? ①, ③, ④, ⑤ 국제 비정부 기구에 해당한다.

06 국제 비정부 기구는 국제 사회의 다양한 문제를 해결하고자 국경을 넘어 활동하며, 최근 그 영향력이 증대하고 있다.

07 국제 사회에서 영향력 있는 개인이나 개별 국가 내의 소수 민족은 국제 사회의 행위 주체로 활동하고 있다.

08 이념 대립으로 인한 군사력 경쟁은 냉전 체제 당시 나타난 모습이다.

09 두 다국적 기업은 국제 사회의 시장 확보를 두고 서로 경쟁하고 있다.

10 최근 국제 사회에서는 민족이나 종교의 차이, 자원의 이용, 영토 확대 등을 이유로 갈등이 발생하고 있다.

　왜 틀렸지? ㄴ. 이념 대립으로 인한 갈등은 과거 냉전 체제 당시의 모습이다.

11 국제 사회의 평화를 위해 평화 유지군이 창설되었고 각국은 이에 협력하여 파병을 하고 있다.

12 ㄴ, ㄷ. 분쟁 지역에 평화 유지군을 파병하는 것, 조약과 국제법을 적용하여 분쟁을 해결하는 것은 국제적 협력의 모습을 보여 준다.

14 (예시답안) 국제 사회에 나타나는 여러 가지 문제를 해결하고자 조직되었다. 개인이나 민간단체를 회원으로 하는 국제 비정부 기구에 해당한다.

채점 기준	
상	공통점 두 가지를 모두 바르게 서술하였다.
중	공통점 두 가지를 서술하였으나 내용이 미흡하였다.
하	두 가지를 서술하였으나 그중 한 가지는 잘못된 내용이다.

15 (예시답안) 어떤 지역에 대한 영유권을 주장하는 국가 간의 영토 분쟁이다.

채점 기준	
상	영유권 주장, 영토 분쟁의 내용을 넣어 정확하게 서술하였다.
하	갈등 유형을 서술하였으나 그 내용이 미흡하였다.

16 (예시답안) 국제 사회에서 발생하는 여러 가지 문제를 해결하고자 국제적 협력이 이루어지고 있다.

채점 기준	
상	국제 사회의 문제 해결, 협력이라는 내용을 넣어 정확하게 서술하였다.
하	협력이라는 표현을 넣어 서술하지 못했다.

02 국제 관계와 외교 정책 (2) ~
03 우리나라의 국제 갈등

실력 확인 문제
38~40쪽

01 ④　**02** ②　**03** ①　**04** ⑤　**05** ⑤　**06** ②　**07** ⑤
08 ④　**09** ②　**10** ⑤　**11** ④　**12** ②　**13** 해설 참조
14 해설 참조　**15** 해설 참조

01 국가 간 갈등은 해당국들의 대화와 협상을 통해 원만하게 해결하는 것이 국제 사회의 공존을 위한 노력이다.

02 국제 사회에서 자국의 이익을 평화적으로 달성하기 위해 수행하는 활동을 외교라고 한다.

03 이란의 핵 협상, 중국과 미국의 스포츠를 통한 관계 호전은 모두 외교를 통해 국제 사회의 공존을 실현한 사례로 볼 수 있다.

04 ㄴ, ㄷ, ㄹ. 외교는 자국의 대외적 위상을 향상시키며 정치적·경제적 이익을 실현한다. 나아가 국제 사회의 평화 유지에도 기여한다.

05 센카쿠 열도 분쟁은 일본과 중국, 대만이 겪고 있는 갈등이다.

06 우리나라는 일본과 독도 문제, 동해 표기 문제, 일본군 위안부 문제, 역사 교과서 왜곡 문제 등으로 갈등을 겪고 있다. 또한 중국과 동북 공성 문제, 불법 조업 문제 등으로 갈등이 발생하였다.

07 일본이 독도의 영유권을 일방적으로 주장하며 국제 사법 재판소를 통해 해결하려고 하는 것에 대해 우리나라는 독도가 명백한 우리의 영토이므로 독도 문제가 외교적 교섭이나 사법적 해결의 대상이 아니라는 입장을 유지하고 있다.

08 독도 문제에 대응하기 위해서는 정부 차원의 공식적 외교뿐만 아니라 민간 차원의 외교 활동도 활발하게 이루어져야 한다.

09 중국 영토에서 전개된 역사이므로 고조선, 고구려, 발해의 역사가 중국의 역사라고 주장하는 동북 공정 문제와 관련하여 우리나라는 중국과 갈등을 겪고 있다.

10 중국은 소수 민족의 독립을 막고 앞으로 발생할 수 있는 영토 분쟁을 방지하고자 동북 공정을 추진하였다.

11 제시된 사례는 민간 차원에서 수행한 활동이며, 이는 시민 사회의 침여 또한 정부 차원의 활동만큼 중요하다는 것을 보여 준다.

12 국가 간 갈등 문제를 해결하는 데 있어 강대국의 의견에 따르는 것은 바람직한 방법이 아니다.

13 예시답안 국제 사회에서 각국은 자국의 이익 추구뿐만 아니라 국제 사회의 공존을 위한 외교 활동을 해야 한다.

채점 기준	
상	제시된 단어를 모두 활용하여 바르게 서술하였다.
중	제시된 단어를 일부 사용하여 다소 미흡하게 서술하였다.
하	제시된 단어를 사용하여 서술하였으나 그 내용이 잘못되었다.

14 예시답안 독도가 지닌 군사적·경제적 가치를 획득하기 위해서이다.

채점 기준	
상	독도의 군사적·경제적 이점을 모두 언급하여 서술하였다.
하	가치 획득을 언급하였으나 어떠한 가치인지는 미흡하게 서술하였다.

15 예시답안 정부는 적극적인 외교 활동을 펼치고, 주변 국가와 학술 교류 및 공동 연구를 활성화하여 국가 간 역사 인식의 차이를 좁히기 위해 노력해야 한다. 또한 관련 연구 기관을 설립하여 운영하고, 대내외적으로 홍보하고 교육할 수 있는 제도와 여건을 마련해야 한다. 시민 사회는 우리나라가 직면한 국가 간 갈등 문제에 관심을 갖고 해결 방안을 함께 고민해야 하며, 캠페인을 비롯한 다양한 활동에 적극적으로 참여해야 한다.

채점 기준	
상	정부 차원과 시민 차원의 대응 방안을 각각 바르게 서술하였다.
중	두 가지 모두 서술하였으나 한 가지는 미흡하게 서술하였다.
하	한 가지만 서술하였다.

7 인구 변화와 인구 문제

01 인구 분포

실력 확인문제

41~43쪽

01 ④	**02** ③	**03** ④	**04** ②	**05** ①	**06** ③	**07** ①
08 ②	**09** ④	**10** ②	**11** ②	**12** 인구 밀도	**13** 해설 참조	**14** 해설 참조

01 아시아 대륙에 세계 인구의 절반 이상이 모여 살고, 오세아니아 대륙에 가장 적은 인구가 분포하고 있다.

02 육지 면적이 넓은 북반구에 세계 인구의 90% 이상이 살고 있으며, 남반구에 거주하는 인구는 상대적으로 적다. 또한 인간의 거주에 유리한 온대 및 냉대 기후 지역의 남부에 많은 인구가 밀집되어 있다.

03 기후, 지형 등은 자연적 요인에 해당한다.

04 기후가 온화한 지역, 큰 강 하류의 비옥한 평야 지역, 물을 구하기 쉬운 지역 등은 사람들이 많이 거주하고 있다. 그러나 열대 기후 지역, 건조 기후 지역, 한대 기후 지역 등은 상대적으로 인구가 적게 분포한다.

05 A는 서부 유럽, B는 사하라 사막, D는 미국 북동부, E는 아마존강 유역이다.

> **왜 틀렸지?** D는 경제가 발달하고 일자리가 풍부하여 인구가 밀집해 있으며, E는 고온 다습하고 밀림이 우거져 있어 인간의 거주에 불리하다.

06 C는 동남 및 남부 아시아 지역을 나타낸 것이다. 동남 및 남부 아시아 지역의 큰 강 하류는 평야가 발달해 있으며, 계절풍의 영향을 받아 벼농사가 활발하게 이루어지고 있어 인구 밀도가 높다.

07 동부 아시아 지역은 벼농사 재배에 유리하고, 미국 북동부 지역은 경제가 발달하고 일자리가 풍부하여 인구가 밀집한 지역이다.

> **왜 틀렸지?** 히말라야산맥 일대는 높고 가파른 지역이라 거주에 불리하고, 오스트레일리아 내륙 지역은 건조 기후가 나타나 물을 구하기 힘든 대표적인 인구 희박 지역이다.

08 중국의 동부 해안 지역은 저지대이고 평야가 발달해 농업에 유리하다. 또한 공업이 발달한 지역으로 소득 수준이 높고 일자리가 풍부한 지역이다.

09 산업화 이전에 우리나라는 벼농사 중심의 농업 사회였고, 남서부 평야 지역을 중심으로 인구가 많이 거주하고 있었다. 또한 기온이 낮고 산지가 발달한 북동부 지역은 인구 밀도가 낮았다.

> **왜 틀렸지?** ②, ③, ⑤는 산업화 이후의 인구 분포 특징에 해당한다.

10 남동 임해 지역은 중화학 공업이 발달하여 취업 기회가 풍부하기 때문에 인구 밀도가 높다.

11 서울, 경기, 인천을 포함하는 수도권의 인구 밀도가 높다. 또한 농어촌이 많이 분포하는 충청도, 전라도, 경상도, 산지가 많이 분포하는 강원도의 경우 인구 밀도가 낮게 나타난다. 반면, 부산, 대전, 대구

등 지방 대도시의 인구 밀도는 높게 나타난다.

13 예시답안 B는 동아시아 지역으로 계절풍의 영향으로 강수량이 많아 벼농사가 발달하여 인구가 밀집하였다.

채점 기준	
상	두 지역의 인구 분포 특징에 영향을 준 요인을 바르게 서술하였다.
하	인구가 밀집하였다고만 설명하였다.

14 (1) 예시답안 산업화의 영향으로 농촌의 인구가 일자리를 찾아 도시로 이동하는 이촌 향도가 심화되었기 때문이다.

채점 기준	
상	일자리를 찾아 도시로 이동했다는 내용과 이촌 향도를 연결하여 서술하였다.
중	일자리를 찾아 도시로 이동했다는 내용만 서술하였다.
하	이촌 향도라고만 썼다.

(2) 예시답안 ㉠ - 정치·경제·문화의 중심지로, 일자리와 교육 기회가 다른 지역에 비해 풍부하기 때문이다. ㉡ - 일자리가 적고 교육 및 문화 시설 등에 대한 접근성이 떨어지기 때문이다.

채점 기준	
상	㉠, ㉡의 인구 분포에 영향을 미친 원인을 모두 바르게 서술하였다.
중	㉠, ㉡의 인구 분포에 영향을 미친 원인 중 한 가지만 바르게 서술하였다.
하	㉠, ㉡의 인구 분포 특징만 서술하였다.

02 인구 이동 ~ 03 인구 문제

실력 확인 문제
44~47쪽

01 ①	02 ①	03 ④	04 ③	05 ①	06 ④	07 ②
08 ⑤	09 ③	10 ②	11 ②	12 ③	13 ⑤	14 ④
15 ③	16 ⑤	17 해설 참조	18 ㉠ 고령화 ㉡ 고령 ㉢ 초
고령	19 해설 참조

01 인구를 다른 지역으로 밀어내는 요인을 배출 요인이라고 한다.
왜 틀렸지? ㄷ, ㄹ은 흡인 요인에 해당한다.

02 인구 이동은 범위에 따라 국내 이동과 국제 이동, 기간에 따라 일시적 이동과 영구적 이동, 동기에 따라 자발적 이동과 강제적 이동, 목적에 따라 경제적·정치적·종교적·환경적 이동 등으로 구분한다.
왜 틀렸지? (다) - 국제 이동, 경제적 이동, 자발적 이동이다. (라) - 국제 이동, 영구적 이동, 자발적 이동에 해당한다.

03 환경 문제 및 자연재해로 인해 사람들이 다른 지역으로 이동하는 것을 환경적 이동이라고 한다.

04 지도는 세계의 주요 정치적 인구 이동을 나타낸 것이다. 이러한 인구 이동은 정치적 불안정으로 내전이나 분쟁이 자주 발생하는 서남아시아와 아프리카 지역에서 자주 발생하고 있다.

05 A는 중국인의 동남아시아로의 이동, B는 아프리카 흑인들의 아메리카로의 이동을 나타낸 것이다.

06 C 인구 이동은 개발 도상국에서 선진국으로의 성세직 이동에 해당한다. 서남아시아 및 북부 아프리카에서 서부 유럽으로, 멕시코 등의 라틴 아메리카에서 미국으로 이주하는 경우가 늘고 있다.

07 1960년대 이후 산업화로 경제가 빠르게 성장하면서 농촌의 인구가 일자리를 찾아 도시로 이동하는 이촌 향도 현상이 나타났다.
왜 틀렸지? ③, ④는 1990년대 이후 우리나라의 인구 이동을 설명한 것이다.

08 1960~1970년대 우리나라에서 일자리를 찾아 독일, 미국 등지로 떠난 청장년층 인구가 많았다. 1960년대 우리나라는 소득 수준이 매우 낮았고, 일자리가 부족하였다. 반면 독일은 경제 성장으로 심각한 인력난을 겪고 있는 상황이었다.

09 A는 인구 유입이 많은 지역, B는 인구 유출이 많은 지역을 나타낸 것이다. 인구 유출이 많은 지역에서는 젊고 우수한 인력이 해외로 빠져나가면서 경제 성장이 둔화될 수 있고 노동력 부족 문제가 나타날 수 있다.
왜 틀렸지? ①, ②, ④, ⑤는 인구 유입이 많은 지역의 특징이다.

10 선진국이 많이 위치한 북서부 유럽과 앵글로아메리카 지역에서는 인구 유입이 주로 이루어지고, 개발 도상국이 많이 위치한 남부 아시아와 북부 아프리카 지역에서는 인구 유출이 많이 나타난다.

11 제시된 국가들은 출산율이 낮고, 노년층의 인구 비율이 높은 선진국이다. 선진국에서는 생산 가능 인구가 감소하여 경제 성장이 둔화되고 노년층 인구 부양 비용이 증가하는 문제가 나타날 수 있다.

12 제시된 인구 피라미드는 개발 도상국의 인구 구조를 나타낸 것이다. 개발 도상국에서는 식량 부족으로 인한 기아, 빈곤 문제를 겪고 있으며, 이촌 향도로 도시 인구가 급증하면서 주택 부족, 환경 오염 등의 문제가 나타나고 있다.

13 많은 인구가 유입된 프랑스에서는 노동력이 풍부해지고 문화적 다양성이 높아질 수 있다. 그러나 새로운 사람들과 문화가 유입되면서 종교 등의 차이에 의해 문화 간 충돌이 나타나고, 일자리를 둘러싼 갈등이 심해질 수 있다.
왜 틀렸지? ㄱ, ㄴ은 인구 유출 지역(북부 아프리카)에서 나타날 수 있는 문제점이다.

14 선진국은 출산율을 높이고자 출산 및 육아 수당을 지급하고 보육 시설을 확충하고 있다. 또한 고령화 문제를 해결하고자 정년을 연장하고 노인 일자리를 창출하며, 복지 제도를 강화하고 있다.

15 육아 수당 지급, 보육 시설 확대, 결혼에 대한 긍정적 가치관 조성, 공동 육아를 위한 양성평등 문화 확산 등은 저출산 문제를 해결하기 위한 대책이다. 남아 선호 사상을 타파하는 것은 성비 불균형 문제에 대한 대책이다.

16 제시된 포스터는 (가) 1970년대 - (나) 1980년대 - (다) 1990년대 - (라) 2000년대의 순으로 만들어졌다.

17 **예시답안** 유럽 지역에서는 경제가 어려워질 경우 현지인과 이주민 사이에 일자리 경쟁이 심해지고, 기존 주민과 이주민 간 종교적 차이로 인한 문화 갈등이 발생할 수 있다. 모로코에서는 젊은층의 인구가 빠져나가 노동력 부족 문제가 나타날 수 있다. 또한 젊고 우수한 노동력이 유출되어 사회 활력이 떨어지고 경제 성장이 둔화될 수 있다.

채점 기준	
상	유입 지역과 유출 지역이 문제점을 모두 바르게 서술하였나
중	유입 지역과 유출 지역의 문제점 중 한 가지만 바르게 서술하였다.
하	유입 지역과 유출 지역으로만 구분하였다.

19 **예시답안** 고령화 현상으로 노인 복지 비용 증가 및 빈곤·소외 등과 같은 노인 문제가 나타날 수 있다. 이를 해결하기 위해 연금 제도 등을 통한 노인 복지 제도의 개선, 일자리 창출 및 정년 연장 등 노인의 경제적 기반 마련이 필요하다. 저출산으로 인한 노동력 부족 문제와 경제 성장이 침체되는 문제가 나타날 수 있다. 이를 해결하기 위해 출산 및 육아 수당 장려 정책을 실시해야 한다.

채점 기준	
상	인구 문제와 이에 대한 해결 방안을 연결하여 모두 바르게 서술하였다.
중	인구 문제를 쓰고, 해결 방안을 서술하였지만 다소 내용이 부족하였다.
하	인구 문제만 바르게 서술하였다.

8 사람이 만든 삶터, 도시

01 세계 여러 도시의 다양성 ~
02 도시 내부 공간의 다양성

실력 확인 문제

48~50쪽

01 ②　02 ①　03 ②　04 ②　05 ③　06 ④　07 ③
08 ③　09 ②　10 ①　11 ②　12 ①　13 ③　14 뉴욕
15 인구 공동화　16 개발 제한 구역　17 해설 참조

01 도시는 인구 밀도가 높고, 고층 빌딩 등 토지가 집약적으로 이용된다.

왜 틀렸지? ㄴ. 2, 3차 산업에 종사하는 인구 비중이 높다. ㄹ. 인문 경관이 지배적이다.

02 촌락은 도시와 비교되는 곳으로 주로 농촌 지역의 거주 지역을 말한다.

03 촌락은 도시에 식량 자원을 공급하고, 도시는 촌락에 재화와 서비스를 제공한다.

왜 틀렸지? ② 촌락은 도시보다 자연 경관이 발달하였다.

04 ㄱ. 쿠리치바는 생태 도시로 유명하다. ㄷ. 아테네, 로마처럼 문화유산으로 유명한 도시들이 있다.

05 시드니의 오페라 하우스는 세계적인 랜드마크로 시드니를 상징한다.

06 뉴욕, 런던, 도쿄는 세계 경제의 중심지로 불리는 세계 도시이다.

07 프라이부르크, 쿠리치바는 대중교통 체계, 친환경 에너지 사용 등으로 생태 환경 도시로 유명하다. 특히 프라이부르크는 환경 수도로 불린다.

08 싱가포르에 대한 설명이다.

09 도시 내부 기능 지역 중 도심은 중심 업무 지구(CBD)를 형성하고 있으며, 상업·업무 기능이 집중된 곳이다.

10 (가)는 도심, (나)는 주변 지역이다. 접근성이 좋은 도심에서 주변 지역으로 갈수록 평균 지가가 낮아진다.

왜 틀렸지? ④ 거주 인구는 증가하다가 감소한다.

11 부도심은 도심과 주변 지역을 연결하는 교통이 편리한 곳에 형성되며, 도심의 기능을 분담한다.

12 도시 발달 초기에는 지역 분화가 뚜렷하지 않다.

13 도시가 성장할수록 이심 현상과 집심 현상을 통해 기능 지역의 분화가 뚜렷해진다.

17 (1) A 도심, B 부도심
(2) **예시답안** A에서 수변 지역으로 갈수록 접근성이 떨어지기 때문이다. B는 부도심으로 교통의 요충지에 해당해 주변 지역보다 접근성이 좋아 지가가 높다.

채점 기준	
상	제시된 두 가지 이유를 모두 바르게 서술하였다.
중	제시된 두 가지 이유 중 한 가지만 바르게 서술하였다.
하	A, B 지역의 지가의 특징만 설명하였다.

03 선진국과 개발 도상국의 도시 ~
04 살기 좋은 도시

실력 확인 문제

51~54쪽

01 ②　02 ⑤　03 ①　04 ①　05 ⑤　06 ②　07 ①
08 ①　09 ①　10 ④　11 ②　12 ⑤　13 ③　14 ①
15 ⑤　16 ⑤　17 ③　18 ④　19 ①　20 해설 참조
21 도시 문제　22 실업률　23 도로의 중앙에 버스 전용 차선 건설, 버스 환승 제도 마련, 이중 굴절 버스, 버스 중심의 교통 시스템 운영 등

01 도시화가 진행되면 도시의 수가 늘어나고, 도시로 인구 유입이 활발해진다.

02 종착 단계는 도시화율의 증가 속도가 느려지고, 도시의 인구가 농촌으로 돌아가는 역도시화 현상이 나타나기도 한다.

03 (가)는 선진국인 영국, (나)는 개발 도상국인 중국의 도시화 곡선이다. 중국은 1990년대부터 도시화의 가속화 단계에 해당한다.

04 도시화율은 전체 인구 중 도시에 거주하는 인구의 비율이다.

05 (가)는 이촌 향도이다. 일자리를 찾기 위해서 또는 농촌 생활의 어려움으로 발생한다.

　왜 틀렸지? ⑤ 도심 지역의 인구 공동화에 대한 설명이다.

06 교외화와 역도시화는 종착 단계에서 볼 수 있는 현상이다.

　왜 틀렸지? ㄴ, ㄷ. 개발 도상국의 도시화에 대한 설명이다.

07 농업 중심과 낮은 도시화율의 특징은 도시화 곡선의 초기 단계에 대한 설명이다.

08 A는 선진국, B는 개발 도상국이다. 개발 도상국은 빠른 도시화로 열악한 위생, 편의 시설 부족 등의 도시 문제가 나타난다. 선진국은 도시화의 역사가 오래되어 시설의 노후화, 교외화로 도시의 기능이 이전되면서 도시 기능이 약화되는 문제가 나타난다.

09 미국의 디트로이트는 대표 산업인 자동차 산업의 쇠퇴로 실업률이 증가하였고, 그 결과 도시의 인구가 감소하였다.

10 제시된 사진은 브라질의 파벨라와 고급 주택지이다.

11 도심 재활성화 사업은 빛과 그림자를 가지고 있다. 노후화된 도심을 되살리는 기능을 하지만 기존의 지역 공동체를 파괴하기도 한다.

12 도심은 상업·업무 기능의 집중으로 주거 기능이 쇠퇴하여 인구가 감소하게 된다. 그 결과 인구 공동화 현상이 심화되고 있다.

13 (가)는 산업 및 기반 시설이 도시의 부양 능력보다 큰 과도시화 현상이다. (나)는 쓰레기로 인한 환경 오염 문제이다.

14 도심 지역의 노후화는 선진국 도시에서 볼 수 있는 문제이다.

15 ㄱ. 적정 인구가 살기 좋은 도시의 조건이다. ㄴ. 살기 좋은 도시를 판단하기 위해서는 행복감 등 주관적인 요인도 함께 고려해야 한다.

16 건물을 지을 때 바람이 지나가는 통로를 확보하면 대기 오염을 줄일 수 있다.

17 쿠리치바의 버스 중심 교통 정책은 교통 문제 해결을 위해 도입된 것으로 우리나라에도 큰 영향을 미쳤다.

18 ㄱ. 녹지 공간을 늘려 쾌적한 환경을 만드는 것이 중요하다. ㄷ. 도시의 역사성과 고유한 특성을 보존해야 한다.

19 우리나라에서 전남 순천, 경기도 과천 등이 삶의 질이 높은 도시로 평가받고 있다. 특히 순천은 생태 도시로 주목받고 있다.

20 (1) 종착

　(2) **예시답안** 농촌에서 도시로 일자리를 찾아 이주하는 인구와 높은 출산율로 인해 도시 인구가 크게 증가하고 있다.

채점 기준	
상	인구 이동과 출산율로 인한 인구 증가를 모두 서술하였다.
중	인구 이동과 출산율 중 하나만 서술하였다.
하	폭발적인 인구 증가 상황만 설명하였다.

9 글로벌 경제 활동과 지역 변화

01 농업의 기업화와 세계화

실력 확인 문제

55~57쪽

01 ①　**02** ①　**03** ②　**04** ④　**05** ④　**06** ③　**07** ④
08 ①　**09** ⑤　**10** ③　**11** ⑤　**12** ②　**13** 세계화
14 해설 참조　**15** 해설 참조

01 오늘날에는 기업적(상업적) 농업이 많이 이루어지고 있다.

02 ㄷ. 점차 다양한 분야의 산업으로 확대되고 있다. ㄹ. 곡물 외에 식품 첨가물, 육류 가공 등의 사업도 운영하고 있다.

03 플랜테이션을 통해 선진국의 자본 및 기술과 개발 도상국의 노동력을 결합하여 바나나, 커피 등의 기호 작물을 재배한다.

04 최근 세계적인 다국적 농업 기업들이 농경지를 사거나 빌리기 위해 아프리카로 진출하고 있다. 경작되지 않은 땅이 많고 물 자원이 풍부한 아프리카는 대규모 상업적 농업이 가능한 지구상에 얼마 남지 않은 지역이다.

05 오늘날 농업이 상업화되면서 다국적 농업 기업이 농업에 미치는 영향력이 커지고 있다. 이들 기업은 막대한 자본을 바탕으로 농축산물의 생산과 유통을 장악하고 있는데, 이를 농업의 기업화라고 한다.

06 농업 생산이 세계화되면서 먹거리의 원산지가 다양해지고 있다.

07 베트남에서 쌀 경작지가 줄고 커피 재배가 늘어 쌀 거래 가격이 불안정해지고, 쌀 공급이 줄어들 가능성이 높다.

08 ㄷ. 주로 개발 도상국에서 수출하고 선진국에서 수입한다. ㄹ. 플랜테이션은 주로 개발 도상국에서 이루어진다.

09 곡물 가격의 상승이 전체 물가 상승을 이끌기도 하는데, 이를 애그플레이션이라고 한다.

10 보르네오섬에서 팜유 채취를 위한 기름야자 농장이 늘어나면서 열대 우림이 감소하고 오랑우탄 등의 생물 서식지가 파괴되는 등의 환경 문제가 발생하고 있다.

11 우리나라의 식량 자급률이 감소한 것은 수입 농산물이 늘고 경제가 발전하면서 국민들의 식생활이 변화했기 때문이다.

12 푸드 마일이 높으면 더 먼 곳에서, 더 많은 양이 이동한 것이므로 식품 안전성에 대한 보장이 어렵고 이산화 탄소를 많이 배출했다는 의미이다.

14 **예시답안** 다양한 농산물에 대한 수요가 증가하였으며, 냉장·냉동 등의 농산물 운반 기술이 발달했기 때문이다.

채점 기준	
상	배경 두 가지를 바르게 서술하였다.
중	배경 두 가지 중 한 가지만 바르게 서술하였다.
하	농업의 세계화에 대한 의미만 설명하였다.

15 (1) ㉠ 자급적, ㉡ 상업적(기업적)

(2) **예시답안** ㉠은 생산 규모가 작고, 생산 지역과 소비 지역이 일치한다. 반면 ㉡은 생산 규모가 크고, 생산 지역과 소비 지역이 서로 다르다.

채점 기준	
상	두 농업 형태의 생산 규모와 소비 지역을 비교하여 바르게 서술하였다.
중	두 농업 형태의 생산 규모와 소비 지역 비교 중 한 가지만 바르게 서술하였다.
하	두 농업 형태의 의미만 설명하였다.

02 다국적 기업의 공간적 분업과 지역 변화 ~
03 서비스업의 세계화와 지역 변화

실력 확인 문제
58~61쪽

01 ③ **02** ④ **03** ⑤ **04** ① **05** ⑤ **06** ④ **07** ②
08 ③ **09** ② **10** ④ **11** ③ **12** ④ **13** ③ **14** ⑤
15 ⑤ **16** ⑤ **17** 다국적 기업 **18** 해설 참조 **19** 해설 참조

01 무역 활동의 증가로 다국적 기업의 제품이 널리 판매될 수 있었다.

02 다국적 기업은 한 개의 공장에서 시작하여 전 세계에 영업 지점과 생산 공장을 갖춘 기업으로 성장한다.

03 다국적 기업의 생산 공장은 저렴한 노동력이 풍부한 곳이나 무역 장벽을 극복할 수 있는 곳에 위치한다.

04 다국적 기업의 본사와 연구소는 선진국의 핵심 지역에 위치하며, 이곳은 정보와 자본이 풍부한 지역이다.

05 제시된 기업들은 모두 다국적 기업으로 세계 경제에 막강한 영향력을 행사하고 있다.

왜 틀렸지? ㄱ, ㄴ. 다양한 산업 분야를 망라하고 있다.

06 멕시코는 생산 공장이 입지하기에 유리한 조건을 갖추고 있다.

07 다국적 기업의 생산 공장이 위치한 지역에서는 환경과 노동 문제가 발생하기도 한다.

왜 틀렸지? ㄷ. 선진국 기업이 다른 지역으로 생산 공장을 이전하면 산업 공동화 현상이 발생할 수 있다.

08 탈공업화 사회는 국가 경제에서 차지하는 서비스업의 비중이 점차 높아지는 것을 의미한다.

09 (가)는 국내 총생산이 높고, 국내 총생산에서 서비스업의 비중이 큰 선진국, (나)는 국내 총생산이 낮고, 국내 총생산에서 서비스업의 비중도 낮은 개발 도상국이다.

10 필리핀의 임금 수준이 인도보다 낮은 것으로 보아 필리핀의 국민 소득이 인도보다 높다고 보기는 어렵다.

11 서비스업의 세계화로 더 많은 지역에 더 많은 관광객이 찾게 되었다.

12 ㄱ. 전자 상거래는 거래의 공간적 제약을 상당히 해소하였다. ㄷ. 전자 상거래 시장은 점점 확대되고 있다.

13 교통의 발달로 선진국에 방문하여 진료를 받는 의료 관광 산업이 성장하고 있다.

14 ①, ② 전체 관광객 수는 증가하고 있으며, 이를 통해 관광 산업의 중요성이 높아지고 있음을 알 수 있다. ③ 유럽을 찾는 관광객 수가 가장 많다. ④ 모든 지역의 관광객 수가 늘고 있다.

15 지속 가능한 관광(공정 여행)에는 현지의 문화를 체험하고 느끼는 것이 포함된다.

16 (가)는 전통적인 오프라인 유통, (나)는 전자 상거래이다. 전자 상거래는 거래 활동의 시·공간적 제약이 적고 제품을 먼 지역까지 발송할 수 있다.

18 (1) 산업 공동화 현상

(2) **예시답안** 저렴한 노동력이 풍부한 멕시코 등의 개발 도상국으로 산업 시설이 이전하였기 때문이다.

채점 기준	
상	개발 도상국으로 산업 시설이 이전한 원인까지 바르게 서술하였다.
중	개발 도상국으로 산업 시설이 이전하였음을 서술하였다.
하	디트로이트가 겪고 있는 어려움을 설명하였다.

19 **예시답안** 관광 산업의 세계화에 따른 긍정적인 효과로는 지역 주민의 고용 창출 등 경제 효과를 거둘 수 있다는 점이다. 부정적인 효과로는 자연환경 파괴, 지역의 고유문화 쇠퇴 등이 있다.

채점 기준	
상	관광 산업의 세계화에 따른 긍정적·부정적 효과를 모두 바르게 서술하였다.
중	관광 산업의 세계화에 따른 긍정적·부정적 효과 중 한 가지만 바르게 서술하였다.
하	관광 산업의 정의만 설명하였다.

10 환경 문제와 지속 가능한 환경

01 기후 변화와 그 대응

실력 확인 문제
62~64쪽

01 ② **02** ⑤ **03** ① **04** ⑤ **05** ② **06** ② **07** ③
08 ⑤ **09** ④ **10** ② **11** ⑤ **12** ⑤ **13** ③
14 인위적 **15** 투발루 **16** 해설 참조 **17** 해설 참조

01 삼림이 늘어나면 이산화 탄소를 흡수해 대기 중 온실가스의 농도를 떨어뜨린다.

> **왜 틀렸지?** | ①, ③, ④, ⑤ 메테인, 아산화 질소, 이산화 탄소 등의 온실가스를 배출한다.

02 화산재 분출에 따른 기후 변화는 자연적 요인에 해당한다.

03 A는 이산화 탄소로, 연소 과정에서 화석 연료가 주로 배출된다.

04 평균 해수면 상승은 지구의 평균 기온 상승으로 인한 지구 온난화로 인해 해수가 팽창하고 빙하가 녹으면서 발생한다.

05 지구 온난화로 봄꽃의 개화 시기는 점점 빨라지고 있다.

06 빙하가 축소되면서 해수면 상승과 그로 인한 저지대 침수가 발생하고 있다. 또한 빙하가 줄면서 북극 항로 이용이 가능해졌다.

> **왜 틀렸지?** | ㄴ, ㄹ. 해수의 온도 상승과 관계있다.

07 지진, 화산은 지형과 관련된 자연재해이다.

08 기온 상승으로 기존 생태계가 파괴되는 경우가 더 많이 관찰되고 있다.

09 국제적 차원에서는 국가 간 협력을 강화하는 방안이 있다.

> **왜 틀렸지?** | ①, ②, ③, ⑤는 지역 사회 및 개인적 측면에서 할 수 있는 노력이다.

10 2015년 197개국이 합의한 파리 협정에 대한 설명이다.

11 ① 최초의 기후 협약은 1992년 국제 연합 기후 변화 협약이다. ② 온실가스 감축 의무를 분담하였다. ③ 교토 의정서에 대한 내용이다. ④ 2020년부터 감축하도록 하였다.

12 ㄷ. 나라마다 감축 목표의 기준 년도와 목표량이 다르다.

> **왜 틀렸지?** | ㄱ. 미국은 2005년 대비 감축 목표를 제시하였다.

13 에너지 효율이 높은 제품을 사용하면 환경 보호에 도움이 된다. 육류 소비가 늘어나면서 가축 사육에 따른 온실가스 배출이 증가하였다.

16 **예시답안** 현재 중국, 인도의 온실가스 배출이 급증하고 있습니다. 이를 줄이지 않으면 온실가스 문제를 해결할 수 없습니다. 개발 도상국들이 온실가스 감축 기술을 개발할 수 있도록 재정적 지원을 약속합니다.

채점 기준	
상	개발 도상국의 주장을 반박하는 선진국의 입장을 바르게 서술하였다.
중	개발 도상국의 주장에 대한 반박 없이 선진국의 입장만 서술하였다.
하	온실가스 감축 방안만 서술하였다.

17 **예시답안** 전등을 끄는 행사를 통해 기후 변화에 대한 인식을 확산시킬 수 있다.

채점 기준	
상	기후 변화에 대한 인식 확산을 바르게 서술하였다.
중	절전을 통해 에너지를 절약한다고 서술하였다.
하	일반적인 에너지 절약 관련 내용을 서술하였다.

실력 확인 문제 　　　　　65~68쪽

01 ③	**02** ④	**03** ④	**04** ③	**05** ③	**06** ①	**07** ④
08 ③	**09** ⑤	**10** ④	**11** ①	**12** ④	**13** ③	**14** ④
15 ②	**16** ③	**17** ⑤	**18** ①	**19** ④	**20** 해설 참조	
21 환경 이슈(환경 쟁점)		**22** 해설 참조				

01 대규모 소비는 자원 고갈과 많은 쓰레기 배출로 이어져 환경 문제를 심화하는 요인으로 지목되고 있다.

02 전자 쓰레기는 대부분 선진국에서 발생하여 개발 도상국으로 이동하고 있다.

> **왜 틀렸지?** | ② 유럽 국가들은 전자 쓰레기 처리 기술이 있지만 환경 오염 등의 이유로 개발 도상국으로 쓰레기를 이전하고 있다.

03 전자 쓰레기를 처리하는 과정에서 유독 물질이 배출되어 해당 지역 주민들은 심각한 건강 문제에 직면하고 있다.

04 A는 전자 쓰레기 수출국, B는 전자 쓰레기 수입국이다.

05 석면이 폐암 등 질병의 원인이 된다는 것이 밝혀지면서 선진국에서 사용이 금지되었으며, 이후 석면 산업이 개발 도상국으로 이전하게 되었다.

06 유해 폐기물 이동을 규제하는 국제 협약은 바젤 협약이다. 람사르 협약은 습지 보호 협약이다. 많은 전자 쓰레기가 기부라는 이름으로 개발 도상국, 특히 아프리카에 수출되고 있다.

07 케냐 정부는 경제에 도움이 되는 화훼 산업을 유치하기 위해 환경 기준을 완화하였다. 그 결과 농약과 화학 비료 사용 등으로 환경 오염이 심해졌다.

> **왜 틀렸지?** | ⑤ 케냐는 유럽과 연결되는 항공 노선이 발달해 수출에 유리하다.

08 나이바샤 호수의 풍부한 수자원을 화훼 농업에 이용하면서 호수의 수량 감소와 농약 사용에 따른 수질 오염 문제가 나타나고 있다.

09 공해 유발 산업의 국제적 이동이 늘어나면서 환경 문제의 공간적 불평등은 더욱 심화되고 있다.

> **왜 틀렸지?** | ① 개발 도상국은 경제를 강조하면서 환경 규제를 완화하여 많은 환경 문제가 발생하고 있다. ④ 세계화로 인해 각 국가의 환경 정책은 다른 나라에 영향을 미치고 있다.

10 방사능 유출이 문제가 되는 것은 원자력 발전소 건설과 관련있다.

11 ㄷ. 유전자 재조합 식품(GMO)과 관련해 영양소 부족 문제는 제기되지 않았다. ㄹ. 유전자 재조합 식품(GMO)을 오랜 기간에 걸쳐 먹었을 때 인체에 미치는 영향에 대하여 안전성이 완전히 검증되지 않았다.

12 ㄴ. 미국과 브라질이 재배 면적 상위 1, 2위에 해당한다. ㄹ. 콩과 목화는 전체 재배 비율에서 유전자 재조합 식품의 비중이 70%를 넘는다.

13 유전 공학 기술을 이용하여 품종의 특성을 바꾼 것이 유전자 재조합 식품(GMO)이다.

> **왜 틀렸지?** ㄷ. 화학 비료를 이용한 옥수수 재배는 농업 기술의 변화에 불과하다.

14 콩, 목화, 옥수수, 유채 등이 대표적인 유전자 재조합 식품(GMO)이다.

15 원자력 발전은 다른 발전 설비에 비해 상대적으로 미세 먼지, 온실가스 배출이 적다.

16 ㄱ, ㄴ후 검유하는 미세 민지를 많이 배출안나. ㄹ. 국제적인 협력이 꼭 필요하다.

17 (가)는 쓰레기 문제, (나)는 유전자 재조합 식품(GMO), (다)는 소음 공해 관련 환경 이슈이다.

18 ㄷ. 환경 문제 해결을 위해서는 일회용품 사용을 줄이는 개인적 차원의 노력이 필요하다.

19 ④ 유전자 재조합 식품(GMO) 표시를 의무화하여 소비자가 선택할 수 있도록 하는 것이 중요하다.

20 (1) 전자 쓰레기

(2) **예시답안** 전자 쓰레기를 태우는 과정에서 대기 오염 발생, 유독 물질이 배출되어 수질 및 토양 오염 발생 등

채점 기준	
상	전자 쓰레기로 인한 환경 문제 두 가지를 모두 바르게 서술하였다.
중	전자 쓰레기로 인한 환경 문제를 한 가지만 바르게 서술하였다.
하	일반적인 환경 문제만 설명하였다.

22 (1) 로컬

(2) **예시답안** 안전하고 신선한 먹거리를 확보한다. 운송 거리가 줄어들어 온실가스 배출을 줄인다. 지역 경제에 도움을 준다. 등

채점 기준	
상	로컬 푸드의 장점 두 가지를 바르게 서술하였다.
중	로컬 푸드의 장점을 한 가지만 바르게 서술하였다.
하	로컬 푸드의 특징만 설명하였다.

11 세계 속의 우리나라

01 우리나라의 영역과 독도의 중요성

실력 확인 문제

69~71쪽

01 ④ **02** ① **03** ② **04** ③ **05** ① **06** ② **07** ④
08 ④ **09** ③ **10** ⑤ **11** ④ **12** ⑤ **13** ⑤ **14** 동
해안 **15** 배타적 경제 수역 **16** 해설 참조 **17** 해설 참조

01 영해에서는 타국 선박의 출입이 제한된다.

02 ① 우리나라의 영토는 한반도와 그 부속 도서로 구성되며, ② 휴전선 북쪽 지역도 포함된다.

> **왜 틀렸지?** ③ 우리나라의 면적은 약 22만 km² 정도이다. ④ 단일 시간대를 사용한다.

03 바다에 접해 있는 대부분의 국가는 기선으로부터 12해리까지를 영해로 설정히고 있다.

04 동해안은 통상 기선을 적용하며, 기선으로부터 12해리까지를 영해로 한다. 서·남해안은 가장 외곽에 있는 섬이나 곶을 연결한 직선 기선을 이용한다.

05 대한 해협은 폭이 좁아 직선 기선으로부터 3해리까지를 영해로 한다.

06 ㄴ. 영해에서는 다른 나라의 선박 운항이 제한된다. ㄹ. 영해 설정 기준은 서·남해안과 동해안이 서로 다르다.

07 A는 한·일 중간 수역이고, B는 한·중 잠정 조치 수역이다. 해당 수역에서는 각 나라가 어업 활동을 할 수 있다.

08 제시된 설명은 배타적 경제 수역에 대한 것이다. A는 영토, B는 영공, C는 영해, D는 배타적 경제 수역, E는 공해이다.

09 ㄱ. 행정 구역은 경상북도 울릉군이다. ㄹ. 가장 가까운 곳에 있는 섬은 울릉도이다.

10 독도는 오랜 시간 동안 육지와 동떨어져 있어 독특하고 다양한 동식물이 서식하고 화산 지형이 잘 보존되어 있다.

11 독도 주변의 바다는 한류와 난류가 교차하는 조경 수역이 형성되어 있다. 또한 가스 하이드레이트, 해양 심층수 등의 자원도 풍부하다.

12 ㄱ. 이사부는 울릉도와 독도를 신라의 영토로 편입시켰다. ㄴ. 독도는 신라 시대 이후로 계속 우리나라의 영토이다.

13 제시된 지도는 삼국접양지도이다. 일본에서 제작된 이 지도에는 울릉도에 '조선의 것'이라는 표시가 있고, 울릉도와 독도에 조선의 땅과 같은 노란색이 칠해져 있다.

16 **예시답안** A에서는 가장 바깥쪽의 섬이나 곶을 연결한 직선 기선을 기준으로 12해리까지를 영해로 정한다. B에서 대한 해협은 일본 쓰시마섬과의 거리가 너무 가까워 12해리의 영해를 정하지 못하고 3해리로 징하게 되었다.

채점 기준	
상	A, B 지역의 영해 설정 이유를 바르게 서술하였다.
하	A, B 지역 중 한 가지만 바르게 서술하였다.

17 **예시답안** ⊙의 이유는 독도 주변의 바다가 한류와 난류가 교차하는 조경 수역이기 때문이다. 또한 독도의 경제적 가치로는 가스 하이드레이트 매장, 관광지 개발, 해양 심층수 개발 등이 있다.

채점 기준	
상	독도 주변 해역과 독도의 경제적 가치를 바르게 서술하였다.
중	독도 주변 해역과 독도의 경제적 가치 중 한 가지만 바르게 서술하였다.
하	독도가 소중한 영토임을 설명하였다.

실력 확인 문제

72~74쪽

01 ⑤   02 ④   03 ④   04 ④   05 ⑤   06 ②   07 ④
08 ②   09 ③   10 ⑤   11 ⑤   12 ②   13 지역 브랜드
14 비무장 지대   15 해설 참조   16 해설 참조

01 ㄱ. 지역성은 지역의 자연환경과 인문 환경이 결합되어 오랜 시간에 걸쳐 형성된다.

02 부정적인 지역의 이미지를 쇄신하기 위해서는 지역의 산업, 자연 등을 적극 활용해야 하고 지역의 주민, 지방 자치 단체, 기업 등이 협력하는 것이 중요하다.

03 지역 축제를 비롯한 지역 홍보 활동은 장소 마케팅에 해당한다.

04 경남 하동은 자연환경을 내세워 지역화 전략을 수립하였다.

05 보성 녹차, 횡성 한우 등은 대표적인 지리적 표시제 상품이다.

06 나비 축제를 통해 지역화 전략을 성공한 곳은 전남 함평이다.

07 우리나라는 반도국으로 대륙과 해양 모두 진출하기 유리한 위치에 있다.

08 분단이 지속되면서 남북 문화의 이질화가 심해지고 있다.

09 ㄱ. 정치적 측면에서의 필요성이다. ㄹ. 사회적 측면에서의 필요성이다.

10 비무장 지대는 군사적 대립을 방지하기 위해 군사 분계선을 기준으로 남북으로 각각 2km 범위에 설정한 완충 지대로 60여 년 동안 일반인의 출입이 엄격히 통제되어 자연 생태계가 잘 보존되어 있다.

11 ㄱ. 남북한 문화가 통합되어 새로운 문화가 창조될 가능성이 높다. ㄴ. 국토 공간의 균형이 회복되고 지역 간의 통합이 추진될 것이다.

12 환경 컨설턴트는 훼손된 북한 지역의 자연환경을 회복하면서 친환경적인 개발을 추진하기 위한 방안을 연구할 것이다.

15 (1) 지리적 표시제
(2) **예시답안** 지역의 우수한 농·축·수산물을 내세워 소득이 증대된다. 지역의 이미지 개선에 도움이 된다.

채점 기준	
상	지리적 표시제의 경제적, 상징적 장점을 바르게 서술하였다.
중	지리적 표시제가 지역에 도움이 된다는 점을 서술하였다.
하	지리적 표시제의 의미만 설명하였다.

16 **예시답안** 한반도와 유라시아 대륙을 잇는 철도를 건설하면 화물 운송과 같은 물류 체계를 다양화할 수 있다. 또한 중국, 몽골, 러시아 등의 지역과 교류가 활성화될 것이다.

채점 기준	
상	철의 실크로드가 갖는 장점 두 가지를 바르게 서술하였다.
중	철의 실크로드가 갖는 장점 중 한 가지만 바르게 서술하였다.
하	철의 실크로드의 의미만 설명하였다.

12 더불어 사는 세계

01 지구상의 다양한 지리적 문제

실력 확인 문제

75~77쪽

01 ②   02 ④   03 ③   04 ④   05 ①   06 ①   07 ⑤
08 ②   09 ③   10 ①   11 해설 참조   12 해설 참조
13 해설 참조

01 지리적 문제는 특정 지역의 문제처럼 보이지만 다른 지역의 문제와 연관되어 있는 경우가 많으며, 모두가 관심을 갖고 해결하기 위해 노력해야 한다.

02 기아는 가뭄, 홍수, 병충해 등 자연적 요인과 전쟁, 내전, 식량 분배의 어려움 등 인위적 요인이 복합적으로 작용하여 발생한다. 국제 곡물 가격이 상승할 경우 저개발국의 식량 수입이 어려워져 기아 문제를 심화시킬 수 있다.

03 기아는 대표적인 지리적 문제로 다른 지역의 문제와 긴밀하게 연결되어 있으며, 특정 지역에 국한되어서만 발생하지 않으므로 해결을 위해 여러 국가 간의 협력이 요구된다.

04 중·남부 아프리카, 남부 아시아, 남아메리카 일부 지역의 주민들은 영양 부족이 심각해 기아 문제로 고통받고 있다. 반면 선진국들이 많이 위치한 북서부 유럽과 북아메리카 지역은 영양 부족 인구 비율이 매우 낮게 나타난다.

05 가뭄 등 자연재해의 발생, 급격한 인구 증가, 전쟁 및 분쟁 발생으로 인한 정치적 불안정 등이 기아 문제에 영향을 미친다.

06 지도를 보면 열대 우림의 파괴가 심각한 것을 알 수 있다. 열대 우림 지역에는 전 세계 생물 종의 절반 이상이 분포하기 때문에 열대 우림의 파괴는 생물 종 감소의 원인이 되며, 결국 인간이 이용 가능한 생물 자원의 수가 감소하는 결과를 가져온다.

07 생물 다양성 협약은 생물 종을 보호하고 생물 다양성을 유지하기 위해 국제 연합 환경 개발 회의에서 채택되었다. 산업화 및 도시화로 인한 서식지 파괴, 외래종의 침입, 열대 우림 파괴 등이 생물 다양성 감소에 영향을 미쳤다.

08 ㄴ, ㄹ은 영해를 둘러싼 분쟁에 해당한다.

09 영토·영해 분쟁은 민족과 종교의 차이, 모호한 국경선 설정, 역사적 배경, 주요 자원의 확보 등이 얽혀서 발생하고 있다.

10 A는 수단-남수단 분쟁, B는 이스라엘-팔레스타인 분쟁, C는 카슈미르 분쟁, D는 난사 군도(스프래틀리 군도) 분쟁, E는 센카쿠 열도(댜오위다오) 분쟁 지역이다.

11 **예시답안** 기아 문제는 사하라 이남 아프리카에서 심각하게 나타난다. 전쟁이나 분쟁 등으로 식량 분배 및 공급이 어려워졌기 때문이다. 인구가 급증하여 식량이 부족해졌기 때문이다. 국제 식량 가격이 불안정하기 때문이다.

채점 기준	
상	사하라 이남 아프리카를 쓰고, 기아 문제의 인위적 요인을 두 가지 모두 바르게 서술하였다.
중	사하라 이남 아프리카를 쓰고, 기아 문제의 인위적 요인 중 한 가지만 바르게 서술하였다.
하	사하라 이남 아프리카만 썼다.

12 **예시답안** 생물 다양성 감소 문제가 나타난다. 산업화 및 도시화의 영향으로 숲을 제거하면서 생물 서식지가 파괴되었기 때문이다. 환경 오염이 심해지고 있기 때문이다. 야생 동식물에 대한 무분별한 남획이 이루어지기 때문이다.

채점 기준	
상	생물 다양성 감소 문제를 쓰고, 이러한 현상이 나타나게 된 원인을 두 가지 모두 바르게 서술하였다.
중	생물 다양성 감소 문제를 쓰고, 이러한 현상이 나타나게 된 원인을 한 가지만 바르게 서술하였다.
하	생물 다양성 감소 문제만 썼다.

13 **예시답안** 석유와 천연가스 등의 해저 자원을 확보하기 위해서이다. 해상 교통 및 군사상 요충지를 확보하기 위해서이다.

채점 기준	
상	영해 갈등이 증가하게 된 원인을 두 가지 모두 바르게 서술하였다.
하	영해 갈등이 증가하게 된 원인을 한 가지만 바르게 서술하였다.

02 저개발 지역의 발전 노력 ~
03 지역 간 불평등 완화를 위한 노력

실력 확인문제

78~80쪽

01 ②　**02** ④　**03** ②　**04** ⑤　**05** ④　**06** ⑤　**07** ③
08 ⑤　**09** ③　**10** ①　**11** ④　**12** 해설 참조　**13** 해설
참조　**14** 한국 국제 협력단(KOICA)　**15** 국경 없는 의사회
16 해설 참조

01 지역 간 발전 수준에 차이가 나타나는 것은 자연환경, 천연자원, 기술, 자본, 교육 수준, 무역 구조 등이 지역마다 다르게 나타나기 때문이다.

02 1인당 국내 총생산(GDP), 기대 교육 연한, 인간 개발 지수, 성 불평등 지수, 영아 사망률 등이 국가별 발전 수준을 파악할 수 있는 지표에 해당한다. 종교별 신자 비율만으로 해당 국가의 발전 수준을 판단하기 어렵다.

03 인간 개발 지수는 기대 수명, 교육 수준 등을 기준으로 국가별 국민의 삶의 질까지 평가한 지표이다. 유럽과 북아메리카에 위치한 선진국에서 비교적 높게 나타나고, 아프리카, 아시아 등의 개발 도상국에서는 낮게 나타난다.

04 북서부 유럽과 북아메리카의 주요 국가들은 1인당 국내 총생산(GDP)이 높게 나타나며, 중·남부 아프리카, 남부 아시아, 남아메리카에 속하는 대부분의 국가들은 1인당 국내 총생산(GDP)이 낮게 나타난다.

05 기대 교육 연한이 짧은 수단, 탄자니아, 코트디부아르는 아프리카에 위치한 국가들로 발전 수준이 낮다.

왜 틀렸지? ㄷ. 온두라스, 멕시코는 라틴 아메리카에 위치한 국가들로 기대 교육 연한이 길지 않기 때문에 교육 수준이 높다고 볼 수 없다.

06 최근 많은 저개발 국가들은 빈곤을 해결하기 위해 신진국의 원소에만 의존하기 보다는 자체적인 노력을 강조하고 있다.

07 최근 많은 저개발 국가들은 빈곤을 해결하기 위해 자체적인 노력을 강조하고 있다.

08 저개발국들은 기술 수준이 낮고 자본이 부족하며, 정치적으로 불안정하다. 또한 불평등한 세계 경제 체제 속에서 선진국에 비해 불리한 입장에 놓여 있어 자체적인 노력을 통한 빈곤 해결에 한계가 있다.

09 과거에는 저개발국들이 식량이나 물품의 형태로 원조를 제공받았지만 최근에는 사회 기반 시설을 구축하기 위한 자금으로 지원받는 경우가 많다.

10 원조는 저개발국의 사회 기반 시설을 구축하고, 지역 주민들의 복지를 증진시키기도 하지만 원조를 제공하는 국가의 이익을 위한 외교 정책으로 활용되는 경우도 있다.

11 공정 무역은 중간 상인의 개입을 줄이고 유통 비용을 낮추는 효과가 있다. 또한 저개발국의 생산자가 경제적으로 자립할 수 있도록 도와준다. 수익금의 일부를 기술 개발이나 마을의 기반 시설을 확대하는 데 쓰고 있어 주민들에게 도움을 준다.

12 **예시답안** 지형 등 자연환경에 있어서 차이가 발생하기 때문이다. 기술 및 교육 수준이 다르고, 무역 및 산업 구조에 있어서 차이가 나타나기 때문이다.

채점 기준	
상	발전 수준에 차이가 나타나는 원인을 두 가지 모두 바르게 서술하였다.
하	발전 수준에 차이가 나타나는 원인을 한 가지만 바르게 서술하였다.

13 **예시답안** 과거에는 선진국의 식량 및 물자 원조에 의존하는 경향이 컸으나, 오늘날에는 식량 증산, 사회 기반 시설 확대, 교육 기회 확대 등 자체적인 발전 노력을 강조하고 있다.

채점 기준	
상	과거와 오늘날의 빈곤 해결 접근 방법을 모두 바르게 서술하였다.
하	과거와 오늘날의 빈곤 해결 접근 방법 중 한 가지만 바르게 서술하였다.

16 **예시답안** (가) 수익금의 일부를 교육, 의료 등 지역 발전을 위해 투자하고 농민들이 정당한 이익을 보장받아 경제적으로 자립할 수 있었습니다. (나) 공정 무역을 기업의 이미지를 개선하기 위한 홍보 수단으로 이용하기도 합니다.

채점 기준	
상	(가), (나)에 들어갈 내용을 모두 바르게 서술하였다.
하	(가), (나)에 들어갈 내용 중 한 가지만 바르게 서술하였다.